JN449328

정부인사혁신론

김영기 외

김호정 · 남궁근 · 민병익
오세홍 · 오시환 · 유낙근
이성진 · 이시원 · 최용부
하혜수 · 한동효

도서출판 대영문화사

정년을 맞이하시는

최용부 교수님을 위하여

이 책을 준비하였습니다.

머리말

스위스 국제경영개발원(IMD)의 자료를 보면, 우리의 2006년 국가경쟁력은 29위에서 38위로, 정부행정의 효율성은 31위에서 47위로 떨어졌다. 이러한 순위는 세계 10위권의 우리의 경제력에 비하면 크게 낮은 것이고, 대개 그 책임은 정부와 행정에게 돌려졌다. 즉 정부 역량이 낮기 때문이라는 것이다. 우리의 정부 역량은 왜 이처럼 낮은가.

정부 역량은 그 안의 조직들의 역량이고, 조직 역량은 구성원 능력으로 간주하는 경향이며, 구성원의 업무 성과는 그의 능력과 의지의 결합물로 간주한다. 그러므로 정부 구성원인 공직자들의 능력과 의지의 문제로 인해 정부 역량이 낮고, 그 결과 국가경쟁력이 떨어진다고 볼 수 있다.

한 설문의 내용을 보면, 조직구성원의 25%만 업무에 최선을 다할 뿐, 75%는 마음만 먹으면 지금보다 더 효과적으로 일할 수 있다고 응답함으로써 그들이 대개 업무에 최선을 다하지 않는다는 사실이 확인되었다. 왜 구성원들은 언제나 최선을 다해 능력을 발휘하지 않을까? 어떻게 하면 그들이 항상 최선을 다해 자신의 직무를 수행케 함으로써 개인 수준의 역량이 극대화되고, 나아가 조직의 역량이 극대화되도록 만들까? 인사행정의 과제는 위와 같은 질문에 해답을 찾는 것이다.

우리 나라의 역대 정부는 인사행정의 위와 같은 과제를 해결하기 위한 일정한 노력을 기울여 왔다. 그 가운데서도 특히 국민의 정부와 참여정부는 인사행정의 혁신을 시도했다. 이들 정부에 와서 시도된 인사행정의 혁신은 매우 광범위해서 가히 인사혁신의 홍수를 겪고 있다고 할 정도이다. 그래서 건성으로 공부하는 행정학자들조차 그 내용을 낱낱이 이해하기 어려울 것이라는 우스개가 돌 정도이다. 그러니 행정학을 공부하는 학부생과 대학원 학생들은 오죽할까. 그래서 우리는 인사행정 혁신의 방향과 내용을 간추려 정리하는 노력이 필요하다고 여겼고, 필자들이 특별한 계기를 맞아 그러한 노력을 공동으로 시도한 결과물이 바로 이 책이다.

이 책의 구성을 소개하면 다음과 같다.

제1장 '한국 인사행정 체제의 특징과 참여정부의 인사혁신'은 국민의 정부와 참여정부의 인사행정제도의 개편에 깊숙이 참여한 남궁근 교수가 집필했다. 그는 우리 나라 인사행정 체제의 형성 과정에서 박정희 행정부에서 실질적으로 기초가 형성되었고, 1990년대까지 공무원제도에 큰 변화가 없었으나 국민의 정부에서 IMF 경제관리라는 위기를 맞아 인사개혁이 가속화되었다고 본다. 그리고 참여정부에 와서 '공정성과 전문성에 기초한 참여형 인사 시스템 구축'을 인사혁신의 비전으로 설정하고, 4대 목표와 20개 과제 등을 체계화하여 추진했다고 지적하고, ① 개방형 임용, ② 균형인사제도, ③ 전문행정가 육성, ④ 성과 중심 보수 체계, ⑤ 인사권의 분권화 등 5개 범주별로 관련된 인사혁신제도들을 소개함으로써 이 책의 전체를 조망할 수 있도록 안내했다.

제2장 '정부인사 혁신의 이론적 기초: 신공공관리론'은 참여정부의 국가균형발전위원회 자문위원으로 참여하고 있는 이시원 교수가 집필했다. 그는 신공공관리론(new public management: NPM)을 정부혁신의 이론적·실천적 토대로 인식하고, ① 지출의 억제 요구와 ② 대응성 결여 및 효과성 문제, ③ 국제적, 시장 주도적 경제라는 세 가지 요인이 관리개혁의 현실적 배경으로 보면서 NPM의 이론적 배경으로서 신자유주의와 신관리주의, 공공선택론을 살핀 다음, NPM의 내용으로서 ① 시장주의, ② 고객주의, ③ 성과주의를 들었다. 그러나 인사혁신을 포함한 정부혁신의 논리적 토대로서 NPM을 소개하면서, 그는 정치철학적 관점에서나 그 정향성, 우리 나라에의 적용성 면에서 비판점을 짚은 다음 NPM과 관련된 인사혁신제도들을 예시하고 있다.

제3장 '역대 정부의 인사혁신'은 이성진 박사가 집필했다. 그는 인사혁신

의 의의를 살펴보고, 인사혁신을 국민의 정부 이전과 이후로 나누어 소개하고 있다. 먼저 제1공화국 정부에서 문민정부까지의 인사혁신을 소개한 다음, 국민의 정부 인사혁신은 ① 공직개방 인사혁신과 ② 성과지향 인사혁신, ③ 고위공무원 인사심사제의 공정성 확보, ④ 인적 자원의 균형 있는 활용, ⑤ 중앙인사위원회 신설을 다루고 나서 ⑥ 국민의 정부 인사혁신을 평가했다. 그리고 참여정부의 인사혁신은 ① 그 방향·비전·목표 등을 소개하고, ② 자율성과 역량 강화를 위한 인사혁신(인사권 위임, 총액인건비제도 등), ③ 균형 및 형평적 인재 등용(양성평등채용목표제, 지방 출신 임용 확대, 채용 방법의 다양화, 보직과 경력개발 시스템 개선), ④ 고위공무원단제도, ⑤ 가족 친화적 근무 및 복지제도, ⑥ 성과지향적 인사의 강화(교육훈련 개선, 인사평가 시스템 구축) 등으로 나누어 참여정부가 채택한 인사혁신제도들을 망라하여 다루고, ⑦ 참여정부의 인사혁신을 평가했다.

제4장 '정무직 인사혁신: 장관 인사의 특징'은 민병익 교수가 집필했다. 그는 이 주제로 박사학위 논문을 작성했고, 『한국행정학보』 등에도 유사한 주제의 논문을 게재한 바 있다. 그는 역대 정부가 임용한 장관 755명의 인구·사회적 배경, 경력, 교체 사유 등을 분석했다. 그 내용을 보면, 역대 정부의 장관 재임 기간을 분석한 결과 후대로 올수록 짧아져서 직무 수행에 필요한 지식과 정보 축적이 어렵고 신뢰 구축에 부정적 영향을 미친다는 점을 지적하고 있다. 그는 또 장관의 취임 연령, 출신 대학, 출생지, 경력 배경 등을 분석했으며, 장관 755명의 주요 경력과 경력관리의 경로분석 결과를 그림으로 나타내어 주고 있다.

제5장 '고위공무원단제도'는 오시환 교수가 집필했다. 그는 고위공무원단제도가 1978년 미국의 카터 대통령 때 설립한 고위공무원단(senior executive service: SES)에서 시작해 다른 국가로 전파되었으며, 고위직 인사관리 문제를 해결하고 정부 역량을 향상시키기 위해 우리도 2006년 7월 1일부터 채택한 제도라고 지적했다. 그는 먼저 미국과 영국의 고위공무원단제도를 소개하고, 그 장점과 단점을 소개하며, 고위공무원단제도는 ① 엽관이나 연줄 인사가 줄어들고 ② 정책의 안정성과 전문성을 높여 주며, ③ 공직에 유능한 인재를 영입할 수 있게 하며, ④ 보수의 합리화를 도와 주고, ⑤ 업무

의 계획성과 책임성을 높여 줄 것으로 보는 것이 일반적 기대라고 지적하고, 초기의 혼란과 부작용을 극복하고 시정하고 보완하는 과제를 안고 있다고 강조한다.

제6장 '개방형 직위제도'는 최용부 교수가 집필했다. 그는 개방형 직위제도는 절차와 규율에서 성과와 결과를 강조하는 행정으로, 인적 자원을 비용이 아니라 투자요 자원으로 인식하는 현대 행정과 흐름을 같이한다고 지적하고, 이 제도의 성격으로서 ① 전문성 제고, ② 대응성 향상, ③ 경쟁력 제고, ④ 인사 교류의 활성화, ⑤ 개혁성 확보, ⑥ 공무원 능력 향상을 지향하는 것이라고 소개했다. 이어서 그는 우리 나라 고위공무원단제도의 내용과 현황을 소개하고, 그 성과와 과제를 정리했다.

제7장 '목표관리제(MBO)'는 오세홍 박사가 집필했다. 그는 결과 중심의 행정 패러다임을 실현하기 위해 사용된 인사제도로서 목표관리제는 성과 중심의 중장기 목표 실현을 위한 시스템 혁신으로서 NPM에 입각한 행정 개혁으로 보았다. 그는 우리 나라 공공 부문에 도입된 MBO가 ① 개인평가론의 문제, ② 구성원들의 이해 부족과 이것을 극복하려는 노력의 부족, ③ 한계의 확대재생산 등으로 인해 참여정부 들어서 중앙정부는 '직무성과계약제'로 변형시켜 적용하고 있으며, 현재는 지방정부에만 MBO가 존치되어 있다고 지적했다. 그래서 글의 후반부에서 조직 성과 향상과 개인의 능력 발전을 지향하는 직무성과계약제를 MBO와 비교해 제시하고, 예견되는 쟁점 등을 살피고 있다.

제8장 공직사회의 '다면평가제도'는 김영기 교수가 지방정부의 현직 공무원인 조경련선생의 도움을 받아서 집필했다. 김교수는 기존의 상급자에 의한 공무원 평가제도의 공정성 문제, 평가의 타당성 문제, 상급자 추종성 문제, 통제 지향성 문제 등 한계를 극복하기 위해 필요한 제도이며, 따라서 평가의 객관성 확보, 합리적 인사관리의 자료 활용, 보수 산출의 자료 활용, 리더십 개발의 자료 확보, 개인의 능력 발전과 의사소통의 자료로 활용하는 목적을 가진다고 보았다. 그는 또 다면평가제도와 관련해 ① 평가의 목적, ② 평가의 주체, ③ 평가의 요소, ④ 평가의 방법, ⑤ 평가의 활용 등의 측면에서 한계와 과제를 다루고 있다.

제9장 '총액인건비제도'는 참여정부의 정부혁신지방분권위원회에 참여하고 있는 하혜수 교수가 집필했다. 그는 기존의 표준정원제와 달리 총액인건비제도가 부처나 지방자치단체의 자율성을 높여 주는 의미를 지적하고, 그 쟁점으로서 ① 실질적 행정 수요를 총액인건비 산정에 반영해 낼 수 있는가, ② 실제로 중앙정부의 부처나 지방정부의 자율성을 높여 주는가, ③ 일부 기관에 의해 무분별한 증원이나 기구 증설에 악용될 수 있는가 하는 점을 들었다. 이어서 그는 지방정부에서의 정원관리 방식의 변천, 그리고 총액인건비제도의 현황을 분석했다.

제10장 '인사교류 혁신'은 한동효 교수가 집필했다. 그는 기관 간 협동적 문제 해결을 위한 인사관리의 방안으로 인사교류가 다른 인사혁신 방안들과 함께 채택되었으며, 인사교류의 유용성으로 ① 부서 간의 지식과 정보의 공유와 활용을 통한 지식 기반의 확대, ② 기관 간의 균형 있는 인력 배치 및 활용, ③ 개인의 관점에서 근무시 발생하는 여러 애로점의 해결 등을 적시했으며, 중앙정부의 부처 간 인사교류와 중앙정부와 지방정부 간 인사교류, 정부와 공공기관 간의 인사교류, 정부와 민간 부문 간의 인사교류, 지방정부 간 인사교류 등으로 유형화했다. 그는 우리 나라의 인사교류의 현황을 소개하고, 각 유형별 인사교류의 성과와 과제 등을 정리하여 소개하고 있다.

제11장 '지역인재추천제'는 유낙근 교수가 집필했다. 그는 지역인재추천제의 도입 과정으로서 법제화, 그리고 이 제도에 관련된 찬반 논란을 소개했으며, 지역인재추천제는 지역 인구를 감안하는 방안, 지방대학의 수를 감안하는 방안, 선발 예정 인원의 일정한 비율을 지방대생으로 선발하는 방안 가운데서 마지막 방안이 지방대 출신 채용목표제라고 들었다. 그리고 이 제도는 헌법상 평등 원칙과 공무담임권 침해 가능성과 실적주의 원칙의 위배 가능성, 학력 차별 금지의 원칙의 위배 가능성을 쟁점으로 들고 있다.

제12장 '부패 방지와 공직윤리'는 김호정 교수가 집필했다. 행정문화, 조직 행태, 공직윤리 등 이 분야의 많은 연구 결과물을 내고 있는 그는 부패와 공직윤리의 개념과 그 관계를 명료하게 정리하고, 부패는 성격면에서 자기영속적인 것으로, 원인면에서 구조와 체계적인 것으로, 문제 인식의 면

에서 국제 수준의 문제로 인식되는 변화를 지적하면서 부패와 공직윤리의 영향으로 ① 국가 경쟁력 약화, ② 외국 투자의 위축, ③ 공적·사적 신뢰도 하락, ④ 대외 신인도 저하, ⑤ 조직효과성 저하, ⑥ 조직 내 신뢰와 혁신의 저해 등을 들었다. 그리고 김교수는 우리 나라의 부패 현황을 들고, 국가 간 비교 결과를 소개한 다음 공직윤리의 제고 방안들을 제시했다.

다양한 집필자들이 참여한 이 책의 내용을 균형을 갖추어 소개하면서 다소 글이 길어졌다. 여럿이 공동의 목표를 세워서 공동으로 작업하는 모습은 아름다운 것이지만, 그것이 지적 작업인 경우에 각별한 노력이 수반되지 않으면 내용의 중복이나 산만함을 피하기 어려운데, 이 책 역시 그런 문제를 걷어내지 못한 점을 인정해야 하겠다. 다만, 이 책 집필의 필요성에서 지적한 것처럼 다양하게 동시적으로 시도된 인사혁신제도들을 독자들에게 간추려 소개해 드리려는 노력의 하나라는 점에서 양해를 구하고 싶다.

끝으로 이 책의 집필에 기꺼이 참여해 준 필진 여러분께 감사드리고, 오는 8월 정년퇴임하시는 최용부 교수님의 내내 안강을 빌고 싶다. 그리고 이 책의 주제 설정과 목차 잡기 등에 노력을 아끼지 않은 하혜수 교수와 오시환 교수의 수고에 고마움을 표한다.

끝으로 이 책의 출간을 위해 수고를 아끼지 않은 대영문화사 임춘환 사장님과 임직원 여러분의 노고에 감사드린다.

2007년 7월

저자들을 대신하여 김영기 씀

차 례

머리말 / 3

제 1 장 한국 인사행정 체제의 특징과 참여정부의 인사혁신 · 남궁근…17

제 1 절 한국 인사행정 체제의 주요 특징 …… 18

1. 한국 인사행정 체제의 형성 / 18
2. 우리 나라 인사행정제도의 주요 특징 / 19

제 2 절 참여정부의 인사행정 혁신과 변화 …… 22

1. 참여정부 인사행정 혁신의 배경 / 22
2. 참여정부 인사혁신의 비전과 방향 / 25
3. 폐쇄형에서 개방형 임용제도로의 혁신 / 26
4. 실적주의를 보완한 사회 형평적 인재 등용 / 33
5. 일반행정가에서 전문행정가로의 공직의 전문성 제고 / 39
6. 성과관리 및 평가제도 도입 / 43
7. 인사의 자율분권화와 부처 인사 역량 강화 / 44

제 3 절 결 론 …… 47

제 2 장 정부인사 혁신의 이론적 기초: 신공공관리론 …… 이시원… 49

제 1 절 신공공관리론의 배경 …… 51

1. 신공공관리론의 현실적 배경 / 51
2. 신공공관리론의 이론적 배경 / 53

제 2 절 신공공관리의 개념과 주요 내용 …… 56

1. 신공공관리의 개념 / 56
2. 신공공관리의 주요 내용 / 59

제 3 절 신공공관리론에 대한 비판적 관점 ········ 65
1. 정치철학적 관점에서의 비판 / 66
2. 신공공관리의 정향성에 대한 비판 / 67
3. 한국에서의 적용을 둘러싼 비판적 논의 / 68
4. 신공공관리의 한계와 관련된 논의의 종합 / 70

제 4 절 신공공관리론과 인사혁신: 최근 도입된 주요 인사혁신제도 ·· 71
1. 고위공무원단제도 / 72
2. 개방형 직위제도 / 73
3. 성과 중심의 인사 체제 도입: 성과급과 성과보상제 / 74

제 5 절 결 론 ········ 76

제 3 장 역대 정부의 인사혁신 ········ 이성진··· 78

제 1 절 인사혁신의 의의 ········ 79
1. 혁신과 인사혁신 / 79
2. 인사혁신의 필요성 / 81
3. 최근 인사혁신의 방향 / 82

제 2 절 국민의 정부 이전의 인사혁신 ········ 84
1. 제1 · 2공화국 / 84
2. 제3 · 4공화국 / 84
3. 제5 · 6공화국 / 85
4. 문민정부 / 85

제 3 절 국민의 정부의 인사혁신 ········ 87
1. 공직 개방의 인사혁신 / 87
2. 성과 지향의 인사혁신 / 89
3. 고위직 공무원 인사심사제의 공정성 확보 / 92
4. 인적자원의 균형 있는 활용 / 93
5. 중앙인사위원회의 신설 / 94
6. 국민의 정부 인사혁신에 대한 평가 / 94

제 4 절 참여정부의 인사혁신 ········ 95
1. 참여정부 인사의 방향 / 95
2. 참여정부의 인사혁신제도 / 98
3. 참여정부 인사혁신의 평가 / 109

제 4 장 정무직 인사혁신: 장관 인사의 특징 ················ 민병익··· **110**

제 1 절 장관의 역할 ··· 112
1. 법적 측면에서의 역할 / 112
2. 실질적 측면에서의 역할 / 114

제 2 절 역대 정부 장관의 인구사회적 배경 ······························ 116
1. 재임 기간과 취임 연령 / 116
2. 역대 정부 장관의 인구사회적 배경 분석 / 120

제 3 절 역대 정부 장관의 경력 배경 ······································ 130
1. 역대 정부 장관의 주요 경력 / 130
2. 장관 임용에 이르기까지의 경력 경로 분석 / 134
3. 역대 정부별 장관의 경력 경로 분석 / 143

제 4 절 역대 정부 장관의 교체 사유 ······································ 146
1. 박정희 유신 전 정부(제3공화국) / 146
2. 박정희 유신 후 정부(제4공화국) / 148
3. 전두환 정부 / 149
4. 노태우 정부 / 150
5. 김영삼 정부 / 151
6. 김대중 정부 / 153
7. 역대 정부 장관 교체 사유의 비교 / 155

제 5 절 결 론 ··· 156

제 5 장 고위공무원단제도 ······································ 오시환··· **158**

제 1 절 우리 나라의 고위공무원단제도 ·································· 160
1. 개관 / 160
2. 고위공무원단 충원 과정 / 163
3. 인사심사 및 적격심사 / 171
4. 후보자 교육과정 및 역량평가 / 176
5. 직무분석 및 직무 등급 설정 / 180
6. 고위공무원단의 보수 / 188

제 2 절 외국의 고위공무원단제도 ·· 191
1. 미국 / 191
2. 영국 / 193

3. 미국과 영국의 고위공무원단제도 비교 / 197
제 3 절 고위공무원제도의 쟁점과 과제 ······ 197
제 4 절 결 론 ······ 199

제 6 장 개방형 직위제도 ······ 최용부··· 202
제 1 절 개방형 직위제도의 도입 배경 ······ 204
1. 개방형 직위제도의 도입 배경과 추진 과정 / 204
2. 개방형 직위의 성격 / 206
제 2 절 개방형 직위제도의 기본 현황 ······ 208
1. 개방형 직위제도의 내용 / 208
2. 개방형 직위의 지정과 임용 현황 / 217
제 3 절 개방형 직위제도의 운영 성과와 과제 ······ 224
1. 개방형 직위제도의 운영 성과 / 224
2. 개방형 직위제도의 문제점 / 227
제 4 절 개방형 직위제도의 개선 노력과 활성화 방안 ······ 231
1. 개방형 직위제도의 개선 노력 / 231
2. 개방형 직위제도의 활성화 방안 / 232
제 5 절 결 론 ······ 236

제 7 장 목표관리제(MBO) ······ 오세홍··· 239
제 1 절 목표관리제의 의의 ······ 241
1. 목표관리제의 개념 및 특징 / 241
2. 목표관리제와 성과평가 / 243
3. 목표관리제의 편익과 한계 / 244
4. 목표관리제의 쟁점 과제 / 246
제 2 절 우리 나라 목표관리제의 현황과 쟁점 ······ 251
1. 추진 배경 / 251
2. 운영 방법 및 현황 / 253
3. 운영상 문제점 / 258
4. 목표관리제에 대한 평가 / 260
제 3 절 직무성과계약제의 현황과 쟁점 ······ 263

1. 추진 배경 / 263
2. 적용 범위 및 내용 / 264
3. 예상되는 주요 쟁점 / 270

제 4 절 결 론 ……… 273

제 8 장 공직사회의 다면평가제도 ……… 김영기 … **276**

제 1 절 다면평가의 본질 ……… 279
1. 다면평가의 개념 및 의의 / 279
2. 다면평가의 필요성 및 목적 / 283
3. 다면평가의 특징 / 285

제 2 절 다면평가의 운영 절차 ……… 290
1. 다면평가의 설계 / 291
2. 다면평가의 실행 / 294
3. 다면평가의 활용 / 295

제 3 절 다면평가의 운영 실태 ……… 297
1. 국내의 운영 실태 / 297
2. 외국의 실태 / 307

제 4 절 다면평가의 한계와 과제 ……… 312
1. 다면평가의 한계 / 312
2. 다면평가의 과제 / 317

제 5 절 결 론 ……… 320

제 9 장 총액인건비제 ……… 하혜수 … **323**

제 1 절 총액인건비제의 현황 ……… 324
1. 총액인건비제의 개념 / 324
2. 총액인건비제의 의의 / 325
3. 총액인건비제의 내용 / 327

제 2 절 총액인건비제의 쟁점 ……… 337
1. 실질적 행정 수요를 반영한 총액인건비 산정 여부 / 337
2. 중앙부처와 자치단체의 자율성 확대 여부 / 338
3. 무분별한 증원 및 기구 증설 가능성 여부 / 339

제 3 절 총액인건비제의 분석: 지방자치단체의 제도를 중심으로 … 341

1. 지방자치단체 정원관리제도의 변화 / 341
2. 지방자치단체 총액인건비제의 분석 / 346
제 4 절 결 론 352

제10장 인사교류 혁신 .... 한동효 ... **354**

제 1 절 인사교류의 의미와 유형 355
1. 인사교류의 개념 및 의의 / 355
2. 인사교류의 유형 / 358
제 2 절 인사교류의 현황과 성과 363
1. 중앙부처 간의 인사교류 현황과 성과 / 364
2. 중앙정부와 지방자치단체 간의 인사교류 현황과 성과 / 368
3. 정부와 공공기관 간의 인사교류 현황과 성과 / 371
4. 정부와 민간 부문 간의 인사교류의 현황과 성과 / 373
5. 지방자치단체 간 인사교류의 현황과 성과 / 375
제 3 절 인사교류의 쟁점과 향후 과제 379
1. 중앙부처 간 인사교류의 쟁점과 향후 운영 방향 / 379
2. 중앙-지방 간 · 지방자치단체 간 인사교류의 쟁점과 향후 운영 방향 / 380
3. 정부와 공공기관 간 인사교류의 쟁점과 향후 운영 방향 / 384
4. 정부와 민간부문 간 인사교류의 쟁점과 향후 운영 방향 / 384
제 4 절 결 론 385

제11장 지역인재추천제 .... 유낙근 ... **388**

제 1 절 지역인재추천제의 도입의 전개 과정 389
1. 법제화 과정 / 389
2. 지역인재추천제 도입의 찬반 논란 / 390
제 2 절 지역인재추천제의 내용 395
1. 정의 / 395
2. 대안 검토 / 395
3. 지방대 출신 채용목표제의 중요 쟁점 / 396
4. 지방대 출신 채용목표제의 도입시 고려 사항 / 397
5. 지역인재추천제의 전개 방향 / 397
제 3 절 지역인재추천제의 성과 및 과제 398

제12장 부패 방지와 공직윤리 ······ 김호정··· **400**

제 1 절 부패와 윤리의 영향 ······ 401

1. 부패의 패러다임 변화 / 401
2. 부패와 윤리의 영향 / 402

제 2 절 한국의 부패 현황 ······ 404

1. 한국의 부패 인식 수준 / 404
2. 한국 부패 수준의 국제적 비교 / 407
3. 한국 공공기관의 청렴도 수준 / 409
4. 종 합 / 413

제 3 절 공직윤리 제고 방안 ······ 414

1. 부패와 윤리의 중요성 인식 제고 / 415
2. 상관의 윤리적 모범 / 418
3. 개인 성격과 윤리: 선발, 교육, 배치에 활용 / 420
4. 내부제보자 보호 / 424
5. 관리자의 엄정성 / 426
6. 처벌의 강화 / 427

제 4 절 결 론 ······ 429

참고 문헌 / 431

찾아보기 / 447

제 1 장 한국 인사행정 체제의 특징과 참여정부의 인사혁신

이 장의 목적은 우리 나라 인사행정 체제의 특징을 살펴본 다음 참여정부의 인사행정 개혁을 통해 그 방향이 어떻게 변화되고 있는지 분석하는 것이다. 일반적으로 인사행정의 대상은 정부가 결정한 정책을 집행하는 기능을 담당하는 공무원이며, 군인은 제외된다(Bogdanor, 1987: 104, cited in Bekke, Perry, & Toonen, 1996: 1). 이러한 관점에서 이 글에서는 주로 중앙정부의 직업공무원들을 대상으로 하는 인사행정에 관해 다루고자 한다.

인사행정 체제를 설계할 때 주요 이슈는 다음과 같다(Bekke, Perry & Toonen, 1996): ① 충원 방식: 폐쇄형인가 개방형인가? ② 선발 기준(selection basis): 일반행정가 중심인가 전문행정가 중심인가? ③ 직무평가: 등급과 보수가 직위 중심인가 사람 중심인가? ④ 성과평가와 보수: 성과 위주인가 연공 위주인가? 그리고 ⑤ 인사행정권: 집권적 인사관리제도인가 분권적 인사관리제도인가? 등이다. 여기에서는 이러한 이슈와 관련해 한국의 인사행정 체제가 어떠한 특징을 가지고 있으며, 최근의 개혁으로 어떻게 변화되고 있는지 살펴보고자 했다(Namkoong, 2006).[1] 제1절에서

1) 이 글의 주요 내용은 본인이 발표한 다음 글을 토대로 했다. Keun Namkoong, "Civil Service Reform in the Participatory Government: Civil Service in Transition." 한국행정학회 창립 50주년 기념 추계국제학술대회 발표 논문. October 13~14, 2006. 서울교육문화회관.

는 한국의 인사행정 체제의 형성 과정과 형성기 인사행정 체제의 특징을 살펴본다. 제2절에서는 참여정부의 인사개혁을 살펴본 후 인사행정의 특징이 어떻게 변화했는지 분석한다.

제 1 절 한국 인사행정 체제의 주요 특징

1 한국 인사행정 체제의 형성

우리 나라 인사행정 체제의 기원을 약 1200년 전 통일신라 시대로 보기도 한다. 통일신라에서는 원성왕 시대(서기 788년)에 전국 단위의 관료 채용 시험을 실시했다는 기록이 있다. 이는 제한된 범위 내에서의 경쟁이었고, 귀족계급만이 응시할 수 있었다(박동서, 1980: 33; Kim, 2006: 3). 그러나 근대적인 인사행정 체제는 독립 이후 1949년 국가공무원법이 제정된 이후 확립되었다. 국가공무원법에서는 실적주의에 기반을 둔 인사행정의 기본 원칙을 제시하고 있었다. 이 법에 따라 일반행정직은 5계급으로 구분되고, 보통고시와 고등고시라는 두 가지 유형의 시험제도가 도입되었다. 중앙인사기관으로 총무처가 설치되었으며, 공무원의 정치적 중립성의 원칙이 천명되었다.

이러한 규정에도 불구하고 비합법적이고 비공식적인 정치적 엽관 임용이 널리 퍼져 있었는데, 그 이유는 이승만 대통령과 집권 자유당이 공무원들의 충성심을 확보하고자 했기 때문이다(Kim, 2006: 9; 오석홍, 1993: 32; 박동서, 1980: 42-44). 그 당시 엽관주의는 19세기 초반의 미국과는 다른 유형이었다. 미국의 경우 엽관주의는 선거 결과에 따른 관직의 대이동을 의미했다. 이와는 대조적으로 이승만 대통령 시대의 엽관제도는 선거 결과에 따른 관직의 이동을 의미하기보다는 공석을 채우거나, 전보 또는 승진 시에 정치적 고려가 영향을 미치는 것을 의미했다. 당시 인기가 없었던 집권 자유당은 공무원들을 인사관리를 수단으로 설득하려 했다. 때때로 명령에 복종하지 않는 공무원들이 비합법적으로 공직에서 쫓겨나는 경우도 있었다. 이러한 엽관제도의 관행은 집권 자유당의 인기가 급격하게 하락하면서 더욱 심화되었다. 1960년 4월 19일 자유당 정부는 학생혁명에 의해 붕괴되었다. 그에 따라 집권한 민주당의 장면 정부(1960~1961년)에서 공무원제도에 몇 가지 변화를 추구했으나, 정치적 안정을 확보하고 정부를 효율적으로 운영하는 데 실패했다.

1961년 군사 쿠데타로 집권한 박정희 정부의 핵심 인사들은 군대에서 상당 기간 훈련을 받았으므로, 인사행정에 관한 상당한 지식과 기술을 가지고 있었다. 이들의 지식과 기술, 그리고 능률적 행정에 대한 열정으로 공무원제도 개혁이 이루어졌다. 또한 USOM의 자문관들이 직위분류제의 도입 등 인사행정 개혁을 건의했다(Yoo, 1973). 이러한 맥락에서 박정희 정부는 1963년 4월 17일 새로운 공무원법을 제정 공포했다. 새로운 공무원법의 특징은 다음과 같다(Kim, 2006: 11): ① 중앙인사행정기관의 강화, ② 충원과 시험의 집권화, ③ 공무원 임용시험을 자격시험에서 임용시험으로 변경, ④ 직위분류제의 도입, ⑤ 경력공무원제도 도입, ⑥ 교육 및 훈련 시스템 강화, ⑦ 연금제도 개선 등이다. 공무원훈련법이 1961년 11월 1일 제정되었다. 1963년 11월 1일, 직위분류제도가 도입되었지만 한국의 실정에는 맞지 않았기 때문에 실행에 옮겨지지 않다가, 1973년 2월 5일에 폐지되었다. 그러므로 우리 나라 인사행정 체제는 박정희 행정부에서 실질적으로 기초가 형성되었다고 볼 수 있다.

2 우리 나라 인사행정제도의 주요 특징

박정희 행정부(1963~1979년)에서 기초가 확립된 인사행정 체제는 그 후에도 지속적으로 발전되었다. 예를 들면, 1981년 공무원법이 개정되어 직업공무원제도와 공무원의 신분 보장이 강화되었다. 1980년대 초반 공무원들의 부패 행태가 큰 문제로 대두하면서 1983년 1월 1일에는 공직윤리법이 제정되었고, 고위공직자의 재산등록제도가 도입되었다.

그러나 1990년대 초반까지 한국 공무원제도의 특징에는 큰 변화가 없었다. 우리 나라 공무원제도의 기본적 특징은 실적주의, 계급제도, 폐쇄형 임용제, 그리고 중앙집권적 관리제도라고 요약할 수 있다.

1) 실적주의

넓은 의미에서 실적주의는 공무원제도에서 상대적인 실적 또는 성취도에 의해 공무원을 선발하고 승진시키는 제도를 의미한다(Stahl, 1976: 41-42). 우리 나라에서 1949년 공무원법이 제정될 때부터 실적주의를 선언했으나, 이승만 정부와 장면 정부에서는 제대로 작동되지 않았으며, 박정희 정부에서 실제로 정착되었다(오석홍, 1993: 32-33). 1963년 공무원법 제26조에서 "공무원의 임용은 시험성적·근무성적 기타 능력의 실증(實證)에 의하여 행한다"고 규정하여 실적주의 원칙을 공식적으로 받아들였다.

1963년 공무원법이 새로 제정되면서, 공개경쟁채용시험이 가장 보편적인 채용 방식이 되었다, 공개경쟁시험은 채용 등급에 따라 3급을, 4급을, 5급을(현행 5급, 7급, 9급) 등 세 가지로 구분된다. 이러한 시험은 항상 지원자가 채용 예정자를 훨씬 능가해 경쟁률이 매우 높은 편이었다.

2) 계급제의 전통

1949년 공무원법 제3조에 의하면, 공무원은 별정직과 일반직으로 구분된다. 동법 제10조에는 "공무원은 봉급에 의하여 1급, 2급, 3급, 4급, 5급 공무원으로 구별하며 대통령은 본법 기타 법률의 범위 내에서 이를 직종별(職種別)로 구별할 수 있다"고 규정했다. 그러므로 공무원은 받는 보수에 따라 5계급으로 구분되며, 따라서 우리 나라의 공무원 분류는 계급제에 기반을 두고 있다. 1961년 공무원법을 개정해 5계급을 9개 계급으로 수정했는데, 2급부터 5급까지 각각 갑과 을로 구분했다. 즉 2급갑(중앙부처 국장), 2급을(일선기관 국장), 3급갑(중앙부처 과장), 3급을(중앙부처 계장) 등으로 구분한 것이다. 1981년 9계급은 9등급으로 수정되었는데, 1급(차관보)에서 최하위직인 9급으로 구분했다.

3) 폐쇄형 임용제도

직업공무원제도는 개방형과 폐쇄형의 두 가지로 구분된다. 폐쇄형 임용제도는 계급제를 채택하는 나라에서 전형적으로 사용하고 있는 제도이다. 이 제도 하에서 공무원제도의 중간 계층은 외부에 개방되어 있지 않으며,

공무원제도의 하위 계급에서 승진을 통해서 임용된다. 이와는 대조적으로 개방형 임용제도에서는 민간 부문에서 공무원으로 수평 이동이 가능하며, 공무원으로 근무하다가 다시 민간 부문으로 돌아갈 수 있다. 따라서 임용제도에 융통성이 있으며, 기회와 전문성을 최대한 살릴 수 있다. 미국의 경우 1883년 공무원법(Pendleton Act)에서 이같이 독특한 개방형 임용제도를 도입했다. 우리 나라는 공무원제도 도입 초기부터 폐쇄형 임용제도를 채택하고 있다. 5급, 7급, 9급으로 신규 임용된 공무원은 해당 등급의 최하위직에서 시작하며, 계층구조 내의 다른 직위에 민간 부문에서 임용되는 기회는 극히 제한적이다.

4) 집권적 인사행정 체제

우리 나라 중앙인사행정기관은 정부 수립 후 참여정부 수립까지 다음과 같이 4단계를 거쳐 발전되어 왔다(정부혁신지방분권위원회, 2005: 33-36).

첫째, 정부 수립 후 격변기(1948~1963년)로 1948년 7월 17일 제정된 우리 나라 법률 제1호인 정부조직법에서는 정부조직을 11부 4처 3위원회로 구성했으며, 그 중 인사행정 관련 기능은 총무처와 고시위원회가 담당하고 있었다. 즉 고시(考試)와 전형(銓衡)은 대통령 소속기관인 고시위원회가 담당하고, 그 밖의 인사행정 기능은 국무총리 소속기관인 총무처가 담당하는 이원 체제였다.[2] 1961년 군사정부는 국무원 사무처를 국무위원급인 내각사무처로 개편하고, 내각사무처에서 조직관리 기능과 인사 기능을 담당했다.

둘째, 총무처 시기(1963~1998년)로 1962년 제3공화국이 출범한 이후에 정부조직법이 전면 개정되어, 내각사무처가 총무처로 개편되었다. 총무처장관은 국무위원급으로 중앙인사관장기관으로서 공무원 인사관리, 행정기관 조직 및 정원 관리, 상훈, 공무원연금에 관한 사무를 담당했을 뿐만 아

2) 고시위원회는 고등고시위원회와 보통고시위원회로 구분되어 있었고, 각각 그 안에 설치된 행정고등전형위원회, 기술고등전형위원회, 보통전형위원회가 전형 업무를 담당했다. 고시위원회는 대통령이 임명하는 위원장 1인과 위원 약간명으로 구성하되 위원 중 2인은 상임위원으로서 대통령이 임명하고 기타 위원은 시험이 있을 때마다 임시로 임명했다. 총무처에는 비서실, 인사국, 상훈국, 경리국이 있었고, 인사국에는 기획과, 전서과(銓敍課), 조사과, 후생과가 있었다. 당시 총무처장의 위치는 장관(국무위원)보다는 하위, 차관보다는 상위였다(중앙인사위원회, 인사개혁백서 참조).

니라, 정부 서무 부처로서 국무회의 의안관리 및 정부사무의 개선 등에 관한 업무도 함께 관장했다. 이러한 총무처 체제는 1998년 국민의 정부에서 총무처와 내무부를 통합하기까지 35년간 지속되었다.

셋째, 행정자치부 시기(1998~1999년)로 1997년 외환위기를 겪으면서 정부 부문의 감축관리가 요구되자, 국민의 정부는 이러한 국민적 요청에 부응해 국민의 정부 출범 직후인 1998년 정부조직의 통합 개편이 단행했다. 그 결과로 총무처와 내무부가 행정자치부로 통합되어 행정자치부가 출범되었다. 그러나 두 부처조직을 단순하게 통폐합해 만든 행정자치부는 인사행정 업무를 전문적으로 담당하기에 많은 한계를 지니고 있었다.

넷째, 중앙인사위원회와 행정자치부 이원화 시기(1999년 이후)로 1999년 국민의 정부 제2차 정부조직 개편에서 중앙인사위원회가 대통령 직속으로 설치되면서, 인사행정을 전담하는 중앙인사행정 조직이 설치되었다. 중앙인사위원회는 행정자치부의 인사국 기능 일부를 분리해 공무원의 인사정책 및 인사행정 운영의 기본 방침, 인사 관계 법령의 제정과 개폐, 3급 이상 공무원의 채용과 승진 기준에 관한 사항을 심의·의결하는 등 인사 기능을 전문적으로 다루는 준(準)입법적 합의제 행정기관으로서, 초기 조직구조는 정원 65명에 1심의관(인사정책심의관) 4개 과로 구성되어 있었다. 이같이 중앙인사기관의 개편에도 불구하고 집권적인 인사관리 체제는 큰 변화가 없었다. 중앙인사행정기관은 모든 중앙부처의 인사 기능뿐 아니라 일정 부분까지는 지방자치단체의 인사 기능도 담당했다.

제 2 절 참여정부의 인사행정 혁신과 변화

1 참여정부 인사행정 혁신의 배경

1) 국민의 정부의 인사개혁

지난 2~30년 동안 전 세계적으로 공공 부문의 개혁이 이루어졌다. 다른 나라와 마찬가지로 우리 나라에서 공공 부문 개혁의 동인은 위기였다. 1997년 외환위기에 뒤이은 경제 불황 때문에 우리 나라 공공 부문의 개혁이 가속화되었다. 1997년 위기 이전에는 정부 주도의 경제발전 전략에 따라 한국 경제는 비약적으로 발전했다. 1960년대 1인당 GNP 80달러에 불과한 개발도상국에서 1990년대 중반에는 경제 규모 세계 10위권의 국가로 성장했다. 그러나 정부 주도의 비약적인 성장의 이면에는 정부 부문의 비능률이 광범위하게 내재하고 있었다(MPB, 2002). 정책결정자들은 낡은 체제와 방법으로는 위기에서 벗어나지 못한다는 것을 인식하게 되었다. 한편 신공공관리론(New Public Management: NPM)은 영미계 국가들에서 공공 부문 개혁 프로그램의 주류가 되었다. 신공공관리의 특징은 공공 부문의 조직과 인력을 감축하고, 경쟁과 능률을 제고하기 위해 운영 체제를 혁신하고, 민간 부문과 지방정부에 권한을 위임해 자율성을 제고하는 것이다.

이러한 요소를 도입해 김대중 정부는 “작고 효율적이며 봉사하는 정부”를 목표로 정부혁신을 추진했다(MPB, 2002). 김대중 정부는 영미계의 신공공관리를 추구해 공공 부문의 규모를 축소하고 민영화를 추진했다. 정부 규모 축소에 따라 적은 인력으로 공공 서비스의 질을 유지하기 위해 여러 가지 아이디어와 전략이 필요했다 (Kim & Lee, 2001). 국민이 필요로 하는 서비스를 설계하고, 집행하고 전달하는 것은 공무원의 역할이다. 능력을 갖추고 헌신적인 공무원이 없다면 개혁 프로그램이 실천에 옮겨질 수 없다. 케틀 등(Kettl et al., 1996: 3)이 주장하는 것과 같이 “정부의 성과는 그 일을 하는 사람의 능력을 능가할 수 없다. 가능한 최고의 인재를 임용해 보유하고, 보상하는 데 실패하거나, 훌륭한 인재를 좋지 않은 시스템에 배치할 경우, 정부의 성과는 나빠질 수밖에 없으며, 납세자가 손해를 보게 된다.” 그러므로, 인사제도 개혁이 공공 부문 개혁의 핵심이라고 볼 수 있다. 김대중 정부의 인사제도 개혁은 새로운 인사행정기관의 창설, 개방형 임용제도, 성과 중심적 인사관리를 포함해 인사행정 전반에 걸친 개혁을 포함하고 있다 (MPB, 2002: 102-114; Kim & Lee, 2001).

1999년 5월 24일 중앙인사위원회가 설립되었다. 중앙인사위원회 설립 이전에는 인사 기능을 행정자치부가 담당하고 있었는데 그 기능이 행정자치부의 여러 기능 가운데 하나이므로 전문성에서 문제가 있었다. 이러한 문제점을 인식해 1999년 국민의 정부 제2차 정부조직 개편에서 중앙인사위원회가 대통령 직속으로 설치되면서, 인사행정을 전담하는 중앙인사행정 조직이 설치되었다. 그러나 1999년의 중앙인사위원회 출범은 인사전담기관의 설치라는 목적은 이루었으나, 또 다른 문제점을 안고 있었다. 즉 행정자치부가 수행하던 인사 업무 전체를 분리해 낸 것이 아니고 교육훈련, 연금, 복무, 인사제도관리, 고시, 소청 기능 등 일부의 인사정책 기능과 대부분의 인사집행 기능을 여전히 행정자치부 인사국에서 담당함으로써 중앙인사 관장기관이 둘로 나뉘어 이원화되는 결과가 초래되었다.

2) 국민의 정부 인사혁신의 성과와 반성

국민의 정부는 IMF 위기라는 국가 위기 상황에서 출발했다. 이로 인해 강력한 정부 부문 구조조정의 필요성에 입각해, 폐쇄형 공직구조를 개방형 구조로 전환하고, 전문성에 입각한 보직관리 기반을 조성했으며, 공무원 보수의 현실화와 성과급제를 도입했다. 이러한 인사개혁을 추진할 조직으로 중앙인사위원회를 새롭게 신설했다. 또한 국민의 정부의 정부혁신은 효율성을 지향한 구조개혁을 추진해 가시적 성과를 보여 주었으며, 성과 지향적 운영 시스템의 기틀을 다졌고, 행정의 투명성과 공개성을 제고할 수 있는 기반을 구축했다는 점에서 긍정적 평가를 받고 있다(정부혁신지방분권위원회, 2005).

그럼에도 불구하고 국민의 정부는 효율성의 지나친 강조, 하향식 개혁 추진과 참여의 부재, 작은 정부 추진과 역량 구축의 미흡 등의 한계로 인해 개혁의 최종적 성과가 미흡했다는 평가를 받고 있다. 또한 국민의 정부에서 추진한 정부혁신은 기능이나 업무 과정의 조정보다는 기구와 인력 조정에 초점이 맞추어졌다. 이와같이 과감한 기구와 인력 조정은 정권 초기 새 정부의 개혁 의지를 내외에 과시하는 데는 유용했지만 실제로는 그 과정에서 조직과 인력 배분의 왜곡을 발생시켰다는 평가를 받고 있다.

이상과 같이 국민의 정부에서는 다양한 인사 개혁 방안이 시도되었지만, 새로운 개혁 방안들의 제도적인 정착은 전반적으로 미진한 것으로 평가된다. 그 이유로는 짧은 기간 동안 다방면에서의 개혁이 추진되었던 관계로 개혁에 대한 구체적인 청사진이 불분명했다는 점, 개혁의 추진 과정에서 공무원의 참여가 부족해 공무원들의 적극적인 지원과 협조를 얻지 못했다는 점, 인사개혁의 추진조직이 정책 기능과 집행 기능으로 이원화되어 있어서 개혁 과제의 수행에 추진력이 부족했다는 점 등이 지적될 수 있다.

2 참여정부 인사혁신의 비전과 방향

1) 비전과 목표설정 과정

인사개혁은 노무현 대통령이 취임 이후 중점을 두고 추진해 온 정부혁신의 핵심 과제 중의 하나이다. 정부혁신은 참여정부 출범 이후 대통령이 직접 관여하는 가장 중요한 국가적 과제의 하나로 진행되었다. 대통령 직속 정부혁신지방분권위원회가 정부혁신 추진 체계의 핵심인데, 이 위원회는 2003년 4월 위원장을 포함해 개혁 관련 정부부처 장관, 학계, 시민단체 인사들이 위원으로 위촉되었다. 참여정부 개혁 추진에서 공통적인 현상은 관계 부처와 전문가들이 참여하는 위원회가 구성되고, 그 위원회에서 로드맵을 작성한 다음 이들을 정책화하는 것이다. 공무원 개혁은 정부혁신지방분권위에 소속된 인사개혁전문위원회가 정부부처인 중앙인사위원회와 함께 작성한 인사개혁 로드맵을 중심으로 추진되었다.[3]

인사개혁 로드맵은 참여정부 대통령직 인수위원회에서 소위원회를 구성해 작성한 초안이 기초가 되었다. 여기에는 정무직 인사검증 시스템 등 참여정부 출범과 동시에 작동되어야 할 주요 과제들이 포함되었다. 정부혁신위에 소속된 인사개혁전문위원회가 구성된 후, 인사개혁 로드맵을 수정 보완하고, 인사개혁 타임 스케줄을 작성해 2003년 7월에 인사개혁 로드맵이 확정되었다.

2) 인사혁신의 비전과 목표

인사개혁의 비전은 '공정성과 전문성에 기초한 참여형 인사 시스템 구축'으로 설정되었다. 여기에서 '공정성'은 공무원의 선발과 채용시에 투명성과

---

3) 필자는 정부혁신지방분권위원회의 초대 인사개혁간사위원(2003. 4~2005. 4)으로 일하면서 로드맵 작성과 그 실현에 관여했다.

인재 등용시에 차별 없는 균형 인사의 중요성을 강조하는 가치이다. 전문성은 공무원의 경력관리 과정에서 전문성을 길러 주고 전문적인 능력 중심의 승진인사와 성과 기반의 보상 체계의 정착을 유도하자는 취지이다. 한편 참여형 인사 시스템은 공무원을 개혁의 대상에서 개혁 파트너로 참여시키려는 의지의 표현이며, 구체적으로는 공무원들의 참여가 가능한 구조, 즉 공무원 인사에서 부처의 자율성을 강조하고 공무원 인사 권한을 부처로 분산시키겠다는 취지이다.

이러한 비전은 인사개혁 추진의 4대 목표에 반영되고 있는데, 여기에는 각 기관별로 "자율과 책임에 기초한 인사 시스템"을 구축하고, "투명하고 공정한 인사 운영", "전문성과 역량을 강화하는 인사제도"를 강화하며, "공무원과 함께하는 인사관리"를 이룩하겠다는 것이다.

3) 참여정부 인사혁신의 방향

이러한 비전을 달성하기 위해 20개의 과제가 선정되었다. 이러한 과제는 다음과 같이 다섯 가지 범주로 구분될 수 있다. ① 폐쇄형 임용을 보완하는 개방형 임용제도 도입, ② 실적제도를 보완하는 균형인사제도 도입, ③ 일반행정가 중심에서 전문행정가로 육성, ④ 연공서열식 보수 체계를 성과중심적 보수 체계로 전환, 그리고 ⑤ 인사행정 권한의 분권화 추진 등이다. 이러한 방향은 인사행정 체제의 패러다임을 바꾸겠다는 것이다. 여기에서는 이러한 방향에 관해 살펴보기로 한다. 인사개혁 과제를 효율적으로 추진하기 위해 2004년 3월 중앙인사위원회와 행정자치부에서 이원적으로 추진해 왔던 인사 기능을 중앙인사위원회로 통합했다.

3 폐쇄형에서 개방형 임용제도로의 혁신

앞에서 살펴본 바와 같이 1948년 건국 이후 4급 이상 고위공무원의 임용제도는 공석이 된 직위를 자기 부처의 공무원으로 임용하는 폐쇄형 제도를 채택해 왔다. 비교적 젊은 나이에 5급, 7급 또는 9급 공무원 시험에 합격한 이후 공무원들은 퇴직시까지 직무 성과와는 관계 없이 신분 보장이 이루어지고 있었다.

참여정부에서는 외부의 능력 있는 인재를 공무원으로 충원하기 위해 국민의 정부가 채택한 개방형 제도를 더욱 강력하게 추진했다. 국가의 경쟁력을 강화하기 위한 정부의 능력 향상은 유능한 인재의 확보와 활용에 달려 있다. 이것은 정부를 포함한 사회 각 부문에서 필요한 능력을 갖춘 인력이 그 능력을 최대한 발휘할 수 있도록 해야 함을 의미한다. 그러므로 인력운영시에 정부 내외 기관들 사이의 높은 장벽을 허물어 공직을 개방함으로써 유능한 인재를 폭넓게 발굴해 활용할 수 있어야 한다. 이를 위한 유용한 방법이 기관간 인사교류이다. 즉, 기관 상호간에 필요한 인력이 자유롭게 이동될 수 있도록 함으로써 적시·적재·적소의 인사 원칙이 구현되어, 정부정책의 질과 국가경쟁력이 높아지도록 하는 것이다. 이러한 방향에서 개방형 임용제도, 부처 간, 민간-정부 간 인사교류, 직위공모제도, 그리고 고위공무원단이 도입되었다.

1) 개방형 임용제도

개방형 임용제도는 199년 5월 22일 정부조직법과 공무원법 개정으로 도입되었다. 이 제도는 충원제도를 다양화하여 민간 부문과 공공 부문의 지원자들을 대상으로 공개경쟁을 통해 최적격자인 인재와 전문가를 영입하자는 것이다(Namkoong, 2003). 폐쇄형 임용제도에 익숙한 공무원들에게는 이 제도가 기득권에 대한 심각한 침해로 받아들여졌으며, 따라서 조직적 저항으로 제도가 유명무실해질 수 있다는 우려도 제기되었다.

〈표 1-1〉 개방형 직위 임용자의 이전 직위

(2007년 5월 말 현재)

구 분	총직위 수	미충원	충원 직위 수	내부임용	외부임용		
					소계	민간인	기타
계	219	33	186 (100%)	95 (51.1%)	91 (48.9%)	76 (40.9%)	15 (8.0%)
고위공무원단 직위	175	32	143 (100%)	81 (56.5%)	62 (43.4%)	49 (34.3%)	13 (9.1%)
과장급 직위	44	1	43 (100%)	14 (32.6%)	29 (67.4%)	27 (62.8%)	2 (4.6%)

※미충원 33개 직위는 충원중이거나 결원 미발생

개방형 임용제도에 의하면 각 부처는 1~3급 직위 중 20%에 해당하는 직위를 개방형 직위로 지정해야 한다. 중앙인사위원회는 각 부처와 협의해 1999년 11월 129개 직위를 개방형 직위로 지정했다. 공무원과 민간인이 모두 응모할 수 있으며, 지원자들 중 공정한 경쟁을 통해 적임자가 선발된다. 공무원이 선발될 경우, 3년 이내의 기간을 설정하여 계약을 통해 임용된다.

2007년 5월 말 현재, 219 직위가 개방형 직위로 지정되었으며, 그 중 175 직위는 고위공무원단 직위이며 44 직위는 과장급 직위이다. 이 가운데 186개 직위에 충원이 완료되었다(중앙인사위원회 내부자료). 개방형 직위 프로그램의 목적 중 하나는 부처 외부로부터 인재를 충원하는 것이다. <표 1-1>에 제시된 바와 같이 민간인 76명(40.9%)과 타부처 출신 15명(8.0%)이 임용되었다. 그러므로 부처 외부로부터 임용률은 48.9%를 기록하고 있다. <표 1-1>에 나타난 바와 같이 외부임용률은 과장급 직위에서 67.4%로 고위공무원단 직위 43.4%보다 훨씬 높아 과장급 직위에 외부임용이 상대적으로 용이하다는 것을 알 수 있다.

〈표 1-2〉 국민의 정부와 참여정부 개방형 직위 외부임용률 비교

구 분		국민의 정부 2000. 7~2003. 2	참여정부 2003. 2~2007. 5. 31	비고
합계		180 (100%)	348 (100.0%)	
내부임용		151 (83.9%)	190 (54.6%)	
외부임용	소계	29 (16.1%)	158 (45.4%)	
	민간인	22 (12.2%)	132 (37.9%)	
	타부처	7 (3.9%)	26 (7.5%)	

<표 1-2>에 국민의 정부와 참여정부에서 개방형 직위에 대한 외부임용률을 제시했다. 국민의 정부 기간(2000. 7~2003. 2)에 임용된 180개 직위 중 외부 임용자는 29명(민간인 22명 타부처 7명)으로 16.1%에 불과하다. 이와 대조적으로 참여정부 기간(2003. 2~2007. 5. 31) 중 임용된 348개 직위 가운데 외부임용자는 158명(민간인 132명, 타부처 26명)으로 외부임용률은 45.4%에 이른다. 참여정부 기간에 외부임용률이 크게 증가함으로써

국민의 정부에서 도입된 제도가 정착 단계에 이른 것으로 판단할 수 있다.

스탈(Stahl, 1976: 62-63)이 주장한 바와 같이, 공개경쟁 과정에서 재직자는 프로그램에 대한 지식과 선발 과정에 관한 지식에서 항상 우월한 지위에 있기 때문에 외부 지원자가 동등한 접근 기회가 있다고 말하거나 재직자가 승진 기회가 없다고 말하는 것은 잘못된 것이다. 이러한 상황을 감안할 때 2005년 4월의 외부임용률 40.0%는 개방형 임용제의 본래 목표, 즉 외부의 자격을 갖춘 인재를 임용한다는 목표를 참여정부에서 달성하고 있는 것으로 평가할 수 있다.

2) 인사교류의 활성화

1990년대 초반부터 중앙부처 간, 중앙부처와 지방자치단체 간, 그리고 정부와 민간 부문 사이에 인사교류가 추진되어 왔다. 이러한 인사교류를 통해 부처할거주의를 완화하고 상호 이해를 통해 협력을 강화할 것이 기대되어 왔다(Kim & Lee, 2001).

첫째, 민간근무휴직제를 시행하고 있다. 이 제도는 공직에 민간의 경영기법 및 업무 수행 방법 등을 도입하고 민·관 간 인사교류를 통한 상호 이해 및 국가적 인재 양성 도모를 목적으로 하여 근무경력 3년 이상인 일반직 및 외무공무원 중 4~5급 공무원을 일정 기간 공직을 휴직하고 민간기업에서 근무하도록 하는 제도이다. 단, 민간기업의 요청이 있거나 불가피한 경우는 3급(과장) 또는 6·7급 공무원도 가능하다. 민간기업의 범위에는 정부산하단체 등 공직 유관단체는 제외되며, 순수민간기업, 법인, 단체, 협회 등을 포함한다.

〈표 1-3〉 연도별 민간 근무휴직 운영 현황

(2007. 5. 31 현재)

구분 \ 연도별	2002년	2003년	2004년	2005년	2006년	계
당초	12명	13명	24명	24명	23명	누계: 96명
복귀	12명	13명	20명	11명	-	복귀: 56명
현재	-	-	4명	13명	23명	현재: 40명

<표 1-3>에 제시된 바와 같이 이 제도를 통해서 2002년도 9개 부처 12명, 2003년도 13개 부처 14명, 2004년도 12개 부처 24명, 2005년 24명, 2006년 23명이 민간 근무를 다녀왔거나 근무중이다.

2002년부터 2006년까지 누계 96명이 민간근무를 위해 휴직하다가 이 중 56명은 복귀하고 2007년 5월 말 현재 40명이 민간 부문에서 근무 중이다.

둘째, 고위직의 정부 부처 간 인사교류를 활성화했다. 정부 부처 간 인사교류는 이전부터 시행되어 오던 제도이지만, 이전에는 개인의 애로 사항 해결을 위해 주로 활용되었었다. 이 제도를 참여정부에서는 인력의 적재적소 활용이라는 측면에서 강화했으며, 특히 국장급의 고위직 교류를 실시했다. 그리고 이것을 점차 과장급까지 확대하려는 계획을 세우고 있다. 참여정부에서 실시한 고위직 교류는 고위직 공무원을 전(全)정부 차원에서 효율적으로 활용하기 위해 실시하는 제도로서, 유관 분야 간에는 상호 교류를 실시하고, 주요 직위에 대해서는 정부 내에서 직위공모제를 실시하는 것을 주요 내용으로 한다.

2006년 7월 고위공무원단이 도입된 후 국장급 공무원의 인사교류는 고위공무원단제도에 흡수되었다. 2005년 12월 현재 국장급 부처 간 교류임용자는 22명이며, 과장급은 25개 부처 34개 직위에 대해서 교류가 시행되었다. 2007년 1월 현재 국장급 인사교류는 총 32개 직위에서 이루어지고 있는데 이 가운데 순수 인사교류가 14개 부처 22개 직위이며 직위공모에 따른 인사교류는 9개 부처 10개 직위이다. 한편 2007년 5월 말 기준 과장급 인사교류는 기획예산처 등 23개 부처 34개 직위이다.

셋째, 중앙정부-지방정부 간 교류를 실시하고 있다. 중앙정부와 지방정부 간 인사교류는 오래 전부터 시행되어 오던 제도이며, 참여정부에서는 교류가 원활히 이루어질 수 있는 장치를 강화했다. 교류는 파견을 원칙으로 하되, 직무 수행상 교류 근무지에서 직위 부여가 필요한 경우(4급 이상)에는 전·출입 형식으로 교류가 가능하도록 했다. 또한 직급 및 직렬 간 융통성을 높여서 다른 직렬, 다른 직급과의 교류도 인정하도록 했다. 파견 기간은 1년이며 1년 범위 내에서 연장이 가능하다. 교류 시기는 상·하반기로 나누어 2회 실시하며, 교류 분야는 중앙부처와 지방자치단체 간 정책, 집행 연관성이 높은 직무 분야를 중점 교류하되, 혁신 역량의 확산, 개인적 희망(지역)을 적극 고려하도록 했다.

<표 1-4>에서와 같이 중앙-지방 교류는 2004년도에 17개 부처와 14개 시·도 사이에 84명의 인사교류가 있었으며, 2005년도에는 102명, 2006년도에는 118명으로 증가하였다.

〈표 1-4〉 중앙-지방 간 인사교류 현황

(2007년 1월 현재)

교류 구분	2004년	2005년	2006년
중앙·지방 간	84	102	118

와이스(Wise, 1996: 106)가 주장한 것처럼, 부처 간 인사교류는 외국에서도 잘 이루어지지 않고 있다. 그러나 부처 간 인사교류는 공무원 전체의 질을 향상시키는 데 유용하다. 참여정부의 적극적인 정책에 의해 그 동안 유용성이 인정되면서도 제대로 실시되지 못했던 기관 간 교류제도가 점차 활성화되고 있다. 공무원들도 폐쇄적 조직문화에서 벗어나 자신의 능력 향상을 위해 교류에 참여하고 있다. 이로 인해 적재적소의 인사 원칙이 더 많이 현실에 적용되고 있으며, 정부의 생산성 향상에도 크게 기여할 것으로 기대된다.

3) 직위공모제도의 활성화

공모직위제도(job posting)는 공무원 내부에서 경쟁을 거쳐 임용하는 제도이다. 이 제도에서는 각 부처가 자발적으로 공모직위를 지적한다. 공모직위에는 직업공무원만이 지원할 수 있으며 적격자가 정부 전체에서 선발하는 경우도 있지만 대부분 부처 내에서 공모한다. 고위공무원단제도가 도입된 이후 고위공무원단 직위 총수의 30% 범위 내에서 의무적으로 지정하여 운영하고, 과장급 이하는 기관 자율적으로 지정·운영하도록 하고 있다(개방형 직위 및 공모 직위의 운영 등에 관한 규정). 2007년 5월 현재 고위공무원 공모직위 207개를 지정·운영중이며, 그 중 공모직위 임용자는 101명으로 소속부처 47명, 타부처 54명으로 나타나고 있다. 과장급 이하에 대해서는 전정부적으로 적용되는 공모직위(정부 내 공개모집 절차 이행)를 지정 · 운영하지는 않는다. 그러나 각 부처는 자율적으로 과장급 이하 직위를 부처 내에서 공모하는 경우는 늘어나고 있다.

〈표 1-4〉 부처 내부 직위공모제 참여정부와 공모직위의 수

	2000년 이전	2001	2002	2003	2004	2007. 5
부처	4	6	8	29	36	-
직위	48	5	13	244	460	53

<표 1-4>에 제시된 바와 같이 직위공모제도 참여 부처와 직위가 참여정부 출범 이후 급격하게 증가했다. 2002년에는 8개 부처 13개 직위에 불과했으나, 2003년 29개 기관 244개 직위, 2004년 36개 기관 460개 직위가 지정되었다. 부처 내 공모를 거쳐 선발한 직위는 2007년 5월 현재 530개 직위로 외교통상부 201개, 행자부 115개, 관세청 63개, 농진청 83개 등이다. 그러나 이 통계는 비공식적으로 취합한 관계로 실적을 제출하지 않은 부처도 있을 수 있어 실질적으로는 더 많을 것으로 보인다.

4) 고위공무원단제도 도입

참여정부에서는 개방형 직위제도, 부처 간 인사교류, 직위공모제도 등을 운영해 온 경험을 바탕으로 이들을 종합한 고위공무원단제도를 도입했다. 미국, 영국 등 OECD 개혁 선두 국가들은 고위공무원 역량 강화를 통한 정부효율성 제고를 위해 오래 전부터 고위공무원단제도를 도입 · 시행해 오고 있다(남궁근 외, 2005). 일반적으로 고위공무원단제도는 정부 정책에 핵심적 역할을 수행하는 실 · 국장급 공무원을 개방과 경쟁을 통해 범정부적 차원에서 적재적소에 활용하고, 직무와 성과 중심으로 인사관리하며, 책임성을 강화함으로써 역량 있는 정부를 구현하려는 목적을 가진다. 구체적으로 고위공무원단제도는 첫째, 공직 내외 및 부처 간 개방과 경쟁을 통한 열린 인사를 가능케 한다. 둘째, 역량 평가 및 교육훈련 등을 통해 고위공무원의 능력 발전을 도모한다. 셋째, 직무 성과의 엄격한 관리와 그에 따른 책임성을 강화한다. 넷째, 고위공무원의 이동성을 확대해 고위공무원들에게 범정부적이고도 통합적인 시야를 갖도록 한다.

우리 나라의 경우 고위공무원은 국정 운영의 핵심 주체임에도 불구하고, 그 동안 체계적으로 육성·관리되지 않았었다. 자기 부처 출신자 위주의 고위직 임용 관행으로 부처 간 협력이 어려웠을 뿐만 아니라 고위공무원들의 직무 능력 및 직무 성과 제고를 위한 전략적인 관리가 잘 이루어지지 않았다. 참여정부는 국가 주요 정책 과정에 중요한 역할을 수행하는 정부 실·국장급 공무원을 국가 핵심 인력으로 양성함으로써 정부의 정책관리 능력을 획기적으로 제고하려는 취지에서, 정부 출범과 함께 고위공무원단 제도 도입을 인사개혁 중심 과제로 선정해 추진해 왔다. 이에 따라 정부혁신지방분권위원회와 중앙인사위원회는 고위공무원단 모델 설계와 단계적인 실천 방안을 마련하기 위한 작업을 꾸준히 추진해 왔다. 그 결과 2005년 12월 제도 도입을 위한 국가공무원법 개정안이 국회를 통과함으로써, 고위공무원단제도를 2006년 7월 1일부터 시행하게 되었다.

고위공무원단제도가 도입·시행되면 정책성과 향상, 고위직의 역량 향상, 질 높은 행정 서비스 제공 등 정부 경쟁력 제고 측면에서 긍정적인 효과를 가져올 것으로 기대된다. 또한 공직문화 측면에서도 성과 중심 문화로의 변화, 보상 차등화로 인한 동기 유발 등의 바람직한 파급 효과를 가져다 줄 것으로 전망된다. 다만 제도 시행 과정에서 각 기관 간 인력의 이동·배치의 불균형, 부처 간 이동 활성화에 따른 전문성 저하와 같은 점이 우려되므로, 제도 도입과 함께 현실 여건을 반영한 치밀하고 단계적인 실천 방안을 마련해야 할 것이다. 또한 계급과 연공 중심의 오랜 인사 관행과 공직문화를 근본적으로 혁신하는 데 따른 과장급·실국장급 공무원의 충격과 혼란을 최소화하고자 노력해야 할 것이다.

4 실적주의를 보완한 사회 형평적 인재 등용

사회 형평적 인재 등용은 참여정부와 과거 정부의 인사개혁을 차별화시키는 특징적인 개혁 과제이다. 사회 형평적 인재 등용이 현대 인사행정에서 중요한 부분을 차지하게 된 배경에는 인사행정의 본질과 추구하는 가치가 실적제 중심의 능률성으로부터 사회의 다양한 문제 해결을 지향하는 정치적 과정으로 보는 현대적 시각으로의 변화와 연관성이 높다. 즉 현대 인사행정의 양대 축은 실적주의와 정치 과정으로서의 인사정책 사이의 경쟁과 보완으로 설명할 수 있다.

참여정부는 출범 초기부터 사회 형평적 인재 등용 원칙을 공직 임용에 적용하기 위해 노력해 오고 있다. 관련 정책들은 1990년대 중반부터 일부 추진해 오던 것이었지만(예: 1996년 여성 공무원 임용 기회 확대를 위해 실시하기 시작한 여성채용목표제), 참여정부 출범 이후 그 범위가 확대되고 수준도 높아진 것으로 평가되고 있다. 참여정부에서 사회 형평적 인재 등용 과제는 여성, 지방 인재, 장애인 등 특정 대상 집단을 중심으로 강도 높게 추진되고 있다. 대상별 주요 내용은 다음과 같다(이하 정부혁신지방분권위원회, 2005).

1) 여성공무원 임용 확대

우리 나라의 경우 2010년까지 300만 명의 새로운 신규 인력이 필요하고, 이미 90% 이상을 활용하고 있는 남성 인력만으로는 공급이 부족해 여성 고급 두뇌 활용이 불가피한 실정에 있다. 이에 감성·창의성·유연성 등이 특히 요구되는 21세기 지식정보화 사회에서는 인적 자본으로서 여성의 효율적 활용이 국가경쟁력 강화와 국가 발전에 필수 요소가 되고 있다. 참여정부는 여성의 사회 참여를 선도하는 분야로서 공공 부문을 선택했고, 지금까지의 여성공무원 정책이 여성 인력을 공직에 유치하는 데 중점을 두었던 데서 한 걸음 더 나아가 앞으로는 관리자급 여성공무원의 임용을 확대하고 이를 적극 육성하기로 했다. 여성공무원 인사정책 개선 방안은 여성의 공직 진출을 지속적으로 확대하고, 여성의 육아 부담을 줄이고, 나아가 여성공무원을 육성하는 정책으로 나누어 개선 방안이 마련되었다. 여성의 공직 진출을 지속적으로 확대하기 위해서 2003년부터 5년간 한시적으로 '양성평등채용목표제'를 시행하게 되었다. 또한 여성관리자 임용목표제를 실시해 2006년까지 여성관리직 비율을 10% 이상이 되도록 했으며, 5급 이상 여성관리자 임용 확대를 위한 5개년 계획(2002~2006년)을 수립·시행하게 되었다. 한편 육아휴직 적용 대상을 특수경력직으로 확대해, 원칙적으로 모든 공무원이 육아휴직을 할 수 있도록 하는 등 육아휴직제도를 대폭 개선했다.

2) 장애인 공직 임용 확대

2000년부터 국가 및 지방자치단체도 장애인을 의무적으로 2% 이상 고용하도록 법제화했으나 민간 부문의 장애인 고용을 선도해야 할 정부기관조차 법정 고용률을 이행하지 못하고 있으며, 적용 제외 직종 범위가 광범위해 개선해야 할 과제가 산적해 있는 것으로 파악되고 있다. 이에 참여정부는 장애인의 활발하고 안정적인 직업 활동이 국가 사회적 생산성을 높이고 사회적 비용을 감소할 수 있다는 견지에서 범정부적으로 다각적인 장애인 공직 임용 확대 활동을 정책적으로 전개해 나가기로 했다.

2003년 9월부터 11월까지 여섯 차례에 걸친 정부혁신위원회 검토를 거쳐 「장애인 공직임용 확대 방안 보고서」를 2004년 1월 27일 발간했고, 이에 따라 '장애인고용촉진및직업재활법'이 개정되었으며, 신규 채용시 의무고용 적용 직종을 확대하는 내용을 담은 동법 시행령 개정이 2004년 6월 5일 이루어졌다. 아울러 장애인 공무원 인사관리지침이 동년 10월 제정되어 시행되고 있으며, 이 속에는 장애인 의무 고용 미이행기관이 신규 채용시 채용인원의 10%를 장애인으로 채용하도록 하는 내용을 담고 있다.

3) 지방 출신 공직 임용 확대

경제·사회·문화·복지 등 여러 방면에서 오랫동안 지속되고 심화되어 온 중앙과 지방 간 격차의 주요한 원인 중 하나로 인재의 수도권 집중 현상을 들 수 있다. 특히 지방 대학을 비롯한 지방 학교의 낙후와 불균형은 심각한 수준으로 나타나고 있는데, 이는 최근 행정·외무고시 등 5급 공개경쟁채용시험 합격자의 대부분이 서울 소재 대학 출신이라는 것으로도 알 수 있다. 이러한 이유로 그 동안 이런 문제를 해결하기 위한 적극적인 평등 조치가 요구되어 왔다. 이러한 적극적 조치의 요구는 제16대 대통령 선거 당시 "공공 부문에 '인재지방할당제'를 도입하여 중앙과 지방 간 인력 격차를 해소하고 유능한 지방 인재를 육성하겠다"는 대통령 정책공약에서 가시화된 이후, 참여정부의 다양한 정책들로 구체화되기 시작했다. 중앙인사위원회는 지방 인재의 공직 진출을 확대해 공직 구성의 지역대표성을 강화하고 국가 및 지역사회의 균형적인 발전을 도모하기 위한 정책으로 지역인재추천채용제 및 지방인재채용목표제의 도입과 지역구분모집제의 확대를 추진해 왔다. 또한, 지역인재추천채용제는 복잡·전문화되는 행정 수요에 적절히 대응할 수 있도록 공개경쟁 채용 방식을 보완하는 충원 경로로서 다양한 분야의 우수 인력을 공직에 유치할 수 있는 제도라는 점에 또 다른 의의가 있다. 지역인재추천채용제는 2005년 국가공무원법(3월)과 공무원임용령(5월)을 개정해 제도 도입을 위한 법적 근거를 마련했다. 한편 지방인재채용목표제는 2007년 시행을 목표로 하여 2005년 하반기 이후 제도 도입을 위한 근거가 마련되었다.

참여정부가 추진하고 있는 지방 출신 공직 임용 확대 정책은 크게 세 가지이다. 첫 번째는 수도권을 포함한 전국 대학의 우수 인재를 추천받아 선발해 인턴 근무 후 공무원으로 임용하는 지역인재추천채용제를 도입하며, 두 번째는 5급 공개채용시험 합격자 중 지방 출신이 일정 비율에 미달하는 경우 일정 범위 내에서 추가 합격시키는 지방인재채용목표제를 도입하고, 세 번째는 '지역구분모집제'의 확대이다. 이는 인사정책 차원에서 적극적 평등 조치로 지방 인재의 공직 진출을 확대함으로써 공직 구성의 지역대표성을 확대하고 국가 및 지방의 균형 있는 발전에 기여할 수 있는 기회의 확대의 필요성과도 관련되어 있으며, 그 주요 내용은 다음과 같다.

(1) 지역인재추천채용제

지역인재추천채용제는 대학 졸업자 또는 졸업 예정자 중 학업 성적이 우수하고 소정의 어학 능력을 갖춘 자로 학교장이 추천한 자를 대상으로 서류전형과 PSAT 및 구술시험을 거쳐 선발해 3년 동안 견습 근무하게 한 후 근무성적 및 자질이 우수한 자를 일반직 6급으로 임용하는 제도이다. 견습 직원 후보를 추천할 수 있는 대학은 '고등교육법' 제2조 각호에서 정하고 있는 대학으로 추천 연도의 입학 정원을 기준으로 대학별 2명 내지 4명을 추천할 수 있다.

〈표 1-6〉 지역인재추천제 대학 규모별 추천 상한 인원

입학 정원	1,000명 이하	1,001~2,000명	2,001명 이상
추천 인원	2명	3명	4명

추천 자격 요건으로 학교 성적은 학과별 성적순위 상위 5% 이내에 해당하는 동시에 어학 성적이 영어능력검정시험에서 외무고시 지원 기준 점수 이상을 취득한 자이어야 한다. 대학의 장은 추천자 선발심사위원회 개최 등 투명하고 공정한 절차를 거쳐 자격 요건을 갖춘 자 중에서 적격자를 선발해 중앙인사위원회에 추천하되, 선발 기준 및 절차 등은 중앙인사위원회가 제시한 일반 기준에 따라 각 대학별로 자율적으로 정하도록 했다.

인턴 직원은 대학으로부터 추천된 자들을 대상으로 PSAT(공직적격성테스트) 및 면접시험을 거쳐 합격자를 결정한다. 언어논리 능력, 자료해석 능력, 상황판단 능력으로 구성된 PSAT를 실시해 일정 배수의 합격자를 선발하고 PSAT 합격자를 대상으로 면접시험을 실시해 최종 합격자를 선발한다. 추천 및 선발은 '국가공무원법' 제26조의4 제2항의 규정에 따라 행정분야와 기술 분야 간 균형을 이루도록 하고, 특정 지역 소재의 대학 출신 비율이 당해 시험 합격자의 10%를 초과하지 않도록 합격자를 결정한다. 중앙인사위원회는 이에 따라 2005년 행정직 25명, 기술직 25명(2006년 2월부

〈표 1-7〉 지역인재추천제 영어능력 검정시험의 종류 및 기준 점수표

시 험 의 종 류		기준 점수
토플 (TOEFL)	아메리카합중국 E.T.S.(Education Testing Service)에서 시행하는 시험(Test of English as a Foreign Language)으로서 그 실시 방식에 따라 PBT(Paper Based Test)와 CBT(Computer Based Test)로 구분한다.	PBT 560점 이상 CBT 220점 이상
토익 (TOEIC)	아메리카합중국 E.T.S.(Education Testing Service)에서 시행하는 시험(Test of English for International Communication)을 말한다.	775점 이상
텝스 (TEPS)	서울대학교 영어능력검정시험(Test of English Proficiency, Seoul National University)을 말한다.	700점 이상
지텔프 (G-TELP)	아메리카합중국 샌디에이고 주립대(Sandiego State University)에서 시행하는 시험(General Test of English Language Proficiency)을 말한다.	Level 2의 77점 이상
플렉스 (FLEX)	한국외국어대학교 어학능력검정시험(Foreign Language Efficiency Examination)을 말한다.	700점 이상

※비고: 위 표에서 정한 시험은 당해 추천일부터 역산하여 2년이 되는 해의 6월 1일 이후에 실시된 시험에 한하며, 추천일 전일까지 위 표에서 정한 기준 점수가 확인 가능해야 한다.

터 견습근무), 2006년 행정직 25명, 기술직 25명(2007년 2월부터 견습근무), 2007년 행정직 25명, 기술직 25명을 선발(2007. 6. 22, 2008년 2월부터 견습근무 예정)했다. 견습직원은 견습 기간 동안 공무원이 아니므로 공무원으로서의 권리 및 신분을 보장받지 못하나, 공무원의 직무를 수행하므로 직무수행에 관한 부분은 공무원으로서 책임과 의무를 지게 되며 행정기관에서 실제 근무하며 견습을 거치므로 복무 관리 및 공무상 행위 등에 관해 공무원에 준해 처리하게 된다. 견습직원에게는 공무원임용령이 정하는 바에 따라 임용예정 직급(6급)의 1호봉에 해당하는 보수를 지급한다. 한편, 3년 동안 견습근무를 마친 후 견습 기간 동안 근무 성적 및 자질이 우수하다고 인정되는 자는 6급 공무원으로 특별 채용된다.

(2) 지방인재채용목표제

지방인재채용목표제는 5급 공개채용시험에서 선발 예정 인원의 일정 비율을 지방 인재로 선발함으로써 상위직에 지방 인재의 공직 진출을 확대해 공직의 지역대표성을 강화하고 국가 및 지역사회의 균형 발전에 기여할 수 있는 기회를 확대하기 위해 2007년부터 5년간 한시적으로 시행되는 제도이다.

즉, 5급 공채시험에서 지방 소재 학교(대학 이하)의 재학생 또는 졸업생의 선발 목표 비율을 설정하고, 합격자가 설정된 목표 비율 미만이면 추가합격선의 범위 내에서 선발 예정 인원 이외에 제한적인 비율로 지방 소재 학교 출신을 추가로 합격시키는 제도이다. 다만, 이 제도에 대해 헌법상 평등 원칙과 실적주의 원칙의 위배 가능성에 대한 의견이 제기되고 있는 바, 채용 목표율과 추가 합격선을 엄격히 설정해 지방대학의 육성·발전과 지방 인재의 공직 임용 확대를 위한 적극적 조치의 필요성과 조화를 이루도록 추진해 나갈 예정이다.

이 제도가 적용되어 2007년 외무고시의 경우, 1차 2명 추가 합격되었고, 최종(3차) 1명이 추가로 합격되었다. 2007년 행시 1차의 경우 25명 추가 합격(일반행정 20명, 재경 4명, 국제통상 1명)했다.

(3) 지역구분모집제의 확대

지역구분모집제는 지방 인재의 공무원 임용 기회를 확대하기 위해 7·9급 중하위직 공무원을 공개 채용하는 경우 지역별 선발 예정 인원을 당해 지역 출원자 중에서 선발해 해당 지역 소재 각 중앙행정기관의 소속기관에 임용하는 제도이다. 이 제도도 참여정부 이후 확대되고 있다.

5 일반행정가에서 전문행정가로의 공직의 전문성 제고

우리 나라 인사행정 체제는 계급제와 폐쇄형 제도를 근간으로 하고 있었다. 따라서 일반행정가 위주로 공무원 채용이 이루어져 왔다. 또한 채용된 공무원의 보직관리와 교육훈련 과정에서도 전문성이 제고될 여지가 없었다. 이러한 문제점을 인식한 바탕 위에서 참여정부는 공직의 전문성을 제고하기 위한 종합계획을 수립했다(남궁근, 2003). 여기에는 공무원 채용의 다원화 방안, 경력개발제도 도입, 그리고 교육훈련제도의 개선 방안이 포함되었다.

1) 전문가 채용의 확대

앞에서 논의한 바와 같이 5, 7, 9급 공개채용제도가 가장 일반적인 공무원 채용제도였다. 이러한 방법은 지원자의 일반적 지식을 테스트하는 데 중점을 두고 있으며, 구체적 직위에 필요한 자격 요건을 검증하기 어렵다. 그러므로 전문행정가보다는 일반행정가가 공무원의 주류를 이루게 되어 공무원제도가 복잡하고 다양하며, 특수한 국민의 욕구에 효과적으로 대응하기 어렵다. 이러한 문제를 해결하고자 몇 가지 방안이 도입되었다. 첫째, 채용에서 각 부처의 자율권이 확대되었다. 중앙인사위원회가 가지고 있던 권한을 각 부처에 위임해 각 부처가 상황과 특성에 부합되는 전문가를 선발할 수 있도록 했다. 둘째, 특별한 자격 요건을 설정하기 어려운 공개경쟁채용 규모를 축소하고, 특정 분야의 학위나 특별한 자격증을 필요로 하는 특별채용을 확대해 나가기로 했다. 셋째, 과학기술계 인력을 대폭 충원하기 위한 계획을 수립해 시행중에 있다.

2) 보직 및 경력개발 시스템 개선

(1) 보직관리 및 경력개발 시스템 도입

행정환경이 개방화·정보화의 방향으로 급변하고 있음에도 우리의 국가

경쟁력과 정부생산성은 아직 경쟁 상대국에 비해 낮은 것으로 평가되고 있고, 이 때문에 행정의 전문성 확보의 필요성이 높아지고 있다. 아울러 계급별로 규격화된 임용과 일반행정가 육성 중심의 전통적인 인사행정에 대한 비판적 성찰 분위기가 확대되면서 유연하고 다양한 임용과 전문행정가를 중시하는 전문 분야별 경력 개발의 필요성이 높아지고 있다.

이러한 문제를 해결하고자 참여정부에서는 각 부처별로 경력개발제도를 도입해 운영하도록 했다. 주요 내용은 다음과 같다(남궁근·류임철, 2004; 정부혁신지방분권위원회, 2005). 첫째, 각 부처가 경력 개발 유형을 선택한다. <표 1-8>처럼 네 가지의 경력 개발 유형 중 각 부처의 실정에 적합하도록 자체 사정을 감안해 탄력적으로 결정하되, 행정직의 경우 I자형을 원칙으로 하고, 기술직 및 특별채용자는 T자형을 원칙으로 한다.

〈표 1-8〉 경력 개발 유형

유 형	방 법
T형(▽형)	하위 직급에서는 순환전보(rotation) 없이 전문화하고, 상위 직급에서 폭넓은 순환전보를 통해 넓은 시야를 갖게 함.
ㅗ형(△형)	하위 직급에서의 폭넓은 순환전보를 통해 많은 직무를 경험하게 하고 상위 직급에서 전문화함.
工형(⊠형)	상·하위 직급에서의 어느 정도 순환전보를 실시하고, 중간 직급에서 전문화함.
↑형	채용 이래로 전문 분야만 종사하고 순환전보는 없음.

둘째, 개인별 보직 경로를 결정한다. 중하위 직급에서는 다양한 직무를 경험하도록 하여 적성, 역량에 맞는 직무를 발견하도록 하고, 상위 직급에서는 폭넓은 업무를 경험하게 하여 일반관리 능력을 확보하도록 한다. 특히 2006년 7월부터 시행된 고위공무원단제도의 도입과 연계하도록 했다.

셋째, 전문 분야별로 보직관리를 강화한다. 전문 분야에 속하는 직위에 대해서는 해당 전문 분야에 속하는 자 중에서 적격자를 선정해 보직을 부여하고, 전문 분야 근무자 중 적격자를 찾기 어려운 경우 직위 공모를 통해 충원정보(직무 내용 및 요구 역량)를 공개하고 희망자의 지원을 받아 심사 후 선발하도록 한다. 아울러 설정된 개인별 경력 경로(career path)를 기준으로 순환전보(rotation)를 실시함으로써 특정 분야와 관련된 다양한 직무를 경험하게 하여 특정 분야의 전문가를 육성하도록 한다. 아울러 경력 개발에 대한 상사의 적극적인 참여와 지원이 필요한데, 이를 위해 직속상사는 부하직원의 경력 욕구를 확인하고 필요한 역량을 개발할 수 있도록 경력개발 상담, 지원자로서의 역할을 수행해야 한다. 또한 특정 전문 분야에서 다른 전문 분야로의 이동은 원칙적으로 제한하되, 전문 분야↔공통 분야 간 인사이동은 허용하도록 한다. 예컨대, 전문 분야에 일정 기간(예: 3년) 근무한 자는 공통 분야로 전보한 후 다시 전문 분야로 복귀하는 순환보직 시스템을 운영한다. 이 때, 경력평정시 전문 분야(공통 분야 포함) 근무경력과 비전문 분야 근무 경력을 차등 적용하도록 하고, 전문 분야 근무경력에 대해서는 1할의 가산점을 부여해 전문성을 승진심사의 중요한 요소로 고려하도록 하는 방안을 적극 검토한다.

넷째, 전문 분야별 교육훈련을 실시한다. 교육훈련이 개인의 능력 개발과 행정의 전문성 향상에 기여할 수 있도록 보직관리와 상호 연계 운영되도록 한다. 특히 국내·외, 장·단기 교육훈련 대상자는 당해 전문 분야로 지정된 자 중에서 가급적 선발하도록 하고, 전문 분야와 관련된 교육을 연 1회 이상 이수하도록 의무화하는 방안도 검토한다. 이들 방안의 실효성을 확보하기 위해 교육훈련기관의 전문 분야별 교육 과정을 활성화하고, 민간위탁교육을 확대하는 조치를 마련한다.

다섯째, 자기계발 연구제도를 도입한다. 특정 분야에서의 전문성을 인정받은 사람(예: master)에게 6개월간 직무를 떠나 자율적으로 교육 또는 연구할 수 있는 기간을 제공하는 방안을 적극적으로 모색한다. 이들에게 전문 분야에 대한 자료 수집 및 집중적 연구 기회의 제공으로 전문성을 심화하기 위한 기회를 부여할 목적으로 직급 단위로 직급 체류 기간 중 1회에 한해 기회를 부여한다. 연구 기간 중 전문 분야 관련 교육 참가시 교육비를 실비로 적극 지원한다.

(2) 전보 제한 강화

공무원의 전문성을 강화하고 경력 발전을 지원하기 위해 현행 1년인 전보 제한 기간을 직위별로 확대·조정하기로 했다. 현행 5급 이하 공무원의 경우 2년으로 전보 제한 기간을 확대하기로 했다. 아울러, 전보 제한 기간 내 예외적으로 사전 전보시 그 요건을 강화하는 조치를 취했다. 또한 전보 제한 기간을 일정 횟수 이상 충족시킨 공무원에 대해서는 승진 등 인사상 우대 조치를 도입하기로 했다.

(3) 추진 결과 및 기대 효과

2003년 참여정부 인사개혁 로드맵에 경력개발제도가 채택된 이후 중앙인사위원회는 경력개발 시스템 구축을 위한 일반 지침을 만들어 각 부처에 제공했고, 2005년에는 통일부, 외교통상부, 문화관광부, 조달청, 기상청, 산림청 등 6개 부처청이 경력개발 시스템 제도화를 혁신관리 선도과제 또는 참여 과제로 선정해 추진하고 있다. 2006년 12월 말 기준 정부업무평가 결과에 따르면 경력개발제도 계획 수립 완료 기관은 교육인적자원부 등 33개, 기관, 계획 수립 단계에 있는 기관은 4개 기관, 기본 방향만 마련된 기관은 2개 기관이며, 1개 기관은 계획 자체를 수립하지 못했다. 한편 소수 직렬만 존재하거나 공직 부패 우려 때문에 7개 기관은 적용 대상으로 제외되었다. 중앙인사위원회의 최근 조사(2007년 3월 말)에 따르면 개인별 전문 분야 지정을 완료한 기관은 10개 기관이며, 인사 운영에 직·간접 도입한 기관은 4개 기관에 이른다. 이같이 속도는 느리지만 차분하게 정착되어 가고 있다.

3) 교육훈련제도의 활성화

행정환경의 변화에 효과적으로 대응하려면 공무원의 전문적 역량을 강화하고 변화에 대응할 수 있는 적응 능력을 강화시킬 교육훈련의 일대 혁신이 필요하다. 전문적 지식·기술을 요하는 대내외 업무가 급증하고 있으며, 국민의 행정 참여 확대 및 고도의 전문성에 기초한 고품질 행정 서비스에 대한 요구가 증대하고 있다. 이 밖에도 과학기술의 발달, 특히 정보통신기술의 발달은 공무원들로 하여금 효과적인 업무 수행을 위한 컴퓨터의 활용 등 새로운 업무 수행 기술의 습득 및 개발을 요구하고 있다. 이러한 행정환경의 변화에 효과적으로 대응하기 위해 비용이 아닌 투자 대상으로서의 인적 자원 개발, 특히 공무원 교육훈련의 혁신이 요구된다. 여기에 참여정부의 국정개혁을 효과적으로 추진하기 위해 새로운 시대의 가치·이념에 대한 내면화와 자기성찰을 기초로 국정철학에 대한 깊이 있는 공감대를 형성할 필요성이 있으며, 국정 시스템을 구성하는 인적 자원의 역량과 학습 능력 제고를 통해 지속적인 개혁 추진 기반을 마련할 필요성 또한 제기된다.

이러한 문제점을 극복하고 더 나아가 참여정부의 국정개혁을 효과적으로 추진하기 위해서 공무원이 개혁의 주체가 되어 스스로 개혁에 참여하도록 공무원의 의식과 문화를 바꾸고, 공무원의 핵심 역량 및 전문성을 제고함으로써 공직사회의 경쟁력을 강화하기 위한 교육훈련의 일대 혁신이 이루어졌다.

6 성과관리 및 평가제도 도입

전통적으로 우리 나라 공무원에 대한 평가와 보상은 연공서열을 기준으로 이루어져 왔다. 신분 보장이 각 공무원들에게 장기적 관점을 가질 수 있도록 하고 조직에 헌신할 수 있다는 점에서 공무원 사이의 경쟁보다는 신분 보장에 더욱 높은 가치를 부여한 것이다. 그러나 신분 보장은 공무원들이 성과 제고를 위한 경쟁의 인센티브를 약화시키고, 나아가서는 공직사회의 국제경쟁력을 약화시키게 된다(Kim & Lee, 2001). 이러한 반성에서 성과관리제도가 도입되었다. 성과와 보수를 연계시킴으로써 공무원들이 업무를 수행하는 데 동기부여가 강화될 것으로 기대되고 있다.

1) 성과급 도입

기존의 연공서열식 보수제도하에서는 장기근속에 따라 보수가 증가해 근무 기간이 늘어남에 따라 높은 보수를 받게 된다. 공무원의 경쟁력을 제고하고자 중앙정부에 성과급제도를 도입했다. 1999년 중앙정부에 연봉제가 도입되었는데, 이 제도 하에서 각 보수 등급 내에서 보수는 성과에 따라 달라지게 된다.

참여정부는 기존의 성과급제도를 더욱 강화했다. 우선 정부는 직무성과계약에 따라 성과를 측정하는 방법을 도입했다. 보수 증가 여부가 실제의 목표달성도에 따라 달라지게 된다. 정부는 2006년 현재 2.5% 수준인 성과급의 비중을 고위공무원의 경우 2007년까지 10%로, 중하위직의 경우 6%

까지 확대할 계획이다.

성과급제도는 이미 상당 기간 시행되고 있으며, 시행 과정에서 몇 가지 쟁점이 제시되고 있다(Kim & Lee, 2001). 첫째, 객관적인 성과측정이 그 성공 여부를 결정하는 데 핵심 요인이다. 공무원이 평가 결과를 신뢰하지 않을 경우, 성과급의 차이를 받아들이지 않으려고 할 것이기 때문이다. 평가 기준과 이의제기 절차가 세심하게 설계되어야 한다. 둘째, 성과급은 그 차이가 상당히 크지 않으면 불만의 소지가 될 가능성이 크며 인센티브의 역할을 하기 어렵다.

2) 성과관리제도

국민의 정부에서는 4급 이상 공무원에게는 목표관리(Management by Objectives: MBO)를 적용하고 있으며, 5급 이하의 경우 근무성적평정제도를 사용했다. 참여정부에서는 성과계약제도를 도입해 점차 MBO를 대체하고 있다. 성과계약제도는 기관장과 고위관리자와의 개별적 협약으로 성과목표와 측정지표를 포함하고 있다. 그러므로 협약은 평가와 보수를 연계해 주는 도구가 되고 있다. 아직까지 성과계약의 영향을 측정하기는 어렵다. 그러나 성과계약은 조직 전체 차원에서 교육훈련이 이루어지고, 측정 매뉴얼이 작성되어 객관적인 평가가 이루어질 수 있어야 성공할 수 있다.

7 인사의 자율분권화와 부처 인사 역량 강화

1) 추진 배경

과거의 인사행정은 실적주의 원칙을 보호하기 위해서 인사상의 요건, 절차, 방법 등에 관해 세부적인 사항까지 구체적으로 규정함으로써, 예상되는 정치적인 압력에 저항해 중립성을 확보하는 것이 중요한 목표였다. 이는 외형상으로는 소속 장관의 인사권 남용을 방지하기 위한 최소한의 공정성과 객관성 확보 기준이라는 긍정적인 측면도 있었으나, 반면에 지나친 경직성과 중앙집권화 현상을 가져와, 결과적으로 해당 기관에서 필요한 인력을 적재적소에 배치하는 데 장애 요인으로 작용했다.

엽관주의의 관행이 사라지고 공정하고 투명한 사회 풍토가 확립된 현재 급변하는 행정환경에 신속하고 탄력적으로 대응함으로써 공직사회의 경쟁력을 확보할 필요가 있으며, 이를 위해 각 기관의 실정에 적합한 인사 운영이 이루어질 수 있도록 인사행정 전 분야에 걸쳐 불필요한 인사규제를 완화하고 인사 자율권을 확대할 현실적 필요성이 대두되고 있다. 또한 참여정부 출범 이후 추진되고 있는 인사자율권의 확대와 분권화 정책이 성공을 거두기 위해서는 각 부처의 인사관리 역량을 강화할 필요가 있다(이하 정부혁신지방분권위원회, 2005).

2) 추진 경과

참여정부 출범 이후 정부는 '분권과 자율'을 정부 인사관리 측면에서 실현하기 위해 인사자율성 확대 사업을 참여정부 인사개혁 로드맵 과제로 선정해, 2007년까지 각 부처 인사자율성 확대를 위한 과제를 지속적으로 발굴·개선하도록 계획을 수립했다. 지금까지 세 차례의 인사자율성 확대를 통해 제도를 개선했다.

제1단계 사업으로, 중앙인사위원회와 행정자치부가 공동으로 '공무원 인사제도 개선추진단'을 구성해 2003년 2월부터 5월까지 인사 운영 및 절차상 폐지·간소화 등 필요한 사항을 분석해 '제1단계 인사자율성 확대 방안 시안'을 마련했고, 이에 대해 정부혁신지방분권위원회 인사개혁전문위원회에서 여러 차례 논의를 거듭했다. 그 결과 2003년 7월 4일 정부혁신지방분권위원회 본회의에서 '각 부처 인사자율성 확대 방안'을 최종 확정했고, 2004년 3월까지 국가공무원법과 공무원임용령 등 관련 법령 개정을 완료했다.

제2단계 인사자율성 확대사업은 2004년 5월부터 7월까지 각 부처 건의사항 접수, 의견 조회, 인사담당관 연찬회, 각종 인사 관계 법령 검색 등을 통해 인사규제 사항을 발굴했고, 그 결과를 토대로 2005년 2월까지 공무원임용령과 공무원임용시험령 등 관련 법령 개정을 완료했다.

제3단계 인사자율성 확대는 2005년 3월부터 6월까지 각 부처로부터 폭넓은 의견을 수렴하고, 각종 인사관계 법령을 검색해 총 26건의 인사규제를 폐지 또는 개선하는 내용의 '제3단계 인사자율성 확대 방안'을 10월에 확정했다.

부처인사자율권 확대와 더불어 각 부처 인사행정 전담부서 설치를 더욱 적극적으로 추진하기로 했으며, 2003년 9월 2일 '각 부처 인사 역량 강화 방안'이 추가로 수립되었으며, 2004년 3월 부처별 혁신전담조직 설치기본계획을 통해 혁신과 인사 기능이 통합되어 집행될 수 있는 근거를 마련했다. 2007년도부터는 총액인건비제도를 실시하게 됨으로써 부처 자율성이 더욱 강화될 것으로 기대된다.

3) 평가와 과제

인사 자율성의 강화는 공직의 경쟁력을 강화하기 위해서는 중앙집권적이고 규제 위주의 인사관리에서 벗어나, 유연하고 자율적인 인사관리를 통한 인적 자원을 효율적인 활용이라는 목적에서 추진된 것이다. 결과적으로 중앙인사기관은 3급 이상 고위직의 경쟁력 강화를 위한 노력에 집중하고, 4급 이하의 공무원에 대해서는 부처 장관의 재량권을 확대함으로써 실무 현장에서 필요한 인재를 적재적소에 배치할 수 있도록 배려하는 것이다. 앞으로 공무원 인사에 대한 장관의 자율성은 총액인건비제와 팀제의 실시로 인해 더욱 강화될 것으로 예상된다.

부처의 인사 자율성이 강화될수록 필요한 것이 부처 인사조직의 역량 강화이다. 분권화된 권한을 효율적으로 수행하기 위해서는 부처의 인사담당 조직과 기능이 강화되어야 하며, 이러한 기능을 담당할 유능한 인사전문가의 육성이 절실히 요청된다. 따라서 부처 인사담당 조직의 설치에 만족할 것이 아니라 더 나아가 인사전문가의 육성과 활용이라는 좀더 궁극적인 목적을 향한 노력이 요청된다. 따라서 정부혁신이 성공적으로 정착될 경우 현재 통합되어 있는 혁신 기능과 인사 기능을 분리시켜 인사관리의 전문성과 전략적 기능을 더욱 강화할 필요가 있으며, 채용부터 교육훈련, 퇴직에 이르기까지 종합적이고 체계적인 인사관리를 수행하기 위해서는 인사와 조직 기능을 연계해서 운영하는 것이 필요하다.

제 3 절 결 론

우리 나라에서 근대적 인사행정 체제는 3공화국에서 형성되었다. 인사행정 체제의 특징은 실적 중심, 계급제도, 폐쇄형, 중앙집권적 인사제도로 요약될 수 있다. 이러한 특징은 1990년대까지 큰 변화가 없이 유지되었다. 한국의 공무원제도는 정부 주도형 국가 발전을 이끄는 데 크게 기여했다. 헌신적인 유능한 공무원들의 노력으로 국가 발전에 크게 기여한 것이다(Kim & Lee, 2001). 그러나 1997년 외환위기 이후 대대적인 개혁이 시작되었다. 정부가 문제 해결의 수단이라기보다는 그 자체가 문제라고 생각되었다. 그 결과 국민의 정부는 '작고 효율적이며 봉사하는 정부'를 만들고자 강력한 개혁을 추진했다. 국민의 정부에서 추진한 인사제도 개혁은 인사관리의 모든 면을 포함하고 있었다.

참여정부는 '작은 정부'를 추구하지는 않았지만 국민의 정부에서 추진한 인사개혁의 다른 측면들을 계승해 강력하게 추진했다. 인사개혁의 로드맵은 2003년 7월 발표했는데, 그 개혁 과제들은 ① 폐쇄형에서 개방형으로, ② 실적주의를 보완한 사회 형평적 인재 등용, ③ 일반행정가에서 전문행정가 육성으로, ④ 연공 중심에서 성과 중심 체제로, ⑤ 집권적 인사행정 체제에서 분권적인 체제로의 개혁으로 분류할 수 있다. 참여정부 출범 후 지난 4년 동안 정부는 로드맵 과제를 법제화하고 집행하는 데 상당한 성과를 거둔 것으로 나타나고 있다.

인사개혁 과제가 집행되면서 우리 나라의 인사행정 체제는 패러다임의 전환이 이루어지고 있다. 즉 계급제, 폐쇄형, 연공 중심, 그리고 중앙집권적 관리 체제에서 직위 중심적, 개방형, 성과 중심형, 분권화된 인사행정 체제로 변화하고 있다. 그러나 현재까지는 그러한 전환이 성공적이었는지 분명하지 않다. 선진국의 경험을 살펴보면 인사행정 체제의 개혁은 장기간의 과정이며, 공무원의 행태와 문화를 바꾸기 위해서는 상당한 시일이 필요하다. 인사행정 체제 개혁의 성과를 가시적으로 파악하려면 최소 10년 정도가 경과되어야 한다. 그러나 정책집행에 관한 많은 연구에 따르면 개혁의 집행 과정에서 이해당사자에 의해 왜곡되고 지연되기 쉽다는 사실이 밝혀지고 있다. 그러므로 참여정부에서 도입된 개혁정책의 목표가 달성되려면 다음과 같은 점들이 고려되어야 한다.

첫째, 정부는 공무원과 일반 국민으로부터 지지를 얻을 수 있어야 한다. 대다수의 전문가들이 정부의 인사개혁이 올바른 방향으로 가고 있다는 데 동의하지만, 기존 조사연구에 의하면(박천오, 2006; 하태권 외, 2004), 일부 공무원들이 개혁에 소극적이며 저항하는 모습이 나타나고 있다. 대화, 타협과 설득에 기반을 둔 민주적 리더십이 이러한 저항을 극복하기 위해 필요하다.

둘째, 집행의 시점과 도입 순서가 면밀하게 검토되어야 한다. 신제도론자들이 주장하는 바와 같이 개혁 프로그램의 시점과 도입 순서가 최종 결과에 영향을 미칠 수 있다. 현재 상태에서 너무 많은 개혁 조치들이 동시다발적으로 도입되어 운영되고 있다. 인사행정제도의 개혁뿐 아니라 행정개혁, 전자정부 개혁, 재정세제 개혁 등 수많은 개혁 과제들이 동시에 진행되고 있는데, 이들 중 일부는 서로 충돌할 수 있다. 예를 들면 보직경로제, 고위공무원단, 총액인건비제 등 인사개혁 과제와 행정개혁 과제인 팀제는 섬세하게 조정되지 않으면 충돌이 일어날 가능성이 있다(남궁근 · 서원석, 2005 참조).

셋째, 국민의 정부와 참여정부에서 추진된 인사행정 개혁은 차기 정부에서도 계속 추진되어야 한다. 추진 과정에서 예기치 않은 부작용을 해결하기 위한 미세한 조정은 필요하지만 기본 방향이 변경되어서는 안 될 것이다.

넷째, 인사행정 개혁은 그 자체가 최종 목적은 아니다. 인사행정 개혁은 우리 정부가 변화하는 환경에서 제기되는 새로운 문제에 대응하고, 국가경쟁력을 제고하는 데 기여하는 수단이라는 점을 유의해야 한다.

제 2 장 정부인사 혁신의 이론적 기초: 신공공관리론

시대 상황이 바뀌더라도 일반적으로 우리는 여전히 정부 특히 행정부에 크게 의존하고 있다. 여기에는 몇 가지 이유가 있다(Vigoda-Gadot, 2003).

첫째, 우리들의 기본적인 권리와 욕구가 위협을 받고 있을 때, 기댈 만한 기관이 별로 없다는 점이다.

둘째, 어느 국가를 막론하고 지난 세기 동안 과거 어느 때보다도 정부와 공공 부문이 엄청나게 팽창해 왔고 이에 따라 실질적으로 시민들이 정부가 제공하는 재화와 서비스에 크게 의존하게 되었다는 점이다.

셋째, 공공 부문은 과거 어느 때보다도 더 많은 재화와 서비스를 제공해 왔으며 이질적이면서도 급증하는 다양한 요구를 가진 많은 사람들에게 재화와 서비스를 제공해 왔다는 점이다.

그러나 영국을 비롯한 서구 여러 국가는 1980년대 들어 심각한 재정적 위기와 국제정치 및 경제적 여건의 변화, 국민들의 정치와 행정에 대한 불신감의 누적으로 정부 활동의 규모와 방식에 대한 심각한 도전을 받게 되었다(정정길, 2003). 이러한 도전에 대한 반응이 대대적인 정부혁신으로 나타나 오늘날에 와서는 전 세계적으로 정부혁신은 거스를 수 없는 대세가 되었다.

1979년 영국병의 치유를 목표로 내건 대처(M. Thatcher) 정부의 등장으로 대대적인 정부구조의 개혁과 정부활동의 규모를 축소로 한 개혁의 열풍

이 영연방 국가인 뉴질랜드와 호주로 전파되었다, 특히 1984년 노동당의 집권으로 새로 출범한 뉴질랜드 정부는 정부관리는 물론이고 국정 전반의 틀을 완전히 바꾼 정부혁신의 모범을 보여 준 것으로 많은 나라들이 벤치마킹을 하는 정부혁신의 전례가 되기도 했다. 이러한 정부혁신의 실천적이고 이론적인 토대를 이루고 있는 것이 신공공관리론이다. 뉴질랜드의 정부혁신은 신공공관리론적 정부혁신의 중심적 위상을 가진 것으로 평가되고 있다(Kettl, 2002) 일본의 경우도 1980년대 중반부터 이른바 민간 활력을 증진시켜야 한다는 기치 하에 주요 공기업을 민영화한 나카소네(中曾根康弘) 내각의 행정개혁과 함께 1990년대에는 하시모토(橋本龍太郎) 내각에서 대대적인 행정개혁을 단행해 오늘에 이르고 있다. 우리 나라도 IMF 위기를 극복하기 위한 정부의 대대적인 구조조정과 정부 운영 방식의 개혁이 김대중 정부 기간 동안에 단행되었는데 이 과정에서 신공공관리론적 논리와 처방이 적용되어 온 것으로 평가되고 있다. 이러한 각국의 정부개혁에 대한 대대적인 흐름에는 UN, 세계은행, OECD 등 국제 기구의 영향도 큰 것으로 알려져 있다. 세계은행이 선진국들의 성공 경험과 개발도상국가들의 현실을 토대로 마련한 정부개혁모형은 신공공관리론의 전파에 매우 중요한 역할을 한 것으로 평가되고 있다(김정렬, 2000).

신공공관리가 공공 영역의 이론이나 실천에서 엄청나게 유행하고 인기를 모으고 있다는 점은 오늘날 널리 인정되고 있지만 그에 대한 평가는 다양하다. 신공공관리는 해묵은 관리주의 정신을 공공 영역에 적용한 것에 불과하다고 혹평하기도 하는 학자들이 있는 반면에 쇠퇴일로에 있는 행정학에 전기를 마련해 준 것으로 주장하는 학자들도 있다(Vigoda-Gadot, 2003). 그러나 신공공관리론적 개혁에 대해 상당한 비판이 제기되고 있음에도 불구하고 신공공관리론적 개혁의 움직임은 수그러들지 않고 있다. 이것은 선진국, 개발도상국을 막론하고 재정적 제약 하에서 공공 서비스의 수요가 질과 양 모든 측면에서 증대하고 있기 때문에 정부의 운영이 더욱 대응적이고 효율적이어야 한다는 내외의 압력이 지속되고 있기 때문이다.

여기서는 우리 나라뿐만 아니라 세계 여러 나라에서 정부혁신의 중요한 부분으로 추진되어 온 공무원인사제도의 개혁, 즉 정부인사 혁신이 주로 신공공관리론적 시각에서 이루어졌다는 전제 하에 신공공관리론이 등장한 배경, 주요 내용, 그 한계 등에 대한 논의를 정리해 보고자 한다. 아울러 신공공관리론적 시각에서 추진해 온 우리 나라 정부의 주요 인사혁신제도들을 간단히 기술하고자 한다.

제1절 신공공관리론의 배경

1 신공공관리론의 현실적 배경

1970년대 들어 서구 유럽 국가들과 미국에서 당면했던 정책결정과 집행상의 어려움이 새로운 접근 방법으로서의 신공공관리론이 대두된 실천적 측면으로 흔히 언급되고 있다. 미국과 영국 등에서 신공공관리를 주장한 옹호자들은 왜 그러한 개혁이 필요했는지를 설명하는 공통적 근거를 발견했다. 그것은 공공의 요구에 효과적이면서도 즉각적으로 대응하기 어려웠던 신축성 없는 관료제의 문제가 이들 국가에서의 기본적인 민주적 원리 및 가치와 상충하고 있었다는 점이다. 오코인(Aucoin, 1995)은 서구 민주주의 국가가 여러 가지 고충을 겪으면서 헤쳐 왔고 또 앞으로도 헤쳐 가야 할, 부분적으로는 관리개혁을 통해 헤쳐 가야 할 도전을 세 가지로 요약한 바 있다. 이러한 세 가지의 도전은 ① 공공 부문 지출의 억제에 대한 점증하는 요구, ② 시민의 욕구(needs)와 정치적 권위에 대한 정부관료제의 대응성에 대한 점증하는 냉소주의 그리고 프로그램 효과성에 대한 불만족, ③ 국내적 정책 노력에 내맡겨 두지 않은 국제적·시장 주도적 경제 등이 그것이다. 이러한 도전들이 미국, 영국, 뉴질랜드, 캐나다 기타 서구 국가 정부로 하여금 공공 서비스의 개혁과 변화가 있어야 한다는 인식을 갖게 했다는 것이다.

현실적이고 실천적인 차원에서 신공공관리론이 정부혁신을 움직이게 하는 큰 힘으로 작용하게 된 배경에는 현대 산업국가들 특히 서구의 복지국가들이 직면했던 전반적인 경제적인 위기와 공공재정의 위기에서 찾는 경우가 많다(김정렬, 2000). 정부와 행정 서비스에 대한 국민의 요구가 계속 증대됨에 따라 정부의 재정적자가 눈덩이처럼 불어나 결국 재정위기가 만연했고, 그런 상황에서 한정된 자원으로 점점 더 높은 수준의 서비스를 원하는 국민의 요구를 충족시키려면 결국 행정 서비스의 효율성을 높이는 길밖에 없었기 때문에 정부의 혁신이 불가피하게 요구되었던 것이다.

서구 복지국가 가운데 영국은 이미 1970년대부터 '영국병(British disease)'으로 알려진 복지비 부담의 과중으로 민간기업의 투자를 위축시켜 왔다는 비판이 일고 있었다. 1976년도에는 IMF의 구제금융을 요청하는 지경에 이르자 반복지주의적 극우 보수주의 정권을 등장시키는 결과를 낳았다. 노동운동을 강력하게 통제하고 복지정책의 대폭적인 축소와 함께 적자에 허덕이는 공기업을 민영화시키려는 대처 정권이 등장했던 것이다. 미국의 경우도 1960년대 이후 '위대한 사회(Great Society)'의 건설이라는 슬로건 아래 갖가지 복지정책들이 추진되면서 집행상의 여러 가지 문제가 노출되었고 재정적자가 누적되면서 반복지주의적 이념이 급속히 확산되었다. 이와 함께 조세저항운동이 일어나는 등 이른바 '미국의 불안(American malaise)'이 가중되면서 극우보수주의자로 알려진 레이건(R. W. Reagan) 정권이 탄생하게 되었다. 냉전 체제의 종식으로 세계화라는 이름으로 국가 간의 경제 대결이 심화되면서 기업의 경쟁력이 국가의 운명을 좌우한다는 논리가 힘을 얻게 된 것도 민간 부문의 활성화와 정부 개입이 축소를 가져온 중요한 요인이 되었다. 즉 기업의 활성화를 위해 조세 감축을 추진하는 한편, 기업 간의 경쟁을 강화시키기 위해 규제 완화 및 민간 부문에 대한 정부 개입의 축소를 강조하게 된 것이다(정정길, 2003).

이와같이 기존의 정부관리 방식으로는 누적된 문제들을 해소하기 힘들다는 인식이 확산되면서 영국과 미국뿐만 아니라 여러 서구 국가들에 정부혁신운동이 확산되었다.[1] 1980년대와 1990년대 중반에 이르는 기간 동안 OECD 국가에서 전개된 정부혁신의 주요 동향과 공통적인 특성은 OECD

---

1) 클린턴 정부하에서 추진된 정부혁신의 배경과 오스본(D. Osborne)과 게블러(T. Gaebler)의 정부혁신 방안이 클린턴 행정부하에서 어떻게 도입되고 추진되었는가에 대한 자세한 기술은 다음의 문헌에 잘 나타나 있다. Donald F. Kettl(2002). *The Transformation of Governance,* Baltimore: The Johns Hopkins University Press, pp. 90-92.

보고서에서도 잘 드러나 있다. 이 보고서에 따르면 OECD 국가에서 정부혁신의 주요 공통점으로는 정부활동의 결과 및 화폐적 가치의 강조, 권한의 위임과 신축성의 증대, 책임과 통제의 강화, 고객과 서비스 지향적 행정, 전략 또는 정책을 개발하는 능력의 함양, 경쟁을 근간으로 한 시장 요소의 도입, 각급 정부 간 관계의 변화 등이다(OECD, 1995). 이러한 특징들의 정부관리 방식을 신공공관리론으로 규정하고 있는 것이다.

2 신공공관리론의 이론적 배경

신공공관리의 이론적 기초로는 조직 내 경영혁신을 통한 성과 향상에 초점을 두고 있는 신관리주의와 개인의 자유와 경쟁을 중시하는 신자유주의, 그리고 개인의 선택에 의한 공공재의 공급을 중시하는 공공선택이론을 중심으로 하는 신제도주의 경제학에 바탕을 두고 있는 것으로 알려져 있다(신희영, 2003). 여기서는 신공공관리론의 이론적 기반을 이루고 있는 앞의 세 가지 이론과 신공공관리론과의 관계를 간략히 살펴보기로 한다.

1) 신자유주의와 신공공관리

정부행정조직의 시민사회에 대한 대응성과 정부조직 운영상의 효율성 문제가 핵심적인 쟁점이었다고 볼 수 있다. 기존의 관료조직의 타성과 폐해로 지적되어 온 이러한 대응성과 효율성의 문제를 극복하기 위한 기본적인 논리는 신자유주의 이념에 그 뿌리를 두고 있다. 신자유주의 이념은 국가와 시민사회 관계라는 정치적 문제보다는 국가와 시장 관계라는 경제적 문제 설정을 우위에 두고 시장 경제적 관계를 정치적·제도적 제약으로부터 자유롭게 하는 데 있다. 신자유주의와 신공공관리론은 이러한 시장 중심적 사회 구성의 관점에서 국가(또는 정치)의 논리와 시장의 논리를 배타적인 것으로 보면서 한편으로는 시장의 논리가 국가 또는 정치의 논리보다 효율적이라고 보고 다른 한편으로는 국가의 경제활동이 비대응적이라고 본다. 이렇게 시장 논리를 중심에 두고 재화와 서비스의 생산 및 소비구조를 재편하는 방식이 두 가지 방향으로 이루어졌다. 그 하나는 국가의 경제활동 규모를 최소화하는 것, 즉 국가공기업을 민간 기업화하는 것이었고, 다른 하나는 국가 활동을 시장 논리에 입각해 재편하는 것, 즉 민간기업의 경영기법을 정부 행정조직의 운영 원리로 삼는 것이었다. 결국 신자유주의적 구조개혁의 전형적인 예로 볼 수 있는 1980년대 영국을 비롯한 영연방 국가의 공기업 민영화는 재화와 용역의 생산이 시장의 논리에 따라 이루어질 때 가장 대응적이고 효율적이라는 관점에 바탕을 둔 것이다. 그리고 경영의 논리 특히 시장에서의 계약 관계를 행정조직의 운영에 도입한 신공공관리론적 정부개혁도 시장 논리를 따를 때, 행정 서비스의 공급이 가장 대응적이고 효율적이라는 관점에서 전개된 것으로 볼 수 있다. 신공공관리론에서 '시민'이라는 개념보다는 '고객'이라는 개념이 중시되는 것도 신자유주의적 맥락에서 사회 구성의 기본틀을 국가-시민사회라는 관계보다는 국가-시장이라는 관계를 중심으로 설정하면서 시민사회의 구성원으로서의 '시민'보다는 시장에서 활동하는 합리적 개인인 '고객'을 강조하는 것으로 볼 수 있다.

2) 신관리주의와 신공공관리

영국을 중심으로 한 신관리주의는 신우파의 사고에 기초해 시장적 개인주의가 내재된 기업모형을 공공 부문의 핵심적인 가치에 이식시키거나 이와 일치시키려는 조류로 볼 수 있다(Mascarenhas, 1993; Hood, 1995). 관리주의의 핵심적 요체는 민간기업뿐만 아니라 공공 부문에도 공통적으로 적용될 수 있는 일련의 규칙을 구체화하는 일반적이고 순수한 도구적 활동인 관리라고 불리는 그 무엇인가가 있다는 것을 전제한다. 그러한 가정은 그다지 새로운 것이 아니다. 행정학을 독립적인 학문 분야로 자리매김한 윌슨(W. Wilson)이 행정을 정치로부터 보호해 능률적 관리주의를 정부행정에 도입해야 한다는 주장을 한 것으로 거슬러 올라갈 수 있다. 윌슨의 이러한 주장은 20세기 초에 등장한 테일러의 과학적 관리법을 정부의 행정에 응용하려는 노력으로 나타났다. 테일러(F. W. Taylor)의 과학적 관리법은 기업 경영에 도입되어 엄청난 영향을 주었을 뿐만 아니라 행정 분야에도 기술적 전문화와 능률화에 결정적인 영향을 끼쳤다. 이 당시 과학적 관리법이 행정에서 차지하고 있는 비중은 막대해 왈도(D. Waldo) 같은 학자는 과학적 관리법과 행정은 동일한 것으로 파악되었다고 지적하고 있을 정도이다 (백완기, 2006). 행정 업무의 능률성을 측정하기 위한 일련의 노력도 1930년대 말부터 일기 시작했다. 사이먼(H. A. Simon)은 지방정부에서 제공되는 주요 행정 서비스를 측정하는 방식과 기법을 개발해 단행본으로 출간하기도 했다.[2] 이와같이 행정의 능률성 향상을 위해 과학적 관리 기법을 도입하고 또 행정 업무를 측정해 그 생산성의 정도를 파악하려는 시도는 오래 전부터 시도되어 왔다는 것을 알 수 있다.

신관리주의는 1980년대 이후 영국을 중심으로 정부활동의 전반적인 혁신을 유도하기 위해 행정과 경영의 유사점을 강조하면서 기업모형을 공공부문의 활동에 적용해 정부 성과의 효율성을 도모하려는 일련의 조류를 말한다. 이것은 정부의 역할이 소비자적 입장에서 서비스 생산자적 입장으로 변화되었음을 의미한다. 종래의 정부는 소비자적 입장에서 지출 개념에 초점을 두고 정부가 생산한 것은 정부가 자원을 소비한 것과 같은 개념으로 인식해 정부의 활동은 정부의 활동에 필요한 자원을 얼마나 소비했는가에 따라 측정되었다. 그러나 지출을 통해 어떠한 성과가 달성되었는가, 그리고 다양한 사람들에게 어떠한 효과를 가져왔는가를 분석하는 것에는 그다지 관심을 기울이지 못했던 것이다. 이러한 문제를 극복해 공공 부문의 혁신을 위해 대두된 신관리주의는 시장주의의 도입과 함께 신공공관리론의 핵심을 이루고 있는 것으로 이해되고 있다. 신관리주의에서 강조되고 있는 관리 기법은 ① 성과에 기초한 관리, ② 권한의 이양, ③ 품질관리 기법의 적용, ④ 유인(incentive) 기법의 도입, ⑤ 마케팅 기법의 도입 등이다. 이와 같이 공공 부문의 관리와 관련한 혁신의 방향은 투입통제에서 산출통제에 초점을 두고 관리 중심적이며 성과측정적인 방향으로 이행했는데 이를 신테일러리즘(neo-Taylorism) 혹은 신공공관리(new public management)로 정의하고 있는 것이다 (Hood, 1991).

---

2) 사이먼(H. A. Simon)은 행정학에서 널리 인용되고 있는 저서인 *Administration Behavior* 를 출간하기 이전인 1938년에 도시정부에서 제공되는 각종 정부 서비스의 측정 논리와 방법을 제시한 *Measuring Municipal Activities: A Survey of Suggested Criteria for Appraising Administration*이란 저서를 출간한 바 있다. 이 책에서 사이먼은 소방, 경찰, 사회복지 등 11개 분야의 주요 정부 업무에 대한 측정 논리와 구체적인 측정 기준 등을 자세히 제시하고 있다. 이것은 오늘날 말하는 정부 업무의 성과측정을 위한 논리와 맥락을 같이하는 것으로 볼 수 있다.

3) 공공선택론과 신공공관리

공공선택론은 다의적인 의미로 이해되고 있지만 일반적으로 시장의 범주 밖에서 일어나는 결정행위, 특히 정치·행정적 결정행위를 경제학적으로 접근해 분석하는 이론을 지칭한다. 이러한 접근 방법을 통해서 공공선택론은 공공 부문에 내부 시장을 도입해 경쟁의 압력을 강화해 조직의 생산성을 향상시키는 경영기법의 이론적 논거로 제시되어 왔다. 공공선택론은 정부실패 및 정부 규모의 팽창에 대한 이론적 비판으로 정부개혁의 실천적 처방을 제시하는 역할을 해 왔던 것이다. 공공선택론의 주장한 대표적 논자인 니스카넨(W. Niskanen)은 예산극대화 모형을 제시하면서 첫째, 관료는 좀더 큰 예산으로부터 효용을 얻고, 둘째, 관료들은 재량권과 독점권을 보유하고 있으며, 셋째, 관료제의 산출은 사회적으로 적정한 수준보다 과다하다는 주장을 하고 있다. 이러한 모형에 근거해 니스카넨은 다음과 같은 처방을 제시한다. 첫째 서비스 전달시에 더 많은 경쟁을 도입할 것, 둘째, 낭비를 줄이기 위해 민영화 또는 외부 위탁계약을 적극 활용할 것, 셋째, 경쟁력에 기초해 공공 서비스에 대한 대체 가능성과 비용의 비교에 대한 더 많은 정보를 제공할 것, 넷째, 집행부를 통해 혹은 입법부를 통해 관료를 엄격하게 통제할 것 등이다(신희영, 2003). 이상과 같은 처방은 신공공관리적 정부혁신에 대부분 적용되고 있음을 알 수 있다.

제 2 절 신공공관리의 개념과 주요 내용

1 신공공관리의 개념

신공공관리는 두 개의 유사한 용어이기도 하면서 유사한 연구 분야이기도 한 행정(administration)과 관리(management)의 구분에서 나온 것으로 인식되고 있다(Vigoda-Gadot, 2003). 1880년대 후반 이래 행정이라는 용어는 정치학자들에 의해 독점적으로 사용되어 왔다. 잘 알려진 바와 같이 굿노(F. J. Goodnow)와 윌슨(W. Wilson) 같은 학자들은 행정을 독립된 이론과 실천 기술, 방법으로 이루어진 독자적이고 고유한 학문 분야로 자리잡아야 한다고 주장했던 것이다. 하지만 관리라는 용어는 좀더 일반적인 영역에서 언급되었으며 모든 사회과학자들에 의해 사용되기는 했지만 주로 조직심리학, 경영학 분야의 학자들이나 실무자들에 의해 사용되었다. 결과적으로 전통적인 행정학은 대규모 관료조직의 운영 그리고 정책집행을 목적으로 한 정부 과정의 운영을 분석하는 경향을 띠게 되었다. 한편 관리는 다양한 사회적 환경에 있는 사람과 집단에게 활동할 수 있는 힘을 부여하고 재화와 서비스를 생산하는 과정에서 능률과 효과를 극대화하기 위해 여러 가지 조직자원을 다룰 때 사람과 집단에게 힘을 부여하는 일반적인 활동을 지칭했던 것이다.

1980년대 이래로 신공공관리에 대한 많은 정의들이 제시되었다. 하지만 어떠한 정의도 비교적 일찍이 신공공관리에 대한 정의를 제시한 가슨(G. D. Garson)과 오버만(E. S. Overman)의 틀을 크게 벗어나지 않는 것으로 보인다(Vigoda-Gadot, 2003). 이들에 따르면 신공공관리는 "행정의 일반적인 측면에 관한 학제적 연구이다. 그것은 관리의 기획적·조직적·통제적 기능을 사람, 재정, 물리적 자원, 정보적·정치적 관리와 융합한 성격을 가진 것"으로 정의되고 있다. 한편 공공행정을 새로운 연구와 실천의 분야로 인식하게 만든 차이가 공공행정과 공공관리 간에 존재한다는 것을 여섯 가지 측면에서 제시하기도 했다(Lynn, 1996). 이들 차이는 ① 사회적 가치, 관료제와 민주주의 간의 갈등에 대한 논의 대신에 기획, 조직, 통제, 평가와 같은 일반적 관리적 기능의 포괄, ② 형평성, 대응성, 정치적 현저성 대신에 경제적 능률성의 기준을 선호하는 도구적 지향, ③ 정치적 엘리트나 정책 엘리트 시각 대신에 중간관리자의 시각을 중시해서 실용적인 면에 초점을 두고 있는 점, ④ 공적 부문과 사적 부문의 차이를 강조하는 대신에 이들 간에는 관리라는 일반성이 있으며, 또 이들 간의 차이도 별로 없다는 생각을 가지고 있는 점, ⑤ 법, 제도, 정치적 그리고 관료적 과정 대신에 조직에 초점을 맞추어서 조직의 외부적인 관계도 조직 내부 운영과 똑 같은 합리적 방식으로 다룰 수 있다는 점, ⑥ 정치학이나 사회학과의 밀접한 연계를 강조하는 대신에 과학적 관리의 전통을 철학적 기조로 삼는 것 등의 여섯 가지이다.

신공공관리에 관심을 가지고 있는 많은 학자들에 의해 다소 추상적으로 정의되었던 신공공관리의 개념을 좀더 이해하기 쉽게 몇 가지 관점에서 정리하면 다음과 같다(정정길, 2003).

첫째, 가장 좁은 의미의 신공공관리에 대한 개념 정의로, 신공공관리는 인사나 예산 등의 측면에서 내부통제를 대폭 완화해 일선관리자에게 재량권을 주어서 일선관리자가 책임을 지고 성과를 향상시켜 고객을 만족시키도록 행정을 관리하는 것으로 보는 관점이다. 좀더 단순하게 정의하면 내부규제 완화를 통한 민간기업적인 관리를 공공 부문에 도입하는 것을 의미한다. 흔히 공공 부문에서의 관리주의(manageraialism) 또는 신관리주의라고 부르는 것으로 민간기업의 경영을 행정에서도 배우자는 주장이다.

둘째, 좀더 일반적으로 사용하는 의미의 신공공관리로, 좁은 의미의 신공공관리 개념에다가 시장주의를 추가한 뜻으로 사용하는 것을 말한다. 신공공관리론에 관련한 많은 문헌에서 흔히 볼 수 있듯이 신관리주의와 신제도주의적 경제학을 결합한 것이라는 표현이 바로 여기에 해당된다는 것이다. 시장주의 또는 신제도주의적 경제학은 경쟁 원리와 고객주의를 공공 부문에 도입하자는 주장으로, 신공공관리의 신보수주의적, 신자유주의적 측면을 대표하는 의미에서의 정의라고 볼 수 있다.

셋째, 가장 넓은 의미의 신공공관리로, 앞의 둘째에서 본 일반적인 의미에서의 신공공관리의 개념에다가 참여주의와 공동체주의를 합친 것을 뜻하는 것이다. 참여주의와 공동체주의는 신자유주의적 신공공관리와는 본질적으로 다른 측면이 많지만 이렇게 넓은 의미로 사용하는 학자들도 많이 있다. 오스본(D. Osborne)과 게블러(T. Gaebler) 등이 강조하는 정부재창조(reinventing government) 속에 나타난 기업가적 정부(entrepreneurial government)의 관리가 여기에 해당된다. 정부의 혁신적 운영과 관련한 모든 새로운 것을 신공공관리라는 용어에 담으려고 하는 사람들의 정의가 여기에 해당하는 것이다.

이상과 같은 세 가지 관점에서의 신공공관리에 대한 개념 정의 가운데 가장 일반적으로 통용되고 있는 둘째 번의 개념 정의에 따라 신공공관리의 주요 내용들을 정리해 보기로 한다.

2 신공공관리의 주요 내용[3)]

신공공관리론은 전통적인 행정이론과는 근본적인 차이를 가지고 있다. 안정성, 규칙, 그리고 법에 대한 대응성을 강조하는 전통적인 행정과는 달리 신공공관리는 변화, 분권화, 고객에 대한 반응성, 성과 그리고 지출보다는 수익의 필요성을 강조한다. 신공공관리는 변화가 일차적으로 조직의 차원에서 이루어져야 한다고 주장한다. 그 목표는 정부활동에서 경영 능력을 강화시키는 데 있기 때문이라는 것이다. 개혁이 공공 서비스 전달을 더욱 관리 가능하고 책임성 있게 만들어야 하며, 낭비를 피하고 비용을 절감하며, 경쟁과 고객의 대응성을 증진시키고, 민간 부문에서 증명된 업무 수행 방식을 적용하고 결과에 초점을 맞춰야 한다는 필요에 의해 정당화되어 왔다.

이와같이 신공공관리는 시장주의적 경쟁의 원리, 시민에 대한 대응성 강화를 위한 고객 위주의 행정, 정부활동의 투입이나 과정을 강조하기보다는 성과에 초점을 두는 것 등을 핵심적인 내용으로 하고 있다. 즉, 시장주의, 고객주의, 성과주의는 신공공관리의 주요 내용을 이루기도 하면서 정부활동의 지도 원리로서 작용하고 있는 것이다.

1) 시장지향성(시장주의)

신공공관리의 가장 핵심적인 지도 원리 내지 내용은 시장주의이다(정정길, 2003). 시장주의는 공공 서비스 생산에서 정치적인 타협이나 조정을 통한 결정과 집행에 의존하지 않고 가격을 매개로 작동하는 시장의 원리에 의존하려는 것이다. 가능한 한 정부가 개입하지 않고 중요한 정책 문제의 해결을 시장에 의해 해결하려는 자유방임주의적 사상을 근간으로 하고 있기 때문에 시장주의는 신자유주의적 흐름과 맥을 같이한다. 또한 시장주의는 서비스와 재화의 공급에 경쟁 원리를 도입하는 것과 불가분의 관계에 있다. 과거 지방정부에서 관료조직을 통해서 직접 쓰레기 수거 업무를 수

---

3) 신공공관리의 주요 내용과 관련된 자세한 논의는 다음의 문헌에 잘 정리되어 있다: 정정길(2003), 행정학의 새로운 이해, 제8장.

행하던 방식에서 여러 민간 업체로 하여금 경쟁하도록 하는 방식으로의 전환은 경쟁의 원리를 통한 시장기제 활용의 대표적인 예로 볼 수 있다.

전통적으로 정부가 제공하는 행정 서비스는 독점적인 것으로 인식되었으며, 국민은 정부가 제공하는 서비스를 아무런 대가 없이 누리는 것으로 간주되어 왔다. 가격이 부과되더라도 서비스 원가에 대한 개념이 희박해 발생된 원가 이하의 가격이 책정되는 경우가 대부분이었으며 이 때문에 원가를 줄이려는 노력이나 더 나은 품질의 서비스를 제공하고 또 제공받으려는 노력이나 유인이 없었다. 대개의 경우 정부 행정 서비스는 편익을 누리는 주체와 비용을 부담하는 주체가 분리되어 있는 경우가 많기 때문에 정부활동에 소요되는 자원의 배분이 왜곡되는 현상이 발생하고 독점적인 성격에 따른 관리상의 효율이 떨어지는 결과를 초래하게 되는 것이다.[4] 이러한 정부활동의 비효율성을 극복하기 위한 대안적 수단으로 시장 메커니즘의 활용이 관심을 모으게 되었고 신공공관리론적 정부혁신의 핵심적인 지도 원리로 자리잡기에 이르렀다.

신공공관리론적 시장주의는 다양한 형태로 현실에서 적용되고 있다. 거시적인 측면에서는 복지비 등의 축소로 정부활동의 군살을 뺌으로써 이에 소요되는 세금을 경감해 투자를 자극하고 경기를 활성화하는 것으로 나타난다. 그리고 진입 규제 등의 완화로 독과점 시장을 경쟁시장화하는 것으로도 나타난다. 즉 정부 경비의 감소와 경제 개입의 축소를 통해 민간의 시장 기능을 활성화해 자원의 배분과 활용의 효율성을 도모하는 것이다. 미시적으로는 정부 업무나 공기업을 민영화하거나 행정 서비스 공급의 민간위탁으로 현실화되고 있다. 민영화는 정부가 운영하던 공기업이나 정부 업무를 민간기업이 담당하도록 하는 것이다. 주로 공기업을 민간 기업에게 매각하는 형태로 추진되고 있다. 공기업의 민영화는 정부의 지출을 감소시키기 위해 추진되는 경우가 많은데 이는 많은 공기업들이 적자 운영을 면치 못하고 있었기 때문이다. 대표적으로 영국의 경우를 들 수 있는데, 영국에서는 1980년대에 급박한 재정위기를 극복하기 위한 수단으로 이용했던

4) 다른 각도에서 보면 이것은 이른바 정부 실패 현상으로 설명된다. 월프(Wolf, 1994)는 정부가 실패하는 주요 요인으로 비용과 수입의 분리, 내부성과 조직목표, 파생적 외부성, 분배적 불공평(권력과 특권) 등을 들고 있다.

것이다. 또 한편으로는 공기업을 민영화함으로써 능률적인 운영으로 기업으로서의 채산성을 확보할 수 있고 소비자의 편익도 높아진다는 점이다. 행정기관이나 공기업이 독점적으로 공급하던 서비스나 재화를 민영화를 통해서 경쟁적으로 민간기업들이 공급하게 함으로써 소비자의 편익을 증진하고 진정한 능률 향상을 기대할 수 있다고 보는 것이다. 즉, 시장주의적 경쟁 원리의 적용이 민영화의 핵심적인 논리임을 알 수 있다. 한편 정부 업무의 민간위탁은 종래 정부가 민간에게 제공해 오던 서비스를 민간기업에 위탁하여 제공하도록 하는 제도이다. 민간기업에 위탁하는 경우, 민간 업체들이 경쟁해 입찰하도록 하고 정부가 그 중에서 선정해 공급을 의뢰하는 계약을 맺는 것이 일반적인 방식이다. 민간위탁은 1980년대 이후 세계적으로 쓰레기 수거 등 몇 몇 정부 업무를 대상으로 활발하게 활용되고 있는데, 이는 계약에 따른 서비스 제공으로 계약 조건에 따라 민간기업들이 끊임없이 경쟁하는 원리에 입각하고 있다. 그러나 민영화와 민간위탁이 의도했던 능률 향상을 가져왔는가에 대해서는 논의가 분분한 상태이다(정정길, 2003).

2) 고객지향성(고객주의)

신공공관리적 접근 방법에서 특히 중요한 요소로 부각되고 있는 것 중의 하나는 고객으로서의 시민에 대한 정부와 행정의 대응성 문제이다. 오래전부터 행정의 생산성, 비용 감소, 내적 능률성 등 주로 행정 주체 내부의 관리적 사항들에 대한 관심은 지속되어 온 반면에 봉사 대상인 시민을 고객의 관점에서 그 욕구와 선호를 배려하는 것은 소홀한 편이었다. 1990년대 이후 서구 여러 국가에서의 정부혁신 과정에서 고객 지향적인 행정이 새롭게 주창되었다. 고객 지향적인 행정이란 고객의 입장과 시각에 바탕을 둔 행정으로 행정 서비스에 관한 선택과 평가의 기회를 고객에게 부여함으로써 실현되는 것이라고 할 수 있다(Van Wart, 1995). 우리 나라의 경우도 그 동안 관료 중심적이고 통제 지향적인 행정으로 인해 국민들이 막대한 피해를 입었던 경험과 민간 부문의 역량 증대와 같은 사회경제적 환경의 변화에 따라 고객 지향적인 행정이 행정개혁 내지 정부혁신의 중요한 목표가 되고 있다.

고객 지향적 정부활동은 정치공동체 구성원, 즉 시민에 대한 대응성의 확보 문제와 맞닿아 있다고 볼 수 있다. 고객의 입장과 시각에서 정부 서비스를 제공하는 것은 시민에 대한 대응성을 높이는 중요한 수단이기 때문이다. 지금까지 대응성에 대한 관점 내지 접근 방법은 두 가지 측면으로 대별된다(Vigoda-Gadot, 2003). 먼저 대응성을 전문적 효과성과의 타협 내지 조화로 보면서 행정활동의 필요악으로 보는 관점이다. 이러한 관점에 따르면 대응성은 공직자는 비록 어떤 활동이 공익에 배치되는 것일지라도 시민을 만족시켜야 한다는 것을 강요하고 있기 때문에 정부와 행정에서의 전문가주의 가치와 모순되는 것이다. 민주주의라는 이름으로 전문가들은 모호하기 그지없는 공중 의지를 만족하도록 강요당하고 있다는 것이다. 장기적인 관점의 이슈는 거의 주목을 받지 못하거나 기껏해야 만족스럽지 못한 주목을 받는 반면에 단기적인 고려와 인기 영합적인 결정이 지배할 수 있다. 게다가 몇몇 영향력이 큰 사람들의 목소리만 커져서 마치 다수의 여론을 대변하는 것으로 잘못 오도될 가능성이 있다. 그러한 영향력은 오히려 반민주적인 의사결정의 패턴을 낳고 진정한 다수의 목소리를 대변하지 못하는 잘못을 저지를 수도 있다고 본다.

대응성에 대한 다른 접근 방법은 민주주의는 국민들에 의해 직접적이지는 않을 지라도 적어도 의회나 정치가들을 통해서 행정가들이 대중들의 의지에 잘 대응할 것을 요구하고 있다는 것이다. 이러한 접근 방법은 신축적이고 민감하며 동태적인 공공 부문이 되도록 고무할 필요가 있다는 점을 강조한다. 이러한 관점에 따르면 시장 주도적인 환경을 창출함으로써만 정부와 행정은 성과, 효과성, 그리고 능률성을 증진시키는 데 필요한 개혁을 채택하게 된다는 주장을 하고 있다. 신공공관리론적 접근 방법은 시민을 공공 부문의 고객, 소비자, 그리고 수혜자로 다루어야 한다는 생각을 적극 옹호하고 있으며, 그에 따라 오늘날 공공 부문의 운영 성과를 평가하는 데 열을 올리고 있다(Thomas & Palfrey, 1966). 요컨대 시민들에 의해 제기된 요구에 부응해야 한다는 생각은 동네의 슈퍼마켓에서 단골 소비자의 욕구(needs)를 만족시켜야 한다는 생각과 같은 것이다. 이러한 견해에 따르면 공공 부문의 대응성은 '소비자는 항상 옳다', 모든 세일즈맨들이 업무 첫날부터 숙지해야 하는 '고객의 요구와 다툼을 벌이지 마라'라고 하는 사업지향적인 진술과 아주 부합하는 것이다. 그렇다면 대응성은 어떤 의미를 가진 것으로 파악되어야 하는가? 대응성은 일반적으로 서비스 제공자가 행동이나 정보를 요구받을 때, 대응하는 속도와 정확성을 의미한다. 이러한 정의에 따르면 속도는 어떤 행동을 요구하는 시민의 요구와 공공기관 또는 공무원의 응답 사이에 존재하는 대기 시간으로 언급될 수 있을 것이다. 정확성은 서비스 제공자의 대응 내용이 서비스 이용자의 욕구 또는 바람에 부합하는 정도를 의미한다. 속도는 상대적으로 측정하기 용이한 요인이지만, 정확성은 좀더 복잡한 성격을 가지고 있다. 공공 부문을 시장적 관점에서 파악하려는 최근의 경향을 넘어서서, 공공 서비스의 정확성은 사회후생, 형평, 동등한 기회 그리고 모든 시민들에게 공공재를 공정하게 배분하는 문제 등을 고려해야 하는 것이다. 이들 가치들은 시장 추동적인 과정으로 특징지을 수 있는 능률성, 효과성이란 가치에 추가되어야 할 측면들인 것이다(Rhodes, 1987; Palfrey et al., 1992).

서비스의 정확성을 평가하는 방법으로는 ① 공공 서비스를 소비할 당시의 시민들의 태도와 느낌의 조사, ② 공공 서비스를 기획, 생산, 전달하고 평가하는 과정에 참여한 사람들의 태도와 인식의 조사, ③ 서비스와 재화를 배분을 전문적으로 연구한 사람들에 의해 설정된 도덕적·윤리적 기준과 비교하는 방법 등을 생각해 볼 수 있다. 외부와의 관련된 결과(시민의 요구에 대한 정부와 행정의 대응성)가 내부의 통제 메커니즘에 심대한 영향을 미친다고 본다(Smith, 1993). 이것은 관료들로 하여금 외부에 대해 좀더 민감해지고 국민들을 위해 봉사하는 데 관여되어 있음을 의미한다.

고객 지향적인 접근 방법이 현실의 정부활동에서 실천되고 있는 대표적인 경우가 고객헌장제도의 활용이다. 고객헌장은 모든 행정 서비스에 대해 고객을 위해 최선을 다하겠다는 명시적인 약속으로 고객헌장제도가 세계적으로 도입되고 있다, 처음에는 시민헌장(citizen's charter)라고 불리었던 고객헌장은 영국의 보수당 정부에서 1991년 제창되었고 이후 급속하게 유럽의 여러 국가로 확대되었다. 우리 나라에서는 행정서비스헌장이라는 이름으로 1998년에 관련 규정이 마련되어 중앙부처뿐만 아니라 지방자치단체에도 널리 시행되고 있는 제도이다(임도빈, 2003).

3) 성과지향성(성과주의)

종래의 정부활동은 주로 정부활동에 소요되는 자원의 투입과 행정조직 내부관리의 효율성에 초점이 맞추어져 있었다. 예산 운영의 경우 예산을 투입해서 수행하는 각종의 사업의 효과나 그 사회적 영향을 중시하기보다는 얼마나 적법하게 예산을 집행했는가에 초점이 맞추어져 있었다. 예산을 어떻게 유효적절하게 사용해 예산이 소요된 정책이나 사업의 성과가 어느 정도 달성되었는지에 대한 관심은 소홀했던 것이다. 공무원에 대한 복무관리도 맡은 바 사명을 얼마나 충실하게 수행했는지보다는 얼마나 법규나 절차에 충실하게 직무를 수행했는가가 더 중시되었다. 그러나 오늘날 전 세계적으로 전개되고 있는 정부혁신에서는 정부에게 부여된 사명을 얼마나 잘 달성했는가, 즉 의도한 성과를 어느 정도 달성했는가에 초점을 두고 있다. 사명 또는 목표를 명확히 하고 이를 달성해 나타날 성과를 확보할 수 있다면 내부통제를 위한 각종 예산, 인사상의 규제들을 대폭 완화해도 큰 문제가 없다고 보는 것이다. 성과 지향적인 정부 운영을 위해서는 정부의 각 조직들이 수행해야 할 사명과 목표의 달성을 핵심적인 과제로 삼아 목표 달성에 방해가 되는 인사관리, 예산관리, 회계에 관한 과다한 감독과 통제 규정들을 완화하거나 철폐하는 것이 바람직하다는 것이다. 즉, 업무 수행 과정에서 따라야 할 행동지침이 절차나 규정이 아니라 목표라고 보는 것이다.

성과 지향적인 정부 운영을 위해서는 성과를 파악하고 측정하는 것이 선결 과제이다. 그래서 개혁 수단으로서 정부 업무의 성과측정을 강조하고 있는 것이다. 영국의 경우 1980년대의 정부개혁 과정에서 공공 부문의 구조개혁을 위한 핵심적인 수단으로서 성과지표를 활용하기 시작했다(Cater, 1991). 그리고 미국은 1990년대의 클린턴(B. Clinton) 정부에서 '정부성과 및 결과법(Government Performance and Result Act)'을 제정해 정부 업무의 전략적 추진과 관리 책임을 확보하는 제도적 장치를 마련해 시행했다. 이와같이 영국과 미국에서 성과 파악 및 측정을 정부개혁의 주요 수단으로 활용하게 된 것을 계기로 세계 여러 나라에 급속하게 확산되었다.[5] OECD

5) 우리 나라도 예외는 아니어서 1998년도에 중앙행정기관에 대한 기관평가제도를 도입하

에서는 개혁 수단으로서 정부 업무 성과측정의 의의를 다음과 같이 제시하고 있다: 정부 업무의 성과측정은 ① 경제성, 생산성, 실효성 및 서비스 질을 향상시키고, ② 고위관리자, 의회, 감사기관들의 통제를 증대시키며, ③ 정확하고 계량화된 성과정보를 예산 과정에 반영시킬 수 있도록 하고, ④ 공무원들에게 성과 향상의 유인을 부여한다는 것이다(OECD, 1996).

성과 지향적인 정부 운영을 위해서는 앞에서 언급한 바와 같이 각종 정부활동에 대한 성과평가가 가능해야 한다. 그러나 성과평가가 그렇게 쉬운 일은 아니다. 우선 성과를 무엇으로 볼 것인지, 즉 성과라는 개념 자체가 명확하지 않다. 신공공관리론자들이 성과를 무엇으로 파악할 것인가를 두고 혼란에 빠지고 있는 것이 산출(output)과 결과(outcome) 중 어느 것을 성과로 보느냐 하는 것이다(정정길, 2003). 성과를 무엇으로 파악할 것인가의 문제 못지않게 측정의 문제도 또한 심각하다. 정부활동으로 제공되는 서비스의 경우 계량적으로 파악하기 용이하지 않을 뿐 아니라 계량적인 측정에 치우치게 되면 서비스 질적인 측면의 고려가 소홀해질 수 있는 것이다. 사실상 성과측정의 어려움 때문에 성과주의는 많은 한계에 부닥치게 되는 것이다. 즉, 비교적 성과측정이 쉽고 계량적 지표의 설정이 용이한 서비스 제공 부문의 경우에 주로 적용될 수 있고, 규제 업무의 담당이나, 정책 결정, 기획 분야 및 다른 기관 보조 업무를 담당하는 기관에서는 성과주의적 관리가 크게 제약받고 있는 것이다.

제 3 절 신공공관리론에 대한 비판적 관점

신공공관리론은 쇠퇴일로에 있는 행정학에 새로운 전기를 마련해 준 이론으로, 또 한편으로 세계적으로 유행하고 있는 정부혁신에 이론적・실천

고 2000년도에는 이를 광역자치단체로 확대했으며 2001년도에는 '정부업무 등의 평가에 관한 기본법'을 제정해 정부 차원의 평가제도를 확립했다. 또한 성과급, 직무성과계약제 등을 도입해 성과 지향적인 업무 수행을 강조하고 있다.

적 기반을 제공해 준 접근 방법으로 긍정적인 평가를 받기도 했지만 이에 대한 비판도 만만치 않게 제기되었다.

여기서는 지금까지 제기된 신공공관리에 대한 비판적 관점을 정치철학적 관점에서의 비판, 신공공관리론이 추구하고 있는 주요 정향에 대한 비판, 그리고 우리 나라에 적용하는 과정에서 제기된 비판적 관점 등으로 나누어서 간단히 살펴보기로 한다.

1 정치철학적 관점에서의 비판

신공공관리론의 정치철학적 적실성에 대한 논의로서 민주적 가치와의 양립 가능성에 관한 것이다(Bellone, 1992; Rosenbloom, 1994). 이 논쟁의 요지는 민주적 가치를 실현해야 할 책무를 가지고 있는 행정 체제에 기업에서 활용하고 있는 방식을 도입할 경우 극단적으로는 문제를 해결하는 것이 아닌 또 다른 문제를 야기하는 시발점이 된다는 것이다. 실질적 민주주의(substantive democracy)는 공동체 구성원들이 자유와 평등의 이념에 따라 공동체의 운영에 관한 토론에 참여할 수 있는 실질적 기회가 주어지는 정치 형태를 말한다. 따라서 공동체의 의사 결정은 구성원들의 참여를 통한 조정과 합의에 의해서 이루어지는 것이 바람직하다. 하지만 관리 지향적 논리에 따르면 조정과 합의는 중요한 요소가 될 수 없다. 공공 부문일지라도 서비스의 질과 가격의 적절성 및 배분의 효율성을 강조하는 시장기제의 활용이 관리 지향적 정부 운영의 논리로 작용하기 때문이다.

이와 함께 행정과 기업 간의 차이, 그리고 정치와 행정 간의 문제 등에 대한 논쟁, 즉 기업적 관리 방식을 도입하는 것이 오히려 비효과적이라는 논쟁과 함께 행정이 지나치게 정치로부터 분리되는 것에 대한 우려도 제기되고 있다(Ingraham & Romzek, 1994; Moe, 1994). 이들에 따르면, 환경이 전혀 다른 행정 체제에 무비판적으로 기업가적 경영 방식을 도입할 경우 전통적으로 행정이 중시해 온 형평성이나 정직성의 문제 등 공직 가치관에 부정적인 영향을 미친다는 점을 강조한다.

2 신공공관리의 정향성에 대한 비판

신공공관리론이 지향하고 있는 정향성 내지 접근 방법의 적실성에 대한 측면에서의 비판도 끊임없이 제기되어 왔다. 정부조직의 특성을 고려하지 않고 검증되지 않거나 행정환경에 적합하지 않은 기법들을 단순히 기업경영 기법이 행정의 그것보다 우월할 것이라고 기대하여 적용한 결과 많은 부분에서 부작용이 발생했다는 것이다.

먼저 신공공관리가 지향하고 있는 성과 지향적 정향과 이와 관련된 수단에 대한 비판을 보면 다음과 같다. 정부조직의 경우, 대체로 목표가 불분명하고 독점적이어서 시장이나 가격기구의 적용이 곤란하기 때문에 성과를 평가하기가 현실적으로 어렵다는 점이다(Wilson, 1989; Weick, 1995, Aba & Noordegraaf, 2003). 십행 과정에 직면하는 어려움은 기준이 적합하다고 알려져 있다 하더라도 기관의 장들은 기준에 따라 행동할 자유와 인센티브가 결여되어 있다. 이 때문에 고객우선주의로부터 의미있는 재정적 보상을 받을 것이 별로 없다는 데 문제가 있다(Wilson, 1994: 41-42). 성과측정의 기준이 되는 성과지표의 설정과 구체적인 적용상의 문제점에 대한 지적도 만만치 않다(또한 문화적 차이로 인해 우리와 같이 집단주의 문화에서는 개인별 성과가 부정되고 시민문화의 기본구조가 약한 경우 능률의 원리는 국민의 권리를 침해하거나 정당한 절차를 어길 가능성마저 높다는 것이다(김병섭, 1996; 이종범, 1995). 이와 함께 성과지향성은 경쟁을 유발할 수 있는 유인(誘因)과 사기(士氣) 진작이 병행되지 않으면 성과를 거둘 수 없다는 한계가 문제이다, 경쟁적인 보수제도를 도입하기 위해서는 평가 기준과 운영 과정의 객관성이라는 필수 조건 외에도 우리의 문화가 직장 이동의 가능성이 적다는 점과 개개인의 개성보다는 부서를 중심으로 한 집단사기를 우선시하는 문화라는 사실을 고려해야 한다. 이외에도 경쟁력과 성과를 높이기 위해 성과계약에 의존한 기업가적 리더에 의해 지휘되는 책임운영기관 같은 독립기관 또한 중앙의 조정과 통제를 어렵게 할 가능성이 크다는 지적이 있기도 하다(Chon, 1997: 5).

경쟁 지향적 정향은 정부의 비효율성에 대한 대안적 성격으로 경쟁을 통한 생산성과 반응성을 확보하려는 목적을 가지고 있지만 의도한 긍정적인 효과가 그리 높지 않다. 즉, 정치적 임명직의 확장과 성과평가 그리고 완화된 해고 절차의 도입과 경쟁의 가속화를 통해 공무원을 통제하려는 인사정책들은 오히려 공무원들을 공중과 대통령으로부터 소외시켰을 뿐만 아니라 사기 또한 저하되었고 이로 인해 공무원의 질과 통합하며 훼손되고 있다는 것이다(Balfour, 1997: 459-462). 이런 점에서 개방형 임용제도의 경우 역기능을 방지할 수 있는 제도적 장치를 마련하지 않는 경우 엽관제에 따른 비난과 함께 행정조직에 대한 통합과 통제력에 심각한 방해 요인으로 작용할 가능성이 높다.

고객 지향적 정향이나 수단들을 둘러싼 비판의 핵심은 소유주로서의 시민을 가정하지 않는 경향과 행정가들이 공공 서비스를 개선해 주기를 바라는 데 그치는 수동적 시민의 역할만을 가정하고 있다는 점이다. 이와 동시에 고객의 범위가 어디까지이며 고객 지향적 행정의 구체적 의미가 무엇인지 그리고 고객이 원하는 바를 정확히 파악하기가 현실적으로 어렵다는 지적 또한 설득력을 갖는다. 특히 기업가적 정부에서 내세우는 시민이 아닌 고객의 강조는 시민의 정치적 성격을 심각하게 훼손하고 있는 비판을 받고 있다(김병섭, 1996a: 22; 박천호, 1997: 2-3). 신공공관리에서 중시하는 대응성의 정신적 사조(ethos)는 시민들에게 그들의 욕구(needs)와 요구가 무엇인지를 물음으로써 시민을 고객으로서 그 중심에 앉혀 놓았다. 그러나 그들은 또한 행정적인 직무와 의사결정의 중추로부터 떨어져 있으라고 주문하고 있는 것이다, 즉, '관료제는 당신들을 위해 일할 필요가 있다. 그러나 좀 떨어져 있어라'는 숨겨진 메시지를 전달하고 있는 것이다. 이 때문에 신공공관리에 기반한 현대의 행정이 대응성의 측면에서는 상당한 성과를 거둔 것으로 평가되나 사람들과의 협력이라는 측면에서는 많은 문제점을 낳고 있음을 부인하기 어렵다.

3 한국에서의 적용을 둘러싼 비판적 논의

한국에서의 신공공관리의 적용을 둘러싼 비판은 사회문화적 맥락을 간과하는 것에 대한 비판, 사회적 발전 단계에 부합되지 않는다는 비판, 행정의 민주화 및 분권화를 소홀히 한다는 측면에서의 비판, 행정과 경영과의 차이를 간과하는 것에 대한 비판 등 여러 관점에서 제기되어 왔다(김광웅, 1999; 박동서, 1998; 강신택, 1999; 김태룡, 2000; 박세정, 2000; 배용수, 2000; 정승건, 2000; 이영철, 2003). 지금까지 논의되어 온 이러한 비판적 관점을 정리해 보면 다음과 같다(신희영, 2003).

첫째, 사회문화 및 제도적 접근의 시각에 따른 비판이 제기되어 왔다. 즉, 역사적인 사회제도적 맥락의 차이로 신공공관리론을 적용하는 데 한계가 있다는 것이다. 특수한 역사적 조건(경로의존성)을 고려해서 신공공관리론의 실천적 정합성의 한계를 지적하고 있는 것이다. 불필요한 내부적 통제 절차를 완화해 인사, 조직, 예산, 구매 등의 과정에서 자율성을 부여해야 한다는 신공공관리론적 처방에 대해 과연 우리 나라 공무원을 신뢰해서 자율성을 부여하는 것이 바람직한지에 대한 회의적 주장이 제기되어 왔다(김병섭, 1996). 요컨대 개인주의 문화가 발달한 서구 유럽에서 제시된 개혁방안들이 집단주의 문화가 발달한 우리 나라와 같은 국가에서도 그대로 적용될 수 있을 것인지 의문이 제기된다.

둘째, 시장주의를 근간으로 한 신공공관리적 접근 방법은 공익의 보호라는 가치와 충돌할 가능성 높으며, 내부통제의 대폭적인 완화는 행정 부조리를 만연시킬 가능성이 크며 행정의 민주적 책임성도 훼손될 가능성이 높다는 것이다. 또한 정권에 대한 민주적 통제가 만족스럽지 못한 상태에서 정치 세력의 개입을 쉽게 허용할 수 있는 인사제도(예컨대 개방형 임용제도)는 실적주의의 붕괴를 초래할 수도 있다는 우려를 하고 있다. 또한 참여와 민주적 행정통제가 선행하지 않고서는 능률성을 도모하는 데 한계가 있다는 비판도 제기되고 있다(박동서, 1998). 따라서 실적관료제와 민주주의가 확고하게 자리잡고 있는 선진국의 신공공관리적 개혁을 그렇지 못한 국가에 적용하는 경우에는 여러 가지 부작용이 따른다는 점을 유의할 필요가 있다는 것이다.

셋째, 경영과 행정을 구분하지 못하고 시장의 원리와 민간의 기법을 적용한다고 비판하는 논자들은 대상의 속성(조직 원리)에 기초한 행정과 경영의 유사점 및 차이점의 비교 분석을 통해 신공공관리론에 입각한 공공부문 개혁의 한계를 지적하고 있다. 경영의 지도 원리는 능률성이다. 하지만 행정은 능률성 이외에 많은 지도 원리와 가치 기준을 충족시켜야 한다. 행정이 충족시켜야 할 지도 원리 내지 가치 기준은 정부 서비스의 효과성, 능률성, 형평성 등이다. 이것은 원래 공공재의 성격을 강하게 가지고 있는 정부 서비스의 종류, 수량, 비용 부담 등의 결정에서 지켜져야 할 지도 원리로서 국민의 대표인 대통령이나 국회의원들이 정책결정을 할 때 지켜야 하는 것이지만, 행정이 실질적인 정책결정을 담당하고 있기 때문에 행정에서도 당연히 지켜져야 할 원리인 것이다. 경영에 비해서 행정은 지켜야 할 법규가 엄청나게 많고 그 내용도 다양한 목적을 지니고 있으며 외부통제도 대단히 많다. 이와같이 행정이 경영과는 지켜야 할 법규, 규정이 많은 것은 행정과 경영의 본질적인 차이 때문이다. 따라서 신공공관리론자들이 주장하는 바와 같이 규정을 대폭 완화하는 것은 어렵기 때문에 신공공관리론의 여러 논의는 비판적으로 도입해야 할 필요가 있다는 것이다(정정길, 2003).

4 신공공관리의 한계와 관련된 논의의 종합

신공공관리론에 대해 여러 가지 관점에서 그 한계가 지적되어 왔지만 린(Lynn, 1998)은 1990년대 후반의 신공공관리론이 민주주의 이론 및 실천에 다음과 같은 세 가지 측면의 건설적 유산을 남긴 것으로 보고 있다. 첫째 성과 중심적 행정과 성과 지향적 제도, 구조 형태, 그리고 특정한 맥락에 부합하는 관리적 원리를 행정의 기준으로 포함한 것, 둘째 국가 설계와 행정적 개혁의 연구를 위해 국제적 대화와 비교 기준을 마련한 것, 셋째 공공제도와 관리의 연구에 경제적·사회적·사회심리적, 여타의 진전된 개념적 모형과 휴리스틱스(heuristics)의 통합적 사용 등을 들고 있다.

실천적인 차원에서도 작은 정부의 구현을 지향한 대처(M. Thatcher)와 레이건(R. W. Reagan)의 주도하에 현실화된 신공공관리는 각기 '영국병(British disease)'과 '미국의 불안(American malaise)'을 완화하는 데 기여했다는 점에서 긍정적으로 평가되어 왔다. 그리고 영연방 국가를 비롯한 개발도상국에서 전반적인 새로운 정부혁신의 기풍을 급속히 확산시키는 계기가 되었다는 점에서도 결코 과소 평가될 수는 없는 것이다(김정렬, 2000). 우리 나라의 경우도 김대중 정부 이래로 본격화되기 시작한 신공공관리적 정부혁신이 공무원들의 일의 추진 방식이나 행태에 많은 영향을 미친 점을 부인하기 어려울 것이다. 또한 고객 지향적인 행정 업무 수행 방식으로의 전환으로 민원 서비스 분야에서 많은 변화를 가져온 것이 사실이다. 따라서 신공공관리론에 내재한 한계를 극복하면서 정부 운영의 효율적인 관리를 위한 지침으로 적극적으로 활용할 필요가 있다.

제 4 절 신공공관리론과 인사혁신: 최근 도입된 주요 인사혁신제도

정부혁신이 오늘날 시대정신으로 피할 수 없는 흐름이라면 그 핵심 요소를 이루고 있는 것이 공무원인사제도의 개혁이다. 정부혁신의 초점이 공무원인사제도의 개혁과 맥을 같이하는 것은 단순한 유행이 아니라 정부혁신의 불가피한 필수 요건에 해당하기 때문이다(홍준현, 1999). 특히 IMF 체제를 경험하면서 국가경쟁력의 차원에서 공무원의 역량 강화가 중요한 시대적 과제가 되고 있다. 오늘날 우리 나라의 경제 규모는 세계 10위권을 넘볼 정도로 성장했지만 정부 자체의 경쟁력과 효율성, 정부 인적 자본의 경쟁력은 이에 크게 못 미치고 있는 것이 우리의 현실이다.

정부가 수립된 이래 여러 차례 공무원제도의 변화와 개혁이 있어 왔지만 공무원의 핵심 역량 강화라는 측면에서의 인사개혁에 대한 시대적 요구는 최근에 들어 더욱 커지고 있다. 이러한 배경에서 김대중 정부 이래 신공공관리론적 관점의 인사혁신이 지속적으로 이루어지고 있다. 공무원의 임용과 관련해서는 그 동안 폐쇄적 인사 체제에서 개방형 인사제도를 도입하고, 고위직 인력관리의 개선을 위해 고위공무원단제도를 도입했다. 한편 성과위주의 인력 운영을 위해 직무성과계약제를 도입하고 보수의 측면에서는 연봉제와 성과상여금제도를, 그리고 공무원교육훈련과 관련해서는 공무원교육훈련기관의 혁신과 함께 민간위탁 전문교육 과정을 운영하는 등 공무원 인사 전반에 걸친 변화가 있어 왔다.

여기서는 신공공관리적 접근 방법에 바탕을 두고 최근 우리 나라에 도입

되어 시행되고 있는 주요 정부인사혁신제도를 간략히 기술해 보기로 한다.[6)]

1 고위공무원단제도

일반적으로 고위공무원단제도는 정부의 정책 과정에서 핵심적인 역할을 수행하는 실·국장급 공무원을 개방과 경쟁을 통해 범정부적 차원에서 적재적소에 활용하고, 직무와 성과 중심으로 인사를 관리하며 책임성을 강화해 정부 전반의 활동 역량을 강화하기 위한 것을 목적으로 하고 있다(정부혁신지방분권위원회, 2005). 미국, 영국 등 주요 선진국들은 고위공무원 역량 강화를 통한 정부효율성 제고를 위해 오래 전부터 고위공무원단제도를 도입해 시행해 온 것으로 알려져 있다.[7)]

우리 나라의 경우 고위공무원은 국정 운영의 핵심적인 주체임에도 불구하고 그 동안 체계적으로 관리되지 않았다, 자기 부처 출신자 위주의 고위직 임용 관행으로 부처 간 협력이 어려웠을 뿐만 아니라 고위공무원들의 직무 능력 및 직무 성과 제고를 위한 전략적인 관리가 잘 이루어지지 않았던 것으로 평가되었다. 이에 따라 참여정부가 들어선 후 정부혁신지방분권위원회와 중앙인사위원회가 중심이 되어 고위공무원단 모형 설계와 단계적인 실천 방안을 마련하는 작업을 추진했다. 그 결과 2005년 12월에 제도 도입을 위한 국가공무원법 개정안이 국회를 통과했고 2006년 7월 1일부터 시행하게 되었다(정부혁신지방분권위원회, 2005).

---

6) 여기서 기술한 제도 이외에 공무원이 민간 부문에서 근무 경험을 쌓아 공직에 민간의 경영기법 및 업무 수행 방법을 도입할 목적으로 도입된 민간근무휴직제도, 인사의 분권화 자율성을 확대할 목적으로 도입한 총액인건비예산제도 등도 신공공관리론적 관점의 정부인사제도의 혁신으로 볼 수 있다.

7) 신공공관리적 접근 방법을 통한 정부혁신의 가장 성공적인 사례로 꼽히고 있는 뉴질랜드의 경우는 1987년 노동당 정부의 재선과 함께 이루어진 2단계(1988~90) 개혁 추진 과정에서 고위공무원단제도가 도입되었다. 즉 1988년 공무원법의 제정을 통해 고위공무원단 신설 등의 조치가 이루어진 것으로 보고되고 있다(총무처 직무분석기획단, 1997: 363-373).

2 개방형 직위제도

개방형 직위제도는 인사관리상의 지나친 내부통제를 완화해 관리의 자율성을 강화하고 전문성 있는 인력 확보를 통해 궁극적으로는 조직의 성과를 향상시키는 데 있다. 개방형 인사제도는 폐쇄형 인사제도와 대비되는 제도로서 외부에서 능력 있는 사람을 일정 기간 동안 어느 계급이나 채용하도록 하는 제도이다. 다시 말해 일정 기간 동안 계약직으로 채용했다가 그 기간이 끝나면 사임하도록 하여 정부관료조직을 외부 사람에 의해 충원되는 것이 가능하도록 개방하는 제도이다. 신분 보장을 받는 직업관료가 아니라 외부 인사가 관료조직을 드나들게 하는 제도라는 점에서 개방형인 것이다.

개방형 직위제도는 1999년에 도입되어 그 동안 공직의 경쟁력과 전문성을 제고시키는 등 적지 않은 성과가 있었다고 하지만, 좀더 적극적인 외부 전문가의 유입과 같은 목적을 달성하기 위해서는 개선해야 할 점도 적지 않은 것으로 지적되어 왔다. 중앙행정기관 1~3급 국장급 직위의 20% 이내에서 공직 내외 간의 경쟁을 거쳐 임용하도록 도입된 이 제도는 도입 초기(국민의 정부 기간)에는 외부임용률이 15% 정도밖에 되지 않아 제도 도입의 취지가 제대로 달성되지 못했다. 이것은 우리 나라 노동시장의 특성이 충분히 고려되지 못한 상태에서 도입되었기 때문이다. 즉, 기본적으로 직업 이동성이 낮고 유연성이 부족한 우리 나라 노동시장의 특성에다가 개방된 직위의 보수 수준이 민간 부문에 비해 낮고, 임용 기간 종료 후의 신분에 대한 불안감이 매우 컸다는 점 등이 그 요인으로 지적되었다. 그 이후 보수의 현실화, 개방형 직위 임용 기간의 연장, 공개모집 방법의 개선 등으로 외부임용률이 많이 개선된 것으로 보고되고 있다.

1999년부터 도입된 개방형 직위제도는 그 동안 폐쇄적인 방식으로 운용되어 오던 공무원인사관리에 새로운 바람을 불어넣는 계기가 되었다고 볼 수 있다. 공직의 경쟁력과 전문성 제고, 그리고 공직사회에 직무와 성과 중심의 인식을 확산시키는 계기를 만든 인사혁신 제도의 하나로 평가될 수 있다. 그러나 이 제도의 성공적인 정착을 위해서는 개방형 직위의 조정, 공개모집 방법의 개선 등 보완해야 할 측면도 적지 않다.

3 성과 중심의 인사 체제 도입: 성과급과 성과보상제

IMF 경제 위기를 겪으면서, 공직사회의 경쟁력을 강화하고 창의적이고 열심히 일하는 분위기를 조성하기 위해서는 무엇보다 지금까지의 계급과 연공서열 중심의 경직적인 인사관리 체계에서 직무와 성과 중심의 유연한 인사관리 체계로 전환해야 한다는 주장이 정부 내외에서 제기되었다. 이러한 성과 중심의 인사관리 체계로의 전환의 첫 단계로 종전의 연공급 보수체계 대신에 성과급 보수 체계를 도입하는 방안이 논의되었다. 계급과 연공에 기초한 연공급 보수제도는 보상의 공정성보다는 균등성을 지향함으로써 개인의 능력과 성과를 제대로 반영할 수 없었으며, 동기 부여를 위한 인센티브 기능이 미흡해 창의적이고 경쟁력이 있는 인재를 확보하고 양성하는 데 한계가 있었기 때문이다.

1) 연봉제와 성과상여금제도의 도입

이에 따라 1999년부터 국장급 이상 공무원에게는 종래의 호봉에 기초한 봉급 대신 연봉을 책정해 지급하기 시작했으며, 2000년부터는 호봉의 승급 대신에 전년도의 업무 성과를 평가해 연봉을 조정하는 성과급적 연봉제를 시행하게 되었다. 한편 개방형 직위에 임용되는 일반계약직 공무원의 경우, 연봉액의 상한을 규정하지 않음으로써 민간의 우수한 인재를 적극적으로 공직에 유치할 수 있도록 했다.

연봉제와 함께 성과급의 일환으로 도입된 제도가 성과상여금제도이다. 성과상여금제도는 종래의 특별상여수당제도를 확대하는 형식으로 도입되었다. 특별상여수당제도는 근무 실적이 뛰어난 10%의 공무원에게 봉급액의 50% 내지 100%를 차등해 지급하던 제도로서 1995년에 도입되어 성과상여금제도가 도입되기 전까지 시행되었다. 특별상여수당제도는 지급 대상이 10%에 불과하고 지급액도 적어 인센티브로서의 역할을 제대로 수행하지 못한다는 지적이 있었다. 이에 따라 지급 대상을 50%로 확대하고 지급액도 계급별 기준 호봉 봉급액의 50% 내지 200%로 인상해 1999년도부터 시행하기로 했으나 여건의 불비로 시행이 지연되었고, 이후 지급 대상의 폭과 지급률의 격차를 조정해 2001년에 가서야 시행되었다. 2001년도부터 본격적으로 도입된 성과상여금제도는 지급 대상 범위를 50%에서 70%로 확대하고 지급률의 격차도 50~200%에서 50~150%로 일부 완화해 시행되었다. 그러나 2001년에 시행된 성과상여금제도는 30%의 공무원이 성과상여금을 지급받지 못해 조직 내 위화감이 조성되었으며 성과평가 시스템이 미흡하다고 비판하면서 성과상여금제도의 폐지를 주장하며 반납운동이 전개되기도 했다. 이와같이 업무 성과를 객관적으로 측정할 수 있는 제도적 장치가 미흡한 상태에서 성과급제도가 도입됨으로써 상당한 혼란을 초래하고 있음을 알 수 있다.

2) 직무성과계약제의 도입

직무성과계약제는 장・차관 등 기관의 책임자와 실・국장, 과장 간에 공식적인 성과계약(performance agreement)을 체결해 성과 목표 및 지표 등에 관해 합의하고 당해 연도의 '직무성과 계약'에 의해 개인의 성과를 평가하고 평가 결과를 성과급, 승진 등에 반영하는 성과평가 시스템이다. 직무성과계약제는 각 단위의 조직이 우리의 고객은 누구이며 무엇을 하기 위해 존재하는가에 대한 근원적인 물음을 대한 성찰 과정을 거쳐 조직의 사명(mission)과 중장기적인 전략 목표를 설정함으로써 시작된다. 이를 바탕으로 조직목표에 연계되는 관리자들의 성과 목표를 설정하고, 성과를 어떤 평가지표를 통해 측정할지를 계약하는 방식을 도입한 것이다. 이것은 종래의 목표관리제와 직무성과관리제를 근간으로 한 것으로 2005년도부터 도입되었다.

아직까지 짧은 시행 경험으로 인해 가시적인 제도 도입의 성과를 평가하기에는 아직 이르나 부하평가에 대한 관리자의 책임이 증가하고, 직무 수행의 목표 의식이 분명해지고 일에 대한 긴장감이 높아졌으며, 조직 목표 및 성과에 관한 정보의 축적이 이루어지고 있는 것으로 평가되고 있다. 그러나 아직까지 각 부처가 자율성이 강한 평가 업무를 실시할 수 있는 전문적인 능력이 제대로 갖추어졌다고 보기 어려우며, 평가지표의 타당성 등에 의문이 해소되지 않고 있다.

제5절 결 론

신공공관리론은 정부활동의 구조와 관리에서 일어나는 지속적이고 새로운 변화를 총칭하는 개념으로 공공 분야에 대한 합리적인 관리 방식의 도입을 근간으로 한다. 신공공관리론은 그 동안의 전통적인 관료제적 관리 방식과 대조를 이루는 것으로 첫째, 투입 위주의 정부활동이 아니라 산출 위주의 정부활동(산출물 평가지표의 확립 및 적용, 피드백의 강조), 둘째, 정부의 조직과 인사의 유연한 관리(성과급주의, 계약제, 공직의 외부 개방, 공직 내외의 경쟁 촉진 등), 셋째, 조직 및 개인의 명확한 목표 설정과 성과지표를 통한 성과측정(부서별 성과공시제도, 공무원 개개인의 성과계약 체결, 목표의 계량화 등), 넷째, 고위공무원들이 정치적 목표 달성(정치적 중립이 아니라)에 헌신하도록 유도, 다섯째, 정부의 기능은 '노를 젓는 것'이 아니라 '방향을 잡아 주는 것' 등의 특성을 가지고 있다(Hughes, 1994).

이와 같은 특성을 가진 신공공관리론은 1980년대 이후 영국, 호주, 뉴질랜드 등 영연방 국가와 미국을 선두로 진행된 정부혁신이 전 세계적으로 확산되는 이론적이고 실천적인 근거가 되어 왔다. 우리 나라도 예외는 아니어서 1997년 이후 IMF 체제를 극복하기 위한 대대적인 정부혁신 과정에서 여러 가지 제도의 도입과 활용에 신공공관리론적 접근 방법이 적용되었던 것이다. 어느 정부를 막론하고 정부혁신의 주요한 내용을 이루는 것이 정부의 인력 운영과 관련한 혁신이다. 따라서 최근의 정부혁신 과정에서 이루어지고 있는 인사혁신은 신공공관리론적 접근 방법과 맞닿아 있다. 개방형 직위제도, 직무성과계약제, 연봉제와 성과상여금제도의 도입 등은 신공공관리론적 시각에 바탕을 둔 것으로 기존의 관료 체제와 인력 운영에 큰 변화를 주고 있는 것이다.

그러나 신공공관리론적 접근 방법이 정부혁신의 만능약이 될 수는 없을 것이다. 앞에서 살펴본 바와 같이 공공 부문의 사명, 지도 원리와 민간 부문의 그것과는 차이가 존재한다는 것을 간과해서는 안 될 것이다. 즉, 행정과 경영 간에는 기본적인 차이가 존재하는 것이다. 지나친 능률지상주의, 성과지상주의는 공공 부문에서 적용되어야 할 공익, 형평성, 민주성 등의 지도 원리를 일정 부문 훼손하는 결과를 초래할 수밖에 없다. 이러한 훼손을 무시하고 민간 부문의 지도 원리가 공공 부문에 도식적으로 도입되는 것이 바람직한 것인지 꼼꼼히 따져볼 필요가 있는 것이다. 설령 신공공관리론적 지도 원리나 처방적 수단을 도입하더라도 선행적인 조건이나 맥락이 어느 정도 충족되어 있는지를 면밀히 따져서 순차적으로 적용하는 지혜를 발휘해야 할 것이다. 우리의 경우, 세계적인 조류이고 흐름이라는 명분하에 이러한 선행적인 조건이나 상황이 충족되어 있지 않은 상태에서 섣불리 제도가 도입되고 이 때문에 파생하는 부작용들이 적지 않게 노출되고 있기 때문이다.

제 3 장 역대 정부의 인사혁신

어디까지가 혁신인가에 대해서는 명확한 답이 제시되지 못하고 있다. 혁신(innovation)은 개혁(reform), 변화(change) 등의 의미와 차이가 존재함에도 불구하고, 일반적으로 구분 없이 사용되고 있는 실정이다.

우리 나라 역대 정부는 정권 교체시마다 변화를 추구하면서 이를 다양한 용어로 표현했다. 6공화국까지는 변화를 행정개혁이라 했으며, 문민정부에서는 행정쇄신, 국민의 정부는 행정개혁, 참여정부는 정부혁신이란 용어를 사용했다.

또한 혁신의 범위에 대한 명확한 구분이 이루어지지 않고 있다. 혁신의 범위에 이전에 존재하지 않았던 새로운 존재의 탄생인 창조를 포함할 것인지, 단순한 문제 해결을 위한 변화 지향적인 시도를 혁신에 포함시킬 것인지 또는 말 것인지가 불명확하다. 그러므로 역대 정부에서 나타난 인사혁신을 살펴보기 위해서는 먼저 혁신의 의미와 범위에 대한 한정이 필요하다. 따라서 혁신의 정의와 특징에 대한 고찰을 통해 혁신의 의미와 범위를 한정하고자 한다.

제1절 인사혁신의 의의

1 혁신과 인사혁신

1) 혁신의 개념과 특징

혁신에 대해 로저스와 슈메이커(Rogers & Shoemaker, 1971: 19)는 “이전과는 다른 사상(idea)·실무(practice)·유형의 생산품(material artifact)의 채택으로”, 베커와 휘슬러(Becker & Whisler, 1967: 462)는 “새로운 생각이나 행태의 채택”이라고, 메리트(Mcrritt, 1985: 11)는 “새로운 사상·방법(method)·장치(device) 등의 도입”, 도이취(Deutsch, 1985: 11-20)는 “기존의 것과 다른 어떤 것이며, 많은 사람들과 관련된 것이며, 행태나 행위 수준에서 새로운 발견이나 발명된 어떤 것을 채택하는 것” 등으로 규정하고 있다. 이러한 정의를 종합해 볼 때, 혁신은 정부가 관리효율과 대주민 유·무형 서비스의 질적 향상을 위해, 이전에 채택한 사례가 없는 새로운 제도나 기법을 도입하는 것이다.

혁신의 특징 중 가장 두드러진 것은 새로움(newness)이다. 혁신은 어떤 사상·어떤 제도·어떤 서비스 등인지가 중요한게 아니라, 혁신을 채택해 수용하는 사람들에게 새로운 것으로 인식되어야 한다(Zaltman et al., 1973: 7-8). 그리고 새로움 이외에 목표 및 행동지향성, 의도적·계획적·적극적인 변화, 동태적 과정·비정형적 과정·학습 과정·이익성·큰 파급효과 등이 혁신의 특징이다(King & Anderson, 1995: 2; 유영옥, 1997: 272).

이러한 혁신의 개념과 특징을 고려할 때, 혁신으로 불리기 위해서는 행정부에서 새롭게 도입하는 제도나 기법이어야 한다. 따라서 이전에 도입된 제도가 변경되는 경우 혁신으로 보기 힘들다.

혁신의 범위에 관한 논의는 혁신을 한정시키는 데 중요하다. 혁신의 범위에 포함될 수 있는 것은 발명·발견·발전·문제 해결 등이다(Spence, 1994: 32-35).

첫째, 발명(invention)은 이전에 존재하지 않았던 어떤 것을 만드는 것(예를 들어 원자폭탄)으로 혁신을 규정하는 데 가장 분명하고 이해하기 쉽다.

둘째, 발견(discovery)은 이전에 알려지지 않았던 어떤 것을 새롭게 인식하는 것(예를 들어 X-ray)으로 발명보다는 혁신에 포함되는 영역을 확대시킨다.

셋째, 발전(development)은 처음으로 만들어진다는 의미보다는 기존에 존재하던 어떤 것이 진보(improvement)하는 것으로서, 어떤 서비스나 절차 또는 인식이 재형성되거나 좋게 바뀌는 것(예를 들어 전보 민원에서 전화 민원으로의 변화)을 의미한다.

넷째, 문제 해결(problem-solving)은 변경이나 진보가 필요한 문제 상황이 분명하게 존재하기에 이를 바꾸기 위해 새로운 접근법을 고안하는 것이다.

이러한 혁신의 범위 중 행정부의 인사혁신의 범위는 발견과 발전에만 한정시키는 것이 적절하며, 발명과 문제 해결은 적절하지 못하다. 발명은 그 사례를 찾아보기 힘들며, 발명은 주로 기술적인 관점에서 사용되고, 인사행정 분야에 적용할 경우 혁신이 되기 위해서는 어느 정부에서도 채택한 적이 없는 제도나 기법으로서 우리 나라가 최초로 채택하는 것이어야 한다. 이러한 경우는 아주 제한적이며 사례를 찾기가 힘들다. 또한 혁신의 범위를 문제 해결을 포함할 경우 정부혁신의 영역이 너무 포괄적이다. 정부의 정책이나 서비스는 기본적으로 문제 해결을 위한 활동이기 때문이다.

이처럼 혁신의 개념과 범위에 대해서는 다양한 견해가 나타나므로, 정부혁신의 개념과 범위를 제한할 필요성이 있다. 여기서는 정부혁신을 이전에 시행된 적이 없는 새로운 제도나 기법으로서, 발전의 범위까지를 포함하는 것으로 보고자 한다.

2) 인사혁신의 의미와 범위

인사혁신은 행정 내 인사 분야에서의 혁신이다. 인사행정의 역할은 공무원으로 하여금 민주적이고 능률적인 행정을 구현함으로써 국민에게 질 높은 행정 서비스를 할 수 있도록 전략적으로 관리해 나가는 활동이다. 그런 점에서 인사혁신은 인사행정 시스템이 그 사명을 잘 감당하고 제 역할을 효과적 또는 효율적으로 대응하도록 하기 위해 인사 분야에 새로운 제도를 도입해 인사 분야의 개선을 추구하는 과정이다.

인사행정의 범위는 국가공무원법과 지방공무원법에서 정하는 공무원의 임용, 시험, 보수, 교육훈련, 성과관리 및 근무성적 평정, 제안제도, 상훈, 복무, 신분 보장, 인사교류, 고충관리, 연금, 사기관리 등 다양한 영역이 포함된다. 그러므로 인사혁신은 이러한 인사 분야에 새로운 인사제도나 관리기법을 도입해 행정의 성과를 높이려는 지속적인 활동이라 할 수 있다.

그런데 인사혁신은 크게 혁신의 유형 중 관리혁신의 하나로서 정부혁신의 한 축을 이루고 있는 중요한 혁신이며, 다른 분야의 혁신들과 밀접한 연관성을 가지고 추진된다. 인사혁신은 관리혁신의 하나인 사무관리 혁신, 조직구조 혁신, 재정혁신 등과 상호작용하에 연계되어 추진된다. 인사혁신은 독립적·개별적 차원에서 이루어지는 것이 아니라 정부 전체의 효율성 증대라는 목표를 달성하기 위해 다른 부문들과 연계해 유기적으로 추진되어 나가야 하는 것이다. 참여정부의 경우 중앙인사위원회가 주도하는 인사혁신, 기획예산처가 주관하는 재정혁신, 그리고 행정자치부가 담당하는 조직혁신 등을 종합적으로 추진했다.

2 인사혁신의 필요성

인사혁신은 인사의 중요성, 계급제 인사관리 시스템의 한계, 관료제적인 역기능의 해소 등이다.

첫째, 인사는 행정 변수의 중심이다. 현대 행정인 조직구조, 사람, 환경 중 사람은 행정의 중심 변수이다. 조직구조와 환경 역시 중요하지만, 조직구조의 주체는 사람이고, 그 구조에서 행정 서비스를 산출해 조직의 목표를 이루어 가는 것 역시 사람이다. 또한 정부와 국민을 연결하는 각종 제도와 시스템의 운영자도 사람이고, 환경을 행정의 종속변수로 만들 것인가 또는 행정의 독립변수로 만들 것인가의 문제조차도 사람이 어떻게 하는가에 영향을 받는다.

2004년 말 기준으로 우리 나라 행정부의 공무원 수는 약 90만 명이다. 이는 1960년에 비해 약 3.8배 늘어난 것이며, 정부의 공무원들이 사용하는 예산은 대체로 우리 나라 GDP의 약 1/4을 넘는다. 인적 자원인 공무원과 이들에 의한 예산의 관리는 국가에 큰 영향을 미친다.

둘째, 계급제 인사관리 시스템의 한계이다. 우리 나라의 인사제도 근간은 계급제의 폐쇄형 실적주의이다. 계급제는 직업공무원제, 폐쇄형 내부승진제, 종신고용제, 일반행정가 우위 등을 특징으로 한다(강찬민, 2002: 122). 이에 따라서 폐쇄형 실적주의로 인한 문제, 능력보다는 계급을 우선시하는 데 따른 문제, 지나친 신분 보장, 할거주의, 성과관리의 어려움 등의 한계를 지닌다.

폐쇄형은 하위직으로만 신규 충원을 허용하고, 주로 승진을 통해서 관리자를 양성한다. 계급제는 직업공무원제의 확립에 유리하며 공직사회의 일체감을 높이고 행정의 안정성을 증대시킬 수 있지만, 충원 방식의 폐쇄성·비융통성으로 말미암아 우수한 외부 전문인력의 등용에 한계가 따른다. 승진은 주로 공무원의 능력·지역·신분·학력 등을 기준으로 하므로, 공직사회는 외부의 변화에 둔감하게 되고 갈수록 경쟁력이 떨어지게 된다. 이러한 우리 나라의 인사제도로 인해 인사행정 및 행정관리에서의 비효율성 등이 나타났다. 따라서 계급제의 단점을 보완하기 위해 개방형 도입, 승진심사의 공정성 확보, 환경에의 적응력 향상, 성과관리 등을 강화해야 할 필요성이 있었다.

셋째, 행정공무원들의 관료제적 역기능의 해소이다. 관료제는 합리적·과학적인 순기능을 가지지만, 권위주의·무사안일·합법성의 지나친 강조 등으로 역기능을 수행하기도 한다. 따라서 이러한 행정공무원의 관료제적 성향을 극복하기 위한 방안으로서 혁신이 필요하다.

3 최근 인사혁신의 방향

최근의 인사혁신 방향은 <표 3-1>과 같이 우리 나라 인사행정 시스템의 문제를 극복해 효율적이며 성과 지향적인 인사 시스템을 구축하는 것이다.

첫째, 기존에는 공무원을 행정을 위한 인적 자원으로서 비용을 소비하는 대상으로 여겼으나, 인사혁신에서는 공무원을 국가 발전을 위한 인적 자본으로서 그리고 행정의 자산으로 평가한다.

둘째, 기존의 폐쇄적·소극적인 채용 및 모집 방법에서 행정에 적극적으로 우수한 인재를 데려오기 위한 개방적인 인사 및 적극적인 인사로 나아가고 있다.

셋째, 공직 분류의 기준을 사람과 계급 중심의 계급제적인 형태에서 개인의 직무 및 책임을 중심으로 공직을 분류하는 직위 중심의 분류로 나아가고 있다.

넷째, 보상·승진·배치 활용 등에서 기존의 연공서열 기준에서 성과·역량·공직윤리 기준으로 바뀌었다. 기존의 연공서열하에서 보상이나 승진 그리고 배치 등은 근무연수나 서열에 의해 결정되었으나, 인사혁신을 통해 보상이나 승진의 결정 기준을 성과나 공직윤리의 확립으로 바꾸었다.

다섯째, 기존의 계급제와 순환보직제에서는 일반행정가가 중심이었으나 인사혁신을 통해 전문행정가를 육성하려는 방향으로 전환되었다.

여섯째, 인사에 관한 결정권은 최고관리층에게 있었으나, 인사혁신에서는 인사권을 최고결정자가 아닌 집행책임자에게 위임하고 분권화하는 형태로 나아가고 있다.

〈표 3-1〉 인사혁신의 추진 방향

구 분	추진 방향	
	기 존	최 근
공무원에 대한 인식	인적 자원·비용	인적 자본, 자산
채용·모집 방법	폐쇄적·소극적	개방적, 적극적
공직 분류의 기준	사람·계급 중심	직무·책임 중심
보상, 승진, 배치 활용	연공서열 기준	성과·역량·공직윤리
인적 자본 육성 모형	일반행정가	전문행정가
인사 권한의 소재	중앙집권적	집행 기능의 위임·분권화
신분 보장	온정적 보호	성과가 저조한 사람·부서·조직 등에 대한 처리 강화

출처: 중앙인사위원회(2005). 공무원인사개혁백서. p. 39.

일곱째, 신분 보장은 인사혁신 이전에 비해 약화되었다. 이전에는 업무상의 과오나 비리를 저지른 공무원에 대해 자기 식구 감싸기 식의 보호가 많이 이루어졌다. 그래서 솜방망이 처벌이라는 비난과 더불어 공직윤리 및 책임성의 확립이 힘들었다. 이에 따라서 성과가 저조한 사람이나 부서 또는 조직 등에 대한 처리제도가 강화되었다.

제 2 절 국민의 정부 이전의 인사혁신

1 제1·2공화국

제1공화국의 이승만 정권은 정부의 구성에서부터 친일 인사가 개입했다. 그래서 인사에서 윤리적 정당성을 확보하기 힘든 정권이었으며, 정권의 유지를 위한 독재와 부정부패가 만연해 결국 국민들에 의해 무너진 정권이다. 이러한 이승만 정부에서 인사상의 혁신을 논의하기는 힘들다.

제2공화국의 장면 정부는 1960년에 성립되어 1961년의 5·16 군사혁명으로 1년 만에 막을 내린 정권이다. 이러한 단기적인 집권 때문에 그 당시의 시대적인 요구인 1공화국 부패 청산의 강력한 시대적 요구를 적극적으로 수용하지 못했다. 이런 이유로 제1·2공화국 정부 모두 혁신적인 인사를 위한 구체적인 활동들을 찾아보기 힘들다.

2 제3·4공화국

1960년대 초반 제3공화국 박정희 정부의 인사혁신은 국가 발전의 추진을 위한 전략적 차원의 일환으로 추진되었다. 그 당시 박정희 정부는 국가 경제 발전을 국가 제1의 과제로 삼고 경제 개발의 수립과 추진에 역점을 두었다. 이를 위해 국가 발전 전략의 차원에서 기획조정 통제 체제의 구축, 경제개발 추진 부처와 사업담당청의 신설, 문화 및 실적주의 강화, 발전 지향적 공무원 육성 체제 구축 등이 필요했다. 또한 군부 출신으로서 쿠데타에 의해 집권한 박정희 대통령은 부패하고 무능한 공무원들을 퇴출시키면서 인사혁신을 통해 행정부에 대한 리더십을 강화할 필요가 있었다.

이에 신국가공무원법을 제정해 실적주의 인사 운영에 노력했고, 1963년에는 직위분류법을 제정해 직위분류제 도입을 시도하기도 했다. 그러나 당시 정치적 고려에 의해 군 출신 인사가 공직에 대규모로 유입되면서 공정한 인사 시스템의 운영이 힘든 상황이었다.

3 제5 · 6공화국

제5공화국은 전두환 정부이며, 제6공화국은 노태우 정부이다. 제5공화국 정부는 유신정부 하에서 나타난 행정부의 비대화 · 집권화 · 관료화 등의 병폐를 해소할 필요성이 있었다. 이를 위해 정부의 지나친 간섭 축소, 상위기구 축소, 대국대과주의, 권한위임 확대, 행정절차 간소화 등을 내용으로 하는 행정개혁 조치들을 추진했다. 인사혁신은 이러한 행정 조치의 촉진을 위해 그리고 행정부 상층의 물갈이를 통해 행정부에 대한 리더십을 강화하기 위한 일환으로 추진되었다.

제6공화국 정부에서는 인사혁신적인 일부 제도가 시행되기도 했다. 1989년의 장애인 구분모집제를 실시해 장애인의 공직 취업을 도모했다.

4 문민정부

김영삼 대통령의 문민정부는 변화와 개혁을 통한 '신한국 창조'를 기치로 내걸고 출범하면서 국정 여러 분야에서 변화와 개혁 조치들을 단행했다. 행정 분야에서는 1993년 4월에 설치된 행정쇄신위원회를 중심으로 깨끗하며 작고 강력한 정부와 민주적이고 효율적인 행정 체제의 구현을 내걸고 혁신을 추진했다.

그러나 이 시기의 행정혁신은 강압적 통치기구(안기부, 기무사) 축소와 문민통제기구(감사원) 위상 강화, 부처 통폐합 등의 주로 조직혁신과 정보공개법과 행정절차법의 제정 등 제도 혁신에 치중했다(공보처, 1997:

88-96). 따라서 이 시기의 인사 분야에서는 주로 누적된 병폐 척결과 동시에 새로운 상황에 적합한 시스템 구축이라는 행정개혁의 일환으로 진행되었다. 다만 인사혁신은 여성의 권익 향상을 위한 여성공무원 채용목표제 실시, 세계화 비전에 따른 국제적 업무 추진력 강화를 위한 전문가 특채제도로서 자격증·학위 소지자의 특별채용제도, 민간 전문가의 공직파견제, 성과에 대한 보상인 특별상여수당제도 등의 몇몇 인사혁신을 추진했다.

첫째, 특별상여수당제도를 통해 능력에 따른 보수 차별화를 시도했다. 1995년 도입된 특별상여수당제도는 근무 실적이 뛰어난 10%의 공무원에게 봉급액의 50% 내지 100%를 차등해 지급하던 제도로서, 국민의 정부에 의해 성과상여금제도가 도입되기 전까지 시행되었다. 그러나 특별상여수당제도는 지급 대상이 10%에 불과하고 지급액도 적어 인센티브로서의 역할을 제대로 수행하지 못한다는 지적이 있었다.

둘째, 여성의 공직에의 진출을 활성화하기 위한 제도를 도입해 시행했다. 공무원 충원과 관련해 1993년 총무처의 여성공무원인사관리지침의 제정, 1994년에 육아휴직과 가사휴직제도의 도입, 1995년에 여성공무원채용목표제 등이 나타났다. 이 중 가장 핵심적인 제도인 여성공무원채용목표제에 대해 살펴보면 다음과 같다.

1995년에 여성공무원채용목표제는 공무원임용시험령 제11조의 3에 규정된 것으로서, 시험실시기관의 장은 여성의 공무원 임용 기회를 확대하기 위해 필요하다고 인정하는 경우에는 한시적으로 여성이 시험 실시 단계별로 선발 예정 인원의 일정 비율 이상이 될 수 있도록 선발 예정 인원을 초과해 여성을 합격시킬 수 있도록 규정했다.

이에 따라 1996년에 최초로 실시된 여성공무원 채용목표제는 공무원채용시험에서 상대적으로 여성 합격자 수가 적은 행정고시·외무고시와 7급 행정·공안·외무 행정직 공채시험에 적용되었으며, 여성 합격자의 비율이 높은 9급 공채시험과 선발 예정 인원이 소수인 기술직 및 직무 특성상 남·녀 구분 모집이 불가피한 교정·보도직 등은 제외했다. 또한 선발 예정 인원이 적어 현실적으로 목표인원 설정이 어려운 10명 미만의 채용 단위 시험에도 적용이 제외되었다. 여성공무원 채용목표제가 도입된 첫해인 1996년에 26.5%의 여성 합격자 비율을 보였다. 여성채용목표제에 의해 추가적으로 합격한 여성 인원은 1996년에 19명, 1997년에 20명 등이다.

제 3 절 국민의 정부의 인사혁신

국민의 정부 개혁 방향은 구조조정과 인력 감축을 통해 정부 주도형 국가 발전과 관료주의적 운영 패턴에서 발생하는 폐단을 시정해 예산 절감의 성과를 거두고, 경쟁과 실적 중심의 인사운영 시스템을 구축해 공공 부문의 생산성과 경쟁력을 높이는 것이다. 개혁의 기본 방향은 시장 원리에 입각한 신공공관리주의 원칙인 성과와 경쟁 원리 강화였다(조윤명, 2004: 45-46).

국민의 정부 인사혁신 역시 성과 지향 및 경쟁력의 확보가 중요한 과제였다. 국민의 정부에서 추진된 인사혁신은 공직 개방, 성과 지향적 인사, 고위공직자 인사심사제, 인재의 균형 있는 활용, 중앙인사위원회 신설 등으로 구분해 고찰한다.

1 공직 개방의 인사혁신

국민의 정부는 변화의 방향으로 전문성의 제고, 공직의 침체 방지, 능력 있는 전문가의 공직에의 임용 등을 위한 공직 개방의 인사혁신을 단행했다. 이러한 공직 개방적인 인사제도와 관련해 개방형 직위제, 직위공모제, 민간근무휴직제, 시간제공무원제 등이 있다.

1) 개방형 직위제도

우리 나라는 국민의 정부 이전까지 계급제 하에서 폐쇄형 임용 체계를 유지했다. 그 동안 폐쇄형 임용 체계를 기초로 하여 민간전문가의 공직파견제, 계약직공무원제도, 자격증·학위 소지자의 특별채용제도의 개방형 전문직위제도 등을 추진했다. 그러나 개방형 전문직위제도는 제대로 기능하지 못했다. 이에 국민의 정부는 정부개혁의 일환으로 공직사회의 전문성을 제고하고 경쟁력을 강화시키기 위해 개방형 직위제도가 도입되었다. 개방형 직위제도는 공직사회의 경쟁력을 제고하기 위해 전문성이 특히 요구되거나 효율적인 정책 수립을 위해 필요하다고 판단되는 직위에 공개경쟁을 거쳐 직무 수행 요건을 갖춘 자중 최적격자를 임용하는 제도이다(정준금 외, 2002: 39). 이러한 개방형 직위제는 직위분류제적 요소를 도입한 것으로 특정 직위의 최적임자를 직접 선발함으로써 보직과 충원이 동시에 이루어진다는 특징이 있다.

개방적 충원을 위한 제도는 1995년 8월부터 도입을 위한 준비에 들어갔으며, 1999년 5월에 정부조직법 및 국가공무원법이 개정되어 도입 근거를 마련했다. 그러다가 2000년 2월 19일에 '개방형 직위의 운영 등에 관한 규정'을 공포 시행하고, 동년 3월에 개방형 운영지침을 제정 시행하면서 본격적으로 추진되었다(정준금 외, 2002; 조윤명, 2004: 54).

2) 직위공모제도

직위공모제도(job posting)는 인력을 효율적으로 활용하기 위해 결원 발생시에 미리 해당 직위의 직무 내용과 특성 등을 반영한 임용 자격 요건을 설정하고 공모를 거쳐 해당 직위에 가장 적합한 자격과 능력을 구비한 자를 선발·임용하는 제도이다.

이 제도는 그 동안 각 부처의 인사 운영이 보직관리의 전문성이나 인사교류의 원활성 등에서 많은 문제점이 나타남에 따라서 이러한 문제점들을 해소하기 위한 대안의 하나로 도입되었다(조윤명, 2004: 60). 공모 대상 직위는 개방형 직위를 제외한 1급 내지 3급의 일반직 공무원 또는 별정직 공무원으로 보하는 직위, 3급 이상의 일반직 공무원과 별정직 공무원으로 보하는 주재관 직위이며, 4급 이하 직위에 대해서는 소속 장관이 판단해 이에 준해서 실시하도록 했다.

3) 민간근무휴직제도

20세기의 정보화와 네트워크화는 인적 자원의 자유로운 교류를 촉진하고 있다. 이론적으로는 공직사회의 개방성과 경쟁성을 강조하는 포스트포

디즘과 신공공관리의 영향을 받았으며, 실무적으로는 민간 부문과 공공 부문 간의 인사교류의 대칭성을 확보할 필요가 있었다(정준금 외, 2002: 64-66). 이러한 시대적 변화를 반영해 공·사 부문 간 인적 교류를 목적으로 하는 민간근무휴직제를 도입했다. 민간근무휴직을 통해 공무원은 민간기업의 애로와 최신 경영기법 등을 현장에서 체험함으로써 시장 지향적이고 현실적인 정책형성에 공헌할 수 있게 되며, 민간기업은 공무원의 전문지식과 기획 능력 등을 기업활동에 활용할 수 있게 되었다.

2002년 1월 국가공무원법 개정을 통해 공무원이 민간기업에 임시로 채용될 경우 3년 범위 내에서 휴직이 가능하도록 하여 민간근무휴직의 근거를 마련했고, 그 세부 내용은 대통령령에 위임해 2002년 7월 1일부터 시행했다.

4) 시간제공무원제도

경제·사회적 변화와 개인들의 가치관 변화로 탄력적인 근무제도에 대한 관심이 증대되었다. 이러한 현실에 부응하기 위해 업무 특성이나 기관사정에 따라 통상적인 근무 시간보다 짧게 근무하는 공무원을 임용할 수 있도록 하는 시간제공무원제도를 도입했다. 예를 들어 매일 4시간 동안 근무를 하거나 월·화·수요일만 근무를 하거나, 격일제로도 근무할 수 있도록 했다. 육아와 가사를 전적으로 부담해야 하는 여성공무원의 경우 오전만 근무하는 것도 가능하다. 시간제 공무원제도를 시행하기 위해 2002년 1월 19일 국가공무원법을 개정해 시간제 공무원의 임용 근거를 마련했으며, 2002년 7월 1일부터 실시되었다.

2 성과 지향의 인사혁신

인사관리 시스템을 성과 지향적으로 변화시키고자 했다. 이를 위해서 목표관리제, 직무성과관리제도, 공무원 연봉제도, 성과상여금제 등을 도입했다.

1) 목표관리제

목표관리제는 관리직 공무원의 업무 성과를 좀더 객관적으로 평가하기 위해 도입된 제도로서, 실적 기준으로 사용할 목표를 설정한 다음 일정 기간 후에 목표 달성도를 측정해 그 결과를 다음 목표 설정에 환류하고 보상체제에 반영하는 제도이다(조윤명, 2004: 63).

1998년 6월에 목표관리제 도입 계획을 확정하고, 동년 7월에 행정자치부 등 일부 부처를 대상으로 시범 실시했으며, 1999년부터 전면적으로 실시했다(박중훈, 2000). 이러한 목표관리제(MBO)를 도입해 4급 이상 공무원의 승진·교육훈련 등 인사관리, 국장급 공무원에 대한 성과연봉 지급, 과장급 및 4급 공무원에 대한 성과상여금 지급 결정 등에 활용되었다.

2) 직무성과관리제도

직무성과관리제도는 직무분석을 통해 도출될 직위별 성과 책임을 바탕으로 당해 연도에 달성하게 될 성과 목표를 설정·관리·평정하고, 그 평정 결과를 보수 등에 적용하는 일련의 과정으로 <표 3-2>는 기획관리실장의 성과 책임의 예이다.

〈표 3-2〉 기획관리실장 성과 책임 예시

◇주요 업무 계획을 입안한다. ◇대(對)국회 대응성을 제고한다. ◇예산 확보와 집행 조정의 효율성을 제고한다. ◇법령 제·개정 등 입법 계획의 타당성을 제고한다. ◇행정혁신 및 정보화 수준을 제고한다. ◇조직 전체의 긴급 현안 사항이나 각종 지시·보고 사항 처리의 안정성을 높인다. ◇조직 운영의 효율성을 제고한다. ◇유관 기관의 협력 관계를 강화한다. ◇소속 직원을 지도·육성한다.

직무성과관리제도의 특징은 다음과 같다.

첫째, 조직 목적과 공무원이 창출한 성과를 연계해 조직 목적 달성을 위한 전략적 관리 수단으로 활용한다.

둘째, 조직 성과에 대한 기여 정도를 '직무 중요도(job size)×역할 달성도'로 평가한다.

셋째, 능력과 태도는 별도의 평가 방법에 의해 평가하고 성과인 실적만 평가한다.

넷째, 성과목표를 상급자와 합의해 결정하고 피드백 과정을 중시한다.

다섯째, 절대평가를 원칙으로 하고 목표별 사실 확인에 의한 평가를 한다.

3) 공무원 연봉제도

성과 중심의 인사관리 체계를 확립하기 위해서는 기존의 연공급 보수 체계에서 성과급의 보수 체계로 전환할 필요성이 있었다. 연공급 보수제도는 계급과 연공에 기초한 보수제도로 보상의 공정성(equity)보다는 균등성(equality)을 지향함으로써 개인의 능력과 성과를 제대로 반영할 수 없었으며, 동기부여를 위한 인센티브 기능이 미흡했다.

국민의 정부 출범과 함께 1998년 2월 대통령직인수위원회에서 성과급제 도입을 '국민의 정부 100대 개혁 과제'의 하나로 선정해 공무원 보수제도 개혁을 추진했다. 이를 위해 삼성경제연구소에 '공무원 보수제도 개혁 방안'에 관한 연구 용역을 의뢰했으며, 성과급제도에 관한 공무원 설문조사를 실시했다. 이러한 결과를 바탕으로 1998년 말경에 국장급 이상 공무원을 대상으로 연봉제를 도입했으며, 과장급 이하 공무원에게는 성과상여금제도를 도입했다. 1999년부터 국장급 이상의 공무원에게는 호봉에 기초한 봉급 대신에 연봉을 책정해 지급하기 시작했으며, 2000년부터 호봉의 승급 대신 전년도의 업무 성과를 평가해 연봉을 조정하게 되었다(기획예산처, 2002).

4) 성과상여금제도

성과상여금제도는 공무원연봉제와 함께 1998년 2월 대통령직인수위원회에서 선정한 '국민의 정부 100대 개혁 과제'의 하나이다. 초기의 성과상여금제도에서는 지급 대상을 50%로 확대했으며, 지급액도 계급별 기준 호봉 봉급액의 50% 내지 200%로 대폭 인상했다. 그리고 적용 대상 공무원들은 군인, 교육공무원, 경찰 등 전 직종의 공무원이다. 그러나 성과상여금제도는 시작 초기부터 부정적인 견해가 제기되기도 했다. 즉, 50% 이상의 공무원들이 성과상여금을 받지 못함에 따라서 공직사회 내에서 상대적 박탈감과 위화감이 조성되었다. 이에 제도에 대한 개선이 요구되어 결국 2000년도와 2001년도에 성과상여금제도에 대한 개선이 이루어졌다.

개선 방안의 핵심은 지급 대상 공무원의 범위를 확대하고, 지급률의 격차를 줄이며, 부서별 지급을 확대하도록 했다. 또한 지급 방식을 다양화·자율화했으며, 성과평가의 공정성과 객관성을 높이기 위해 다면평가를 활성화했다.

3 고위 직공무원 인사심사제의 공정성 확보

고위직 인사심사제도는 국민의 정부가 개방형 임용제도, 성과주의 인사제도 등의 도입과 더불어 추진한 대표적인 인사제도이다. 이 제도는 국가공무원법 제7조의 규정에 따른 1급~3급의 일반직 공무원, 이에 상응하는 별정직 공무원과 계약직 공무원의 채용, 그리고 1급~3급의 일반직 공무원으로의 승진임용후보자 선발시에 공정성과 객관성, 적격성 여부를 사전에 검증하는 것을 의미한다.

고위직 인사심사의 객관성과 공정성을 확보하기 위한 제도로 국민의 정부 이전에는 1963년도에 도입된 승진후보자명부작성제(1978년 폐지), 1980년에 도입된 복수임용추천제와 임용전 사전협의제, 1982년의 승진임용심의규정 제정과 중앙승진심의원회 설치, 1988년의 고급공무원 등의 임용에 관한 인사운영지침 제정 등이 이루어졌다.

1999년 5월 24일 국가공무원법 개정으로 중앙인사위원회가 출범함에 따라 고위직 공무원의 승진과 채용 등에 관한 임사심사 업무가 종전 행정자치부에서 대통령 직속기관인 중앙인사위원회로 이관되었다. 중앙인사위원회는 공무원 인사관리에 관한 기본 정책을 종합 조정·기획·입안하는 대통령 직속의 합의제 행정기관으로서 전문적이고 중립적인 입장에서 고위직 인사심사 등을 담당하게 되었다.

4 인적자원의 균형 있는 활용

각계각층의 인적 자원을 균형 있게 활용하기 위한 방안으로 여성공무원·장애인공무원 인사제도를 개선했다.

1) 여성공무원 인사제도 개선

여성공무원과 관련된 인사정책은 1948년의 헌법에서 여성근로자를 보호하는 제도로부터 시작된 이후로 그 동안 공직에서는 1989년에 공무원 성별 제한 모집 철폐, 1993년 총무처의 여성공무원인사관리지침 제정, 1994년에 육아휴직과 가사휴직제도 도입, 1995년에 여성공무원채용목표제 제정 및 여성발전기본법 제정 등이 이루어졌다.

이후 국민의 정부 들어서는 여성공무원 채용목표제의 시속적인 추진,[1] 1999년 군 가산점 위헌 결정으로 폐지, 여성출산휴가 60일의 의무 규정화, 2001년의 여성부 신설, 여성공무원 출산휴가 90일로 연장, 육아휴직수당 신설 등의 조치가 이루어졌다.

2) 장애인공무원 인사제도 개선

장애인고용정책은 장애인에게 소득 보장의 기회를 제공하고 또한 장애인의 의사를 국가정책 결정에 반영하며, 장애인의 사회 통합을 도모하는 중요한 제도이다, 이러한 제도로 1989년의 장애인 구분모집제를 실시해, 2000년에는 5%까지 그 비율이 확대되었다. 그리고 이후 장애인공무원 희망보직제도 도입했다. 현행 공무원제는 순환보직제로 빈번한 보직 이동이 있는데 장애인의 경우 직무 수행의 어려움을 이유로 보임시 불이익을 받는 경우가 있었다. 따라서 장애인공무원에 대해 희망보직제를 도입해, 각 부처의 인사담당자는 장애인공무원을 전보할 경우 장애인의 부처 내 근무 희망지와 희망 보직을 3순위까지 조사해 당해 공무원의 역량과 부처 내 시설·

---

1) 여성채용목표제에 의해 추가적으로 합격한 여성 인원은 1998년에 14명(0.9%), 1999년에 40명(1.9%), 2000년에 86명(2.3%), 2001년에는 59명(1.5%)이고, 직급별로는 5급 26명, 7급 115명, 9급이 97명이었다.

인력의 운영 상황 등을 고려해 장애인공무원의 의사가 최대한 반영되도록 했다.

3) 퇴직 공무원 활용

2000년을 기점으로 우리 나라의 총인구 중 노인 인구가 차지하는 비율이 7%로서, 고령화사회로 진입했다. 따라서 퇴직 공무원을 활용할 필요성이 제기되었다. 국민의 정부는 퇴직 공무원을 활용하기 위해 퇴직 공무원 구인구직 정보 연계·지원센터 설치, 명예공무원제도 등을 도입했다.

5 중앙인사위원회의 신설

중앙인사기관으로서 중앙인사위원회는 정부의 인사 기능을 담당하고 인사정책을 수립하며 그 집행을 총괄한다. 이러한 중앙인사기관으로서 역할을 수행하는 중앙인사위원회의 신설은 김대중 대통령의 선거공약 사항으로서, 1998년 7월의 국정과제 중간평가 업무보고 때 대통령의 지시로 본격적으로 설립이 추진되었다. 이에 국민의 정부는 1999년에 인사행정의 공정성·전문성을 높이고 정부 인사개혁을 일관성 있게 추진하기 위해 독립합의제 기관인 중앙인사위원회를 설립했다.

중앙인사위원회의 주요 기능으로는 인사정책 및 인사 운영의 기본 방침 수립, 1~3급 공무원의 채용 및 승진심사, 개방형 직위제도 운영, 인사감사 및 인사 업무의 지도·지원, 공무원 처우 개선 등이 규정되었다. 이후 중앙인사위원회는 정부 인사정책과 개혁을 전담하는 기구로서 지속적으로 존속되었다.

6 국민의 정부 인사혁신에 대한 평가

국민의 정부는 정권의 시작부터 IMF의 경제 위기 극복 방안을 모색해야 했다. 이를 위해 국민의 정부는 정권 초기부터 인사혁신을 담당할 중앙인사위원회를 새롭게 신설해 인사혁신을 추진했다. 공무원의 정원 및 조직에 대한 구조조정과 더불어 폐쇄형 공직구조를 개방형 구조로 전환했으며, 공무원의 보수 현실화 및 성과급제를 도입했다. 이처럼 국민의 정부 인사혁신은 성과 지향적인 운영의 기틀을 마련했으며, 관리의 효율성을 높이는 데 기여했다. 그러나 국민의 정부 인사혁신은 성과 및 효율성에 대한 지나친 강조, 하향적인 인사제도의 시행, 혁신 추진 역량의 부족 등으로 성과가 미흡하다는 지적도 받는다. 또한 정부 경쟁력을 높일 수 있는 정부 기능이나 업무에 대한 조정보다는 기구나 인력 조장에 치중해 가시적인 성과 창출에 초점을 둠으로써 인사혁신의 실용성이 낮았다. 이상과 같이 국민의 정부에서 다양한 인사혁신이 시도되었지만, 새로운 혁신 방안의 제도적인 정책은 전반적으로 미진한 것으로 평가되고 있다.

제 3 절 참여정부의 인사혁신

1 참여정부 인사의 방향

1) 인사의 비전과 목표

참여정부는 공정성과 전문성에 기초한 참여형 인사 시스템을 인사의 비전(vision)으로 설정했다. 이러한 비전을 달성하기 위한 구체적인 목표로 자율과 책임에 기초한 인사 시스템, 공무원과 함께 하는 인사관리 목표, 투명하고 공정한 인사 운영, 전문성과 역량을 강화하는 인사제도 등을 설정했으며, 각 목표별로 이를 추진하기 위한 행동계획을 마련했다.

첫째, 자율과 책임에 기초한 인사 시스템의 행동계획은 국가 인사 기능의 통합과 자율분권화, 탄력적 인력관리 체제 구축 등이다.

둘째, 공무원과 함께 하는 인사관리 목표의 행동계획은 보수 합리화와 공무원의 삶의 질 향상, 상생적 공무원 노사 관계 구축 등이다.

셋째, 투명하고 공정한 인사 운영의 행동계획은 투명하고 공정한 선발 시스템 구축, 차별 없는 균형적 인재 등용, 다양한 평가 시스템의 개발과

[그림 3-1] 참여정부 인사의 비전과 목표

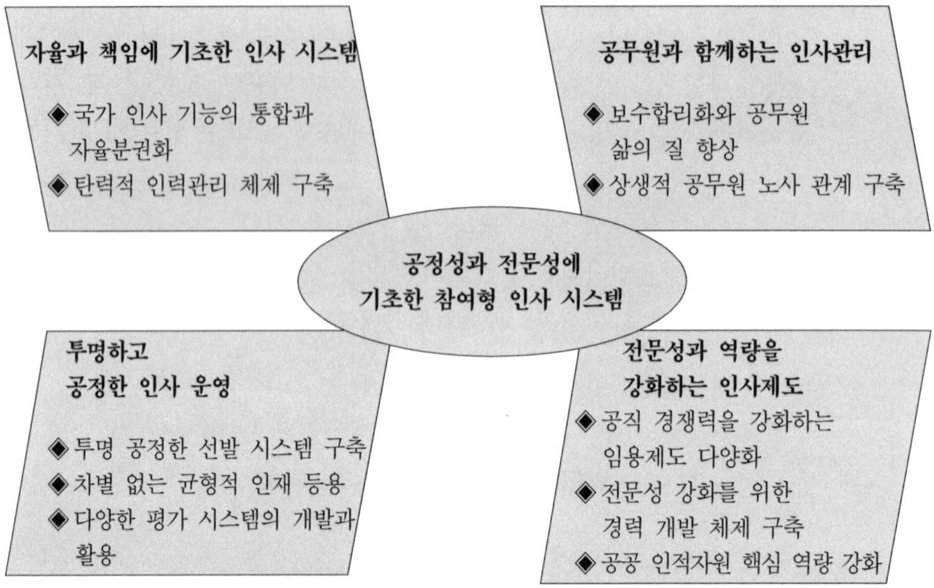

활용 등이다.

넷째, 전문성과 역량을 강화하는 인사제도의 행동계획은 공직 경쟁력을 강화하는 것으로서 임용제도 다양화, 전문성 강화를 위한 경력 개발 체제 구축, 공공인적 자원 핵심 역량 강화 등이다.

2) 행동계획별 구체적인 방안

참여정부가 행동계획을 실현하기 위해 마련한 구체적인 행동계획은 다음과 같다.

① 국가 인사 기능의 통합과 자율분권화를 위한 구체적인 방안으로 통합 중앙인사기관의 공정성 확보, 인사행정의 효율성 증대, 각 부처와 자치단체의 인사 자율성 확대, 모니터링을 통한 공정한 인사 체제 보장, 지방자치단체별 특성에 따른 공무원법의 개발, 인사관리 연구부서(Center for Capitalizing Human Resources: CCHR) 설치, 의견 수렴으로 개인 권리의 강화와 정책

의 정당성 확보 등을 추진했다.

② 탄력적 인력관리 체제의 구축을 위한 구체적인 방안으로 1~3급 직위 대상 전 부처 직무분석 실시 및 4급 이하 직무분석의 단계적 확대, 직무분석 결과의 적극적 활용, 행정 수요 변화에 따른 일 중심의 개혁(기능 전환에 따른 인력 재배치), 공무원 참여 기반의 행정 시스템 혁신, 단계적인 공무원 조직계층 축소(행정개혁 일환으로 공공형 팀제 도입) 등을 추진했다.

③ 보수의 합리화와 공무원 삶의 질 향상을 위한 구체적인 방안으로 연봉에 입각한 공무원 보수의 공개, 판공비 투명화, 성과주의 연봉제 강화, 집단성과급제 활성화, 선택형(cafeteria) 복리후생 확대, 공무원 퇴직관리와 퇴직자 활용 계획 등을 추진했다.

④ 상생적(相生的)인 공무원 노사 관계 구축을 위한 구체적인 방안은 공무원을 인사개혁의 파트너로 인정하고 참여를 유도하는 상생적 노사 관계 구축, 공무원 노사 관계 전담반(TF) 구성, 노사 간의 분쟁 해결을 위한 조직의 설치, 공무원 노사담당 전문인력 육성 등을 추진했다.

⑤ 투명하고 공정한 선발 시스템 구축의 구체적인 방안은 정무직·산하단체장 선발의 공정성 강화, 인사 기준 재정비, 추천 및 선발 과정 재정비, 글로벌 국가 인재 데이터베이스 구축, 인사 검증 방식의 다양화 등이다.

⑥ 차별 없는 균형적 인재 등용의 구체적인 방향은 여성공무원 5급 이상 진출 확대, 과학기술직 공무원 우대, 장애인 고용 확대, 정무직 지역 균형(능력 중시), 지방 출신의 임용 활성화 등이다.

⑦ 다양한 평가 시스템의 개발과 활용의 구체적인 방안은 다면평가 및 집단평가제 도입, 공무원 참여를 통한 성과지표 개발, 과정 및 결과에 대한 균형 있는 평가, 정무직 성과계약제와 청렴계약제 실시(1~3급, 중앙부처 우선적용) 등이다.

⑧ 공직 경쟁력을 강화하기 위한 임용제도 다양화의 구체적인 방안은 인턴 및 전문가 개방 임용, 고시제도 개편 검토, 부처 간 내부 인사교류의 활성화(벽 없는 조직화를 통한 폐쇄성 극복), 민·관·정·학 인사교류 촉진 등이다.

⑨ 전문성 강화를 위한 경력 개발 체제 구축의 구체적인 방안은 직무 역량 중심의 전문성과 효율성 제고, 전문 직위의 확대와 개선, 장기 경력 개

발을 위한 승진 및 보직관리, 자발성의 촉진과 적성 중시, 고위공무원단 도입 등이다.

⑩ 공공 인적자원 핵심 역량 강화의 구체적인 방안은 고객 중심의 교육 선택권 확대, 민간교육기관과의 경쟁 체제 도입, 교육 인프라 구축, 직급별 맞춤교육, 교육훈련 내용의 실용성 추구, 교육전달 체계의 다변화, 교육 방식의 다양화 등이다.

2 참여정부의 인사혁신제도

참여정부의 인사혁신을 인사의 자율성과 역량 강화, 사회 균형적 · 형평적 인재 등용, 공무원 채용 방법의 다양화, 보직 및 경력개발 시스템의 개선, 고위공무원단제도 도입, 성과 지향형 교육훈련의 강화, 총액인건비제도 도입, 성과 중심의 인사평가 시스템 구축 등으로 구분해서 살펴본다.

1) 인사상의 자율성과 역량 강화

(1) 인사권의 위임 및 자율성 확대

참여정부는 세계화, 다양화로 나아가는 급격한 행정환경의 변화에 대응해 공직사회의 경쟁력을 확보할 필요성이 있었다. 이에 인사행정에서 불필요한 인사규제를 완화해 인사자율성을 확대하고 역량을 강화해 다음의 방안들을 추진했다.

첫째, 각부 장관의 인사 권한을 확대해 부처별 특성과 실정에 맞게 인사 운영계획을 수립 운영하도록 했다. 대통령이 행사하던 4급 이하 공무원들의 신규채용 · 승진임용권 · 전직 · 강임 · 면직 · 해임 · 파면권 등을 소속 장관에게 위임함으로써 4급 이하 공무원 임용권 전부를 소속 장관에게 위임했다. 또한 채용 및 시험 부문에서도 5급 승진 예정 인원에 대한 사전협의 절차를 폐지했다. 보수와 관련한 평가 권한을 부처에 위임해 다양한 성과 시스템을 운영하도록 했다.

둘째, 부처별 자율적인 채용 권한을 확대해 행정자치부장관이 실시하던 6급 이하 주요 직렬의 특별채용 · 전직 · 전입시험 등 모든 시험 실시권을 소속 장관에게 이관했다.

(2) 총액인건비제도

① 개념과 의미

총액인건비제도는 "예산 당국은 각 부처별 인건비 예산의 총액만을 관리하고, 각 부처는 그 인건비 한도 내에서 인력의 규모(직급별)와 종류(직렬, 직류 등)의 결정, 기구의 설치 및 인건비 배분의 자율성을 보유하고 그 결과에 책임을 지는 제도"로 정의할 수 있다. 이 제도는 기본적으로 인적 자본관리를 예산부처(기획예산)와 조직관리부처(행정자치부)의 집중적 관리에서 각 부처의 분권적 관리를 지향한다는 점에서 분권형의 자율적 인적자본관리를 지향한다. 따라서 조직의 목표 및 성과 극대화를 위한 정원관리 방식 및 보수 결정 방식의 획기적 변화인 동시에 부처 자율 혁신을 유도하기 위한 전략적 혁신 도구로 활용 가능하다.

② 총액인건비의 범위

총액인건비의 범위는 <표 3-3>과 같이 예산 과목상 인건비와 인건비성 경상경비 등이다.

〈표 3-3〉 총액인건비의 범위

구 분	포함 대상 비목
예산 과목상 인 건 비	·기본급, 정액수당 등 정규직 보수 ·비정규직 보수 중 사실상 상용직의 보수
인 건 비 성 경 상 경 비	·관서운영비(특근매식비 등), 업무추진비(정원가산금), 직무수행경비(월정 직책급 등), 복리후생비(맞춤형 복지제도 등), 보상금, 연금부담금 등

③ 총액인건비의 결정 방식

총액인건비의 결정은 원칙적으로 중장기적 관점에 입각해 각 부처별로 인건비의 규모를 결정하는 것이 바람직하다. 따라서 첫째, 각 부처는 인건비 재원의 중장기 예측 가능성을 높이기 위해 공무원 정원과 공무원 처우에 대한 중장기계획(5년 단위 이상)을 수립해 관리한다. 둘째로, '국가재정운용계획'에 대한 국무위원 토론시 '정부인력 운영계획' 및 '공무원 처우개선계획'을 함께 논의함으로써 다음 연도 총액인건비 규모를 종합적 시각에서 결정할 수 있도록 했다.

2) 사회 균형적·형평적 인재 등용

참여정부는 과거의 정부와는 달리 사회 형평적 인재 등용을 의욕적으로 추진했다. 사회 형평적인 인재 등용은 인사행정의 본질과 가치가 실적제 중심의 능률성에다가 사회의 다양한 문제 해결을 지향하는 정치적 과정을 포함함을 의미한다. 구체적으로 기존의 여성채용목표제에서 양성평등채용목표제로 확대했으며, 특히 지방 인재의 충원을 위한 새로운 시책을 추진했다.

(1) 양성평등채용목표제

이전부터 여성의 공직 진출을 지속적으로 확대하기 위해 육아휴직을 확대하고, 여성공무원의 보직관리를 강화하며, 여성공무원의 능력 개발을 지원하는 시책은 지속적으로 추진되었다. 그러나 일부 분야에서는 오히려 여성의 충원 비율이 상대적으로 높아서 문제가 제기되기도 했다. 이에 양성평등을 위한 제도가 필요했는데, 가장 대표적인 것으로 <표 3-4>와 같이 2003년부터 5년간 한시적으로 '양성평등채용목표제'를 들 수 있다. 또한 검찰사무 직렬의 경우 2005년부터 단계적으로 양성평등채용목표제를 적용했다.

〈표 3-4〉 양성평등채용목표제의 적용 대상

구 분	양성평등채용목표제
적용 대상 시험	선발 예정 인원 5명 이상 시험
채 용 목 표	5급~9급: 30%
제 외 직 렬	교정·소년보호·검찰사무 직렬
실 시 방 법	어느 한 성(性)의 합격자가 채용 목표 비율에 미달할 경우 하한 성적 이상인 해당 성(性)의 응시자 중에서 성적순으로 추가 합격 처리
하 한 성 적	5급: 합격선 -2점 7·9급: 합격선 -3점
시 행 시 기	2003. 1. 1. ~ 2007. 12. 31.

〈표 3-5〉 양성평등채용목표제의 주요 내용

구 분	주 요 내 용
승진 기회의 양성 균등 보장	승진후보자 명부 서열상 승진예정 인원 수 범위 내에 여성공무원이 포함되어 있는 경우에는 그 인원 비율만큼 여성공무원을 승진임용
인사결정 과정에 여성공무원 참여 확대	인사 담당부서에 여성공무원을 1인 이상 배치 승진·근무성적평정·상훈 등 인사 관련 각종 위원회에 여성공무원 참여 여성공무원 희망보직제 적극 추진 상급기관과의 여성공무원 인사교류 활성화
여성공무원 근무만족도 조사	승진·보직·교육훈련·복무 여건 등에서 근무만족도와 직무 수행상 애로 사항 등을 2년에 1회 이상 주기적으로 조사해 인사 운영에 적극 반영
여성 국·과장 임용 확대	각 부처에서 최소 1명 이상의 여성 과장 또는 여성 국장을 임용하도록 적극 노력

양성평등채용목표제의 주요 내용은 <표 3-5>와 같이 승진 기회의 양성 균등 보장, 인사 결정 과정에 여성공무원 참여 확대, 여성공무원 근무만족도 조사, 여성 국·과장 임용 확대 등이다.

(2) 지방 출신 공직 임용 확대

참여정부는 이전의 정부에 비해 특징적으로 지방 출신 공직 임용 확대를 위한 시책을 추진했다. 이러한 제도들로는 지역인재추천채용제, 지방인재채용목표제, 지역구분모집제 등이 있다.

① 지역인재추천채용제

지역인재추천채용제는 수도권을 포함한 전국 대학의 우수 인재를 추천받아 선발해 인턴 근무 후 공무원으로 임용하는 제도이다. 대학 졸업자 또는 졸업 예정자 중 학업 성적이 우수하고 소정의 어학 능력을 갖춘 자로 학교장이 추천한 자를 대상으로 서류 전형과 PSAT 및 구술시험을 거쳐 선발해 3년 동안 견습 근무하게 한 후 근무성적 및 자질이 우수한 자를 일반직 6급으로 임용하는 제도이다.

② 지방인재채용목표제

지방인재채용목표제는 5급 공개채용시험에서 선발 예정 인원의 일정 비율을 지방 인재로 선발함으로써, 상위직에 지방 인재의 공직 진출을 확대해 공직의 지역대표성을 강화하고 국가 및 지역사회의 균형 발전에 기여할 수 있는 기회를 확대하고자 2007년부터 5년간 한시적으로 시행되는 제도이다.

③ 지역구분모집제

지역구분모집제는 인사정책 차원에서 적극적 평등 조치로 지방 인재의 공직 진출을 확대함으로써 공직 구성의 지역대표성을 확대하고 국가 및 지방의 균형 있는 발전에 기여할 수 있는 기회의 확대 필요성과도 관련된다.

지방 인재의 공무원 임용 기회를 확대하기 위해 7·9급 공무원을 공개채용하는 경우 지역별 선발 예정 인원을 당해 지역 출원자 중에서 산발해 해당 지역 소재 각 중앙행정기관의 소속기관에 임용하는 제도이다.

3) 공무원 채용 방법의 다양화

참여정부는 공무원 채용 방법의 다양화를 위해 과학기술 인력 공직 임용 확대, 직위공모제도 확대, 부처 간 고위직 인사 교류제 실시, 민간근무휴직제도 확대 시행, 계약직공무원제도의 확대 등 5대 세부 과제를 중심으로 추진했다.

첫째, 과학기술 인력 공직 임용 확대를 위해 기술직 정책결정 직위 보임을 점차 확대하고, 기술직 공무원의 공직 분류 체계를 통합해 행정/기술직 간의 직급을 완전히 통합하도록 했다. 또한 5급 이상 신규 채용 중 기술직을 2008년까지 40%로 확대하기로 했다.

둘째, 국민의 정부 시절 시작된 직위공모제도와 민간근무휴직제도를 지속적으로 확대했다. 직위공모제에 따른 연도별 공모 직위 수는 2002년 13개, 2003년 244개, 2004년 460개, 2005년도에 1,139개로 확대되었다.

민간근무휴직제는 민간 부문에 대한 이해를 증진하고, 민간 부문의 장점을 습득하며, 공직사회의 장·단점을 파악하기 용이하다. 또한, 해당 부처와 합동으로 실태조사를 실시한 결과 휴직 후 기업에 채용된 공무원들은 기업 경영전략 수립 자문, 법률자문, 연구 · 조사, 해외 마케팅 등 다양한 분야에서 좋은 성과를 내는 것으로 평가되었다. 그래서 2005년도에는 그 동안의 연 1회에서 상 · 하반기 2회로 늘려 민간근무휴직제도를 활성화시켰다.

민간근무휴직제 대상자는 근무 경력 3년 이상인 일반직 및 외무공무원 중 4~5급 공무원인데, 단 민간기업의 요청이 있거나 불가피한 경우는 3급(과장) 또는 6 · 7급 공무원도 가능하다. 민간기업의 범위에는 정부산하단체 등 공직 유관단체는 제외되며, 순수민간기업, 법인, 단체, 협회 등을 포함한다. 그리고 휴직 기간은 3년 이내로 하고, 3급 공무원의 경우는 만 50세 이하여야 하며, 4 · 5급 공무원은 만 48세 이하, 6 · 7급 공무원은 만 45세 이하여야 한다.

그 동안 민간근무휴직제의 추진 현황을 보면 <표 3-6>과 같다.

〈표 3-6〉 민간근무휴직제의 추진 현황

구 분	2002	2003	2004	2005	
				상반기	하반기
부 처	9	8	12	4	9
공무원 수	12	13	24	6	19

셋째, 부처 간 고위직 인사교류제를 실시했다. 이 제도는 정부부처 간에도 인사관리의 개방성이 필요하다는 인식하에 2003년 9월부터 계획 수립이 시작되어 2004년 1월에 국장급 인사교류를 실시했으며, 2005년에는 과장급까지 확대 실시했다. 이 제도를 통해 타부처에 대한 이해를 증진시키며, 정책적으로 필요한 요인을 반영하며, 직무 수행 능력의 향상에 기여했다.

넷째, 계약직 공무원제가 확대되었다. 계약직 공무원에 관한 최초의 규정은 1973년에 제정된 계약직원규정이다. 이 규정은 1978년에 전문직원규정으로 바뀌었고, 1998년에 계약직공무원규정으로 개정되어 현재에 이르고 있다. 그 동안 계약직 공무원제도는 정규 공무원이 수행하기에 어려운 특수 전문 분야 업무를 한시적으로 보조하는 것을 전제로 운영해 왔으나, 공직의 개방성과 유연성을 확대해 나가는 인사혁신 정책에 따라 <표 3-7>과 같이 계약직 공무원제도가 더욱 강화되었다.

〈표 3-7〉 계약직 공무원의 현황

구 분		1998	1999	2000	2001	2002	2003	2004	2005
계		295	328	457	625	718	829	893	1,144
전문계약직	전임	280	320	284	335	352	471	374	399
	비전임	15	8	7	5				
일반계약직				156	285	366	358	519	745

4) 보직 및 경력개발 시스템의 개선

국민의 정부는 직제 및 채용관리의 다양화, 유연화를 위해 2001년부터 실시된 직위공모제를 검토해 경력개발제도를 개발했다. 경력개발제도는 참여정부에서도 공무원의 전문성을 향상시키는 대안으로 활용된다. 경력개발제도(career development program: CDP)는 경력 개발의 개념을 조직의 인재 육성을 위해 제도화시켜 놓은 것이다. 구체적으로 경력개발제도는 "개인의 입사로부터 퇴직까지의 경력 경로를 개인과 조직이 함께 설계하고 장기적 관점에서 관리해 나가는 종합적 인적 자본 개발 시스템"을 말한다. 경력개발제도의 목표는 개인의 성장 욕구를 충족하고 동시에 조직의 인적 자본 개발을 극대화시킴으로써 개인 욕구(individual need)와 조직 욕구(organizational nees)를 조화시키는 데 있다.

5) 고위공무원단제도

(1) 필요성

고위공무원단제도는 정부혁신지방분권위원회와 중앙인사위원회가 모형 설계와 단계적인 실천 방안을 마련하기 위한 작업을 추진했다. 그 결과 2005년 12월 제도 도입을 위한 국가공무원법 개정안이 국회를 통과함으로써 2006년 7월 1일부터 시행되고 있다.

고위공무원단제도는 정부 정책에 핵심적 역할을 수행하는 실·국장급 공무원을 개방과 경쟁을 통해 범정부적 차원에서 적재적소에 활용하고, 직무와 성과 중심으로 인사관리하며, 책임성을 강화함으로써 역량 있는 정부를 구현하기 위해 필요하다(김판석, 2004: 57-59).

(2) 주요 내용

고위공무원단에 대한 주요 내용은 다음과 같다.

첫째, 고위공무원단은 실국장급 일반직·별정직·계약직·외무직 공무원으로 구성하고, 지방자치단체와 지방교육청에 근무하는 국가직 고위공무원을 포함한다.

둘째, 고위공무원단 계급은 현행 1급~3급(관리관, 이사관, 부이사관)으로 계급 구분이 폐지된다.

셋째, 소속과 인사권은 각 부처 장관이 행사하되 구분이 없다. 즉, 각 부처 장관은 소속에 관계 없이 전체 고위공무원단 중 적임자를 임용 제청하고, 부처에 배치된 고위공무원은 소속 장관이 인사 및 복무를 담당한다. 중앙인사위는 장관들의 임용제청권 등과 관련된 이해를 조정하고 부처별 초과 인원을 범정부 차원에서 통합 관리한다.

넷째, 고위공무원단의 충원은 개방형 직위를 통한 민간과의 경쟁뿐만 아니라 공모직위제를 도입해 부처 간 경쟁을 통해 적격자를 충원한다. 이 중 기존의 실국장급 재직자는 일괄해 편입되고, 신규 진입을 위해서는 후보자 교육 이수·역량평가 등을 필요로 한다.

다섯째, 성과관리 및 능력 개발과 관련해 보면 고위공무원들은 직무성과계약제를 시행한다. 즉, 성과목표와 평가 기준 등을 직상급자와 협의해 1년 단위의 성과계약을 체결하고 매년 3개 이상의 등급으로 구분하고 평가한다. 또한 직무성과급제도를 도입하는데, 직무의 난이도 및 중요도를 반영한 직무 등급에 따라서 보수를 책정하고 성과에 따라서 보상에 차등을 둔다. 능력 개발을 강화하기 위해 중앙부처의 과장급을 대상으로 현업 병행교육 방식의 고위공무원단 '후보자 양성 과정'을 운영한다.

여섯째, 신분관리를 보면, 정년 및 신분보장제도는 현행과 같이 존치하여 직업공무원제의 근간을 유지한다. 그러나 성과가 극히 부진하거나 능력이 현저히 미달되는 고위공무원은 적격심사를 통해 신분상의 조치를 행하는데, 그 경우 공정한 적격심사를 위해 '고위공무원단적격심사위원회'를 설치

한다.

6) 가족 친화적 근무 및 복지제도 도입

(1) 행정기관 주 5일 근무제 도입

2003년 8월 근로기준법 개정으로 2004년 7월 대기업을 시작으로 2011년까지 기업 규모별로 연차적으로 민간기업에 주 5일 근무제가 도입되었다. 행정기관도 이러한 추세에 부응해 주 5일 근무제 도입의 필요성이 제기되어 2002년 4월부터 매월 넷째 토요일에 시험 휴무가 총 21회 실시되었다. 그러다가 2004년 1월부터 6월까지 월 1회 토요휴무제가 본격 시행되어 24시간 교대근무를 하는 기관을 제외한 1,228개 국가기관과 204개 자치단체·교육청 등에서 실시되었다.

2004년 7월에는 월 2회로 토요휴무제가 확대되었다. 정부는 이러한 휴무 확대에 따른 근무 시간 단축을 보완하기 위해 동절기(11월~2월) 퇴근 시간 단축을 폐지했으며, 행정생산성을 제고하기 위해 무인 민원발급기 보급, 결재 단계 감축 등 업무 프로세스 개선 및 표준 사무환경 개발, 일하는 방식 개선 등을 추진했다.

(2) 탄력근무제 확대 실시

탄력근무제는 1일 8시간의 근무 시간을 유지하되, 획일적 근무 시간 및 근무 장소를 탈피해 유연한 근무 시스템을 도입하려는 시도로서, 개별 공무원의 생활 여건에 부응하면서 행정의 생산성을 향상시키려는 제도이다. 이러한 제도는 업무의 특성상 일정한 장소에서 일정한 시간에 집단적으로 근무하는 것이 필요한 경우를 제외하고는 각 개인별 생활 여건이나 선호를 반영해 다양한 근무 시간대(출퇴근 시간)나 근무 장소를 선택할 수 있도록 하는 것이어서 공무원의 삶의 질 향상에 직접적으로 기여한다.

탄력근무제는 2001년부터 일부의 정부 부처별로 시범 운영되었다. 예를 들어 특허청(2001. 1), 법제처(2003. 9), 재정경제부(2004. 8), 중앙인사위·국무조정실·농림부·여부(2004. 11), 국세청·통일부(2004. 12), 산림청(2005. 1) 등에서 시범 운영되었다.

7) 성과 지향적인 인사의 강화

(1) 성과 지향적인 교육훈련의 강화

국가경쟁력을 높이기 위해서는 전략적인 인사관리를 통해서 정부 인적자본의 경쟁력과 전문성을 제고할 필요가 있다. 이에 참여정부는 '공무원교육훈련 혁신을 인사개혁 로드맵' 중 공공 인적자본의 핵심 역량 강화 방안의 하나로 추진되었다. 성과 지향형 교육훈련은 정부혁신을 지원하는 혁신교육의 강화, 문제 해결형 실천학습의 도입, 국외훈련의 개선 등이다.

첫째, 정부혁신을 지원하는 혁신교육 강화이다. 정부혁신을 위에서 아래로 전파하기 위해 장차관급 워크숍, 실국장급 공무원 대통령과의 대화, 과장급 이하 공무원 특별교육 등이 시행되었고, 각급 공무원 교육훈련기관에서도 일부 혁신교육 과정들이 개설되었다. 2005년 확산기에는 계층별 또는 부처별 혁신 수준에 부합하는 체계적인 교육을 실시하고 상시적인 '학습'을 통해 혁신을 공직사회에 내재화하는 데 중점을 두었다.

중앙공무원교육원의 경우 '혁신리더 과정을 운영하고, 부처 단위의 맞춤형 혁신교육을 실시하고 있다. 2005년에는 공통혁신 과제와 관련된 전문교육을 시행했으며 공통혁신 과제 주관·선도 부처와 공동으로 총 10개 과정을 설계·운영하고 있다. 또한 2005년에 정책품질관리 과정, 성과·평가관리 과정, 지식관리 과정, 민원·제도개선 과정이 신설되었으며, 혁신 사례의 전파 및 혁신학습의 확산을 위한 e-Learning 교육도 이루어졌다.

둘째, 문제 해결형 실천학습 도입이다. 교육훈련의 성과 지향성을 강화하고 지식 전달 위주의 교육을 정책 문제 해결 능력 함양 및 성과 중심의 교육으로 전환하기 위해 GE, 삼성 등 일류기업에서 적용하고 있는 문제해결형 실천학습(action learning) 방법론을 공무원 교육훈련에 도입했다.

셋째, 공무원 국외훈련제도의 개선이다. 훈련공무원의 선발, 관리, 훈련성과의 활용 및 사후보직관리에 이르는 전 과정에 걸쳐 제도를 개선하고, 각 부처별 훈련관리 상황에 대한 평가 기능을 강화해 국외훈련의 성과 지향성을 강화하고 있다.

(2) 성과 중심의 인사평가 시스템 구축

참여정부는 성과 중심의 인사평가 시스템의 구축을 위한 일환으로 정무직의 성과계약제 도입, 다면평가제도의 개선, 과장급 이하 성과평가 및 집단평가 체제를 구축했다.

첫째, 정무직 성과계약제는 장관 임명시 그가 책임지고 추진해야 할 정책의 방향과 내용을 사전에 명백히 함으로써, 정책집행의 일관성과 효과성을 확보할 수 있도록 하고, 또 정책을 수행할 수 있는 장관의 역량을 사전에 분명한 목표에 따라 평가할 수 있도록 한 제도이다.

둘째, 참여정부는 1~3급에도 다면평가를 적용했다. 다면평가제도는 상호 관련 있는 정부 내 여러 집단의 구성원으로 평가자를 다양화해서 정확하고 믿을 만한 인사정보를 제공한다. 또한 평가 결과를 피평가자에게 제공함으로써 조직구성원들의 사고와 행동을 바람직한 방향으로 변화시키고 잠재된 능력을 개발하는 데에도 유용한 것으로 여겨진다. 따라서 참여정부는 3급 이상의 고위직도 다양한 소스로부터 평가받도록 하여 관리자로서의 그들의 능력을 검증했다.

〈표 3-8〉 중앙부처 다면평가 활용 현황

승진(50)			보직관리(31)			모범공무원 선발	정기 인사평정	성과 상여금	국외훈련자 선정
3급 이상	4·5급	6급 이하	국장급	과장급	기타				
43	47	23	24	27	12	7	13	44	23

셋째, 참여정부는 과장급 이하 성과평가 및 집단 평가 체제를 구축했다. 2003년 11에 중앙인사위원회는 공무원 평가제도의 개선책을 마련해 장관부터 5급 이하까지 전 공무원에 대한 성과 및 능력평가 시스템 체계화 방안을 마련했다. 5급 이하의 경우 근무성적평정제도의 근무실적평정 부문과 능력 및 태도 평정 부문을 분리해 근무실적평정 결과는 성과급 등 보상에 주로 활용하고, 능력 및 태도 위주의 승진적격성을 주기적으로 평가해 승진에 주로 활용했다. 그 후 2004년 10월에는 중앙인사위원회가 직무성과계약제도를 도입했다. 직무성과계약제는 장·차관 등 기관의 책임자와 실·국장, 과장 간에 공식적인 성과계약(performance agreement)을 체결해 성과 목표 및 지표 등에 관해 합의하고, 당해 연도의 직무 성과 계약에 의해

개인의 성과를 평가하고, 평가 결과를 성과급, 승진 등에 반영하는 성과평가 시스템이다.

3 참여정부 인사혁신의 평가

참여정부의 인사혁신은 지난 정부에서 추진하던 인사혁신 정책의 성과를 일부 수용해 이를 좀더 강화시키면서 새로운 인사혁신적인 제도나 기법을 도입해 시행했다.

첫째, 참여정부는 기존에 추진되는 인사 시책에서 획기적인 변화를 추구했다. 4급 이하 공무원의 신규채용·승진임용권·전직·강임·면직·해임·파면권 등의 인사권을 각부 장관에게 대폭 위임했고, 여성채용목표제에서 양성평등채용목표제로 확대했으며, 과학기술 인력 공직 임용·직위공모제도·부처 간 고위직 인사교류제·민간근무휴직제도·계약직 공무원제도 등을 확대했다. 또한 탄력근무제의 시범 운영을 확대 실시했고, 공무원 교육훈련을 혁신적으로 강화했으며, 다면평가제를 확대 시행했다.

둘째, 참여정부는 또한 새로운 혁신적인 제도를 도입해 인사상의 혁신을 도모했다. 이러한 제도로는 총액인건비예산제, 경력개발제도, 고위공무원단제도, 행정기관 주 5일 근무제, 정무직의 성과계약제, 직무성과계약제, 지방출신 공직 임용 확대를 위한 지역인재추천채용제·지방인재채용목표제·지역구분모집제 등이다.

이처럼 참여정부는 국민의 정부 시절의 인사혁신제도를 보강하여 확대 시행하거나, 새로운 인사혁신적인 제도를 도입했다.

그러나 이러한 혁신적인 제도들이 성과를 낳기 위해서는 시행 과정상의 문제에 대한 탐색과 환류, 제도의 지속성을 위한 제도 정비 등이 이루어져야 한다.

제 4 장 정무직 인사혁신: 장관 인사의 특징

권력을 독점하고 권력으로부터 나오는 이득을 향유하는 소수의 지배계급이라 정의할 수 있는 정부 엘리트로서 장관에 대한 대통령의 인사정책은 정부의 관리 능력 제고와 사회적 갈등의 해소라는 측면에서 매우 중요한 요소라 할 수 있다. 행정부처의 책임자로서 장관은 정부활동의 핵심적인 위치에 있다. 장관이라는 지위는 대통령의 입장에서 보면 자신에게 충성한 인물에 대한 지위 배분을 할 수 있는 최고의 자리이며 또한 각 분야별 정부활동에 대한 책임과 권한 그리고 의무를 진 인물을 배치하는 정부의 핵심적인 자리이다. 경우에 따라서는 어떤 인물들을 장관으로 임명하느냐에 따라 대통령의 이미지가 형성되기도 하고, 정부의 특성이 규정되기도 한다. 그리고 장관에 임명된 개인의 입장에서 보면, 장관이라는 자리는 본인 자신의 명예일 뿐만 아니라 자신의 소신과 능력을 펼칠 수 있는 주요 수단이 되기도 할 것이다. 한편, 국민의 입장에서 보면 어떠한 성향과 능력을 가진 인물이 정부 각 부처 등의 최고관리자로서 부처 활동을 지휘·감독하느냐에 따라 일상적인 삶에 직·간접으로 영향을 받을 것이다(Thompson, 1994).

우리 나라에서 장관이 가지고 있는 권한은 특히 막강하다. 장관의 권한을 견제하는 외부장치 세력인 청와대, 국회와 정당, 언론, 그리고 이익집단으로부터 정치적 압력이 가해지지만 장관은 얼마든지 정책창안자와 집행자로서 그 능력을 발휘할 수 있는 자율적 공간을 가지고 있다. 무엇보다도 장관은 해당 부처의 정책 과정에서 최고 의사결정자로서 핵심적 역할을 수행하고 있으며, 부처 내부의 인사와 예산 배분에 관한 최종 의사결정권자이다. 이러한 장관의 막중한 권한은 부처 업무나 정책에 대한 장관의 전문지식과 경험, 그리고 이를 구현할 수 있는 정치적 리더십과 조직관리 능력을 필요로 한다(박동서 외, 1973). 또한 최근에는 경제 부처뿐만 아니라 사회복지나 교육 등 사회 부처의 공공정책들을 효과적으로 기획하고 집행하는 데 장관의 역할이나 리더십이 더욱 중요해지고 있다. 장관이 가지는 이러한 정치・행정적 비중을 고려할 때 도덕성이나 전문성뿐만 아니라 정치력이나 조직관리 능력과 같은 높은 수준의 리더십이 요구된다. 이러한 높은 기대 때문에 장관의 임명 과정을 더욱 정교하게 제도화하고 공정하게 운영할 필요성이 커지고 있다(김광웅, 2003).

우리는 장관에 대한 인사가 단행되는 경우 대중매체를 통해 전문성이니, 개혁성이니, 풍부한 행정 경험이니 하는 여러 가지 기준을 자주 듣게 된다. 또한 지역 편중 인사, 대통령 측근 중심의 갈라먹기식 인사, 정권 수립에 대한 보상적 차원의 인사, 국면 전환용 인사, 책임 회피식 인사, 지나치게 빈번한 교체 등 각종 시비가 끊이지 않았다. 그러나 이러한 수많은 논란에도 불구하고 역대 정부 장관 인사의 전체적인 실상을 있는 그대로 나타내는 객관적이고도 총체적인 자료가 부족한 것이 현실이다.

우리 나라의 경우 장관을 포함한 정무직과 관련해 학술적 관심은 1990년대에 와서야 일기 시작해 몇몇 연구들이 보고된 바 있으며, 1990년대 이전에는 주로 저널리즘 차원에서 개각이나 장관의 임명을 둘러싼 배경이나 잦은 개각에 대한 비판적 기사들을 찾아볼 수 있을 따름이다. 이에 따라 각각의 논자들이 과거와 현재의 사실(fact) 자체에 대해서도 서로 다른 주장을 제기하거나 일부의 사실만을 바탕으로 전체를 재단하는 왜곡 현상이 나타나고 있으며, 서로 다른 사실을 바탕으로 다양하게 제시되는 처방들의 내용과 방향에 대한 합일점을 찾지 못함으로써 많은 사회적 에너지가 낭비되고 있다. 이러한 상황을 고려할 때 장관 인사에 대한 사실 그대로를 정확하게 밝혀내는 것 자체만으로도 매우 중요한 의의를 갖는다. 사실에 대한 정확한 파악이 이루어지면 문제에 대한 개선책 마련은 좀더 명확해질 수 있으며 더 쉽게 합일점에 도달할 수 있다는 점에서 객관적 자료에 기초해서 역대 정부 장관의 임명에서 나타난 특성을 살펴볼 필요성과 당위성을 찾을 수 있을 것이다.

여기에서 우리는 지난 1948년 8월 15일 이승만 정부의 수립 시기부터 지금까지 과연 어떠한 인구사회적 배경과 경력 배경을 가진 인물이 장관으로 임명되었고, 어느 정도의 기간 동안 각 부처의 최고 책임자로서의 역할을 수행했으며, 어떠한 사유로 교체되었는가에 대해 일차적인 의문을 제기해 볼 수 있을 것이다. 따라서 여기에서는 우리 나라 역대 정부의 장관 임용에서 나타난 특징을 살펴보고자 역대 장관의 인구사회적 배경, 장관에 이르기까지 각 인물이 거쳐온 경력, 그리고 교체 사유를 분석했다.

한편, 장관의 범위는 김대중 정부를 기준으로 18부와 기획예산처와 같이 국무위원의 지위를 지니고 명백히 장관이라는 호칭을 가진 장관만을 대상으로 삼았으며, 이에 해당하는 전체 775명 장관의 자료를 한 명의 누락 없이 모두 수집해 분석했다. 재임 기간, 취임 연령, 출신지, 학력 등의 인구사회적 배경 자료와 경력 등에 관한 자료는 조선일보, 동아일보, 문화일보의 인명 데이터베이스를 통해 수집했고, 이 밖에도 장관 인사와 관련된 신문기사, 인명사전 등 동원 가능한 모든 자료 원천을 활용해 정확한 사실을 밝히고자 했다.

제 1 절 장관의 역할

1 법적 측면에서의 역할

내각의 일원으로서 장관은 법적으로 국가 최고 정책심의기관인 국무회의 구성원으로서의 지위와 각 행정부처의 장으로서 지위를 동시에 가지고 있다. 헌법에 의하면 각 행정부처의 최고책임자인 장관은 국무회의를 구성하는 국무위원이 된다.[1] 즉 우리 나라에서 장관은 국무회의의 구성원이자 각 행정부처의 최고책임자이다. 그러나 국무위원과 행정 각부의 장으로서 장관은 동일인일지라도 법적 지위에서 차이가 있다. 국무위원은 국가의 최고 정책심의기관의 구성원인 반면, 장관은 그 법률적 지위가 헌법과 법률이 정하는 바에 따라 일정한 범위 내의 행정사무를 주관하고 집행하는 중앙의 상급 행정관청이다. 장관은 국무회의에서 심의한 사항을 집행하는 행정집행기관이 된다. 또한 국무위원은 담임사무에 한계가 없고 대통령과 국무총리의 명령을 받지 않지만, 장관은 담임사무에 법적 한계가 있고, 대통령 및 국무총리의 하부기관으로서 그들의 지휘·감독을 받는다. 특히 국무총리와 장관의 관계를 살펴보면, 국무회의에서는 국무총리가 국무회의 부의장이지만 국무위원으로서 대등한 지위에 있다. 다만 국무위원이 아닌 장관으로서의 지위로 그 범위를 한정할 경우 국무총리가 대통령의 명을 받아 행정에 관해 행정 각부를 통할하기 때문에 장관은 국무총리의 지휘나 감독을 받아 업무를 수행해야 한다.[2]

국무위원은 대통령권한대행권(헌법 제71조)과 대통령의 국법상 행위에 대한 부서권(副署權)을 가지며(헌법 제82조), 국회에 출석해 국정 처리 상황을 보고하거나 의견을 진술하고 질문에 응답할 수 있다(헌법 제62조). 또한 행정 각 부처의 장으로서 장관은 부처 소관사무를 결정·집행하는 권한이 있고, 청원의 심사·통지, 소원 재결, 소속기관의 주관 쟁의 결정, 감독 처분, 허가 및 특허 등 각종 행정처분·사실행위를 할 권한을 가지고 있다. 그리고 장관은 부령(部令)을 제정·공포할 수 있고, 소속 공무원의 임명권·임명제청권·징계권·영전수여상신권 등을 가진다. 각 부처의 소관사무를 통할하고 소속 공무원을 지휘·감독하며, 소속사무에 관해 지방행정의 장을 지휘·감독한다.[3]

장관은 중앙관서의 장으로서 헌법 및 예산회계법 등에 의거해 각종의 재정에 관한 권한도 가진다. 장관은 부처의 주관사무에 관해 법률이나 대통령령의 제·개정, 또는 폐지가 필요할 때 그 안을 작성해 국무위원의 자격으로 국무회의에 제출하고, 또한 소관사무에 관한 정책을 수립 및 운영하

1) 헌법 제88조, 제94조 참조.
2) 헌법 제86조 2항, 정부조직법 제11조, 제19조 참조.
3) 정부조직법 제7조 1항 참조.

는 데 필요한 의안을 국무위원의 자격으로 국무회의에 제출할 수 있다.[4]

이상의 장관에 관한 법적인 내용의 검토를 통해 우리 나라에서의 장관은 대통령을 보좌하며 국무회의에 참여해 주요 의제를 의결할 뿐만 아니라 각 부처의 최고 의사결정자의 역할을 수행한다. 구체적으로는 첫째, 장관은 국회의 동의 없이 대통령에 의해서 임명되므로 대통령의 국정 운영을 보좌해 줄 정치적 책임이 있다. 둘째, 장관은 그 부처의 인사권, 예산권, 그리고 부처의 관장 사업에 대한 총괄적 권한을 가지고 있다. 장관은 부처의 정책을 기획하고 이를 집행하기 위해 부처 내외의 정치적·경제적 자원을 동원하며, 이에 대한 부처 단위에서의 최고 의사결정권자이다. 셋째, 장관은 그 부처를 대표해 대통령과 국무총리를 보좌하고 국무회의에 참석하며, 각 부처의 정치적 협상 상대자로 국회나 언론, 이익단체를 상대할 뿐만 아니라 나아가 국가 간 협상에서 국가를 대표하는 역할을 수행한다. 그러므로 장관은 정책 부문과 인사 및 조직 운영 등에서 막강한 권한을 행사할 수 있는 지위에 있으며 그 역할은 매우 중요하다.

2 실질적 측면에서의 역할

장관의 역할은 일반적으로 국정 운영을 보좌하며, 국무회의 등을 통해서 국정에 두루 참여하고, 소관 영역에 관한 정책결정의 중심에 서며, 부처의 내부관리를 한다. 즉, 장관은 국정 전반에 대한 공유적 책임과 소관 부처에 대한 집중적 책임을 동시에 지니게 된다. 이러한 두 역할 간에는 간혹 역할 갈등이 야기되곤 하지만 대부분의 장관들은 일단 부처 책임을 자신의 최우선 과제로 삼아 많은 노력과 시간을 투여한다. 특히 부처의 개혁사업이 진행되거나 위기관리의 필요성이 대두되는 경우 더욱 이러한 현상은 강하게 나타난다.

장관은 대통령에 의해 정치적으로 임명된 정치적 피임명자 내지 정무관이다. 이러한 관점에서 국민으로부터 직접 선출된 대통령이나 국회의원과는 일정한 차이가 있고, 정치적 피임명자라는 측면에서는 경력직 관료들과

4) 헌법 제89조 3·13·17호, 정부조직법 제12조 3항 참조.

도 차이가 있다. 그러나 우리 나라에서의 장관은 일반적으로 정치가라기보다는 행정가로서 인식되고 있다. 이는 지금까지의 장관들이 대통령제 하에서 핵심집행부의 일원으로 일하고 있다는 점, 그리고 대부분의 장관들의 경력 배경에서 정치인 출신이 아니라는 점, 오랫동안 권위주의 체제의 탈(脫)정치화된 제도적 환경 속에서 일해 왔다는 점 등이 함께 작용한 결과라 할 수 있다.

그러나 우리 나라에서의 장관은 사실 행정가로서의 역할보다 정치가로서의 역할을 많이 수행해 왔다. 국민으로부터 직접 선출된 대통령의 대리인으로서 대통령의 정치적 목표의 성취를 위해 정책적으로 보좌하며, 국정 전반에 걸친 정책 결정에 주도적으로 참여하고, 국회, 정당, 이익집단 및 시민사회 등을 상대로 상충하는 이해 관계의 조정과 중재에 임하고 있다. 그러나 장관은 또한 부처의 관리자로서 조직, 인사 및 예산 등을 총괄하며 정책의 집행 과정을 관리하는 등, 민간기업체의 CEO(최고관리자)와 유사한 행정가로서의 역할을 수행하고 있다. 이와같이 우리 나라에서의 장관은 두 가지 역할 즉 정치가로서의 역할과 행정가로서의 역할을 함께 수행하고 있는 것이다.

한편, 장관의 역할을 정책과 연관해 살펴보면, 장관과 관련된 정책환경은 매우 복잡하고 다양하다. 우선 장관의 일차적 관심사는 자신의 소관 부처, 자신 휘하의 관료제이며, 그 구성원들이다. 또한 핵심집행부 내의 대통령, 청와대, 국무총리, 유관 부처 및 그 장관들은 중요한 상대역이 된다. 이 밖에도 국회, 정당을 비롯해 각종 이익집단, 언론과 시민사회 및 국민들로 이루어지는 무수한 정책 참여 주체들이 있다. 우리 사회가 민주화되면서 정책 과정은 종전에 비해 장기화·복잡화·동태화되었고, 사회 전체적으로 민의 수렴 과정이 크게 확장되고 있다. 이러한 사회의 변화로 관료정치의 양상이 점차 두드러지는가 하면, 시민단체가 정책 과정에서 매우 중요한 역할을 한다. 장관은 이러한 다양한 정책참여자들의 정책 성향을 면밀히 분석해서 이들과 견고한 정책 네트워크를 구축할 필요가 있는 것이다.

장관은 국무회의, 청와대 행사나 관계 장관회의 등을 통해 정부의 최고 의사결정가인 대통령과 대면하는 기회를 일정하게 갖는 편이나, 실제로 대통령과 쌍방향적 의사소통을 할 수 있는 기회는 그리 쉽지 않다(유광진,

1995). 그러므로 장관은 청와대의 관계 수석을 통해 대통령의 의지를 전해 듣고, 또 그를 통해 자신의 정책 의지를 전달하게 되는 것이다. 그러므로 장관과 대통령 수석 간의 정책적·인간적 친화성, 그리고 일에 대한 교감의 정도는 무척 중요하다. 그러므로 가장 바람직한 것은 장관과 수석이 규범적 동지가 되는 것이며, 반면 장관과 수석 간에 긴장과 갈등이 빚어지는 경우 정책결정자로서 장관의 입장은 매우 곤혼스러워진다.

부처 간의 정책 과정에서 가장 중요한 주체는 장관과 고위관료이다. 장관은 권위와 정당성, 정치적 연립, 미디어에의 접근 용이성, 대안적 자문과 조언 가능성 등의 자원을 가지고 위계적 권위를 구사하는 데 반해, 고위관료들은 전문성, 지식, 경험 등의 자원을 바탕으로 게임의 룰과 정치적 중립성에 준거해서 활동한다. 정책 과정에서 장관은 관료의 전문성과 경험을, 그리고 관료는 장관의 정당성과 정치력을 필요로 한다. 이러한 의미에서 장관과 관료 양자 간의 관계는 갈등 관계라기보다 공생 관계라 할 수 있다 (Smith, 1999). 그러므로 장관은 관료들이 좀더 수월하게 장관과 정책적 공감대를 형성하고, 자신의 능력을 최대한 발휘할 수 있도록 친화적인 관계를 형성하고 그들의 사기를 높여 주어야 한다.

제 2 절 역대 정부 장관의 인구사회적 배경

1 재임 기간과 취임 연령

1) 재임 기간

장관의 역할과 업무는 복잡하고 어렵기 때문에 장관이 업무를 효율적으로 수행하기 위해서는 일정한 재임 기간이 보장되어야 한다 (박천오, 1995; 안병영, 2001). 그러나 우리 나라 장관의 평균 재임 기간은 13.93개월(표준편차 10.92)로, 다른 선진 국가의 장관 재임 기간과 비교할 때 매우 짧다.[5]

이러한 장관의 단명은 관료사회의 사기를 저하시키기도 하고, 업무 수행 능력이나 전문성에서 뒤지기 때문에 문제의 실질적인 해결보다는 무사안일한 자세나 소극적인 보신주의를 채택할 가능성도 높다(안병만, 2001).

우리 나라 장관의 재임 기간을 각 정부별로 비교해 보면, 이승만 정부에서 장관직을 지낸 전체 110명 장관의 평균 재임 기간은 14.9개월(표준편차 11.07)이고, 외무부(34.1개월), 문교부(21.1개월), 사회부[6](20.9개월), 국방부(20.1개월)를 재임 기간이 길었던 부처로, 내무부(7.4개월)와 농림부(8.5개월)를 재임 기간이 짧았던 부처로 구분할 수 있다.

박정희 정부에서는 전체 142명 장관의 평균 재임 기간은 22.3개월(표준편차 14.68)이었는데 이를 1973년 유신헌법에 의한 제4공화국 출범 전후로 구분해 살펴보면, 유신 전의 평균 재임 기간은 21.1개월(표준편차 14.58), 유신 후는 24.2개월(표준편차 14.80)이었다. 부처별로는 총무처(45.0개월), 과학기술처(38.0개월), 상공부(32.0개월), 국방부와 외무부(27.4개월)가 재임 기간이 길었던 부처에, 체신부(16.0개월), 건설부(17.3개월), 내무부(17.4개월), 농림부(18.2개월)가 재임 기간이 짧았던 부처에 포함될 수 있다. 이와 같이 박정희 정부에서 장관의 재임 기간이 다른 정부에 상대적으로 길었던 것은 유신독재로 인한 '행정 독주'가 가능했기 때문으로 풀이할 수 있다(양성철, 1994).

전두환 정부 전체 103명 장관의 평균 재임 기간은 17.1개월(표준편차 10.23)이며, 부처별로는 보건사회부(29.9개월), 문화공보부(22.4개월), 국방부(22.4개월), 문교부(22.4개월), 외무부(22.4개월), 상공부(22.2개월), 노동부(20.6개월)가 재임 기간이 길었던 부처에, 내무부(10.0개월), 체육부(11.8개월), 체신부(12.8개월), 법무부(12.8개월)가 재임 기간이 짧았던 부처에 속한다.

노태우 정부 전체 99명 장관의 평균 재임 기간은 12.9개월(표준편차 5.81)이고, 외무부(20.0개월), 동력자원부(19.7개월)를 재임 기간이 길었던

5) 선진국의 장관 재임 기간을 살펴보면, 룩셈부르크·아이슬랜드·오스트리아는 장관의 재임 기간이 6년 이상이고, 스웨덴·독일·영국·덴마크·네덜란드는 4~5년이며, 미국은 3.0년, 일본은 1.0년이다.

6) 사회부는 사회부, 보건부, 보건사회부를 모두 합산한 것임.

부처로, 내무부(7.7개월), 환경처(9.7개월), 건설부(10.0개월)를 재임 기간이 짧았던 부처로 구분할 수 있다.

한편, 김영삼 정부 전체 100명 장관의 평균 재임 기간은 11.4개월(표준편차 8.19)로서 부처별로는 공보처가 60.3개월로 가장 길었고,[7] 외무부(20.0개월), 국방부(15.0개월), 문화체육부(15.0개월), 정보통신부(14.8개월)가 재임 기간이 길었던 부처에 해당한다. 반면, 보건복지부(7.5개월), 총무처(8.6개월), 내무부(8.6개월), 재정경제원(9.1개월), 해양수산부(9.4개월) 등은 장관의 재임 기간이 짧았던 부처로 나눌 수 있다.

김대중 정부의 경우에는 전체 96명 장관의 평균 재임 기간은 11.135개월(표준편차는 5.98)로 드러났는데, 부처별로는 여성부(24.8개월), 환경부(19.9개월), 농림부(19.5개월)가 재임 기간이 길었던 부처에, 교육부(6.9개월), 법무부(7.4개월), 건설교통부(8.5개월), 해양수산부(8.5개월)는 짧았던 부처에 해당된다.

이상의 결과에서와 같이 우리 나라 장관의 재임 기간은 박정희 정부에서 가장 길었고, 김대중 정부로 올수록 재임 기간이 짧아지고 있다. 이러한 잦은 장관 교체는 장관들이 지식과 정보를 축적할 수 있는 시간적 여유를 가질 수 없도록 하고, 장관과 관료 간의 신뢰 구축에도 부정적인 영향을 미치며, 장관이 실질적인 문제 해결보다는 정치적 입지의 강화에 더욱 연연하는 행태를 만들게 한다(안병만, 2001).

〈표 4-1〉 역대 정부의 장관 재임 기간

정 부 (존속 기간, 개월)		장관 수 (명)	평균 (개월)	표준편차 (개월)	정 부 (존속 기간, 개월)	장관 수 (명)	평균 (개월)	표준편차 (개월)
이승만 정부(141)		110	14.94	11.07	최규하 정부(8)	29	5.33	2.14
장면 정부(8)		45	3.27	2.69	전두환 정부(84)	103	17.11	10.23
5·16 과도정부(29)		51	8.65	6.37	노태우 정부(60)	99	12.88	5.81
박정희 정부	유신 전(108)	91	21.14	14.58	김영삼 정부(60)	100	11.45	8.19
	유신 후(84)	51	24.24	14.80	김대중 정부(60)	96	11.13	6.70
					계	775	13.93	10.92

7) 오인환 공보처장관은 1993년 2월부터 1998년 2월까지 김영삼 정부 전체 기간을 장관으로 근무했다.

2) 장관의 취임 연령

장관의 임명시에 어느 정도의 사회적 연륜을 가진 사람이 임용되는가를 살펴보기 위해 우리 나라 역대 장관의 취임 연령을 분석한 결과 전체 장관의 평균 취임 연령은 53.1세(표준편차 6.62)로 조사되었다. 각 정부별로 구체적으로 살펴보면, 이승만 정부에서 임명된 장관의 취임 연령은 평균 50.1세(표준편차 8.21)로, 부처별로는 외무부(58.3세)와 체신부(56.1세)가 연령이 높았던 부처에, 부흥부(46.8세), 상공부(47.8세), 교통부(47.9세)는 취임 연령이 상대적으로 낮았던 부처에 포함시킬 수 있다.

박정희 정부에서는 전체 장관의 평균 취임 연령이 49.4세(표준편차 6.10)이고, 유신 이전에는 48.4세(표준편차 6.37), 유신 이후에는 51.3세(표준편차 5.12)로서 유신 이후 취임 연령이 높아졌다. 부처별로는 국토통일원(55.5세)과 보건사회부(52.6세)에서 장관의 취임 연령이 높았고, 문공부(43.8세), 상공부(45.0세), 재무부(46.0세)에서 상대적으로 낮았다.

전두환 정부에서 임명된 장관의 경우는 평균 52.5세(표준편차 4.80)에 장관에 취임한 것으로 조사되었는데, 부처별로는 문교부(59.0세), 경제기획원(55.0세), 외무부(54.8세), 국방부(54.8세), 체육부(53.7세), 보건사회부(53.3세)에서 장관의 취임 연령이 높았고, 재무부(48.5세), 상공부(48.8세), 동력자원부(49.8세), 농수산부(50.2세)에서 낮았다.

그리고 노태우 정부의 장관 취임 연령은 평균 55.7세(표준편차 4.26)로서, 부처별로는 교육부(59.8세), 통일원(58.8세), 외무부(58.3세)가 취임 연령이 높았던 부처에, 재무부(52.0세), 체신부(52.3세), 과학기술처(53.3세), 총무처(53.4세)가 취임 연령이 낮았던 부처에 속한다.

김영삼 정부에서는 평균 장관 취임 연령은 56.2세(표준편차 4.25)이다. 부처별 취임 연령의 분포에서는 통일원(61.2세)의 경우 취임 연령이 다른 부처에 비해 다소 높았고, 대부분의 부처는 거의 비슷한 연령대를 보였다.

김대중 정부에서의 평균 취임 연령은 58.9세(표준편차 5.09)이고, 외무부(63.6세), 통일부(62.3세), 농림부(61.0세)에서 연령이 높았고, 문화관광부(53.5세)와 행정자치부(54.3세)에서 취임 연령이 상대적으로 낮았다.

우리 나라 장관의 취임 연령을 전체적으로 정리하면, <표 4-2>에서와 같이 과도정부와 박정희 정부에서 취임 연령이 낮았고, 김대중 정부로 올수록 높아졌다. 분야 부처별로는 외무부, 통일부 등의 안보 관련 부처와 사회복지 관련 부처 장관의 취임 연령이 높았고, 핵심 경제 관련 부처와 법질서·치안 관련 부처 장관의 취임 연령이 다른 부처에 비해 상대적으로 낮았다.

〈표 4-2〉 역대 정부의 장관 취임 연령

정 부 (존속 기간, 개월)		장관 수 (명)	평균 (세)	표준편차 (세)	정 부 (존속 기간, 개월)	장관 수 (명)	평균 (세)	표준편차 (세)
이승만 정부(141)		110	50.86	6.21	최규하 정부(8)	29	54.38	4.52
장면 정부(8)		45	53.71	6.97	전두환 정부(84)	103	52.47	4.81
5·16 과도정부(29)		51	45.61	7.97	노태우 정부(60)	99	55.70	4.26
박정희 정부	유신 전(108)	91	48.36	6.37	김영삼 정부(60)	100	56.23	4.26
	유신 후(84)	51	51.31	5.12	김대중 정부(60)	96	58.88	5.06
					계	775	53.06	6.62

2 역대 정부 장관의 인구사회적 배경 분석

1) 출신 대학

장관의 임용에서 학연이 어느 정도 작용했는지, 그리고 세칭 명문대학이라 일컬어지는 대학 출신이 어느 정도의 비율을 차지하고 있는가 등을 살펴보기 위해 대학을 기준으로 출신 학교를 분석했다.[8] 그 결과, 서울대 출신이 전체 장관 가운데 38.2%로서 가장 높은 비율을 보였고, 다음으로 외국 대학 출신이 26.6%, 사관학교 출신이 10.1% 순이었다. 그리고 고려대

8) 역대 대통령의 출신 학교를 살펴보면, 이승만은 조지 워싱턴 대학을 졸업하고 하버드대학에서 석사학위를 취득한 후 프린스턴대학에서 철학박사학위를 취득했고, 장면은 수원농고(현, 서울대 농대)를 졸업한 뒤 미국 뉴욕 맨해튼대학을 졸업했다. 그리고 박정희, 전두환, 노태우는 모두 육군사관학교를 졸업했고, 김영삼은 서울대 문리대 철학과를 졸업했으며, 김대중은 목포상고를 나왔다.

출신이 7.1%, 연세대 출신이 4.1%이며, 서울 소재 대학은 5.7%, 지방대 출신은 4.3%이다. 이와같이 우리 나라 역대 정부 장관은 서울대 출신과 해외 출신 등 이른바 명문대학 출신이 압도적으로 높은 분포를 이루고 있고, 지방대 출신을 비롯한 기타 대학 출신은 매우 미미한 수준이었다. 또한 고졸 이하의 학력은 전체적으로 4%에 불과하고, 역대 정부 가운데 초기의 정부인 이승만 정부의 경우에도 고졸 이하의 학력을 가진 장관이 11.8%에 불과해 일반대중의 교육 수준에 비해 높은 편이었다.

역대 정부 장관의 출신 학교를 정부별로 정리하면, 이승만 정부는 외국대학 출신이 67명(60.9%)으로 가장 많았고, 다음으로 서울대 출신이 14명(12.7%), 고려대 출신이 10명(9.1%)이었다. 그리고 부처별로는 전체 부처에서 외국 대학 출신 장관의 비율이 가장 높았다. 그러므로 이승만 정부의 장관 임용은 해외 대학 출신의 비중이 매우 높다는 점이 두드러진 특징이며, 이는 대통령이 미국 유학 배경을 가진 것과 유관한 것으로 이해할 수 있다.[9)]

박정희 정부에서도 이승만 정부와 마찬가지로 외국 대학 출신 장관이 62명(43.7%)으로 가장 많았고, 서울대 출신이 33명(23.2%), 사관학교 출신[10)]이 14명(9.9%)이었으며, 고졸 이하의 학력을 가진 장관은 3.3%에 불과했다. 부처별로는 대부분의 부처에서 해외파 출신이 높은 분포를 형성했다. 박정희 정부에서 임용된 장관 가운데 상당수는 일본에서 교육을 받았거나 미국에서 수학했던 경험을 가지고 있지만, 시간의 경과와 함께 서울대 출신의 장관이 차지하는 비율이 점진적으로 높아졌다. 또한 유신 후부터는 서울대 출신의 장관이 최다수를 구성한 이래 서울대 출신의 상대적·절대적 최다수 추세가 지금까지 계속되고 있다.

전두환 정부에서는 서울대 출신이 53명(51.5%)으로 가장 많았고, 사관학교 출신이 20명(19.4%), 외국 대학 출신이 13명(12.6%), 고려대 출신이 7명

9) 양성철(1994: 80-81)의 연구에 의하면 이승만 정부의 행정 엘리트 중 유학을 다녀온 사람 가운데 미국에서 유학을 한 경우는 21.1%, 일본에서 유학을 한 인물은 65.9%로서 일본 유학파가 많은 것으로 분석되어 있다. 이를 통해 이승만 정부는 일제 관료 청산이라는 차원에서 보면 공식적인 반일, 배일정책 추구에도 불구하고 '과도기 정부'적 성격을 띤 것이라 할 수 있다.

10) 사관학교는 육군, 해군, 공군사관학교를 포함한다.

〈표 4-3〉 역대 정부의 장관 출신 대학

단위: 명(%)

구 분	이승만 정부	장면 정부	5·16 과도 정부	박정희 정부		최규하 정부	전두환 정부	노태우 정부	김영삼 정부	김대중 정부	합계
				유신 전	유신 후						
서울대	13 (11.8)	13 (28.9)	6 (11.8)	17 (18.7)	16 (31.4)	8 (27.6)	53 (51.5)	58 (58.6)	67 (67.0)	45 (46.9)	296 (38.2)
사관학교	1 (.9)	-	9 (17.6)	7 (7.7)	7 (13.7)	6 (20.7)	20 (19.4)	14 (14.1)	6 (6.0)	8 (8.3)	78 (10.1)
고려대	4 (3.6)	3 (6.7)	2 (3.9)	2 (2.2)	5 (9.8)	3 (10.3)	7 (6.8)	9 (9.1)	8 (8.0)	13 (13.5)	55 (7.1)
연세대	10 (9.1)	1 (2.2)	1 (2.0)	3 (3.3)	1 (2.0)	-	1 (1.0)	2 (2.0)	3 (3.0)	9 (9.4)	32 (4.1)
서울 소재 대학	1 (.9)	1 (2.2)	2 (3.9)	5 (5.5)	5 (9.8)	1 (3.4)	2 (1.9)	8 (8.1)	8 (8.0)	11 (11.5)	44 (5.4)
지방대	-	1 (2.2)	2 (3.9)	5 (5.5)	3 (5.9)	3 (10.3)	4 (3.9)	6 (6.1)	4 (4.0)	5 (5.2)	33 (4.3)
외국 대학	68 (61.8)	25 (55.6)	21 (41.2)	48 (52.7)	14 (27.5)	8 (27.6)	13 (12.6)	2 (2.0)	4 (4.0)	3 (3.1)	206 (26.6)
고졸	5 (4.5)	1 (2.2)	3 (5.9)	3 (3.3)	-	-	1 (1.0)	-	-	2 (2.1)	15 (1.9)
기타	8 (7.3)	-	5 (9.8)	1 (1.1)	-	-	2 (1.9)	-	-	1 (1.1)	16 (2.1)
전체	110 (100)	45 (100)	51 (100)	91 (100)	51 (100)	29 (100)	103 (100)	99 (100)	100 (100)	96 (100)	775 (100)

(6.8%)이었다. 부처별로는 국방부(75.0%), 총무처(80%), 교통부(60%)에서 사관학교 출신이 많았고, 나머지 대부분의 부처에서는 서울대 출신이 가장 높은 비중을 차지했다. 이 시기 장관의 출신 대학 분포에서 나타난 특징은 서울대 출신이 처음으로 과반수를 넘어서 서울대 의존 현상이 뚜렷하게 나타났다는 것이다. 또한 지방대 출신 4명의 장관은 모두 경북대를 졸업한 인물로서 영남 집중 현상을 간접적으로 반영하고 있다(양성철, 1994).

노태우 정부에서는 전두환 정부에서와 마찬가지로 서울대 출신이 58명(58.6%)으로 매우 많았고, 사관학교 출신이 14명(14.1%), 고려대 출신이 9

명(9.1%)이었다.[11] 부처별로는 국방부와 노동부를 제외한 대부분의 부처에서 서울대 출신이 가장 높은 비율을 차지했다.[12] 노태우 정부 장관의 출신 대학 분포에서는 서울대 출신이 절대 다수를 차지했고, 사관학교 출신 장관이 전두환 정부에 비해 상대적으로 감소한 점이다. 이는 급변하는 세계적 환경에 적응하기 위해서는 장관에게 고도의 전문기술과 행정 경력이 요구됨에 따라 특정 부처를 제외하고 다소 전문성이 약한 군인이 비안보 관련 부처의 장관으로 발탁될 기회가 줄어들었기 때문이라 할 수 있다.

김영삼 정부 시절의 장관은 서울대 출신이 67명(67.0%)으로 매우 높은 비율을 차지했고, 다음으로 고려대 출신과 서울 소재 대학 출신이 각각 8명(8%)이었다. 부처별로는 국방부에서 모든 장관이 사관학교 출신인 것을 제외하면, 대부분의 부처에서 서울대 출신이 가장 높은 비율을 보였다. 김영삼 정부의 장관 임용에서 나타난 가장 큰 특징은 사관학교 출신이 격감하고 서울대 출신의 비율이 역대 정부에서 가장 높았다는 점이다. 이는 김영삼 정부의 슬로건인 문민정부라는 구호에 걸맞게 장관을 임용한 결과라 할 수 있으며, 서울대를 졸업한 대통령의 학력과 밀접한 연관이 있음을 반영하고 있다.

김대중 정부에서는 서울대 출신이 45명(46.9%), 고려대 출신이 13명(13.5%), 서울 소재 대학 출신이 11명(11.5%), 연세대 출신이 8명(9.0%)이었다. 부처별로는 재정경제부, 기획예산처, 교육인적자원부, 농림부의 경우 모든 장관이 서울대 출신이며, 사관학교 출신은 국방부(100%)에서, 고려대 출신은 노동부(50.0%)에서, 서울 소재 대학은 문화관광부(80.0%), 연세대 출신은 외교통상부(40.0%)에서 높게 나타났다. 김대중 정부 시절에 임용된 장관의 출신 대학 분포에서 나타난 특징은 서울대 집중 현상이 다소 약화되었다는 점과 고려대 출신의 비중이 이전 정부에 비해 높아진 점이다. 이는 김대중 정부의 초대 대통령비서실장인 고려대 출신 김중권 실장의 영향력 때문이라고 해석하기도 한다(함성득, 2002).

---

11) 이 밖에도 서울 소재 대학(서울대, 연세대, 고려대 제외) 출신이 8명(8.1%), 지방대 출신이 6명(6.1%), 연세대 출신이 2명(2.0%), 해외 대학 출신이 2명(2.0%)이다.

12) 국방부는 사관학교 출신이 75%, 노동부는 서울 소재 대학 출신이 60.0%를 차지했다.

2) 출생 지역

역대 정부의 장관 임용에서 지역주의가 어느 정도 작용했고, 이를 시정하기 위해 역대 정권이 어느 정도의 노력을 보였는가를 파악하기 위해 역대 정부 전체 장관의 출신 지역을 조사했다.[13] 이를 구체적으로 정부별로 살펴보면 다음과 같다.

〈표 4-4〉 역대 정부의 장관 출생지

단위: 명(%)

구분	이승만 정부	장면 정부	5·16 과도 정부	박정희 정부		최규하 정부	전두환 정부	노태우 정부	김영삼 정부	김대중 정부	합계
				유신 전	유신 후						
경인	41 (37.3)	7 (15.6)	6 (11.8)	20 (22.0)	5 (9.8)	7 (24.1)	25 (24.2)	26 (26.3)	21 (21.0)	15 (15.6)	173 (22.3)
충청	17 (15.5)	6 (13.3)	10 (19.6)	11 (12.1)	5 (9.8)	5 (17.2)	15 (14.6)	12 (12.1)	17 (17.0)	18 (18.8)	116 (15.0)
호남	7 (6.4)	8 (17.8)	5 (9.8)	12 (13.2)	6 (11.8)	5 (17.2)	11 (10.7)	17 (17.2)	18 (18.0)	26 (27.1)	115 (14.8)
영남	23 (20.9)	15 (33.3)	6 (11.8)	29 (31.9)	19 (37.3)	6 (20.7)	41 (39.8)	30 (30.3)	37 (37.0)	24 (25.0)	230 (29.7)
제주	-	-	1 (2.0)	2 (2.2)	1(2.0)	-	-	2 (2.0)	-	-	6 (0.8)
이북5도	14 (12.7)	9 (20.0)	21 (41.2)	16 (17.6)	10 (19.6)	5 (17.2)	9 (8.7)	7 (7.1)	5 (5.0)	5 (5.2)	101 (13.0)
강원	8 (7.3)	-	1 (2.0)	1 (1.1)	5 (9.8)	1 (3.4)	2 (1.9)	5 (5.1)	2 (2.0)	5 (5.2)	30 (3.9)
해외	-	-	1 (2.0)	-	-	-	-	-	-	3 (3.1)	4 (0.5)
전체	110 (100)	45 (100)	51 (100)	91 (100)	51 (100)	29 (100)	103 (100)	99 (100)	100 (100)	96 (100)	775 (100)

이승만 정부에서는 경인지역 출신이 41명(37.4%)으로 가장 많았고, 다음으로 영남지역 출신이 23명(20.9%), 충청지역 출신 장관이 17명(15.5%)이

13) 우리 나라 역대 대통령의 출생지를 살펴보면, 이승만은 황해도 평산, 장면은 서울 적선동, 박정희는 경북 선산, 최규하는 강원 원주, 전두환은 경남 합천, 노태우는 경북 달성, 김영삼은 경남 거제 출신이다.

었다. 특히 국방부, 교육부, 내무부에서 경인지역 출신 장관의 비율이 각각 71.4%, 50.0%, 47.4%로서 높았고, 법무부에서 영남지역(55.6%) 출신이 다른 지역 출신에 비해 상대적으로 높은 분포를 이루었다.

한편, 호남지역 출신의 장관은 6.4%에 불과한데 그 이유로 한국전쟁으로 인한 지역의 상대적 낙후와 정권에 대한 이 지역의 무관심, 제1 야당(1949년 민주국민당, 1955년의 민주당 등)의 지역적 기반과 주요 인사들이 호남 출신이라는 것도 객관적 이유 중의 하나일 것이다.

장면 정부에서는 이승만 정부 때의 호남 푸대접 현상이 개선되었다는 점이 주요한 특징이다. 그러나 이러한 현상은 5·16 과도정부에 의해 다시 사라져 박정희 정부에서는 호남지역 인물에 대한 소외·배제 현상이 다시 나타나게 된다. 박정희 정부에서 임용된 장관의 지역별 분포에서는 영남지역이 48명(33.8%)으로 가장 많았고, 이북 5도 출신이 26명(18.3%), 경인지역이 25명(17.6%), 호남지역이 18명(12.7%)이었다. 부처별 분포에서는 공보부(문화공보부), 체신부, 보건사회부, 교통부를 제외하고 대부분의 부처에서 영남지역 출신의 장관이 높은 분포를 이루었다.[14] 즉 박정희 정부에서는 영남지역에 대한 선호가 분명하고, 장면 정부에 비해 이북 출신의 장관 참여 비율이 줄어든 것이 특징이라 할 수 있다. 그리고 유신 후 정부에서 경인지역 출신이 급격히 줄어든 것은 비서울 인구의 급격한 서울 유입으로 '서울'이라는 원래의 지역 특성을 잃어버리고 전국 각도 출신이 혼재하는 도시로 성장했기 때문일 것이다(박동서 외, 2003). 또한 유신 후에는 영남 출신의 득세와 호남 출신의 상대적 퇴보가 뚜렷이 나타남으로써 영·호남 간 지역 갈등, 지역 차별, 차등 현상이 더욱 악화되었다.

전두환 정부의 경우는 영남지역 출신이 41명(39.8%), 경인지역 출신이 25명(24.2%), 충청지역 출신이 15명(14.6%), 호남지역 출신이 11명(10.7%)이었다. 각 부처별 출신지역 분포에서는 영남지역 출신 장관이 대부분의 부처에서 높은 분포를 이루었는데 총무처, 과학기술처, 체신부에서 경인지역 출신 장관의 비율이 높았다. 그러므로 전두환 정부에서도 영남 출신과

14) 유신 전·후의 출생 지역 비교를 위해 교차분석을 실시한 결과 유의미한 차이를 볼 수는 없었지만, 유신 후 경상도지역 출신이 31.9%에서 37.3%로 증가했고, 서울·경기지역 출신이 22.0%에서 9.8%로 낮아진 것으로 나타났다.

호남 출신 간의 임용 비율의 격차가 컸으며, 지역주의가 주요한 원인이라 할 수 있다.

노태우 정부에서는 영남지역 출신의 장관이 30명(30.3%)으로 가장 많았고, 다음으로 경인지역 출신이 26명(26.3%), 호남지역 출신이 17명(17.2%), 충청지역 출신이 12명(12.1%)이었다. 부처별로는 전체적으로 특정 부처에 특정 지역 출신이 장관이 되는 경우가 드문 가운데 과학기술처(100%), 상공부(60%), 환경처(75.0%)에서 서울·경기지역 출신의 장관 비율이, 농림수산부에서 호남지역 출신(60.0%) 장관의 비율이 높았다. 그러므로 노태우 정부 역시 박정희 정부에서 시작된 특정 지역 출신 집중 현상을 막아내지 못했다.

김영삼 정부의 경우 장관의 출생지역 분포에서는 영남지역 출신의 장관이 37명(37.0%)으로 가장 많았고, 경인지역 출신이 21명(21.0%), 호남지역 출신이 18명(18.0%), 충청지역 출신이 17명(17.0%)이었다. 부처별로는 영남지역 출신의 장관이 전체적으로 높은 분포를 이루는 가운데 농림수산부(100%)에서 전체 장관 6명 모두 호남 출신이고, 충청지역은 노동부(60.0%)에서 다소 높은 비율을 보였다. 김영삼 정부의 장관 임용에서는 호남 출신 배제 현상이 다소 완화되었고, 이북 출신의 등용은 거의 상징적인 의미가 되었다.

김대중 정부의 경우는 호남 출신의 장관이 26명(27.1%)으로 가장 많았고, 영남지역 출신이 24명(25.0%), 충청지역 출신은 18명(18.8%), 경인지역 출신은 15명(15.6%)이었다. 부처별로는 영남지역은 행정자치부(75.0%), 환경부(66.7%), 해양수산부(66.7%)에서, 호남지역은 재정경제부(60.0%), 법무부(66.7%), 농림부(66.7%), 기획예산처(100%)에서, 이북 5도 출신은 통일부(50.0%)에서 그 비중이 높았다. 김대중 정부에서 흥미로운 것은 경인지역 출신의 장관 비율이 낮아졌다는 것과 호남지역 출신의 장관 비율이 영남지역 출신의 장관 비율보다 높아졌다는 것이다. 여기에서 경인지역 출신의 비율이 낮아진 것은 호남과 영남 간의 균형을 고려한 결과에 따른 반사적 결과로 유추해 볼 수 있다. 또한 인구 수가 적은 호남지역 출신 장관의 비율이 영남지역 출신보다 높다는 것은 지역에 근거한 임용의 가능성이 높음을 보여 준다. 또한 충청지역에 정치적 기반을 둔 자민련과의 공동 정권이라는 점이 충청지역 출신의 장관 임명이 다소 증가한 현상을 설명할 수 있다.

3) 고위 군인 경험 여부

박정희 정부에서 노태우 정부까지 우리 나라 역대 정부는 쿠데타를 통해 정권을 장악한 군사정부였으며, 이러한 정부에서 보상 차원의 장관 임용이 있었던 것이 사실이다. 역대 정부별로 이와 같은 임용이 어느 정도였으며, 주로 어떠한 부처를 중심으로 이루어졌는가를 살펴보기 위해 역대 장관의 고위군인 경험 여부를 조사했다. 그 결과 고위 군인의 경험을 가진 장관의 비율이 가장 높았던 정부는 5·16쿠데타를 통해 정권을 장악한 과도정부(58.8%)였고, 그후 그 비율은 점차 낮아져 김영삼 정부와 김대중 정부에서는 7%대를 유지했다.

장면 정부의 경우 고위 군인의 경험을 가진 장관이 3명에 불과한데[15] 이는 장면 정부의 문민성(文民性)을 반영하는 결과라 할 수 있다. 특히 국방부장관을 지낸 현석호, 권중돈은 모두 4·19혁명 뒤 7·29 총선에서 당선된 민의원(5대) 출신으로 짧은 기간이나마 순수 민간인에 의한 군 통솔의 틀이 마련된 것이다. 그러나 이러한 군인 출신에 대한 배척은 한국군 감병계획과 함께 군의 기득권(vested interest)을 자극했고, 5·16군사 쿠데타의 중요한 동인이 되었다. 그리고 김영삼 정부에서 고위 군인 출신의 비중이 격감한 것은 박정희-전두환-노태우 정부로 이어지는 군사정권에 뿌리를 두고 있다는 것에 대한 반사로 문민성을 강조하는 데서 원인을 찾을 수 있을 것이다. 즉 김영삼 정부는 정권의 평화적 교체를 성공시켜 등장한 정부이고, 이승만·장면 정부 이후 단절된 32년 만의 첫 민간인 출신 정부라는 의미를 강조하기 위해 인위적으로 고위 군인 출신을 장관에 임용하지 않은 것으로 해석된다.

이를 역대 정부를 기준으로 각 부처별로 살펴보면 다음과 같다. 먼저, 박정희 정부의 경우는 국방부(100%), 내무부(72.7%), 교통부(70.0%), 총무처

15) 3명의 장관은 국방부 이종찬, 체신부 최용덕, 내무부 이호 장관으로 이 세 사람은 모두 1960년 8월 19일 장관직에 물러났으므로 장면이 국회에서 국무총리가 된 1960년 8월 19일 이후의 고위 군인 출신은 사실상 한 명도 장관에 임용되지 않았다.

(50.0%), 건설부(45.5%)에서 고위 군인을 경험한 장관의 비율이 높았고, 전두환 정부에서는 국방부(100%), 총무처(80.0%), 교통부(60.0%), 과학기술처(40.0%)에서 이에 해당하는 장관의 비율이 높게 나타났다. 노태우 정부의 경우는 국방부(100%), 체신부(50.0%), 교통부(40.0%)에서 고위 군인 경험 장관의 비율이 높았다. 한편, 이승만 정부, 김영삼 정부, 김대중 정부에서는 국방부 장관을 제외하고 거의 미미한 수준이다.16)

〈표 4-5〉 역대 정부 장관의 고위 군인 경험 여부

단위: 명(%)

구 분	이승만 정부	장면 정부	5·16 과도 정부	박정희 정부		최규하 정부	전두환 정부	노태우 정부	김영삼 정부	김대중 정부	계
				유신 전	유신 후						
고위 군인 경험 있음	10 (9.1)	3 (6.7)	30 (58.8)	32 (35.2)	15 (29.4)	8 (27.6)	22 (21.4)	17 (17.2)	7 (7.0)	8 (8.3)	151 (19.6)
고위 군인 경험 없음	100 90.9	42 93.3	21 41.2	59 64.8	36 70.6	21 72.4	81 78.6	82 82.8	93 93.0	88 91.7	623 80.4
계	110 (100)	45 (100)	51 (100)	91 (100)	51 (100)	29 (100)	103 (100)	99 (100)	100 (100)	96 (100)	775 (100)

4) 해당 부처 유관 기관 근무 여부

우리 나라 장관 임용에서 이전부터 지적되어 온 것 가운데 하나는 전문성 부족이었다. 그러나 이러한 내용을 전체적으로 뒷받침할 수 있는 실증적인 자료는 매우 빈약했으며, 주로 저널리즘 차원의 추상적인 주장에 불과했다. 이에 이 연구에서는 역대 장관의 전문성 정도를 측정하기 위해 해당 부처와 관련된 유관 기관에서의 근무 경험 여부를 살펴보았다.

이승만 정부에서는 66.4%의 장관이 관련 경험이 있는 것으로 나타났으나, 체신부, 건설부, 내무부에서는 경험이 없는 장관의 비율이 높았다.17) 박정희 정부에서는 유관 기관 근무 경험이 있는 장관이 101명(71.1%), 근무

16) 김대중 정부의 경우 고위 군인 출신은 국방부 외에 통일부에 2명, 과학기술부에 1명, 해양수산부에 1명이 임용되었다.

17) 체신부의 경우 경험이 있는 장관이 12.5%, 건설부의 경우는 37.5%, 내무부는 47.4%로 분석되었다.

경험이 없는 장관이 41명(28.9%)으로서 체신부, 교통부, 국토통일원, 총무처, 보건사회부에서 부처 관련 유관 기관 근무 경험이 없는 장관이 많았다.[18]

박정희 정부의 경우를 유신 전·후로 비교해 보면 유신 전 정부에서 오히려 유관 기관 근무 경험이 있는 장관의 비율이 유신 후보다 높은 것은 군인 출신을 장관으로 임용할 때 그 인물의 이전 경력을 고려한 등용이 이루어졌음을 의미한다.

전두환 정부에서는 부처와 관련 있는 기관에서 근무한 경험이 있는 장관이 78명(75.7%)으로, 부처별로는 체신부, 보건사회부, 교통부에서 경험이 없는 장관의 비율이 높았다.[19] 노태우 정부에서는 유관 기관에서 근무한 경험한 경력이 있는 장관이 75명(75.8%)이고, 부처별로는 체신부(50.0%), 환경처(50.0%), 노동부(20.0%)에서 그 낮았다. 김영삼 정부의 경우는 경험이 있는 장관이 69명(69.0%) 이었으며, 김대중 정부에서는 근무 경험이 있는 장관이 75명(81.3%)이었다.

〈표 4-6〉 역대 정부 장관의 부처 관련 유관 기관 근무 경험 여부

단위: 명(%)

구 분	이승만 정부	장면 정부	과도 정부	박정희 정부		최규하 정부	전두환 정부	노태우 정부	김영삼 정부	김대중 정부	계
				유신 전	유신 후						
근무 경험 있 음	73 (66.4)	25 (55.6)	35 (68.6)	67 (73.6)	34 (66.7)	21 (72.4)	77 (74.8)	75 (75.8)	69 (69.0)	78 (81.3)	554 (71.5)
근무 경험 없 음	37 (33.6)	20 (44.4)	16 (31.4)	24 (26.4)	17 (33.3)	8 (27.6)	26 (25.2)	24 (24.2)	31 (31.0)	18 (18.8)	221 (28.5)
계	110 (100)	45 (100)	51 (100)	91 (100)	51 (100)	29 (100)	103 (100)	99 (100)	100 (100)	96 (100)	775 (100)

18) 부처 관련 유관 기관 근무 경험이 없는 장관의 경우, 체신부에서 83.3%, 교통부에서 70.0%, 통일부, 총무처, 보건사회부에서 50.0%인 것으로 조사되었다.

19) 체신부의 경우 경험이 없는 장관이 57.1%, 보건사회부는 100.0%, 교통부는 80.0%인 것으로 조사되었다.

제 3 절 역대 정부 장관의 경력 배경

1 역대 정부 장관의 주요 경력

각 정부별·부처별로 어떠한 배경을 가진 인물이 장관으로 임용되었는가를 살펴보기 위해 장관이 되기 이전에 주로 활동했던 분야를 중심으로 주요 경력을 정리했다.[20] 그 결과 관료 출신이 32.5%로 가장 많았고, 다음으로 교수·연구원 출신(18.1%), 군인 출신(17.0%), 정치인 출신(10.8%), 법조인 출신(9.3%) 순이었으며, 기업인 출신은 1.4%에 불과했다. 그러므로 역대 정부에서의 장관은 관료, 외부 전문가인 교수, 그리고 군사정부 시절의 군인으로 상당 부분 구성되었음을 확인할 수 있다.

장관의 주요 경력을 역대 정부별로 구체적으로 살펴보면 다음과 같다. 이승만 정부의 경우에는 관료 출신 장관이 29명(26.4%)으로 가장 많았고, 정치인 출신이 22명(20.0%), 교수·연구원 출신이 19명(17.3%), 법조인 출신이 13명(11.8%)이었다. 부처별로는 경제 관련 부처에서 관료 출신, 사회부(보건부, 사회복지부)와 문교부에서 교수·연구원 출신, 사회부(보건부, 사회복지부)와 체신부에서 정치인 출신의 장관 비율이 높았다.[21] 이승만 정부에서의 특징은 역대 정부 전체 장관 분포에 비해 관료 출신의 비율이 낮고, 정치인 출신의 비율이 높은 점이다. 이는 건국과 초창기 정부로서 관료 가운데 장관으로 임용할 만한 인력 풀(pool)이 부족했고, 정치적 혼란기로서 정치적 안정을 확보하기 위한 대통령의 의지가 반영된 결과라 할 수 있다. 한편, 장면 정부에서 정치인 출신의 비율이 매우 높고, 다른 주요 경

20) 장관의 주요 경력을 관료, 정치인, 군인, 법조인, 기업인, 교수, 언론인, 금융인, 기타로 구분했고, 개별 장관의 경력 가운데 가장 장기간 근무한 경력을 바탕으로 나누었다.

21) 재무부의 경우 관료 출신이 55.6%, 농림부의 경우 관료 출신이 44.4%, 교통부와 부흥부의 경우 관료 출신이 각각 50.0%이고, 사회부(보건부, 보건사회부)는 교수·연구원 출신이 50.0%, 정치인 출신이 40.0%이며, 체신부는 정치인 출신이 37.5%이다. 그리고 법무부는 법조인이 88.9%, 국방부는 군인 출신이 57.1%로 나타났다.

력을 가진 장관의 비율이 낮은 것은 정부 형태가 의원내각제이기 때문이다.

〈표 4-7〉 우리 나라 역대 정부 장관의 주요 경력

단위: 명(%)

구 분	이승만 정부	장면 정부	과도 정부	박정희 정부		최규하 정부	전두환 정부	노태우 정부	김영삼 정부	김대중 정부	합계
				유신 전	유신 후						
관료	29 (26.4)	10 (22.2)	5 (9.8)	26 (28.6)	18 (35.3)	11 (37.9)	37 (35.9)	38 (38.4)	41 (41.0)	37 (38.5)	252 (32.5)
정치인	22 (20.0)	18 (40.0)	1 (2.0)	4 (4.4)	5 (9.8)	-	7 (6.8)	6 (6.1)	10 (10.0)	11 (11.5)	84 (10.8)
군인	9 (8.2)	2 (4.4)	27 (52.9)	27 (29.7)	13 (25.5)	7 (24.1)	19 (18.4)	16 (16.2)	5 (5.0)	7 (7.3)	132 (17.0)
법조인	13 (11.8)	5 (11.1)	4 (7.8)	10 (11.0)	5 (9.8)	2 (6.9)	7 (6.8)	8 (8.1)	9 (9.0)	9 (9.4)	72 (9.3)
기업인	2 (1.8)	2 (4.4)	-	-	-	-	-	2 (2.0)	-	5 (5.2)	11 (1.4)
교수	19 (17.3)	3 (6.7)	7 (13.7)	16 (17.6)	6 (11.8)	6 (20.7)	20 (19.4)	20 (20.2)	24 (24.0)	19 (19.8)	140 (18.1)
언론인	5 (4.5)	4 (8.9)	-	2 (2.2)	3 (5.9)	2 (6.9)	7 (6.8)	8 (8.1)	10 (10.0)	2 (2.1)	43 (5.5)
금융인	6 (5.5)	1 (2.2)	7 (13.7)	5 (5.5)	-	1 (3.4)	3 (2.9)	-	-	1 (1.0)	24 (3.1)
기타	5 (4.5)	-	-	1 (1.1)	1 (2.0)	-	3 (2.9)	1 (1.0)	1 (1.0)	5 (5.2)	17 (2.2)
전체	110 (100)	45 (100)	51 (100)	91 (100)	51 (100)	29 (100)	103 (100)	99 (100)	100 (100)	96 (100)	775 (100)

박정희 정부의 주요 경력별 분포에서는 관료 출신이 44명(31.0%)으로 가장 많았고, 군인 출신이 40명(28.2%), 교수·연구원 출신이 22명(15.5%), 법조인 출신이 15명(10.6%)이었고, 정치인 출신은 8명(6.3%)에 불과했다.[22] 그리고 부처별 주요 경력에서 관료 출신은 재무부(40.0%), 외무부(57.1%), 농림부(81.8%), 체신부(41.7%)에서 높은 분포를 이루고 있고, 군인 출신은 국방부(100%), 총무처(50.0%), 내무부(45.5%), 체신부(41.7%),

22) 언론인과 금융인은 각각 5명(3.5%), 기타 1명(0.7%)으로 조사되었다.

교통부(60.0%)에서, 법조인 출신은 법무부(100%)에서, 교수 · 연구원 출신은 문교부(50.0%)와 과학기술처(100%)에서, 언론인 출신은 공보부(50.0%)에서 높게 나타났다. 박정희 정부에서 나타난 특징은 군인 출신의 비율이 전체 평균에 비해 매우 높고, 정치인이 차지하는 비중이 격감한 것이며, 유신 후에는 관료 출신 장관의 비율이 이전 정부에 비해 급격히 높아진 것이다. 이는 군부 쿠데타를 통해 집권한 정부로서 군사정부의 속성을 그대로 반영한 것이라 할 수 있으며, 타협과 협상보다는 밀어붙이기 식의 강력한 리더십을 발휘한 박정희 대통령의 개인적인 성향이 반영된 결과라 하겠다. 유신 후에 관료 출신의 비율이 급성장한 것은 유신 후 박정희 정부의 주요 관심이 유신 전의 성장 중심에서 관리 중심으로 그 패턴이 변화했기 때문이라 할 수 있다.

전두환 정부의 경우를 정리하면, 관료 출신의 장관이 37명(35.9%)으로 가장 많았고, 다음으로 교수 · 연구원 출신이 20명(19.4%), 군인 출신 19명(18.4%)이며, 정치인 출신과 언론인 출신은 각각 7명(6.8%)이었다. 부처별 장관의 주요 경력 분포를 보게 되면, 관료 출신은 외무부(75.0%), 내무부(66.7%), 농수산부(80.0%), 상공부(75.0%), 동력자원부(80.0%), 건설부(80.0%)에서, 군인 출신은 국방부(100%), 총무처(80.0%), 교통부(60.0%)에서, 정치인 출신은 보건사회부(100%)에서, 법조인 출신은 법무부(100%)에서, 교수 · 연구원 출신은 문교부(100%), 과학기술처(80%)에서, 언론인은 문화공보부(100%)에서, 금융인 · CEO는 경제기획원(50.0%)에서 높게 나타났다. 전두환 정부 장관의 주요 경력에서 나타난 특징은 특정 부처의 특정 경력 중심의 장관 임용이 이루어졌다는 점이다. 즉 관료 출신은 경제 관련 부처와 치안 관련 부처를 중심으로, 정치인은 사회 부처에, 교수 · 연구원은 교육 관련 부처에, 법조인은 법무 부처에, 언론인은 공보 부처에 임용하는 주요 경력 중심의 장관 임용이 이루어졌음을 보여 준다. 그러나 전두환 정부 역시 신군부 세력에 의해 집권한 정부로서 군인 출신이 차지하는 비율이 박정희 정부에 비해 낮아지기는 했으나 여전히 높은 분포를 이루고 있으며, 정치인 출신 역시 박정희 정부와 큰 차이를 보이고 있지 않다.

노태우 정부에서 임용된 장관의 주요 경력을 분석한 결과, 관료 출신이 38명(38.4%)으로 가장 많았고, 교수 · 연구원 출신이 20명(20.2%), 군인 출신이 16명(16.22%), 법조인과 언론인 출신이 각각 8명(8.1%), 정치인 출신이 6명(6.1%), 기업인 출신이 2명(2.0%) 등이었다. 부처별로는 재무부(75.0%), 외무부(100%), 내무부(62.5%), 총무처(60.0%), 농림수산부(60.0%), 동력자원부(100%), 환경처(75.0%), 교통부(60.0%), 건설부(66.7%)에서 관료 출신이 높은 분포를 이루었고, 국방부(100%)에서는 군인 출신, 법무부(100%)에서는 법조인 출신, 경제기획원(75.0%), 교육부(100%), 보건사회부(60.0%)에서는 교수·연구원 출신, 문화공보부(57.1%)에서는 언론인 출신의 비율이 높았다. 노태우 정부에서 나타난 장관의 주요 경력별 분포의 특징은 관료 출신의 비율은 전두환 정부에 비해 다소 높아지고, 군인 출신의 비율은 약간 낮아졌으나 전반적으로 전두환 정부에서의 주요 경력별 비율과 큰 차이가 없다는 것이다. 이는 노태우 정부의 기본적인 속성이 전두환 정부와 동일하고, 한국 사회의 지배계급에서 큰 변화가 없었음을 반증하는 것이라 할 수 있다. 또한 경제 관련 부처의 경우 경제기획원과 같이 경제의 윤곽을 설정하는 부처는 외부 전문가이면서 이론가라 할 수 있는 교수 중심의 임용을 하고, 재무부 등 실물경제에 대한 책임을 맡고 있는 부처는 관료 중심의 임용을 한 것이 또 하나의 특징이라 할 수 있다.

김영삼 정부에서는 관료 출신이 41명(41.0%)으로 가장 많았고, 다음으로 교수·연구원 출신이 24명(24.0%), 언론인 출신과 정치인 출신은 각각 10명(10.0%), 법조인 출신은 9명(9.0%), 군인 출신이 5명(5.0%)이었다. 부처별로 군인 출신은 국방부(100%)에서, 법조인 출신은 법무부(100%)에서, 교수·연구원 출신은 교육부(100%), 과학기술처(80.0%), 통일원(66.7%)에서 높았다. 김영삼 정부에서 나타난 특징으로는 관료 출신, 교수·연구원 출신,[23] 언론인 출신이 차지하는 비율이 역대 정부 가운데 가장 높고, 정치인의 비율이 다소 회복되었으며, 문민정부의 구호에 걸맞게 군인 출신의 비중이 급감한 것이다. 즉 관료, 교수, 언론인 출신이 전체 장관의 61%를 차지하는 특정 경력 중심의 장관 임용이 단행된 것이다. 여기에서 언론인

23) 교수 출신은 외부 전문가로서 김영삼 정부에서 높은 비중을 차지했는데, 이들은 정치력이 요구되는 분야보다 전문성이 요구되는 분야를 중심으로 임용되었다. 교수 등 외부 전문가가 정치력이 요구되는 분야에 임용되면 능력 부족이 드러나거나 전문성이 아집으로 나타나는 경향이 있다는 비판도 많다.

출신의 비율이 높아진 것은 김영삼 대통령이 여론에 매우 민감했음을 반영한 결과라 할 수 있고, 정치인의 비율이 다소 회복된 것은 3김으로 대표되는 근대 한국 정치에서 주요한 정치인 가운데 한 명인 대통령의 특성이 반영된 것이라 하겠다.

김대중 정부에서는 주요 경력의 경우, 관료 출신이 37명(38.5%), 교수·연구원 출신이 19명(19.8%), 정치인 출신이 11명(11.5%), 법조인 출신이 9명(9.4%), 군인 출신이 7명(7.3%)이었다. 부처별 분포에서는 교수·연구원 출신은 교육부(85.7%)와 통일부(50.0%)에서, 법조인 출신은 법무부(100%)에서, 군인 출신은 국방부(100%)에서, 기업인 출신은 정보통신부(40.0%)에서, 정치인 출신이 문화관광부(60.0%)에서 높은 비중을 차지했고, 나머지 부처들에서는 관료 출신의 비중이 높았다. 김대중 정부의 주요한 특징은 관료 출신과 교수 출신의 비중이 여전히 높은 가운데 기업인의 진출이 눈에 띄고, 언론인 출신이 급격히 감소했다. 기업인의 비중이 높아진 것은 IMF 이후 정부의 구조조정 과정에서 기업의 운영 방식을 정부에 도입하려는 당시의 시대적 요구가 반영된 결과라 할 수 있으며, 정치인의 비율이 이전 정부에 비해 높은 것은 대통령의 지지 기반과 밀접한 관련이 있기 때문일 것이다. 그리고 언론인 출신의 장관이 줄어든 것은 언론인들의 주요 진출 부처인 공보 관련 부처에 해당하는 국정홍보처가 차관급으로 격하되면서 나타난 결과라 할 수 있다.

2 장관 임용에 이르기까지의 경력 경로 분석

1) 장관의 경력 경로 유형의 식별과 경력 경로의 개괄적 분석

이승만 정부에서 김대중 정부까지 우리 나라 역대 정부에서 임용된 전체 장관 775명의 경력 경로를 연구의 분석틀에 따라 최초 경력, 주요 경력, 직전 경력으로 구분해 추적한 결과, [그림 4-1]에서와 같이 전체 장관의 경력 경로는 97가지로 구분됨을 확인할 수 있다. 이를 경력 경로상의 시점에 따라 살펴보면, 먼저 최초 경력의 경우 관료에서 출발해 장관에 이른 경우가 전체 장관의 32.6%로 가장 많았고, 교수에서 출발한 경우가 20.5%, 군인을

[그림 4-1] 장관의 경력 이동 경로도

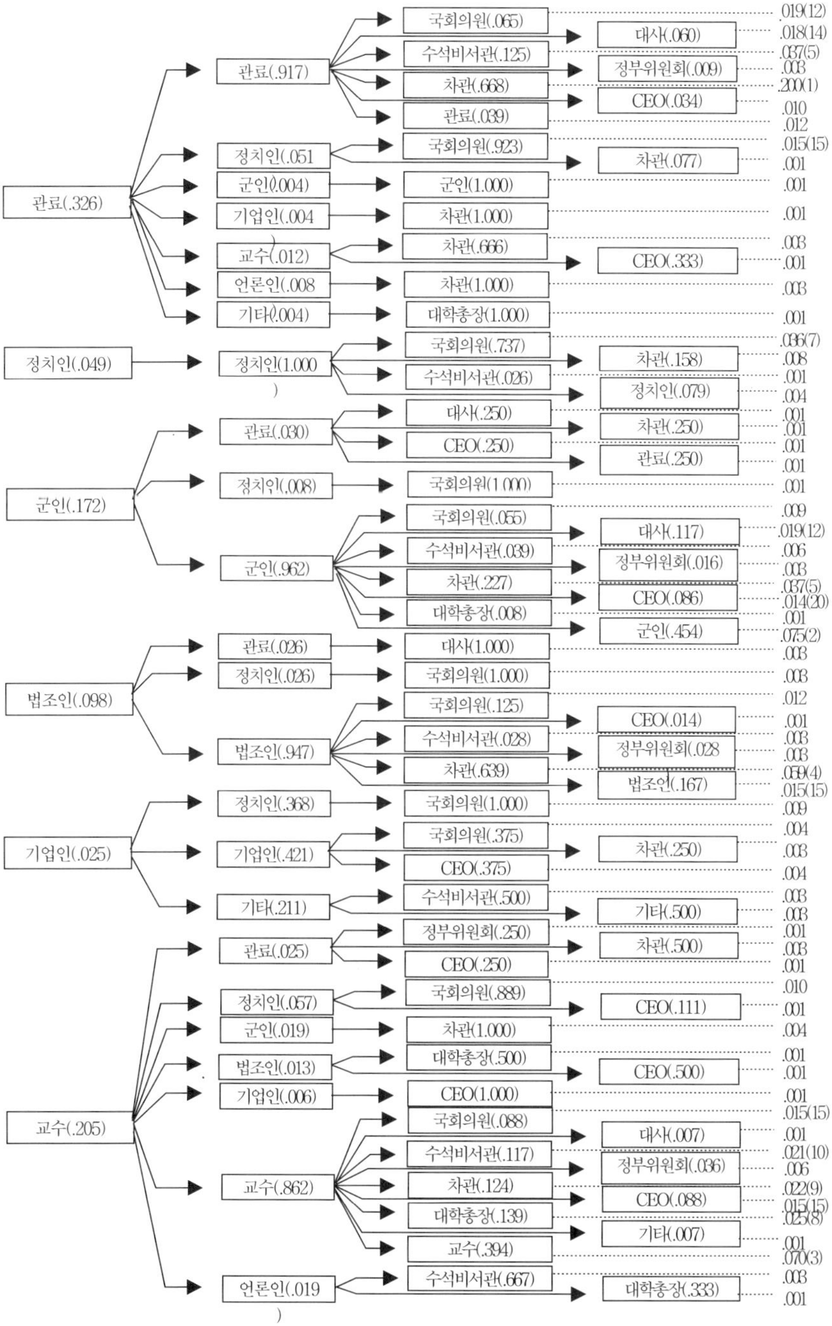

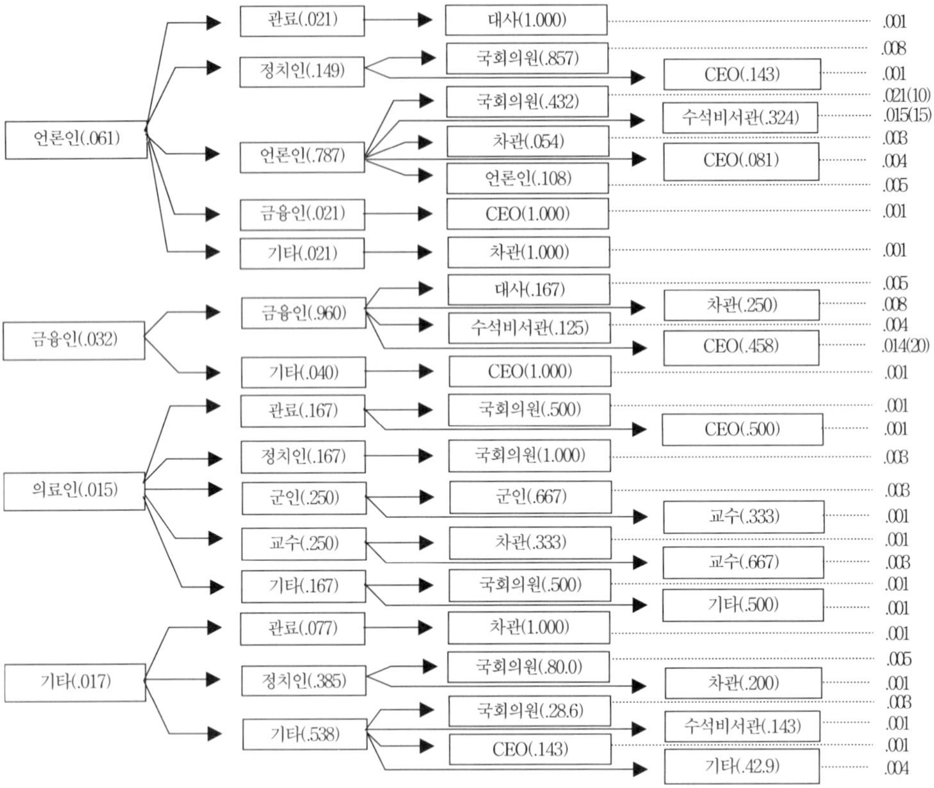

*첫 번째 열은 최초 경력, 두 번째 열은 주요 경력, 세 번째와 네 번째 열은 직전 경력, 마지막 열은 각 경로의 비율(순위)을 나타냄.

**주요 경력과 직전 경력의 ☐ 안의 수치는 이전 경로에서 차지하는 비율을 나타냄.

최초 경력으로 하여 장관에 이른 경우가 17.2%인 것으로 나타났다. 그러므로 우리 나라 역대 정부 장관의 경력 배경 가운데 최초 경력에서는 관료, 교수, 군인이 전체의 70.3%를 차지하고 있어 장관에 이르는 최초 경력의 직업 범위가 매우 좁았다는 알 수 있다.

최초 경력에서 주요 경력으로의 경력 이동 과정을 살펴보면, 역대 장관들의 최초 경력과 주요 경력은 87.2%가 일치한 것으로 나타났다. 구체적으로 최초 경력이 관료, 정치인, 군인, 법조인, 금융인인 경우는 90% 이상이 주요 경력과 일치한 것으로 나타났고 교수의 경우는 86.2%가 주요 경력에서 여전히 교수였음을 알 수 있다. 그러나 기업인의 경우는 기업인으로 여전히 종사한 경우가 42.1%이고, 정치인으로 진출한 경우가 36.8%이며, 언론인의 경우는 언론인으로 계속 종사한 비율이 78.7%이며, 정치인으로 직업을 바꾼 경우가 14.9%였다. 한편 최초 경력이 의료인인 경우는 주요 경력에서 다양한 직업군으로 분산되었다. 최초 경력과 주요 경력 간의 관계에서 주요 경력의 범주가 어느 정도 다양하게 분산되었는가를 살펴보면, 최초 경력이 관료와 교수인 경우는 주요 경력에서 모두 일곱 가지의 범주로 나뉘는데 이는 이들이 차지하는 최초 경력의 비중이 높았기 때문에 나타난 결과로 보인다. 그러나 언론인과 의료인의 경우는 최초 경력에서 차지하는 비율이 각각 6.1%와 1.5%에 불과함에도 주요 경력에서 각각 다섯 가지의 범주로 나뉘는 것은 이 두 직업군이 다른 직업군에 비해 비교적 다양한 진출 통로로 장관에 임용되었음을 알 수 있다. 이와같이 역대 정부 장관의 주요 경력은 최초 경력과 거의 일치하는데, 이는 경력 경로상의 최초 경력에 해당하는 직업 분야에 계속 종사해 주요 경력을 쌓은 사람들이 장관직에 임용될 가능성이 높았음을 의미한다 할 것이다. 그러나 기업인, 언론인, 기타 직업군의 경우는 다른 직업 분야로 전환해 주요 경력을 쌓은 사람들이 장관으로 임용된 경우도 상당 부분 발견되고 있다.

장관의 경력 이동 경로를 최종적으로 살펴보기 위한 최초 경력, 주요 경력, 직전 경력 간의 관계에서는 앞에서 언급한 바와 같이 모두 97개의 경력 경로를 발견할 수 있다. 이를 구체적으로 살펴보면, 최초 경력이 교수로 출발해 장관에 이른 경로가 20개로 가장 많았고, 다음으로 관료에서 출발한 경우의 경우가 15개, 최초 경력이 군인에서 장관에 이른 경우가 13개로 나타났으며, 언론인에서 출발한 경로는 10개, 의료인의 경우는 9개의 경력 이동 경로를 볼 수 있다.[24] 여기서 교수가 관료에 비해 최초 경력의 비율이 낮았음에도 훨씬 더 다양한 경력 경로를 통해 장관에 임용된 것은 직업군으로서의 교수직이 관료에 비해 다양한 진출 통로를 확보하고 있다는 것을 보여 준다.

한편, 역대 정부 장관의 경력 경로별 빈도를 구한 결과 10명 이상의 빈도

24) 한편, 정치인은 4개, 법조인은 8개, 기업인은 6개, 금융인은 5개, 기타는 7개의 경력 이동 패턴을 보여 주고 있다.

를 가진 경력 경로가 모두 21개로 나타났고,[25] 이러한 21개의 경력 경로에 포함된 장관이 전체의 76.4%에 달한다. 그러므로 우리 나라 역대 정부 장관의 경력 경로는 그리 다양하다고 할 수 없으며, 이는 일정한 패턴을 중심으로 장관 선택이 이루어졌다는 것을 말해 준다. 이승만 정부에서 김대중 정부에 이르기까지 모든 장관을 대상으로 파악된 97개의 경력 경로 패턴 가운데 21개 경력 경로 패턴이 전체 장관 경력 경로 패턴의 76.4%를 차지하고 있기 때문에 논의의 전개상 이들 21개 경력 경로를 중심으로 분석해도 분석의 타당성은 충분히 확보될 수 있을 것이다. 그러므로 이후의 경력 경로 분석에서는 10명 이상의 빈도를 보이고 있는 21개의 경력 경로를 중심으로 논의를 전개하고자 한다.

장관에 이르는 경력 경로로 파악된 97개의 경력 경로 가운데, 10명 이상의 빈도를 보이고 있는 21개 경력 경로의 특성을 보면 대부분의 경우, 최초 경력과 주요 경력이 일치한다는 점이다. 그리고 최초 경력과 주요 경력이 관료, 교수, 군인, 법조인인 경우가 큰 비중을 차지하고 있다(<표 4-8> 참조). 그러나 97개 경력 경로 가운데 10명 이하의 낮은 빈도를 보이고 있는 나머지 경력 패턴들 가운데는 최초 경력과 주요 경력이 일치하지 않는 경우가 많이 발견되었다.

장관에 이르는 경력 경로의 패턴에서 가장 큰 비중을 차지하고 있는 것은 관료로 발을 디뎌(최초 경력), 관료로 상당 기간 경력을 쌓은 후(주요 경력), 정무직인 차관에 오른 후에(직전 경력) 장관으로 임명되는 경로이다. 이와 같은 관료→관료→차관→장관에 이르는 경력 경로 패턴을 가진 장관의 수는 155명으로 우리 나라 장관 전체의 20.0%를 차지한다. 이것은 이 연구에서 확인된 97개의 경력 경로 패턴 가운데 매우 두드러진 비중을 보여 주는 것이다. 관료→관료→차관→장관에 이르는 패턴이 상대적으로 많은 비중을 차지하는 부처는 주로 경제 부처들이다. 김대중 정부에서 신설된 기획예산처의 경우, 3명의 장관이 임명되었는데 3명 모두 이와 같은 경력 경로 패턴을 보여 준다. 농림부의 경우도 그 동안 역대 정부에서 임명된 총 51명의 장관 가운데 26명이 이러한 패턴을 가지고 있어 51.0%의 비

25) [그림 4-1]의 장관 경력 이동 경로에서 장관 빈도 10명 이상은 비율에서 0.14 이상을 의미한다.

〈표 4-8〉 역대 정부 장관의 주요 경력 경로

경력 경로	빈도(명)	비율(%)	누적 비율(%)	재임 기간(개월)	
				평균	표준편차
(1) 관료→관료→차관	155	20.0	20.0	13.24(13)	9.26
(2) 군인 →군인→군인	58	7.5	27.5	15.61(7)	12.72
(3) 교수→교수→교수	54	7.0	34.5	19.36(1)	16.80
(4) 법조인→법조인→ 차관	46	5.9	40.4	15.02(9)	12.02
(5) 관료→관료→수석비서관	29	3.7	44.1	10.08(18)	6.03
(5) 군인→군인→차관	29	3.7	47.9	15.66(6)	11.76
(7) 정치인→ 정치인→국회의원	28	3.6	51.5	11.07(16)	9.84
(8) 교수→ 교수→ 총장	19	2.5	53.9	11.71(14)	7.12
(9) 교수→ 교수→ 차관	17	2.2	56.1	17.42(3)	14.67
(10) 교수→ 교수→ 수석비서관	16	2.1	58.2	15.46(8)	9.69
(10) 언론인→ 언론인→ 국회의원	16	2.1	60.3	10.98(17)	8.31
(12) 관료→ 관료→ 국회의원	15	1.9	62.2	9.49(20)	5.15
(12) 군인→ 군인→대사	15	1.9	64.1	14.24(11)	12.78
(14) 관료→ 관료→ 대사	14	1.8	65.9	17.76(2)	11.14
(15) 법조인→ 법조인→ 법조인	12	1.5	67.5	9.31(21)	9.38
(15) 관료→정치인→국회의원	12	1.5	69.0	14.26(10)	13.34
(15) 교수→교수→국회의원	12	1.5	70.6	9.79(19)	4.30
(15) 교수→교수→CEO	12	1.5	72.1	14.10(12)	7.30
(15) 언론인→언론인→ 수석비서관	12	1.5	73.7	15.82(5)	11.52
(20) 군인→군인→ CEO	11	1.4	75.1	17.18(4)	12.89
(20) 금융인→금융인→ CEO	11	1.4	76.5	11.70(15)	6.63
(22) 기타	182	23.5	100.0	13.32	10.01
총 계	775	100.0		13.93	10.92

※기타는 총 97개의 경력 경로 가운데 주요 21개의 경로를 제외한 나머지 경로를 말함.

중을 나타내고 있다. 산업자원부의 경우 59명의 장관 가운데 21명(35.6%), 재정경제부의 경우 77명의 장관 가운데 24명(31.2%), 그리고 건설교통부의 경우 88명의 장관 가운데 26명(29.5%)이 이러한 경력 경로 패턴을 가지고 있다. 이와같이 경제 관련 부처의 장관이 다른 분야 관련 부처의 장관보다도 월등히 높은 비중으로 관료→관료→차관→장관에 이르는 경력 경로 패턴을 거쳐 왔음을 알 수 있다. 경제 부처는 아니지만 노동부의 경우도 역대 노동부 장관 20명 가운데 7명(35.0%)이 이러한 경력 경로를 밟아왔다.

다음으로 높은 비중을 차지하고 있는 경력 경로는 군인→군인→군인→장관에 이르는 패턴으로 58명의 장관이 이에 해당하며, 전체 장관 가운데 7.5%이다. 이러한 경력 경로는 최초 경력부터 장관에 이르기까지 계속해서 군인으로 근무한 경우로서 58명의 장관 가운데 박정희 과도정부에서 32.8%, 전두환 정부에서 17.2%, 박정희 유신 전 정부와 이승만 정부에서 각각 12.1%로서 군사정부 시절에 높은 비율을 차지했다. 그러나 최근의 김영삼, 김대중 정부에서는 각각 3.4%로 그 비중이 낮아졌으며 대부분 국방부 장관에 한정되어 있다. 즉 이러한 경력 경로는 특정 시기에 한정된 장관 경력 경로라 할 수 있으며, 최근의 장관 임명에서는 국방부를 제외하고 거의 찾아보기 어려운 경우라 할 수 있다.

최초 경력과 주요 경력이 교수인 경우 다양한 직전 경력의 경로를 밟아 장관에 임명되고 있음을 확인할 수 있다. 최초 경력과 주요 경력이 교수인 경우, 장관으로 임명되기 직전까지 교수직을 수행하다가 장관에 이르는 교수→교수→교수→장관의 경력 경로가 가장 높은 순위를 차지하고 있다. 이러한 경력 경로는 전체적으로 보면 97개의 경력 경로 패턴 가운데 세 번째의 순위를 보인다. 즉, 전체 장관 775명 가운데 54명이 이에 해당해 7.0%의 비중을 보이고 있다. 부처별로 보면 과학기술부가 이러한 경력 경로의 패턴을 보인 장관이 제일 많은 것으로 나타났다. 과학기술부 역대 장관 23명 가운데 11명(47.8%)이 이러한 경력 경로의 패턴을 밟아 왔다. 과학기술부 다음으로는 교육인적자원부로 역대 장관 45명 가운데 14명(31.1%)이 이에 해당한다. 이 밖에 통일부(20.7%)와 보건복지부(12.5%)의 경우도 10%의 이상의 비중을 보이고 있다. 최초 경력과 주요 경력이 교수인 경우, 장관으로 임명되기 직전의 경력이 교수인 경우가 가장 많지만, 이 밖에도 대학총장, 차관, 수석비서관, 국회의원, CEO 등 다양한 직전 경력을 보여 주고 있다. 즉, 교수→교수→총장→장관의 경력 경로를 거친 사람이 19명(2.5%)으로 전체 97개 경력 경로 가운데 8순위를 보이고 있으며, 교수→교수→차관→장관의 경력 경로를 거친 사람이 17명(2.2%)으로 9순위, 교수→교수→수석비서관→장관의 경력 경로를 거친 사람이 16명(2.1%)으로 10순위를 보이고 있다. 그리고 교수→교수→국회의원→장관의 경력 경로와 교수→교수→CEO→장관의 경력 경로를 거친 사람이 각각 12명(1.5%)으로 15순위를 보이고 있다.

네 번째로 높은 비중을 차지하고 있는 경력 경로는 법조인→법조인→차관→장관에 이르는 패턴이다. 사법시험을 통과해 법조인으로 사회에 첫 발을 디딘 후(최초 경력), 법조계에서 경력을 쌓은 뒤(주요 경력), 차관으로 임명되어 직무를 수행한 다음(직전 경력) 장관에 임명되는 경로이다. 이러한 경력 경로를 밟은 장관은 46명으로 전체 장관 가운데 5.9%를 차지한다. 그러나 이러한 경력 경로는 몇몇 특정 부처에 한정되어 있음을 알 수 있다. 압도적인 비중을 차지하고 있는 부처는 법무부이다. 법무부의 경우 역대 장관 52명 가운데 32명(61.5%)이 이러한 경력 경로의 패턴을 밟아 왔다. 법무부 외에 이러한 경력 경로 패턴의 비중이 높은 부처는 행정자치부로서 역대 90명의 장관 가운데 8명(8.9%)이 이에 해당한다. 요컨대 이른바 법질서 및 치안 유지 관련 분야 부처 장관의 경우에 법조인→법조인→차관→장관에 이르는 경력 경로의 패턴이 높은 비중을 차지하고 있음을 알 수 있다.

이 밖에 정치인→정치인→국회의원→장관에 이르는 경력 경로를 가진 장관은 28명으로 전체의 3.6%이지만 정치인으로 최초 경력을 시작한 장관 가운데는 73.7%가 이에 포함된다. 그리고 언론인→언론인→국회의원→장관의 경력 경로에 해당하는 장관 역시 16명으로 전체의 2.1%이지만 언론인을 최초 경력으로 하는 장관의 경우에는 34.0%가 이와 같은 경력 경로를 보였다.

다음으로 어떠한 경력 경로를 거친 장관이 더욱 안정적으로 장관직을 수행했는가를 살펴보기 위해 경력 경로에 따른 그 재임 기간의 차이를 분석했다. 그 결과 우리 나라 역대 정부 장관의 평균 재임 기간은 13.93개월인 가운데 세 번째로 빈도 수가 많았던 교수→교수→교수→장관의 경로를 거친 패턴이 19.36개월로 재임 기간이 가장 길었다. 교수→교수→교수→ 장관의 경력 경로를 거친 장관 가운데 상당수는 교육인적자원부와 과학기술부장관직을 수행했는데,[26] 이들 부처의 역할 영역과 교수들의 활동 분야가 밀접한 관련이 있다고 볼 수 있다. 즉, 이와 같은 경력 경로를 거친 장관들의 상당수가 자신의 전문 분야에 해당하는 부처의 장관에 임명됨으로써 일정한 전문성을 확보할 수 있었고, 이는 안정적인 장관직 수행으로 이어졌다고 해석할 수 있다. 그리고 교수→교수→차관의 경력 경로를 가진 장관들의 재임 기간이 17.42개월로 전체 경력 경로 가운데 세 번째로 길었던 것으로 나타나는 등 최초 경력과 직전 경력이 모두 교수에 해당하는 장관들의 재임 기간이 다른 경력 경로에 비해 상대적으로 길었음을 확인할 수 있다.

재임 기간이 17.76개월로 경력 경로 가운데 두 번째로 재임 기간이 길었던 관료→관료→대사의 경우, 이에 해당하는 14명의 장관 중 9명(64.3%)이 외교통상부, 4명(28.6%)이 통일부장관으로 외교안보 분야에 전체의 92.9%가 임명되었다. 그러므로 이 경우 부처의 역할과 경력 경로 간의 부합도가 매우 높으며, 이로 인해 재임 기간이 길었던 것으로 해석할 수 있을 것이다.

한편, 장관 빈도 수 10명 이상의 경력 경로 가운데 재임 기간이 9.31개월로 가장 짧았던 경로는 법조인→법조인→법조인으로 나타났다. 이러한 경력 경로를 밟은 12명의 장관 가운데 11명(91.7%)이 법무부장관직을 수행했다. 이 경우 부처의 특성과 경력 경로 간의 부합도는 높다고 볼 수 있다. 그러나 주요 권력기관이라 할 수 있는 검찰청이 법무부 소속으로 부처 자체가 정치적으로 매우 민감한 위치에 있기 때문에 지난 시기 정국이 불안정했던 우리 사회에서 장기간 장관직을 유지하는 데는 일정한 한계가 있었다고 할 것이다.[27] 다음으로 재임 기간이 짧았던 경력 경로는 관료→관료

26) 교수→교수→교수→장관의 경로를 거친 장관 54명 가운데 교육인적자원부장관이 14명(25.9%)으로 가장 많고, 다음으로 과학기술부장관이 11명(20.4%)으로 전체의 46.3%를 차지했다.

27) 행정부처 가운데 정치적으로 민감한 부처로는 법무부와 행정자치부를 들 수 있다. 법무부의 경우 장관의 평균 재임 기간이 12.59개월, 행정자치부의 경우 11.69개월로서 우리

→국회의원과 교수→교수→국회의원으로 각각 9.49개월과 9.79개월이었다. 이 경우 직전 경력이 국회의원을 거친 경우로서 장관직을 수행한 인물 자체가 정치적인 성향을 띠고 있었기 때문에 이러한 경향을 보였을 가능성이 크다.

지금까지 장관의 경력 경로와 재임 기간 간의 관계에서 살펴본 바와 같이 우리 나라 역대 정부 장관의 재임 기간은 부처의 전문성과 일정한 관련이 있다고 볼 수 있으나 단순히 전문성이 있다 하여 장관직을 안정적으로 수행하는 것은 아닌 것으로 나타났다. 즉, 장관의 경력 경로가 부처의 역할에 부합한다고 할지라도 부처 자체가 정치적으로 민감하거나 정치적인 고려에 의해서 임명된 장관의 경우는 재임 기간이 대체로 짧은 것을 확인할 수 있다.

3 역대 정부별 장관의 경력 경로 분석

우리 나라 역대 정부 전체 장관의 경력 경로에서 10명 이상의 빈도 수를 보인 패턴을 중심으로 각 정부별 경력 경로를 살펴보았다. 그 결과 관료로 출발해 계속 관료로 근무하다가 차관을 거쳐 장관에 오른 관료→관료→차관의 경력 경로가 모든 정부에서 가장 많은 빈도인 1순위를 차지했다. 이와 같은 경로를 거친 장관은 특히 전두환 정부와 김영삼 정부에서 각각 27.2%와 27.0%로 전체 평균인 20.0%보다 7% 가량 높은 것을 확인할 수 있다. 그리고 다음으로 높은 빈도를 보인 2순위의 경력 경로는 역대 정부별로 일정한 차이를 보였다. 이승만 정부의 경우는 정치인→정치인→국회의원의 경로를 거친 장관이 9명(8.2%)으로 2순위를 차지했는데 이는 전체 평균의 3.6%에 비해 매우 높은 비율로서 당시 장관으로 임명할 수 있는 인력 풀 자체가 극히 제한적이었음을 말해 준다. 즉, 독립운동가이거나 해외에서 유학한 후 귀국해 정치적 활동을 했던 인물의 비중이 높았기 때문에

나라 역대 정부 장관의 평균 재임 기간인 13.93개월보다 짧은 것으로 나타났다. 그러므로 역대 정부 장관의 재임 기간을 보면 정치적으로 민감한 부처의 경우 재임 기간이 매우 짧은 것이 특징적이다.

나타난 결과로 볼 수 있다. 박정희 정부의 경우는 유신 전·후 모두 법조인→법조인→차관의 경로를 거친 장관이 11% 정도로서 역대 정부 전체 평균의 5.9%에 비해 높은 비율을 차지했는데 이들은 대부분이 법무부, 내무부, 문교부장관에 임명되었던 것으로 나타났다. 이는 학생운동을 중심으로 한 불안정한 시국과 일정한 관련이 있는 것으로 보인다.[28] 전두환 정부의 경우 2순위를 차지한 경력 경로는 군인→군인→군인으로서 9.7%를 차지하고 있다. 이것 역시 군사 쿠데타를 통해 정권을 획득한 정부의 특성과 밀접한 관련이 있다 할 것이다. 노태우 정부에서는 관료→관료→수석비서관을 거친 장관이 7.1%로 두 번째로 많은 빈도를 보였다. 이러한 결과는 역대 정부 전체 평균의 3.7%보다 높은 비율로서 전문성을 겸비한 측근 중심의 장관 임명 행태를 보인 것으로 해석된다. 그리고 최근의 김영삼, 김대중 정부에서는 교수→교수→교수를 거친 장관이 2순위를 차지했는데 이들 정부는 문민정부로서 전문가 중심의 장관 임명이 중시된 특성을 보인 것이다.

한편, 각 경력 경로의 비중이 역대 정부의 시계열적 흐름에 따라 어떻게 변화되었는가를 살펴보았는데 전체 빈도에서 1순위인 관료→관료→차관의 경로, 3순위인 교수→교수→교수의 경로, 5순위인 관료→관료→수석비서관의 경로는 최근으로 올수록 그 비중이 대체적으로 증가하고 있다. 그리고 군인→군인→군인의 경로와 군인→군인→차관의 경로는 군사정부 시절에 높은 비중을 차지한 반면, 정치인→정치인→국회의원의 경로는 이승만, 김영삼, 김대중 정부 등 이른바 문민적 성격이 강했던 정부에서 다소 높게 나타나 정부의 속성과 장관의 경력 경로는 일정한 관련이 있음을 보여 준다. 이러한 역대 정부별 장관의 경력 경로의 특성을 간추려서 정리하면 <표 4-9>와 같다.

---

28) 박정희 유신 전 정부의 경우 법조인→법조인→차관을 거친 11명의 장관 가운데 법무부에는 5명, 내무부와 문교부에는 각각 2명씩 임명되었고, 유신 후 정부에서는 이에 해당하는 6명의 장관 중 3명은 법무부, 1명은 내무부에 임명되었다.

〈표 4-9〉 역대 정부별 장관의 경력 경로

구 분		정 권						
		이승만	유신 전	유신 후	전두환	노태우	김영삼	김대중
경력 경로	관료→관료 →차관	21(19.1)	15(16.5)	9(17.6)	28(27.2)	21(21.2)	27(27.0)	22(22.9)
	군인→군인→군인	7(6.4)	7(7.7)	3(5.9)	10(9.7)	4(4.0)	2(2.0)	2(2.1)
	교수→교수→교수	7(6.4)	7(7.7)	2(3.9)	5(4.9)	6(6.1)	12(12.0)	7(7.3)
	법조인→법조인→차관	7(6.4)	10(11.0)	6(11.8)	5(4.9)	5(5.1)	3(3.0)	2(2.1)
	관료→관료→수석비서관	-	-	1(2.0)	3(2.9)	7(7.1)	9(9.0)	6(6.3)
	군인→군인→차관	2(1.8)	6(6.6)	5(9.8)	5(4.9)	5(5.1)	1(1.0)	-
	정치인→정치인→국회의원	9(8.2)	1(1.1)	-	2(1.9)	2(2.0)	4(4.0)	4(4.2)
	교수→교수→총장	3(2.7)	-	2(3.9)	2(1.9)	4(4.0)	3(3.0)	3(3.1)
	교수→교수→차관	4(3.6)	5(5.5)	1(2.0)	3(2.9)	-	-	-
	교수→교수→수석비서관	-	2(2.2)	1(2.0)	3(2.9)	4(4.0)	3(3.0)	3(3.1)
	언론인→언론인→국회의원	2(1.8)	-	-	1(1.0)	5(5.1)	3(3.0)	1(1.0)
	관료→관료→국회의원	4(3.6)	2(2.2)	2(3.9)	1(1.0)	-	1(1.0)	3(3.1)
	군인→군인→대사	-	6(6.6)	1(2.0)	-	1(1.0)	1(1.0)	2(2.1)
	관료→관료→대사	1(.9)	-	1(2.0)	4(3.9)	3(3.0)	2(2.0)	2(2.1)
	법조인→법조인→법조인	3(2.7)	-	-	1(1.0)	1(1.0)	-	4(4.2)
	관료→정치인→국회의원	1(.9)	3(3.3)	1(2.0)	1(1.0)	-	-	-
	교수→교수→국회의원	1(.9)	-	-	2(1.9)	4(4.0)	3(3.0)	1(1.0)
	교수→교수→CEO	1(.9)	1(1.1)	-	5(4.9)	1(1.0)	2(2.0)	2(2.1)
	언론인→언론인→수석비서관	-	-	1(2.0)	4(3.9)	2(2.0)	3(3.0)	1(1.0)
	군인→군인→CEO	-	3(3.3)	-	3(2.9)	3(3.0)	-	1(1.0)
	금융인→금융인→CEO	3(2.7)	2(2.2)	-	1(1.0)	-	-	1(1.0)
	기타	34(30.9)	21(23.1)	15(29.4)	14(13.6)	21(21.2)	21(21.0)	29(30.2)
계		110 (100.0)	91 (100.0)	51 (100.0)	103 (100.0)	99 (100.0)	100 (100.0)	96 (100.0)

제 4 절 역대 정부 장관의 교체 사유

임명권자인 대통령은 무엇 때문에 장관을 교체하게 되는가? 장관의 재임 기간이 짧다는 것은 잦은 장관의 교체가 있다는 것을 의미하고 교체에는 나름대로의 이유나 배경이 있을 것이다. '장관이 왜 교체되는가'는 장관의 사임 이유에 대한 분석을 중심으로 전개되었다(Blondel, 1991; Woodhouse, 1993). 장관의 사임 이유를 연구의 초점으로 하는 것은 사임하는 장관의 관점에서 보는 것이라 할 수 있고, 장관의 교체 이유를 초점으로 하는 것은 임명권자인 대통령이나 행정수반의 관점에서 보는 것이다. 우리 나라와 같이 대통령의 권한이 막강한 국가에서는 임면권자인 대통령의 관점에서 교체 이유를 분석하는 것이 더 타당한 것으로 보인다. 이러한 관점에서 우리 나라에서의 주된 장관 교체 이유를 정치적 곤경의 타개와 추종 정치 세력에 대한 혜택의 배분을 들기도 한다(박천오, 1993). 그러나 우리 나라와 같이 잦은 장관의 교체를 자세히 관찰해 보면, 좀더 다양한 교체 이유를 찾아볼 수 있을 것이다. 또한 여러 부처의 장관이 동시에 교체되는 경우와 개별적으로 교체되는 경우에 따라 교체 이유는 다를 것이다. 여기서는 박정희 정권의 유신 전 정부부터 과도정부 형태인 최규하 정부를 제외한 김대중 정부에 이르기까지 각 정부별로 장관 교체의 이유를 분석했다. 장관 교체의 이유에 대한 분석은 개각과 관련된 신문의 사설, 해설 기사, 각종 연감 등 시사 자료를 토대로 한 것이다.

1 박정희 유신 전 정부(제3공화국)

1963년 12월 12일 출범해 1972년 12월 유신정부가 출범하기 직전까지 10년간의 기간 동안 총 31차례의 장관 교체(개각)가 있었다. 개각이라고 하지만 대부분의 경우는 한두 명의 장관 교체가 주종을 이루는 소폭 개각에 해당된다. 국무총리의 교체에 관련된 개각과 5개 부처 이상의 대폭 개각에 해당하는 개각은 제3공화국 기간 동안 여섯 차례 있었다. 이 가운데 국무총리의 교체에 따른 개각이 세 차례 있었으며(1964. 5. 11; 1970. 12. 19; 1971. 6. 3), 국무총리의 교체와 관계 없이 이루어진 대폭 개각이 세 차례 있었다(1967. 10. 3; 1968. 5. 22; 1969. 10. 21). 이와같이 여러 장관을 동시에 교체하는 개각은 장관 개인의 특정한 귀책 사유보다는 주로 경제정책의 방향 전환이나 정치적인 국면을 타개하기 위해 이루어졌다. 경제정책의 방향 전환과 관련한 개각은 5개 경제부처 장관을 동시에 교체한 1967년 10월 3일의 개각을 들 수 있다. 국무총리의 교체에 따른 세 차례의 내각 개편은 주로 정치적인 국면의 타개를 위한 것이며 국무총리 교체와 관계 없이 6개부처 장관을 교체한 1969년 10월 21일 개각도 3선 개헌 후의 정치적 대응을 위한 개각이었다.

그러나 25차례에 걸쳐 한두 명의 장관을 대상으로 이루어진 개각(장관교체)에는 더 다양한 이유를 발견할 수 있다. 한두 명의 장관을 대상으로 25차례에 걸쳐 단행한 장관 교체(개각)의 이유를 범주화시켜 보면 다음과 같다.

첫째, 부처 업무에 관련한 지휘 책임 등을 묻는 문책성 장관 교체이다. 이러한 범주에 해당하는 장관 교체가 아홉 차례에 걸쳐 이루어졌다. 이 가운데 특기할 것은 아홉 차례 가운데 네 차례가 국방부장관에 대한 인책이라는 점이다(1968. 7. 28; 1968. 8. 5; 1970. 3. 11; 1971. 8. 24). 1968년의 1·21 사태, 1971년 8월의 실미도사건 등 군과 관련된 사건들이 자주 발생함에 따라 국방부장관에 대한 인책성 교체가 네 차례나 단행되었던 것이다. 이 밖에 서울대 등 학생 데모의 격렬화와 관련한 문교부장관의 교체(1965. 8. 27), 재벌밀수사건의 처리와 관련된 재무부장관과 법무부장관의 교체(1966. 9. 26), KAL기 납북 미수 사건과 관련한 교통부장관의 교체(1971. 1. 28), 전반적인 국토건설행정의 난맥상과 관련한 건설부장관, 쌀값 문제 등 양곡정책의 무계획성과 관련한 농림부장관의 교체(1969. 2. 15)가 문책성 사유의 장관 교체에 해당된다.

둘째, 건강 문제 등 일신상의 사정으로 인한 사의 표명에 따른 장관 교체이다. 이러한 범주에 해당하는 장관 교체가 네 차례 이루어졌다. 체신부장관 김홍식, 재무부장관 홍승희, 교통부장관 장성환, 경제기획원장관 김학렬

씨 등이 건강 문제 등으로 사의를 표명해 장관을 교체하게 되었다(1965. 5. 15; 1966. 1. 24; 1971. 11. 23; 1972. 1. 4).

셋째, 각료들 간의 갈등으로 인한 사의 표명에 따른 장관 교체이다. 이는 제3공화국 기간 동안에만 발견되는 특이한 현상으로 당시 박대통령의 절대적인 신임을 받고 있었던 장기영 경제기획원장관과의 갈등으로 사의를 표명함으로써 세 차례나 장관 교체가 일어났다. 재정금융정책을 둘러싼 재무부장관과의 갈등으로 두 차례에 걸쳐 재무부장관이 교체되었으며(1964. 6. 27; 1964. 12. 5), 언론사에 대한 대응 조치를 둘러싼 갈등으로 공보부장관이 사의를 표명해 장관이 교체되었던 것이다(1964. 9. 8).

넷째, 국회의원 출마와 국회에서의 해임결의안 가결로 인한 장관 교체이다. 국회의원 출마를 위해 사의를 표명함으로써 이루어진 장관 교체가 두 차례 있었으며(1966. 4. 4; 1966. 12. 27), 국회에서의 장관 해임결의안이 가결됨에 따라 해당 장관을 교체하는 사례가 두 차례 발생했다(1969. 4. 11; 1971. 10. 7).[29]

끝으로 위에서 언급한 범주에 들지 않는 기타의 사유로 장관의 교체가 다섯 차례 있었다. 예컨대 제3공화국 출범 당시에 국무총리가 겸직하던 외무부장관을 새로 임명한 경우(1964. 7. 25)와 장관의 교체는 아니지만 신설 부처인 과학기술처장관의 새로운 임명(1967. 4. 12) 등이 기타의 범주에 해당한다고 볼 수 있다.

2 박정희 유신 후 정부(제4공화국)

1972년 12월에 출범해 1979년 10·26 사태로 이른바 유신정권이 종료하기까지 7년간의 기간 동안에 열 차례에 걸친 장관의 교체(개각)가 있었다. 이 가운데 국무총리의 교체에 따른 장관의 교체 등 다섯 개 부처 이상 교체된 경우는 다섯 차례로 주로 정치적인 사건으로 인한 국면 전환이나 야당

29) 제3공화국 기간 동안에 두 차례에 걸친 장관 해임결의안이 가결되었다. 1969년 4월 8일의 권오병 문교부장관과 1971년 10월 2일의 오치성 내무부장관 해임결의안이 그것이다. 야당이 발의한 해임결의안이 여당인 공화당 일부 의원의 동조로 가결됨으로써 일어난 일련의 정치적 사건으로 각각을 4·8 항명파동과 10·2 항명파동으로 부르기도 한다.

의 내각 총사퇴 결의 등에 대응하기 위한 것이었다. 정치적 사건으로 인한 국면 전환과 민심 수습을 위해 이루어진 대폭 개각은 1973년 김대중 납치사건과 1974년 8·15 대통령 저격사건이 일어난 후의 개각을 들 수 있다(1973. 12.3; 1974. 9. 18). 국무총리의 교체에 따른 장관의 교체(6개 부처 장관 교체)는 한 차례밖에 없었다(1975. 12. 19). 그리고 야당의 내각 총사퇴 결의 등에 대응한 개각이 두 차례 있었다(1977. 12. 20; 1978. 12. 22).

극히 일부의 장관을 대상으로 한 장관의 교체(개각)가 다섯 차례 있었는데, 업무와 관련한 문책성 교체와 건강 등 일신상의 사유로 인한 교체가 주된 사유이다. 업무와 관련된 문책성 장관 교체는 양곡 증산 정책의 실책과 관련한 농수산부장관의 교체, 8·15 저격사건과 관련한 치안책임자로서의 내무부장관 교체, 그리고 이리역 폭발사고와 관련한 교통부장관의 교체가 그것이다(1973. 8. 7; 1974. 8. 20; 1977. 11. 16). 신도성 통일원장관과 유기춘 문교부장관의 교체는 건강 등 일신상의 사정으로 교체된 경우이다(1975. 8. 18; 1976. 12. 4).

3 전두환 정부

1981년 3월 6일 제12대 대통령으로 전두환 대통령이 취임하면서 제5공화국 정부가 출범했다. 1988년 2월까지 7년간에 걸친 제5공화국의 기간 동안 총 23차례에 걸친 장관의 교체(개각)가 있었다. 23차례의 장관 교체(개각) 가운데 여섯 차례의 국무총리 교체에 따른 장관 교체와 이 밖에 세 차례의 걸친 대폭개각이 단행되었다. 잦은 국무총리의 교체와 대폭 개각은 그만큼 제5공화국 기간이 정치적 불안정과 긴장의 연속이었음을 말해 준다. 여섯 차례의 국무총리 교체에 수반한 일부 장관의 교체(1982. 1. 5; 1982. 6. 24; 1983. 10. 4; 1985. 2. 18; 1987. 5. 26; 1987. 7. 13)와 세 차례에 대폭적인 장관의 교체는 장관 개인들의 귀책 사유라기보다는 정치적 난관을 타개하기 위한 하나의 수단이었다.

개별 부처 장관을 대상으로 14차례에 걸쳐 이루어진 장관의 교체는 다음과 같은 몇 가지 범주로 나누어서 해석해 볼 수 있다.

첫째, 업무와 관련된 문책성 장관의 교체이다. 전두환 정부에서의 문책성 장관 교체는 법질서와 치안 유지와 관련된 부처 장관의 문책성 교체였다. 1982년 4월 26일 발생한 의령 경찰관 총기난동 사건으로 내무부장관이 교체되었으며(1982. 4. 28), 미문화원사건 공판 과정에서의 법정 소란에 대한 책임을 물어 법무부장관이 교체되었다(1985. 7. 16). 그리고 박종철 군 고문치사 사건의 책임을 물어 내무부장관이 교체되었다(1987. 1. 20).

둘째, 건강 문제 등 일신상의 사정으로 인한 사의 표명과 사적인 발언이 정치문제화되어 교체된 경우이다. 정관용 내무부장관이 건강 사유로 사의를 표명해 교체되었으며(1987. 9. 14), 오탁근 법무부장관과 황인성 농수산부장관이 각각 일신상의 사정으로 사의를 표명해 교체되었다(1981. 4. 10; 1987. 5. 18). 그리고 이규효 건설부장관은 사적인 자리에서 선거와 관련한 발언을 한 것이 정치문제화되어 교체되었다(1987. 5. 18).

셋째, 국회의원의 출마나 다른 부처 혹은 여타 정부 주요 부처로의 이동에 따른 장관의 교체이다. 정종택 농수산부장관이 국회의원에 출마함으로써 장관이 교체되었으며(1981. 3. 6), 고건 교통부장관이 농수산부장관으로, 노신영 외무부장관이 안기부장으로, 노태우 내무부장관이 올림픽조직위원회 위원장으로, 통일원 이세기 장관이 민정당 원내총무로 자리를 옮김으로써 각각 해당 부처의 장관이 교체되었다(1981. 3. 10; 1982. 6. 3; 1983. 7. 6; 1985. 8. 1). 이 밖에 부처 신설에 따른 장관의 인사가 단행되었는데 노동부와 체육부의 신설에 따른 경우가 그에 해당된다(1981. 4. 8; 1982. 3. 20).

4 노태우 정부

노태우 정부 5년간의 임기 동안에 총 21차례에 걸친 장관의 교체(개각)가 있었다. 이 가운데 네 차례에 걸친 국무총리의 교체에 수반한 장관의 교체(1988. 12. 5; 1990. 12. 27; 1991. 12. 19; 1992. 10. 7)와 5개 부처 이상의 장관 교체가 세 차례 단행되었다(1989. 7. 19; 1990. 3. 17; 1991. 12. 19). 이러한 일곱 차례의 장관 교체는 정치적인 국면의 타개나 민심의 수습 차원에서 단행된 경우가 대부분이다.

개별 부처의 장관을 대상으로 한 교체는 14차례에 걸쳐 이루어졌다. 14

차례에 걸쳐 이루어진 장관의 교체를 유형별로 살펴보면 다음과 같다.

첫째, 업무와 관련한 문책성 장관 교체가 여덟 차례에 걸쳐 이루어졌다. 선거정보 수집의 부정확성과 강경대 군 치사사건으로 내무부장관이 두 차례 교체되었으며(1988. 5. 7; 1991. 4. 27), 수재와 관련한 문책성 교체(1990. 9. 19), 보안사 민간사찰 사건에 관련한 국방부 장관의 교체(1990. 10. 8), 안면도 핵폐기물 처리장 설치계획과 관련한 소요사태에 따른 문책성 교체(1990. 11. 10)가 있었다. 또한 수서비리 사건과 관련한 책임을 물어 건설부장관이 교체되었으며(1991. 2. 18), 페놀오염사태에 관련한 환경부장관의 교체(1991. 4. 25)와 입시시험지 도난 사건과 관련한 교육부장관의 교체(1992. 1. 22)가 있었다.

둘째, 국회의원으로의 진출과 기타 정치적인 지위로의 이동에 따른 장관 교체가 두 차례 있었으며(1992. 6. 5; 1992. 6. 25), 개인적인 소신 표명이 정치적인 물의를 일으켜 장관이 교체된 경우가 한 차례 있었다(1989. 2. 16). 끝으로 사유를 분명히 확인할 수 없는 장관의 교체가 한 차례 있었으며(1992. 3. 30), 부처의 신설(문화부)에 따른 장관의 신규 임명이 한 차례 있었다(1990. 1. 5).

5 김영삼 정부

김영삼 정부 5년의 기간 동안에는 총 23차례에 걸친 장관의 교체(개각)가 있었다. 그 가운데 국무총리의 교체에 수반한 장관 교체(개각)가 네 차례(1993. 12. 21; 1994. 5. 1; 1995. 12. 20; 1997. 3. 5), 5개 부처 이상의 장관을 동시에 교체한 개각이 네 차례(1994. 12. 23; 1996. 8. 8; 1996. 12. 20; 1997. 8. 5) 있었다. 이와 같은 여덟 차례의 장관 교체는 역시 정치적 국면 전환이나 민심의 일신을 위한 성격을 띤 것이 대부분이었다. 이 가운데 특기할 만한 사항은 김영삼 정부가 행정혁명으로 지칭한 대폭적인 정부조직 개편에 따른 큰 폭의 장관 교체(개각)가 있었는데, 그것이 바로 부총리를 비롯한 15개 부처의 장관을 교체한 1994년 12월 23일의 개각이다.[30]

30) 김영삼 정부는 1994년 12월 3일 정부조직개편안을 확정해 국회에 이송했으며 국회는 12월 23일 정부조직법 개정안을 통과시켰다. 그리고 정부는 개정법률안이 통과되는 시

총 23차례의 장관 교체(개각) 가운데 개별 부처 장관을 대상으로 한 장관 교체는 15차례 있었다. 이를 몇 가지 범주로 나누어 살펴보면 다음과 같다.

첫째, 업무 수행과 관련한 문책성 장관 교체가 여섯 차례 있었다. 서해안 페리호 침몰사건에 대한 교통부장관의 교체(1993. 10. 19), 안기부장 시절의 선거 관련 문건에 대한 책임과 관련한 통일원장관의 교체(1995. 2. 22), 한약조제 분쟁과 관련한 보사부장관의 교체(1995. 5. 15)가 있었다. 또한 UR 협상 내용의 수정과 관련한 농수산부장관의 교체(1994. 4. 4), 북한 잠수함의 강릉 해안 침투사건과 관련한 국방부장관의 교체(1996. 10. 18), IMF 외환위기의 책임을 물어 재정경제원장관을 교체했다(1997. 11. 18).

둘째, 본인을 비롯한 가족의 비리나 의혹에 관련해 교체된 경우가 네 차례나 있었다. 1993년 2월 26일 김영삼 정부 출범과 함께 첫 내각의 일원으로 임명된 장관들 가운데 3개 부처의 장관(법무부, 건설부, 보사부)이 가족 문제나 재산 형성 과정의 의혹으로 10일 만에 교체되는 해프닝이 벌어지기도 했다(1993. 3. 8). 또한 산업은행 재직시의 수뢰사건으로 구속된 노동부장관의 교체(1995. 5. 24), 부인의 뇌물수수 사건으로 물의를 빚은 보사부장관의 교체(1996. 11. 13), 한보비리와 관련되어 구속된 내무부장관의 교체(1997. 2. 13)가 있었다.

셋째, 건강상의 문제나 업무와 관련 없는 개인적인 발언이나 소견 표명이 물의를 빚음에 따라 장관이 교체된 경우가 네 차례 있었다. 이 가운데 건강상의 이유로 사의를 표명함에 따른 장관의 교체가 두 차례(1994. 10. 5; 1996. 11. 6), 개인적인 발언이나 소견 표명이 문제가 되어 교체된 경우가 두 차례 있었다(1995. 5. 15; 1995. 8. 7). 끝으로 국회의원 출마와 다른 부처의 장관으로 이동함에 따른 교체가 두 차례 있었다(1996. 11. 6; 1997. 11. 24).

기와 맞추어 1994년 12월 23일 대폭적인 개각을 단행했다. 이 당시 정부조직 개편은 그 내용이나 규모면에서 우리 나라 정부 수립 후 가장 큰 폭의 변화를 가져오게 한 획기적인 일로 받아들여졌다(민진, 1995: 1003-1016).

6 김대중 정부

김대중 정부는 자민련과의 공동정권으로 출범했다. 공동정권의 핵심은 내각의 구성에 자민련이 일정한 지분을 가지고 참여하는 것을 의미한다. 말하자면, 공동정권의 현실적 실현은 내각 구성을 공유하는 데 있는 것이다. 이와 같은 자민련과의 내각 구성 공유는 2001년 9월 통일부장관의 해임결의안 통과로 이른바 DJP 연합 형성이 깨어질 때까지 지속되었다. 이와같이 자민련과의 공동정권으로 1998년 2월 25일 출범한 김대중 정부는 26차례에 걸쳐 장관의 교체(개각)를 단행했다. 세 차례의 국무총리 교체가 있었으나 부처 장관의 교체가 수반한 국무총리의 교체는 한 차례였으며,[31] 마지막으로 단행된 국무총리 교체의 경우에는 국회 동의 과정에서 많은 진통이 있었다.[32]

그리고 5개 부처 이상 동시에 교체한 경우가 다섯 차례 있었다. 이와 같은 일곱 차례의 장관 교체 가운데 2002년 7월 11일 개각을 제외한 대부분의 교체는 장관 개인의 귀책 사유보다는 정치적 국면 타개 등의 전략적인 이유와 DJP 공조 파기에 따른 정치적 성격을 띠고 있다.[33]

---

31) 2000년 1월 13일 김종필에서 박태준으로 국무총리가 교체되면서 7개 부처의 장관 교체가 있었으나 4개월 후인 2000년 5월 19일 박태준에서 이한동으로 교체되는 과정에서는 장관의 교체가 수반되지 않았다.

32) 김대중 대통령은 이한동 국무총리 후임으로 2002년 7월 11일 장상 국무총리서리를 임명했으나 7월 31일 국회 동의를 얻지 못했고(可 100표, 否 142표), 후임으로 임명된 장대환 총리서리에 대한 국회 동의 역시 8월 28일에 역시 부결되어(可 112, 否 151), 9월 10일 김석수 전 중앙선거관리위원회 위원장을 국무총리로 임명했다. 장상 총리서리의 경우는 우리 나라 최초의 여성 총리 임명이었으나 장남의 한국 국적 포기와 의료보험 혜택, 총리서리의 허위 학력 기재와 땅 투기 의혹 등으로 국회의 동의를 얻지 못했다. 그러나 당시의 국회 구성이 여소야대였고 대통령 선거가 임박한 시점에서 여·야 간에 서로 유리한 고지를 점령하기 위한 힘겨루기가 그 원인이라고 볼 수 있다.

33) 2002년 7월 11일 개각에서는 6명의 장관을 교체했는데 명목상으로는 대통령 선거를 앞둔 시점에서 중립내각을 구성하기 위해서였다. 그러나 실제로는 대통령 아들들의 뇌물비리 문제로 인한 국민적 여론을 무마시키기 위한 정국 전환용 개각이라는 것이 대세론이다. 또한 교체된 여섯 명의 장관 가운데 김동신 국방장관은 6월 29일 서해교전에 대한 문책성 교체였고, 남궁진 문화관광부장관은 보궐선거 출마를 위한 사퇴였다. 그리고 송정호(宋正鎬) 법무부장관은 대통령 아들들의 수사와 관련된 청와대 압박으로, 이태복

개별 부처 장관을 대상으로 19차례에 걸쳐 일어난 장관의 교체는 다음과 같은 몇 가지 범주로 나누어 볼 수 있다.

첫째, 업무와 관련한 문책성 장관 교체가 여섯 차례 있었다. 러시아와의 외교 마찰과 관련한 외교통상부장관의 교체(1998. 8. 4), 한일어업협상 결과와 관련한 해양수산부장관의 교체(1999. 3. 23), 조폐공사 파업과 관련해 대검공안부장의 발언이 파문을 일으킨 것과 관련한 법무부장관의 교체(1999. 6. 8), 건강보험 재정 파탄과 관련한 보건복지부장관의 교체(2001. 3. 20), 항공안전 2등급 판정의 결과와 관련한 건설교통부장관의 교체(2001. 8. 22), 서울지검의 피의자 구타 사망 사건과 관련한 법무부장관의 교체(2002. 11. 8)가 있었다.

둘째, 개인적인 비리 의혹 또는 도덕성 문제로 장관이 교체된 경우가 다섯 차례 있었다. 부동산 투기 의혹과 관련된 장관의 교체(1998. 4. 30), 과다한 격려금을 받은 것이 여론화된 장관의 교체(1999. 6. 24), 이중 국적과 특혜 주식으로 말썽을 빚은 장관의 교체(2000. 8. 30), 대출 보증 압력의 의혹을 받은 장관의 교체(2000. 9. 20), 가족묘 조성 등으로 물의를 빚은 장관의 교체(2001. 10. 4)가 그것이다.

셋째, 국회의원, 광역단체장으로의 진출을 위해, 그리고 정부의 다른 주요 직위로 옮겨감에 따른 장관의 교체이다. 이러한 범주에 해당하는 장관의 교체(개각)가 네 차례 있었다. 2000년 4・13 총선에 출마하는 2명의 장관에 대한 교체(2002. 2. 12)가 있었으며, 2002년 6・13 지방선거에 광역자치단체장으로 출마할 장관에 대한 교체가 있었다(2002. 4. 5). 한편 정부내 다른 주요 직위로 옮겨가는 장관을 위한 교체 인사가 두 차례 있었다(1999. 2. 25; 1999. 12. 23).

이 밖에 부처 업무와 관련 없는 발언이나 소견 표명이 문제가 되어 장관 교체가 이루어진 경우가 두 차례 있었다(1998. 12. 21; 2001. 5. 23). 한편으로는 사유를 파악하기가 모호한 장관의 교체가 두 차례(2001. 5. 21; 2002. 2. 3) 있었다.

보건복지부장관은 보험약가정책에 대한 제약사의 압력으로 교체되었다는 것이 당시 언론의 주요한 보도였다.

7 역대 정부 장관 교체 사유의 비교

제3공화국 이래 현재의 김대중 정부에 이르기까지 장관의 교체 사유를 요약해 정리하면 <표 4-10>과 같다. 여러 부처 장관을 동시에 교체하는 이른바 중폭 이상의 개각의 경우에는 장관 개개인의 귀책 사유에 기인하기보다는 정치적 국면의 전환이나 민심 수습을 위한 전략적 성격이 매우 강하다고 볼 수 있다. 표에 나타난 바와 같이 전두환 정부와 노태우 정부 그리고 김영삼 정부가 거의 비슷한 비중으로 여러 부처의 장관을 동시에 교체하는 국면 전환용 장관 교체가 있었다. 이들 세 정부는 공통적으로 차기 대통령 선거를 앞두고 선거관리를 위한 내각을 성립시키기 위해 상당한 폭으로 개각을 단행한 바 있다.

개별 부처 장관의 교체 사유를 보면 가장 일반적인 사유가 업무와 관련된 문책성 교체임을 알 수 있다. 전두환 정부의 경우 문책성 교체의 비중이 상대적으로 낮긴 하지만 박정희 유신 전 정부 이래 모든 역대 정부에 걸쳐

〈표 4-10〉 역대 정부 장관 교체의 사유 비교

단위: 교체 횟수(%)

구 분		박정희		전두환	노태우	김영삼	김대중
		유신 전	유신 후				
여러 부처 장관의 동시 교체	국무총리 교체+장관 교체	3(9.7)	1(10.0)	6(26.1)	4(19.0)	4(17.3)	2(7.7)
	5개 부처 이상 장관 교체	3(9.7)	4(40.0)	3(13.0)	3(14.2)	4(17.3)	5(19.2)
	소 계	6(19.4)	5(50.0)	9(39.1)	7(33.3)	8(34.8)	7(26.9)
개별 부처 장관의 교체	문책성	9(29.0)	3(30.0)	3(13.0)	8(38.1)	6(26.1)	6(23.1)
	개인적 비리 · 의혹	-	-	-	-	4(17.4)	5(19.2)
	건강 및 일신상의 사의	4(12.9)	2(20.0)	2(8.7)	-	2(8.7)	-
	선거직 및 타기관으로의 이동	2(6.5)	-	5(21.7)	2(9.5)	2(8.7)	4(15.4)
	장관들 간의 갈등에 따른 사의	3(9.7)	-	-	-	-	-
	기 타	7(22.6)	-	4(17.4)	4(19.0)	1(4.3)	4(15.4)
	소 계	25(80.6)	5(50.0)	14(60.9)	14(66.6)	15(65.2)	19(73.1)
합 계		31(100)	10(100)	23(100)	21(100)	23(100)	26(100)

장관 교체의 가장 일반적인 사유임을 알 수 있다. 박정희 유신 후 정부를 제외하면 국회의원 등 선거직으로의 진출 또는 여타 주요 정부 지위로의 이동에 따른 장관 교체도 일반적으로 관찰되는 교체 사유가 되고 있으며, 이는 전두환 정부와 김대중 정부에서 상대적으로 높게 나타났다. 노태우 정부와 김대중 정부를 제외하고 건강 및 일신상의 사정으로 사의를 표명함에 따른 장관 교체도 중요한 사유 중의 하나이다.

역대 정부별로 특이한 교체 사유를 보면 다음과 같다. 박정희 유신 전 정부의 경우, 장관들 간의 갈등으로 특정 부처의 장관이 사의를 표명함으로써 장관이 교체되는 사례가 세 차례나 확인되고 있다. 박정희 대통령의 절대적인 신임하에 3공화국 초기의 경제정책을 주도적으로 지휘하던 당시 장기영 부총리와의 갈등으로 두 명의 재무부장관과 한 명의 공보부장관이 각각 사의를 표명해 장관이 교체된 경우가 그것이다. 또한 앞의 <표 4-10>에서는 기타로 분류되고 있으나 그 가운데 두 차례는 장관 해임결의안이 국회에서 가결됨에 따른 장관의 교체이다. 이것도 제3공화국에서만 관찰되는 특이한 장관 교체의 사유에 해당된다.

한편 김영삼 정부와 김대중 정부에서 확인되는 특이한 장관 교체 사유는 개인적 비리 내지는 도덕성과 관련한 장관 교체이다. 김영삼 정부 출범 당시의 내각 구성에서 재산 형성 과정 등이 문제가 되어 장관으로 임명된 지 10일 만에 교체되는 물의가 빚어졌음에도 이후에 개인적 비리나 도덕성 문제로 장관을 교체한 사례가 세 차례나 더 있었다. 김대중 정부에서도 김영삼 정부에서의 이러한 부정적인 경험을 제대로 학습하지 못하고 개인적 비리나 도덕성 문제로 물의를 빚어 장관을 교체하지 않을 수 없는 사태가 다섯 차례나 일어났다. 개인적 비리나 도덕성 문제로 장관이 교체되는 사례가 빈번히 발생하자 학계와 언론계 등의 일각에서는 어떤 형태로든 인사청문회를 도입해야 한다는 주장이 일기도 했다.

제5절 결 론

국무위원으로 보(補)하는 행정 각 부처의 장관은 해당 분야의 행정을 지휘 감독하는 권한과 책임을 가지고 있을 뿐만 아니라 국무회의 구성원으로서 정부의 주요 정책 방향과 정책의 내용을 심의하는 역할을 수행하고 있다. 장관은 각 분야별 정부정책의 최고관리자로서 각 부처에 부여된 문제해결을 위한 지식이나 경험 등의 전문적인 능력뿐만 아니라 상호 충돌될 수 있는 이해 관계를 조정할 수 있는 정치적 능력이 요구되는 지위이다.

이와같이 장관의 역할과 권한 또 그에 따른 책임은 막중한 것이다. 이 때문에 국민들은 새로운 정부가 출범할 때 어떤 인물들로 조각(組閣)이 이루어졌는지, 그리고 수시로 일어나는 개각에서 어떤 인물들로 교체되었는지에 많은 관심을 가지게 된다. 그리고 나름대로 조각이나 개각에 대한 평가를 하면서 많은 기대를 걸기도 하고 실망을 하기도 한다. 이것은 그만큼 장관의 역할이 중요하고 장관에 대한 역할기대가 크다는 것을 의미할 것이다.

우리 나라의 경우, 장관이 지나치게 자주 교체되어 정책의 일관성이 없다거나 지역 편중 인사로 특정 지역이 소외되어 왔다는 등의 문제 제기가 저널리즘의 차원에서 심심찮게 지적되어 왔다. 그리고 최근 들어 장관의 재임 기간, 인구사회적 배경 분석 등 장관을 대상으로 한 학문적 관심이 일고 있다. 이 연구에서는 1948년 정부 수립 이래 현재의 김대중 정부에 이르는 기간 동안 역대 장관들의 정부별/부처별 재임 기간을 파악해 보고, 장관들 개인의 인구사회적 배경에 관한 좀더 정확한 자료를 수집해 정부별/부처별 비교 분석을 시도했다. 그리고 어떠한 경력 배경을 가진 인물들이 장관으로 임명되었는가를 각종 자료를 통해 분석해 보았다. 이러한 분석을 통해 이 연구에서는 전반적으로 우리 나라 장관이 어느 정도의 안정성을 가지고 있었는지, 지역주의와 학벌주의가 어느 정도 작용했는지, 부처별/정권별로 경력 배경에서 구체적으로 어떠한 특성을 보이고 있었는지, 역대 장관들이 어느 정도의 전문성을 가지고 있었는지를 기본적으로 확인할 수 있었다.

또한, 정부 수립 이후 김대중 정부에 이르기까지 임명된 775명의 장관을 대상으로 시간의 흐름에 따라 최초 경력, 주요 경력, 직전 경력 등으로 구분해 어떠한 경력 경로를 밟아왔는가를 살펴보았다. 이러한 분석을 통해 우리 나라 장관의 경력 경로가 어느 정도 다양성을 가지고 있는지 그리고 어떤 일정한 패턴을 가지고 있었는지를 식별할 수 있었다.

제5장 고위공무원단제도

우리 나라는 2006년 7월 1일부터 고위공무원단제도를 시행하고 있다. 고위공무원단제도란 일정 부분의 상위직 공무원을 중·하위직 공무원과 구분해 통합적으로 관리하는 제도를 의미한다. 이 제도는 1978년 미국 카터 행정부의 공무원개혁법(Civil Service Reform Act, 1978)에 따라 생겨난 SES(Senior Executive Service)제도가 그 시작이다. 이후 호주에서 공무원개혁법(the Public Service Reform Act, 1984)에 의해, 그리고 뉴질랜드에서 공공부문법(State Sector Act, 1988) 제정과 더불어 각각 미국식 SES 제도를 도입했고, 영국에서는 SCS(Senior Civil Service)제도를 운영하고 있다. 이처럼 주요 선진국들은 이미 20~30여년 전부터 이 제도를 시행하고 있다.

고위공무원단제도의 설계는 국가에 따라 상이하다. 각국마다 독특한 사정에 따라 고위공무원단제도를 다양하게 도입하고 있으며, 그 제도의 운영을 어떻게 하느냐에 따라서 그 효과도 달라질 수 있다. 예컨대, 미국은 직위분류제에 기반을 둔 공무원제도 하에서 고위직에 대해서만 직위분류제의 단점을 해결하기 위해 계급제의 장점을 도입했으며, 영국은 계급제적인 전통을 가진 제도 하에서 고위직에 대한 전문성을 강조하는 의미에서 직위분류제적인 요소를 융합해 고위공무원단을 출범시켰던 것이다. 따라서 미국과 영국은 서로 다른 방향에서 접근해 유사한 제도의 틀을 가지게 되었다

(서원석, 2006: 17).

고위공무원은 국정 운영의 핵심적인 주체임에도 불구하고, 과거 계급제 위주의 공무원제도에서는 신분과 연공서열에 입각한 보직관리, 폐쇄적 인력 충원, 계급에 따른 보상 등의 문제점들이 늘 잠재해 왔다. 무엇보다도 자기 부처 출신자 중심 임용 현상의 관행화로 인해 고위공무원들을 범정부적으로 활용하지 못했고, 그들의 직무 능력과 성과를 제고하기 위한 전략적이고 체계적인 관리가 미흡했다(강철승, 2006: 1).

따라서 우리 나라도 이들을 체계적으로 육성·관리할 필요성이 증대되었던 것이다. 우리 나라에서 고위공무원단제도를 도입하는 주요 이유도 여기에 있다. 현행 고위직 인사관리의 문제점을 해결해 정부의 경쟁력을 강화하는 것이다. 즉, 성과 중심의 인사관리 및 개방적인 인력 충원, 업무와 성과에 따른 보수 지급 등이 가능하도록 개선함으로써, 고위공무원들의 성과와 역량을 강화시키려는 데에 목표를 두고 있다.

이러한 목표를 달성하기 위한 수단으로 중앙인사위원회는 몇 년에 걸쳐 단계적인 작업을 수행해 온 바, 우선 2003년부터 중앙부처 실·국장급에 대한 직무분석을 실시했다. 2004년에는 18개 부(部) 단위 기관의 957개 직위 중 490개의 대표 직위를 대상으로 한 직무분석을 실시했고, 2005년에는 34개 처·청·위원회의 533개 직위 중 411개의 대표직위를 선정해 직무분석을 실시했다.

또한 2004년 1월에는 고위공무원단제도 도입의 서막으로 인식될 수 있는 중앙부처 핵심국장 32개 직위를 인사교류와 직위공모 방식을 통해 다른 부처 출신 국장들로 충원시키는 '고위직 공무원 인사혁신계획'이 시행되었다.

아울러 고위공무원단제도 도입 방안을 심도 있게 검토하기 위해 중앙인사위원회에서는 2005년 2월에 '고위공무원단 추진기획단'을 구성해 세부 방안을 면밀히 검토해 왔다.

이후 2005년 고위직 직무분석이 완료되었고 다양한 공직 내·외 의견 수렴을 거쳐 고위공무원단 추진기획단에서 고위공무원단제도 도입 추진 방안이 최종적으로 마련되어, 2005년에는 제도 도입을 위한 법령 개정 작업을 마무리하고, 2006년 7월 1일부터 고위공무원단제도가 본격적으로 시행되고 있다.

제 1 절 우리 나라의 고위공무원단제도

1 개 관

고위공무원단제도란 정부의 주요 정책 결정 및 관리에 핵심적 역할을 담당하는 실·국장급(1~3급) 공무원들에 대해서 일반공무원과 별도로 구분해 범정부적인 차원에서 적재적소에 활용하고, 개방과 경쟁을 확대하며, 직무와 성과 중심의 인사관리 체계를 구축함으로써 정부생산성을 높이려는 전략적 시스템이다.

우리 나라 고위공무원단제도의 주요 내용을 살펴보면 다음과 같다.

1) 고위공무원단제도의 핵심 요소

① 개방과 경쟁: 개방과 경쟁을 위해 고위공무원단은 계급을 폐지하고, 개방형 직위와 공모 직위를 지정해 운영하고 있다.

② 성과와 책임: 고위공무원단에 대한 성과와 책임을 강화하기 위해 직무성과계약제, 직무성과급제, 적격심사제를 운영한다.

③ 핵심 역량 강화 및 관리: 역량을 제고하기 위해 후보자 교육 과정 및 역량평가제를 시행하고 있다. 이러한 요소들을 지속적으로 관리함으로써 정부의 생산성을 높이고 결과적으로는 국민들에게 최대의 수혜가 돌아가도록 하기 위해 고위공무원단제도가 운영되고 있다.

〈표 5-1〉 고위공무원단제도의 핵심 요소

개방과 경쟁	성과와 책임	역량 제고
-계급 폐지	-직무성과계약제	-후보자 교육 과정
-개방형 직위제, 공모직위제	-직무성과급제	-역량평가제
	-적격심사제	

2) 고위공무원단제도의 주요 내용

① 고위공무원단은 행정기관 국장급 이상 공무원으로 구성된다.

② 고위공무원은 신분보다 일 중심으로 인사관리된다.

③ 고위직 개방을 확대하고 경쟁을 촉진한다.

④ 각 기관 장관은 소속에 관계 없이 고위공무원단 전체 풀(pool) 중에서 적임자를 인선하게 된다.

⑤ 고위공무원에 대한 기관별 인사자율권이 대폭 확대된다.

⑥ 고위공무원의 성과를 체계적으로 관리하고 능력 개발을 강화한다.

⑦ 직업공무원제의 근간을 유지하되 고위직의 책임성을 제고한다.

3) 고위공무원단의 구성 현황

고위공무원단은 국가공무원법에 근거를 두고 있으며[1] 그 대상을 구체적으로 살펴보면 다음과 같다.

① 중앙행정기관의 실·국장급 및 이에 상당하는 보좌기관

② 팀제 도입 등으로 해당 직명이 없는 경우 종전 기준으로 3급 또는 이에 상당하는 직위

③ 행정부 각급 기관의 실·국장급에 상당하는 직위

④ 지방자치단체 또는 지방교육행정기관 실·국장 상당 직위

⑤ 지방자치단체의 부지사·부시장과 기획관리실장

⑥ 지방교육행정기관의 부교육감

⑦ 기타 법령에서 고위공무원단에 속하는 공무원으로 보할 수 있도록 정한 직위

고위공무원단에 속하는 중앙행정기관 실·국장급 공무원은 2006년 8월 1일 기준으로 총 1,303명이다. 이 중 정부 중앙행정기관 또는 각급 행정기관의 정규 고위공무원단 직위에 재직하고 있는 고위공무원의 숫자는 일반직 799명, 별정직 211명, 계약직 67명으로 1,077명이다. 나머지 226명은 휴직, 보직대기, 직무 파견, 교육 파견자 등이다.[2]

---

1) 국가공무원법 제2조 2 참조.

2) 참고로 고위공무원단 정규 직위는 2006년 8월 1일 현재 60개 기관 1,186직위가 있다. 그

〈표 5-2〉 고위공무원단의 구성 현황(2006. 7. 1일 기준)

일반직	별정직	계약직	기 타 (휴직, 보직대기, 직무파견, 교육파견자 등)
799명	211명	67명	226명

한편, 고위공무원단 인사규정 제5조에 의하면, 고위공무원단에 속하는 공무원으로 신규채용이 되거나 고위공무원단 직위로 승진임용될 때에는 반드시 대통령이 임용권[3]을 행사하도록 되어 있다. 하지만, 고위공무원단에 일단 진입한 후 소속기관 내부에서 전보·휴직·정직·복직하거나 하는 부분은 계속 소속 장관이 관리하게 된다.

4) 실적주의 보호를 위한 제도적 장치

종전의 인사제도 하에서는 동일한 직급 내에서만 보직 변경이 있었다. 그러나 고위공무원단제도에서는 가에서 마 등급까지의 모든 직위에 전보가 가능하다. 직무 등급이 다른 직위 간 전보가 자유롭기 때문에, 무차별적인 전보를 통해 혼란이 발생할 여지가 있다. 따라서 고위공무원단제도는 이런 무분별한 전보와 무보직으로의 교체 등에 대비한 실적주의 장치를 마련하고 있다.

중 특정직과 일반직 복수직으로 되어 있는 직위에 특정직 공무원들이 보직하고 있거나 결원 직위가 있기 때문에, 정규 직위에 보임되어 있는 고위공무원단 현원은 1,077명이다. 또한 고위공무원단 인사규정 제4조에 의하면 고위공무원단 직위에 근무하고 있는 재직자 외에도 직위에는 있지 않지만 고위공무원단에 속하는 공무원들도 인사관리를 하도록 하고 있다.

3) 대통령이 임용권을 행사하는 부분은 크게 둘로 나누어 볼 수 있다. 고위공무원단에 속하는 공무원으로 신규채용되거나 고위공무원단 직위로 승진임용되는 경우와 종전 1급 직위에 보직되거나, 전보될 경우는 대통령이 임용권을 행사하게 되어 있다. 물론 1급 상당 직위에서의 직위해제 등도 대통령이 임용권을 행사하게 되어 있다. 또한 전보 중에도 소속 장관을 달리하는 기관 간의 전보는 대통령이 임용권을 행사하도록 하고 있다. 그리고 연구관·지도관의 경우에는 실·국장급, 과장급, 담당급의 연구관지도관의 구분 없이 동일한 계급으로 보기 때문에, 실·국장급 직위로 이동시에는 승진이 아닌 전보로 간주하고 있다. 이 경우도 대통령이 임용권을 행사한다. 그리고, 전직·강임·면직·해임·파면 및 기관 간 겸임의 경우에도 대통령이 임용권을 행사한다[고위공무원단 인사규정 제5호].

전보의 경우에는 본인이 당해 직위에서 최근 1년간 최상위 평정을 받은 경우에는 본인의 동의 없이 당해 직위보다 직무 등급이 낮은 직위로 전보할 수 없도록 하고 있다. 이로써 금전적 또는 보직에 따른 책임 등의 측면에서 발생할 수 있는 불이익에 대비하고 있다. 다만, 이런 경우에도 해당 공무원에게 귀책 사유가 있거나, 소속기관의 인사 운영상 불가피한 경우에는 중앙인사위원회와 사전 협의를 하는 경우에 예외적으로 전보 조치할 수 있도록 했다.

무보직으로 교체된 경우에도, 중간 등급 이하의 근무성적평정을 받는 경우 소속 부처에 초과 현원으로 있는 공무원과 교체할 수 있도록 하고 있음에도 불구하고, 신임 장관이 부임한 지 3월 이내에는 교체할 수 없도록 하고 있다. 이는 신임 장관으로 하여금 당사자에 대해 3개월 동안 살펴본 후 전임 장관과 같은 결론에 이르면, 그 때서야 비로소 교체할 수 있도록 함으로써 선입견에 의한 불이익 처분을 예방하기 위한 것이다.

5) 제도 도입 전·후 비교

고위공무원단제도의 도입을 전·후하여 변화된 부분을 비교해 보면 <표 5-3>과 같다.

2 고위공무원단 충원 과정

2006년 7월 1일 고위공무원단제도 시행 시 실·국장급 직위에 보임되어 재직 중인 공무원들은 별도의 후보자 교육과정이나 역량평가를 거치지 않고 고위공무원단에 속하는 공무원으로 일괄 편입시켰다.

또한 실·국장급 직위 재직 중 파견, 휴직중인 공무원들은 이미 실·국장급에 승진임용 또는 채용이 된 공무원들이기 때문에 마찬가지로 고위공무원단에 일괄 편입되었다.

하지만, 2006년 7월 1일 이후 신규로 진입하는 공무원의 경우는 승진임용[4]과 신규채용으로 나뉜다. 승진임용시에는 후보자교육 후 역량평가를 통

4) 고위공무원단 후보자 교육과정을 이수하고 역량평가를 통과한 공무원들을 말한다. 주로 과장급 공무원들이 해당된다. 후보자 자격을 갖춘 과장급 공무원을 고위공무원단 직위로

〈표 5-3〉 제도 도입 전·후 비교

	도입 전	도입 후
소 속	각 부처	고위공무원단
인사 운영 기준	계급제 -계급 기준에 따라 운영	직무등급제 -직위 또는 직무 등급 기준에 따라 운영
충원·보직 이동	부처 내 폐쇄적 임용 -부처 내부 공무원을 연공서열에 따라 승진·전보시켜 충원 -과장급은 별도 교육·검증 없이 국장으로 승진	부처 내외 개방적 임용 -부처 내외 공무원 간 또는 공직 내외 경쟁을 통해 충원 -과장급은 기본교육·역량평가 등을 거쳐야 승진
성과관리	연공서열 위주의 형식적 관리 -목표관리제가 있으나 연공서열 위주로 형식적 관리	엄격한 성과관리 -직무성과계약제에 따라 성과계약을 체결하고 평가 결과에 따라 신분상 불이익도 부여
보 수	계급제적 연봉제 -계급에 따라 보수 차등 -성과의 차이에 따른 연봉 차이가 의미	직무성과급제 -직무값의 차이에 따라 보수 차등 -성과의 차이에 따라 연봉 차등 확대, 특별상여금 지급
자질·능력평가	주관적·추상적 평가 -다면평가 등에 의한 주관적 평가	역량평가제 -역량 모델을 과학적으로 설정하여 객관적이고 구체적으로 평가
교육훈련	획일적 교육 -교육 프로그램이 다양하지 못하고, 능력 발전 기회로 미인식	개별적·맞춤식 교육 -부족한 역량과 자질을 파악하여 향상시키고, 개인이 처한 상황에 따른 맞춤형 교육 실시
검 증	인사심사 -채용·승진시 인사심사	인사심사+적격성심사 -채용·직위 승진시 인사심사, 정기적으로 적격성심사 실시
신분관리	안정적 신분 보장 -성과와 역량이 미달해도 특별한 문제가 없으면 직위 유지	엄격한 인사관리 -성과와 역량이 일정 수준 계속 미달하면 신분상 불이익 부과

자료: 박천오 외(2007).

승진임용하기 위해서는 부처 내에 설치된 보통승진심사위원회에서 소속 장관에게 결원의 2~3배수의 공무원을 추천하면 소속 장관은 우선순위를 선정해서 중앙인사위원회에 인사심사를 요구한다. 부처 요구에 의해 중앙인사위원회는 인사심사를 개최하고 적임자를 심사하여 대통령에게 임용 제청한다[고위공무원단 인사규정 제16조].

과[5]해야 하며, 별정직,[6] 계약직[7] 등으로 신규채용시에는 역량평가만을 통과하면 각각 고위공무원단에 진입하게 된다.

고위공무원단에 진입하는 방법으로 승진임용 외에도 특별채용이 있을 수 있다. 이는 일반직 고위공무원으로서 특별채용이 되는 경우인데, 여섯 가지 정도로 나누어 볼 수 있다.

① 고위공무원단 직위 또는 상당 직위 재직 경력자의 채용시

② 특정 고위공무원단 직위의 수행에 필요한 자격증을 갖고 있는 자의 채용시

③ 일반직 공무원으로서 또는 일반직으로 헌법기관의 실·국장급 직위에서 2년 이상 근무했다가 퇴직한 공무원 등 유사 경력자를 채용하는 경우

④ 또한 지방공무원을 국가공무원으로 채용하는 경우

⑤ 박사학위 소지자를 채용하는 경우

⑥ 종전 1급 상당 직위에 해당하는 중앙인사위원회 협의 지정 직위에 채용하는 경우

승진임용과 신규채용으로 이루어지는 고위공무원단의 직위는 개방형 직위, 공모 직위, 부처 자율 직위의 형태 등 세 가지 직위 종류로 운영된다. 민간과 경쟁을 하는 개방형 직위가 20%, 부처 구분 없이 공무원이 경쟁하는 공모 직위가 30%, 부처자율인사 직위[8]가 50%로 각각 지정되어 운영된다.

---

5) 역량평가 통과와 관련해서는 예외적인 사항으로 역량평가를 면제해 주는 직위들이 있다. 지방자치단체의 고위공무원단 직위로서, 부시장이나 부지사, 기획관리실장, 그리고 지방교육행정기관에 부교육감 등이 여기에 속한다.

6) 별정직 공무원의 고위공무원단 진입시에는 공고에 따른 경쟁 방법을 통한 채용을 원칙으로 하고 있다. 다만, 예외적으로 1급 상당 직위에 해당하는 협의지정 직위와 비서관, 정책보좌관 및 이에 준하는 직위들에 채용할 때는 공고를 생략할 수 있다. 또한 신속한 결원보충이 필요할 때나 채용시험을 하는 데 과다한 비용이 소요되는 등 특별한 사유가 있으면 중앙인사위원회와 협의해 공고를 생략하고 채용하는 것도 가능하다(고위공무원단 인사규정 제17조).

7) 계약직 공무원의 경우에는 채용계약을 통해 고위공무원단으로 진입한다. 고위공무원단 직위에 임용되는 계약직 공무원은 개방형 직위에 채용되는 경우와 책임운영기관 설치 운영에 관한 법률에 의해서 책임운영기관장에 채용되는 경우가 있다. 그 두 가지의 내용을 보면 채용되는 절차는 거의 흡사하다(개방형·공모규정 제4조).

8) 부처자율인사 직위도 타부처 출신을 임용 제청할 수 있으므로 사실상 완전 개방 형태라고 할 수 있다(박천오 외, 2007: 133).

〈표 5-4〉 특별채용 방법

특별채용 요건(제13조)	시험 방법(제14조)	제한 경쟁 여부
• 직제 개폐 등 퇴직자 재임용 • 다른 종류의 공무원이 되기 위해 퇴직한 경력직 공무원의 재임용	• 서류 전형 및 면접 시험 • 다른 종류의 공무원이 되기 위해 퇴직한 자: 시험 면제	-
임용 예정 직위 관련 자격증 소지자	서류 전형 및 면접 시험	의무적 제한경쟁
• 일반직 고위공무원 또는 헌법기관 등의 일반직 공무원으로 고위공무원단 직위 상당 직위 경력 2년 이상자 • 유사 분야 근무 실적 또는 연구 경력 3년 이상자	• 일반직 경력자: 서류 전형 및 면접 시험 • 유사 경력: 필기시험, 서류 전형 또는 면접 시험 • 제한경쟁: 서류 전형, 면접 시험	-
• 지방직 공무원→국가직 공무원	• 시험면제 가능 • 국가시험 합격자: 면제	-
• 과학기술 분야 박사학위 소지자	• 서류 전형 및 면접 시험	의무적 제한경쟁
• 중앙인사위원회와 협의 지정 직위	• 서류 전형	-

[그림 5-1] 고위공무원단 충원 과정

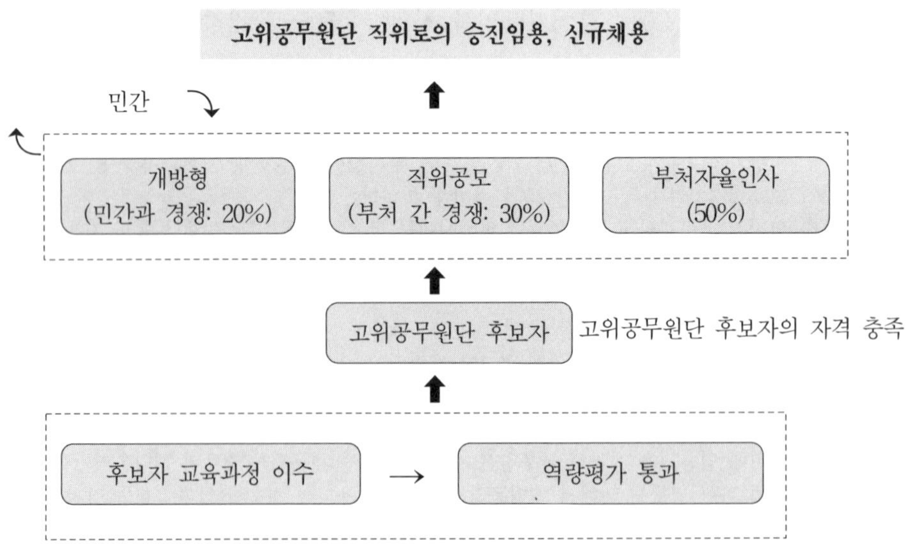

아래에서는 개방형 직위와 공모 직위를 중심으로 살펴보겠다.

1) 개방형 직위

(1) 의의

개방형 직위 제도는 공직사회의 경쟁력 제고를 위해 전문성이 특히 요구되거나 효율적인 정책 수립을 위해 필요하다고 판단되는 직위에 공직 내·외를 불문하고 공개 모집에 의한 선발시험을 거쳐 직무 수행 요건을 갖춘 최적격자를 선발해 임용하는 제도이다.

개방형 직위는 계약직 공무원으로 임용하는 것을 원칙으로 하고 있다. 외부 민간인을 채용할 경우에는 당연히 계약직 공무원으로 임용되나, 개방형 임용 대상자가 경력직 공무원일 경우에는 전보, 승진, 전직, 특별채용 등을 통해서 경력직 공무원의 신분은 유지할 수 있다. 다만, 여기에서의 특별채용은 지방공무원이 국가공무원으로 채용되는 경우에 한해서만 인정하고 있다.

임용 기간은 최소 2년, 최장 5년의 범위 내에서 임용 가능하다. 근무 실적이 우수해 재임용을 할 경우, 개방형 임용 절차에 의해 횟수에 제한 없이 재임용도 가능하다.

(2) 개방형 직위의 지정 기준

개방형 직위의 지정 기준은 제도의 취지를 반영할 수 있는 직위를 지정하되, 다음과 같은 다섯 가지 기준을 고려해 지정하고 있다.

① 전문성: 직무 수행에 요구되는 경험적 또는 학문적 전문 지식이나 기술의 정도

② 중요성: 직무 내용이나 성격상 당해 직위의 업무가 당해 기관의 전체 업무 중에 차지하는 비중 및 업무 수행 결과의 대국민 영향과 파급 효과의 정도

③ 민주성: 정책결정 또는 집행에 객관성, 공정성이 요구되어 다양한 국민의 시각을 반영하거나 국민의 참여가 요구되는 정도

④ 혁신성: 행정환경의 변화 등으로 인해 제도나 행태의 신속한 개선 또는 개혁이 요구되는 정도

⑤ 조정성: 공직사회의 내부의 이해를 바탕으로 한 부처 간 또는 부서 간 이해 관계 조정의 필요성 정도를 의미한다.

(3) 선발 과정

개방형 직위를 선발하는 절차는 공고, 접수, 선발 시험, 임용 순으로 진행된다.

개방형 직위 임용절차에 따라 개방형 직위 선발시험위원회[9]는 접수된 지원자 중 임용후보자 2~3인의 임용후보자를 소속 장관에게 추천하게 된다. 추천을 받은 장관은 그 후보자 2~3인 중에서 인사심사 대상자가 있는 경우에는 중앙인사위원회에 심사를 의뢰하고 심사가 완료되면 그 때 임용 제청을 한다.

이 때, 인사심사 대상자는 국가공무원법에 의한 승진 대상자 또는 외부에 신규채용자의 경우에 한한다. 만약 선발 시험 결과 후보자 전부가 해당 부처에 소속된 고위공무원일 경우에는 이들은 전보 대상자로서 인사심사 절차를 경유할 필요가 없다. 따라서 이런 경우에는 부처 장관이 자율적으로 임용 제청하거나 임용절차를 통해서 최종 임명한다.

(4) 전보 제한

개방형 직위는 임용자의 전문성을 활용하고 안정적인 신분과 임기를 보장하기 위해 2년간 다른 직위로의 임용을 제한하고 있다. 다만 승진, 휴직, 징계, 직위해제, 기타 특별한 사유의 경우에 제한적으로 예외를 두고 있다.

이 때, 승진이라는 것은 과장급 직위에 한해 인정된다. 왜냐하면, 고위공무원단 직위는 승진 개념이 아니라 전보 개념이기 때문에 고위공무원단에서는 인정되지 않는다.

기타 특별한 사유로는 잔여 임기의 기간이 적고, 부처의 인사 운영상 부득이 전보를 해야 할 경우, 건강상의 이유로 휴직은 아니더라도 해당 직위를 수행하기 어렵다고 인정될 때 등이 해당되며, 이 때에는 중앙인사위원회와의 협의를 통해 다른 직위의 전보를 예외적으로 인정하고 있다.

---

9) 각 소속 장관 아래에는 위원장을 포함해 5인 이상의 개방형 직위 선발시험위원회가 구성되어 운영되고 있다. 개방형 직위 및 공모 직위 운영 등에 관한 규정 제6조에 의해 시험위원은 5인 이상으로 구성하되, 민간위원은 2분의 1 이상 포함되어야 한다. 또한, 위원장은 민간위원 중에서 위촉해야 한다.

2) 공모 직위

(1) 의의

공모직위제도는 부처 간 인적 교류를 활성화기 위해 직무 공통성이 높거나 부처 간 조정 또는 공조 등 정책통합성과 혁신 필요성 등이 높은 직위에 부처 내외 공무원 간의 경쟁을 통해서 최적격자를 임용하는 제도이다.

공모 직위는 고위공무원단 직위 총 수의 30%가 대상이며, 대상 직종은 일반직, 특정직 고위공무원[10]으로 보하는 직위이다.

(2) 공모 직위의 지정 기준

공모 직위의 지정 기준은 직무공통성, 정책통합성, 혁신필요성이다.

① 직무공통성: 직무의 성격과 내용이 동질적이거나 유사한 정도

② 정책통합성: 국가 중요 정책의 결정과 집행시 부처 간 이해 관계의 조정 또는 정책 공조 등의 협력의 필요성을 나타내는 정도

③ 혁신필요성: 다른 부처 공무원의 유치를 통해 소속 기관의 업무와 정책 또는 인력의 혁신을 도모할 필요성을 의미한다.

각 부처는 앞의 개방형 직위 운영에서 본 바와 같이 5인 이상으로 개방형·공모직위 선발심사위원회를 구성해서 직위를 운영하고 있다. 공모 직위의 운영은 대부분 개방형 직위와 거의 유사하다.

(3) 선발 과정

공모 직위에 선발하기 위한 절차를 살펴보면 다음과 같다.

임용자격은 고위공무원단에 속하는 경력직 공무원과 고위공무원단 후보자이다. 공모 직위에는 공무원 간의 경쟁을 통해서 적격자를 선발하는 것이기 때문에 민간인은 응모 자체가 불가능하다. 또한, 고위공무원단이 아닌 경력직 공무원과 별정직 고위공무원 역시 응모가 불가능하다. 임용절차는 개방형의 순서와 동일하다.

---

10) 이 때, 특정직의 범위에는 모든 특정직 직위가 대상이 되는 것이 아니라, 해당 법률에서 고위공무원의 보임이 가능하다고 인정하는 경우에 한해서 공모 직위를 지정해서 운영한다.

(4) 전보 제한

공모 직위 임용자는 최소 2년의 임기에 최대에 관한 임용 제한은 없지만,[11] 임용 제한 기간 2년 내에는 다른 직위의 임용이 불가능하다.

전보는 2년 내에 불가능하지만, 과장급에 한해 승진하는 경우, 휴직하는 경우, 징계 또는 직위해제 처분을 받은 경우, 기타 특별한 사유로 중앙인사위원회와 협의한 경우에 한해서 임기 중 다른 직위로의 전보를 인정하고 있다.

다만, 예외적인 사유로 인해서 다른 직위로 전보할 때는 소속 장관은 경력직 공무원으로 보할 수 있는 직위에 임용해야 한다.

공모 직위는 계약직 공무원으로 임용하는 경우가 생길 수 없기 때문에 당연히 승진해서 임용되거나 전보를 통해서 오는 경우밖에 없다. 그래서 임용 당시 다른 중앙행정기관 소속 공무원이었던 자는 개방형 직위와는 달리 본인이 원하는 경우에 반드시 원소속으로 복귀시키도록 하고 있다.

공모 직위 임용자를 2년 후 전보할 때는 다음과 같은 절차로 진행된다.

공모 직위 소속 부처 출신으로 임용 당시 경력직 고위공무원이었던 자와 승진임용 요건을 갖춘 공무원에 대해서는 소속 장관은 고위공무원단 직위에 임용해야 한다. 다만 기관 내에서 전보하는 경우에는 정원이 따로 있는 것으로 보지 않으며, 당해 공모 직위는 지체없이 충원해야 한다.

다른 부처 출신의 공무원인 경우는 임용 제한 기간 1개월 전까지 원소속 복귀 여부를 소속 장관에게 의사 표명을 해야 한다. 해당 공무원이 원소속으로의 복귀를 원할 경우 원소속기관으로 전보해야 하며, 원소속기관에서는 반드시 고위공무원단 직위에 임용해야 한다.

이런 제도적인 장치는 다른 부처의 공모 직위에서 임기를 마치고 오더라도 원소속 부처로 복귀 후 발생할 수 있는 불이익을 사전 예방하고 신분을 안정적으로 보장하기 위함이다.

또한 이 때, 원소속으로 복귀했을 때 부처 결원이 없을 경우에도 최초 결원 발생시까지 정원이 따로 있는 것으로 보고 임용해야 한다.

---

11) 개방형 직위는 최소 2년, 최대 5년의 한정된 임용 기간이 있다.

3 인사심사 및 적격심사

1) 인사심사

인사심사는 고위공무원 인사의 공정성과 객관성을 확보하고, 고위공무원으로서의 자격과 적격성을 검증하기 위한 제도이다.

고위공무원단제도 시행 이후 인사심사 대상이 변경되었다. 종전 인사심사는 1급 내지 3급의 일반직 공무원 및 이에 상당하는 별정직 공무원과 계약직 공무원의 채용 및 1급 내지 3급의 일반직 공무원으로의 승진이 그 대상이었으나, 고위공무원단제도가 도입되면서 고위공무원단에 속하는 일반직·별정직 및 계약직의 채용과 고위공무원단 직위로의 일반직 승진임용으로 그 대상이 변경되었다.

일반직 공무원 승진의 경우, 기존에는 4급에서 3급, 3급에서 2급, 2급에서 1급으로 승진할 때마다 인사심사를 거쳐야 했지만, 이제는 3급 또는 4급으로 재직 중인 자가 승진심사의 요건을 갖춘 경우에 고위공무단으로의 진입시에만 심사를 받게 된다. 즉, 고위공무원단제도의 시행으로 인사심사는 계급승진 심사에서 직위승진 심사로 전환되었다.

(1) 인사심사 요구권자

심사요구권자는 임용권자 또는 임용제청권자이고,[12] 소속 장관은 당해 기관에 소속되지 아니한 공무원에 대해서도 임용 제청할 수 있다.[13]

소속 장관이 당해 기관에 소속되지 아니한 공무원에 대해서도 임용 제청할 수 있도록 한 것은 고위공무원단이 전체 인력 풀(pool)로써 관리됨에 따라 부처 구분 없이 우수 인재의 임명을 용이하게 함으로써 인력 활용의 폭을 확대하기 위함이다.

(2) 인사심사 절차

심사절차는 고위공무원으로 신규채용시와 고위공무원단 직위로의 승진

12) 국가공무원법 제7조 제4항.
13) 국가공무원법 제32조 제1항.

임용시로 나누어 살펴볼 수 있다.

① 고위공무원으로 신규채용의 경우: 고위공무원단 직위에 민간인 또는 공무원을 채용하는 경우로 각 부처 선발시험위원회를 거쳐 선발된 자에 대해 중앙인사위원회에서 실시하는 역량평가를 거친 후 인사심사를 요청하게 된다.

다만, 신규채용의 경우에는 승진임용과 달리 공무원과 민간인 두 경우 모두 후보자 교육과정을 이수하지 않고 역량평가만 통과하면 인사심사를 받을 수 있다. 이 경우 후보자 교육과정을 거치지 않도록 한 것은, 신규채용이 공모와 경쟁을 통해 각 직위별로 설정된 엄격한 직무 수행 요건을 갖춘 자를 선발한다는 점과 임용절차상의 편의 등을 고려했기 때문이다.

② 고위공무원단 직위로의 승진임용의 경우: 중앙인사위원회가 주관하는 고위공무원단 후보자 교육과정을 이수하고 역량평가를 통과한 자에 대해 각 부처 보통승진심사위원회의를 거쳐 인사심사를 요청하게 된다.

고위공무원단제도의 시행으로 기존 인사심사 절차와 달라진 점은 인사심사 전에 후보자 교육과정을 이수하고 역량평가를 통과해야 한다는 것이다. 다만, 앞에서 언급한 것과 같이 공무원의 승진임용시는 후보자 교육과정을 이수한 후 역량평가도 통과해야 하며, 공무원 또는 민간인의 신규채용시에는 역량평가만 통과하면 인사심사를 받을 수 있다.

(3) 인사심사의 기준

인사심사의 기준은 형식요건 심사와 실질요건 심사로 나눌 수 있다.

① 형식요건 심사: 자격요건, 법령상 채용 절차, 결원 등 적법성을 심사하는 것이다.

② 실질요건 심사: 근무 실적, 직무 수행 능력, 전문성, 경력, 개혁성, 인품 등 적격성을 심사하는 것이다.

(4) 인사심사의 결정 유형

인사심사의 결정 유형은 크게 원안의결, 보류, 부결, 수정의결로 나눌 수 있고, 이에 더해 개선권고부 의결, 조정의결이 있다.

① 원안의결: 심사 요청한 인사안을 수용해 그대로 의결하는 경우

② 개선권고부 의결: 부처 인사안을 수용하되, 불합리한 인사 운영에 대

해 개선권고 의견을 붙여 의결하는 경우

③ 보류: 관련 자료의 조사 및 사실 확인 등 보완이 필요하거나 좀더 신중한 판단을 위해 결정을 유보하는 경우

④ 부결: 법령 요건을 갖추지 못했거나 후보자 모두 부적격해 인사안에 동의하지 않는 경우

⑤ 수정의결: 1순위자보다 2순위자가 더 적격하다고 판단해 순위를 변경하는 경우

⑥ 조정의결: 보류된 안건 중 부처에서 인사위원회의 보류 취지에 맞게 후보자·인사 시기 등을 조정해 재심사 요청한 인사안을 수용해 의결하는 경우이다.

2) 적격심사

적격심사제도는 국가공무원법 제70조의 2 및 고위공무원단 인사규정 제5장의 규정에 따라 고위공무원단 직위의 직무 수행이 곤란한 공무원에 대해 적절한 절차를 거쳐 직권 면직하도록 함으로써 고위공무원단의 역량을 강화하고 이 제도의 효율성을 제고하고자 도입되었다.

적용 범위는 고위공무원단 직위에 재직 중이거나 파견 및 휴직 등으로 인사관리되고 있는 일반직 고위공무원이다.

(1) 적격심사의 종류

적격심사는 정기적격심사와 수시적격심사가 있다.

① 정기적격심사: 고위공무원으로 임용된 날로부터 매 5년마다 실시하게 된다.

요구 요건은 일반직 고위공무원으로 임용된 날로부터 매 5년이 경과한 경우이며, 개방형·공모 직위에 임용된 자는 당해 직위 임용일로부터 5년이 경과한 경우이다.

적격심사 대상 기간은 고위공무원단 진입일 또는 개방형·공모 직위 임용일 또는 직전 적격심사 의결 통보일부터 적격심사 당일까지이다.

심사 기준은 적격심사 요구 요건 충족 여부 등에 대한 형식적인 요건인 적법성 심사와 근무성적 및 능력 등에 대한 실질 요건인 적격성 심사로 이

루어진다.

부적격 의결 기준은 최하위 등급 평정을 총 2년 이상 받고 정당한 사유 없이 직위를 부여받지 못한 기간이 총 1년 이상 경과한 자로서 고위공무원으로 직무를 계속 수행하는 것이 곤란하다고 판단되는 자이거나, 최하위 등급의 평정을 1년 이상 받고, 정당한 사유 없이 직위를 부여받지 못한 기간이 총 1년 6월 이상 경과한 자로서 고위공무원으로 직무를 계속 수행하는 것이 곤란하다고 판단되는 경우이다.

적격심사 결과 적격 의결시는 수시적격심사 대상 요건에 해당되지 않을 경우 적격 의결 통보일로부터 5년간 적격심사를 받지 않으며, 부적격 의결시 소속 장관은 직권으로 면직 제청이 가능하다.

② 수시적격심사: 성과 최하위 등급자에 대한 적격심사와 무보직자에 대한 적격심사 두 가지로 구분할 수 있다. 성과 최하위 등급자에 대한 적격심사는 연속해서 2년 이상 최하위 등급 평정을 받거나 총 3년 이상 최하위 등급 평정을 받은 경우에 실시된다. 무보직자 적격심사는 정당한 사유 없이 직위를 부여받지 못한 기간이 총 2년에 달한 경우에 실시된다.

요구 요건은 고위공무원으로서 연속해서 2년 이상 근무성적평정에서 최하위 등급의 평정을 받거나 총 3년 이상 최하위 등급의 평정을 받은 경우이다.

수시적격심사 대상 기간은 고위공무원단 진입 이후 적격심사 당일까지이다. 심사 기준은 정기적격심사와 동일하다.

부적격 의결 기준은 수시적격심사의 요구 요건을 충족하면서 고위공무원의 직무를 계속 수행하는 것이 곤란하다고 판단되는 경우이다.

적격심사 결과 적격 의결을 받은 공무원이 수시적격심사 요건에 해당하지 않을 경우 적격 의결 통보일로부터 5년 이내에 정기적격심사를 받지 않으며, 적격심사를 통해 불가피한 사유 또는 부당한 평정 등으로 인한 최하위 평정으로서 부적격 사유에 해당하지 않는 것으로 판정된 평정 결과는 다음 번 수시 또는 정기적격심사의 대상이 되지 않는다. 부적격 의결시 소속 장관은 직권으로 면직 제청이 가능하다.

(2) 적격심사의 기준 및 절차

소속 장관은 정기 또는 수시 적격심사 사유 발생시 중앙인사위원회에 적격심사를 요청하게 된다. 중앙인사위원회는 고위공무원단 적격심사위원회에서 해당 요청 건에 대해 부적격 결정을 내리게 되면 소속 장관은 당해 공무원에 대해 직권면직 제청을 할 수 있다. 고위공무원단 적격심사위원회는 7~9인으로 구성되며, 위원장은 중앙인사위원회 위원장이 되고, 위원은 관계 부처 차관, 민간전문가 등으로 구성된다.

(3) 적격심사위원회의 구성 · 운영

적격심사위원회는 위원장 1인을 포함한 위원 7인 내지 9인으로 구성하되, 위원장은 중앙인사위원회 위원장이 되고, 위원은 위원장의 제청으로 대통령이 임명 또는 위촉하되, 차관급 2인 이내, 고위공무원 2인 이내, 위원장이 추천하는 인사 4인 이내로 구성된다. 적격심사위원회의 위원은 공성성 확보[14]를 위해 임기를 두지 않고 필요시마다 수시로 위촉한다.

적격심사 회의는 위원장이 필요하다고 인정하는 때에 개최하며, 재적 위원 과반수 찬성으로 의결한다.

적격심사 의결 기한은 정기 적격 여부 의결은 심사요구서를 받은 날부터 60일 이내에, 수시 적격 여부 의결은 심사요구서를 받은 날부터 30일 이내에 해야 하며, 부득이한 사유가 있는 때에는 30일에 한해 그 기간을 연장할 수 있도록 되어 있다.

(4) 부적격 의결에 따른 처분

소속 장관은 부적격 의결을 받은 자에 대해 7일 이내에 직권으로 면직 제청을 할 수 있으며, 이 경우 직권면직 처분의 사유를 기재한 설명서를 교부해야 한다.

부적격 의결에 따라 소속 기관장의 제청으로 직권면직 처분을 받은 자는 처분사유서를 교부받은 날로부터 30일 이내 소청심사위원회에 심사를 청구

14) 공정한 심사가 될 수 있도록 고위공무원단 인사규정 제25조에서 정한 제척 · 기피 · 회피 사유에 해당되는 경우 해당 위원장 및 위원은 적격심사 심의 · 의결에 참여할 수 없다. 기피 신청의 경우에는 재적 위원 과반수 출석과 출석 위원 과반수의 찬성으로 의결이 이루어진다.

할 수 있다.

4 후보자 교육과정 및 역량평가

후보자 교육과정은 고위공무원단 전체 충원 과정에서 가장 기본이 되는 절차이다. 고위공무원단에 진입하기 위해서는 후보자 교육과정을 이수하고 역량평가를 통과해야만 고위공무원단 후보자의 자격이 부여되며, 이후 개방형 직위, 공모 직위, 부처 자율 직위 등을 통해 고위공무원단 직위로의 진입이 가능하다. 이러한 전체 충원 과정에서 가장 처음의 절차가 되는 것이 후보자 교육과정이다.

후보자 교육과정의 목적은 국정 운영 방향의 이해 및 9개 공통 역량에 대한 개발, 정책 문제 해결 능력 함양, 가치창조적 정책 문제 해결 능력 함양, 범정부적인 네트워크 형성에 있다.

현재 후보자 교육과정은 상・하반기로 나눠서 1회씩 진행되며, 기간은 약 3개월 정도 소요된다.

1) 후보자 교육과정

후보자 교육과정은 리더십 진단, 역량 기초교육, 액션 러닝, 역량 보충교육, 자율학습, 교육평가, 종합교육의 순으로 진행된다.

① 제1단계: 후보자 교육과정에 선발된 대상자[15]는 입교식 이전에 리더십 진단과 역량 기초교육을 받게 된다.

리더십 진단은 역량진단센터에서 온라인으로 진행하고 있는데, 다면평가 방식과 자가진단을 병행하게 된다. 즉, 상사 1명, 동료 2명, 그리고 부하직원 1명, 총 4명에 의해 교육 대상자의 다면평가를 실시하게 된다. 또한, 자기 자신에 대한 자가진단의 결과도 다면평가와 함께 결과 도출에 반영해 교육 대상자의 사전 역량이 진단된다. 리더십 진단에는 80여 개 이상의 질

15) 자격 요건은 고위공무원단을 포함한 중앙행정기관 소속 과장급 보직자와 국내에 근무 중인 연구・지도직을 포함한 일반직 공무원 그리고 소속 기관장에 의해 교육 대상자로 추천받은 자 등이다. 자격 요건에 언급된 중앙행정기관은 18부, 4처, 16청, 19위원회로 총 57개 기관이 포함된다.

문 항목이 있다. 각 평가 항목은 5점 척도로 평가하게 된다.

리더십 진단에서 도출된 다면평가 자료와 개인이 스스로 자가 진단한 진단자료를 토대로 기본적인 사전 역량진단이 이루어지게 된다.

리더십 진단은 종합적인 결과보고서가 도출되고, 결과보고서에 나타난 교육 대상자의 각 역량별 능력에 맞춰서 전반적인 역량 개발계획을 세우게 된다.

그 다음에 역량기초 교육은 온라인 교육과정을 통해 역량에 대한 기본적인 이해와 역량 개발과 관련된 사항을 교육받게 된다.

② 제2단계: 리더십 진단과 역량 기초교육 이후 본격적인 후보자 교육과정으로 액션 러닝이 진행된다. 4~7명 정도로 팀을 이루어서, 해당하는 과제를 팀워크를 통해서 해결하게 되는데, 여기에는 스폰서, 자문관, 멘토(mentor), 그리고 퍼실리테이터(facilitator) 등이 함께 참여하게 된다.

스폰서는 차관급으로 규정되어 있으며, 사문관으로서는 과제와 관련 국장급들이 참여하게 된다. 멘토는 기존의 후보자 교육과정을 이수한 우수 교육생들로 구성되며, 퍼실리테이터는 전반적인 액션 러닝을 관리하면서 평가도 함께 진행하게 된다.

③ 제3단계: 후보자 교육과정은 이런 액션 러닝을 기본으로 하는 직무병행 교육이기 때문에 팀별 액션 러닝과는 별도로 개별적인 역량 보충교육을 통해 역량 심화교육을 받게 된다.

역량 심화교육은 과거에는 각 교육생에게 부족한 역량 2개 정도의 보충교육을 실시했으나 2006년 하반기부터 본인이 개발하고자 하는 2개 역량 이상을 받을 수 있도록 운영하고 있다.

후보자 교육과정은 개별적인 팀 단위의 훈련인 액션 러닝이 주된 과정이기 때문에 자율학습이 주로 이루어지게 된다. 다만, 교육평가와 관련해서는 역량 사전진단, 역량 기초교육, 역량 심화교육 등과 관련된 자료와 함께 본인이 역량개발계획서를 작성해서 제출하면 그 내용의 타당성이라든가 신뢰성 등을 평가해서 개인 성적에 반영하게 된다.

결국 액션 러닝에서 도출된 결과물은 수료식 때 컨퍼런스(conference)를 통해서 발표하게 되고 그것이 개인 성적에도 반영된다. 후보자 교육과정은 이러한 일련의 과정들을 통해서 3개월간 진행된다.

④ 제4단계: 교육평가 단계로서 패스(pass) 혹은 페일(fail)로 평가되고 이수 여부만 결정한다. 다만, 향후 2008년 이후에는 등급을 매겨서 차등적인 평가가 이루어질 수 있도록 할 예정이다.

후보자 교육과정은 한 번만 받으면 되고 별도의 유효 기간은 없다. 다만, 이수를 하지 못한 경우에는 재교육을 받아야 된다. 물론 교육의 횟수에 제한은 없다.

2) 후보자 역량평가

(1) 추진 경과

정부에서는 고위직 공무원은 일정 수준의 기본 역량이 필요하다는 전제하에 2003년에서 2004년에 걸쳐서 전 부처 국장급 이상 직위를 대상으로 직무분석을 실시했다. 그 결과 고위직에 필요한 공통 역량이 여섯 가지 정도 도출되었다.

이들 공통 역량 외에 해외 정부의 사례와 민간기업 사례, 전문가 자문회의 등을 통해서 세 개 역량을 추가해 최종적으로 고위직 공무원이 갖춰야 할 아홉 개의 공통 역량을 추출해 냈다.

역량평가는 이러한 아홉 가지 역량을 평가하기 위해서 실행과제,[16] 즉 일종의 시험 문제라고 할 수 있는 실행과제를 개발했다. 이 과정에서는 50개 중앙행정기관 실·국장급이 참여한 워크숍과 세부 인터뷰를 통해서 역량을 평가하기 위한 실행 과제, 즉 모의 사례를 도출해 냈다. 이 사례를 검토·종합해 여섯 가지 유형의 실행과제를 개발해 냈다.

(2) 기대 효과

역량평가에 따른 기대 효과라고 한다면 무엇보다도 능력주의 인사제도를 구현하는 최초의 제도임에 있을 것이다. 성과에 따른 차등 보수와 능력에 입각한 인사로 대변되는 성과주의와 능력주의에 관련된 가장 기본 제도를 실현한 것이다.

그리고 고위공무원 후보자의 자질을 객관적으로 검증함으로써 고위직

16) 직무 상황 또는 직무 상황과 유사한 모의 상황을 제시하게 되는데, 이 모의 상황을 실행과제라고 한다.

선발의 신뢰성과 공정성을 제고할 수 있게 되었다. 더불어, 후보자 교육과정과 역량평가를 통해 검증된 자에 한해 고위공무원단 진입을 허용하기 때문에, 고위직 공무원의 정책 수립에 대한 대국민 신뢰도도 자연스럽게 향상될 것이다.

또한, 이러한 역량평가 운영은 공무원 개개인의 자기 개발 동기와 유인을 제공하고, 역량평가를 통해 나타난 결과는 향후 교육훈련의 방향과 구체적인 교육 수요를 파악해 개인별 맞춤교육의 기본자료로 활용될 것이다.

이를 통해 고위공무원의 전체적인 국정 수행 능력이 향상되어 정부의 생산성과 경쟁력이 향상되는 긍정적인 효과로 이어지게 될 것이다.

(3) 평가 결과

평가 결과는 아홉 개 역량에 대해서 5점 척도로 평가한다. 각 역량별로 매우 우수, 우수, 보통, 미흡, 매우 미흡으로 평가하고 역량 전체 평균이 2.5점 이상, 즉 보통 등급 이상인 경우에 통과하는 것으로 기준을 설정하고 있다. 다만, 이 기준을 통과하지 못하면 재평가를 받게 된다.

재평가 횟수에 대한 제한은 없으나, 2회 연속 이상 미통과한 경우에는 6개월, 3회 이상 미통과한 경우에는 1년간 재평가를 받을 수 없도록 경과 규정을 두고 있다. 이는 일정 기간 동안 역량 보완의 기회를 활용해 재평가에 응하도록 하기 위함이다.

아홉 개의 공통 역량은 다시 네 가지 영역으로 나뉘는데, ① 수평적 관계 역량에는 의사소통과 고객 지향 역량이 속하고, ② 수직적 관계 역량에는 비전 제시, 조정·통합 역량이 속하며, ③ 업무 수행 역량에는 결과 지향, 전문가 의식, 혁신 주도 역량이 속하며, 그리고 ④ 사고 역량에는 문제 인식·이해, 전략적 사고가 속한다.

〈표 5-5〉 고위공무원단의 9개 역량 평가 요소

수평적 관계 역량 (horizontal relating)	수직적 관계 역량 (vertical relating)	업무 수행 역량 (working)	사고 역량 (thinking)
의사소통 고객 지향	비전 제시 조정·통합	결과 지향 전문가 의식 혁신 주도	문제 인식·이해 전략적 사고

각 역량별 정의는 다음과 같다.

① 의사소통: 상대에게 자신이 의도하는 바를 명확하게 이해시키거나, 상대방의 의사를 경청하면서 상대방의 의도를 정확히 이해하는 것

② 고객 지향: 업무와 관련된 내부 수혜자나 국민이 원하는 바를 이해하여 업무 결과가 그들의 요구를 충족하도록 배려하는 것

③ 비전 제시: 자신이 담당하는 조직의 업무 방향을 정하고 이를 고객 또는 부하 직원이 수용할 수 있도록 적극적으로 전파하고 솔선수범하는 것

④ 조정 및 통합: 다양한 이해당사자가 관련된 사안에 대해 국가 또는 공공 이익의 관점에서 판단을 하고 균형 있는 해결책을 제시하는 것

⑤ 결과 지향: 정책의 결과로 발생하는 행정 서비스의 질을 극대화하기 위한 방법을 강구하고, 실제 업무 수행 과정에서도 효과성과 효율성을 동시에 고려하는 것

⑥ 전문가 의식: 자신이 담당하는 업무에 대한 열정과 자부심으로 최선의 노력을 하고, 전문성을 향상시키기 위해 적극적으로 학습하고 개발하는 것

⑦ 혁신 주도: 행정환경의 변화를 이해하고 그 변화에 맞추어 기존의 관행과 행동양식을 신속하게 변화시키며, 조직이 변화에 적응하도록 유도하는 것

⑧ 문제 인식 및 이해: 정보 및 정보 연계를 통해 발생 또는 대비할 문제를 적시에 감지하고, 사안의 성격, 발생 원인, 제약 조건, 파급 효과 등을 이해함으로써 문제의 핵심이 무엇인지를 규명하는 것

⑨ 전략적 사고: 장기적이고 통합적인 관점에서 목표를 설정해 대안을 구성하여 그 우선순위를 명확히 하며 실행계획 및 처방까지 제시하는 것이다.

5 직무분석 및 직무 등급 설정

직무 중심의 인사를 위해서는 먼저 직무가 무엇인지를 밝히는 작업이 필요한데 이것을 직무분석[17]이라고 한다.

17) 우리 나라의 경우, 직무분석의 역사는 매우 오래되었다. 1960년대 총무처에서 전면적인 직위분류제 도입을 위해 직무분석을 실시한 바 있다. 그러나 당시 공직사회의 뿌리 깊

현재 중앙인사위원회에서 실시하고 있는 직무분석은 성과주의 직무분석으로서 기존의 직무분석과는 다소 차이가 있다. 종래의 접근법은 해당 직위에서 하는 일이 무엇인가에 대한 활동 중심의 분석이었다면 새로운 접근법은 무엇을 위해 그 활동을 하고 있는가라는 성과 중심의 분석이다. 따라서 양자를 구분하기 위해 새로운 직무분석 방식을 성과주의 직무분석이라고 부르고 있다.

1) 직무분석

(1) 직무분석의 의의 및 활용

직무란 조직 내 개인이 담당하는 업무를 말한다. 직무의 수는 기본적으로 그 조직에 속한 사람의 수보다 작거나 같다. 왜냐하면 동일한 업무를 여러 사람이 할 수가 있기 때문이다.

직무분석이란 개인이 담당하는 직무가 무엇인지 본질을 명확히 하는 것을 말하며, 고위직 직무분석은 다음과 같이 세 가지 목적으로 활용될 수 있다.

첫째, 성과책임을 명확히 해서 성과관리 체계를 구축할 수 있다.

둘째, 직무의 곤란성과 책임도를 평가하고 이를 바탕으로 직무 등급을 설정해 직무성과급제를 도입·운영함으로써 합리적 보상 체계를 구축할 수 있다.

셋째, 직무 역량을 규명해서 역량평가 및 각종 교육훈련 등에 활용할 수 있다.

(2) 직무분석 절차

직무분석은 기본계획 수립, 대상 직위 선정, 직무기술서 작성, 직무정보 분석 및 직무평가 실시, 사후관리의 순으로 진행된다.

먼저 직무분석의 목적, 추진 체계, 일정 등을 포함하는 기본계획을 수립한다. 이를 바탕으로 어떤 직위를 분석할 것인지 대상 직위를 선정한다. 대

은 계급제 의식 때문에 결국 제도화하지 못하고 직위분류법이 제정되었으나 결국 폐지되고 말았다. 그러나 국가공무원법에 직위분류제적인 요소가 일부 반영되었다는 데에 작으나마 의의가 있었다고 할 수 있다. 이후 1996년에서 1997년까지 개방형 직위 지정을 위한 직무분석이 실시된 바 있다.

상 직위는 직무분석 실시 목적이나 활용 범위 등을 종합적으로 고려해서 선정한다. 이 때 직무 내용이 유사한 직위의 경우에는 대상 직위 중 일부를 대표 직위로 선정해 직무분석을 실시한다.

대상 직위가 선정되면 해당 각종 직위정보를 기술하는 직무기술서를 작성하게 된다. 이 때 직무기술서는 재직자가 직접 작성하는 것을 원칙으로 한다. 다만, 작성보조자를 두는 것은 가능하다. 직무기술서의 주요 기재 사항은 직위정보, 직무의 의의, 목적과 구조, 업무의 세부 내용 및 수행 절차, 업무의 성격, 역량 및 자격 등 직무 수행 요건, 바람직한 보직 경로 등으로 구성되어 있다. 여기서 특히 중요한 것이 직무의 목적과 구조이다.

직무기술서의 작성이 완료되면 수집된 직무정보들을 분석하고 직무의 곤란성과 책임도를 평가하게 된다.

직무정보의 분석 등이 이루어진 이후에는 직제의 개정 등으로 신설되거나 직무 내용이 변경된 직위를 대상으로 추가 직무분석을 실시하는 등 사후관리를 한다.

2) 직무평가

직무평가란 조직 내 직무의 상대적 크기를 산정하는 과정을 의미한다. 즉, 직무의 곤란성과 책임도를 평가하는 것이 직무평가이다. 직무평가 결과인 해당 직무가 조직의 목적 달성에 기여하는 공헌도, 즉 역할의 크기를 직무값이라 하며, 직무값이 유사한 직위, 즉 직무의 곤란성과 책임도가 유사한 직위의 군을 직무 등급이라 한다.

직무평가의 목적은 직무가치에 따른 공정한 급여의 지급에 있다. 그 밖에 직무재설계, 체계적인 직무관리 등에도 활용할 수 있다.

(1) 직무평가 방법

직무평가 방법은 크게 비계량적인 방법(nonquantitative methods)과 계량적인 방법(quantitative methods)으로 구분된다(Hay & Reeves, 1989: 110-111).

비계량적 방법은 직무 수행의 곤란성이나 책임성 등을 기준으로 포괄적으로 판단해 직무의 수준을 상대적으로 평가하는 방법으로, 서열법(ranking method)과 분류법(classification method)이 있다. 계량적 방법은 직무의 구성 요소를 선정하고 여기에다 어떤 값을 부여하여 직무의 상대적 수준을 평가하는 방법으로, 점수법(point rating method)과 요소비교법(factor comparison method)이 있다.

그런데, 서열법과 요소비교법은 직무의 상대적 가치를 평가하는 데 비해, 분류법과 점수법은 직무와 등급기준표를 비교해 직무의 상대적 수준이나 가치를 평가한다(강성철 외, 2006: 176).

고위공무원단 직위의 직무평가시에는 점수법과 분류법이 혼용되고 있다. 점수법은 주로 계선조직의 직위들을 대상으로 하고, 분류법은 위원회 상임위원같이 해당 직위의 직무가 단독 책임이 아닌 여러 사람의 공동 결정으로 수행될 경우에 적용된다. 그 밖에 서열법과 요소비교법이 있으나 널리 활용되지는 않는 방법이다.

공정하고 객관적인 직무평가를 위해서는 다음과 같은 직무평가의 원칙을 따라야 한다. 즉, 직무 중심적 평가, 직무의 현재 상태를 평가, 객관적인 방법의 동일한 적용, 주제전문가회의 방식 채택, 직무와 관련된 평가 근거의 작성 등이 그것이다.

[그림 5-2] 각 요소별 정부 직무평가표

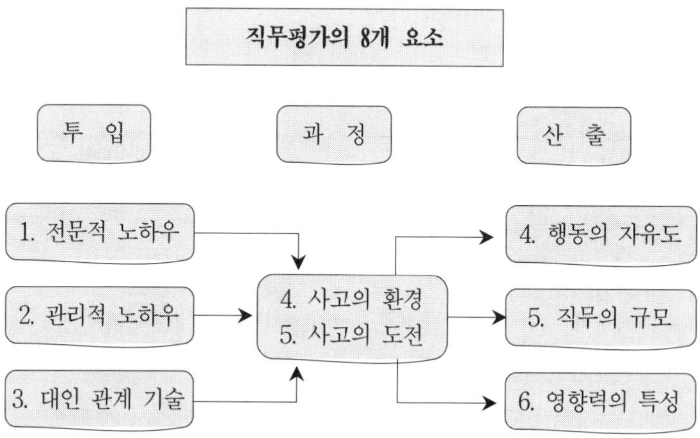

(2) 직무평가 과정

직무평가 과정은 다음과 같다. 우선 직무기술서와 각종 참고자료, 재직자 인터뷰 등을 통해서 직무의 정보를 수집한다. 그 다음 직무의 곤란성과 책임도를 평가해 직무값을 산출한다. 산출된 직무값을 적정 수준별로 구분해 최종적으로 직무 등급을 결정한다.

(3) 직무평가 요소

고위직 직무평가에 적용되는 방법인 헤이기법[18]의 평가 요소는 총 여덟 가지이다. 투입, 과정, 산출의 세 가지 기본 요소에 따라 다시 2~3개의 하위 요소로 구성된다. 투입 요소는 전문적 노하우, 관리적 노하우, 대인 관계의 기술로 구성되며, 과정 요소는 사고의 환경과 사고의 도전도로 구성된다. 마지막으로 산출 요소는 행동의 자유도, 직무의 규모, 영향력의 특성으로 구성된다.

[그림 5-3] 직무평가 과정

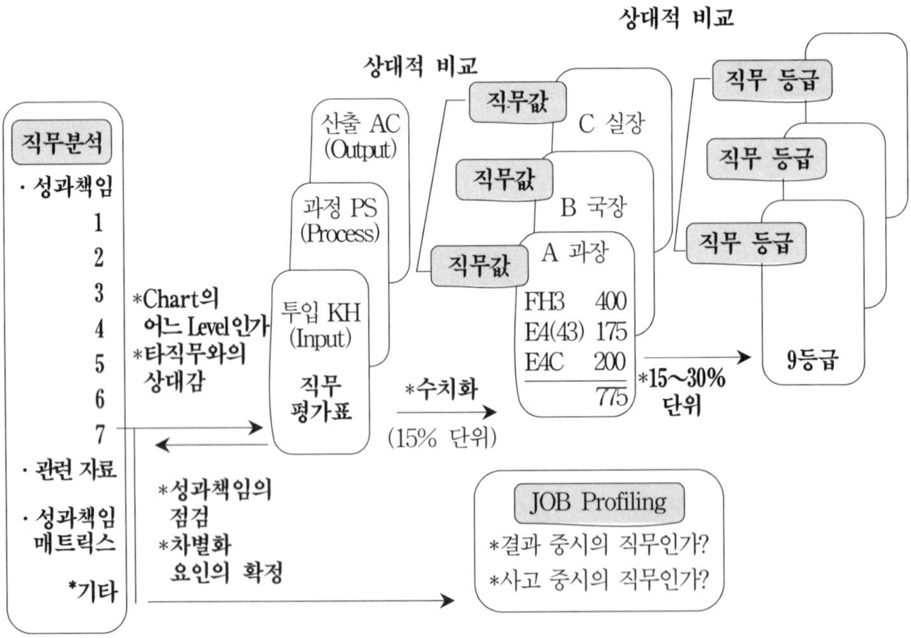

18) 고위직 직무분석에 활용되는 헤이기법(Hay Method)도 점수법의 일종이다.

직무평가 요소는 각기 몇 가지 수준으로 구분되며, 직무평가시에는 각 요소별 수준을 결정하고, 이것을 차트와 비교해 세 가지 기본 요소별 점수를 도출한다. 세 가지 기본 요소별로 각기 차트가 따로 준비되어 있다. 기본 요소별로 도출된 점수를 합산한 것이 그 직위의 직무값이 된다. 각 요소별 점수 중에는 산출 점수의 비중이 가장 높고, 과정 점수가 가장 비중이 적다. 이리하여 산출된 직무값을 기준으로 직위별 직무 등급을 결정한다.

직무평가 과정을 정리해 보면 [그림 5-3]과 같다.

3) 직무 등급

(1) 직무 등급 배정 방법

고위공무원단 직위에 대한 직무 등급 배정 방법을 구체적으로 살펴보겠다. 직무평가 방법에는 앞서 설명한 바와 같이 점수법, 분류법, 서열법, 요소비교법의 네 가지 방법이 있다. 이 중 고위공무원단 직위 직무평가에 사용된 방법은 두 가지이다.

상하명령 체계 및 직위별 권한과 책임이 분명한 계층제적 조직에는 계량적인 점수법을 적용했고, 법률상 자격 요건이 규정되어 있는 직위로서 의사결정의 등가성 · 합의성을 특징으로 하며 준사법적 · 준입법적 기능을 수행하는 합의제기관의 직위는 비계량적인 방법인 분류법을 적용했다.

이와 같은 방법을 적용해 직무를 평가한 결과를 기초로 개별 직위는 가 등급에서 마 등급까지 다섯 개의 직무등급으로 구분되었다.

계층제 직위의 경우 점수법을 적용해 직무를 평가하기 때문에 개별 직

〈표 5-6〉 직무 등급별 직무값 구간

등 급	직무값 범위
가 등급	3,000 이상
나 등급	2,310~2,999
다 등급	1,540~1,309
라 등급	1,027~1,539
마 등급	1,026 이하

위에는 각기 직무값이 도출된다. 이렇게 도출된 직무값을 기준으로 직무 등급을 구분하게 된다. <표 5-6>은 고위공무원단 직위에 대한 직무 등급별 직무값 구간을 나타낸 것이다. 직무평가 결과 도출된 직무값을 이 표와 비교해 적정 직무 등급을 설정한다.

다음은 합의제 직위의 직무 등급 배정이다. 합의제 직위는 앞서 설명한 바와 같이 분류법을 적용한다. 직무 등급에 따른 분류 기준을 마련하고 개별 직위를 분류기준표와 비교해 직무 등급을 결정한다. 아래의 <표 5-7>은 합의제 직위에 대한 직무 등급 분류 기준의 예이다.

〈표 5-7〉 합의제 직위의 직무 등급 분류 예(분류법 사용)

분류 기준	
나 등급	-합의제 행정기관의 위원장 또는 상임위원으로서 소관 분야의 기본적인 정책이나 법령 또는 개별 사건에 대한 심의·의결·결정·조정 등을 하며, 그 결정 등이 사회·경제·산업 또는 행정 등에 중대한 영향을 미치는 직위
	-상기 직위와 대등한 곤란성·책임도를 가진 업무를 수행하는 직위

(2) 직무 등급 배정절차

각 부처는 앞에서 설명한 직무평가 방법에 따라 개별 직위에 대한 직무분석과 직무평가를 실시한다. 그리고 그 결과를 바탕으로 중앙인사위원회에 해당 직위의 직무 등급 배정을 요구한다. 직무 등급 배정요구안이 접수되면, 중앙인사위원회에서는 부처의 요구안이 적정한지를 검토하고 관계부처인 행정자치부, 기획예산처와 협의를 거쳐 최종적으로 직무 등급을 확정[19]한다. 확정된 직무 등급은 각 부처에 통보되며, 각 부처에서는 확정된 직무 등급을 직제시행규칙이나 훈령, 예규 등에 표시하고 해당 직위의 재직자에게 직무 등급에 따라 직무급을 지급한다.

중앙인사위원회는 직무분석의 원칙과 기준을 마련하고 직무분석 기법을 개발해 보급하는 한편 직무 등급을 최종적으로 배정한다. 행정자치부와 기

19) 확정된 직무 등급은 직무분석규정 제10조 제2항에 따라 직제시행규칙에 표시한다. 다만, 국가공무원으로 보하는 지방자치단체 및 지방교육행정기관의 직위는 부령으로 표시하고, 책임운영기관 직위는 기본운영규정에 표시한다. 그 밖에 직제시행규칙을 발할 수 없는 기관의 경우에는 훈령 또는 예규, 그 밖의 방법으로 표시할 수 있다.

획예산처는 직무 등급 배정 및 개정에 관해 중앙인사위원회와 협의한다.

[그림 5-4] 직무 등급 배정 절차

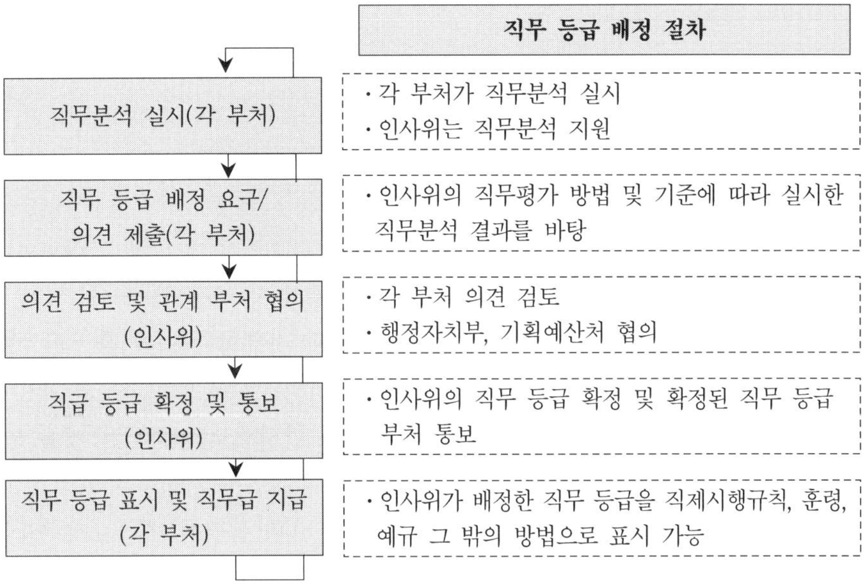

(3) 직무 등급별 주요 직위

<표 5-9>에 제시된 직무 등급별 주요 직위는 직무 등급 배정 결과 나타난 경향으로 모든 직위가 반드시 이 표와 일치하는 것은 아니다. 가 등급은 주

〈표 5-8〉 직무 등급별 주요 직위

직무 등급	주요 직위
가 등급	본부정책실장
나 등급	실장급 소속기관장
다 등급	본부정책국장
라 등급	국장급 소속기관장, 일부 소속기관 국·부장
마 등급	심의관, 소속기관 국·부장, 파견직위

로 본부 정책실장, 나 등급은 실장급 소속기관장, 다 등급은 본부정책국장이 주로 포함된다. 그리고 라 등급은 국장급 소속기관장과 일부 소속기관 국장 및 부장 직위가 포함되며, 마 등급은 심의관이나 소속기관 국장 및 부장 그리고 파견직위들이 주로 포함된다.

6 고위공무원단의 보수

1) 보수설계의 기본 방향

보수설계의 기본 방향은 직무성과급제를 도입해 직무의 곤란도와 책임의 정도를 반영해 보수를 책정하고, 성과에 따라 차등되도록 하는 데 있다. 직무성과급은 기존의 성과급적 연봉제[20]에 직무의 개념이 추가된 것이다. 결국, 성과에 따른 차등 보수 지급 방식에 더해 직무의 곤란도와 책임 정도를 추가로 반영해 보수 책정이 이루어지는 방향으로 변화되는 것을 의미한다.

또 다른 기본 방향은 직무값을 반영한 직무 등급이 계급으로 인식되지 않고, 직무 등급 간 이동이 원활히 이루어질 수 있도록 설계하는 데 있다.

2) 보수 체계

보수 체계는 현행 연봉제와 동일하게 기본연봉과 성과연봉으로 구성하되, 고위공무원단의 경우에는 직무 등급에 따라 보수를 차등 지급하기 위

---

20) 공무원 보수 체계는 연봉제와 호봉제로 크게 나뉘는데, 우리 나라의 연봉제는 세 가지가 있다. 대통령, 장관, 차관 등 정무직 공무원에게 정해진 보수를 주는 방식인 고정급적 연봉제와, 1급~4급 과장급까지 적용되는 성과급적 연봉제, 그리고 고위공무원단에 적용되는 직무성과급적 연봉제의 세 가지 형태가 있다. 다만, 성과급적 연봉제 대상자를 1~4급 공무원으로 하는 것에 대해, 고위공무원단제도 시행으로 1~3급 공무원의 계급이 폐지되었다는 것과 혼동할 수 있다. 하지만, 고위공무원단은 정부중앙부처에 실시되고 있는 제도임에 반해, 공무원 보수규정은 행정부를 포함한 국회, 대법원, 선거관리위원회 등의 헌법기관은 물론 대부분의 공무원들에게 적용되는 기준이다. 따라서, 고위공무원단제도의 적용을 받지 않는 기관에서는 성과급적 연봉제의 대상에 기존의 1~4급이라는 계급 질서에 의한 보수 책정이 그대로 유지되는 것이다. 결론적으로, 헌법기관과 같이 계급 체제를 유지하고 있는 기관의 1~4급 공무원이 성과급적 연봉제의 적용 대상이고, 고위공무원단은 직무성과급적 연봉제의 적용 대상이다.

해 기본연봉을 기준급과 직무급으로 분리하고 있다. 하지만, 기존에 호봉제를 적용했던 연구관, 지도관 등의 보수 체계의 경우에는 기존과 같이 고위공무원단 내에서도 호봉제를 적용한다.

[그림 5-5] 고위공무원단 보수 체계

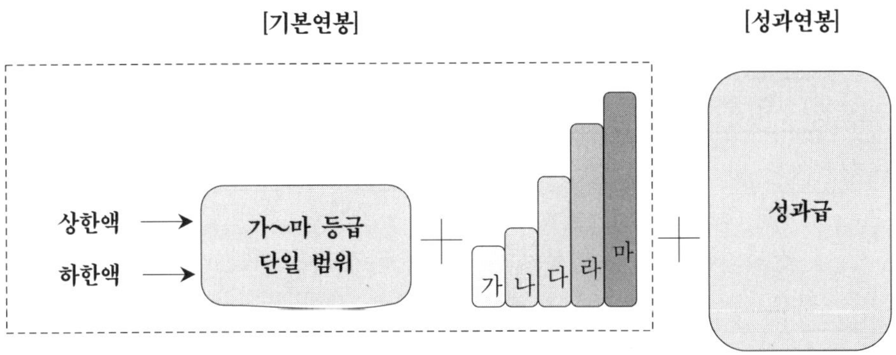

(1) 기준급

기준급은 개인의 경력 및 누적 성과가 반영되어 책정된 속인적 성격의 급여이다. 다시 말해, 경력이 인정되어 기본연봉에 반영되어 있거나, 연봉제 적용 대상의 경우 기존의 성과가 기본연봉에 누적됨에 따라 책정된 각 개인에게 부여되어 있는 급여를 말한다.

고위공무원단에서는 계급이 폐지되었기 때문에 고위공무원단 자체가 하나의 직위 개념이다. 따라서, 고위공무원단 기준급의 상한액과 하한액[21]은 단일 범위로 적용된다.

(2) 직무급

직무급은 직무의 곤란도, 책임의 정도를 반영해 직무 등급별로 차등 지급하는 금액으로, 고위공무원단 전체 직위에 대한 직무분석을 통해 다섯

21) 참고로, 고위공무원단 기준급 지급액의 상한액은 7천만 5천 원이고, 하한액은 4천 7백 2만 6천 원이다.

개의 직무 등급으로 분류되었고 이에 따라 보수 수준 또한 차등화되었다.

과거의 기본연봉은 속인적 성격이므로 어느 직위에 보임되더라도 동일한 금액을 지급받았다. 하지만 고위공무원단 내에서는 어떤 직위에 보임되느냐에 따라 보수액이 변동된다.

〈표 5-9〉 고위공무원의 직무급 금액

(단위: 천 원)

구 분	가 등급	나 등급	다 등급	라 등급	마 등급
연간 금액	12,000	9,600	7,200	4,800	2,400

(3) **성과연봉**

성과연봉은 현행 연봉제와 동일하게 성과에 따라 성과연봉을 지급하고 다음 해 기본연봉에 일부를 누적시킨다. 이런 누적 방식은 실질적인 성과의 보상을 지급하기 위함이다. 현재, 성과연봉으로 지급되는 금액이 높지 않기 때문에 성과에 대한 적정한 보상이 이루어지기 어렵다. 이런 문제를 해결하기 위해 보수 체계는 성과연봉의 누적 방식을 취함으로써 높은 성과를 지속적으로 내는 사람과 낮은 성과를 내는 사람들 간의 보수 격차를 확대하고 효과를 극대화할 수 있도록 설계되어 있다.

성과평가시 고위공무원단은 원칙적으로 전체를 하나의 평가 단위로 본다. 성과평가는 직무성과계약 평가 결과를 기초로 다면평가 결과 등을 반영해 소속 장관이 평가하게 된다. 그러나 부처의 특수한 사정에 의해, 고위공무원단을 하나의 평가 단위로 보기가 곤란한 경우, 인사위원회와 협의해 평가 단위를 달리 정할 수도 있다.

평가는 S, A, B, C의 4개의 평가 등급으로 상대평가를 한다. 이는 각각 상위 20%, 30%, 40%, 10%로 나누게 된다.

평가 등급별 지급 기준액은 2007년 현재 S등급 15%, A등급 10%, B등급 5%, C등급 0%로 각각 설정되어 있다. 예로, 기준 금액이 3,000만 원이고 평가 등급을 S등급을 받게 된 경우, 3,000만 원에 지급률 15%를 곱한 450만 원이 성과연봉 지급액이 되는 것이다.

제 2 절 외국의 고위공무원단제도[22]

고위공무원단제도는 공공 부문의 개혁이 활발한 미국, 영국, 호주, 뉴질랜드, 캐나다 등 14개 국가에서 채택되고 있다(강철승, 2006). 도입 시기·제도 명칭·제도 운영 등은 각 나라별로 다르지만, 중앙인사기관이 고위공무원을 정부 전체적인 차원에서 통합적으로 관리하고, 개방성·이동성·성과관리 등의 인사운영 원칙을 기초로 고위공무원의 경쟁력 강화와 정부 행정 서비스의 질을 높이고자 노력한다는 점에서는 공통점을 가지고 있다. 아래에서는 주요 외국의 고위공무원단제도를 살펴보고자 한자.

1 미 국

1) 도입 배경 및 목적

미국의 고위공무원단제도(Senior Executive Service: SES)는 1978년 공무원개혁법(Civil Service Reform Act) 제정을 통해 도입되었다. 이 제도를 도입하게 된 근본적 배경은 전문가 지향적이며 분권화되고 직위분류제로 운영되던 공무원제도가 공무원 간에 순환이 어려워 탁월한 재능을 효율적으로 활용하기 곤란했고, 경력직 공무원 중 다수가 장기간 동일 기관에서만 근무하게 되어 폭넓은 시각과 리더십을 요구하는 공위공무원단에게는 적합하지 않다는 문제 인식에서 찾을 수가 있다. 이에 따라 특정 분야의 전문가(specialist)보다는 국정 전체를 두루 살필 수 있는 폭넓은 시야를 가진 일반행정가(generalist)를 양성할 필요성에서 고위공무원단제도 도입을 추진하게 된 것이다.

---

22) 이 절의 내용은 주로 강철승(2006), "한국 고위공무원단 제도의 문제점과 개선 방안"에 게재된 내용을 요약·정리한 것임.

2) 핵심 선발 기준

모든 SES 직위에 대한 공통 자격 요건은 변화의 선도 능력, 리더십, 결과 지향, 직무 관련 전문성, 단합과 의사 전달 등의 분야에서 우수한 능력을 지녀야 한다.

3) 전반적인 관리 현황

(1) 적용 대상 및 구성

미국의 SES는 GS-16등급 이상의 고위공무원으로 구성되는데, 경력직 공무원으로만 충원되는 경력 직위(Career Reserved Position)와 비경력직(Non-Career) 그리고 임시직(Limited-term & Limited Emergency)으로도 충원될 수 있는 일반 직위(General Position)로 구분된다. 비경력직의 경우는 전체 SES의 10% 이내, 각 부처별로는 25%를 넘지 못하도록 되어 있으며, 일시적이거나 예상치 못한 업무 수행을 위해 3년 또는 1년 6개월의 범위 내에서 채용되는 임시직의 경우에도 전체 SES의 5%를 넘지 못하도록 되어 있다.

〈표 5-10〉 SES 정원(2001년 기준)

SES 정원	실제 운영 SES 수			
	소계	경력직	비경력직	타부처
7,795명	6,625	6,118	256	243

(2) 채용

경력직 임명의 경우, 먼저 각 기관은 채용하고자 하는 고위공무원단 직위에 필요한 자격 요건을 결정하고 모집 대상자를 현직 공무원에 국한할 것인지 모든 유자격자에게 허용할 것인지를 결정한 후 채용공고를 한다. 해당 부처는 고위공무원인사위원회(Executive Resource Board)를 통해 지원자 중에서 채용 후보자를 선정하고 인사관리처(OPM)의 자격심사위원회(Executive Core Qualifications)의 승인을 거쳐 적격자를 임용하게 된다.

이 자격심사위원회는 채용 후보자가 고위직 핵심 역량을 갖추었는지 여부를 동료평가 방식으로 심사하게 된다.

비경력 직위와 임시 직위의 임명은 경력 직위와 같은 별도의 공개경쟁절차나 심사절차를 거치지 않는다.

(3) **이동**

미국 SES는 다양한 경험을 통해 더 넓은 시야를 가질 것이 요구되므로 기관 내 또는 기관 간 이동이 강조된다. 많은 부처에서 의무적인 순환 프로그램을 통해서 이동을 촉진하고자 노력하고 있다.

(4) **성과관리**

SES의 성과관리를 위해 각 기관은 OPM의 규정에 따라 자체 평가 체계를 개발해야 하는데, 이 때 성가평가 등급은 3개 내지 5개 등급이어야 하고, 평가 요소와 평가 기준을 상급자와 함께 결정해 기관별로 구성된 성과평가위원회(Performance Review Board)의 심사를 거쳐 확정해야 한다. 또한, 성과평가 기간은 일반적으로 1년이며 최소한 90일 이상은 되어야 한다. 성과평가는 먼저 피평가자의 감독자가 약식평가(Summary Rating)를 하고 나서, 성과평가위원회에서 그 평가 결과를 검토한 후 임용권자에게 의견을 제시하면 임용권자가 최종 결정을 하는 과정을 거친다.

(5) **보수**

각 부처는 개인의 자격 및 전문지식, 과거 실적, 소속기관에 유사한 SES의 보수 수준, 기관의 예산사정 등을 감안해 보수를 책정하게 된다.

SES 공무원은 연 1회 보수 수준을 변경할 수 있으며 성과평가 결과가 가장 큰 영향을 미치게 된다.

2 영 국

1) 도입 배경

영국은 시장경제의 원리에 입각한 '작고 효율적인 정부'로 되돌아가야 한다는 신보수주의 정치 이념에 따라 1979년 보수당의 대처(M. Thatcher) 수상 취임 이후 대대적인 정부개혁을 시도한 이래로 메이저(J. Major) 정부 때는 '높은 질의 행정 서비스'를 내세워 관리혁신과 고객만족 등을 도모하며 시민헌장제도를 도입해 공공 서비스의 내용과 기준 등을 제시함으로써 열악한 상태의 대민 서비스 문제를 해결하고 고객 서비스의 질을 향상시키려 노력했다. 이러한 단계적인 개혁의 일환으로 공무원제도의 개혁 및 능률 개선 계획이 실시되었으며, 1995년에는 종래의 국장급까지만 적용되던 범위를 과장급까지 확대해 계급을 없애고 하나의 관리집단으로 구성된 고위공무원단제도를 도입하게 되었다.

2) 고위공무원단의 의의 및 선발 핵심 기준

영국의 SCS(Senior Civil Service)는 공무원 상호간은 물론 정부 전체의 연계성, 통합성 및 전문성을 제고하기 위한 것으로 종전의 SOS(Senior Open Structure)를 확대해 Grade 5 이상의 공무원(약 3,600명)의 계급을 폐지하고 하나의 관리계층 집단으로 관리하는 제도를 의미한다.

선발의 핵심 기준은 리더십, 전략적 사고 및 기획, 결과 도출, 인력관리, 의사소통, 재정자원 관리, 지적 능력, 창의력과 판단력, 전문기술 및 전문가로서의 능력 등이다. 지적 능력이나 전문적인 기술 및 능력을 강조함으로써 일반행정가 체제에서 결여되기 쉬운 전문성의 강화에 초점을 맞추고 있다.

3) 전반적인 관리 현황

(1) 구성 및 조직구조 분석

상위 수준의 1급에서 5급까지의 고위공무원을 대상으로 일괄적으로 구성했으며, 기본적인 조직구조는 계층제를 고수하고 있지만, 고위공무원단 내에서는 직위만 남아 있을 뿐 직급은 폐지되었다.

(2) 임용 및 인사관리

폐쇄적으로 임용되어 오던 고위공무원들을 집행기관의 책임자와 같이 공개모집을 통해서 선발하는 계약제 임용 방식이 도입되었다. 공개경쟁채용 현황은 해마다 증가 추세이며, 고위공무원의 충원, 승진, 훈련, 급여 및 근무 조건 등에 관한 전반적인 사항은 인사위원회인 OPS(Office of Public Service)에서 관장하고 있다.

〈표 5-11〉 SCS level 공무원 수

연 도	SCS level 공무원			전체 공무원 수
	남	여	계	
1995	3,250	430	3,680	474,880명
1996	3,200	480	3,680	458,660
1997	3,160	540	3,700	439,310
1998	3,120	590	3,720	430,460

고위공무원의 임용시에 OPS는 직무 특성 기준과 각 부처별 직무평가위원회가 산정한 직무평가 요소(소속 직원의 관리, 책임성, 판단력, 영향력, 전문성 등)를 기초로 개별 직위에 대한 고위직 직무평가(JESP: Job Evaluation for Senior Posts) 점수를 산출하며, 이 점수는 직위를 선정하는 기준으로 활용된다.

SCS 공무원의 임용절차는 OPS의 채용규칙에 따라 각 부처별로 실시된다. 채용 기간이 12개월 이내인 경우를 제외하고는 반드시 OPS의 승인을 거쳐야 하며, 각 부처는 SCS 직위에 공석이 생길 경우 내부에서 임용할 것인지 아니면 외부로부터 공개경쟁 방법에 의해 임용할 것인지 여부를 결정해야 한다. 만약 공개경쟁을 통해 임용할 경우에는 OPS와 협의해 참여 방법 등 구체적인 선정 방법을 정하게 된다.

(3) 보수 및 성과관리

OPS에서 JESP 점수를 기준으로 SCS 공무원에 대한 근무평정을 실시하고 급여 수준도 결정한다. 각 부처는 수상실의 지침, 공무원법, 그리고 보수협약에 규정된 공통적인 SCS 보수 체계에 따라 보수를 지급해야 하고 만일 이러한 기본 체계를 바꾸고자 할 경우에는 수상실과 공식적인 협의가 있어야 한다(김우종, 2005: 73). 한편 부처 간의 형평성을 도모하기 위해 중앙에서 각 부처의 운영 상황을 감시하고 인건비 총액을 통제하는 방법을 사용한다.

〈표 5-12〉 SCS 공무원의 봉급표(2001년 4월부터)

봉급 등급 (Pay Band)	JESP 점수	봉급액(£)	
		최저액	최고액
1	7~10	44,038	69,178
2	8~11	48,552	77,869
3	9~12	53,534	87,598
4	11~16	59,088	98,494
5	12~17	64,768	104,292
6	14~19	70,905	110,428
7	17~20	77,635	116,904
8	18~21	84,811	123,856
9	20~22	92,696	131,276
사무차관		104,292	179,022

(4) 이동

인사교류의 확대는 SCS 정책의 주요 사항 중 하나이기는 하지만, 영국의 경우 강제적인 프로그램이 있는 것은 아니며, 다만 인사교류 문화를 확산하고자 권장하는 수준이다. 그럼에도 불구하고 현실적으로 인사교류가 잘 이루어지지 않고 있는데, 그 이유는 공무원의 대규모 감축 이후 안정성 위주로 부처를 선택한다는 점, 장·차관 등이 유능한 SCS 공무원이 자기 부처를 떠나는 것을 원하지 않는다는 점, 특히 민간 부문에서의 높은 급여 수준이 민·관 간의 인사교류의 장애 요인으로 작용한다는 점 등을 들 수 있다.

(5) 훈련과 교육 과정

SCS 공무원에 대해서는 경력 지도(route map)를 포함한 특별한 교육훈련 프로그램이 적용된다. SCS 신규 임용자에 대해서는 고위공무원단으로서의 공통적인 가치관 및 협력문화 함양을 위한 '신규자 과정'이 있고, 상위 500~600명에 해당하는 고위공무원을 대상으로 한 '최고관리자 과정'이 있는데 이는 주로 개인 발전에 초점을 두고 있다. 이들 두 프로그램은 의무적으로 이수해야 하는 필수 과정이며, 기타 교육훈련은 각 부처 및 개인적인 책임 하에 이루어진다.

3 미국과 영국의 고위공무원단제도 비교

이상의 미국과 영국에서 시행되고 있는 고위공무원단제도를 비교해 보면 <표 5-13>과 같다.

〈표 5-13〉 미국과 영국의 고위공무원단제도 비교

구 분	미 국	영 국
명칭	Senior Executive Sercive	Senior Civil Sercive
도입 시기	1978	1995
도입 근거	공무원개혁법	시민헌장제도
도입 목적	동기부여, 조직성과 향상 등	고위공무원의 응집력 강화, 전문가와 일반행정가 역할 등
인사관리기관	OMP(Office of Personnel Management)	OPS(Office of Public Service)
인사관리제도	부처 중심, 단 OMP의 승인 필요	OPS에서 관장
충원·훈련 주체	각 부처장이나 기관장	OPS에서 관장
성과급제도 도입	유: 실적상여금, 대통령상여지급금, 특별공로상여금의 형태로 지급	유: 개인별 업무책임도에 맞게 개별적 보수 결정
성과관리 및 책임성 확보	유: 성과계약의 관리	유: 성과관리와 평가로 재계약 결정
개혁의 접근법	종합적 접근법	기능 중심적 접근법

자료: 강철승, 한국 고위공무원단 제도의 문제점과 개선 방안(2006: 12).

제 3 절 고위공무원제도의 쟁점과 과제

우리 나라에 도입된 고위공무원단제도에 대한 찬반의 논의 내지 평가는 앞으로도 계속될 것이다. 그 동안 고위공무원단제도의 도입에 찬성하는 입장의 의견은 대략 다음과 같다.

첫째, 지나친 신분 보장으로 무사안일과 적당주의가 만연해 인적 자원의 효율성이 떨어진 상태이므로, 공직사회에 경쟁 분위기를 확산시켜 행정의 능률성을 제고할 필요가 있다.

둘째, 그 동안 승진이나 전보와 같은 인사관리에서 성과보다는 연공·정실·엽관의 요소가 적지 않았으므로, 직무 능력 및 실적의 평가에 따라 대우를 달리하는 인사관리 체계를 구축함으로써 성실하고 책임감 있는 공무원이 인정받는 공직문화를 창출할 필요가 있다.

셋째, 고위공무원단 제도를 도입하면 고위공무원들이 정책을 수립하고 집행하는 과정에서 그들의 임용권자인 통치권자의 국정 운영 철학을 충분히 이해해 반영할 수 있으며, 정책 과정에서 발생할 수 있는 갈등을 공무원들에게 이해시킴으로써 행정부 내의 갈등을 최소화할 수 있다.

넷째, 과거의 인사 이동은 주로 동일 부처 내에서 이루어지는 관계로 문제를 보는 시각이 좁을 수밖에 없었는데, 부처 간 인사교류가 활발해지면 여러 분야의 지식을 습득함은 물론 부처 간 상호 협력하는 분위기가 조성될 수 있다.

다섯째, 평가 결과에 따라 대우가 달라지는 만큼, 무사안일 내지 최소한의 직무 수행 태도에서 탈피해 능력을 최고도로 발휘할 것이기 때문에 행정의 책임성이 제고될 것이다.

반면, 고위공무원단 제도 도입·시행에 회의적인 시각 내지 우려하는 바도 적지 않다. 이는 곧 시행 1년차에 해당하는 우리 나라 고위공무원단 제도가 안고 있는 쟁점이자 풀어야 할 과제이기도 하다.

① 정치적 중립 훼손: 고위공무원단 인사규정에 제5조에 의하면, 고위공무원단에 속하는 공무원으로 신규채용이 되거나 고위공무원단 직위로 승진임용될 때에는 반드시 대통령이 임용권을 행사하도록 규정하고 있기 때문에, 고위공무원단제도가 시행되면 대통령에 의한 정치적 임명이 확대되어 공무원의 정치적 중립이 심각하게 훼손될 것이라는 우려이다.

이러한 우려를 불식시키기 위해서는 고위공무원단에 대한 임명은 철저하게 공정하고 투명한 절차에 의해서 이루어져야 할 것이다.

② 형식적인 운영을 통한 제도의 무력화: 기존의 목표관리제, 성과연봉제

등 성과관리제도가 그 동안 형식적으로 운용되었고, 따라서 이들 제도에 대한 평가도 대체로 부정적이었다는 점을 감안하면 고위공무원단에 소속된 공무원들에 대한 성과평가도 다분히 형식적으로 이루어질 것이라는 우려이다. 또한 채용 및 공모시 선발시험(심사)위원회가 합격 기준을 너무 높이 설정해 임용후보자 1인을 중앙인사위원회에 단수로 추천함으로써 중앙인사위원회의 인사심사권을 제약하는 경우가 있을 것이라는 우려이다. 이러한 우려에 대비한 적절한 대책이 마련되어야 할 것이다.

③ 우수한 인재 영입을 위한 보상 체계의 미흡: 고위공무원단제도의 도입 목적 중 하나는 외부로부터 우수한 인재를 영입해 적재적소에 배치함으로써 정부의 경쟁력을 강화하는 데 있다. 하지만 현행 보수 체계 하에서 외부(사기업체 포함)로부터 과연 얼마나 많은 우수 인재를 확보할 수 있을 것인가에 대한 우려이다. 영국의 경우, 민·관 간의 교류시에 장애 요인으로 지적된 부분이 바로 보수 격차였다.

④ 새로운 형태의 계급 탄생: 고위공무원단제도 하에서는 과거의 '관리관', '이사관', '부이사관'이라는 신분적 계급은 없어졌다. 하지만 앞서 설명된 바와 같이 직무평가를 기초로 하여 개별 직위를 가 등급~마 등급까지 5개 등급으로 구분해 달리 대우하고 있다. 즉, 신분적 계급은 없을지라도 내용면에서 새로운 형태의 계급으로 의식하지 않을 수 없게 되었다는 점이다. 이 부분에 대한 인식 변화의 몫은 정부, 특히 중앙인사위원회에 있다고 본다.

이 밖에도 고위직 공무원의 역량 강화를 위한 체계적인 교육훈련 프로그램의 미흡, 성과관리의 기본이 되는 직무분석 및 평가 체계의 미흡 등을 지적할 수 있다.

제4절 결 론

우리 나라에 고위공무원단제도가 도입되어 시행된 지 채 1년(2007년 7월

1일 기준) 정도밖에 되지 않았지만, 해방 이후 지금까지의 공무원 인사제도를 근본적으로 변화시키는 계기가 되었다. 하지만 이 제도를 우리보다 일찍 도입해 경험한 외국의 경우를 보면 긍정적인 효과보다는 부정적인 효과를 더 많이 양산했고 그 성과에 대해 부정적인 평가가 적지 않으므로(강철승, 2006: 14), 앞으로 시행 과정에서 좀더 신중한 연구와 검토가 필요하리라 본다.

우리 나라의 경우 아직은 시행 초기라서 그 성과에 대한 평가는 추후에 내려지겠지만, 우선 고위공무원단제도의 실시로 인해 기대되는 점은 다음과 같다.

첫째, 공직 내・외부로부터 선발된 고위공무원들이 각자 개별 역량에 따라 적재적소의 배치가 가능하며, 각 직위에서 소신껏 일할 수 있는 여건이 조성될 것으로 기대된다. 또한 공정하고 투명한 임명절차가 마련되어 있어서 각종 연줄에 따른 엽관적 인사 관행은 현저히 줄어들 것으로 본다.

둘째, 정책의 안정성과 전문성의 향상에 기여할 것으로 기대된다. 공모제도에 의해 각자 원하는 직위에 지원할 수 있으며, 다수인으로 구성된 위원회의 엄격한 역량평가 과정과 보직의 공모경쟁을 통과해야만 원하는 직위에 임명될 수 있기 때문에 적격자의 임명 가능성이 증대되었을 뿐만 아니라, 일단 임명되면 임기가 보장되므로 현 직위에서 일정 기간 동안 안정적으로 근무할 수 있어 정책의 안정성과 전문성 향상에 크게 기여할 것이다.

셋째, 유능한 인재의 영입이 가능해졌다. 공직 내・외에서 응시가 가능한 개방형 직위와 다른 부처로의 이동이 가능한 공모 직위의 확대로 인해 유능한 인재가 필요한 직위에 임명될 수 있는 가능성이 증대되었다.

넷째, 보수의 합리화에 기여할 것으로 기대된다. 고위공무원단 내에 계급은 폐지되었으나 직무분석을 통한 직무의 책임성과 곤란도 및 업무량의 차이에 따른 다섯 가지 등급의 설치로 인해 등급별 보수 차별화를 기할 수 있어 보수의 합리화에 기여할 것으로 기대된다. 즉, 직무분석의 결과치로 나타나는 직무값에 따라 달리 분류되는 직위는 다른 보수를 지급받게 되므로, '동일 업무, 동일 보수(equal pay for equal work)'라는 원칙이 가능해질 것이다.

다섯째, 업무의 계획성과 책임성이 제고될 것으로 기대된다. 직무성과계약제의 도입은 개별 업무별로 성과목표를 미리 적시해 그 목표 달성 정도를 사후에 평가하는 제도이기 때문에, 업무의 계획성과 책임도를 높일 것으로 기대된다. 아울러 성과에 따른 보수의 차등화로 인해 '차별적 보상을 통한 인센티브 효과'가 공직 내에 파급될 것으로 기대된다(서원석, 2006: 19).

이러한 여러 가지 기대에도 불구하고 위의 제3절에서 지적한 바와 같이 우려되는 부분도 적지 않았다. 이러한 우려들이 오해일 수도 있고 시행 과정에서 현실로 나타날 수도 있겠지만, 급변하는 국내외의 환경, 기존 인사행정 체제의 문제점 노출, 선진국들의 공무원제도 개혁 경향 등에 비추어 볼 때, 고위공무원단제도 도입의 당위성을 부인하기 어렵다.

새로운 제도의 도입이 성공하기 위해서는, 그 제도의 내용도 합리적으로 설계되어야 하겠지만, 제도를 운영할 때 현실과 조화를 이루는 것이 중요하다. 나라마다 고유의 문화가 있고 가치관이 다르기 때문에, 지나치게 이상론에 치우치기보다는 현실론의 관점에서 구체적인 실천 방안을 모색해 나가는 지혜가 필요하다.

고위공무원단의 출범은 혁명에 가까운 변화이다(조경호, 2006: 21). 따라서 시행 초기에는 다소의 혼란이 있을 수 있고, 운영 과정에 먼저 경험했던 국가들에서 제기된 여러 가지 장애 요인들과 부작용이 재현될 수도 있다. 하지만 원칙적인 방향은 유지하면서 시행 도중 발생하는 문제점들을 끊임없이 수정·보완한다면 이 제도가 성공적으로 정착할 수 있을 것으로 기대된다.

제 6 장 개방형 직위제도

개방형 직위제도는 현대 행정의 특성 변화와 밀접한 관련성을 가진다. 행정 업무의 성격이 단순하거나 일반적인 교양을 가진 능력자라면 누구나 업무를 처리할 수 있는 범주를 떠나 크게 변화된 시대적 환경에 대응하기 위한 방안의 하나로 대두되었다. 현대는 하루가 다르게 지역적·국가적·세계적 환경의 변화에 적극적으로 대처하기 위해 국가행정이 다양화·전문화·과학화되는 추세에 직면해 있으므로 행정국가화 현상이 나타나게 되었다.

따라서 21세기 공공행정 체제의 변화는 절차와 규율의 강조에서 성과와 결과의 강조로 변화했고, 인적 자원이 경비가 소요되는 대상이라는 관점에서 투자와 재원이라는 관념으로 변모했으며, 생활을 영위하기 위한 수단으로서의 업무에서 내적으로 또는 외적으로 핵심적인 가치를 공유하는 것으로 변화했다(Ingraham et. al., 2004: 529-531).

불확실한 외부환경의 변화에 적응하기 위해 행정조직의 업무가 높은 숙련을 요구하는 상황으로 변모하면서 인적 자원의 기능이 고도화되고 있으며, 행정조직은 개인의 기술적인 지식과 숙련, 능력, 기타의 특성을 요구할 뿐만 아니라 급격하고 예상치 못한 변화에 적절하고 유연하게 적응하는 행정인력을 요구하고 있다(Pynes, 2004: 5-21). 이러한 인력의 공급과 능력은 경직적인 계급제 하에서 일반 행정업무의 처리에 적응된 공무원이 감당하기에는 한계가 있으므로 전문성을 가진 외부의 인력이 필요하게 된다.

선진국에서는 이미 인사행정의 인력 수요를 전문성을 갖춘 민간과 외부 영입으로 해결해 나가고 있으며, 갈수록 민간인의 영입이 증대되고 있는 상황이다. 이것은 규모의 경제라는 요소가 적용되는 거대한 행정조직에 민간과 외부 영입이 적합하다는 것과 일치되는 것이기도 하다(Condrey, 2005: 1-8). 환경의 변화에 적응하기 위해 전문가의 채용으로 행정의 업무 역량을 강화하면서 행정 서비스의 질적인 향상을 도모하고자 하는 의도 때문이다.

따라서 개방형 직위제도는 공직의 업무 능력을 극대화하고 공직사회의 경쟁력을 향상시키기 위해 고도의 전문성이 필요하거나 효율적인 정책 수립을 위해 필요하다고 판단되는 특정한 직위에 대해서 공직의 내부와 외부를 망라해 일정한 자격을 갖춘 사람을 공개 모집에 의한 선발시험을 거쳐 최적격자를 선발해 임용하는 제도이다.

공무원의 임용에는 신규임용, 승진임용, 전직, 전보(轉補), 파견, 겸임, 강임(降任) 등이 포함되는데 개방형 직위제도는 특정 직위에 대한 신규임용과 전보 및 파견의 성격을 가진다. 특정 직위에 민간인이 선발되면 신규임용이 되고, 재직하는 공무원이 선발되면 승진 또는 전보나 파견의 성격을 가지게 된다.

고도의 전문성이란 행정환경의 변화에 대응해야 하는 분야에 대한 기술적인 능력이나 특수한 자격을 의미하고 이러한 자격을 갖춘 경력의 소유자를 선발하고자 하는 것이며, 효율적인 정책 수립이란 전문적인 분야의 정책 수립에 관여했거나 풍부한 경험을 바탕으로 하는 정책 수립 능력을 의미한다. 이러한 능력자를 선발해 임용함으로써 행정의 안정적 운영과 효율성 및 생산성을 극대화하자는 것이다.

제1절 개방형 직위제도의 도입 배경

1 개방형 직위제도의 도입 배경과 추진 과정

1) 도입 이전의 제도

개방형 직위제도의 도입 이전에도 공무원임용령에 의해 고도의 전문성과 특수기술이 요구되는 직위로서 일정한 직무수행 요건에 따라 공직 내외에서 적격자를 충원할 수 있는 '개방형 전문직위제도'가 운영되고 있었다. 여기에 근거해 국제, 법률, 정보통신, 환경 등 총 10개 분야에 213개의 직위가 지정되어 있었다(중앙인사위원회, 2006: 64-65).

개방형 전문 직위는 내부와 외부로 나누어 충원했는데 내부충원은 소속 장관이 소속 공무원 중에서 임용자격 요건을 갖춘 자를 대상으로 관할 보통승진심사위원회의 심사를 거쳐서 대상자의 신분에 따라 승진, 전보, 전직, 특별채용 등으로 임용했다. 외부충원은 임용권자가 해당 직위 및 임용대상자의 특성 등을 감안해 특별채용, 계약직 채용, 겸임 등 다양한 방법으로 선발, 충원해 왔다.

개방형 전문 직위에 임용된 자는 3년간, 특별채용된 경우는 5년간 전보를 제한했다. 개방형 전문 직위는 직위 지정 권한이 소속 장관에게 부여되어 있었기 때문에 총 213개의 직위 중 18개의 직위가 국장급으로 지정되어 고위직의 비중이 극히 낮았으며, 외부충원의 경우에 계약직으로 채용이 가능해야 함에도 정부조직법상 실, 국, 과장 직위에 계약직 임용이 불가능했고 직무 수행 요건도 지나치게 엄격했다.

이와 같은 문제점 때문에 개방형 전문 직위에 임용된 직위는 총 213개의 직위 중에서 37개의 직위에 불과했다. 제도를 운영할 때 특별채용을 할 경우에 공고나 제한경쟁 등의 사례가 없었으며, 경우에 따라 필기시험까지 부과해 고위직 채용의 제약 요인이 되었다. 그리고 이러한 제도를 총괄적으로 관리하는 부서나 기능이 없었기 때문에 실제 운영상 어려움이 따랐고 적격자의 채용 여부에 대한 검증 절차도 미흡했다.

2) 도입 배경

개방형 직위제도는 우리 나라 공무원채용제도의 문제점을 보완하는 의미와 업무 능력의 극대화를 도모하고자 하는 의미를 동시에 포함하고 있다. 우리 나라는 전통적인 계급제도로부터 출발해 국가공무원법의 개정을 통해 계급제의 바탕 위에 직군, 직렬, 직류라는 직위분류제적인 요소를 가미한 형태로 운영되어 왔다. 신규로 채용되는 공무원은 9급, 7급, 5급 등으로 개방적인 형태로 임용되어 왔다.

이와 같은 제도 아래서 공무원은 신분이 보장되고 임용 서열을 중요시하면서 인사 운영 과정에서 경쟁 체제가 미흡해 민간 부문과 비교해 경쟁력과 생산성이 저조하다는 비판을 받아왔다. 이러한 비판에 대응해 정부는 공직에 외부의 전문가를 유치해 행정의 전문성을 강화하고, 부처 간의 인사교류를 활성화하며, 경쟁을 통한 공무원의 능력 향상을 기하면서 생산성을 제고하기로 정책을 수립했다. 이러한 정책을 수행하고자 중앙인사위원회는 기획예산위원회의 경영진단 결과를 토대로 관계 부처의 협의와 학계, 언론계, 시민단체, 관계 공무원 등이 참여한 패널회의와 관계 부처의 의견 수렴을 거쳐 38개 부처 129개의 직위를 개방형 직위로 지정했다(1999년 11월 15일). 그 후에 중앙인사위원회는 기획예산위원회에서 경영진단조정위원회의 심의와 공청회의 의견, 각 부처의 의견 등을 참고해 '개방형 직위의 운영 등에 관한 규정(대통령령)'을 마련했고(2000년 2월 28일 제정, 시행), 2006년에 '개방형 직위 및 공모 직위의 운영 등에 관한 규정'으로 전면 개정하게 되었다.

3) 추진 과정

1995년 개방형 직위제도를 추진하는 데 시초가 된 직무분석의 건의로부터 45개 부처 158개의 직위가 지정된 2007년 현재까지의 개괄적인 추진 과정을 보면 다음과 같다(중앙인사위원회, 2007: 개방형 직위제도 소개).

세계화추진위원회에서 범정부적인 직무분석을 건의(1995년 8월), 직무분석기획단을 구성해 직무분석 실시(1996년 1월), 201개의 전문 직위를 선정(1996년 12월), 정부조직 개편으로 직위 수가 183개로 감소(1998년 2월), 30개 직위를 추가로 지정(1998년 8월), 실, 국장급 직위의 30% 수준을 개방(1998년 10월), 정부조직법 및 국가공무원법의 개정으로 개방형 직위제도의 도입 근거를 마련(1999년 5월), 38개 기관 129개의 개방형 직위 확정 발표(1999년 11월), '개방형 직위의 운영 등에 관한 규정안' 입법 예고(1999년 12월), '개방형 직위의 운영 등에 관한 규정' 공포 및 시행(2000년 2월), '개방형 직위 운영지침' 제정, 시행(2000년 3월), '개방형 직위의 운영 등에 관한 규정' 개정(2002년 4월), 외부임용률 활성화를 위한 '개방형 직위 조정지침' 시행(2003년 7월), 45개 부처 158개 직위로 변경(2006년 1월), '개방형 직위 및 공모 직위의 운영 등에 관한 규정'으로 전면 개정(2006년 6월)해 현재에 이른다.

2 개방형 직위의 성격

1) 전문성의 제고

사회환경의 변화와 인사행정 체제의 개선과는 밀접한 연관성을 가진다. 경제적 변화, 사회적 변화, 정치행정적 변화는 인사행정에서 직무 수행의 변화뿐만 아니라 직무 수행 기술의 변화까지 요구한다. 비숙련자의 수요는 감소하고 전문가의 수요가 증가되며, 인적 자원은 고학력화·고기술화되고 유동성이 높아지게 되었다(오석홍, 2005: 55-57). 따라서 업무환경에 적합한 전문성을 제고하려는 성격을 가지고 있다.

2) 대응성의 향상

행정환경은 민주화, 디지털화, 네트워크화와 같은 새로운 환경으로 변모하고 있는데, 이러한 환경에 대응하기 위해서는 신축성 있는 공무원제도가 필요하게 된다(채한수, 2001: 170-171). 따라서 개방형 직위제도는 행정환경의 변화에 대응하기 위한 방법으로서 적절한 기능을 하게 되므로 대응성을 향상시키는 성격을 가진다고 할 수 있다.

3) 경쟁력의 제고

실적주의적 행정 위주로 운영되어 온 인사행정 체계는 채용이 되고 나면 경력과 근무성적평정 및 교육훈련 등의 평가를 기준으로 승진이 되거나 신분이 보장되어 공무원 간의 경쟁이나 민간인과의 경쟁이 약화될 가능성이 있다. 개방형 직위제도는 공무원이든 민간인이든 직위의 성격에 적합한 최선의 인재를 경쟁을 통해 채용하는 제도이기 때문에 공무원 간의 경쟁력을 제고하는 성격을 가진다. 경쟁력을 높이고 자기 성찰과 업무 능력 향상을 위한 노력이 공무원의 의식 속에 정착되면 행정 능률의 향상에도 기여하게 될 것이다.

4) 인사교류의 활성화

개방형 직위제도는 개방형 직위로 지정된 직위에 대한 임용 자격, 능력 요건, 특별 요건에 가장 적합한 최적임자를 선발하는 것이므로 각 행정부처의 공무원은 누구나 응시할 수 있고 선발이 가능하게 된다. 이것은 부처 내 또는 부처 간의 인사교류가 활성화되는 것을 의미하는데 활발한 교류는 행정환경의 분위기를 쇄신할 뿐만 아니라 능력을 최대한 발휘할 수 있는 여건을 제공하게 되므로 행정의 생산성 향상에도 도움이 된다. 따라서 개방형 직위제도는 공무원의 인사교류를 활성화시키게 하는 성격을 가진다.

5) 개혁성의 확보

행정환경의 변화에 적응성이 약한 행정조직으로는 자체적인 능력 발전의 노력도 부족할 뿐 아니라 급격한 변화에 유연하게 대처하기 어렵게 되어 조직은 침체할 가능성이 있다. 경쟁이 치열하지 않는 안전지대에서 심화되어 온 공무원사회의 무사안일, 복지부동의 행정 행태는 개방형 직위제도의 도입으로 인해 경쟁과 능력 향상이라는 자구책을 강구하지 않을 수 없으므로 인사행정의 개혁성을 확보한다는 성격을 가지게 된다. 근무 경력만 많으면 거의 자동적으로 승진되는 제도 아래서 능력이 탁월하지 않으면 개방형 직위에 임용이 불가능하므로 이러한 제도는 인사행정의 개혁을 의미한다.

6) 공무원의 능력 향상

개방형 직위에 선발되려면 임용 자격, 능력 요건, 특별 요건에 적합해야 해야 하고, 선발심사위원회는 그 중에서 가장 탁월한 최적임자를 선택하도록 규정하고 있다. 임용자격 요건 중에서 경력 요건은 직급별로 차이가 있으나 학력 기준, 자격 기준, 민간 경력 기준, 공무원 경력 기준이 아주 높게 설정되어 있다. 학력도 석·박사학위 소지자, 자격증 소지자, 관련 분야 근무 경력으로 나누어 경력의 기간을 다르게 설정하고 있는데, 이러한 경력을 충족시키려면 끊임없는 자기 능력의 계발과 노력이 없으면 불가능하게 되므로 개방형 직위제도는 공무원의 능력 향상에 기여하는 성격을 가진다.

제 2 절 개방형 직위제도의 기본 현황

1 개방형 직위제도의 내용

1) 개방형 직위의 지정과 변경

(1) 직위의 지정

대상 직위는 소속 장관별로 고위공무원단 총수의 20% 범위 내에서 지정하게 되어 있다. 다만, 소속 장관이 필요하다고 인정하는 경우 과장급 직위 총수의 100분의 20 범위 안에서 개방형 직위를 지정할 수 있으며 소속 장관이 중앙인사위원회와 협의해 정한다.

적용 대상기관의 제한은 없으나 국가정보원같이 기관의 성격상 직위를 공개적으로 밝힐 수 없는 기관, 대통령 비서실이나 경호실같이 임용권자와의 관계가 중시되는 비서나 경호 업무가 주기능인 기관은 제외된다.

대상 직종은 실국장의 직위에 보할 수 있는 일반직·특정직·별정직·계약직 공무원으로 보할 수 있는 직위이며, 실국장급 직위에 보할 수 없는 정무직·기능직·고용직 공무원과 군무원으로 보하는 직위는 적용 대상에서 제외된다. 그리고 법령상으로 제한이 없으나 군사지휘, 작전에 종사하는 직무 분야와 직무 수행의 중립성이 요구되어 법령에 의해 자격과 임용 기간이 정해진 각종 위원회 위원 등의 직위는 적용 대상에서 제외된다.

개방형 직위의 지정은 전문성이 특히 요구되거나 효율적인 정책 수립을 위해 필요한 직위를 대상으로 하되, 지정은 ① 전문성, ② 중요성, ③ 민주성, ④ 쇄신성, ⑤ 조정성을 기준으로 한다고 규정되어 있다. 전문성이란 직무 수행에 요구되는 경험적·학문적 전문지식이나 기술의 정도이고, 중요성은 직무 내용이나 성격상 당해 직위의 업무가 당해 기관의 전체 업무 중에서 차지하는 비중 및 업무 수행 결과의 대(對)국민 영향과 파급 효과의 정도를 의미한다. 민주성이란 정책 결정 또는 집행에 객관성, 공정성이 요구되어 다양한 국민 시각의 반영이나 국민의 참여가 요구되는 정도를 의미하고, 쇄신성은 행정환경의 변화 등으로 인해 제도나 형태의 신속한 개선 또는 개혁이 요구되는 정도를 말한다. 조정성이란 공직사회 내부의 이해를 바탕으로 한 부처 간 또는 부서 간의 이해 관계를 조정할 필요성의 정도를 의미한다.

지정 절차는 소속 장관이 개방형 직위의 지정 비율과 지정 기준에 따라 개방형 직위로 지정하고자 하는 직위를 선정하고 그 이유를 명시해 중앙인사위원회와 협의해 지정한다.

(2) 개방형 직위의 변경과 해제

일정한 변경(해제) 사유가 발생하면 개방형 직위를 변경(해제)할 수 있다. ① 기구의 개편 또는 정원의 변경으로 실국장급 직위 수가 조정되거나 개방형 직위의 주요 직무 내용이 변경된 경우, ② 직위 명칭이 변경된 경우, ③ 지정된 개방형 직위를 계속해 유지하기 곤란한 사유가 발생했을 경우이다. 곤란한 사유란 응모자 또는 적격자가 없어 공무원 중에서 임용하고 1년이 경과한 후 다시 공개 모집을 했으나 응모자나 적격자가 없는 경우, 2회 이상 공개 모집을 했으나 응모자가 없거나 적격자가 없는 경우, 환경의 변화로 인해 상대적으로 개방의 필요성이 더 높은 직위가 있는 경우, 운영 결과 심각한 문제점이 발생한 경우, 개방형 직위로 계속해 운영하기가 곤란한 특별한 사유가 있는 경우를 말한다.

변경(해제) 절차를 보면, 소속 장관은 변경하고자 하는 직위, 새로 지정하고자 하는 직위와 변경 사유를 명시해 중앙인사위원회에 협의를 요청하고, 해제할 경우에는 해제하고자 하는 직위와 사유를 명시하도록 되어 있다. 개방형 직위를 변경 또는 해제하고자 하는 경우 '개방형 직위조정심의위원회'를 구성해 심의하고 결과를 첨부해야 한다.

2) 직무 수행 요건의 설정과 변경

소속 장관은 특정 직위를 개방형 직위로 지정한 때에는 지체없이 '직무 수행 요건 명세서'를 작성해 중앙인사위원회의 협의를 거쳐 해당 직위의 직무 수행 요건을 설정해야 한다. 직무 수행 요건은 ① 임용자격 요건, ② 능력 요건, ③ 특별 요건으로 나뉜다. 임용자격 요건은 '필수 요건'과 '경력 또는 실적 요건'으로 구분하는데, 필수 요건은 시험 응시자가 해당 요건을 모두 구비해야 하고, 경력 또는 실적 요건은 시험 응시자가 2개 중 하나만 구비하면 된다.

능력 요건은 당해 직위의 업무를 수행하는 데 기본적으로 요구되는 능력으로서 모든 직위에 반드시 설정해야 하는데, 전문가적 능력, 전략적 리더십, 문제 해결 능력, 조직관리 능력, 의사전달 및 협상 능력 등 다섯 가지를 구분해 설정하는 것을 원칙으로 하고 있다.

특별 요건은 당해 직위의 직무 수행에 직접적으로 도움이 되는 자격증이나 외국어, 정보화 능력, 기타 특별 요건을 설정하는 것이다.

3) 충원 시기와 선발

(1) 충원 시기

개방형 직위를 지정해 최초로 임용하는 경우, 개방형 직위에 보할 수 있는 공무원의 직급에 결원이 있거나 결원이 발생한 때에 공개모집의 절차와 방법에 의해 임용한다. 개방형으로 임용된 직위에 임용하는 경우, 개방형 직위에 임용되어 있는 자의 임용 기간이 만료되거나 당해 직위에 결원이 발생하는 때에 개방형 임용절차와 방법에 의해 지체없이 임용해야 한다.

(2) 공개 모집

모집 공고의 실효성을 높이기 위해 소속 장관은 매년 개방형 직위의 충원을 위한 연도별 시험시행계획을 수립해 당해 연도 1월 말과 7월 말까지 중앙인사위원회에 통보해야 한다.

공고의 내용은 ① 임용 직위, 보직 가능 직급, 주요 업무 내용, ② 임용 기간과 임용 신분, ③ 응시 자격 요건, ④ 시험의 일시, 장소, 방법, ⑤ 응시 원서의 교부, 접수 장소, 기간, ⑥ 응시자 제출 서류, ⑦ 보수 수준, ⑧ 기타 시험 시행과 관련해 필요한 사항이다.

공고의 매체는 1개 이상의 일간신문, 관보, 당해 기관과 중앙인사위원회의 인터넷 홈페이지에는 반드시 공고해야 하고, 더 많은 후보자가 응시할 수 있도록 가능하면 다른 일간지에도 공고하도록 규정하고 있다.

(3) 응시자의 추천

개방형 직위에 우수한 인재를 유치하기 위해 필요한 경우 자체 추천위원회를 구성, 운영하거나 채용전문기관, 대학, 관련 단체 등에 의뢰해 적격자를 추천받아 시험에 응시하게 하는 등 적극적으로 노력해야 하며, 이 경우 선발시험에서 다른 응모자에 비해 우대되지는 아니한다.

(4) 재공고

소속 장관은 공개모집 공고 결과 응시자가 없거나 선발시험위원회의 심사 결과 적격자가 없는 경우에는 재시험일 10일 전까지 1회 이상 재공고를 할 수 있다. 공고의 내용과 공고 매체는 1차의 공고 내용과 동일하다.

(5) 공개 모집의 예외

공개 모집 공고를 했음에도 응시자가 없거나 선발시험위원회에서 적격자가 없다고 결정한 경우에는 공무원 중에서 적격자로 판단되는 자를 임용하거나 재공고를 통해서 적격자를 선발해 임용할 수 있다. 공무원 중에서 적격자를 임용하는 경우, 경력직에 보할 수 있는 직위에는 전보 또는 승진 임용하고, 계약직 공무원만으로 보하는 직위에는 계약직 공무원으로 임용하되 임용 기간은 1년을 초과할 수 없도록 규정하고 있다 (개방형 직위규정, 제8조).

(6) 선발시험

(가) 선발시험위원회

시험은 소속 장관별로 시행하고, 임용 직위별로 선발시험위원회를 구성하며 위원은 위원장을 포함해 5인 이상으로 구성한다. 위원은 관련 분야의 전문지식이나 경험이 풍부한 자 중에서 임명, 위촉하되 위원의 2분의 1 이상은 대학교원 또는 민간위원으로 구성해야 하며 위원장은 민간위원 중에서 위촉하도록 규정하고 있다. 위원은 특정 이해 관계를 가진 임・직원은 배제하고 단체, 출신학교, 재직기관 등에 편중되지 않도록 규정하고 있다.

선발시험위원회의 운영을 위해 위원 수, 위원장의 권한과 의무, 부위원장, 부위원장의 임무, 의사 정족수, 위원회의 운영 방법 등이 포함된 자체운영규정을 제정하도록 하고 있다.

(나) 선발시험의 위탁

선발에 따른 업무 부담의 완화, 전문성의 보완 등이 필요할 경우 선발시험을 중앙인사위원회 등 다른 국가기관에 위탁해 실시할 수 있다. 소속 장관의 위탁에 따른 개방형 직위의 선발시험을 실시하기 위해 중앙인사위원회 산하에 중앙선발위원회를 구성, 운영한다.

위원회는 임용 직위별로 구성하되, 임용예정 직위와 관련된 분야에 관한 경험과 지식이 풍부한 자와 인사 분야에 관한 경험과 지식이 풍부한 자 중에서 중앙인사위원장이 임명, 위촉하는 5인 이상으로 구성한다.

(다) 선발시험의 심사

시험 방법은 원칙적으로 서류전형과 면접시험으로 하고, 필요한 경우 필기시험이나 실기시험을 부과하되 최소한의 과목으로 한다. 시험 절차는 서류전형에 의한 형식 요건 심사를 먼저 거친 후 적격성심사를 한다.

형식 요건 심사는 제출한 서류를 심사해 합격, 불합격만 결정하며, 임용자격 요건을 구비한 자는 모두 합격 처리한다. 적격성 심사는 형식 요건 심사에 합격한 자를 대상으로 서류 심사와 면접시험을 통해서 능력 요건과 특별 요건에 대한 적격성을 심사하는데, 필요한 경우에는 필기시험이나 실기시험을 부과할 수 있다.

서류심사는 경력과 실적증빙 서류, 자기소개서, 추천서 등을 통해서 능력 요건과 특별 요건에 대한 적격성을 심사한다. 면접심사는 다양한 방법으로 직무 수행에 필요한 자질을 검증한다. 자질의 검증을 위해 직무수행 계획의 발표, 특정 주제에 대한 의견 발표, 성공적인 업무 수행 실적 발표, 특정 주제에 대한 집단토론 등 다양한 방법을 활용하며, 미시적인 질문보다 중장기적인 사업계획과 개인의 잠재 능력과 품성 등을 중시하는 방향으로 질문함으로써 객관적이고 공정한 평가가 이루어지도록 한다.

선발심사위원회는 적격성 심사인 서류심사와 면접심사의 결과를 종합해서 개방형 직위별로 2~3인의 임용후보자를 선정해 소속 장관에게 추천하게 된다. 응모자가 1인뿐이거나 적격자가 1명밖에 없는 경우 1인을 추천할 수 있다.

4) 개방형 직위의 임용

(1) 임용절차

소속 장관은 선발심사위원회의 추천자 중에서 임용 예정자를 정하도록 하고 있다. 1순위자가 중앙인사위원회의 심사 대상자인 경우, 중앙인사위원회의 심사를 거쳐서 임용(제청)하고, 그렇지 않고 일반직의 전보, 전직이나 특정직의 전보, 승진의 경우에는 중앙심사위원회의 심사 절차 없이 장관이 임용(제청)한다.

(2) 임용 구비서류

공무원 종류별 해당 인사 관계 법령의 구비서류에 관한 규정을 따르며, 계약직 공무원의 경우에는 계약직 규정에 의한 계약서를 작성하여 제출해야 한다.

(3) 임용 신분

개방형으로 임용되는 공무원은 계약직 공무원으로 임용되는 것이 원칙이지만, 임용 당시 경력직 공무원으로 전보, 승진, 전직 또는 지방공무원의 동일 직급 특별채용의 요건을 갖춘 자는 경력직 공무원으로 임용할 수 있다.

경력직 공무원으로서 전보의 요건을 갖춘 경우에는 전보임용에 의해 동일 직급의 경력직 공무원으로 임용할 수 있다.

경력직 공무원으로 임용될 수 있는 경우를 제외한 모든 경우에는 계약직 공무원으로 임용한다. 구체적으로 ① 공무원이 아닌 자가 임용되는 경우, ② 특수경력직 공무원이 임용되는 경우, ③ 개방형 직위에 전보, 승진, 전직 요건을 갖추지 못한 경력직 공무원이 임용되는 경우, ④ 경력직으로 임용될 수 있는 자가 계약직 공무원으로 임용되기를 원하는 경우, ⑤ 경력직 공무원으로 임용하면 임용 기간 중에 정년에 도달하는 경우, ⑥ 국회, 법원, 헌법재판소, 선거관리위원회의 소속 공무원이 임용되는 경우는 계약직으로 임용한다.

(4) 임용 기간

개방형으로 임용되는 공무원의 임용 기간은 법령에 특별한 규정이 있는 경우를 제외하고는 5년의 범위 안에서 소속 장관이 정하되 개방형으로 임용된 자가 일정 기간 안정적으로 근무하고 전문성을 최대한 발휘할 수 있도록 최소한 2년 이상으로 한다(개방형 직위규정 제9조).

다음의 경우에는 총 임용 기간이 5년을 넘지 않는 범위 안에서 임용 기간을 연장할 수 있다. ① 개방형으로 임용된 자의 근무 실적이 우수해 계속 근무하게 하는 것이 바람직하다고 판단되는 경우, ② 중대한 사업의 계속적 수행 등으로 인해 다른 사람으로 경질할 경우 직무 수행에 큰 차질이 발생할 우려가 있는 경우, ③ 비상 상황 발생 등으로 인해 일정 기간 다른 사람으로 경질할 수 없는 특별한 사유가 있는 경우가 여기에 해당된다.

5) 개방형 임용자의 인사관리

(1) 다른 직위로 임용 제한

개방형 직위로 임용될 당시에 경력직 공무원이었던 자는 임용 기간 중에 다른 직위에 임용해서는 아니 된다. 다만 ① 그 직위에 보할 수 있는 직급보다 높은 직급으로 승진 임용되는 경우, ② 휴직하는 경우, ③ 징계, 직위해제 처분으로 직무를 수행하기 곤란한 경우, ④ 직무를 수행할 수 없는 등 특별한 사유가 있어서 중앙인사위원회와의 협의를 거친 경우에는 다른 직위로 임용할 수 있다.

개방형으로 임용된 자가 휴직하고자 하는 경우, 원소속기관으로 임용해 휴직 처리를 할 수 있도록 하고 있다.

(2) 임용 기간 만료자의 인사관리

일반적으로 개방형 임용 당시 공무원의 신분이 아니었거나 별정직 공무원, 계약직 공무원 등 특수직 공무원이었던 자는 임용 기간이 만료되는 때에 당연퇴직이 된다. 개방형으로 임용 당시에 경력직 공무원이었던 자가 임용 기간이 만료되면 당시의 원소속 장관은 당시의 직급으로 전보, 전직, 신규채용의 방법으로 임용하게 된다. 그러나 경력직 공무원으로 임용될 수 있음에도 본인이 원해 계약직 공무원으로 임용된 경우나 개방형 임용 당시에 개방형 직위에 보할 수 있는 직급보다 상위 직급의 공무원으로 임용된 경우에는 개방형 임용 당시 경력직 공무원이라 하더라도 원소속기관의 개방형 임용 당시의 직급으로 임용될 수 없도록 하고 있다. 임용 기간이 만료되었는데도 원소속기관에 결원이 없는 경우, 원소속기관에 최초로 결원이 발생할 때까지 별도의 정원을 인정해 임용 당시의 직급으로 임용하거나, 최초로 결원이 발생할 때까지 당해 임용 기간이 만료된 공무원의 임용 기간을 연장하되 총 임용 기간이 5년을 초과하지 않는 범위에서 계속 근무하게 할 수 있다.

(3) 임용 기간 중에 그만두는 자의 인사관리

개방형 임용 당시에 경력직 공무원이었던 자로서 임용 기간 중에 그만두는 자는 임용 기간 만료자의 경우에 준해서 원소속 장관이 임용 당시의 직급으로 임용한다. 그러나 당시의 직급으로 임용하기 위한 결원이 없는 때에는 최초로 결원이 발생할 때까지 별도의 정원을 인정해 임용하게 된다.

(4) 근무성적평정

근무성적평정은 해당 인사 관계 법령이 정하는 규정에 따른다. 일반직 공무원은 공무원 임용령, 근무성적 평정규칙에 따르고, 특정직 공무원은 특정직 공무원의 인사 관계 법령에 따르며, 계약직 공무원은 계약직 규정에 따른다. 소속 장관은 개방형 직위에 임용된 자와 협의해 직무수행계획서를 확정하고 이것을 근무성적평정을 할 때 활용하도록 한다. 근무성적평정은 성과주의 위주로 정부의 경쟁력을 향상시키고자 하는 개방형 직위제도의 취지에 맞도록 객관적이고 공정하게 해야 하고, 평정의 결과는 연봉 책정과 임용 기간을 연장할 때에 반영하도록 하고 있다.

(5) 개방형 임용자의 보수

개방형 직위에 임용되는 공무원의 보수는 보수 관련 규정이 정하는 바에 따른다. 개방형 직위보전수당은 수당규정이 정하는 바에 따라 공개 모집을 통해 임용된 경력직 공무원에 한해 임용 기간 내에만 지급하며, 계약직 공무원에게는 지급하지 아니한다. 개방형 직위보전수당 가산금은 월 50만 원으로 책정되어 있다.

개방형 직위 지정 당시에 개방형 직위에 근무하고 있었던 공무원과 공개 모집에서 응시자 또는 적격자가 없어서 공무원 중에서 적격자를 임용한 경우는 직위보전수당을 지급하지 아니한다.

계약직 공무원으로 임용되는 자의 연봉 등급은 경력 요건 기준에 따라 결정하는 것을 원칙으로 하며, 따로 정급 요건을 정해 활용할 수 있다. 직제상 해당 직위의 직급이 복수인 개방형 직위에 하위 연봉 등급으로 임용된 계약직 공무원으로서 그 임용 기간을 연장할 때 상위 연봉 등급에 해당하는 경력 요건을 갖추고 있고, 근무성적의 평정 결과가 탁월한 경우에는 연봉 등급을 상위 등급으로 변경할 수 있다.

계약직 공무원의 연봉 등급을 변경하고자 할 경우에는 ① 변경의 필요성, ② 근무 실적 등 적격성 평가자료, ③ 경력 요건에 관한 자료 등을 첨부해 중앙인사위원회와 협의해 결정하도록 하고 있다.

(6) 기타 사항

(가) 전보, 전직 제한 기한의 특례

다른 직위에서 개방형 직위에 임용되는 때, 개방형 직위에 임용되어 있는 공무원이 다른 직위로 임용되는 때에는 전보 또는 전직의 제한 기간을 적용하지 아니한다. 다만, 특수한 직무 분야 특별채용자의 전보, 전직 제한 기간 등은 법률에서 정하고 있는 전보 또는 전직의 제한 기간이 적용된다.

(나) 외부임용자의 교육훈련

개방형 직위에 외부 민간인 또는 다른 기관의 공무원이 임용된 경우, 소속 장관은 이들이 빠른 시일 내에 조직과 직무에 적응할 수 있도록 교육을 실시하고 인사, 예산, 조직관리 등에 대한 자료와 정보를 제공하고, 필요하면 임용자의 자문과 상담에 응할 수 있도록 상담역을 지정, 운영하도록 한다.

외부 민간인이 선발된 때에는 소속 장관은 복무 관련 사항의 미숙지로 인한 법령 위반의 문제가 발생하지 않도록 철저히 교육시켜야 하며, 재직 중이나 후에도 직무상 알게 된 비밀을 누설할 경우 형법상 2년 이하의 징역이나 금고 또는 5년 이하의 자격 정지의 형을 받을 수 있음을 숙지시켜야 한다.

(다) 개방형 임용자의 계약 해지

법령상 인정되는 경우를 제외하고는 임용 기간 동안 당해 직위에 계속 근무하도록 해야 하며, 개인적인 사유나 인사 운영상 필요 등을 위해 미리 전보 또는 퇴직하게 해서는 아니 된다. 소속 장관은 계약직 공무원이 임용 기간 중에 계약을 해지함에 따른 업무 공백을 방지하기 위해 당사자 간의 합의에 의한 계약서에 ① 계약직 공무원이 임용 기간 만료 전에 계약을 해지하고자 할 경우 그 의사를 3개월 전까지 소속 장관에게 통보하며, ② 계약직 공무원이 일방적으로 해지할 경우에는 당해 개방형 직위의 임용에 소요된 경비의 일부 금액을 위약금으로 납입할 수 있도록 명기할 수 있다.

개방형 직위에 임명된 경력직 공무원에게 징계 사유가 있을 때에는 공무원징계령 등 관련 법령에 따라 징계처분하고, 계약직 공무원에게 징계 사유가 있을 때에는 채용계약을 해지하거나 공무원징계령의 규정에 의해 징계처분을 할 수 있다.

(라) 개방형으로 임용되는 자의 채용 연령과 근무 상한 연령

개방형 직위에 계약직 공무원으로 임용되는 경우에는 채용 연령이나 근무 상한 연령의 제한이 없는 것이 원칙이다.

2 개방형 직위의 지정과 임용 현황

1) 개방형 직위의 지정 현황

개방형 직위로 지정된 직위는 현재(2007년 1월 기준) 총 158개로서 2000년에 131개 직위, 2005년에 152개 직위와 비교하면 점차로 직위의 수가 증가하고 있는 상황이다.

각 부처에서 개방형 직위로 지정하고 있는 수를 보면 다양성을 보이고 있다. 1개를 지정하고 있는 부처 및 기관은 국정홍보처, 국가인권위원회, 비상기획위원회, 민주평통사무처, 여성부, 조달청, 통계청, 문화재청, 행정중심복합도시건설청, 소방방재청, 중앙인사위원회이다. 2개를 지정하고 있는 기관은 법제처, 관세청, 병무청, 검찰청, 기상청, 산림청, 중소기업청이다.

3개를 지정하고 있는 기관은 기획예산처, 국가보훈처, 공정거래위원회, 과학기술부, 농림부, 노동부, 대검찰청이고, 4개를 지정하고 있는 기관은 재정경제부, 통일부, 농촌진흥청, 특허청이며, 5개를 지정하고 있는 기관은 국무조정실, 행정자치부, 산업자원부, 환경부, 식품의약품안전청이다.

6개를 지정하고 있는 기관은 법무부, 건설교통부, 국세청이고, 7개를 지정하고 있는 기관은 교육인적자원부, 국방부, 문화관광부이며, 8개 지정은 보건복지부, 10개 지정은 외교통상부이다. 부처별 개방형 직위의 현황을 보면 <표 6-1>과 같다.

〈표 6-1〉 부처별 개방형 직위 현황

(2006년 12월 현재)

부처명(인원)	직위명(직급)
국무조정실(5)	경제조정관(1급), 규제개혁2심의관(2급), 심사평가2심의관(2급), 통일안보과장(3·4급), 여성청소년정책과장(3·4급)
기획예산처(3)	기금정책심의관(3급), 정보화담당관(3·4급), 공기업정책과장(3·4급)
법제처(2)	사회문화법제국장(2급), 경제심판담당관(4급)
국정홍보처(1)	영상홍보원장(2급)
국가보훈처(3)	제대군인국장(2급), 공훈심사과장(3·4급), 정보화담당관(3·4급)
국가인권위원회(1)	인권정책국장(2급)
공정거래위원회(3)	심판관리관(3급), 약관제도과장(3·4급), 송무담당관(3·4급)
비상기획위원회(1)	상근위원(1급)
민주평통사무처(1)	통일정책전문위원(3급)
재정경제부(4)	국제업무정책관(1급), 경제정책심의관(3급), 소비자정책과장(3·4급), 국세심판원조사관(3·4급)
교육인적자원부(7)	학교정책실장(1급), 인적자원총괄부장(2급), 국립특수교육원장(2급), 국제교육진흥원장(2급), 국사편찬위원회 편사부장(2급), 여성교육정책담당관(4급), 특수교육보건과장(3·4급)

통일부(4)	정책심의관(2급), 통일교육원장(1급), 정보화담당관(3·4급), 정책참여담당관(3·4급)
외교통상부(10)	문화외교국장(2급), 재외국민영사국장(2급), 감사관(2급), 국제경제국심의관(3급), 외교안보연구원 경제통상연구부장(2급), 외교안보연구원 안보통일연구부장(2급), 통상투자진흥과장(4급), 통상전문관(4급), 베를린문화원장(3급), 런던문화원장(3급)
법무부(6)	출입국관리국장(2급), 서울소년원 창업지원과장(4급), 교화과장(3·4급), 치료감호소장(2급), 치료감호소의료부장(3급), 천안개방교도소장(3급)
국방부(7)	획득실장(1급), 정보화기획관(장관급장교), 국방홍보원장(2급), 전산정보관리소장(2급), 연구개발관(2급), 인사국장(2급), 법무관리관(2급)
행정자치부(5)	감사관(2급), 전자정부국장(2급), 국립과학수사연구소장(2급), 참여여성팀장(3·4급), 지방세제팀장(3·4급)
과학기술부(3)	원자력국장(2급),국립중앙과학관장(1급), 정보전자심의관(2·3급)
문화관광부(7)	관광국장(2급), 국립국어연구원장(1급), 국립국악원장(2급), 국립현대미술관장(2급), 국립중앙극장장(2급), 정보화담당관(3·4급), 청소년 수련과장(3·4급)
농림부(3)	농산물유통국장(2급), 국립식물검역소장(2급), 국립수의과학검역원장(2급)
산업자원부(5)	감사관(2급), 자본재산업국장(2급), 기술표준원 기술표준기획부장(2급), 정보화담당관(3·4급), 무역위원회 가격조사과장(4급)
정보통신부(5)	정보기반보호심의관(2급), 우정사업본부장(2급), 전파연구소장(3급), 우편사업단장(2·3급), 지역협력과장(3·4급)
보건복지부(8)	질병관리본부장(1급), 저출산고령화대책본부장(1급), 국립의료원장(1급), 국립재활원장(2급), 국립목포병원장(3급), 질병관리본부 유전체연구부장(3급), 재활지원과장(3·4급), 정보화담당관(3·4급)
환경부(5)	감사관(2급), 국제협력관(2급), 정보화담당관(3·4급), 국립환경연구원대기물리과장(3·4급), 국립환경연구원 환경위해성연구부장(3급)
노동부(3)	국제협력관(2급), 고용평등국장(2급), 노동경제담당관(3·4급)
여성부(1)	여성인력기획관(3급)
건설교통부(6)	토지국장(2급), 감사관(2급), 국토지리정보원장(2급), 정보화담당관(3·4급), 항공안전본부 공항시설국장(3급), 교통정보기획과장(3·4급)
해양수산부(7)	항만국장(2급), 국제협력관(3급), 국립수산과학원장(1급), 국립수산물품질검사원장(2급), 국립수산과학원 해양환경부장(3급), 해양보전과장(3·4급), 국립수산과학원 생명공학연구단장(4급)

국세청(6)	납세지원국장(2급), 국세공무원교육원장(2급), 서울지방국세청 납세지원국장(3급), 납세홍보과장(3·4급), 서울지방국세청 법무2과장(4급), 중부지방국세청 법무과장(4급)
관세청(2)	정보협력국장(2급), 교역협력과장(3·4급)
조달청(1)	중앙구매사업단장(2급)
통계청(1)	통계정보국장(2급)
대검찰청(3)	사무국장 중 3개 직위(서울서부지청, 부산동부지청, 전주지검: 3급)
병무청(2)	동원소집국장(2급), 중앙신체검사소장(4급)
경찰청(2)	경찰병원장(2급), 치안정책연구소장(2급)
기상청(2)	정보화관리관(3급), 기상연구소장(2급)
농촌진흥청(4)	농업경영정보관(2급), 농업생명공학연구원장(2급), 축산기술연구소장(2급), 농업기계화 연구소장(3급)
산림청(2)	산림정책국장(2급), 국립산림과학원장(1급)
중소기업청(2)	기술지원국장(2급), 국제협력담당관(4급)
특허청(4)	발명정책국장(2급), 전지전자심사국장, 특허심판원 심판장 중 1인(2급), 정보관리담당관(3·4급)
식품의약품안전청(5)	의약품안전국장(2급), 식품규격평가부장(3급), 국립독성연구원장(1급), 국립독성연구원 약리과장(3·4급), 식의약품위해성과장(3·4급)
문화재청(1)	국립문화재연구소장(3급)
행정중심복합도시 건설청(1)	도시계획본부장(2급)
소방방재청(1)	국립방재연구소장(3급)
중앙인사위원회(1)	인사정보관(2급)

2) 개방형 직위의 임용 현황

개방형 직위의 임용에서 내부임용과 외부임용의 전체적인 현황을 보면, 제도 시행의 초기에는 외부임용 비율이 상대적으로 적었으나, 현재는 내부임용이 54.7%, 외부임용이 45.3%로 나타나고 있어 상당한 균형을 이루고 있는 것으로 보인다.

부처별 개방형 직위의 외부임용 비율을 보면 업무의 특성에 따라 다양성을 가지고 있음을 보여 준다. 개방형 직위를 모두(100%) 외부임용으로 하

〈표 6-2〉 개방형 직위의 임용 현황

(2005. 10. 31 현재)

계	내부임용	외부임용		
		소계	민간인	다른 부처
139* (100%)	76 (54.7%)	63 (45.3%)	58 (41.7%)	5 (3.6%)

* 주: 전체 152개 직위 중 13개 직위는 충원이 진행되고 있는 직위임.

고 있는 부처는 국정홍보처, 국가보훈처, 국가인권위원회, 비상기획위원회, 재정경제부, 여성부, 중앙인사위원회, 민주평통 사무처, 소방방재청이다. 50% 이상을 외부임용하고 있는 부처는 국무조정실, 기획예산처, 통일부, 외교통상부, 법무부, 국방부, 문화관광부, 관세청, 병무청, 기상청, 중소기업청으로 나타났다.

외부임용 비율이 전무한(0%) 부처는 노동부, 법제처, 행정자치부, 조달청, 통계청, 검찰청, 경찰청, 농촌진흥청, 산림청, 문화재청으로 나타나 있다. 나머지 49% 이하의 외부임용률을 보이고 있는 부처는 교육인적자원부, 농림부, 산업자원부, 정보통신부, 보건복지부, 환경부, 건설교통부, 해양수산부, 국세청, 특허청, 식품의약품안전청으로 나타나 있다.

〈표 6-3〉 부처별 개방형 직위 운영 현황

(2005. 10. 31 현재)

부처명	총 직위 수	충원 직위 수	외부임용 직위 수			외부 임용률 (%)	비 고
			계	민간인	타 부처		
총 계	152	139	63	58	5	45.3	
국무조정실	5	5	4	2	2	80.0	경제조정관, 통일안보과장*, 여성청소년정책과장* 심평2심의관
기획예산처	3	3	2	2	0	66.7	기금정책심의관, 공기업정책과장*
국정홍보처	1	1	1	1	0	100.0	영상홍보원장

국가보훈처	3	3	3	3	0	100.0	제대군인정책관, 정보화담당관, 5·18묘지관리소장
국가인권위원회	1	1	1	1	0	100	인권정책국장
공정거래위원회	3	3	1	1	0	33.3	송무담당관*
비상기획위원회	1	1	1	1	0	100.0	상근위원
재정경제부	4	3	3	3	0	100.0	국제업무정책관, 국세심판원조사관*, 소비자정책과장*
교육인적자원부	7	7	2	2	0	28.6	국립특수교육원장, 여성교육정책담당관
통일부	4	4	2	2	0	50.0	통일교육원장*, 정보화담당관
외교통상부	8	7	4	3	1	57.1	감사관, 통상투자진흥과장* 통상전문관, 안보통일연구부장
법무부	6	6	3	3	0	50.0	출입국관리국장, 치료감호소장, 서울소년원 창원지원과장*
국방부	7	7	5	5	0	71.4	획득실장, 정보화기획관, 법무관리관, 연구개발관, 국방홍보원장
과학기술부	3	3	1	0	1	33.3	정보전자심의관
문화관광부	6	6	5	5	0	83.3	국어연구원장, 국립국악원장, 국립현대미술관장, 국립극장장, 정보화담당관
농림부	3	3	1	1	0	33.3	국립수의과학검역원장
산업자원부	5	5	1	1	0	20.0	정보화담당관*
정보통신부	5	5	2	2	0	40.0	우정사업본부 우편사업단장, 지역협력과장*
보건복지부	8	7	3	3	0	42.9	유전체연구부장, 재활지원과장* 정보화담당관*

환경부	5	3	1	1	0	33.3	국제협력관
노동부	3	2	0	0	0	0	
여성부	1	1	1	0	1	100.0	여성정책국장
건설교통부	6	6	2	2	0	40.0	교통정보기획과장* 정보화담당관*
해양수산부	7	7	3	3	0	42.9	해양환경부장, 해양보전과장* 생명공학연구단장*
국세청	6	6	2	2	0	33.3	서울지방국세청 법무2과장* 중부지방국세청 법무과장*
관세청	2	2	1	1	0	50.0	교역협력과장*
병무청	2	2	1	1	0	50.0	중앙신체검사소장
기상청	2	2	1	1	0	50.0	정보화관리관
중소기업청	2	2	1	1	0	50.0	국제협력담당관*
특허청	4	4	1	1	0	25.0	정보관리담당관*
식품의약품안전청	5	3	1	1	0	33.3	응용약리과장*
중앙인사위원회	1	1	1	1	0	100.0	인사정보관
민주평화통일 사무처	1	1	1	1	0	100	통일정책전문위원
소방방재청	1	1	1	1	0	100	국립방재연구소장
법제처	2	2	0	0	0	0.0	
행정자치부	5	4	0	0	0	0.0	
조달청	1	1	0	0	0	0.0	
통계청	1	1	0	0	0	0.0	
검찰청	3	0	0	0	0	0.0	
경찰청	2	1	0	0	0	0.0	
농촌진흥청	4	4	0	0	0	0.0	
산림청	2	2	0	0	0	0.0	
문화재청	1	1	0	0	0	0.0	

*는 과장급 직위

제 3 절 개방형 직위제도의 운영 성과와 과제

1 개방형 직위제도의 운영 성과

1) 공직 개방과 경쟁력 확보

우리 나라의 공무원제도는 계급제를 바탕으로 한 직위분류제적인 요소를 도입했으나 계급에 따른 공개채용을 하고 있으며, 서구의 직업공무원제도와 비교하면 개방의 폭이 상당히 높은 편이지만 이러한 개방은 중간계급 이하에 한정되어 있었으므로 고위직에는 개방의 정도가 극히 미흡한 수준이었다. 고위직은 연공서열에 따른 승진인사에 의해 직위가 부여됨으로써 전문성이 결여되거나 부족해 형식적인 행정 업무 수행과 미숙한 행정에 머무르게 되어 성과 지향적인 행정과는 거리가 있었다. 이것은 고위직의 폐쇄적인 운영으로 인한 행정의 역동성과 효율성을 저해하는 단점으로 나타나 생산성이 낮은 결과를 가져왔다.

그러나 개방형 직위제도가 도입됨으로써 개방된 고위직에 공직의 내외를 불문하고 직위의 업무 수행에 필요한 최적격자를 공개채용으로 선발하게 되어 공직의 개방에 따른 경쟁력이 촉진되는 긍정적인 성과를 나타나게 되었다. 개방형 직위제도에 무관심했던 국회사무처와 감사원 등에서도 개방형 직위를 지정해 확산되는 추세에 있는 것(중앙인사위원회, 2006: 71)은 바람직한 현상이라고 하겠다.

2) 외부임용 확대와 전문성의 제고

공직의 임용에서 내부에서 승진에 의한 방법에만 의존하게 되면 공직사회의 참신성이나 쇄신성과는 거리가 먼 폐쇄성에 머물러 혁신적인 정책의 입안과 집행은 극히 미흡할 가능성이 있다. 따라서 직위에 가장 적합한 능력을 가진 인재를 외부로부터 임용하게 되면 이러한 폐쇄성을 개선하고 참신한 정책을 개발하거나 추진해 능률성을 극대화할 수 있게 된다. 개방형 직위제도의 시행으로 고위 직위에 대한 외부임용 비율이 확대되는 추세에 있다.

개방형 직위에 우수한 인재를 영입하기 위한 일간신문 등의 대중매체를 통한 공고와 자체추진위원회의 구성과 노력, 전문가 집단에 대한 적극적인 공개모집 활동의 강화로 외부임용 비율이 지속적으로 증가하고 있으므로 외부 인재의 새로운 시각과 창의성이 행정에 반영됨으로써 직위가 요구하는 전문성이 강화되고 있는 성과가 나타나고 있다.

개방형 직위제도의 도입 초기에는 15.9%였던 외부임용 비율이 최근에는 43.5%로 약 3배 정도로 증가했으므로(중앙인사위원회, 2006: 71) 개방형 직위제도가 정착되어 가는 성과가 나타나고 있다는 것이다.

3) 행정의 일관성과 책임성의 향상

행정의 일관성이란 정책 목표를 달성하기 위한 초기부터 중간 및 결과적 과정이 단절되지 않고 영속성을 유지함으로써 행정의 안정성과 예측가능성을 확보할 뿐만 아니라 정책집행의 효율성을 극대화하는 것을 의미한다. 책임성이란 행정집행의 결과에 대한 공과나 성패에 대해 응분의 책임을 지는 것을 의미하는데 책임성이 높아진다는 것은 책임감에 따른 심리적·정신적인 의지와 열정이 강화되어 행정 능률도 향상되는 것을 말한다.

개방형 직위제도를 시행한 결과 일반 국장보다 개방형 국장의 직위당 평균 근무 기간이 2배 이상 길어지고 있으므로(정부혁신지방분권위원회, 2005: 323) 행정의 일관성에 대한 정도와 지속성이 길다는 것을 의미하기 때문에 행정의 안정성에 기여하는 성과가 나타나고 있는 것이다. 2~5년간 임용기간의 보장으로 행정의 일관성이 향상되는데, 이러한 일관성의 향상은 책임성의 강화에도 기여하게 되므로 행정에 대한 책임성의 향상이라는 성과까지 동시에 얻게 된다.

4) 직무성과 중심의 가치관 확산

직위가 요구하는 직무의 전문성을 충족시키려면 업무 내용을 과학적이고 기술적으로 해결하는 데 필요한 자격 수준과 능력을 구비하는 것이 필수적이다. 계급제 하에서는 직무담당 분야에 대한 융통성이 커서 직위가 요구하는 수준을 충족시키지 못하는 인재를 임용해도 이것을 미연에 예방하거나 억제시킬 제도적 장치가 존재하지 않았다. 계급에 따른 수평적인 이동은 항상 이루어지고 있어서 전문성의 확보에 따른 직무성과의 효율성 극대화는 기대하기 어려운 상황이었다. 이러한 이유 때문에 직무성과를 증대시키기 위한 개방형 직위제도는 직무성과를 최대화하고 효율화하는 데 기여한다. 따라서 개방형 직위제도는 연공서열에 따른 직위 배분이 아니라 직무 중심의 가치에 중점을 두게 함으로써 공직사회에서 직무성과 중심의 가치관을 확산시키게 하는 긍정적인 결과를 가져왔다.

공직사회는 개방형 직위제도에 부응하기 위해 개인의 경력 개발과 전문성의 확보나 관리에 점차로 높은 관심을 가지게 되는 인식의 전환이 이루어지고 있다.

5) 인사의 공정성과 투명성의 제고

인사의 공정성이란 선발심사위원회의 심사 절차가 시험에 응모하는 모든 사람에게 공평한 기회를 주며 남녀, 종교, 출신지역 등에 따른 불공정한 심사와 평가를 지양하고 선발 평가 방법에 명시된 바에 따라 최적의 인재를 선택하는 것을 의미한다.

개방형 직위제도는 공직의 내·외 간을 통해 경쟁을 공평하게 하고, 외부 인사가 과반수 이상 참여하고 위원장은 민간인이 담당하는 선발위원회의 심사 절차를 거치도록 규정하고 있으므로 채용에 따른 공정성과 투명성을 높이는 성과를 나타내고 있다.

공정성과 투명성이 확보되지 않을 경우에 능력에 따른 인사가 불가능해져서 전문성을 근거로 하는 직무의 성과는 기대하기 어렵게 된다. 개방형 직위제도는 인사권자의 입장에서도 폭넓게 우수한 인재를 발탁해 활용하는 탄력적인 인사 운영이 가능하게 됨으로써 인사의 자율성을 향상시키는 데 기여하게 된다.

6) 행정의 민주성과 유연성의 증대

개방형 직위제도는 직위에 적합한 인재를 선별하기 위한 과정에 민간인의 참여폭을 확대함으로써 행정공무원 위주가 아닌 민간 참여의 형태를 가지고 있으므로 행정의 민주성에 기여하고 유연성을 증대시키는 결과를 가져왔다. 이것은 국민들이 정부의 인적 자원의 확보에 부응해 정책결정 과정에 직접적으로 참여하고, 민간인의 다양한 시각을 행정에 반영하게 됨으로써 행정의 민주성에 기여한다는 것이다.

개방형 직위에 적합한 인재를 선발하기 위한 선발시험위원회의 2분의 1 이상을 대학교원 또는 민간위원으로 구성하도록 규정함으로써 국민의 참여폭을 높여 민주성의 증대라는 결과를 가져오게 하려는 것이다.

2 개방형 직위제도의 문제점

1) 우수한 외부 인재의 임용 저조

2007년의 현재 기준으로는 외부 인사의 영입이 상당한 수준에 이르렀으나 2000년~2003년의 기간 중에는 외부임용 비율이 15.9% 수준으로 매우 낮았다. 개방형 직위제도의 기본적인 의도가 행정의 전문성을 극대화하기 위해 민간인 신분의 외부 인재를 최대한 영입하려는 것이었는데 실제로 응모율과 임용 비율이 낮다는 것은 문제가 된다.

이러한 원인을 민간 분야와 비교해 낮은 보수 수준, 직업의 이동성과 유연성이 부족한 우리 나라 노동시장의 특성, 공직에 적응하는 것과 성과 창출의 부담감, 임용 기간 종료 후의 신분적 불안감을 들기도 한다(정부혁신지방분권위원회, 2006: 324).

2) 부적절한 직위의 지정

개방형 직위의 지정은 현직 공무원의 경력이나 능력으로는 최대의 성과를 창출하기 어려운 분야를 개방함으로써 효율성을 높이는 데 두어야 하고, 행정 업무의 중요성이나 상징성에 중점을 두어 선정해야 하는 데 개방된 직위의 상당수는 민간인 출신에게 부적합하다는 지적이 나오고 있다. 부적당한 직위를 해제하고 적합한 직위를 지정하게 되면 민간인 응모자의 응모 비율을 상대적으로 높일 수 있고 능력 있는 인재의 채용 비율이 높아지게 될 것이다.

그리고 상대적으로 높은 경력이 요구되거나 대외적인 비중이 매우 큰 국장급의 직위가 지정됨으로써 이러한 직위가 요구하는 수준에 적합한 인재의 영입이 어렵게 된다는 것이다. 1급부터 3급까지의 국장급 경력 요건의 설정 기준을 보면, 경력 기준에서 근무, 연구 경력이 7년~13년 이상이고, 여기에 관련 분야 경력이 4년~8년 이상인 자로 규정되어 있기 때문에 이러한 기준에 적합한 외부 전문가의 영입이 어렵다는 문제점을 가지고 있다.

3) 제도의 활용에 대한 소극성

개방형 직위제도는 각 부처마다 담당하고 있는 행정 업무 중 일반직 공무원의 경력이나 능력 및 교육 수준으로는 정책의 기획, 입안, 집행, 성과 창출이라는 과정이 용이하게 이루어지지 않는 분야가 상당수 있는데, 이러한 분야에 참신한 외부 인재를 영입해 정책의 효율성을 높여서 부처행정이 지향하는 본래의 목적을 실현하려고 하는 데 있다.

그러나 일부 부처에서는 개방형 직위제도를 활용해 적극적으로 행정혁신을 성취하려는 의지가 부족한 것으로 평가된 바가 있었는데(중앙인사위원회 직무분석과, 2000: 46), 현재에도 이와 같은 소극성이 완전히 해소되었다고 보기는 어렵다.

4) 선발심사의 공정성 확보 미흡

소속 장관은 선발시험위원회에서 추천한 자 중에서 임용 예정자를 정하게 되어 있고, 1순위 임용 예정자가 심사 대상자인 경우(국가공무원법 제7조 제4항)에는 선발시험위원회에서 추천한 자에 대한 우선순위를 정해 중앙인사위원회의 심사를 거쳐서 임용하게 되어 있다. 그러나 임용 예정자가 중앙인사위원회의 심사 대상자가 아닌 경우인 일반직의 전보, 전직, 특정직의 전보, 승진의 경우에는 중앙인사위원회의 심사 절차 없이 임용할 수 있는 규정을 이용해 각 부처에서는 내부 공무원을 개방형 직위에 전보 임용하는 사례가 늘어났다.

선발시험위원회의 위원은 2분의 1 이상을 외부 위원으로 위촉하고, 이해관계를 가진 임·직원을 배제하고 단체, 출신 학교, 재직 기관 등에 편중되지 않도록 해야 함에도 일부 부처의 경우 민간위원에 전직 소속 공무원이나 산하단체기관의 간부 등 업무 관련성이 밀접한 자를 과다하게 위촉함으로써 심사의 공정성 확보가 미흡하다는 문제점을 노출했다.

5) 외부임용자와 재직자 간의 갈등 가능성

행정조직의 안정화는 인간 관계의 원활한 소통과 조화에서 찾아야 하는데 외부에서 개방형 직위에 임용된 자와 재직자 간의 갈등이 발생하면 업무의 효율적인 집행과 조정에 어려움을 겪을 수 있다. 이러한 현상은 업무효율성의 최적화를 시도하는 제도의 목적과는 상치되는 것이다. 재직자들은 기존 질서의 붕괴를 원치 않으며 상위직에 승진할 수 있는 기회가 줄어들게 되어 영입 인사를 환영하지 않는다(채한수, 2001: 175).

이러한 상황에서 영입 인사들은 기존의 공무원과 영합하거나 소외의 대상이 되는 두 가지의 문제에 부딪치게 된다. 기존 질서에 영합하면 참신한 정책의 입안과 집행에 방해가 될 것이고, 소외된 상황이 오면 업무의 협조가 어려워 능률을 향상시키기 어려운 문제에 봉착하게 된다는 것이다.

6) 연공서열의 파괴에 따른 혼선

계급제를 채택하고 있는 우리 나라 공무원 조직사회의 특성은 위계질서에 따른 상명하복의 위계질서가 오랜 관행으로 정착되어 왔으며, 이러한 관행은 한편으로 조직의 일사불란한 활성화를 가져오는 장점이 되기도 했다. 개방형 직위제도는 이러한 관행을 변화시키게 되는 계기를 마련하고 있다.

개방형 직위는 공직의 내외를 망라한 공개경쟁시험을 통해 최적의 인재를 선발하는 제도이지만, 실제로는 내부 공무원이 승진 임용되는 경우가 외부 영입보다 많은 현상이 나타나게 되어 동일 계급의 동료 관계가 상하관계로 전도되어 연공서열이 파괴되는 혼선이 생기게 된다(채한수, 200: 175-176). 이러한 현실 때문에 조직 내부의 불화와 갈등의 증폭을 초래해 인간 관계의 부조화로 발전할 가능성이 있다.

7) 보수 수준의 취약성과 채용의 한계성

공무원의 보수 수준은 우수한 인력을 유인하는 동기부여가 되기도 하지만 업무 능률의 향상과 직결되는 사기 요인이 되기 때문에 만족할 수 있는 보수 책정은 인적 자원의 동원에 중요한 변수가 된다. 우수한 민간 부문의 기업이나 연구기관에 근무하는 인재를 개방형 직위로 영입하려면 민간 분야의 보수 수준과 유사하거나 높은 보수가 제시되어야 응모자를 유인할 수 있으나 민간 부문의 보수보다 낮을 경우에는 응모에 무관심할 수 있으므로 우수한 인재의 채용에 어려움을 겪을 가능성이 많다.

공무원의 보수 수준에 대한 이론으로서 경제적 상황, 국가의 예산, 직무평가, 노동시장, 업무의 성과 수준이라는 환경적 변수에 따라서 개별적인 보수 책정이 이루어져야 한다는 견해가 있다(Siegel & Myrtle, 1985: 263-265). 공무원 개인의 성과와 능력에 따른 보수 체계를 형성함으로써 업무 능력을 최대화하자는 것이다.

우리 나라 공무원의 보수규정은 동일한 직급과 호봉에는 동일한 보수가 책정되므로 민간 분야의 우수한 인력을 유인하기 위해서 특별하게 우대하는 제도적인 장치가 없는 이상 응모자의 관심을 끄는 데 한계가 있다. 공직의 업무 내용은 극히 다양하고 업무의 중요도와 난이도에 따른 보수 수준의 차이가 인정되거나 상향 조정이 불가능한 현실적인 이유 때문에 우수 인력을 유인하는 데 취약성이 있고 한계성을 가진다는 것이다.

8) 신분상의 불안에 따른 응모자의 관심도 저하

현직에 근무하는 공무원의 경우 개방형 직위에 동일 직급으로 선발되거나 승진임용이 될 경우에 전보 또는 승진의 형식으로 직위에 이동해 5년 이내 근무한 후에 원소속으로 복귀할 수 있는 제도적 장치가 마련되어 있으나 민간 계약직의 경우에는 사정이 다르다. 5년의 범위 내에서 최소 2년 이상 계약을 하게 되어 있다. 2년 이상의 계약 기간이 종료되면 ① 근무 실적이 우수해 계속 근무하게 하는 것이 바람직하다고 판단되거나, ② 중대한 사업 수행으로 경질하기가 어려운 경우, ③ 비상 상황의 발생으로 경질할 수 없는 사유가 있는 경우에는 5년의 범위 안에서 임용 기간을 연장할 수 있으나, 그 이후에는 보장이 없다. 물론 다시 응모해 시험에 응시할 수 있으나 채용시험에 선발된다는 보장이 없으며 민간 직장에의 복귀도 불가능하다는 제약이 따르므로 응모자가 주저하게 되는 것으로 판단된다. 이러한 상황의 변화가 수반되지 않으면 민간인의 관심을 높이기는 어려울 것이다.

제 4 절 개방형 직위제도의 개선 노력과 활성화 방안

1 개방형 직위제도의 개선 노력

개방형 직위제도를 시행한 초기에는 여러 가지 문제점과 시행착오가 발생했다. 제도란 목적을 달성하기 위한 안정된 경로를 만들어 둠으로써 원활한 운영과 집행이 가능하도록 하는 장치이지만, 최초에 입안한 제도의 세부 사항은 언제나 문제점에 노출될 가능성이 높다. 그것은 경험에 따른 안정성이 검증되지 않은 과정에 놓여 있기 때문이다.

그 동안 문제점으로 지적되어 온 사항들을 개선하기 위해 제도의 틀 안에서 부분적인 노력을 기울여 왔다. 그 내용은 ① 개방형 직위 임용자의 처우 개선, ② 신분 불안의 완화책, ③ 홍보의 강화와 유인책의 설정, ④ 공개모집 방법의 개선, ⑤ 선발심사의 공정성 제고, ⑥ 개방형 직위의 조정 등(정부혁신지방분권위원회, 2005: 325-327)이었다.

개방형 직위에 임용된 계약직에 대한 직급보조비를 일반직 공무원과 동일하게 40만 원(3급)부터 60만 원(1급)까지 지급함으로써 처우 개선에 노력했고, 개방형 임용자의 신분 불안을 완화하기 위해 채용기관은 임용 기간 만료 3개월 전까지 총 5년 이내의 범위 안에서 계약의 연장 여부를 통보하게 했다. 민간 전문가 이외에 우수한 공무원들이 개방형 직위에 다수 응모할 수 있도록 전 부처에 통보하는 등 홍보를 강화했고, 다른 부처 출신 임용자에게 월 50만 원 수준의 개방형 직위보전수당 가산금을 신설했다.

각 부처별 모집공고에 따른 홍보 효과의 미흡 문제를 해결하기 위해 중앙인사위원회에서 각 부처의 채용계획을 일괄해 일간신문과 관보 등에 연 2회 정기적으로 공고하며, 필요할 경우 각 부처별로 자체추천위원회를 구성하거나 채용전문 업체에 의뢰해 적격자를 추천받을 수 있게 했다. 그리고 선발심사의 공정성을 제고하기 위해 심사위원을 구성할 때 핵심 역량평가와 객관적인 심사를 위해 인사전문가를 포함시키고, 특별요건 심사를 위한 분야별 전문가를 위촉하도록 하고 있다. 개방형 직위를 중요성에 중점을 두어 선정한 결과 일부 직위는 개방형으로 운영하기 부적절한 경우가 있었으므로 민간인들이 공정하게 경쟁할 수 있는 직위로 변경하도록 했다. 행정의 전문성과 정책 수립의 효율성을 확보하기 위해 해당 분야의 전문성이 필요한 과장급이 적실성이 높을 수 있으므로 과장급으로 대체해 선정할 수 있도록 했다. 이러한 내용들은 제도의 범위 안에서 부분적이며 세부적인 문제의 해결을 위한 개선 노력을 꾸준히 진행해 왔음을 보여 준다.

2 개방형 직위제도의 활성화 방안

1) 우수한 외부 인재의 임용 확대

우수한 외부 인재를 개방형 직위에 다수 임용하기 위해서는 다양한 유인책을 강구할 필요가 있다. 내부의 우수한 인재도 필요하지만, 외부의 참신한 인재가 다수 임용되면 조직의 활성화와 경쟁력의 강화가 이루어지고 업무 능률과 성과가 향상될 가능성이 높다. 따라서 외부의 민간인이 관심을 가질 수 있도록 새로운 방안을 마련할 필요가 있다.

이러한 방안으로서 ① 현재 2년 이상 5년 이하로 제한되어 있는 임용 기간을 계약직 공무원 채용 예정자가 선택할 수 있도록 자율권을 부여하는 방안, ② 직급별 직위의 20% 범위 내에서 국장 및 과장급 채용이 가능한데 부처의 특성에 따라 20% 이상을 검토하는 방안, ③ 직급별 정원의 20% 이내를 정원 대체 계약직 공무원으로 자율적으로 채용할 수 있는 법적 근거를 과장급 이하까지 확대하는 방안, ④ 변호사, 의사, 컨설턴트 등 전문직 종사자를 오전, 오후의 반일 또는 특정 요일만 근무할 수 있도록 하는 시간제 계약직을 확대하는 방안 등을 제시할 수 있다(정부혁신지방분권위원회, 2005: 327-330).

2) 개방형 직위 지정의 기준 이행

개방형 직위의 지정은 전문성, 중요성, 민주성, 쇄신성, 조정성을 기준으로 선정하도록 규정하고 있으나 현실적으로는 각 부처의 편의와 사정에 따라 이와 같은 기준이 적용되지 않거나 무관심한 경우가 있으므로 기준의 이행을 강력하게 추진해야 한다.

기준의 이행 여부를 중앙인사위원회는 해당 부처의 업무와 관련된 전문가들의 참여하에 점검, 평가할 수 있게 해야 하고, 기준과 거리가 먼 직위의 지정은 해제하고 기준에 일치는 적정한 직위를 지정할 수 있게 해야 할 것이다. 따라서 통상, 환경, 법률, 기술 등 최신의 전문성이 필요한 직위와 변화관리가 특히 필요한 직위 위주로 개방형 직위의 지정을 유도해야 할 것이다.

3) 개방형 직위제도의 활성화 추진

개방형 직위제도의 목적이 업무 능력의 극대화, 전문성의 확보, 효율적인 정책 수립을 위해 각 부처가 직위를 지정하고 공직의 내외를 막론하고 최적의 인재를 임용해 활용하는 제도인데도 일부 부처는 소극적인 지정과 부적합한 직위를 지정함으로써 제도의 장점을 활용하지 못하고 있다. 이러한 문제를 해결하기 위해 우수한 민간 전문가의 유치 실적을 기관별 인사운영 평가 요소에 포함시킴으로써 각 부처 기관장이 활성화의 노력을 기울이도록 하는 방안도 고려해야 한다.

모집공고 결과 지원자가 없거나 적격자가 없어 재공고하는 경우에 채용전문 업체나 유관 기관, 단체 등에 의뢰해 적격자를 추천받도록 의무화하는 것도 필요하다.

그리고 개방형 직위 중 외부임용 비율만을 공직 개방의 기준으로 삼는 획일적인 방식에서 더 나아가 부처별 특성을 고려한 외부 인력 충원계획을 수립, 집행하고 중앙인사위원회는 운영 성과를 평가하는 방식으로 개선하는 것도 대안이 될 수 있다.

4) 선발심사의 공정성 확보

선발심사의 공정성을 확보함으로써 가장 능력 있는 인재를 선발하려는 제도의 취지가 일부 부처의 경우 선발위원회의 구성에 문제가 있어서 공정성에 의문이 발생하고 있으므로 이를 시정해야 한다. 선발위원은 관련 분야의 전문지식과 경험이 풍부한 자 중에서 절반 이상을 대학교원이나 민간위원으로 구성하고, 특정 이해 관계를 가진 임원과 직원은 배제하고 단체, 출신 학교, 재직 기관 등에 편중하지 않도록 규정하고 있는데도 불구하고 일부 부처의 경우 민간위원에 전직 소속 공무원이나 산하단체기관의 간부 등 업무 관련성이 밀접한 자를 과다하게 위촉해 심사의 공정성을 저해하고 있다는 문제점이 지적되어 왔다.

중앙인사위원회는 개방형 직위의 운영을 지도, 지원하며 필요한 경우에는 그 운영 실태를 조사, 평가할 수 있도록 규정하고 있으나(개방형 직위 및 공모 직위의 운영에 관한 규정, 제27조) 필요로 할 경우에 시정명령을 내릴 수 있도록 제도적 장치를 마련해야 할 것이다.

5) 갈등 해소를 위한 명령과 태도 변화

개방형 직위에 신규로 임명된 민간인과 재직자와의 관계에서 기존의 재직자들이 승진의 기회가 줄어들었다는 인식과 집단적 위계질서의 붕괴라는 불안감 때문에 개방형 직위에 임명된 민간인에 대한 질시와 배타적 분위기가 생성되어 갈등 관계가 조성될 우려가 존재한다. 이러한 갈등 관계는 업무의 원활한 진행이나 협력적 업무 진행을 저해한다.

따라서 갈등을 해소하기 위한 인간 관계의 기법을 응용할 수밖에 없는데 우선 공식적인 권한을 가진 상사의 명령에 의한 갈등의 해소이다(박연호, 2000: 220). 재직자들로 하여금 개방형 직위에 임용된 자에 대한 차별이나 비협조를 중단하라는 공식적인 명령을 활용하는 것이다. 또 다른 방법은 갈등을 일으키는 사람들의 인적 변수를 변화시킴으로써 갈등을 해소하는 것인데 그것은 태도 변화를 촉진하는 데 사용하는 교육훈련이다. 그러므로 공식적인 명령과 재직자들에 대한 인간 관계에 관한 교육을 통해서 감정의 변화와 태도 변화를 유도해 나가야 할 것이다.

6) 능력중심주의로 인식 전환

개방형 직위제도의 장점의 하나는 능력중심주의에 의한 인재의 채용이라는 점이다. 평소에 능력을 연마해 두었던 특정 분야가 개방형으로 지정되어 현직자가 응모해 승진 임용되었을 경우에 동료 관계가 상하 관계로 전도되고 연공서열은 붕괴된다. 여기에 반발하는 것은 능력 중심이라는 공직사회의 가치관을 부정하는 것이다. 이와 같은 왜곡된 인식을 교정하기 위한 제도적인 장치가 필요하다.

제도적 장치란 교육을 통해 공직사회가 연공서열 중심의 사회가 아니라 능력 중심의 사회라는 인식의 전환을 유도하는 방법과 불필요한 마찰과 갈등을 유발하는 공직자에게 경고를 하거나 다른 부서로 전보 조치를 함으로써 갈등을 차단하는 방법이 있다. 바람직한 방법은 공직자의 인식 전환이 교육을 통해 자연스럽게 이루어지게 하는 것이다.

7) 보수 수준의 상향 조정

인간은 부여된 업무에 대한 행동 실천과 업무에 노력한 결과의 수준에 따라 대가를 기대하므로 노력과 노력의 결과에 대한 보상 간의 연계가 필요하다는 것이 동기이론인데(Cayer, 2004: 104-110), 능력 있는 민간인을 개방형 직위에 임용하려면 충분한 보상을 제시해 강한 동기를 부여함으로써 관심을 증대시키고 응모 비율을 높여야 할 것이다.

만족한 보수 수준의 책정은 우수 인력을 유인하는 동기부여 방법도 되지만 업무 능률을 향상시키는 사기 요인도 되므로 충분한 보수의 지급이 필요하다. 민간인으로 개방형 직위에 임용되는 자에게 공무원 경력 중심의 연봉 책정 방식을 수정해 민간기업과 연구소의 근무 경력도 직무 관련성을 고려해 연봉을 책정할 때 폭넓게 인정하도록 공무원보수규정을 개정할 필요가 있다. 그리고 보수 수준의 상향 조정을 위해 연봉의 수준을 1년이 경과한 후의 업무 성과에 따라 재조정할 수 있도록 하는 등의 인센티브를 강화시켜야 할 것이다. 보수는 유사한 업무를 수행하는 민간 부문의 연봉 수준과 비슷하거나 높아야 전문성을 갖춘 민간인들의 직위 공모에 대한 관심을 증대시킬 수 있을 것이기 때문이다.

8) 민간인에 대한 신분상 안전장치의 설정

민간인이 개방형 직위에 임용된 경우 2년 정도의 계약 기간이 종료되면, 근무 실적의 우수, 중대한 사업 수행, 비상 상황의 발생 등 일정한 사유가 존재할 경우 5년의 범위 내에서 연장할 수 있으나 그 이후에는 신분상의 보장이 없다. 다시 응모하는 방법도 있으나 민간 직장에의 복귀도 불가능하므로 신분상의 불안을 가지지 않을 수 없게 된다. 이들의 불안을 감소시키고 능력 있는 자들에게 대한 신분상의 안전장치가 설정된다면 불안감 없이 최대의 능력과 노력을 집중할 수 있게 되어 사기도 향상될 것이다.

그러므로 개방형 직위에 임용된 자에 대한 엄격한 성과평가를 실시한 후, 근무성적이 우수할 경우 임용 기간의 연장뿐만 아니라 연봉 등급의 상향 조정과 계약 기간이 만료될 때 신분이 보장되는 일반직 공무원으로 특별채용을 할 수 있는 제도적 장치가 필요하다. 그러기 위해서는 국가공무원법 28조의 개정이 필요하나 현행 법령상으로도 임용 자격 요건에 맞는 경우 일반직으로 특별채용이 가능하게 되어 있으므로 이를 최대한 활용해야 할 것이다.

제 5 절 결 론

국내의 사회적 환경에 대한 개혁의 필요성과 급속한 국제적 정치, 경제, 기술적 환경의 변화에 대처하기 위해 행정 업무는 고도로 숙련된 지식과 기술을 요구하는 상황에 직면했다. 이것을 해결하기 위해 인적 자원의 능력이 지적으로나 기술적으로 높은 수준을 유지하면서 급격한 국내외적 변화에 기민하게 대응해야 하는 필요성이 대두되었다. 따라서 공직의 업무 능력을 극대화하고 경쟁력을 향상시키기 위한 전문성과 능력이 필요한 직위에 공직의 내외를 불문하고 자격과 능력을 갖춘 최적격자를 선발해 임용하는 제도가 당연히 요청된다. 이것이 개방형 직위제도이다.

개방형 직위제도는 ① 정치, 경제, 사회적 변화에 적응하기 위한 전문성의 제고, ② 새로운 환경의 변화에 대응하는 대응성의 향상, ③ 최적의 인재를 경쟁을 통해 채용하는 경쟁력의 제고, ④ 공무원과 민간인 누구나 임용될 수 있으므로 인사교류의 활성화, ⑤ 공무원 사회의 무사안일에서 경쟁력을 도입함으로써 개혁성의 확보, ⑥ 개방형 직위에 임용되려면 임용자격, 능력 요건, 특별 요건에 적합해야 하고 경력을 충족시키기 위해 부단한 자기 능력의 향상을 위한 노력을 기울여야 하므로 공무원의 능력 향상이라는 성격을 가지고 있다.

개방형 직위제도가 도입되기 이전에는 '개방형 전문직위제도'가 운영되었으며, 고도의 전문성과 특수 기술이 요구되는 직위를 지정해 조직 내부와 외부에서 임용권자가 승진, 전보, 전직, 특별채용 또는 계약직채용, 겸임 등으로 충원했으나 제도적인 한계 때문에 임용된 직위는 극히 미미했고 운영도 미흡했다. 이러한 상황을 타파하고 전문성이 필요하고 능력이 있는 인재를 행정조직의 내외에서 선발, 임용함으로써 생산성을 높이려는 목적으로 대통령령으로 '개방형 직위의 운영 등에 관한 규정'을 마련함으로써 개방형 직위제도를 도입하게 된 것이다.

개방형 직위제도의 내용을 보면, 직위의 지정은 소속 장관별로 고위공무원단 직위 총수의 20% 범위 내에서 지정하도록 규정하고 있으며, 일정한 변경, 해제 사유가 발생하면 개방형 직위를 변경, 해제할 수 있게 하고 있다. 충원 시기는 지정된 직위에 결원이 발생한 때에 공개모집의 절차를 거쳐서 임용한다. 선발시험은 임용 직위별로 5인 이상의 전문지식이나 경험이 풍부한 자 중에서 위촉하되 절반 이상을 대학교원 또는 민간위원으로 선발시험위원회를 구성하고 위원장은 민간위원이 담당하도록 규정했다. 시험의 방법은 서류전형과 면접시험으로 하며 면접시험은 직무 수행 계획의 발표, 특정 주제에 대한 의견 발표, 성공적인 업무 수행 실적 발표, 집단토론 등 다양한 방법을 활용하도록 규정하고 있다.

개방형 직위의 지정 현황을 보면, 2007년 1월 기준으로 총 156개의 직위가 지정되어 있으며 점차로 지정하는 직위의 수가 증가하고 있는 상황이다. 개방형 직위의 임용 현황을 보면 내부임용이 54.7%이고 외부임용이 45.3%에 이른다.

개방형 직위제도의 운영 성과를 보면, ① 공직 개방과 경쟁력의 확보, ② 외부임용 확대와 전문성의 제고, ③ 행정의 일관성과 전문성의 향상, ④ 직무 중심의 가치관 확산, ⑤ 인사의 공정성과 투명성의 제고, ⑥ 행정의 민주성과 유연성의 증대로 요약할 수 있다.

개방형 직위제도의 문제점은 ① 우수한 외부 인재의 임용 저조, ② 부적절한 직위의 지정, ③ 제도의 활용에 대한 소극성, ④ 선발심사의 공정성 확보 미흡, ⑤ 외부 임용자와 재직자 간의 갈등 가능성, ⑥ 연공서열의 파괴에 따른 혼선, ⑦ 보수 수준의 취약성과 채용의 한계성, ⑧ 신분상의 불안에 따른 응모자의 관심도 저하 등을 지적할 수 있다.

이러한 문제점을 개선하고 개방형 직위제도가 지향하는 본래의 목적을 달성하기 위한 개방형 직위제도의 활성화 방안을 제시하면 다음과 같다.

① 우수한 외부 인재의 임용 확대, ② 개방형 직위 지정의 기준 이행, ③ 개방형 직위제도의 활성화 추진, ④ 선발시험의 공정성 확보, ⑤ 갈등 해소를 위한 명령과 태도 변화, ⑥ 능력중심주의로 인식 전환, ⑦ 보수 수준의 상향 조정, ⑧ 민간인에 대한 신분상 안전장치의 설정 등이다.

제 7 장 목표관리제(MBO)

최근 수년간 성과주의 인사제도 도입과 활용을 통한 성과 지향적 조직문화 구축에 관한 관심이 크게 늘고 있다. 특히 공공 부문에서 생산성 향상과 공공 서비스의 질적 향상을 기하기 위해 정부의 성과를 평가하고, 평가 결과를 예산 편성 및 정책에 반영하는 전반적인 성과혁신이 진행되고 있다. 다양한 성과관리제도가 결과 중심의 행정 패러다임의 실현이라는 점에서 강조되어 의욕적으로 추진되고 있으며, 공공 부문의 조직, 인사, 재정, 공공사업에 이르기까지 평가와 관리의 방법으로서 활용되고 있다(권미수, 2005).

이는 전반적으로 투입 중심 정책에서 성과 중심 정책으로의 전환을 의미하며, 단기적인 실적 위주보다는 중장기적인 바람직한 기대 목표를 효과적으로 달성하기 위한 시스템 혁신, 창조적 조직문화 혁신, 공공 부문의 체질 변화를 의미한다.[1] 다시 말해 성과관리(performance management)가 이러한 변화의 핵심에 자리하고 있으며, 단순한 제도 변화 차원을 넘어 공공 부문에서 신공공관리(New Public Management: NPM)에 입각한 전반적인 행정개혁(Osborne & Plastrik, 1997)으로 나타나고 있다.

성과관리는 인적자원관리(human resource management)에서 가장 중요한 절차(과정) 중 하나이다(Compton, 2005). 거시적인 변화와 별도로 실

1) 참여정부에서 '혁신'의 이름으로 진행되고 있는 성과중심주의, 공공 부문의 시장 원리 도입, 고객중심주의, 참여의 강조, 규제개혁 및 분권화 등은 새로운 국정 이념으로 자리잡고 있다.

무적인 차원에서 효과적인 조직 운영과 조직의 목표를 달성하기 위해서는 조직 내 구성원들의 성과를 효과적으로 관리하는 것이 특히 중요하다. 즉, 바람직한 생산적인 조직목표를 설정하는 것뿐만 아니라 조직구성원들이 조직목표에 몰입하도록 참여와 의사소통을 원활히 하고, 전략적으로 관리해 조직의 성과를 조직구성원들 개개인의 인사관리와 직결시키는 것이다.

그 동안 경영학에서 도입된 다양한 기법들이 공공 부문에 폭넓게 적용되어 왔지만 모호한 성과 기준과 정치적 간여 때문에 그러한 기법이 공공 부문에 성공적으로 적용되고 안착하는 데는 상당한 어려움이 있다. 그럼에도 불구하고 수많은 정부 업무에 이들 관리 기법이 유용하게 적용되고 있는 것도 사실이다(Rainey, 2003; Rodgers, Robert, Hunter, & John, 1992). 성과관리의 주요 방안으로 도입된 성과지향예산(performance-based budgeting), 목표관리제(management by objectives: MBO), 자체평가(self-evaluation) 등도 예외가 아니다.[2]

이 장에서 다루고 있는 목표관리제(MBO)는 변화하는 행정환경에 맞추어 개혁적이고 긍정적인 방향으로 정부 내 의사소통 과정뿐만 아니라 공무원들의 행태 변화에 중요한 역할을 한 측면도 있지만 어려운 상황에 놓여 있는 것도 사실이다. 목표관리제(MBO) 적용 과정에서 제도적 보완과 개념의 재확립을 통해 지속적 발전을 도모하는 노력이 필요하다. 목표관리제가 참여적이고 능동적인 공무원상(公務員像)을 필요로 하는 반면, 의식 변화, 조직문화 변화는 상당한 시일이 소요된다.

목표관리제(MBO)는 성과 지향적인 행정을 구현하고 공직사회의 경쟁력을 제고하기 위해 도입되었다는 점에서 공공 부문 성과관리제도의 성공과 실패를 가늠해 볼 수 있는 바로미터라는 데 특히 의의가 있다. 여기서 그간에 우리 나라 공공 부문에서 운영되었던 목표관리제와 목표관리제의 신형모형(MBO-type)이라고 할 수 있는 직무성과계약제의 의의, 편익과 한계, 쟁점 사항 등을 성과 관리적 측면에서 살펴보기로 한다. 특히 이들 제도의 효용성에 주목해 실무적 차원에서의 문제점들을 집중적으로 검토하고 그

---

2) 우리 나라 공공 부문에서 활용 중인 성과관리제도는 크게 국무조정실의 정부업무평가제도, 중앙인사위원회의 직무성과계약제도, 행정자치부의 목표관리제도, 기획예산처의 재정성과관리제도 등이 있다.

발전 방향을 모색해 본다.

제1절 목표관리제의 의의

1 목표관리제의 개념 및 특징

목표에 의한 관리(또는 결과에 의한 관리), '벤치마킹', 품질관리(quality management) 등은 가장 잘 알려져 있는 성과관리 접근 방법이다. 오늘날 목표관리제(MBO)는 아이러니컬하게도 민간 부문보다 공공 서비스 기관에서 더욱 인기가 있다. 공공 부문이 본질적으로 복합적 목표와 갈등이 있는 목표를 동시에 가지고 있지만, 어느 국가에서나 정부행정의 효율지향성을 위한 개혁적 노력이 시대적 요청 사항이 되고 있기 때문이다. 또한 목표에 의한 관리(MBO)가 사전에(ex ante) 명확한 운영목표의 형성 그리고 산출물과 결과물에 대한 사후적(ex post) 측정에 강조점(Mosley, Schütz & Breyer, 2000)을 두고 있다는 점에서 특히 매력적으로 보이기 때문이다.

목표관리제는 강조하는 영역에 따라 다양하게 정의되는데, 대체적으로 "조직의 목표를 달성하기 위한 하나의 방식으로 전체 조직구성원의 참여를 통해 조직구성원 또는 조직이 성취하고자 하는 SMART한 성과목표(목표의 설정)를 설정한 후 이를 수행하고(실천계획 수립과 실행), 그 성과를 주기적으로 평가한 후, 그 결과를 환류시키는 과정(평가 및 피드백)"이다(Drucker, 1954; Brady, 1973; Ford & McLaughlin, 1982; Swiss, 1991; Poister & Streib, 1995; Rainey, 2003; Brim, 2004).

다시 말해, 목표관리제는 공동 목표를 설정·이행·평가하는 전 과정에서 아래 사람의 능력을 인정하고 그들과 공동 노력을 함으로써 개인 목표와 조직 목표 사이에, 상부 목표와 하부 목표 사이에 일관성을 강조하는 관리 방식이다. 구체적으로 참여의 과정을 통해 조직 단위와 구성원들이 수행해야 할 목표를 명확하고 체계적으로 설정하고, 그에 따라 조직활동을 정렬(alignment)해 효과적으로 업무를 수행하도록 하고, 그 결과를 평가·환류시키는 관리 체제이다. 기본적으로 목표관리제는 의사결정 과정에서의 참여(participation in decision making), 목표설정(goal setting), 객관적인 환류(objective feedback) 등 세 가지 과정으로 구성되어 있다(최항순, 2002). 목표관리제의 특징적 사항은 ① 일의 과정보다 결과를 중시하는 관리 기법이라는 점, ② 개인별 목표의 수립 과정에서 성장형 인간관에 기초해 구성원의 자율성과 참여를 특히 강조한다는 점, ③ 성과평가를 통한 보상을 실현하려는 관리 기법이라는 점을 꼽을 수 있다(라휘문 외, 2002; 김병섭·박광국, 1999).

목표에 의한 관리(MBO)

목표관리제(MBO)는 '스마트(S.M.A.R.T)'한, 다시 말해 구체적이고(specific), 측정 가능하고(measurable), 달성할 수 있는(achievable), 현실적인(realistic), 그리고 시간에 기반(time-based)을 둔 목표를 설정하고, 이러한 조직의 집합적 목표에 조직구성원들을 정렬(alignment)시켜 나가는 전략적 관리 기법으로 조직구성원들의 자발적인 조직몰입을 유도하는 참여 과정, 결과 성취를 추구하는 업무평가 체제, 조직 전략 체제이다.

목표에 의한 관리 또는 목표관리제(MBO)란 50년 전 피터 드러커(Peter Drucker)가 『관리의 실제(*The Practice of Management*)』(1954)에서 처음 사용한 개념으로 "조직에서의 개인의 노력들은 공동 목표에 합의된 팀워크(team-work)를 통해 공통된 노력으로 통합되어야 한다"는 것이 그 요지이다.

오디온(G. S. Odiorne)은 『목표에 의한 관리(*Management by Objectives*』(1965)에서 목표관리제는 "상급자와 부하직원이 함께(jointly) 협의하여 목표를 식별하고, 기대되는 결과로 개별적인 책임 영역을 정하고, 이들 목표와 기대되는 결과를 조직 단위를 운영하고, 조직 단위 구성원의 활동과 기여도를 평가하는 가이드로 삼는 관리 시스템"으로 정의하고 있다.

목표관리제(MBO)는 목표 설정, 참여적 의사결정, 그리고 객관적인 피드백을 통해 관리자와 고용자들에게 성과에 대한 강한 동기를 부여할 의도로 고안되었다. 목표관리제는 관리자의 노력을 조직 전체 목표와 우선순위에 따라 정렬해 나가면서 개별 업무에 대한 자체통제(self-control)를 북돋우는 기획 및 통제 시스템이다(Poister & Streib, 1995).

2 목표관리제와 성과평가

목표관리는 가정(process)만 수립되어 있다고 성공하는 것은 아니다. 명확한 목표에 대한 상호 합의와 납득이 전제되어야 하고, 구성원의 몰입과 헌신에 대해서는 반드시 평가와 보상이 뒤따라야 하며, 그리고 평가 절차에 대한 신뢰도와 타당도에 대한 조직의 신뢰 등이 전제되어야 한다. 목표관리제의 가장 큰 문제는 목표관리제 절차에 대한 명확한 이해가 부족하고, 성급하고 부적절하게 실행한다는 데 있다. 목표관리제는 효과적인 성과 평가 또는 보상 시스템이라기보다는 효과적인 전략적 기획 및 집행 시스템이다. 또한 목표관리제는 하의상달(a bottom-up), 과정 지향적(process-oriented) 그리고 팀 위주(team-oriented)의 기획 시스템이지, 상의하달(a top-down) 식의 명령·통세 시스템이 아니다.

현실적으로 수많은 조직과 그 조직의 관리자들은 여전히 성과관리를 기계적인 연중행사(a mechanistic annual ritual) 또는 '필요악'으로 핵심('bottom line')과는 거의 관련성이 없는 것으로 여긴다(Compton, 2005). 드러커(Drucker, 1954), 허즈버그(Herzberg, 1959), 카스시오(Cascio, 1999), 그리고 윌슨(Wilson, 2001)과 같은 성과평가 및 관리 시스템 지지자들은 성과평가 프로그램은 직원들의 지식과 역량을 평가하고 개발하며 그리고 효과적으로 사용하기 위한 논리적이고 선호할 만한 수단이라고 주장한다. 물론 이러한 모든 결과는 최종 수요자(the end user), 관리자들이 성과평가의 효과적 과정에 대해 교육받고, 올바르게 진행했을 때의 잠재적 편익이 무엇인지 아는 경우에 가능하다.

성과관리의 장점에 대해 다소 부정적인 관점은 몇몇의 사회과학자들에 의해 주도되어 왔다. 예를 들어 데밍(Deming, 1982)은 "성과관리 및 평가는 단기적 성과에 치중하게 하고, 장기적 기획을 경시하고, 두려움을 만들어내며, 팀워크를 해치고, 경쟁심을 부추긴다"고 말하고 있다. 맥그리거(McGregor, 1957), 레빈슨(Levinson, 1970), 롤러(Lawler, 1994), 글로버(Glover, 1996), 그리고 글렌디닝(Glendinning, 2002)은 성과관리 시스템의 원칙에는 지지를 보내지만 실무적 어려움에 대해서는 비판적이다. 다시 말해 명확하게 성과관리 프로그램의 효과성에 대해 보편적인 합의가 결여되어 있다. 이와 같은 다양한 관점에도 불구하고, 효과적으로 실행된 성과관리 프로그램은 조직뿐만 아니라 조직구성원들에게 편익을 줄 수 있다(Compton, 2005). 목표관리제와 성과평가의 관계는 성과평가 결과의 환류라는 고리(loop) 안에서 서로 얽혀 있지만, 성과평가는 목표관리제의 여러 과정 중 하나일 뿐이다.

3 목표관리제의 편익과 한계

목표에 의한 관리(MBO)는 상급자와 부하 간에 상당히 뛰어난 커뮤니케이션 기제(an outstanding communication mechanism), 전체 조직구성원들이 미래에 집중하는 기획 장치(a planning device), 직무(job) 관련 행태를 강조하는 평가도구(an evaluation device), 그리고 관리자들 스스로 미

〈표 7-1〉 MBO 프로그램의 편익과 문제 영역

편익 영역(benefit areas)	문제 영역(problem areas)
1. 고용자 성과 개선 2. 의사결정 과정에 부하직원의 참여 증가 3. 업무 목표(job objectives) 및 책임에 관해 부하 직원과 관리자 간 의사소통 개선 4. 고용자 동기 증가 5. 고용자 활동에 대한 통제 증가(incresed control over employee efforts) 6. 더 효과적인 관리자 평가(manager appraisal)를 위한 객관적 기준 개선 7. 개별 직무에 대한 기획 개선(improved planning for individual jobs) 8. 부서 기능과 책임성에 대한 명확한 기술로 인해 조직의 다양한 부서 간 협력 개선 9. 총괄기획 개선(improved overall planning) 10. 시간관리 개선(improved time management)	1. MBO 프로그램 실행을 위한 사전 교육훈련 및 준비 시간 부족 2. 설정된 목표 달성에 필요한 시간 부족(insufficient time allowed for achievement of established objectives) 3. 너무 많은 문서 작업(too much documentation and paperwork) 4. 환경 변화에 따른 목표의 적절한 변화 또는 수정 불가능 5. 목표설정 과정에서 부하직원의 부적절한 참여와 투입 6. 목표들의 계량화(quantifying) 어려움 7. 프로그램 목적에 대한 불충분한 검토 및 평가 8. 정규 업무활동에 과다 시간 투여(too much time taken from regular business activities) 9. 조직구성원의 MBO 철학에 대한 부족한 지지 10. 최고경영층의 MBO에 대한 부족한 지지 11. MBO 프로그램을 보수 결정과 연계 불가능(inability to relate program to salary determinations)

자료: Ford & McLaughlin(1982: 45).

래 조직 목표들을 달성하도록 한다는 점에서 관리자를 도와 주는 개발 수단(a development tool)으로 각광을 받아 왔다. 여기서 목표관리제의 도입의의 또는 유용성 그리고 문제 영역을 구체적으로 살펴보자.

1) 편익 또는 유용성

목표관리제의 편익 또는 유용성은 다음과 같다(최항순, 2002).

첫째, 목표관리제는 조직의 상위관리층을 포함한 조직구성원 전체의 광범위한 참여를 통해 조직목표를 설정하고 성과측정을 위한 지표와 자료를 수집함으로써 목표와 활동의 연계성을 높인다.

둘째, 목표관리제는 목표의 수립 과정에서 조직구성원 상호간, 특히 상하계층 간의 의사소통과 협의를 지향하는데, 이는 구성원 상호간의 이해 증진은 물론 조직에 대한 일체감을 향상시키는 효과를 발휘한다.

셋째, 조직구성원 각자의 목표가 뚜렷이 제시되며, 이러한 직무의 확실성으로 역할 간 갈등을 감소시킴으로써 직무 만족을 제고한다.

넷째, 목표관리제는 객관적 기준에 입각한 업적평가와 이의 환류를 통해 조직 또는 구성원들의 성과를 측정하고 업무 개선에 기여한다.

다섯째, 목표관리제는 분권화와 참여를 통해 관료제의 부정적 속성, 즉 집권적 구조와 권위적 행태 등을 줄여 준다.

2) 비용 또는 한계

목표관리제는 제도의 본질적인 성격 또는 운영상 문제로 인해 다음과 같은 단점 또는 한계를 가진다(최항순, 2002).

첫째, 목표관리제는 결과 측정을 중시하기 때문에 측정 가능한 목표에 치중하고 질보다 양을 중시할 우려가 있다. 극단적으로는 허황한 숫자놀음(statistics game)을 조장할 염려가 있다.

둘째, 참여에 의한 목표 설정과 성과보고(특히 중간보고) 등은 많은 시간과 번거로운 서류작업(paper work)을 수반하며, 특히 도입기에 목표관리의 원리와 요구 사항에 따라 관리하는 것을 배우는 데는 많은 시간이 걸린다.

셋째, 인간 중심적 관리 방식에 대한 경험이 없는 조직이 목표관리를 시행하게 되면 조직구성원들은 목표관리에 대해 매우 소극적이고 저항적인 태도를 보이기 쉽다. 특히 권위적 성격이 강한 정부관료제의 경우 강한 저항에 부딪치는 등 그 도입 및 적용에 난점이 있다.

결국 전통적이고 관료적인 가치들이 팽배하고 집행을 수행할 적절한 훈련 프로그램이 없을 때는 실패할 확률이 높다고 할 수 있다. 대부분의 정부기관에서 MBO가 실패하는 것은 집중화된 권력이나 의사소통, 통제와 같은 위계적 가치가 존재하기 때문이다.

목표관리제(MBO)의 올바른 이해

- MBO는 전혀 새로운 인사고과 및 평가 방식이 아니라 계획-실천-평가라고 하는 전형적인 경영관리 활동의 조직적 절차이다.
- MBO는 자율경영만을 강조하는 것이 아니라 자율과 통제, 권한과 책임의 양면성을 가지고 있다.
- 최종 결과나 업적만을 평가하는 것이 아니라 목표의 질과 달성 과정도 종합적으로 평가하는 것이 바람직하다.
- 정량화될 수 있는 목표만 한정하는 것이 아니라 정성적 목표까지 포괄한다.
- 일방적 강요나 지시에 의한 관리가 아니라 상황과 목표의 공유와 합의를 중시한다.

자료: 권미수(2005), 한국전산원.

4 목표관리제의 쟁점 과제

공공 부문에서 목표관리제의 도입 목적은 성과 향상과 다양한 요구 사항에 대한 대응성을 높이는 데 그 목적이 있다. 여기서 목표관리제의 공공 부문 도입시 일어날 수 있는 주요 쟁점과 과제에 대해 살펴보면 다음과 같다(Mosley, Schütz, & Breyer, 2000).

1) 성공적 실행을 위한 선행 조건과 함정

(1) 상대적 자율성

많은 경우 목표관리의 과정이 '상의하달(top-down)' 식으로 펴졌기 때문에 최고경영층 또는 최고관리자의 소극적 간여는 목표관리제 도입에 무관심하다는 것을 나타내고 궁극적으로는 실패하기 싶다. 목표관리제에서 어느 정도까지 정치적 차원의 간여가 필요하고, 실행 과정에서 어느 정도 통제가 바람직한가 하는 것은 핵심 이슈이다(politics vs. administration). 이상적으로 볼 때, 목적 및 목표 형성 단계에서만 간여가 필요하고, 운영(operations)은 원칙적으로 항상 투명해야 한다. 유권자와 선거 시기에만 주로 반응하는 정치 논리(logic of politics)와 MBO의 정책주기 간에 본질적인 갈등이 나타나기도 한다. 정부는 정책실패의 위험 때문에 명확한 운영 목표를 피하려는 경향이 있으며, 성과관리에 개입해 성과를 부풀리려는 경향을 보이기도 한다. 목표관리제 운영과 관련해 어느 정도 상대적 자율성을 부여할 것인가는 아주 중요한 이슈이다.

(2) 규칙과 규제

규칙 지향적인 것(a rule-oriented)으로부터 성과 지향적(a performance-oriented) 행정으로 전환하는 것은 신공공관리 접근 방법에서 우선시되는 목적 중 하나이다. 공공기관에서 전도 유망한 목표관리제를 도입하는 데 필요한 조건은 법, 규제, 그리고 행정절차의 수와 강도(density)를 효과적으로 줄이는 것이다. 만약 상대적으로 강도 높은 규칙이 지속된다면, 어떤 목표관리제도 중간에 와해되기 싶다. 그러나 전통적인 규칙 지향적인 행정 영역(domain) 그리고 과정 지향적 규제가 어느 정도 성공적인 목표관리제와 양립할 수 없는지는 명확하지 않다.

(3) 불필요한 형식주의

목표관리제는 본래 의도와 달리 모니터링, 그리고 과도한 문서 작업과 불필요한 형식주의(red tape)에 포획된 '종이 호랑이'로 전락할 수 있다. 공공 부문의 목표관리제가 실패하는 가장 중요한 이유는 직접 대면에 의한 관리 체제(a face-to-face management system)라기보다 문서작업 시스템(a paper-work system)으로 취급하려는 경향 때문이다(Odiorne, 1976). 목표관리제는 기획 요소가 강하기 때문에, 특히 재무관리와 결합될 때 과정상 형식주의가 불가피하다. 효율성 손실을 피하기 위해, 모니터링 정보가 성과 목적의 범위에 지나치게 맞추어져서도 안 되지만 관련된 수많은 행위자의 요구와 역량을 반영해야 하는 어려움도 가지고 있다.

2) 목적, 운영 목표, 성과지표의 설계

목표관리가 신뢰할 만한 데이터를 토대로 효과적으로 운영되기 위해서는 명확한 목표와 성과지표에 대한 합의가 필요하다.

(1) 운영 목표의 수

운영 목표 및 지표의 수는 제한되어야 한다. 너무 많은 운영 목표(target)는 조직 우선순위를 설정하고, 전략적 관리 수단으로서의 목표관리제의 목적을 손상시킬 수 있다. 비록 선험적인 최적의 운영 목표 수가 없다 하더라도 운영 목표 각각은 조직의 다른 목표와 경쟁(목적 경쟁)해야 하고, 어느 점에서는 목표 갈등을 일으킬 수 있다. 또한 정량적 운영 목표는 운영 단위별 비교 가능한 표준지표(standards)로 제시되어야 한다. 그렇지 않으면 어떤 성과 비교라도 오해 소지를 키우고 심지어 불공평을 초래하기 쉽다. 운영 목표는 너무 높게 잡거나 너무 낮게 설정되어서는 안 된다. 목표가 너무 낮은 경우 성과 개선에 대한 실질적인 인센티브를 제공하지 못한다. 달성할 수 없는 너무 높은 운영 목표는 탈동기화(demotivating)를 초래하고, 심지어 겉만 번지르하거나 교묘하게 속이는 것과 같은 부작용(side effects)을 낳을 수 있다. 이러한 문제를 회피하기 위해서 대체로 전기(前期, previous period)의 성과 수준을 반영한다.

(2) 시간 프레임

목표관리제의 시간 프레임은 대체로 짧게 설정되는 경우가 많다. 이에 반해 전형적인 정책 목표는 종종 상당히 긴 시간 범위(예를 들면, 장기 실업 감축)가 필요하다. 이것은 단기 성과 관리와 장기 목표 추구가 어떻게 효과적으로 연결될 수 있는가 하는 의문을 가지게 만든다. 장기 기획주기는 다양한 정책환경의 불안정성(예를 들면, 정부 변화, 정치적 우선순위 변화) 때문에 오히려 불안정하다. 이러한 딜레마에 대한 가능한 해결책은 중기 정책 틀과 상세한 연간 사업계획을 효과적으로 결합하는 것이다.

(3) 목적, 목표, 지표의 일치성

목적, 목표 그리고 지표 간 적합성은 목표관리에서 핵심 이슈이다. 지표들은 운영 목표를 적절하게 표현하지 못할 수 있다. 이것은 측정 방법상 문제일 수도 있다. 성과지표들(PI's)은 종종 행정 시스템에서 이용할 수 있는 정보에 바탕을 둔 대리지표(proxy indicator)로 구성되는 경우가 있다. 이것은 문제 소지가 있다. 만약 관리자가 특정 목적 또는 목표를 대표하는 것으로 확신하는 성과지표를 제대로 인식하지 못한다면, 이는 목표관리 과정 자체를 손상시킬 수 있다. 이 경우 목표가 공식적으로 수행되지만 관리활동을 결정하거나 지침으로서 역할을 하지 못하는 것이다.

(4) 성과측정의 문제

공공 부문의 성과측정이 민간 부문보다 어려운 이유는 '무엇을', '왜' 측정하는가 하는 문제가 민간 기업에서와 같이 분명하지 않기 때문이다. 공공기관이 지향하는 '결과(result)'와 '성과(performance)'가 무엇인가에 대해 의견 일치가 어렵고, 결과적으로 적절한 성과측정 방법에 관한 합의가 어렵다. 어려운 문제를 해결하는 것이 바로 공공 부문에서의 성과측정이 갖는 핵심적인 도전 과제이다. 이를 위해서는 적절한 방법론을 갖고, 어떠한 공공 프로그램에서 책임의 범위는 어디까지이며, 무엇이 적절한 성과지표의 조합인가를 고민해야 한다(Schacter, 2002).

3) 순응 확보 및 성과 인센티브

다양한 방법을 통해 정책목표는 운영 목표로 전환될 수 있고, 성과측정이 가능한 수많은 지표들이 있다. 한편으로는 정책분열(policy fragmentation)을 막기 위해 어느 정도까지 운영 목표 및 지표를 집중적으로 조정할 필요가 있고, 다른 한편으로는 정책집행 구조상 운영 단위에 정책 자율성을 허용하는 것이 좋다. 비록 목표관리의 전통적 모델이 집중화 경향(예를 들면, 영국의 기관 모형)을 띠고 있지만, 더 분권화된 목표관리 혼합 모형(예를 들면, 덴마크)도 있다.

(1) 대리인 비용(agency cost)과 문제

목표관리형 성과관리 시스템은 원칙적으로 주인-대리인 모형(principle-agent model)으로 해석된다. 주인-대리인 모형에서 최고관리층(주인)은 하위 운영 단위에 의해 수행되어야 할 목표와 목적을 정한다. 여기서 기관(대리인)은 다양한 방법으로 정보 독점의 이점(information advantage)을 남용할 수 있다.

그렇기 때문에 특히 목표관리제는 '도덕적 해이(moral hazard) 개념'[3]에 의해 분석되는 대리인 문제(agency problems) 그리고 다소 덜한 편이지만 '역선택(adverse selection)' 문제[4] 경향을 띠기 쉽다. 대리인은 통계 및 비용을 조작하는 다양한 옵션이 있다(예를 들면, 프로그램 종료 전 그만둔 사람을 빼는 것). 문제를 최소화하기 위한 인센티브 역시 반생산적(counter-productive)일 수 있다. 예를 들어, 높은 성공률에 대한 재정적 또는 경력 인센티브는 겉치레(creaming)를 양산할 수 있다. 그래서 계약(또는 성과협정)에 대한 기관의 순응(compliance)을 보증하는 모니터링 또는 거래비용은 목표관리제를 평가하는 데 중요한 이슈이다.

(2) 성과 인센티브

간단하게 보면, 목표관리는 결과 중심적 실행(results-oriented implementation) 그리고 결과 통제(results-control)을 통해 조직 성과를 개선할 것으로 기대된다. 여기서 중요한 이슈는 부가적 성과 인센티브(재정적 또는 다른 비물질적 자원)가 목표관리에서 기대하는 '조향 효과(steering effect)'를 불러일으키는 데 얼마나 효과적인가와 관련되어 있다. 보너스 지급과 같은 개별적인 성과 인센티브는 이론적 실무적으로도 논란의 여지가 많다. 그렇지만 성과 인센티브를 기계적으로 지급하는 것은 피해야 한다.

---

3) 도덕적 해이는 주인이 대리인, 즉 다양한 비순응 형태(예를 들면, 책임 회피 등)를 보일 수 있는 기관의 활동을 완전하게 모니터하거나 평가할 수 없는 (사후) 조건을 의미한다.

4) 도덕적 해이와 달리, 역선택은 주인이 사전에 계약 이행과 관련된 결정적 특징에 대해 대리인(기관)이 진실을 말하는지 안 하는지 알 수 없는 것과 관련되어 있다. 그래서 역선택은 보험에서 아주 중요한 문제이지만 중앙-지방 간 관계에서는 중요한 역할을 하지 못한다.

제2절 우리 나라 목표관리제의 현황과 쟁점

1 추진 배경

우리 나라에서 목표관리제는 행정자치부가 공공 부문의 비능률을 개선하기 위해 결과 지향적인 성과관리 차원에서 1999년에 도입했다.[5] 구체적으로 중앙부처 4급 이상의 공무원(일반직과 별정직)을 대상으로 정책 및 사업의 추진에 따른 성과관리를 통한 차등적 보상을 함으로써 공직사회의 경쟁력을 강화하기 위한 것이다(행정자치부 운영지침). 다시 말해 목표관리제는 공식에 경쟁을 도입해 공무원들의 의식을 바꾸고 공직사회를 성과관리 체제로 전환시켜 정부의 효율성을 제고하기 위해 도입된 제도라고 볼 수 있다.

목표관리제 추진 경과를 간략하게 살펴보면 다음과 같다. 행정자치부는 국민의 정부 수립 초기인 1998년 3월 이후 관련 학계, 언론, 민간 전문가 등 각계의 의견을 수렴하고, 10여 회의 자체 토론회를 거친 다음 6월에 계획안을 확정하고, 이어 타당성 검증 차원에서 1998년 7월부터 행정자치부와 대전광역시 등 21개 지방자치단체에 목표관리제(MBO)를 시범적으로 실시했다. 그리고 시범 실시 과정에서 도출된 문제점들을 중심으로 보완작업을 거쳐 동년 12월 최종적으로 '목표관리 운영지침'을 수립해 전 행정기관에 통보함으로써 우리 나라 정부기관의 목표관리제가 본격적으로 시행되었다(최항순, 2002).

2000년도에는 목표관리제를 지방자치단체에 도입하고 그 대상은 자치단

5) 국민의 정부의 행정개혁은 크게 두 가지 흐름으로 압축될 수 있다. 하나는 신자유주의적인 시각에서 공공 부문의 축소를 시도한 것이고, 다른 하나는 신관리주의적 입장에서 공공 부문에 민간의 관리 기법을 도입한 것이다. 이러한 흐름은 행정개혁에서 정부조직 개편 및 인력 감축과 정부 부문에 성과관리 기법을 중심으로 한 민간 경영기법의 도입으로 나타난다(김경한, 2004).

체 5급 공무원까지를 대상 범위로 했으며, 일부 자치단체의 경우에는 6급도 그 대상에 넣을 수 있도록 했다. 목표관리제 시행과 더불어 행정자치부는 매년 운영지침을 시달하는 한편, 운영 실태 점검 및 의견조사 등을 통해 지속적으로 보완하는 과정을 거쳤다. 예를 들어, 1999년 7월 목표관리제의 운영 실태 점검을 통해 1차 평가자가 등급 및 점수를 결정하도록 하고 2차 평가자는 대상자의 30% 범위 내에서 서열을 조정할 수 있도록 하는 보완 지침이 마련된 것을 들 수 있다. 그러나 목표관리제는 성과목표 및 평가지표 개념에 대한 명확한 제시가 미흡하고 또한 평가자 및 확인자인 고위 관리자들의 이해와 관심 부족으로 평가 시스템의 현실 적용에 애로가 있어 2002년부터는 기관별로 자율적으로 제도를 운영하도록 하고 또한 적용 대상도 탄력성을 부여했다.

그러나 참여정부가 들어서면서 2004년 6월에 행정자치부의 인사 기능이

〈표 7-2〉 목표관리제의 연도별 개선 내용

구 분	1999년도	2000년도	2001년도
성과목표 성과지표 개념	-	-	성과목표, 성과지표 개념 제시
목표설정	직위별 목표 종류 차별 설정 - 국장: 전략목표 - 과장: 중점목표 - 서기관: 기본목표	직위별 적정 목표 수 제시 - 국장: 7개 - 과장: 5개 - 서기관: 3개	(유지)
목표의 난이도 등 평가	연말 목표달성도 평가시 참작	연말 목표달성도 평가시 1요소로 평가	연초 목표 설정시 사전평가
평가 성격	절대평가	상대평가	(유지)
평가주기	수시/연말평가	연말평가	(유지)
평가 결과 활용	-	성과연봉 결정시 반영	성과연봉 및 성과 상여금 결정시 반영

자료: 행정자치부 2002년 목표관리제 운영지침.

중앙인사위원회로 이관되고,[6] 2005년 1월 중앙인사위원회가 직무성과계약제 운영지침을 시달하면서 사실상 목표관리제는 그 존재 가치를 상실하게 되었다. 다시 말해 중앙행정기관의 경우는 목표관리제의 적용 대상인 4급 이상의 공무원들에게 직무성과계약이 체결되면서 목표관리제는 사실상 중앙행정기관에서는 폐지되었다고 볼 수 있다. 다만, 현재 지방자치단체의 경우는 아직까지 목표관리제를 유지하는 상황이라고 볼 수 있다.

2 운영 방법 및 현황

1) 적용 범위 및 내용

목표관리제는 조직구성원들의 '목표 지향적 업무 행태'와 '일하는 방식의 개선'을 유도하고, 개인의 실적에 대해 조직목표 달성에 대한 기여도에 따라 보상함으로써 궁극적으로 '행정의 생산성, 효율성'을 높이려는 제도이다(행정자치부, 2003 운영지침). 구체적으로 목표관리제는 개인을 단위로 하여 상급자와 목표 수행자 간에 합의를 통해 성과목표를 설정하고, 그에 입각해 성과를 평가할 수 있는 지표를 마련해 사후에 이를 성과목표 및 성과지표에 근거해 업무 활동의 성과를 평가하고, 그 성과를 기준으로 성과연봉이나 성과상여금 수준을 결정하는 관리 방식이다. 다시 말해 우리 나라 목표관리제는 연초에 공무원 '개개인의 성과목표'를 '조직 전체 목표'와 연계해 미리 설정한 뒤, 이의 체계적인 관리를 통해 목표를 최대한 달성하고 연말에 업무 추진 실적을 성과목표와 대비해 평가하는 제도이다.[7]

목표관리제는 1~4급 공무원이 주요 업무에 대한 목표를 설정하고 추진 전략 및 계획에 따라 업무를 수행한 뒤, 연말에 추진 실적을 평가받고 평가

---

6) 2004년 인사 기능을 일원화하는 과정에서 개인의 성과관리에 관한 사항을 중앙인사위에서 정하도록 규정하고 있다(공무원평정규정 제6조).

7) 공직사회에서 이루어지는 평가제도는 크게 기관평가와 공무원 개인평가로 나뉜다. 기관평가는 그 기관이 추진하고 있는 주요 정책 등의 성과를 측정하는 심사분석이 주된 평가 방식이고, 공무원 개인평가는 4급 이상의 경우 목표관리제(MBO) 평가, 5급 이하의 경우 근무성적평정이 주된 평가 방식이며, 다면평가가 보완적으로 활용되고 있다(정부혁신지방분권위원회, 정부혁신 그 현장을 가다, 2004).

결과에 따라서 다르게 성과급을 지급받는 절차로 이루어져 있으며, 행정자치부에서 수립한 운영지침을 토대로 각급 기관에서 자체 시행계획을 수립해 운영해 왔다. 목표관리제의 적용 대상은 중앙정부기관과 광역자치단체의 1급에서 4급까지의 공무원이며, 기초자치단체는 과장급인 5급에 대해서 적용된다. 평가 대상 업무나 목표의 설정은 주요 업무계획상의 업무들을 토대로 '추진 업무'를 설정해 여기에 대한 달성 상태를 성과목표로 정하고 성과목표의 달성 정도를 추진 실적과 비교하는 것이다(고성철·이병기, 2005).

목표관리제 관련 법령 및 지침

■ 지방공무원임용령

· 제31조의 2(근무성적평정) ① 소속 공무원에 대하여는 정기 또는 수시로 근무성적을 평정하여야 하며, 근무성적평정의 결과는 승진임용, 특별승급, 성과상여금 지급, 교육훈련, 보직관리 등 각종 인사관리에 반영하여야 한다.
② 근무성적의 평정은 4급 이상 공무원에 대하여는 평정 대상 기간 동안의 소관 업무에 대한 목표달성도 등을 평가하고, 5급 이하 및 기능직 공무원에 대하여는 평정 대상 기간 동안의 근무실적·직무수행 능력 및 직무수행 태도 등을 구분하여 평가하여야 한다.

■ 지방공무원보수규정

· 제38조(성과연봉의 지급) ① 연봉제 적용 대상 공무원(고정급적 연봉제 적용 대상 공무원을 제외한다)의 성과연봉은 전년도의 업무 실적에 대한 평가 결과에 따라 지급한다.
② 성과연봉은 성과연봉 대상 인원 중 업무 실적이 상위 20퍼센트 이내에 해당하는 자에 대하여는 성과연봉 기준액의 7퍼센트에 해당하는 금액을, 업무 실적이 상위 20퍼센트 초과 50퍼센트 이내에 해당하는 자에 대하여는 성과연봉 기준액의 5퍼센트에 해당하는 금액을, 업무 실적이 상위 50퍼센트 초과 90퍼센트 이내에 해당하는 자에 대하여는 성과연봉 기준액의 3퍼센트에 해당하는 금액을 각각 지급하고, 그 밖의 인원에 대하여는 지급하지 아니한다.

■ 지방공무원연봉업무 처리지침

<성과연봉의 개인별 지급 순위 결정 방법>

가. 평가 기준

· 평가기준일 : 매년 12월 31일

· 평가 기준 및 결정

-'지방공무원임용령' 제31조의 2(근무성적의 평정) 및 '지방계약직 공무원규정' 제8조(근무실적 평가) 등의 규정에 의한 근무성적 평정점수(목표관리제에 의한 평가점수)를 기준으로 해당 지방자치단체의 장이 최종 결정한다.

*목표관리제를 실시하지 아니하거나, 불가피하게 목표관리평정점이 없는 공무원의 경우에는 목표관리제에 의한 평가 방식을 준용하여 순위를 결정하거나 해당 지방자치단체의 장이 별도의 객관적이고 공정한 평가 기준을 마련하여 순위를 결정한다.

· 평가 기준 결정의 특례
-지방자치단체의 장은 직무성과계약제, 성과관리 시스템(PMS) 등 별도의 성과평가제도를 운영하고자 하는 경우에는 위의 평가 기준 등을 달리 정할 수 있다.

■ 지방공무원수당 등에 관한 규정
· 제6조의 2(성과상여금) ① 지방자치단체의 장(교육감을 포함한다. 이하 같다)은 별표 2의 2의 규정에 의한 공무원 중 근무성적·업무 실적 등이 우수한 자에 대하여는 예산의 범위 안에서 성과상여금을 지급한다.
② 지방자치단체의 장은 별표 2의 3의 지급기준액표에 따라 다음 각호의 1의 지급 방법에 의하여 성과급심사위원회의 심사를 거쳐 성과상여금을 지급한다. 다만, 지방자치단체의 장이 필요하다고 인정하는 때에는 별표 2의 3의 지급기준액표에 의한 지급기준액을 조정하여 달리 지급할 수 있다.
1. 개인별로 차등하여 지급하는 방법
2. 실·국·과 등 부서(이하 "부서"라 한다)별 또는 지급 단위 기관별로 차등하여 지급한 후 개인별로 균등하게 지급하는 방법
3. 개인별로 차등하여 지급하는 방법과 부서별 또는 지급 단위 기관별로 차등하여 지급하는 방법을 병용하는 방법
4. 부서별 또는 지급 단위 기관별로 차등하여 지급한 후 부서 또는 지급 단위기관 안에서 개인별로 다시 차등하여 지급하는 방법
5. 그 밖에 행정자치부장관 또는 교육인적자원부장관과 협의하여 정하는 방법
④ 제2항 제2호 내지 제5호의 규정에 의하여 성과상여금을 지급하는 경우 그 지급 등급과 지급액은 지방자치단체의 장이 정하는 바에 의한다. 다만, 성과상여금의 지급 등급은 3개 등급 이상으로 한다.

2) 운영 현황

우리 나라 목표관리제의 일반적인 운영 현황과 과정은 다음과 같다(행정자치부, 2003 운영지침). 목표관리제는 추진 업무 설정, 성과목표 및 지표 설정, 업무추진, 성과평가의 순으로 진행된다. 추진 업무는 조직의 비전, 미션을 달성하고자 연도 초에 설정하는 업무(사업)계획 등을 토대로 주요 업무를 선별한 후 결정되는데, 이것은 추진 업무의 집중적인 관리를 통해 행정의 성과를 높이기 위한 것이다. 즉, 추진 업무는 연초 업무 또는 사업계획 등을 토대로 목표관리제를 통해 집중적으로 관리하고자 하는 주요 업무를 선별하는 것으로 '정부업무 등의 평가에 관한 기본법' 상의 평가 대상 업무는 원칙적으로 추진 업무로 선정해 양 제도의 연계 강화 및 성과관리의 효율화를 도모하도록 하고 있다.

[그림 7-1] 목표관리제의 개념도

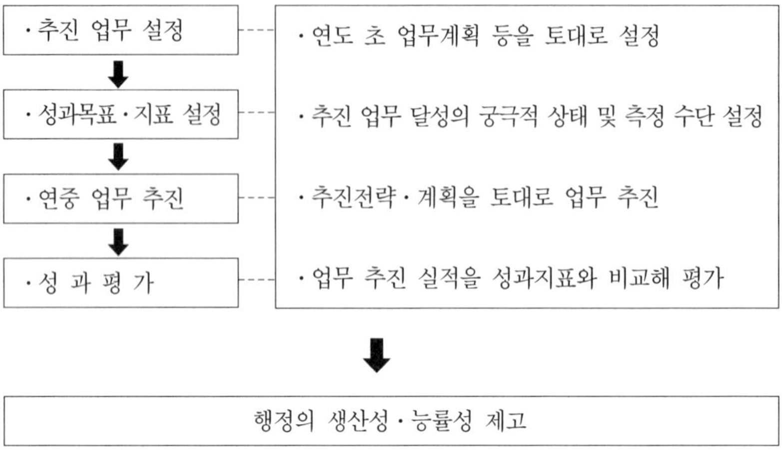

자료: 행정자치부(2003), 행정자치백서.

추진 업무는 핵심적인 업무에 역량을 집중하도록 유도하고, 평가에 따르는 업무 부담을 최소화하기 위해 국장급은 7개 이내, 과장급 5개 이내, 복수직 서기관 3개 이내 등으로 한정하고 있으며, 주요 업무가 균형 있게 선정될 수 있도록 1개 추진 업무의 비중이 지나치게 높게 설정되지 않도록 하고 있다.[8]

성과목표는 추진 업무의 수행을 통해 궁극적으로 달성하고자 하는 상태를 표현함으로써 업무 수행 이유를 분명하게 하려는 목적으로 설정된다. 성과목표와 이의 달성 여부를 측정하는 성과지표는 평가자가 안을 만들어 평가자에게 제시한 후 상호 협의를 거쳐 평가자가 가감·수정해 확정한다.

성과목표의 설정 방법에는 크게 상향식(top-down)과 하향식(bottom-up)이 있다. 하향식은 실국장들의 업무를 포괄하는 목표를 설정하고 실국장들의 세부 추진전략 및 계획이 소속 과장들의 목표가 된다. 반면, 상향식은 고급 간부들의 잦은 이동으로 행정의 일관성이 저해될 우려가 있는 경우

8) 행정자치부의 2003 목표관리제 운영지침에 따르면 개별 추진 업무의 비중이 전체 추진 업무의 평균 비중(100%/추진 업무 수)을 최대 10% 이상 초과하지 않도록 하고 있다.

사용하게 되는데 소속 과장들의 목표 중 중요한 목표를 선별해 실국장의 목표로 삼는 방법이다.

한편 직제 변경, 행정 여건 등의 변화에 따라 설정된 목표의 추가, 삭제, 수정이 필요한 경우에는 평가자와 협의해 목표를 조정하도록 하고 있다. 또한 인사이동, 승진 등의 이유로 목표 수행자가 변경되는 경우에는 후임자가 목표를 승계하도록 하고 있는데 이는 목표가 개인이 아닌 목표 수행자의 직위에 부여되었기 때문이다.

목표관리제의 효율적 운용을 위한 평가는 크게 성격평가와 업무달성도 평가의 두 가지 방식으로 이루어진다. 먼저 성격평가는 평가의 대상이 되는 업무의 다양성을 고려해 평가의 객관성을 유지하도록 하기 위해 실시하는 사전평가에 해당한다. 즉, 성격평가는 업무의 다양성을 고려한 질적 평가를 위해 업무의 중요도와 난이도 등 업무의 성격을 평가하는 것이다. 목표관리제 담당 부서가 목표관리제 시행계획의 수립시 성격평가 기준을 설정해 각 부서에 통보하면 각 부서는 목표설정평가서를 확정한다. 평가자와 피평가자는 상호 협의해 성격평가를 실시하거나 피평가자가 추진 업무별로 성격평가를 하여 제시하면 평가자는 이를 가감·수정한다.

업무달성도 평가는 피평가자의 직근 상급자가 평가자가 되며 연말에 피평가자가 제출한 추진 실적에 기초해 평가한다. 업무달성도 평가는 평가의 합리성 제고를 위해 다양한 방법을 활용하도록 하고 있는데 대표적인 방식으로 우선 통상적인 방법이 사용된다. 이것은 피평가자와 평가자가 면담을 거쳐 피평가자의 점수와 서열을 결정하는 방법이다. 또 다른 방식은 다면평가를 이용한 방법이다. 이 방법은 피평가자의 하급자들이 토의를 통해 피평가자의 점수와 서열을 결정해 피평가자의 직근 상급자에게 제출하면 커다란 이의가 없는 한 평가자가 이를 받아들이는 방법이다.

목표관리제는 업무 성과의 향상을 목표로 하기 때문에 일시적인 평가에 그쳐서는 곤란하며 지속적인 관리를 필요로 한다. 이를 위해 월별, 분기별, 반기별 등 기관의 사정을 고려해 주기적으로 평가하도록 하고 있다.

현행 목표관리제는 우리 나라 공무원제도의 특성을 고려해 개인평가 뿐만 아니라 부서평가를 혼합한 방식의 평가도 허용하고 있다. 부서평가는 실과 단위를 대상으로 객관적인 평가 요소별로 점수를 산출해 부서 간의 실적을 비교 평가하고 부서 점수에 근거해 개인의 점수를 산출하는 방식이다. 이 때 기획 및 지원 부서는 업무의 특성을 고려해 사업 부서와 별도로 평가하도록 하고 있다.

3 운영상 문제점

목표관리제의 정부 운용은 적지 않은 토론 과정과 시범사업 단계를 거쳤음에도 불구하고 시행 초기부터 개인별 목표 설정의 어려움, 성과측정을 위한 객관적 지표 개발의 미진, 성과 측정에서 타당성, 객관성 및 공정성 부족, 그리고 기존의 심사평가와의 중복성 등 다양한 문제점이 제기되었다(최항순, 2002). 목표관리제 운영 과정상 단계별로 다음과 같은 여러 가지 문제점이 지적되고 있다(김판석 · 권경득, 2000; 서순복 · 윤태범, 2000; 최항순, 2002; 강은숙, 2004).

첫째, 목표 설정과 관련해 목표관리제는 장기적 · 질적 목표보다는 단기적 · 양적 목표에 치중하는 경향이 있다.

목표 설정 기준들이 구성원 개인들에게 자신들의 목표를 계량화할 수 있을 만큼 명확하지 않아 구성원들은 목표의 계량화가 가능한 업무 중심으로, 단기평가가 가능하고 목표 달성이 용이한 업무를 목표로 선정하는 경향이 많아 조직의 중장기적인 목표와의 연계성이 부족하다는 지적이다. 주인-대리인(principal-agent) 문제에서 나타나듯이 현실적으로 목표의 하향 조정 가능성이 높고, 다른 한편으로는 공공 부문 성과관리의 근본적인 한계라고 할 수 있다. 목표의 하향 조정은 도전적인 성과목표 설정 회피로 나타나는 경우가 많다. 성과목표 설정 과정이 평가 대상자 개인에 의해 좌우되는 상황에서 평가 대상자들은 자기 성과를 높이기 위해 비록 당면하고 필요한 활동과 목표일지라도 어려운 것은 피하고 쉽고 용이한 것을 설정하는 등 하향 조정하고 있는 실정이다.

둘째, 목표 설정 과정에서 구성원의 참여와 상하위자 간의 원활한 의사소통과 협의가 중요한데 실제로는 하향식(top-down)으로 설정되는 경향이 강하다.

행정자치부의 목표관리제 운영지침에서 목표 설정 방법으로 상향식과 하향식의 두 가지를 제시하고 있으나 실제 각 행정기관의 목표 설정 방식은 크게 변화하지 않고 과거 방법을 답습하는 경우가 많았다는 지적이다. 또한 협의에 의해 목표를 설정하기보다는 평가 대상자 스스로 목표를 설정하고 단순히 보고만 하여 업무성격평가를 하는 경우가 많아 상하 목표 간 연계성 부족, 설정 목표에 대한 신뢰성 부족, 그리고 설정 목표에 대한 관심도 하락으로 나타났다는 것이다. 결국 불필요한 형식주의(red tape)만 양산하는 등 관료제의 비효율성을 낳는 기능적 악순환의 문제가 확대 재생산되었다는 것이다.

셋째, 성과목표에 대한 업무 영역 및 권한과 책임 소재가 불명확하고, 업무환경 변화에 따른 목표 수정의 필요성을 느끼지 못한다는 점이다.

목표관리제가 효과적으로 실현되기 위해서는 설정하고 있는 목표에 대한 업무 수행자의 업무 영역과 업무 수행에 따른 권한과 책임이 수반되어야 한다. 그러나 업무 영역이 명확하게 설정되어 있지 않으며, 권한과 책임의 이양도 제대로 이루어지고 있지 않은 것으로 지적하고 있다. 또한 연도 중에 성과목표에 대한 재심의와 수정이 허용된다고 하지만 그 과정이 복잡하고 한편으로는 성과목표 자체가 형식적으로 인식됨으로써 성과목표에 대한 수정의 필요성을 느끼지 못한다는 것이다.

넷째, 성과평가와 관련해 목표달성도의 측정과 평가가 용이하지 않다는 점이다.

성과의 측정을 위해서는 실제로 성과를 측정할 수 있는 성과지표의 개발이 필수적이다. 성과목표 설정 과정의 중요성은 성과목표와 함께 성과를 측정할 수 있는 성과지표를 설정하는 데 있다. 성과지표가 계획 단계에 마련되어야 평가자와 평가 대상자가 향후 행해질 평가의 대상이나 내용을 구체적으로 알 수 있으며, 아울러 평가에 소요되는 평가지표상의 자료를 확보할 수 있다. 그러나 대체로 성과지표의 개발 어려움과 관심 부족으로 대부분 업무 내용의 항목을 구분하고 가급적 계량적으로 표현하고자 하는 수준에 머물고 있는 것으로 지적된다. 동시에 공공 부문 목표 설정의 한계 때문에 목표 달성의 정도를 제대로 측정하는 데 상당한 어려움이 따라 목표 설정으로부터 성과지표 간의 적합성이 떨어지고 형식적 운영이 불가피해졌다는 것이다. 실무적인 차원에서 가장 일반적인 경향이 목표의 계량화와 수치화가 어려울 경우 산출물이나 서비스가 아닌 업무 수행 활동(activities) 건수 등을 성과목표로 제시한다는 것이다.

다섯째, 공무원의 성과와 노력에 대한 보상 시스템이 얼마나 객관적이고 효과적으로 작동하고 있는지 의심스럽다는 점이다.

현행 목표관리제는 기본적으로 3급 국장 이상에게는 성과연봉의 형태로, 4급 과장 이하에게는 성과상여금의 형태로 성과와 보상을 연계하고 있다. 이러한 인센티브가 업무 성과 제고에 효과가 있다는 시각과 그렇지 않다는 시각[9]이 있으나, 기본적으로 목표관리제에 따른 성과평가가 공정하다는 인식이 전제되어야 한다. 다시 말해 목표달성도를 공정하게 평가할 수 있는 평가 시스템의 구축이 중요한데 아직 평가문화가 정착되었다고 보기 어려운 측면이 많다는 데 문제가 있다. 성과주의에 대한 이해 부족으로 관리자들은 냉정하게 비쳐지기 쉬운 객관적 평가를 주저하며, 연공서열 및 온정주의 위주의 평가를 하고 있어서 평가 결과의 신뢰성 확보에 어려움이 많다. 평가자 및 평가 대상자 모두 성과평가에 대한 경험과 인식이 부족해 "평가하기도 싫어하고 받기도 싫어하는, 좋은 게 좋다"는 사고가 퍼져 있는 상황이다.

4 목표관리제에 대한 평가

목표관리제의 도입 목적이 효과적으로 달성되고 있는지에 대해 복합적인 시각이 존재한다. 목표관리제가 시대에 뒤떨어진 낡은 관리 기법이라는 시각이 존재하는 반면에, 목표관리제를 효과적인 공공행정의 기초의 일부분을 형성하는 전통적 관리 수단으로 아직도 지방정부 차원에서 유용하게

---

9) 성과급제도의 경우 공식적인 지급은 2000년도부터 실시했는데, 지급 수혜자를 보면 광역시의 경우 2000년도에는 전체 공무원 가운데 15%만을 지급하다가 2001년에는 거의 40%에 달하는 인원에게 지급한 것으로 나타났다. 이런 현상은 도의 경우 더욱 심각해 2001년에는 51%나 지급해 과연 성과급으로서의 의미가 있는지 의문이다. 그러나 이 또한 실제로는 거의 전 직원에게 다시 재배분하는 형식을 취했기에 정확한 통계라고는 볼 수 없다. 특히 성과급을 실시하기 위한 전제 요건인 성과평가의 경우 이를 실시했다고 한 자치단체가 2~3곳밖에 되지 않아, 수혜자의 과다와 함께 과연 성과평가에 근거한 성과급제인가에 대해서는 많은 문제가 있다(김태룡, 2001).

사용되는 성과관리 기법이라는 주장이 있다(Poister & Streib, 1995). 우리 나라의 경우에도 목표관리제가 문화적합성이 없고, 기존의 가치, 규범, 제도 등 제도적 제약으로 인해서 성공하지 못할 것이라는 입장과 목표관리제 자체의 장점이 있으므로 운영면에서 현실에 적합하게 개선한다면 소기의 성과를 거둘 수 있을 것이라는 입장으로 의견이 나뉘고 있다(김병섭 · 박광국, 1999; 김경한, 2004).

행정자치부(2002 운영지침)에 따르면, 목표관리제는 공직사회의 정책이나 사업에 대한 체계적인 성과관리, 공무원 개개인의 담당 업무에 대한 명확한 책임의식 조성, 우수한 업무 추진에 대해 보상을 주는 경쟁 체제 도입 등의 측면에서 그 유용성이 적지 않다고 한다. 이와 관련해 행정자치부는 목표관리제의 운영 성과로 크게 세 가지를 들고 있다. 첫째는 관리직 공무원에게도 성과를 관리 · 평가하는 시스템이 필요하다는 인식을 제고했다는 점이다. 둘째는 체계적인 업무 추진과 성과에 따른 보상의 타당성 인식을 확산시키는 계기를 만들었다는 점이다. 셋째는 현행 목표관리제는 운영상 일부 문제점이 있으나, 이를 개선 · 극복해 반드시 정착시켜야 한다는 공감대가 형성되었다는 점이다. 그렇지만, 동시에 성과목표, 평가지표 개념의 명확한 제시가 미흡하고, 평가자 · 확인자인 고위관리자들의 이해와 관심 부족으로 평가 시스템의 현실 적용에 상당한 애로[10]가 있었다는 점을 인정하고 있다.

우리 나라에서 공공 부문 성과관리 일환으로 도입된 목표관리제가 제대로 작동하지 않은 이유는 무엇일까? 그 주된 이유는 다음과 같이 정리할 수 있다.

첫째, 목표관리제가 공무원 개인에 대한 평가에 치중하는 방향으로 흘러갔다는 점이다. 소속 조직 단위의 전략과 성과목표가 긴밀히 연계되지 않을 경우 결국 개인에 대한 성과평가는 형식화되거나 유명무실해질 가능성이 높아진다. 공공 부문의 업무는 민간기업처럼 이윤을 동기로 하지 않기

10) 예를 들어, 행정자치부 차관의 경우, 183명의 과장급에 대한 2차 평가자인 동시에 45명의 실국장급에 대한 1차 평가자로 평가 자체가 곤란하다는 점을 들고 있다. 다시 말해 현실적으로 단위 부서 주무계장들이 연공서열식으로 평가한 것을 평가자가 확인 서명하는 데 급급했다는 것이다.

때문에 직원들 간의 경쟁보다는 상호 협력적 관계를 더 필요로 한다. 공공부문의 성과관리는 조직의 전략적 목표와 개인의 목표를 긴밀히 연계시킨다는 전제하에서 개인들의 성과목표를 향한 행동 유인의 관리 방식이 필요하다.

둘째, 구성원의 이해와 관심 부족을 극복하기 위한 변화 관리가 부족했다. 고위층의 경우 성과계획(목표의 설정, 활동계획의 수립, 성과지표의 마련 등)의 수립 과정에서 참여와 광범위한 의사소통을 무시하고, 일반 구성원의 경우 제도 자체와 구성 요소인 목표 및 성과지표의 설정 방식 등에 대한 이해가 부족했다. 실행 단계에서 중요한 목표의 설정시에 상급자의 목표 및 활동 내용은 하급자의 목표 및 활동 내용을 단순 합산하는 상향식 계획이 수립되고, 목표한 것으로 외형상 계층 간 목표 및 활동 내용의 차이가 없는 등 상하 계층 간에 목표 및 평가지표의 중복 문제가 발생했다. 기관장이나 실·국장들은 피평가자의 성과와 책임을 세부적으로 알지 못하는 상태에서, 개인별 경력과 보직에 근거해 서열을 매기는 형식적인 평가에 그칠 수밖에 없었다는 것이다.

정정길·이달곤(2002)은 성과주의는 경쟁시장이 성립되고 정보가 원활하게 생산·유통되어 인사의 객관성을 수용하는 문화 위에서 성립될 수 있는데, 이런 조건을 형성하지도 않은 채 시도되었기에 성과면에서 부정적일 수밖에 없다고 한다. 이와 함께 MBO의 성과에 대해서도 명목적 도입 이후 이렇다 할 가시적 성과가 없다는 점에서 신공공관리모형에 따른 관리 기법이 한국 관료제로 하여금 형식주의에 함몰되지 않도록 방안이 강구되어야 한다고 한다.

셋째, 목표관리제의 한계가 불신으로 확대 재생산되었다는 점이다. 목표설정 및 성과측정의 어려움 뿐만 아니라, 목표관리제가 개인 인사평정에 반영됨으로써 개인의 역량 범위와의 불일치 문제(계급제, 부서제 등), 인사관리(전보 등)와의 불일치, 기관 또는 부서 차원에서의 목표와 성과관리의 어려움이 동시다발적으로 작용함으로써 목표관리제가 본래 의도한 목적과는 무관하게 대상 공무원들의 비수용성을 확대시켰다. 결과적으로 평가 결과 및 그에 따른 처우에 지나치게 집착하는 행태로 흘러감으로써 목표에 입각한 업무관리보다는 처우 결정 수단으로 전락했다. 목표에 입각한 절대적인 성과평가의 성격에도 불구하고 처우 수준의 결정을 위한 등급 배정 등 상대평가의 적용으로 인해 목표관리제에 대한 불신이 생겼다. 구체적으로는 개인별 처우 수준의 상대적 비교를 위해 평가 자체가 요식화 및 형식화되었으며, 처우 수준의 결정시에 계급제 및 연공서열을 우선적으로 고려할 수밖에 없는 현실적 여건을 극복하지 못한 데 기인한다. 이는 참여정부가 들어서면서 직무성과계약제로 해결 방안을 모색하는 빌미를 제공했다.

제 3 절 직무성과계약제의 현황과 쟁점

1 추진 배경

참여정부 인사혁신의 큰 방향 중 하나는 성과주의의 확대이다. 앞서 살펴본 바와 같이, 목표관리제가 조직목표와 무관한 개인목표의 설정, 성과의 측정과 평가에 관한 관심과 이해 부족, 온정주의적 조직문화 등으로 인해 형식적으로 운영되고 있다는 지적이 그 동안 공직사회 내·외부로부터 끊임없이 제기되어 왔다. 이에 따라 참여정부는 연공 체계에 익숙한 공무원 사회에 성과와 경쟁 시스템을 접목하고, 결과 중심의 평가 시스템 구축 및 성과에 대한 책임성 강화를 추구하기 위해 상위자급을 대상으로 '직무성과계약제도'를 도입했다.

직무성과계약제도의 도입 과정을 살펴보면 다음과 같다. 2004년 6월 개인의 성과관리에 관한 사항이 중앙인사위원회[11]로 이관, 일원화(공무원평정규정 제6조)되고, 중앙인사위원회가 통합인사기관으로 재출범하면서 직무성과계약제가 본격적으로 검토되었다. 중앙인사위원회는 우선 영국, 캐나다, 뉴질랜드 등 선진국의 여러 제도와 방법론 사례를 수집·분석하고,

11) 2004년 6월에 중앙인사위원회가 통합인사기관으로 재출범하면서 개인의 성과관리에 관한 사항이 중앙인사위원회로 이관·일원화되고(공무원평정규정 제6조), 성과평가 시스템의 근본적인 혁신전략을 모색하기 시작한 것은 인사혁신의 대표적인 사례이다.

전문가 의견을 수렴한 다음 직무성과계약제의 기본 틀을 마련했다. 그리고 기본 틀을 토대로 2004년 10월에 중앙인사위원회 내부에 시범적으로 직무성과계약제를 도입·적용했다. 이어 2005년부터 중앙인사위원회는 직무성과계약제를 전 중앙행정기관으로 확산하기 위해 법적·제도적 근거를 마련했으며, 2005년 1월 17일 '직무성과계약제 운영지침'을 마련해 전 중앙행정기관에 시행했다. 한편, '공무원평정규정'의 개정은 국무회의에 5급 이하 공무원에 대한 평정제도 개편 방안이 보고된 7월부터 추진해 4급 이상 공무원에 대한 성과계약 체결의 근거, 계약 체결의 목적과 방법 등을 담아 2005년 12월 말에 공포·시행되었다. 한편 직무성과계약제 시행과 더불어, 5급 이하 공무원에 대한 근무성적평정제도도 대폭 개정되었다. 중앙인사위원회의 현황조사에 따르면 2005년 11월 현재 48개 중앙행정기관에서 직무성과계약제를 도입, 운영 중에 있는 상황이다. 앞으로 직무성과계약제는 2006년에 시행된 고위공무원단 소속 공무원의 성과평가제도로서 중요하게 활용될 전망이다.

2 적용 범위 및 내용

1) 개 념

직무성과계약제는 기관의 책임자와 관리자 간에 공식적인 성과계약을 체결해 성과목표 및 지표 등에 관해 합의하고, 당해 연도의 '성과계약'에 의해 개인의 목표달성도를 평가해 그 결과를 인사관리에 반영하는 개인 성과평가제도이다(중앙인사위원회, 2006 직무성과계약제 운영지침). 구체적으로 직무성과계약제는 장·차관 등 기관의 책임자와 실·국장, 과장 간에 공식적인 성과계약을 체결해 성과목표와 지표 등에 관해 상호 합의한 뒤, 당해 연도의 직무성과계약에 의해 개인의 성과를 평가하고, 평가한 결과를 성과급이나 승진 등에 반영하는 시스템이다.

여기서 성과는 일반적으로 업무 수행 실적에 양적인 측면을 나타내는 효율성(efficiency)과 질적인 측면을 나타내는 효과성(effectiveness)을 모두 포괄하는 개념이다(최창수, 2003). 한편 계약은 둘 이상의 당사자가 특정 내용에 대한 합의를 구두 또는 문서로써 확인하는 것이다. 공공 부문에서의 성과계약은 민간 부문의 계약과는 달리 계약 내용의 이행 여부가 상대적으로 느슨한 형태의 관계적 모형에 기초하고 있다. 다시 말해 공공 부문의 성과계약은 일정 수준의 성과를 달성할 것을 약속하고, 이의 달성 여부에 따라 경제적 혹은 유형적인 인센티브와 불이익을 부여하는 관리 방식이라고 볼 수 있다. 신공공관리론이 지향하고 있는 가치, 특히 공공 부문의 효율성 제고를 위해 투입보다는 산출과 성과 중심으로 관리의 초점을 전환하는 것이 필요하고, 여기에 공공 부문이 가지고 있는 본질적 한계에도 불구하고 계약이라는 실질적이면서도 선언적인 방법은 상당한 유용성을 가진다(최창수, 2003). 이러한 점에 비추어 볼 때, 직무성과계약은 신공공관리론적 정부 개혁 프로그램에서 강조하는 결과 지향적 성과관리(performance management)와 유사하다고 할 수 있다. 직무성과계약은 직무와 관련해 책임자와 관리자 간에 '계약'이 포함되어 있다는 그 이상의 의미를 가진다. 그렇지만 직무성과계약은 관리자와 부하직원이 협의 또는 느슨한 형태의 관계적 모형('계약')을 통해 목표를 설정하는 목표관리제의 신형모형이라고 할 수 있으며, 어느 정도 업그레이드된 모형인지는 목표관리제의 한계를 얼마나 극복하느냐에 달려 있다.

2) 특 징

직무성과계약제 실시 목적은 크게 조직 성과 향상과 개인의 능력 발전으로 구분된다. 즉, 조직목표와 개인목표를 유기적으로 연계하고 결과 중심의 성과지표를 설정함으로써, 개인에 대한 성과평가를 통해 조직의 성과 향상을 도모하고, 동시에 연초에 체결된 성과계약서 내용을 바탕으로 상·하급자 간에 주기적인 성과 면담과 피드백, 코칭을 실시해 개인의 능력 발전을 기한다는 것이다(중앙인사위원회, 2006 직무성과계약제 운영지침). 직무성과계약제는 우리 나라 행정에서 취약점으로 인식되었던 업무의 방향성과 책임성을 특히 강화한다는 데 그 의미를 찾을 수 있다. 즉 계약 당사자들이 일방적으로 목표를 부여하거나 또는 기계적으로 받아들이는 것이 아니라 쌍방간 합의에 기초해 시작하고, 결과 및 성과에 대해 책임을 분명히 하고 있다는 점이다. 직무성과계약제의 특징을 살펴보면 다음과 같다.

첫째, 직무성과계약제는 무엇보다 기존 성과평가제도의 한계, 즉 기관장 등 평가자의 평가 부담을 덜면서도 형식적인 평가에서 벗어나, 실질적인 평가를 끌어내는 시도를 하고 있다는 점이다. 새로운 직무성과계약제에서는 조직의 목표와 개인의 목표를 유기적으로 연계하기 위해 기관의 임무(mission)에 근거해 하향식·단계적으로 목표를 설정하도록 하고 있다. 기관장은 실·국장과, 실·국장은 소관 과장과 계약을 체결한 뒤 성과를 평가하기 때문에 평가자가 피평가자의 업무 추진 상황 및 업무 내용을 잘 알고 있어 실질적이고 정확한 평가가 가능하다는 것이다. 직무성과계약제도가 개인의 성과지표를 조직 전체의 전략과 연계시키기 위해 상급자와의 계약에 의해 캐스케이딩(cascading) 방식으로 세부 지표를 작성해 가는 것은 성과관리의 의미를 한층 더 강화시킨 방식이라 하겠다.

[그림 7-2] 기존의 목표관리제와 새로운 '직무성과계약제'의 대비

〈목표관리제〉		〈직무성과계약제〉
1. 목표 설정과 평가 과정에서 기관장의 참여 미흡 · 실국장·과장 등의 관심 부족 · 상하 간에 커뮤니케이션 형식화	➡	1. 기관장이 성과관리 과정을 직접 주도 · 명시적인 계약 체결을 통해 관리자들의 책임성 강화 · 목표 설정과 평가 과정에서 상하간에 활발한 커뮤니케이션
2. 조직목표와 개인목표의 연계고리 부재 · 연초 업무계획을 바탕으로 단위 업무 차원의 목표 설정 · 직위별 역할 책임에 대한 고려 없이 계장→과장→국장의 상향식 방식의 목표 설정	➡	2. 조직 전체의 성과와 개인 성과의 체계적 연계 · 조직의 미션, 전략적 방향, 직무분석에 의한 성과책임을 바탕으로 기관장, 부기관장 책임의 전략목표 설정 · 전략목표와 실국장·과장의 성과목표 간에 하향식 목표 설정으로 '목적과 수단'의 연계 · 실국장 목표는 산출 중심, 과장목표 활동 중심
3. 평가지표에 대한 정의와 목표와의 관련성 부재 평가지표에 대한 지식 부족으로 지표 개발의 혼란과 활용도 저하	➡	3. 결과지표와 산출지표의 수직적 관련성 확보 전략목표 ⟶ Out come 지표 성과목표 ⟶ Out put 지표

둘째, 직무성과계약제에서는 과거 평가제도에서 공무원의 서열이 계급과 경력연수(호봉) 등으로 사실상 정해진 상황에서 한계를 가질 수밖에 없었던 핵심 프로세스가 작동할 수 있도록 하는 장치를 가동하고 있다는 점이다. 예를 들어, 기록에 의한 체계적인 성과관리, 상하 간의 성과 면담 등은 직무성과계약제를 실제 운영하는 데 필수적인 절차이다. 실제로 중앙인사위원회에서는 지난 5월에 직무성과계약제 운영 매뉴얼인 「혁신/성과관리 워크북」을 발간해 전 직원이 성과계약 과제의 추진 상황, 상사와의 면담 내용, 평가 결과 등을 연중 기록하도록 하고 있다.

3) 목표관리제와의 차이점

목표관리제와 직무성과계약제는 조직 성과관리를 목적으로 하며, 평가 결과가 4급 이상 공무원의 근무성적평정에 활용된다는 점에서 동일하다. 여기서 구형 모형이 된 목표관리제와 신형 모형인 직무성과계약제의 차이점을 살펴보면 다음과 같다.

직무성과계약제는 ① 전략기획서를 작성해야 되는 점, ② 기관장도 계약의 당사자가 되는 점(평가 대상에서는 제외), ③ 특정직과 계약직까지 적용 대상 범위가 확대된 점, ④ 성과달성도에 따라 절대평가를 하는 점, ⑤ 성과지표를 좀더 계량적으로 설정할 것을 요구하는 점 등에서 차이가 있다. 이 밖에 평가 방식에서 목표관리제는 상대평가(서열화)를 실시하는 반면 직무성과계약제는 절대평가로 이루어지며, 차상급자의 평가 권한에서 목표관리제는 목표관리위원회에서 평가하고 차상급자(확인자)는 확인 및 평가 결과 조정 기능을 수행하나 직무성과계약제의 경우는 직상급자가 평가하고 차상급자는 단순히 확인만 한다고 볼 수 있다. 또한 목표관리제가 2004년부터 부서평가를 통해 부서 단위 성과평가를 시도했으나, 직무성과계약제는 개인의 성과달성도 평가를 주된 내용으로 하고 있어 부서 단위의 성과평가제도로서의 기능이 미흡하다는 지적이 있다.

4) 직무성과계약제의 운영 방법

직무성과계약제의 운영 과정은 전략계획 확정, 국·과장급 목표 설정, 중간점검, 최종평가, 피드백의 순서를 거친다.

〈표 7-3〉 목표관리제와 직무성과계약제 운영지침의 비교

구 분		목표관리제	직무성과계약제
목 적		성과관리를 통한 생산성 향상 객관적 업적평가 및 책임성 확보	결과 중심의 행정평가 시스템 구축 성과에 대한 책임성 강화
적용 대상		1~4급 일반직 및 별정직 (국가직, 지방직 모두 포함)	중앙부처 4급 이상 일반직, 별정직, 특정직, 계약직
전략기획서		없음	작성
주요 용어		성과목표, 성과지표	계약, 전략기획, 성과목표, 성과지표
위원회 운영		목표관리위원회 (외부 전문가 포함)	직무성과계약제운영위원회 (내부 구성원 중심)
평가	방식	점수·서열화(상대평가)	직상급자에 의한 절대평가
	주체	위원회(평가자), 차상급자(확인자) *위원회에 의한 일괄 평가	직상급자(평가자), 차상급자(확인자) *계약 당사자에 의한 분산 평가
	평가 요소	업무성격(30)/업무달성도(60)/ 부서평가(10)	성과달성도(탁월/우수/보통/미흡)
	회수	사전(업무 성격)/중간/사후평가	중간점검/최종평가
	결과 활용	성과관리, 인사관리, 성과급 지급 결정, PPSS 수록 등	좌 동

자료: 행정자치부 내부자료.

첫째, '전략계획'은 성과관리의 출발점으로 기관의 미션, 전략적 방향 및 전략목표를 설정하는 단계를 말한다. 이 과정을 통해 기관의 미션을 실천하기 위한 세부적인 역점 과제가 제시된다. 즉 기관의 임무와 전략적 방향을 토대로 전략목표와 역점 추진 과제를 설정한다. 전략목표란 기관이 3~5년 동안 달성해야 할 목표로서 정책의 수립 및 집행이 궁극적으로 국민에게 어떤 영향을 미치는가를 나타낼 수 있는 최종적인 산출물 중심으로 설정한다. 역점 과제란 전략목표를 달성하기 위한 수단으로, 각각의 역점 과제는 다음 단계의 성과목표로 연결되어야 한다.

둘째, '목표 설정'은 전 단계에서 제시된 역점 과제별로 실·국장이 책임질 성과목표를 설정해 성과계약을 체결하는 단계이다. 이 때 목표 설정에 따른 성과계약은 기관장과 국·부장, 국·부장과 과장·팀장들과 순차적으로 성과계약을 맺고 계약 기간은 1년 단위로 하게 된다. 대체로 국·부장은

기관장의 전략목표를 바탕으로 성과목표[12]를 설정하게 된다. 국·부장은 5~6개, 과장·팀장은 4~5개의 성과목표를 제시하되, 성과목표의 수는 조직 특성에 맞게 조정한다. 과장들은 소관 국·부장의 성과목표 내에서 본인의 역할을 중심으로 성과목표를 제시한다. 국·과장 및 실무자가 동일한 업무를 공동으로 수행하게 될 경우에는 상·하간 역할 분담을 규명해 목표를 설정하도록 한다. 평가지표는 산출지표 중심의 정량적 평가지표와 상위목표에 대한 기여도 등 정성적 평가 기준을 모두 제시한다. 이 때 추상적인 목표는 지양하고, 구체적인 목표를 설정한다.

셋째, '중간 점검'은 목표의 정상적인 진행과 환경 변화에 대한 적응성 확

[그림 7-3] 직무성과계약제 운영 과정

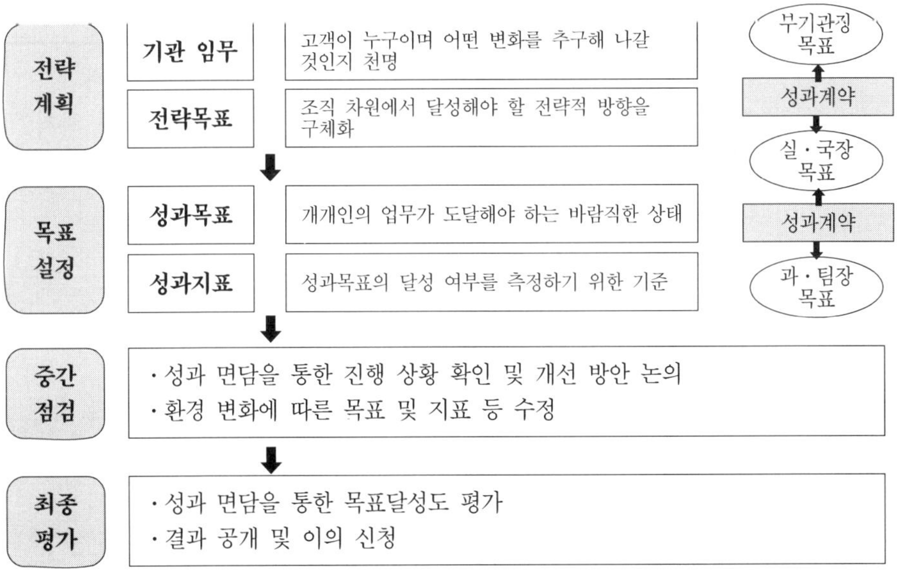

12) 성과목표는 당해 연도 업무활동을 통해서 달성하고자 하는 바람직한 상태를 의미하는 것으로, 주로 상급자 또는 상위자의 성과목표를 실현하기 위한 세부 과제를 의미한다. 이러한 성과목표 설정을 통해 조직의 목표를 평가대상자 개인의 업무 목표로 연계시키는 한편, 평가 대상자의 성과측정 방법에 관한 합의를 하게 된다. 연초에 설정된 성과목표는 평가 대상자의 1년간 성과관리 활동의 기준이 되며, 평가자는 이를 기준으로 평가 대상자 개인별 업무 수행 과정 및 결과를 평가한다.

보를 위해 7, 8월경에 실시하며 '정상 추진', '개선 필요', '부진 및 목표 수정' 등 결과에 따라 후속 조치하게 된다. 이 때 성과계약 당사자 상호간에 중간 면담을 통해 진행 상황 확인 및 개선 방안을 논의하고, 필요한 경우 환경 변화에 따른 지표 및 목표의 수정이 이루어진다.

넷째, '최종평가'는 연도 초에 설정한 목표의 추진 결과를 정량적 평가지표 및 정성적 평가 기준에 근거해 직상급자가 평가하는 단계이다. 구체적으로는 연중 주기적으로 측정·기록한 각종 성과정보[13]와 상·하급자 간 면담 결과[14] 등을 토대로 다음 연도 초에 계약 이행도에 관한 최종 평가를 실시한다. 평가는 '계약'의 취지에 맞게 직상급자가 계약의 이행도를 3개 이상의 등급으로 절대평가하도록 한다. 평가의 기준은 성과계약서상의 정량적·정성적 평가지표의 측정 결과에 따른 목표달성도를 기준으로 하되, 피평가자의 능력과 자질 등을 종합적으로 고려하도록 하여 평가에 대한 수용성을 제고한다. 이 때 평가자는 평가 등급 및 평가 의견[15]을 제시하고 피드백을 실시한다. 평가 결과의 피드백 외에 평가 결과를 평가 대상자 개인의 능력 발전 기회로 활용하기 위해 평가 결과 공개와 이의 신청 절차를 두고 있다.

3 예상되는 주요 쟁점

성과관리에 대한 본질적인 인식의 변화가 일어나기 위해서는 상당한 시간이 소요되고, 경우에 따라서는 시의적절하고 정확한 보완책이 마련되어야 한다. 즉, 직무성과계약제 운영의 핵심은 대상 공무원의 인식 변화에 달

13) 평가자는 평가 대상자가 연초에 수립한 성과 목표의 달성정도 및 업무 수행 상황을 수시로 점검하고 기록해야 한다.

14) 평가자는 평가 대상 기간 중(6개월 또는 1년) 적어도 3번 이상 평가 대상자와 성과 면담을 실시해야 한다. 이는 평가 대상자와 평가자 간 상호 의견을 나누는 행위로 근무성적평가의 공정성과 타당성을 확보하기 위한 핵심적인 절차이다. 대체로 연도 초 성과계획 수립시, 연도 중 업무 추진 과정, 그리고 연도 말 평가 시행 직전에 실시하게 된다. 성과 면담은 평가 대상자의 업무 수행 과정과 추진 상황 점검, 고충 사항 해결, 부족한 역량이나 장점 발굴의 기회가 된다.

15) 평가서상의 평가 의견 및 등급은 성과관리 카드로 연계된다. 성과관리 카드는 기간별로 누적 관리되어 인사자료로 활용된다.

려 있다. 직무성과계약제 논리 모형(logic model)에 의해 성과지표를 개발하고 실효성을 높이기 위해 다양한 시도를 하고 있으나 현실적 여건과 얼마나 잘 부합되고, 한계를 극복할 수 있을지는 판단하기 쉽지 않다. 한편, 아직 직무성과계약제가 실시된 지 얼마 지나지 않았고, 성과계약서에 따른 체계적인 성과정보의 측정과 관리가 본격화되지 않아 가시적 효과나 문제점이 명확하게 드러나지 않는 상황이다. 여기서 큰 틀에서 쟁점 사항을 묶고 성과관리 차원에서 문제점과 한계를 전망해 보면 다음과 같다.

첫째, 목표관리제의 문제점 중 하나가 공무원 개인에 대한 평가에 치중하는 방향으로 흘러갔다는 점인데, 직무성과계약제도 역시 그 한계를 벗어나기가 싶지 않다.

아무리 성과계약이라는 방식을 적용하고 성과목표에 따라 평가함으로써 객관성을 높인다고 하더라도 최종적으로 개인별 성과평가 결과에 관심이 클 수밖에 없고, 그 결과가 피드백되면서 힘들고 눈에 띄지 않은 '살해 봤자 본전'이라고 인식되는 업무를 회피하게 되거나 성과목표를 낮게 설정함으로써 직무성과계약제의 본래 취지가 유명무실화되기 쉽다. 다시 말해 비슷한 방식으로 성과지표를 도출하는 목표관리제 적용 과정에서 제기되었던 문제점을 근본적으로 뛰어넘기에는 한계가 있다. 조직의 미래 성과를 좌우하는 품질, 서비스, 혁신 등과 같은 전략적이고 질적인 변수들을 고려하기 어렵다. 직무성과계약제가 효과를 거두기 위해서는 '풍선 효과'와 같이 성과평가를 눌러서 전략 기획, 성과목표 부문이 상대적으로 두드러지게 만들어야 한다. 사실상 단기 성과만을 중시해서는 성과주의 인사 본래의 목표인 '지속적인 경쟁 우위 확보'를 달성할 수 없다.

둘째, 생산성 향상과 경쟁력 강화를 심화 확대시키기 위해 도입되었으나, 직무성과계약제도가 수직적 일관성 및 연계를 강조하게 됨으로써 수평적 협력, 지원 등을 경시할 가능성이 크다.

결과만 좋으면 과정을 무시해도 된다는 결과 지상주의로 인해 도덕적 해이가 심화될 수 있다. 심한 경우 신입 직원, 역량이 떨어지는 직원들을 서로 받지 않는 상황도 일어날 수 있다. 결국 무미건조한 조직으로 변하고 단기적 실적에 매달리면서 중장기적으로는 경쟁력을 상실하게 된다. 일 자체에 대한 보람을 찾기 어렵게 되고 우수 인재 이탈 등 부작용이 일어나기 쉽다. 균형된 시각에서 성과 목표별 또는 핵심 성과지표(KPI)를 발굴하고 평가해야 하는데, 정작 중요한 대안 발굴에 인색하고 문제를 숨기기에 급급하게 된다.

셋째, 도전적인 성과목표보다 공약 사항, 상위자의 관심 사항, 그리고 무리 없이 수행할 수 있는 업무 위주로 쉽게 목표를 설정하는 행태가 쉽게 사라지지 않을 것이다.

하향식 방식의 목표 설정이 공직사회 변화에 오히려 '독'이 될 수 있다. 다시 말해 상명 하달식의 조직문화에 익숙한 공직사회에서, 만약 상위자의 뛰어나고 성숙한 리더십이 따라주지 않는다면, 환경 변화에 대한 대응력이 오히려 더 떨어질 수 있다. 의견 개진이 자유롭고 조직 분위기가 좋고 토론이 활성화되었다고 말하는 경우도 있지만, 성과목표 설정이 갖는 의미를 적극적으로 이해하고 참여하지 않으면 결국 요식적 절차에 의한 형식적인 성과계약으로 흘러가기 쉽다. 외형상 홍보하기 좋고 구체적인 숫자로 나타내기 좋은 목표를 중심으로 편향되거나 실적으로 표현하기 어려운 성과목표는 무시되기 쉽다.

넷째, 직무성과계약제 운영 방식 중 중요하게 다루어지고 있는 성과 면담이 공직사회의 현실과 상당한 거리가 있다.

공공 부문을 포함한 어떤 조직에서든 해야 할 일이 많고 바쁘게 일하는 사람들의 경우 현안 문제 해결에 우선순위를 둠으로써 사실상 성과 면담에 참석할 시간적 여유를 찾기 어렵고, 그렇지 않은 사람들에 비해 상대적 불이익을 당하기 쉽다. 결과적으로 행정 서비스의 질 개선, 생산성 향상보다는 상대적 불이익을 당하지 않기 위해 억지로 시간을 내거나 승진 등 개인 발전과 관련이 있는 것에 몰입하게 됨으로써 정작 중요한 것을 놓치는 부작용이 발생할 우려가 있다. 또한 상위 관리자와 하위 관리자가 성과 면담 기술(skill)에 익숙하지 않은 경우 형식화될 가능성이 크며 결국 시간 낭비라는 인상을 가지고, 평가 결과에 불만을 가지게 된다.

다섯째, 주기적인 성과 기록과 면담 등으로 인해 일에 대한 긴장감을 높이고, 직무성과계약제의 전자인사관리 시스템(PPSS)화로 제도 운영의 편의성을 제고하고 있으나, 문서화 작업(paperwork)이 늘어날 수밖에 없다.

또한 상위 관리자와 하위 관리자 계약에 의해 성과목표와 연계해서 무엇에 집중해야 하는지, 어떻게 평가받을지 알 수 있다고 하지만, 공공 부문의 성과측정은 그 자체가 민간 부문과 달리 쉽지 않다. 예를 들면, 성과측정은 시장 기반형, 전문성 기반형, 관리 기반형, 정부 기반형 등 여러 형태로 나눌 수 있고, 직급별·부서별 등 다양성 특성을 감안한 효과적인 성과측정은 매우 복잡할 수밖에 없다. 예를 들어, 고객만족도를 통해 성과를 측정하는 시장 기반형 측정 방법을 적용할 경우 재정경제부의 조세 징수 관련 부서는 고객의 만족도가 낮을 수밖에 없고, 예산을 배분하는 기획예산처의 경우 고객 만족도가 높을 수밖에 없다.

직무성과계약제를 비롯한 성과관리에 대한 인식의 대전환을 모색하기 위해 시도되고 있는 각종 성과관리 기법의 효과가 어떤 측면에서는 상대적으로 크지 않거나, 제대로 탄력을 받아 운영되기 위해서는 극복해야 할 과제가 많다. 목표관리제와 마찬가지로 직무성과계약제도 새 정부가 들어서면서 또 다른 변화가 생기기 쉽다. 중장기적인 측면에서 성과주의 인사제도의 효용성을 제고하기 위한 노력이 필요하다.

제 4 절 결 론

성과주의 도입에 따른 시행착오는 겪어야만 하는 과정이기도 하지만 조기에 낮은 비용으로 극복하는 것이 핵심이다. 성과주의는 반드시 정착시켜야 하는 인사제도로 오히려 잘못된 인식과 운영이 문제이다(정권택, 2003). 이 점에서 목표관리제와 직무성과계약제도 예외가 될 수 없다. 공공 부문에서 사용되었거나 현재 사용되고 있는 성과관리 체계가 안고 있는 한계점은 대체로 다음과 같이 요약된다(권미수, 2005).

- 평가 위주의 시스템 도입으로 인해 일회적인 성과 개선만 가능하고 지속적인 성과관리 곤란
- 단편적인 결과 위주의 성과평가 도입으로 인한 조직원의 저항과 이로 인한 성과주의 문화의 미정착

- 전략 실행의 수단인 전략관리 시스템 미비
- 성과목표 및 지표와 조직 전체의 미션(mission)과 비전(vision), 전략의 수행과의 미연계
- 성과관리 방안과 인사, 예산 시스템과의 미연계로 인한 실질적인 동기유발 저하

공공 부문의 성과 향상을 위한 성과관리 방안의 한계점을 고려해, 목표관리제와 직무성과계약제에 대한 해결 방안 또는 발전 방향을 정리하면 다음과 같다.

첫째, 개인 성과평가로 인식되고 있는 목표관리제와 직무성과계약제를 실질적인 성과관리로 전환하는 것이 필요하다.

수립된 (성과)목표전략을 바탕으로 성과를 모니터하거나 측정해 조직원의 성과를 평가하고 이에 따른 보상을 집행하는 단선적인 방식에서 벗어나 '성과'와 '학습(double loop)' 과정으로 전환하는 방안을 찾아야 한다. 예를 들어, 개인 성과평가 결과를 국무조정실 또는 행정자치부와 공유하고 기관평가와 연계해 나가는 툴(tool)을 개발해 행정개혁 차원에서 총괄적 성과관리 체제를 구축하는 것이다. 국무조정실에서 주관하고 있는 기관평가를 직무성과계약 과정에서 설정한 성과목표와 비교 그 성취도에 대한 객관적 정보를 성과계약 체결시 반영해 성과목표의 방향성을 제고시키는 것이다. 아울러 행정자치부는 수평적인 연계와 협력 가능성을 찾고 제도화하는 방안을 발굴해 지방자치단체뿐만 아니라 하위직 공무원들에게 성과혁신을 확산시키는 것이다.

둘째, 단편적인 결과 위주의 성과평가 도입으로 인한 조직원의 저항을 최소화하고 성과주의 문화를 정착시키기 위해 변화 관리 차원의 접근을 해야 한다.

구성원의 적극적인 참여와 협력 없이 일방향적으로 목표가 설정되고 성과계약 이루어질 때, 성과평가의 대상이 되는 업무만 집중하고 정작 다른 중요하고 필수적이지만 성과평가의 대상이 되지 않는 업무들에 대해서는 소홀히 다루는 잘못을 저지르기 쉽다. 그렇기 때문에 조직의 변화 관리 차원에서 접근해 조직의 자발적인 참여와 수용을 통해 조직문화로서의 성과관리 정착이 필요하다. 연초 대통령 업무 보고자료 작성시 실·국별 공동

워크숍을 개최하거나 브라운 백(brown back)과 같이 각자 가지고 온 음식물을 먹으면서 자유로운 토론 및 전략회의를 하는 등 우리 실정에 맞는 다양한 뿌리내리기 변화 관리전략을 성과관리 차원에서 활용할 필요가 있다.

셋째, 성과목표와 지표들이 조직 전체의 미션과 비전, 전략의 수행과의 연계를 강화하고 정렬(alignment)시키는 방안을 모색함으로써 성과주의 제도의 효용성을 실질적으로 느낄 수 있도록 해야 한다.

많은 성과관리 시스템이 안고 있는 문제점 중의 하나는 성과에 대한 측정과 평가만 가능하지, 어떻게 전략을 실행하고, 관리해야 하는지를 보여주는 전략관리의 기능이 없어서 실제 수행되는 활동을 모니터링하고 관리하는 것이 불가능하다는 점이다. 이를 극복하기 위해서는 전략의 해석을 통한 '비전 장애'의 극복과 조직의 목표와 개인의 목표 간의 정렬을 통한 '인적 장애'의 극복, 전략적인 자원 배분을 통한 '자원 장애'의 극복, 전략적 학습을 통한 '관리 장애'의 극복 등이 필요하나(권미수, 2005).

전체가 나아가야 할 방향과 달성 목표를 명확히 함으로써 어느 부분에 어느 정도 중점을 둬야 하는지를 확실히 하고, 각자 분담하고 있는 업무에 대한 적극적인 참여와 기여를 통해 성과목표를 달성함으로써 일체감과 신뢰감을 지속적으로 확보하는 것이 성과관리제도의 성공적 정착의 기본이다. 신공공관리주의가 경쟁 원리 도입에 따른 능률성 향상, 고객에 대한 서비스 질의 향상 등 다양한 측면에서 긍정적 효과를 창출하고 있지만 공공부문의 성과주의 인사제도가 조직문화에 함몰되지 않도록 조직 변화 관점에서 지속적인 관리가 필요하다. 성과관리제도는 단순히 기계적으로 업무에 대한 산출과 성과를 평가하는 데 그치는 것이 아니라, 공공조직과 그 구성원들이 자신의 업무와 행위가 어떻게 공공 부문의 성과로 연계되는지를 지속적으로 고민하고 토론하며 성찰하는 과정으로 자리매김할 때 비로소 효력을 발휘한다. 예측의 정확성 보다는 예측한 결과가 실현될 수 있도록 창의적·능동적으로 대처함으로써 새로운 성과주의를 정착시켜 나갈 때 예측의 묘미가 있다.

제 8 장 공직사회의 다면평가제도*

정부는 국가의 목적을 실현하기 위한 제도적 장치[1]이고, 따라서 수단적 기능을 갖는 제도로서 정부는 주어진 목표 달성에 적합성을 갖도록 조정되어야 정당성과 합리성을 갖는다. 정부는 대개 위와 같은 국가의 목표들을 나름대로 해석해 특정 정부의 국정 목표나 국정지표 등의 용어를 빌어 제시하며 그 실천을 위해 노력하게 된다. 그러므로 어느 국가의 어떤 정부든 그 나라 공동체 구성원 전체의 안보와 질서 있는 삶, 그리고 제도나 질서의 정의로움을 실현하고, 비록 태생적으로나 사회의 구조에 의해 불리한 조건을 겪고 있는 약자집단 구성원일지라도 누구나 인간의 존엄을 지키며 살 수 있는 최저한의 조건의 생성과 제공 등을 위해 노력하는 것이 당연하다.

신생국으로서 우리는 건국 이후 1987년까지 이승만 정부처럼 반공이 자유보다 강조되거나 박정희 정부처럼 개발 또는 효율이 민주주의보다 강조되는 경우에서 보듯 정권 목표가 국가 목표를 대체하는 경우도 겪었다. 거기다가 전두환 등 신군부는 민주주의를 외치는 시민들을 제압함으로써 국민의 안전을 지켜야 하는 도구로서의 군대가 아니라 국민을 권력 획득의 도구로 삼아서 목적-수단의 극단적 전치를 드러내고 정권을 장악하기도 했

---

*제8장 집필에 박사과정 조경련 선생(진주시청)의 도움을 받았다.

1) 문승익(1981: 16)은 립슨(Leslie Lipson)의 논의를 빌어 국가의 목표로 안보, 질서, 정의, 복지를 제시하고 있다.

다. 이렇게 긴 시간 동안 관료제는 독재정권의 물리적 도구였고, 스스로를 확대재생산하며 권력의 공유자요 편익의 배타적 수혜자로 안주했다. 또 꼭 그렇지는 않더라도 지역주의의 원조 박정희 정부, 그 수혜자 전두환 정부에 이어 노태우 정부, 김영삼 정부나 김대중 정부도 지역주의나 보스정치에 포획되어 낮은 수준의 리더십에 머물면서 국가 목표의 실현을 충실히 해 내지 못한 것이 사실이다. 이러한 각 정부들의 적폐가 쌓여 결국 IMF에 의한 국가 경제관리라는 치욕을 겪게 된 것이며, 그 책임의 대부분을 정부가 져야 한다는 인식도 당연한 것이다.

그러는 동안 미국을 비롯한 선진국들은 1980년대부터 그들의 국익과 결합된 논리나 철학으로서[2] 신자유주의를 표방하면서 세계화의 물결이 일어났다. 그리고 그들 국가는 내부적으로도 정부개혁에 착수했다. 그 동안 진보 또는 좌파 정당들이 국가개입주의를 통해 정부기구들을 확대시켰고, 그래서 방만하고, 또 비효율성을 낳아서 비판을 받던 공공조직을 방치할 수 없었던 것이다. 그 결과 작은 정부론, 신공공관리론 등으로 체계화되었고, 정부개혁 또는 관료제 개혁을 위한 대세를 형성했다. 우리도 신자유주의와 세계화, 정부개혁의 대세를 외면할 수 없었다. 그러한 대세에 대응하고 국가경쟁력을 높이기 위한 정부개혁의 필요성은 선진국들보다 우리에게 더 절실한 과제였다고 보아야 할 것이다.[3] 윤성식(2002: 13-14)은 우리 나라 정부개혁의 구체적 사유로서 박정희, 전두환 등 독재정부가 권력의 유지를 위해 강한 관료제를 요구했고, 또 관료제는 개발독재를 위한 수단의 역할을 담당해 왔으나 세계가 개방되면서 기존의 낡은 관료제는 세계화와 정보화 시대에 부적합한 조직으로서 새로운 관료 시스템이 필요하게 된 점을 들었다.

IMF에 의한 국가경제 관리라는 위기를 겪으면서 국가경쟁력 강화가 정

---

2) 장하준(2004)은 미국이 선진국 반열에 올라서기 전까지는 보호주의로 일관하다가 소련과 더불어 세계의 지도 대국이 된 이후 표변해 자신들의 논리와 질서를 다른 나라들에게 요구하고 있으며, 특히 제2차 세계대전 후 독립한 신생국들에게 미국을 비롯한 선진국들의 논리나 제도를 수용하도록 요구하는 조치를 비판적으로 지적한다. 그러한 내용은 그의 책 『사다리 걷어차기』를 참고할 것.

3) 스위스 경영연구원의 조사에 따르면, 한국은 29위를 차지했으며, 아시아권에서 중국이 15위, 대만이 18위, 일본이 24위, 인도가 27위였다(중앙일보, 2007년 5월 11일자).

부개혁의 중요한 목표로 자리잡았으며, 낮은 정부 능력의 핵심 요인으로 인식된 관료조직의 인사 체제가 개혁의 중요한 주제가 되는 것은 당연한 것이었다. 국민의 정부와 참여정부는 능력과 실적을 중시하는 인사 체제의 운영을 위해 성과연봉제, 성과상여금제, 목표관리제 등 다양한 인사개혁 장치들을 채택했다. 이러한 변화 추세와 더불어 다면평가 역시 새로운 인사개혁제도의 하나로 부각되었고,[4] 공무원법 개정을 통해 2004년부터 그 시행을 의무화했다.[5]

그러나 어떤 제도이든 지향하는 긍정적 가치가 있고, 한편으로는 포기해야 하는 부분 또는 부정적 측면도 있게 마련이다. 더구나 다면평가는 외국의 제도를 다소 급속하게 받아들여 우리에게 장착한 것이라는 점에서 장점을 북돋우고 단점을 극소화하려는 노력이 아쉬운 제도라고 할 수 있다. 그러므로 모든 제도가 완벽하지 않다는 점, 그리고 면밀한 점검을 거치지 않고 이식한 외국의 제도로서 드러날 수 있는 시행착오 등을 우리는 철저하게 점검해 기왕 채택한 제도의 성과를 극대화하려는 실무적 또는 학술적 노력이 필요하다고 하겠다. 사실 우리 공직사회에서는 바로 위에 지적한 바의 문제들이 확인되고 있기 때문에 다면평가제도에 대한 점검과 교정의 대책은 꼭 필요하다고 본다.

---

4) 중앙인사위원회/행정자치부(2003), 「참여정부 출범에 따른 인사운영지침」에는 인사의 기본 원칙으로 적재적소 원칙, 실적 위주 원칙, 투명·공정 원칙, 균형 인사 원칙을 표명하고, 투명·공정 원칙에 '다면평가, 인사 기준 공개 등 개방적이고 투명한 절차에 의한 공정한 인사 구현'을 한다고 명시하고 있다.

5) 공직사회에서는 1999년 6월 30일에 대통령령 제16438호로 처음 도입된 이후, 2002년 12월 31일 대통령령 제17866호로 지방공무원 임용령이 개정되면서 2004년 1월 1일부터는 다면평가를 의무적으로 실시하도록 제도화했다.

· 지방공무원 임용령 제38조의 5(승진임용시 민원인 등의 평가 결과 반영) ① 임용권자는 소속 공무원을 인사위원회의 심의 또는 의결을 거쳐 승진 임용하고자 하는 때에는 승진 심의 또는 승진 의결 대상 공무원의 직근 상위 계급의 공무원, 동일 계급의 공무원, 직근 하위 계급의 공무원 또는 업무와 관련된 민원인등의 평가 결과를 반영하여야 한다. <개정 2002. 12. 31> 다만, 다음 각 호의 어느 하나에 해당하는 경우에는 평가를 생략할 수 있다.<개정 2005. 8. 5> 이하 생략 ② 임용권자는 제1항의 규정에 의한 평가 결과를 특별승급·성과상여금 지급·교육훈련 및 보직관리 등 각종 인사관리에 반영할 수 있다.<신설 2001. 6. 18> ③ 제1항 및 제2항의 규정에 의한 평가 방법 및 절차, 평가 결과의 반영 등에 관한 사항은 당해 지방자치단체의 장이 정한다.<개정 2001. 6. 18> [본조 신설 1999. 6. 30]

이 장에서는 정부의 인사혁신 방안으로 채택된 다면평가를 그 본질과 채택 배경 등 이론적 측면을 살펴서 정리한 다음, 공직사회로 한정해 그것이 어떻게 적용되며 어떤 성과나 문제를 드러내고 있는지를 살펴보고, 그러한 문제를 극복하기 위한 방안 등을 나름대로 정리하기로 한다.

제 1 절 다면평가의 본질

1 다면평가의 개념 및 의의

일반직으로 다면평가(multi-source assessment)란 복수의 사람, 즉 상사(supervisors), 부하(subordinates), 동료(peers), 본인(self), 고객(customers) 등의 다양한 평가자에 의해 이루어지는 상·하급자 및 동료 등 다수가 평가자로 참여하는 경우의 평가를 의미하는 것으로서 360도 평가[6] 개념이다(Church & Bracken, 1997; 박원우, 2000). 다시 말하면 다수자에 의한 평가이면서 또한 한 사람을 다양한 측면에서 다각적으로 평가하는 것을 말한다.

이는 피평가자와 가장 가까이에서 접하는 사람들, 즉 조직에서 상급자, 차상급자, 하급자, 동료, 내부고객, 외부고객(민원인) 혹은 거래자로부터 피평가자의 행위와 성과에 대한 평가정보를 얻는 것을 말한다. 피평가자를 원의 가운데 두고, 그와 연결된 전 방향에서 평가자료를 수집하는 것이 전형적인 다면평가의 방법이다(Edwards & Ewen, 1999). 따라서 다면평가의 핵심은 피평가자를 관찰하고 있는 주변의 많은 사람들이 평가한다는 점

6) 360도 평가와 다면평가의 용어상의 의미 차이는 360도 피드백이 말 그대로 피드백에 초점을 맞추는 반면, 다면평가는 평가, 즉 인사고과에 활용하고 자는 의도라고 볼 수 있으나, 여기에서는 같은 의미로 사용한다. 그리고 영문으로는 degree feedback, multi-source assessment, multi-perspective ratings, full-circle feedback, group performance review 등으로 표기되기도 한다.

과 이들이 평가한 결과를 당사자에게 피드백해 줌으로써 자신을 반성하고 개발해 나갈 수 있도록 지원하는 역할을 통해 동기를 부여한다는 점에 있다. 즉 다면평가는 다수인에 의해 다양한 위치와 각도에서 피드백을 통한 정보 수집이 가능하므로 평가에 대한 객관성과 공정성, 납득성(acceptability)이 높아지고, 피평가자 전체상(全體像)에 대한 이해가 깊어져 자기 발견과 능력의 개발 촉진, 상호간 커뮤니케이션의 활성화를 통한 갈등 해결 등에 유용한 수단이 된다.

다면평가의 기대 효과는 크게 두 유형으로 구분할 수 있는데, 하나는 다면평가제도가 전통적인 하향식 실적평가[7]를 보완하거나 대체하는 평가의 도구로 사용되어야 한다는 입장이다. 소턴(Thorton, 1980)은 전통적인 하향식 평가를 받게 될 경우 평가를 잘 받기 위해 평가자인 상사에게만 잘 보이려는 해바라기식 조직 모형이 더욱 강화될 것이고, 팀형 조직과 네트워크 조직 등으로 대표되는 현대 조직 모형에는 일방적 하향식 평가는 적합하지 않을 것이라는 주장 때문에 다면평가제도가 필요하다는 것이다. 이러한 이유로 다면평가제도는 조직 내·외의 모든 사람들과 원활한 관계를 증진시키는 데 집중하려는 동기부여가 이루어지게 되고(Milliman, 1994: 100), 이와 같은 분위기에서 직무 수행에 관한 커뮤니케이션이 증가되면서 개인이 달성해야 할 목표와 개인이 수행해야 할 다양한 역할 등에 대한 이해가 증진될 수 있다는 것이다(Klingner & Nalbandian, 1998: 294).

또 다른 하나는 다면평가제도를 피평가자의 자질 등 개발의 도구로 사용해야 한다는 입장이 최근 강조되고 있다(Wexley & Klimoski, 1984). 이는 인사평가 시스템에 의한 평가는 실적평가를 통해서 개선해 나가되, 그간 간과되었던 평가 결과에 대한 피드백이 제대로 이루어지도록 하고, 개발 목적의 평가를 확산해 나가기 위해서는 다면평가제도를 능력 개발을 위한 도구로 사용해야 한다는 것이다. 안토니오니(Antonioni, 1984)는 그 이유로 평가의 목적에 따라 평가의 태도가 달라지며, 평가의 결과도 달라지기 때문이라고 지적하고 있다.

다면평가제도는 현대 사회조직의 계층적 구조가 완화되고 팀워크가 강

7) 전통적인 인사고과(performance appraisal)는 상사가 부하를 평가하는 수직적 관계에 의한 일방적인 하향식 단일(면) 평가라고 할 수 있다.

조되는 새로운 조직 유형에도 부합하게 되고, 다른 조직원과 긴밀한 관계에 의해서 직무가 수행되기 때문에 조직 내 상급자, 동료, 하급자는 피평가자와 서로 다른 인간 관계를 경험하게 된다. 이러한 인간 관계는 평가를 하는 데도 지대한 영향을 미치게 되는데(Murphy & Cleveland, 1995: 133), 특히 동료평가와 부하평가가 중요하다(Klingner & Nalbandian, 1998: 293).

역사적으로 다면평가(360도 피드백)는 1940년대 초 영국의 군사정보국이 해외 파견 첩보원의 자격을 평가하기 위해 개발한 평가센터(assessment center)에서 집단평가를 최초로 실시한 데서 유래되었다. 그 이후 1960년대 말 미국의 육군 및 해군사관학교와 공군에서 활용되고, 1970년대 중반 이후 1980년대 초에 걸쳐 미국의 기업들에 도입되었으며, 1980년대 중반 이후에는 미국과 영국 기업을 중심으로 크게 증가했다(Edwards & Ewen, 1999).[8)]

우리 나라에서는 1990년대에 들어와 신인사제도의 붐이 일어나면서 다면평가에 대한 관심이 일기 시작했으나, 널리 확산되지 못하다가 1990년대 중반 이후 연봉제나 성과급제 같은 성과주의 인사제도의 급속한 도입과 함께 많은 주목을 받기 시작했다(안희탁, 1999). 공직사회에 다면평가가 도입된 것은 1992년 공무원의 근무성적평정시 동료의 의견을 직무수행 태도 평정에 반영할 수 있도록 한 것이 시초라 할 수 있으며(이희태, 2003: 81), 1998년에는 공무원임용령[9)]에 다면평가의 결과를 승진에 활용할 수 있는

---

8) M. R. Edwards & A. J. Ewen(1999), 「360도 다면평가」. 임창희(옮김). 49-52. 서울: 21세기북스; 유규창. 미국기업 360도 피드백의 동향과 시사점. 「임금연구」. 7(2). 49~59; 이승계(2005b: 111).

9) ・공무원임용령 제35조의 4

① 임용권자 또는 임용제청권자는 소속 공무원을 승진심사를 거쳐 승진임용하거나 승진임용 제청하고자 하는 때에는 승진심사 대상 공무원과 동일하거나 하위 계급의 공무원 또는 업무와 관련된 민원인들의 평가를 실시하여 그 결과를 반영할 수 있다.<개정 1999. 5. 24> ② 제1항의 규정에 의한 평가 결과는 특별승급, 성과상여금 지급, 교육훈련, 보직관리 등 각종 인사관리에 반영할 수 있다.<신설 2001. 1. 27> ③ 제1항 및 제2항의 규정에 의한 평가 방법 및 절차, 평가 결과의 반영 등에 관한 사항은 소속 장관이 정한다.<본조 신설 1998. 12. 31>, <개정 2001. 1. 27>, <삭제 2005. 12. 26> - 삭제와 동시 공무원성과평가 등에 관한 규정 제28조에 변경 삽입되었다.

・공무원성과평가 등에 관한 규정 제28조(다면평가)

법적 근거가 마련되면서 활성화되기 시작했다. 그 동안 공직사회의 평가와 관련해 전통적인 평정제도인 상사평가를 축으로 하는 근무성적평정에 대한 문제점을 보완하고, 성과주의와 능력주의를 구현하자는 차원에서 객관적이고도 공정하면서 형평에 맞는 평가제도를 마련해 공무원들의 불만을 최소화하고, 나아가 조직의 생산성 향상에도 기여하고자 다면평가 제도를 도입하게 된 것이다.

이어서 2001년에는 승진뿐만 아니라 특별승급, 성과상여금 지급, 교육훈련, 보직관리 등의 각종 인사 운영에 다면평가의 결과를 반영할 수 있는 근거가 마련되면서 점차 시행되기에 이르렀다. 특히 2004년에는 공직사회에 성과주의 인사제도를 도입하는 것과 맞물려 평가의 공정성과 객관성을 높이는 방안으로 다면평가를 의무적으로 시행하도록 공무원법을 개정함에 따라 다면평가제도가 모든 행정기관으로 급속하게 확산되기에 이르렀다.[10]

이러한 다면평가의 확산 배경으로는 첫째, 인적 자원 관리의 패러다임이 연공주의에서 능력 및 성과주의로 변화됨에 따라 성과와 업적에 대한 공정하고 객관적인 평가가 매우 중요하게 되었고, 둘째, 정보 기술 및 인터넷의 발전으로 위계질서가 강조되던 수직적인 피라미드조직에서 수평적인 팀제조직으로 바뀜에 따라 구성원들의 참여와 능력 발휘, 팀워크가 중요시되고, 한 사람의 상사가 다양한 전문성을 가진 부하들을 평가하기가 곤란하게 되었으며, 셋째, 지배자 중심의 하향평가에서 피지배자 중심의 상향평가로의

---

① 소속 장관은 소속 공무원에 대한 능력 개발 및 인사관리 등을 위하여 해당 공무원의 상급 또는 상위 공무원, 동료, 하급 또는 하위 공무원 및 민원인 등에 의한 다면평가를 실시할 수 있다. ② 소속 장관은 제1항의 규정 에 의한 다면평가의 방법 및 절차 등에 관한 구체적인 사항을 직무의 특성 등을 고려하여 설계·운영하여야 한다. ③ 제1항의 규정에 의한 다면평가의 평가자 집단은 다면평가 대상 공무원의 실적·능력 등을 잘 아는 업무 유관자로 구성하되, 소속 공무원의 인적 구성을 고려하여 공정하게 대표되도록 구성하여야 한다. ④ 제1항의 규정에 의한 다면평가의 결과는 해당 공무원에게 공개할 수 있다. [전부 개정 2005. 12. 26 대통령령 제19187호]

10) 중앙인사위원회 「다면평가제도의 쟁점과 개선 방향」(2003)과 「다면평가 운영 실태 점검 결과」(2006. 8), 54개 중앙기관의 다면평가 도입 비율 추이는 2000년 9월(27.7%)→2000년 5월(85.1%)→20003년 9월(91%)→2005년 7월, 51개 기관(94.4%)→2006년 8월, 51개 기관이 시행 중이다. 이 중 3개 기관은 대다수 파견근무자이거나 직원 수가 적어 실시하지 않고 있어, 사실상 중앙정부기관의 전 부처는 다면평가를 실시하고 있다고 볼 수 있다.

시대적 변화로, 과거 기득권 세력의 배제를 통한 새로운 질서를 창조하는 사회변혁 이데올로기에 부합된다는 점 등을 들 수 있다(이승계, 2005b: 109-110).

2 다면평가의 필요성 및 목적

인사평가는 다양한 관점을 통해 평가의 정확성과 객관성을 확보하는 것이 중요하다. 따라서 상사평가 중심의 기존의 인사평가제도에 비해 다면평가제도는 동료나 부하를 통해 피평가자의 업무 행태를 상급자와는 다른 측면에서 파악한다는 점이 가장 유용한 점이라 할 수 있다. 이러한 다면평가제도를 성공적으로 운영하기 위해서는 미리 다면평가의 목적과 활용 방안을 명확하게 설정하고, 거기에 적합한 평가지표와 평가 문항을 설계해야 한다. 즉, 다면평가의 결과를 무엇에 활용할 것인가에 따라 평가 요소, 평가 방법, 평가 시기, 피드백 등이 결정되고 여러 가지 인사관리제도에 적합하게 활용할 수 있다. 다면평가의 목적, 필요성, 유용성 등에 대해서는 여러 학자들의 다양한 주장이 제기되고 있다.

우선 다면평가의 필요성에 대해 살펴보면, 상사 등의 전통적 평가에서 야기된 여러 문제들의 보완책으로 다면평가가 필요하게 되는데, 대체로 다음과 같이 요약할 수 있다.

첫째, 상사평가 결과에 대한 불만이 조직 전체에 대한 불만으로 연결되어 조직구성원들 간에 불신을 심화시키고, 그 결과 공정하지 못하다고 받아들이는 평가 결과를 승진 등 신분상에 크게 영향을 미치는 곳에 이용하게 되면 불신이 유발될 수밖에 없다.

둘째, 상사에만 의존하는 전통적인 평가는 평가 대상자로 하여금 상급자에게 잘 보이는 데 치중하게 하며, 동료나 부하, 고객에 대한 배려나 책임감보다는 상급자의 의도만을 충족시키려는 행태를 만연시킨다.

셋째, 평가의 타당성이 낮기 때문에 이에 입각해 운영되는 승진, 승급, 급여 책정, 교육훈련 등 다른 인사제도까지 파행적으로 운영되게 한다.

넷째, 상사 평가 방식은 조직구성원들의 자유로운 의견 개진을 저해하고, 통제 지향의 조직풍토를 지속시킨다. 평가 결과가 상벌의 용도로만 이용되는 현실에서 상급자는 평가를 무기로 조직원들을 통제하려는 권위주의적 속성을 불식시키기 어려워, 부하들을 줄 세우기 하는 등의 통제 수단으로 사용하게 된다.

다섯째, 평가 결과가 조직구성원들의 능력 개발을 활성화시키는 데 효과적으로 활용되지 못하고 있다. 이는 주로 승진 결정 등의 상벌규정 자료로만 활용되기 때문에 평가 결과가 공개되지 않는 것으로 보인다(김순양, 2000: 27-28).

결국 이러한 평가 방식은 평가 목적을 제대로 달성하지 못함은 물론, 조직의 생산성을 제고하는 데 기여하지 못하는 등의 부정적 결과들을 초래해 조직 내의 인간 관계를 저해하고, 조직원들에 대한 동기부여를 제대로 하지 못한다. 그러므로 성과평가를 통한 조직구성원들의 동기부여 및 자기개발 촉진, 조직의 합리적인 활성화를 기하기 위해서는 평가 대상자를 다양한 각도에서 조망하는 다면평가제도가 필요하다.

다음으로 다면평가의 목적을 살펴보면 대체적으로 다음과 같이 정리할 수 있다.

첫째, 상사에 의한 일반적인 평가보다는 상사, 동료, 부하, 고객 등 여러 관련자들에 의해 객관적으로 평가되므로 평가의 공정성을 확보할 수 있다.

둘째, 여러 관련 평가자들에 의해 객관적이고 정확한 인사정보를 얻을 수 있으므로 조직 인사관리의 합리화를 위한 전보, 보직관리, 승진, 훈련 등의 기초 자료로 활용할 수 있다.

셋째, 조직구성원의 직무 수행 능력이나 성과를 객관적이고 정확하게 평가해 결과에 따라 공정하고 합리적으로 능률급이나 성과급을 결정하는 등의 자료로 활용할 수 있다.

넷째, 조직구성원들의 업무 수행 능력뿐만 아니라 대인 관계나 지휘통솔 능력을 평가하게 되므로 조직원들 자신의 리더십 개발 능력을 자극하게 된다.

다섯째, 다면평가는 직무 수행 능력과 성과를 평가해 임금 인상, 승진, 전보 등에 적용하므로 조직원들은 자신의 능력과 성과를 높이기 위해서 스스로 창의성을 개발하고 능력을 발휘하려는 동기부여를 향상시킨다.

여섯째, 다면평가는 직무 수행과 관련 있는 여러 평가자에 의해 평가된 결과를 피평가자에게 피드백시킴으로써 커뮤니케이션이 활성화되고 피평가자는 자신의 직무행동을 개선하고 개발하게 된다(신철우, 2005: 73).

3 다면평가의 특징

다면평가의 특징으로 무엇보다 가장 중요한 점은 평가 주체의 다양성을 들 수 있다. 다면평가는 평가의 주체에 따라 몇 가지 유형으로 나눌 수 있는데, 이들 중 어느 평가 유형이 좋으냐에 대한 정답은 없다. 다만, 상대적으로 더 좋은, 즉 타당성이 있는 평가 유형의 조건은 제시할 수 있다. 그 예로서 밀코비치와 버드로(Milkovich & Boudreau, 1994)는 평가자가 세 가지 특성, 즉 관찰 기회, 평가 능력, 평가 의욕을 지녔을 때 그 평가의 결과는 타당성이 있을 것이라고 했다(유영현, 2004: 174). 그리고 이러한 평가 주체의 다양성에서 도출되는 다면평가의 장·단점은 다면평가의 특징을 이해하는 데 중요한 요소가 되므로 이 또한 제시하고자 한다.

1) 다면평가의 평가 주체

다면평가의 평가 주체별 유형을 상사(상급자), 동료 혹은 팀 평가, 본인(자기)평가, 부하평가, 고객평가로 나누어 이들 각각에 대한 평가 주체별 구성 요소를 설명하고, 평가 주체별 특성을 비교해 제시하기로 한다.[11]

첫째, 상사평가는 전통적인 인사고과평가(performance appraisal)로 상사가 부하를 평가하는 수직적 관계에 의한 일방적인 하향식 단일(면) 평가라고 할 수 있다. 이 평가는 권위적이고 폐쇄적인 방법으로 이루어짐에 따라 공정하지 못하다고 생각되는 결과로 인해 조직구성원의 불만을 가져왔으며, 일반적으로 업적평가와 구분 없이 사용하는 경우가 많다.

둘째, 동료평가 혹은 팀 평가(peer or coworker appraisal)란 일하는 수평적 관계의 동료가 평가하는 것으로서, 평가 주체가 단수일 수도 있고 복수일 수도 있는데, 그 주체가 동료 팀원들이라면 팀 평가가 되는 것이다. 이러한 동료평가의 장점은 서로 간에 건설적 견해를 제공하는 경향이 있어

---

11) 유영현(2004: 174-176)은 다면평가의 평가 주체(요소)로 동료 혹은 팀 평가, 본인(자기)평가, 부하평가, 고객 평가의 네 유형으로 나누어 설명하고 있는데, 여기에서는 상사(상급자)평가를 덧붙여 설명한다.

결과적으로 개인, 나아가 집단의 개선이 이루어진다는 것으로서, 이 때 서로간에 제공하는 의견이 직무와 관련하여 매우 구체적이기 때문에 실질적으로 도움이 된다고 주장한다(Ramsey & Lehto, 1994). 나아가 동료평가는 높은 정확성 때문에도 각광받고 있는데, 군대조직 내 장교들 간 평가의 경우 높은 정확도를 보였다(Downey, Medland, & Yates, 1976).

셋째, 본인평가(self appraisal)는 자신을 되돌아보고, 자신의 강·약점 및 장·단점을 도출해 내는 계기가 된다고 한다. 하지만 문제는 사람은 대체로 자기자신을 높이 평가하는 경향이 있고, 또 반대로 자신을 낮추는 경향도 있는 등 본인평가가 타인평가의 결과와 차이를 보인다는 점이다. 따라서 자기평가는 관리상의 의사결정 목적보다는 개발 지향적 목적에 적합한 것으로 취급되고 있다. 결국 본인평가는 다른 평가 방법과 결합해 사용될 때 비로소 효과 있는 것이라 하겠다(박원우, 1999).

넷째, 부하평가(subordinate, upward appraisal or reverse review)는 구미의 경우 정부조직에서 많이 쓰여 왔다. 최근에는 사기업체(예: Amoco, Chrysler, IBM, Du Pont, AT & T, Johnson & Johnson, Xerox 등)에서도 많이 활용되고 있으며, 이들 중 IBM의 경우엔 이미 20년 이상 이 방법을 활용해 왔는데, 아직까지는 관리자들에게 부하의 생각을 알려 주기 위한 보조 수단으로 쓰는 경향이 강한 듯하다. 일본에서도 조직의 활성화 차원에서 부하평가를 활용하고 있는데 일본유지, 후지사, 동경가스 등에서 관리자의 능력 향상을 목적으로 실시하고 있다(박원우, 1999). 부하평가는 평가의 영역에 따라 정확도가 달라지는데, 정확성이 높은 분야는 상사의 리더십, 의사소통, 권한위임, 팀 조정, 부하에 대한 관심과 배려 등이고, 반대로 정확성이 떨어지는 분야는 상사의 계획력, 조직력, 예산 입안력, 창의력, 분석력 등이다(Sherman, Bohlander, & Snell, 1996).

다섯째, 고객평가(customer appraisal)는 조직 내 다른 부서원에 의한 내부고객평가(internal ustomer appraisal)와 조직 외부인에 의한 외부고객평가(external customer appraisal)로 구분하는 경우도 있으나(Waldman & Bowen, 1998), 일반적으로는 외부인에 의한 평가를 고객평가라고 부른다.

이와 같은 다면평가는 평가 주체가 상사, 부하, 본인, 동료, 고객 등 다양한 위치에 있는 복수의 평가자로 구성되어 있으며, <표 8-1>에서와 같이

〈표 8-1〉 다면평가에서의 평가 주체별 비교

평가 주체별	장 점	단 점
상사평가 (상급자평가)	· 업무 요구 사항 및 피평가자 행태에 친숙 · 부하의 복종을 유도하는 데 용이 · 성과에 대한 보상의 통제가 가능 · 실시가 용이	· 고과 결과에 대한 신뢰도 · 편견에 치우칠 우려 · 상사의 인사고과에 대한 거부감
동료평가	· 업무 요구 사항에 친숙, 충분한 관찰 · 업무 성과의 원인에 대한 통찰력 · 동료들 간의 의사소통을 촉진	· 경쟁과 개인적 갈등으로 인한 편견 · 정보 제공으로 서로 꺼림 · 친근감이나 우정으로 인한 영향
본인평가 (자기평가)	· 직무의 행위를 가장 잘 알 수 있음 (직무성과에 대한 풍부한 지식) · 결과에 대한 수용 가능성 높음	· 객관적 평가가 어려우며, 업무성과를 과장해 추정할 우려 · 신뢰성 낮음
부하평가	· 상급자에 익숙해 있으며, 직접 관찰 가능 · 자기 개발을 위한 자료의 제공 · 상하 간의 의사소통의 기회 제공	· 상급자의 보복에 대한 두려움 · 상급자에 대한 편견
고객평가	· 서비스에 대한 만족 자료가 됨 · 편견에 치우치지 않음 · 업무성과의 지속적 개선 도모	· 불충분하고 편향된 정보

자료: 김순양(2000), 한국행정연구.[12)]

각각의 평가 주체는 서로 장·단점을 지니고 있다. 다면평가는 평가 주체별 단점을 상호 보완하면서 종합적으로 평가의 타당성과 신뢰도를 높이게 되는 것이다.

다면평가의 각 주체별 평가 결과를 서로 비교하면 상사, 부하, 본인, 동료, 고객 등은 동일한 인물에 대해 서로 다른 평가를 내릴 수 있는데, 특히 본인평가의 경우 이기적 편견으로 인해 타인평가에 비해 어느 한쪽으로 치우치는 경향을 나타낼 수 있고, 평가자가 조직 내에서 어느 수준에 있느냐에 따라서도 그 결과가 달라지며, 평가자가 피평가자를 관찰할 기회가 많으냐 적으냐에 따라서도 평가 결과는 달라진다(Harris & Schaubroeck, 1988).

박원우(1999)의 조사연구에 의하면 본인평가의 경우 부하평가보다 점수가 높거나 같을 수 있지만 상사평가보다는 대체로 높게 나오며, 피평가자

12) 김순양(2000: 109), 김기석 외(1998: 129), 박내희(1997: 254-9), Murphy & Cleveland (1991: 106-115), Wright & Noe(1996: 442-9) 등의 내용을 토대로 재구성해 작성한 것임.

는 스스로에 대해 과소평가하거나 과대평가할 가능성이 높은 것으로 조사되어 본인평가는 그 정확성이 떨어지는 것으로 검증되었다. 그리고 부하는 상사인 관리자를 평가할 때 평가 요소별로 구분해서 달리 인식하기보다는 상사의 능력을 전체적으로 인식하는 경향이 컸으나, 이에 반해 상사는 평가시에 조직 능력(사업 목표 설정 능력, 팀전략 수립 능력, 팀 활성화 능력 등)을 태도나 개인 능력(문제 해결 능력, 대인 관계, 업무지식, 정보, 창조적 학습 능력 등)과 잘 구별해 냄으로써 평가 요소에 따라 차별화하는 경향이 부하평가나 본인평가보다는 상대적으로 큰 것으로 나타났다.

2) 다면평가의 장 · 단점

(1) 다면평가의 장점

다면평가의 장점은 다수평가자 즉 상급자, 동료, 하급자 및 고객 등이 여러 방향에서 입체적 · 다면적으로 평가하게 됨으로써 평가의 다양성과 신뢰성을 높여 준다는 점과 다수의 평가자에 의해 다양한 위치와 각도에서 주어지는 피드백을 통해 다양한 관점의 정보 수집이 가능하므로 평가 결과가 상대적으로 주관적 편견이 적어 이들 간에 개인평가의 격차를 줄임으로써 객관성과 공정성, 그리고 납득성(acceptability)을 재고할 수 있다(유인봉 · 임도빈, 2003)는 점은 이미 언급했다. 또한 조직구성원들의 평정에의 관심도와 지지도를 높일 수 있을 뿐만 아니라, 개인적 측면에서는 다른 사람들이 어떻게 보고 있는가에 대해 관리 방법, 인간 관계, 효과성 등에 대한 정확하고 풍부한 시각을 얻는 데 많은 도움을 준다(Wimer & Nowak, 1998; 조선일 외, 2004: 51).

이와같이 다면평가는 다양한 측면의 평가 결과를 도출해 냄으로써 피평가자가 평가 결과를 쉽게 수용할 수 있게 하며, 상 · 하 및 수평적 커뮤니케이션의 원활화로 조직의 특성에 맞는 다양한 평가제도의 운영이 가능해 평가 결과를 인적 자원관리에 폭넓게 활용할 수 있게 한다(신철우, 2005: 74). 그리하여 상사의 일방평가에서 발생할 수 있는 평가의 오류를 방지하고, 계량적 평가에서 야기될 수 있는 부작용을 제거함으로써 평가의 타당성과 신뢰성을 높일 수 있다.

이 밖에 다면평가의 장점으로 제시되는 것으로는, 대체로 균형 있는 평가가능성을 기대할 수 있고, 조직에 대한 참여감과 일체감이 증진될 수 있으며, 행정 서비스에 대한 다양한 의견의 수렴이 가능하고, 모든 이해관계인에 대한 서비스로 책임성이 확보된다. 또한 평가 결과의 익명성으로 인한 평가의 공정성이 제고되어, 공정하고 정확한 평가정보의 피드백을 통한 자기 개발의 동기가 부여되며, 상하 간, 동료 간, 고객과 조직 간에 의사 교환을 통한 조직의 활성화에 기여할 수 있는 것 등을 꼽을 수 있다.[13] 특히 이런 과정을 통한 정보의 피드백은 관리층의 변화와 관리자들의 역량 및 리더십 개발을 촉진하고, 업적평가, 채용, 승진, 보직관리 등의 인사제도뿐만 아니라 조직문화의 변화도 가져온다는 것이다(이승계, 2005b).

(2) 다면평가의 단점

다면평가의 단점으로는 성과에 대한 후한 평가의 가능성과 업무 목표의 성취보다는 원만한 대인 관계의 유지에 급급한 행태적 성향을 조장할 수 있다는 점이다. 관리자들이 인기 위주의 행태를 보일 수 있는 반면 권위적인 행정문화로 인한 참여 기피가 발생할 수도 있고, 누군가를 평정해야 한다는 것에 대한 부담으로 평정상의 스트레스 증대가 예상된다. 평가자들이 담합하거나 음해성 응답을 할 위험성이 있고 업무 목표의 성취보다 원만한 대인 관계의 유지를 중시하는 행태적 성향의 조장 가능성도 있다. 평가자들의 유동성으로 인한 평가의 신뢰성 확보에 어려움이 있고, 동료평가의 경우 관대화 경향이 나타날 수 있으며, 다수의 평가자가 참여하기 때문에 평가자의 선정과 관리에 어려움이 있고, 시행을 위한 교육훈련 등에 많은 물리적 비용과 시간을 필요로 한다는 점 등이 지적되고 있다.[14]

또한 조경호 외(2003)의 연구에서도 평가자들 사이의 경쟁심으로 인해 평가의 객관성과 정확성이 떨어질 수 있다는 점과 평가자들에 대한 객관성과 공정성을 담보할 수 없다는 점, 동료 및 하급자에 의한 평가는 상급자의 권위를 훼손하고 방어적인 행태를 조장하며 상사 및 동료와의 관계를 파괴할 수 있다는 점 등을 꼽고 있다.

13) 이선우(2003), 강성철 외(2002), 이승계(2005b), 조선일 외(2004) 등의 다수 논문들이 이러한 장점들을 공통적으로 언급하고 있다.

14) 오성호(2003), 오석홍(2000), 이희태(2003), Leanne & David(1998), Beehr et al.(2001), 이호선 외(2006) 등 의 다수 논문들이 이와 유사한 단점들을 공통적으로 지적하고 있다.

이 밖에도 다면평가와 관련해 평가자의 익명성이 보장되지 않아 솔직히 평가한 사람이 원망을 듣게 될 것이란 것과 응답자별 평가 기준이 다를 것이란 형평성에 관한 문제, 순환보직으로 인해 평가자가 변경되는 경우에 발생할 수 있는 신뢰성의 문제, 평가 비용이 증대되고 평가 작업이 업무 수행에 지장을 줄 수 있다는 것 등의 문제점들이 제기되고 있다. 하지만 중앙인사위원회는 이러한 단점들을 오해라고 해명하며 적극적인 의지를 보이고 있다.[15)]

제 2 절 다면평가의 운영 절차

일반적으로 다면평가제도가 효율적인 성공을 거두기 위해서는 조직의 비전과 전략을 성취할 수 있는 핵심적인 역량평가의 요소를 개발하고, 평가의 목적과 활용 방안에 적합한 평가지표 및 평가 문항을 개발하며, 평가 대상자를 선정하고 평가자를 구성해 평가를 실시한 후에 피평가자에게 적절한 정보를 피드백해야 한다(유영현, 2004; 신철우, 2005).

이에 대한 구체적인 내용으로 여러 학자들이 평가 과정과 절차를 제시하

15) 중앙인사위원회 예규 제79호(2006. 1) '다면평가요령' 다면평가에 대한 오해.

① 다면평가는 인기투표이다. - 인기와 다면평가 결과가 반드시 일치하지 않으며, 업무 유관자 위주 평가단 구성 · 개인별 업무 성과 등 공개 · 평가단 교육 · 평가 점수 조정 방법 등을 통해 다면평가의 공정성 제고가 가능하다.

＊미국 디즈니월드 직원 122명을 대상으로 한 연구조사 결과, '인기'와 '성과'의 상관계수는 '직무 관련 기술'과 '성과'의 상관계수의 절반에도 못 미치는 0.34에 불과하다.

② 다면평가는 직원 간 위화감을 조성해 생산성을 저해한다. - 평가자별 점수는 공개되지 않으므로 직원 간 위화감 발생 소지는 낮으며, 오히려 다면평가는 직원 의사소통을 활성화시키고 부서 간 업무 협조를 촉진해 조직의 생산성을 향상시킨다.

③ 다면평가는 과도한 시간과 비용이 소요된다. - 평가 설계시 설문지를 단순 · 명료하게 작성해 평가자의 피로를 최소화할 수 있으며, 인사정책 지원 시스템(PPSS)을 활용할 경우 다면평가의 설계 · 실시 · 활용에 드는 시간과 비용의 절약이 가능하다.

④ 평가 기준이 상이하므로 평가의 형평성을 확보하기 어렵다. - 다면평가는 여러 명의 평가자가 평가하므로 상사 개인 성향에 좌우되는 일방평가보다 공정하고, 평가자별 성향을 조정하는 기법을 활용함으로써 평가의 형평성 확보가 가능하다.

고 있으나, 여기에서는 현재 일반적으로 공직사회에서 도입·운영되고 있는 중앙인사위원회의 '다면평가 운영요령'(중앙인사위원회 예규 제79호)을 중심 틀로 하여 다면평가의 과정 및 절차를 [그림 8-1]과 같이 제시하고 설명하기로 한다.

[그림 8-1] 다면평가의 과정 및 절차[16)]

1단계		2단계		3단계
다면평가 설계		다면평가 실행		다면평가 분석·활용
·평가 목적 규정 ·평가단 구성 ·평가 항목 및 척도 결정 ·질문지 작성	⇒	·평가단 사전교육 실시 ·피평가자 실적 및 능력에 대한 정보 제공 ·평가 실시 ·평가자 익명성 보장	⇒	·평가점수 조정·산정 ·평가 결과 분석 ·평가 결과 피드백

1 다면평가의 설계

1) 평가 목적의 규정

다면평가는 여러 목적으로 활용할 수 있는데, 서열화해 인사고과에 활용하기 위한 것인지 직원 능력 개발을 위한 것인지에 따라 평가단 구성과 평가 항목 등이 달리 설계되므로 평가 목적을 명확하게 규정하는 것이 선행되어야 한다. 정부기관에서 다면평가를 최소로 도입했을 때는 승진심사에 활용하고자 다면평가제도를 도입했으나, 본래 다면평가제도의 목적은 피평가자의 성과와 능력에 대해 다양한 관점에서 균형 있는 평가정보를 제공해 피평가자에 대한 능력 개발을 돕기 위한 제도였다.

현재 공직사회에서는 주로 승진, 성과상여금 지급, 보직관리 등의 인사고과에 활용하기 위해 다면평가를 실시하고 있으나, 민간 기업체에서는 직원의 능력 개발을 목적으로 대부분 활용하고 있다.[17)] 최근에는 공직사회에서

16) 중앙인사위원회 예규 제79호(2006. 1) '제1편: 다면평가 운영요령'을 참고해 재작성함.

도 점차 이러한 방향으로 활용 분야를 넓혀가고 있으나, 다면평가의 성과를 높이기 위해서는 좀더 명확한 평가 목적을 규정하여 그에 상응하는 방법으로 운영하는 것이 무엇보다 중요하다.

2) 평가단의 구성

첫째, 다면평가의 주체인 평가집단을 구성하는 일은 평가 목적과 기관의 특성에 따라 평가단을 달리 설계할 수 있으나, 피평가자의 실적과 능력을 잘 아는 업무 유관자(동일 부서 근무자, 타부서 업무 연관자, 근무 유경험자 등)로 평가단을 구성해야 한다. 즉 평가자는 피평가자의 태도, 행동, 역량에 대해 가장 잘 알 수 있는 사람으로서, 평소에 피평가자와 빈번하게 접촉하고 교류하는 상사, 동료, 부하, 고객 등으로 구성해야 한다. 따라서 모든 피평가자는 서로 다른 평가들에 의해 합리적인 평가를 받게 해야 한다.

둘째, 일정 자격을 갖춘 자로 단일한 평가단을 구성해 피평가자 전체를 평가하는 경우와 피평가자 별로 상이한 평가단을 구성하는 경우가 있으나, 복수평가단을 구성하는 것이 바람직하다. 즉 내부평가자인 직속상사 또는 상사, 동료, 부하 그리고 업무 관련이 깊은 타부서의 상사, 동료, 하급자를 포함할 수 있으며, 조직의 성격에 따라 외부 평가자를 선정할 경우 관련 전문가, 민원인, 실무 구성원 등이 참여할 수 있다.

셋째, 평가단을 구성할 때는 성(性), 임용 출신, 직렬 등을 고려해 특정 집단에 편중되지 않도록 유의하고, 여성·기술직 등 소수집단이 공정한 평가를 받을 수 있는 제도적 장치를 마련해야 한다. 즉 평가 대상이 여성 또는 기술직일 경우, 피평가자의 성과와 능력 등을 알 수 있어야 한다는 전제하에 평가단에 일정 비율 이상의 여성·기술직 공무원이 참여하도록 설계해야 한다. 또한 감사 담당 공무원의 평가단 구성시 감사로 지적받은 직원을 평가자에서 배제시켜 감정적 평가로 인한 불이익의 우려를 해소해야 하며, 다면평가 실시 후 소수집단에 대한 모니터링을 실시해 문제가 있다고 판단될 경우에는 재실시하거나 향후 다면평가단 구성시에는 개선해야 한다.

넷째, 평가자수와 평가자별 가중치를 적절히 조절해야 하며, 통상 피평가자 1인에 대해 평가자 7~15명이 적정하나 각 기관(부처)의 실정에 맞게

17) 이 장 제3절 다면평가의 운영 실태를 참고할 것.

조직 특성과 규모에 따라 달리 정할 수 있고, 평가자의 수보다는 피평가자를 잘 평가할 수 있는 업무 유관자로 구성하는 것이 더 중요하다.

평가의 객관성과 평가자의 익명성 보장도 중요한데 이를 위해서 평가집단의 구성은 직급별, 평가 단위별로 다르게 할 수 있다. 평가자에 따라 피평가자에 대한 업무 관련성의 정도, 평가정보의 양과 질, 직원들의 육성에 대한 책임 정도 등이 다르므로 평가자별로 평가 가중치를 달리 정할 수 있다.

3) 평가 항목 설계와 평가 척도 결정

첫째, 평가 항목은 조직의 비전이나 목표와 일치하는 직무 역량과 핵심가치를 바탕으로 설계되어야 한다. 일반적으로 실적 · 능력 · 태도로 구성하는 경우가 많으나, 조직이 처해 있는 내 · 외부 환경에 대한 분석과 평가 목적을 명확히 해야 한다. 단순하고 획일적인 평가 항목이 아니라 각 부처의 업무 특성과 평가 목적, 피평가자의 직급 등에 적합한 평가 항목을 설계해 평가의 합리성 및 타당성을 제고해야 한다.

둘째, 평가점수의 변별력 확보를 위해 각 기관별로 1~10점 척도 등을 다양하게 사용하고, 탁월 · 우수 · 보통 · 미흡 · 불량과 같은 서술형 척도를 사용하는 것도 가능하다. 평가자들이 평가 척도 자체에 대한 이해 부족으로 각자의 주관에 따라 평가 결과가 왜곡될 우려가 있으므로 평가 척도에 대한 측정 기준을 구체화하고 사전에 충분한 교육을 실시해야 한다. 가급적이면 피평가자의 역량을 구체적이고 서술적으로 표현해 평가 척도를 구성해야 한다.

4) 질문지의 작성

질문지는 평가의 목적과 피평가자의 직급, 직무 특성 등을 충분히 고려해 작성해야 하며, 포괄적이거나 추상적인 질문은 다면평가를 인기투표로 변질시킬 수 있으므로 지양하고, 해당 평가 항목과 직접적으로 관련되어 있으면서 평가자가 평소에 관찰할 수 있는 정도의 행동 위주로 구체적으로 설계해야 한다. 평가 목적을 명확하게 하기 위해 능력 개발 혹은 업적평가(사정)와 함께 업무의 중요도 및 난이도와 같은 업무 특성을 반영할 수 있는 역량 중심의 평가질문지도 개발할 필요가 있다.

다시 말해, 다면평가는 일종의 인식조사로서 대개 질문지(questionnaire)를 통해 실시되기 때문에 다면평가 결과의 신뢰성과 타당성을 확보하기 위해서는 실제적인 업무 성과와 관련된 업무 태도 및 능력을 평가할 수 있는 측정 도구를 개발하는 것이 매우 중요한데, 이를 위해서는 개인 및 조직의 핵심적인 역량을 중심으로 설계될 필요가 있다(조경호 외, 2003; 이승계, 2005b). 즉 평가지표 풀(pool)을 개발해 평가 목적에 따라 편리하게 선별해 적용하도록 하는 것도 한 방법이다. 이러한 질문지는 인사 담당부서에서 임의적으로 작성하기보다는 직원의 면담 및 설문조사를 거쳐 작성하는 것이 바람직하다.

2 다면평가의 실행

1) 평가자에 대한 사전교육

공정한 평가는 인사평가의 가장 핵심 과정으로서 평가자의 어떠한 담합행위나 불공정행위도 차단할 수 있도록 평가의 익명성과 비밀성을 확립하고, 평가자의 편견과 오류를 예방할 수 있는 사전교육과 훈련이 선행되어야 한다. 이를 위해서는 정부개혁과 관련된 성과주의 행정문화의 정착 필요성, 다면평가제도의 목적과 활용, 기대효과 등에 대한 체계적인 교육을 실시하되, 정실 등에 의한 무원칙한 평가로 인한 폐해와 무원칙한 평가자에 대한 불이익 등도 소개해 경각심을 고취시키고, 매번 시간과 노력을 중복적으로 투자하지 않고도 평가자가 필요한 교육을 받을 수 있도록 교육을 일상화, 시스템화할 필요가 있다.

2) 업무 추진 실적 등의 제공

첫째, 평가자가 감정적 평가를 하지 않도록 피평가자의 평가 대상 기간 동안의 업무 추진 실적 및 능력에 관련된 다양한 정보를 제공해 객관적인 평가를 유도하고, 평가를 위한 업무 추진 실적을 작성할 때에는 업무 실적 및 성과의 단순한 나열보다는 핵심 과제의 추진 및 문제 해결 과정을 명확하게 기재해야 한다. 그 예로서 STAR 방식[18]에 의해 서술식으로 기재함으로써 평가자가 피평가자의 성과와 실적을 명확히 알 수 있다는 것이다. 평가정보를 수집하는 기법의 문제로는 전통적인 질문지를 이용하는 방법과 정부 전자인사관리 시스템(PPSS) 등 전산 시스템을 활용하는 방식이 사용되고 있는데, 많은 조직에서 앞의 두 방법을 다 사용하는 혼합된 수집 방법을 채택하고 있다. 둘째, 진취적이고 창의적인 개혁, 혁신 등에 대한 참여도가 다면평가시 반영될 수 있도록 평소 피평가자의 창의적인 혁신활동 실적, 즉 자체 정책 제안, 혁신회의 참석 등도 기재할 것을 권장하도록 한다.

3) 평가의 실시

첫째, 평가담당자는 평가 목적, 일정, 유의 사항 등을 이메일이나 문서로 평가자에게 통보하되 평가자의 익명성이 보장되도록 해야 하며, 익명성의 보장은 솔직하고 공정한 평가를 위한 일차적인 안전장치임을 확인시켜야 한다. 둘째, 피평가자의 일부 실적 또는 능력 항목에 대해 평가가 곤란하다고 판단되는 경우에는 평가자가 무응답란(N)을 선택할 수 있도록 한다. 셋째, 피평가자를 평가하기에 부적절한 평가자의 선정으로 인해 평가 결과가 왜곡되는 것을 방지하고 평가의 정확성을 제고해야 한다. 넷째, 평가설계 및 실시에 소요되는 시간과 관리 비용의 절약, 평가의 익명성에 대한 응답자의 신뢰도 강화, 평가의 신속성 등 양질의 피드백 제공 등 결과 활용의 유용성을 고려할 때 전자인사관리 시스템(PPSS)을 활용해 다면평가를 실시하는 것이 바람직하다.

3 다면평가의 활용

1) 평가점수의 조정 및 산정

첫째, 평가 결과에 대한 조정의 필요성이다. 피평가자에 대한 부정확한 정보와 편견, 평가점수 부여시 평가자의 성향 차이 등에 의해 점수의 왜곡

---

18) 역량 강화 기법 중의 하나로 Situation, Task, Action, Result(STAR)의 약칭, 업무 실적을 단순히 나열하기보다는 STAR 방식에 의해 서술식으로 성과를 기재함으로써 평가자가 피평가자의 성과와 실적을 명확히 알 수 있도록 함. 중앙인사위원회 예규 제79호 '다면평가 운영요령'을 볼 것.

이 초래될 수 있고, 특히 피평가자별로 평가단을 달리 구성할 경우 평가점수는 더욱 조정할 필요가 있다. 또한 관대화 또는 엄격화 경향을 보이는 평가자가 평가단에 포함되면 평가 결과가 왜곡될 수 있으므로 이러한 경우도 마찬가지다. 둘째, 평가 결과의 조정 방법은 평가자의 평균·표준편차 일치 방법, 평균일치 방법, 특이점수 제외 방법을 활용해 조정이 가능하다. 셋째, 평가자별로 데이터를 분석해 평가 성향을 조사한 후, 평가에 문제가 있는 평가자의 평가점수를 제외하거나 재평가하도록 하는 방안을 강구해야 한다. 넷째, 평가점수의 산정은 절대평가로 점수 혹은 등급을 부여하고, 피평가자 전원을 서열화할 필요가 있는 경우 상대평가를 하기도 한다.

2) 평가 결과의 분석

첫째, 종합평가, 문항별 분석, 평가 요소별 분석 등 전체와 개인별 평가의 합과 결과 등을 과학적으로 분석해야 한다.

둘째, 평가 결과가 능력 개발에 활용될 수 있도록 반드시 피평가자에게 통보해야 한다. 개인 점수와 동일 직급·동료집단·전체 평균점수와의 비교 그래프, 평가 항목별 점수분석, 평가 의견과 개인별 장·단점의 분석 결과 등을 제공해야 한다. 나아가 조직 및 직급별 특성 등을 분석해 핵심 인력의 개발 및 적재적소의 배치 등으로 조직 발전을 위한 활용이 가능하도록 한다.

셋째, 리더십 개발 등 자기개발 목적으로 활용하기 위해 평가 결과를 피드백하는 다양한 지도(coaching) 기법을 마련해야 한다. 피드백 방법으로 상사와 일대일 면담, 실·국 및 과 단위의 워크숍 실시, 자료 제공을 통한 자율학습 등이 있으며, 참여자의 수, 소요 시간 등을 고려해 기관별로 선택한다.

넷째, 피드백에 따른 행동계획서(action plan)를 작성한다. 다면평가를 통해 얻어진 정보를 근거로 개인의 장점을 강화하고 약점을 극복하기 위한 행동 및 개발계획(development plan)을 수립하고 및 상사와 육성계획을 논의한다.

3) 평가 결과의 피드백

첫째, 소속기관장은 직렬, 부서, 각종 협의체 등의 조직적인 담합으로 인해 다면평가가 공정하게 이루어지지 않았다고 판단될 경우 다면평가조정위원회를 소집해 평가 결과의 조정 이 가능하도록 해야 한다. 다만, 다면평가 조정위원회의 구성과 평가 결과의 구체적인 조정 방법과 절차 등 세부운영 사항은 기관 자율적으로 결정한다.

둘째, 다면평가 실시 후 직원 대표와의 면담 또는 전 직원 설문조사 등을 실시해 설계 및 운영 과정에 대한 만족도와 개선 사항을 조사해야 한다. 평가단의 구성 및 질문지의 적정성, 평가 운영상의 문제점 여부, 평가 결과의 활용에 관한 건의 사항 등을 조사해 차기 다면평가의 설계·운영에 반영하도록 한다. 이럴 경우 인사담당자의 입장에서는 의견을 반영해 기관의 특성에 맞는 다면평가 시스템을 구축한다는 점에서, 직원 입장에서는 평가 결과에 대한 수용도를 높일 수 있다는 점에서 바람직하다.

셋째, 기관 특성에 맞게 다양하게 운영되고 있는 다면평가제도에 대해 평가 기준을 마련해 자체적인 점검을 상시화(常時化)해야 한다.

제 3 절 다면평가의 운영 실태

1 국내의 운영 실태

1) 일반적 추이

국내에서는 1990년대에 들어와 신인사제도의 붐과 함께 다면평가에 대한 관심이 일부 민간 기업체를 중심으로 일기 시작했으나 확산되지 못하다가 1990년대 중반 이후 연봉제와 성과급 같은 성과·업적주의 인사제도의 급속한 도입과 함께 주목을 받고 있다(안희탁, 1999: 5-6; 유규창, 1999: 46-59).

민간 기업체의 경우, 1990년도에 삼성전관(1994), 동양제과(1997), 코오롱(1997), 대림정보통신(1998), 중앙인사위원회(1999) 등이, 그리고 2000년 초 효성(2000), POSCO(2000), CJ그룹(2000), 금융감독원(2000), LG화학(2001) 등의 일부 대기업 및 공공기관을 중심으로 도입하고 있다. 한국경영자협회(1998)와 한국노동연구원(1999)이 실시한 실태조사에서는 전통적인 상급자에 의한 하향식 고과 외에 다양한 평가자가 고과에 참여하는 다면평가가 이루어지고 있는 것으로 나타났다(이승계, 2005a: 188).

공직사회에 다면평가제도가 도입되기 시작한 것은 1992년 일부 관계 법령이 개정되면서 근무성적평정시 필요한 경우에 동료의 의견을 들어 태도평가에 반영하도록 한 것이 시초이다. 2001년 공무원임용령 개정 이후 해양수산부를 포함해 일부 행정기관들이 승진, 성과급 지급 등 다양한 인사관리의 목적을 달성하기 위해 다면평가제도를 도입하기 시작했다. 2003년 참여정부의 출범을 계기로 대부분의 부처에서 활용하게 되었고, 외교통상부는 2004년 기존의 근무성적평정제도를 폐지하고 이를 승진, 전보 등의 인사에 시범적으로 활용하게 되었다(조경호 외, 2003: 25).

현재 우리 나라의 행정조직에서 도입하고 있는 다면평가 시스템은 평가단의 구성과 규모, 평가자별 평가 비중, 평가 요소별 평가 비중, 평가 항목의 구성과 설계, 활용 등에서 극히 다양하므로 일정한 경향을 찾기 힘들지만, 2002년 중앙인사위원회가 제정한 '다면평가 운영요령'(중앙인사위원회 예규 제79호)이 각 부처의 다면평가 설계 요소와 운영의 기초가 되고 있어 일정한 틀이 형성되고 있다.

특히 참여정부 출범 이후 정부조직과 지방자치단체 등의 공공조직을 중심으로 급속히 확산되고 있으며, 도입 목적 또한 민간기업들은 관리자의 리더십 개발에 활용하는 경우가 많은데 비해(이승계, 2005b), 행정조직들은 다면평가제도가 도입된 지 얼마 지나지 않았음에도 승진, 상여금 지급, 보직관리뿐만 아니라 국외 훈련자 및 포상 대상자 선정 등 각종 인사 운영 목적으로 적극 활용하고 있는 것으로 나타났다.

중앙행정기관에 도입중인 다면평가의 운영 실태는 2006년 6월 현재, 조사 대상 51개 중앙정부기관 전부에서 다면평가를 도입해 승진이나 성과급 지급 등 각종 인사 운영에 활용하고 있으며, 대부분의 기관에서 상사평가를 보완하는 제도로서 다면평가를 활용하고 있다. 일반적으로 승진 및 성과급 지급시의 활용도가 높고, 다면평가 대상의 폭이 넓어져 하위직으로 확대되고 있는 추세이다.[19]

19) 중앙인사위원회 「다면평가 운영실태 점검 결과」(2006. 8)를 중심으로 하여, 여기에서 설명하는 변화 추이에 대해서는 이 기관의 「다면평가 운영현황 조사 결과」(2005. 9), 2001

2) 사례별 운영 실태

최근 공직사회의 다면평가 운영 실태를 조사 분석해 보고한 연구자료는 상당수 있으나, 우리 나라 전제적인 실태자료로 활용하기에는 한계가 있고, 특히 지방정부의 다면평가 운영 실태를 전체적으로 조사·분석한 공식적인 보고 자료도 없어,[20] 최근 중앙인사위원회에서 중앙정부기관의 운영 실태

년 및 2003년 「다면평가 운영사례집」, 「다면평가제도의 쟁점과 개선 방향」(2003) 등의 이전 자료와 비교해 설명하고 있음을 밝힌다. 변화 추이를 좀더 상세히 알고 싶으면 그 결과들을 참고할 것.

20) ① 지방정부의 다면평가에 대한 연구로는, 김순양(2000). 지방공무원의 능력 발전을 위한 신평가 체계의 도입 방안. 「한국행정연구」. 9(4); 백종섭(2003). 지방정부의 다면평가 도입 실제와 개선 방안, 「행정논총」. 41(4); 이희태(2003). 다면평가제도에 대한 지방공무원의 반응과 정책과제, 「한국지방자치학회보」. 5(3); 유영현(2004). 다면평가제 도입에 대한 고찰: 경찰공무원 및 지방공무원을 중심으로, 「인적자원관리구」. 8 등 다수의 논문들이 있고, 행정자치부의 「다면평가 운용사례」(2001. 3)에 서울특별시와 대전광역시의 예를 수록했으나, 지방정부 전체의 운영 실태를 조사·분석한 공식자료는 없음.

② 지방공무원 임용령 제38조의 5(승진임용시 민원인 등의 평가 결과 반영)의 제3항에 의하면, 평가 방법 및 절차, 평가 결과의 반영 등에 관한 사항은 당해 지방자치단체의 장이 정한다.<개정 2001. 6. 18>로 되어 있어, 지방 정부에서 운용하는 다면평가는 중앙인사위원회의 지침을 바탕으로 하여 지방자치단체장이 정하기 때문에 지방정부의 운영 실태도 중앙정부기관과 크게 다르지 않을 것으로 추정된다.

③ 아래 표는 지방정부의 예로 경상남도의 지방자치단체(시 단위)에서 운영하고 있는 다면평가제도의 운영 실태(2007. 3)를 ○○시에서 비공식적으로 조사하여, 피드백을 위한 직원 설문조사시 참고자료로 공개한 내용임.

단체명	점수적용 비율 (근평 : 다평)	다면평가 점수 편차	평가위원 선정 방법	평가 위원 수	상급 : 동급 : 하급
창원시	70 : 30	6점(24~30)	인사 시스템 (자체 프로그램)	20~30명	직급별로 차등 (평가 대상별 다름)
마산시	60 : 40	2.4점(21.6~24)	인사 시스템 (자체 프로그램)	40명	12 : 16 : 12
진주시	60 : 40	10점(30~40)	수작업	30명	10 : 10 : 10 5급(6 : 12 : 12)
김해시	70 : 30	6점(14~20)	인사 시스템(행자부 프로그램) * 평가위원 선정만 활용	30명	10 : 10; 10
진해시	70 : 30	5점(25~30)	수작업	15명	4 : 4 : 6(1명 위원장)
통영시	70 : 30	4.8점(25.2~30)	수작업	15명	10 : 10 : 10
사천시	60 : 40	2.37점(37.63~40)	수작업	21명	7 : 7 : 7
밀양시	75 : 25	8점(42~50)	수작업	30명	10 : 10 : 10
거제시	70 : 30	4.8점(25.2~30)	수작업	30명	10 : 10 : 10
양산시	50 : 50	12점(38~50)	인사시스템(자체 프로그램)	정원의 10%	4급 (20 : 30 : 50) 5급 이하(30 : 40 : 30)

*근평: 근무평정 점수, 다평: 다면평가 점수

를 조사·분석한 「다면평가 운영실태 점검 결과」(중앙인사위원회, 2006. 8)를 토대로, 우리 나라 공직사회의 운영 실태를 살펴보기로 한다.

우선 전체적인 내용으로 <표 8-2>와 같이 중앙정부기관에서 운영중인 다면평가의 분야별 활용 실태를 제시하고, 다음으로 정부기관의 다면평가 운영 실태를 각 분야별로 분석한 자료를 다면평가의 평가 목적, 평가 주체, 평가 요소, 평가 방법, 평가 활용 측면에서 각각의 내용을 살펴보기로 한다.

〈표 8-2〉 정부기관의 다면평가 분야별 활용 실태

활용 분야		기관수	기 관 명
승진 (50)	3급 이상	41	감사원, 국가인권위원회, 중앙인사위원회, 공정거래위원회, 국가보훈처, 국무조정실, 국무총리비서실, 국정홍보처, 법제처, 청소년위원회, 건설교통부, 과학기술부, 교육인적자원부, 국방부, 노동부, 농림부, 문화관광부, 법무부, 보건복지부, 산업자원부, 여성가족부, 재정경제부, 정보통신부, 통일부, 해양수산부, 행정자치부, 환경부, 검찰청, 경찰청, 관세청, 국세청, 기상청, 문화재청, 병무청, 산림청, 소방방재청, 식품의약품안전청, 조달청, 중소기업청, 통계청, 특허청
	4급	46	감사원, 국가인권위원회, 민주평화통일자문회의, 중앙인사위원회, 공정거래위원회, 국가보훈처, 국무조정실, 국무총리비서실, 국정홍보처, 기획예산처, 법제처, 비상기획위원회, 청소년위원회, 건설교통부, 과학기술부, 교육인적자원부, 국방부, 노동부, 농림부, 문화관광부, 법무부, 보건복지부, 산업자원부, 여성가족부, 외교통상부, 재정경제부, 통일부, 해양수산부, 행정자치부, 환경부, 검찰청, 경찰청, 관세청, 국세청, 기상청, 농촌진흥청, 문화재청, 병무청, 산림청, 소방방재청, 식품의약품안전청, 조달청, 중소기업청, 통계청, 특허청, 방위사업청
	5급	44	감사원, 국민고충처리위원회, 민주평화통일자문회의, 중앙인사위원회, 공정거래위원회, 국가보훈처, 국무총리비서실, 국정홍보처, 법제처, 비상기획위원회, 청소년위원회, 건설교통부, 과학기술부, 교육인적자원부, 국방부, 노동부, 농림부, 문화관광부, 법무부, 보건복지부, 산업자원부, 여성가족부, 외교통상부, 재정경제부, 정보통신부, 해양수산부, 행정자치부, 환경부, 검찰청, 경찰청, 관세청, 국세청, 기상청, 농촌진흥청, 문화재청, 병무청, 산림청, 소방방재청, 식품의약품안전청, 조달청, 중소기업청, 통계청, 특허청, 방위사업청
	6급 이하	28	국민고충처리위원회, 중앙인사위원회, 국가보훈처, 국정홍보처, 법제처, 비상기획위원회, 청소년위원회, 과학기술부, 교육인적자원부, 국방부, 법무부, 보건복지부, 산업자원부, 여성가족부, 외교통상부, 정보통신부, 통일부, 해양수산부, 대검찰청, 관세청, 국세청, 기상청, 농촌진흥청, 병무청, 소방방재청, 조달청, 특허청, 방위사업청

보직관리 (34)	국장급	22	공정거래위원회, 국무조정실, 금융감독위원회, 기획예산처, 청소년위원회, 건설교통부, 과학기술부, 국방부, 보건복지부, 산업자원부, 외교통상부, 정보통신부, 통일부, 해양수산부, 경찰청, 관세청, 농촌진흥청, 문화재청, 산림청, 식품의약품안전청, 중소기업청, 통계청
	과장급	29	국가인권위원회, 공정거래위원회, 국무조정실, 국정홍보처, 청소년위원회, 건설교통부, 과학기술부, 교육인적자원부, 국방부, 농림부, 보건복지부, 산업자원부, 여성가족부, 외교통상부, 재정경제부, 정보통신부, 해양수산부, 행정자치부, 환경부, 관세청, 기상청, 농촌진흥청, 문화재청, 산림청, 식품의약품안전청, 중소기업청, 통계청, 특허청, 방위사업청
	기타	16	국민고충처리위원회, 공정거래위원회, 과학기술부, 교육인적자원부, 농림부, 외교통상부, 재정경제부, 통일부, 해양수산부, 행정자치부, 환경부, 관세청, 기상청, 농촌진흥청, 중소기업청, 방위사업청
성과급 (46)	4급 이상	25	국가인권위원회, 민주평화통일자문회의, 중앙인사위원회, 국무총리비서실, 기획예산처, 법제처, 비상기획위원회, 청소년위원회, 과학기술부, 교육인적자원부, 농림부, 문화관광부, 보건복지부, 산업자원부, 외교통상부, 재정경제부, 통일부, 해양수산부, 경찰청, 기상청, 소방방재청, 조달청, 중소기업청, 통계청, 방위사업청
	5급 이하	45	국가인권위원회, 국가청렴위원회, 국민고충처리위원회, 민주평화통일자문회의, 중앙인사위원회, 공정거래위원회, 국가보훈처, 국무총리비서실, 국정홍보처, 금융감독위원회, 기획예산처, 법제처, 비상기획위원회, 청소년위원회, 건설교통부, 과학기술부, 교육인적자원부, 노동부, 농림부, 문화관광부, 법무부, 보건복지부, 산업자원부, 여성가족부, 외교통상부, 재정경제부, 정보통신부, 통일부, 해양수산부, 행정자치부, 환경부, 국세청, 기상청, 농촌진흥청, 문화재청, 병무청, 소방방재청, 식품의약품안전청, 조달청, 중소기업청, 통계청, 해양경찰청, 방위사업청
정기 인사평정		14	중앙인사위원회, 국가보훈처, 건설교통부, 과학기술부, 교육인적자원부, 노동부, 문화관광부, 산업자원부, 외교통상부, 재정경제부, 해양수산부, 행정자치부, 해양경찰청, 방위사업청
우수·모범 공무원 선발		11	중앙인사위원회, 국가보훈처, 비상기획위원회, 청소년위원회, 과학기술부, 국방부, 농림부, 여성가족부, 재정경제부, 병무청, 방위사업청
교육훈련 대상자 선정		23	공정거래위원회, 국가보훈처, 국정홍보처, 청소년위원회, 건설교통부, 과학기술부, 교육인적자원부, 국방부, 노동부, 농림부, 문화관광부, 여성가족부, 재정경제부, 정보통신부, 해양수산부, 행정자치부, 환경부, 관세청, 산림청, 기상청, 소방방재청, 특허청, 방위사업청
직원능력 개발		12	건설교통부, 과학기술부, 교육인적자원부, 문화관광부, 보건복지부, 재정경제부, 해양수산부, 행정자치부, 관세청, 산림청, 특허청, 방위사업청

자료: 「다면평가 운영실태 점검 결과」(중앙인사위원회, 2006. 8).

(1) 평가 목적 측면

다면평가의 실시 목적에 관해 분석한 결과 첫째, 인사관리의 객관성을 제고하기 위해 다면평가제도를 도입하고 있다. 둘째, 다면평가제도는 주로 조직원으로 하여금 능력 향상 및 자기 발전을 하도록 촉진하기 위해서 도입이 추진되었다. 셋째, 다면평가를 통해 조직과 관련된 구성원 간의 의사교환을 통해 조직의 활성화를 도모하고자 했다.

평가 목적별로 활용하는 분야는 <표 8-3>에서와 같이 다양하게 나타나고 있는데, 승진이 50개 기관, 보직관리에 34개 기관, 성과급 운영에 46개 기관, 정기인사평정에 14개 기관, 우수·모범공무원 선발에 11개 기관, 교육훈련 대상자 선정에 23개 기관, 직원 능력 개발에 12개 기관이 활용하고 있다. 이러한 결과를 볼 때 크게 두 가지 내용으로 나뉘는데, 하나는 조직 구성원의 능력 및 리더십 개발을 위한 것이고, 다른 하나는 승진과 성과상여금 지급, 보직관리 등의 업적 평가용으로 다면평가를 도입하고 있다는 점이다.

〈표 8-3〉 다면평가의 활용 실태(평가 목적 측면)

(단위: 기관 수)

평가항목	승진(50)				보직관리(34)			성과급(46)		정기인사평정	우수·모범공무원 선발	교육훈련 대상자 선발	직원능력개발
	3급이상	4급	5급	6급이하	국장급	과장급	기타	4급이상 성과연봉	5급이하 성과상여금				
평가목적	41	46	42	28	23	29	16	25	45	14	11	23	12

자료: 「다면평가 운영실태 점검 결과」(중앙인사위원회, 2006. 8)의 재작성.

(2) 평가 주체 측면

평가 목적에 따른 평가자(평가 주체) 선정의 일치성 여부에 관한 분석 결과는 <표 8-4>와 같이 세 분야로 나누어 설명할 수 있다.

첫째, 고정된 형태의 다면평가를 실시한다기보다는 조직에 따라 다양하게 평가자를 선정하고 있음을 알 수 있다. 즉 평가 목적에 따라 평가자의

〈표 8-4〉 다면평가의 활용 실태(평가 주체 측면)

평가 항목	응답 종류 / 기관 수(해당 항목별 모두 표시)			
평가단 구성 방법	단일평가단	복수평가단	병행	
	16	14	23	
평가자 선정 방식	무작위 추출	평가자의 평가 거부권	피평가자가 평가자 추천	
	39	14	1	
평가시 특정 집단 고려	특별한 고려 없음	성(여성 등)	직렬(기술직 등)	특정 업무
	26	18	16	3

자료: 「다면평가 운용실태 점검 결과」(중앙인사위원회, 2006. 8)의 재작성.

구성이 다양하게 이루어지고 있고, 그에 따라 피평가자의 범위가 결정된다는 것이다. 주로 승진과 교육훈련 대상자를 선발하는 경우에는 단일평가단을 구성하고, 성과급 지급 및 직원들의 능력 개발을 목적으로 하는 경우에는 복수평가단을 구성하는 비율이 상당히 높은데, 14개 기관에서 실시하고 있다.

둘째, 평가자의 선정 방법에서는 대부분 일정 범위 내에서 무작위로 선정하고 있으나 최소한의 조건을 부여하고 있다. 즉 39개 기관이 일정 범위 내에서 무작위로 평가자를 추출하는 방식을 택하고 있고, 평가자가 평가하기가 곤란하다고 판단한 피평가자에 대해 평가를 거부한 경우가 14개 기관이며, 평가 대상자가 평가자를 직접 추천하는 경우도 1개 기관에서 택하고 있다. 이러한 평가자의 무작위 선정시의 고려 사항으로는 대체로 소속, 직급 등을 적절히 안배해 구성했고, 연고를 배제하거나 임용 출신 등을 고려하기도 했다.

셋째, 평가 참여자의 자격을 제한하고 있다. 특정 성(性)이나 특정 직렬이 다면평가에서 불리하지 않도록 소수자 등을 위한 특정 집단을 고려하고 있는데, 23개 기관에서 이에 대한 제도적 장치를 마련해 직렬을 분리해 평가단을 구성하거나 평가단의 일정 비율을 반드시 여성이나 소수 직렬에게 배정하기도 하기도 했으며, 26개 기관에서는 기관의 규모나 직렬 구성의 특성상 특정 집단을 특별히 고려할 필요가 적어 평가시 동일하게 처리했다.

(3) 평가 요소 측면

평가 목적과 평가 요소의 일치성 여부에 관한 분석 결과 평가 요소 측면에서는 질문지의 평가 항목으로 나타나고 있는데, 평가 목적에 따라 평가 항목이 구성되고 있음을 알 수 있다.

첫째, 평가 목적에 따라 평가 요소가 조절될 수 있다. 다면평가의 목적에 따라 차이가 있기는 하지만, 공통적으로 다면평가를 통해 의사 교환을 원활하게 함으로써 조직의 생산성을 높이고, 환류에 의해 피평가자의 능력 개발과 경력관리를 돕고 있다.

둘째, 다면평가의 결과는 외관상으로는 실적평가의 기본 가정을 충족시키고 있다. 대체로 업무 실적, 업무 수행 능력, 업무 수행 태도를 기본 틀로 하되, 세부적인 항목은 부처별 특성과 다면평가 활용 분야 및 직급에 따라 다양하게 설계하고 있다.

셋째, 평가자별 평가 항목이 평가 목적과 부합되느냐가 중요하다. 대부분의 조직에서 능력 개발을 위한 목적으로 평가를 실시한 경우에는 리더십 개발과 직무 수행 역량을 중요한 항목으로 포함시키고, 업적평가를 반영하는

〈표 8-5〉 평가 질문지 구성 요소의 예

<table>
<tr><th>시행처</th><th colspan="2">평가 목적</th><th>구성 항목</th></tr>
<tr><td rowspan="4">특허청</td><td colspan="2">팀장급 이상 승진</td><td>① 근무 실적, ② 직무 수행 능력, ③ 직무 수행 태도, ④ 리더십, ⑤ 개혁 의지 · 도덕성</td></tr>
<tr><td colspan="2">4급 이하 승진</td><td>① 근무 실적, ② 직무 수행 능력, ③ 직무 수행 태도, ④ 도덕성</td></tr>
<tr><td colspan="2">교육대상자 선발</td><td>① 조직 기여도 및 능력, ② 근무 태도, ③ 훈련계획의 적합성</td></tr>
<tr><td colspan="2">직원 능력 개발</td><td>① 기본 역량, ② 리더 역량, ③ 직무 수행 역량</td></tr>
<tr><td rowspan="5">해양 수산부</td><td colspan="2">승진, 보직</td><td>① 업무 실적, ② 능력, ③ 태도, ④ 리더십 등</td></tr>
<tr><td colspan="2">성과급</td><td>① 업무 실적, ② 조직기여도 등</td></tr>
<tr><td colspan="2">교육훈련</td><td>① 조직기여도, ② 능력, ③ 태도, ④ 대상자로서의 적합성</td></tr>
<tr><td rowspan="2">직원 능력 개발</td><td>실국장, 과장, 기관장</td><td>① 비전 제시, ② 조직관리, ③ 대외협상력</td></tr>
<tr><td>4급~9급</td><td>① 업무 기획 능력, ② 업무 집행 능력, ③ 업무 추진 성과, ④ 직무 수행 태도, ⑤ 리더십</td></tr>
</table>

자료 : 「다면평가 운영실태 점검 결과」(중앙인사위원회, 2006. 8)의 재작성.

승진 등이 목적인 경우에는 업무 수행 실적 요소와 함께 업무 능력과 태도, 리더십 요소를 포함시키고 있다. 그리고 고위직의 승진이나 보직시에는 비전 제시, 조직관리 능력, 대외협상 능력 등의 요소를 포함시키고, 개혁 의지나 도덕성 등도 중요한 항목으로 추가시키고 있다.

<표 8-5>에서는 특허청과 해양수산부에서 시행하고 있는 평가 질문지 구성 요소의 예를 제시한다.

(4) 평가 방법 측면

평가 방법 측면에서는 <표 8-6>과 같다.

첫째, 평가단의 사전교육은 대부분의 기관에서 서면, 이메일, 집합교육 등으로 다면평가의 실시 목적 및 방법에 대한 사전교육을 실시하고 있다.

둘째, 평가 실시 시기는 정기적인 다면평가를 실시하는 기관보다는 비정기적으로 발생하는 수요를 충족시키기 위해 수시평가를 실시하는 기관이 더 많은 것으로 나타났다. 그러나 최근에는 정기적인 다면평가를 실시하는 기관이 늘어남으로써 정기평가와 수시평가를 병용하는 기관이 증가하고 있는 추세이다.

셋째, 다면평가를 실시하는 방법으로는 활용 목적에 따라 평가 방법을 달리하는 기관이 많았으며, 승진 등 시일이 촉박하거나 대상자가 많지 않은 경우는 문서로 실시하는 경우가 많았고, 성과급 지급이나 직원 능력 개발 등 다수를 대상으로 실시하는 경우와 보안이 요구되는 경우에는 주로

〈표 8-6〉 다면평가의 활용 실태(평가 방법 측면)

평가 항목	응답 종류 / 기관 수(해당 항목별 모두 표시)			
평가단 사전교육 방식	다면평가 실시만 공지	서면 · 이메일 등 교육	집합교육 실시	빈칸
	2	38	23	
평가 실시 시기	정기평가	수시평가	병행	빈칸
	9	18	21	
평가 실시 방법	PPSS	문서	자체 전산 시스템	외부업체 의뢰
	31	31	13	6

자료: 「다면평가 운영실태 점검 결과」(중앙인사위원회, 2006. 8)의 재작성.

PPSS시스템을 활용하는 것으로 나타났다. 자체 전산 시스템을 활용하는 기관이 2005년 8개에서 2006년 13개 기관으로 증가하고 있고, 모든 직원이나 관리자를 대상으로 하는 역량에 대한 다면평가를 실시하기 위해 외부업체에 의뢰하는 기관도 2005년 4개에서 2006년 6개 기관으로 증가하고 있는 것으로 나타났다.

(5) 평가 활용 측면

평가 활용 측면에서는 <표 8-7>과 같이 첫째, 평가 실시 결과 점수의 조정 방법으로는, 다면평가를 실시하는 51개 기관 중 43개 기관에서 평가 결과의 왜곡을 방지하기 위해 평가점수를 조정하는 장치를 두고 있으며, 조정 방법으로 특이 응답의 배제 방식을 택한 기관이 가장 많았는데, 점수 산정에서 배제되는 특이 응답의 범위는 '최고·최저점'인 경우가 대부분이고, 상·하위 10% 값이나 평균값의 10~30% 정도의 상·하위값을 배제해 점수의 왜곡을 방지하는 장치를 마련하고 있다.

〈표 8-7〉 다면평가의 활용 실태(평가 활용 측면)

<table>
<tr><th>평가 항목</th><th colspan="5">응답 종류 / 기관 수(해당 항목별 모두 표시)</th></tr>
<tr><td rowspan="2">평가 결과 점수 조정 방법</td><td>특이 응답 배제 방법</td><td>평균 일치 방법</td><td>평균·표준편차 일치 방법</td><td>기타</td><td>미조정</td></tr>
<tr><td>42</td><td>5</td><td>8</td><td>3</td><td>4</td></tr>
<tr><td rowspan="2">평가 결과 피드백</td><td>개인별 통지</td><td>희망시 공개</td><td>활용 분야별 상이</td><td>전 분야 비공개</td><td>무응답</td></tr>
<tr><td>16</td><td>170</td><td>13</td><td>3</td><td></td></tr>
<tr><td rowspan="2">사후 점검 실시 여부</td><td>실시</td><td>미실시</td><td>무응답</td><td>무응답</td><td>무응답</td></tr>
<tr><td>25</td><td>26</td><td></td><td></td><td></td></tr>
</table>

자료: 「다면평가 운영실태 점검 결과」(중앙인사위원회, 2006. 8)의 재작성.

둘째, 평가 결과의 피드백으로는, 평가 결과를 본인에게 공개하는 기관이 2004년 32개 기관에서 2005년 47개 기관, 2006년 48개 기관으로 계속 증가하고 있는 추세이며, 본인이 희망하는 경우에만 결과를 공개하던 것에서 평가 결과의 통보를 의무화하는 기관이 늘어나, 개인에 대한 피드백이 상당히 활발히 이루어지고 있는 것으로 나타났다. 피드백 결과에 대한 활용 분야별로는 평가 목적에 따라 달리하는 경우가 많았는데, 능력 개발이나 성과급 지급 목적시에는 개인별 통지를, 승진 목적시에는 비공개를 택한 사례가 많았다. 피드백을 하는 내용으로는 주로 평가 항목별 본인 점수와 전체 평균 등이고, 여전히 평가 순위와 점수만을 공개하는 기관도 있어 개선이 필요한 것으로 분석되고 있다.

셋째, 평가 실시 후 직원의 만족도 및 평가의 적정성을 점검하는 기관이 2005년 22개에서 2006년 25개 기관으로 계속 증가하는 추세에 있으나 아직 상당수의 기관이 사후 점검을 실시하지 않고 있는 실정이다. 이는 승진이나 보직관리 등을 위한 다면평가는 주로 결과의 피드백 과정 없이 공개하지 않고 비밀리에 진행되는 경우가 많기 때문으로 추정된다.[21]

2 외국의 실태

1) 일반적 추이

외국의 경우 다면평가제도, 즉 360도 피드백은 대체로 1980년대 이후 매우 빠른 속도로 보급되고 있다는 것이 일반적인 견해이다. 미국의 경우 1980년대 이전에는 사정(통제)형 업적평가, 즉 전통적인 인사고과(performance appraisal)가 주류를 이루었으나, 1980년대에 들어와 급변하는 경영환경과 글로벌화된 경쟁 속에서 경쟁력 확보를 위한 전략적 인적 자원관리의 중요성이 증대되었다. 따라서 기업체 등에서 종업원의 참여를 높여 조직 내 의사소통을 원활히 하고 성과주의 조직문화로 변화시키기 위해 좀 더 적극적인 종업원 육성(개발)형 평가, 즉 360도 피드백이 도입되어 확산되고 있다는 것이다(이승계, 2005b: 116-118). 안토니오니(Antonioni, 1996)에 따르면, 280개의 미국 중서부 지역의 회사들을 대상으로 한 실태조사 결과 미국 기업의 12% 정도가 완전한 360도 피드백을 활용하고 있으며, 25% 정도가 부하에 의한 상향적 평가(upward appraisal)를, 18% 정도가

21) 그러나 각 기관의 다면평가는 참여한 직원, 공무원직장협의회 또는 공무원노동조합을 통해 평가 결과의 비밀 유지는 지켜지지 못하고 사실상 공개되고 있는 실정이다.

동료평가(peer appraisal)를 실시하고 있는 것으로 조사되었다(장재윤, 1999). 또 미국 『인사관리 매거진(*H. R. Magazine*)』에 의하면, 『포춘(*Fortune*)』 1,000대 기업 가운데 약 90%가 어떤 형태로든 360도 피드백을 도입하고 있는 것으로 보고되고 있다(김환일, 1999).

360도 피드백을 시행하고 있는 대표적인 기업들로는 알코아(Alcoa), 아메리칸 항공(American Airlines), AT&T, 보잉(Boeing), 아메리칸 익스프레스(American Express), 제너럴 일렉트릭(General Electric), 글락소(Glaxo), 제너럴 밀스(General Mills), 휼렛-패커드(Hewlett-Packard), 인텔(Intel), 몬산토(Monsanto), FMerck, 허만 밀러(Herman Miller), J. P. 모건(J. P. Morgan), 모토롤라(Motorola), 프록터 앤드 갬블(Procter & Gamble), 레비스 스트라우스(Levis Strauss), 3M, UPS, 페데럴 익스프레스(Federal Express), 코마크(Compaq) 등과 같이 수많은 글로벌 업체가 있는데, 이에 대한 평가 주체별 이용 빈도를 <표 8-8>과 같이 정리했다(김환일, 1999). 한편 공공조직에서는 미국 연방정부를 대표적인 예로 들 수 있다.

〈표 8-8〉 미국 기업의 360도 피드백 이용 실태

평가 주체	이용 빈도(%)
부하 직원	22
동료	18
내부고객	33
외부고객	25

자료: 유규창(1999: 52).

그리고 독일 기업들은 대체로 1990년대 중반부터 다면평가제도인 360도 피드백을 시험적으로 도입하기 시작해 초기에는 임원 등 고위경영층을 대상으로 시행했다. 이후 BMW, 하이포은행(Hypo-Bank), 시멘스(Siemens), 베이어리쉬 베레인스은행(Bayerisches Vereinsbank) 등의 많은 기업에서 중간관리자까지도 평가 대상에 포함시키고 있는 것으로 보인다고 소개하고 있다(봉현철, 2001: 105-106).

또한 일본의 경우에는 1970년대에 신호제철소와 다이마루(大丸)백화점 등의 일부 기업이 도입을 시도했고, 1990년대 중반에 들어와 일본유지, 동경가스, 유니버설 · 가메이 · 시스템, 帝人 등의 상당수의 기업에서 도입해 활성화되고 있다. 김환일(1999)의 연구에 의하면, 조사대상 기업 376개 사 중 74개 사(19.7%)가 다면평가 제도를 도입하고 있으며, 도입을 검토 중인 기업도 17개 사(4.5%)에 이르고 있다. 그러나 137개 사(36.6%)는 관심은 있지만 검토 중에 있으며, 134개 사(35.6%)는 아예 도입 의사가 전혀 없는 것으로 나타났다.

일본 기업들의 다면평가제도 도입 이유는 주로 두 가지인데, 첫째는 거품 경기의 붕괴로 연공형 정기 승급과 승진 · 승격 등 전형적인 일본형 인사제도의 재평가와 함께 능력과 업적을 중시하는 엄격한 평가 시스템 구축의 필요성이 제기되었고, 둘째는 제조업에서 서비스업으로 재편되는 산업구조의 변화와 기업 경영의 국세화에 따른 국세표준(global standard)의 인사평가 시스템의 확립이라는 시대적 요구에 따라 사무직의 능력 및 성과에 대한 객관성과 납득성(acceptability)을 제고하려는 것이었다.

2) 사례별 운영 실태

외국의 공공기관, 기업 등에서 운영되는 다면평가의 운영 사례를 분석해 <표 8-9>와 같이 제시하고 운영 실태에 대한 결과를 설명하기로 한다(김판석 외, 2000; 348-355, 이승계, 2005a: 317-322; 이승계, 2005b: 119-122).[22]

(1) 평가 목적 측면

평가 목적은 두 가지로 나뉘는데, 하나는 조직구성원의 능력 및 리더십 개발을 위한 것(GEMS, 이토츄상사, 일본 IBM)과 또 다른 하나는 업적 및 성과평가(미국연방정부, 모건 스탠리[Morgan Stanley])를 위한 객관성과 공정성 확보를 중시하게 것으로 대별된다. 대부분의 민간기업들이 전반적으로 관리자의 리더십 개발에 중점을 두면서 부분적으로 업적평가(목표관

22) 이승계는 국내 · 외 12개 기업(기관)의 사례를 통해 다면평가의 목적, 평가 주체, 평가 요소, 평가 방법 등의 측면 에서, 김판석은 국내 · 외 6개 기관(기업)을 대상으로 평가 목적, 평가자 선정, 평가 요소, 도입의 문제점 측면에서 실태 분석한 결과를 제시하고 있는데, 여기에서는 이들 연구의 외국 사례를 요약한 것이다.

리)를 병행하는 데 비해, 정부조직인 미국 연방정부는 승진과 성과상여금 지급, 보직관리 등을 위한 업적평가용으로 다면평가를 도입하고 있다는 점이다. 여기서 검토해야 할 사항으로 다면평가의 도입 목적을 개발과 평가의 어느 측면에 둘 것인가, 도입을 일시에 할 것인가 또는 단계별로 할 것인가, 조직의 성격과 문화적 배경 차이를 어떻게 할 것인가 하는 점 등이 고려의 대상으로 남는다.

(2) 평가 주체 측면

평가 주체인 평가자는 대부분 복수이며, 피평가자는 단위조직의 책임자인 관리자급(과장, 팀장, 부장, 임원 등) 이상을 대상으로 하고 있다. 평가자는 부하와 본인(이토츄상사), 상사, 동료, 부하(일본 IBM)로 한정하는 곳과 피평가자를 관리자급이 아닌 전 직원(미국 연방정부, 모건 스탠리)으로 확대해 시행하는 곳도 있다. 또한 조직관리자들의 리더십 평가를 목적으로 직속상사, 상관 또는 프로젝트의 상관, 동료, 부하직원, 사외(社外) 고객 중에서 피평가자를 선택해 시행하는 곳도 있다(GEMS). 여기서 논란의 소지가 있는 것은 평가자 간(본인-타인) 평가 결과의 차이를 어떻게 줄이고 조정할 것인가 하는 것과 개인 중심의 다면평가에서 오는 개인 간의 지나친 경쟁 조장과 갈등을 어떻게 극복할 것인가 하는 문제로 모아지고 있다.

(3) 평가 요소 측면

평가 요소 측면에서 대부분의 조직이 리더십 개발을 목적으로 하되, 업적평가를 병행하는 조직(GEMS, 일본 IBM)의 경우 업무 수행 실적 요소와 함께 업무 능력과 태도, 리더십 요소를 다면평가에 포함시키고 있다. 그러나 일부(모건 스탠리, 미국 연방정부)는 평가의 주된 목적이 업적평가에 중점을 두고 있어 평가 요소 또한 업무 수행 실적을 중심으로 업무 수행 능력, 업무 수행 태도를 포함시키고, 관리자의 경우에는 경영 능력과 리더십(부하 통솔 능력)과 관련된 평가 요소를 추가하고 있다. 한편 일부 기업(GEMS, 이토츄상사, 일본 IBM)에서는 리더십 개발과 관련해 변화와 글로벌 능력 요소를 중요시하고 있는 것으로 나타났다.

그런데 상당수의 조직(모건 스탠리, 미국 연방정부)들이 국내와 유사하게 다면평가를 업적평가에 활용하고 있거나, 심지어는 과거의 업적평가와 병행하면서 현재 및 미래의 보유 능력(업무 수행 능력과 태도, 리더십 등)으로 평가하는 경우도 있어 평가 목적에 부합한 평가 요소를 제대로 활용하고 있지 않다는 점이다.

〈표 8-9〉 외국의 다면평가 요약 비교

기업(기관)명	평가 목적	평가 주체	평가 요소	평가 방법 등
General Electric사 (GEMS 사업부)	리더십 개발 -업적평가 병행	직속상사, 업무 관련 또는 프로젝트 상사, 동료, 부하, 고객 (14명 내외) -피평가자: 최소 단위 조직책임자	탁월성, 품질, 비전, 변화, 고결성, 책임성, 에너지, 속도, 폭넓은 팀워크, 글로벌문화의 다양성 -단일 유형	외부위탁(익명성과 프라이버시 보장) -평가 결과는 인사부서에서 피평가자 본인과 직속상사에게 피드백
Morgan Stanley Dean Witter 사	업적평가 (성과관리) -합병조직의 문화적·전략적 변화에 활용	상사, 부하, 동료, 본인, 고객, 부문과 부서 -피평가자: 모든 종업원	마케팅/전문직 스킬, 경영 능력과 리더십, 영리 지향성, 팀워크/일체감 (네 가지)	조직목표와 평가 요소 간 연계성 미흡, 평가 목적과 평가 요소 간 불일치로 실패
미국 연방정부	업적평가	전 직원(상사, 동료, 부하, 본인) -피평가자: 전 직원	평가 항목 다양 -공통 항목: 업무 수행 능력, 업무 수행 태도, 업무 수행 결과(업적), 대인관계, 조직관리 및 부하 통솔 능력(관리자 해당)	직원 참여, 평가훈련 실시, 익명성 원칙
이토츄상사	리더십 개발	부하, 본인 -피평가자: 관리자와 비관리자(과장보 이하)	경영방침의 주지, 지식의 정확성, 정보 제공, 업무 조화, 부하 의견, 지도 육성, 책임감, 상사에의 주장, 언행, 환경구조, 변혁심, 결단력과 신념, 솔선수범, 피드백, 전체 이익, 부하와 의사소통, 비전, 권한위양, 사내규칙 준수, 공정한 평가(20개 항목)	무기명, 평가자가 인사부에 직접 제출 -평가 결과는 라인 평정자 연수시 상사와 본인에 피드백, 처우 미반영
일본 IBM	리더십 개발 -업적평가 병행	상사, 동료, 부하(3~6명) -피평가자: 과장직 이상, 스페셜리스트	고객의 만족도, 책임, 부하 육성, 전문성, 변혁·도전, 개선, 커뮤니케이션, 팀워크	기명식 -평가 결과는 소속장과 본인에 피드백

자료: 이승계(2005), 다면평가제도의 실효성에 관한 연구, 「대한경영학회지」, 18(1): 308.

여기서 다소 특이한 것은 미국 연방정부의 경우 평가자가 피평가자에 대해 느끼는 일반적인 느낌을 점수로 표현하도록 한 것인데, 모든 항목은 5점 척도를 원칙으로 하여,[23] 일반적 평가(general evaluation)는 업무적인 것과 인간적인 것을 종합한 점수로 나타내고 있다(김판석 외, 2000: 349).

(4) 평가 방법 측면

평가 방법 측면에서 평가 주관부서를 대부분 인사부로 하고 있으나, 외부의 전문기관에 위탁하는 경우도 일부 있다(GEMS). 평가 결과는 대부분 본인과 직속상사에게 피드백하고(GEMS, 이토츄상사, 일본 IBM), 직속상사에게만 하는 경우는 없었다. 그리고 피드백과 평가자의 익명성 보장 문제는 반드시 지켜져야 한다는 점이 공통점으로 나타나고 있다. 그러므로 익명성의 보장은 무엇보다 중요하며, 그 밖에 다면평가의 도입 취지에 부합한 결과의 활용, 평가 내용을 무엇으로 할 것인지의 문제, 평가자 선정과 평가 기법 등이 평가 방법 측면의 문제로 모아지고 있다. 이에 대해 조직원들이 숙지하도록 평가교육을 실시하고, 조직원들의 의견 반영을 통해 신뢰와 수용 분위기를 조성하는 것을 중요한 착안 사항으로 지적되고 있다. 외국의 다면평가 도입 내용을 <표 8-9>와 같이 요약 비교해 제시한다.

제 4 절 다면평가의 한계와 과제

1 다면평가의 한계

다면평가는 피평가자의 강점과 약점 등 전체적인 이해를 통한 자기 인식과 학습 촉진, 관리자의 능력과 리더십 개발, 조직구성원들 상호간의 원활한 의사소통을 통한 갈등 해결의 유용한 수단이 되며, 나아가 조직의 성과

---

23) 5점 척도는 Outstanding, Above Average, Average, Below Average, Unsatisfactory 으로 구성된다.

개선을 통한 경쟁적 우위 제고와 조직문화의 변화를 촉진시키는 데 기여하는 등의 효과를 가지고 있는 것으로 평가되고 있어 큰 장점으로 받아들여지고 있다(유규창, 1999; 안희탁, 1999; 이승계, 2005). 그러나 이러한 다면평가를 업적평가의 대안적 방법으로 활용하기에는 몇 가지 측면에서 심각한 약점과 한계가 지적되고 있다.

1) 평가 목적 측면

평가 목적에 따라 활용하는 분야는 앞의 <표 8-2>에서와 같이 다양하게 나타나고 있는데, 이 측면에서는 개발과 평가의 어느 쪽에 중점을 둘 것인가와 관련된 문제로서, 앞의 연구와 실태분석에서 언급되고 있듯이 많은 학자와 실무가들은 다면평가, 즉 360도 피드백의 가장 중요하고도 본질적인 목적은 관리자의 능력과 리더십 개발임을 강조하고 있다. 그러나 최근 공공기관들에도 경생적 분위기가 노입됨에 따라 단기적인 성과를 높이기 위한 수단으로서 승진이나 성과관리제, 목표관리제, 직책관리 등을 위한 업적관리의 한 부분으로 활용하려는 경향이 강하게 나타나고 있는데, 이는 장점보다 더 많은 부작용을 가져오게 된다는 것이다. 즉 360도 피드백의 결과가 업적평가에 활용될 것이라는 것을 평가자가 알게 되면 피평가자의 신상에 중대한 영향을 주게 되는 것을 부담스럽게 받아들이거나 보복을 두려워해 점수를 후하게 주는 관대화 경향을 보이고, 한편으로 피평가자는 더 높은 점수를 얻기 위해 노력 집중 현상을 보이며, 그 밖에도 인간 관계에 치우친 인기투표식 평가 경향, 상호간 주고받기 식의 평가, 평가자와 피평가자 간의 긴장과 갈등 초래, 직속상사의 평가 비중 감소에 따른 평가 의식 저하, 부하 육성의 의지 저하 등을 수반하게 된다는 것이다(유규창, 1999; 안희탁, 1999; 이승계, 2005a).

그리고 다면평가의 일시적인 전면 도입 또는 단계별 점진적 확대와 관련해서는, 특히 정부조직들이 인사평가 개혁이라는 지침에 따라 유행처럼 그것도 단기간에 전면 도입하고 있다는 점에 주목하게 된다.

이에 대해서는 유규창(1999)과 김판석 외(2000)에 의하면 가능한 한 먼저 개발 목적으로 도입해 조직구성원들이 360도 피드백에 좀더 익숙해진 후에 유용성이 입증되고 구성원들의 적극적인 참여와 지지가 확보될 때 업적평가 목적으로 전환하거나, 또 다른 대안으로 선택하는 것을 제안하고 있고, 안희탁(1999)은 초기에 개발 목적과 업적평가를 일정 비율로 연계하다가 점차 업적평가를 확대해 나갈 필요가 있음을 지적하고 있다. 그 이유는 합리적인 평가문화가 우리보다 훨씬 더 정착되어 있는 미국 기업들의 경험을 통해서도 알 수 있듯이 더욱 신중하고 점진적인 접근 자세가 필요함을 보여 주기 때문이다(Pollack & Pollack, 1996).

또한 조직의 업종이나 성격, 문화적 배경 차이와 관련해 역설적이게도 민간기업들은 다면평가를 주로 개발 목적에 활용하는 반면에, 정부 및 공공조직들은 업적평가에 초점을 맞추고 있다는 점이다. 즉, 일반적으로 성과지향적인 민간기업들이 다면평가를 업적평가에 더 많이 활용할 것이라는 예상과는 다른 것으로, 이는 민간기업들이 단기적인 재무 성과에 기초한 업적평가에서 오는 폐단을 줄이고, 오히려 좀더 전략적인 관점에서 조직구성원들의 역량과 관리자의 리더십 개발을 통한 장기적인 조직 성과와 경쟁력 제고를 도모하려는 의도에서 다면평가를 개발 목적으로 활용하는 것으로 보인다.[24] 반면, 정부조직 및 공공기관들은 공공성을 추구하는 조직 특성상 계량적 성과측정에 기초한 평가가 곤란하므로, 공정성과 객관성을 확보하는 정당성을 가진 다면평가를 통해 승진이나 성과상여금 지급, 보직관리 등과 연계함으로써, 인사개혁이라는 정책적 의지를 실현하려는 것으로 보인다(조경호 외, 2003).

2) 평가 주체 측면

다면평가의 가장 큰 논란거리이자 한계로 지적되고 있는 것은 평가자 간(본인-타인)의 평가 결과의 차이를 어떻게 줄이고 조정해 평가의 정확도를 높일 것인가에 관한 문제이다. 앞의 실태분석에 의하면 최근의 중앙정부기

---

24) 인사평가제도에서 인사평가에 대한 역사적 의미 변천을 보면, 1950년 이전의 사정형 근무평정(rating)→1960년대부터 인적 자원의 개발 측면이 강조되는 육성형 인사고과(appraisal)→1980년대부터 인사고과의 기능+경영통제와 피드백 기능이 통합되는 전략형 인사평가(evaluation)로 구분되어 불리고 있다는 점과 미국의 경우, 1980년대를 기준으로 하여 그 이전에는 인사고과, 즉 사정(통제)형 업적평가가 주류를 이루었으나, 1980년에 들어와 360도 피드백, 즉 육성(개발)형 다면평가가 확산된 점에 유의할 필요가 있다.

관에서 운영하고 있는 다면평가는 다각도의 기법 도입을 통해 그 차이를 극복하려는 노력을 보이고 있다. 그럼에도 야마리노 등(Yammarino et al., 2003)의 본인 지각 정확도 모형[25]에 의하면, 본인평가가 개인 간의 차이를 측정하고 이해하는 데 가장 공통적으로 사용되는 접근 방법이지만, 본인평가는 타인평가에 비해 부정확하다는 점을 지적하고 있으며, 국내 기업체를 대상으로 실시한 박원우(2000: 53)의 평가 주체 간의 평가 결과에서 본인평가가 부하나 상사평가보다 상대적으로 관대하게 나타나고 있어, 결국 상사나 부하가 본인보다 더 정확하고 타당한 평가를 한다는 것이 입증되고 있다(본인>부하>상사).

또 다른 하나는 현재 다면평가가 개인 중심으로 실시되고 있는데, 성과주의 인사제도 하에서 승진이나 연봉 결정 등 임금 관리의 수단으로 활용될 경우는 개인 간에 심각한 경쟁과 갈등을 조장하게 된다. 그러므로 개인중심의 다면평가에서 오는 지나친 경쟁 조장과 갈등을 어떻게 극복할 것인가 하는 문제로 압축되고 있다. 더욱이 집단 중심의 위계적 조직문화에 익숙한 우리 나라의 조직구성원들을 감안할 때, 개인평가의 한계를 극복하고 개인 및 조직목표의 조화를 위해 구성원 간의 팀워크와 응집력을 제고함으로써 원활한 의사소통을 통한 조직 전체의 성과 향상과 경쟁력 제고에 기여할 수 있는 심도 깊은 보완책이 요구된다.

3) 평가 요소 측면

상당수의 평가에서 평가의 주된 목적을 업적평가에 두고 있어, 평가 요소 또한 업무 수행 실적을 중심으로 업무 수행 능력과 업무 수행 태도를 포함하고 관리자의 경우에는 관리 능력과 리더십 관련 평가 요소들을 추가하고 있다. 그러나 상당수의 조직들이 다면평가를 업적평가에 포함해 활용하고 있거나, 심지어는 과거의 업적을 평가하면서 현재 및 미래에 발휘할 수 있는 보유 능력으로 평가하는 경우도 있어 평가 목적에 부합하는 요소를 제대로 활용하지 못하고 있다는 점이다(이승계, 2005b: 30). 근래 들어 다

---

25) 야마리노와 애트워터(Yammarino & Atwater, 1993)는 본인-타인평가의 일치와 본인 지각의 정확도에 관한 이해를 강화할 목적으로 본인 지각의 정확도에 관한 개념적 모형을 개발해 제시했다.

소 나아졌지만 평가 목적을 고려하지 않은 채 평가 요소를 무차별적으로 적용해 문제를 초래하는 경우도 있어 이는 다면평가에 대한 이해 부족에서 비롯된 것이다.

또한 최근 들어 성과관리의 중요성이 제기됨에 따라 평가 요소로서 조직원들의 역량을 고려하는 추세를 감안할 때, 조직의 성과와 경쟁력 제고에 기여하는 역량 심의 실적 및 능력 평가를 어떻게 반영해 나가야 할 것인가에 대한 고려가 요청된다. 즉 성공적인 직무 수행에 꼭 필요하고, 성과 향상과 밀접한 관련이 있는 능력이나 자질의 검증은 반드시 필요하다.

4) 평가 방법 측면

평가 방법상 가장 중요한 문제는 평가의 공정성과 객관성 확보의 관건이 되고 있는 평가자의 익명성을 어떻게 보장할 것인가 하는 것과 다면평가의 도입 취지에 부합한 결과의 활용, 평가 내용을 무엇으로 할 것인가, 평가자의 선정 및 평가 기법 등의 제반 사항에 대해 구성원들이 제대로 이해할 수 있도록 평가교육을 실시하고, 구성원들의 의견을 반영해 신뢰와 수용 분위기를 조성하는 것도 중요한 사항으로 지적되고 있다. 그리고 국·내외 모든 조직에서 평가 결과에 대한 평가자의 익명성 보장 문제는 공통적으로 나타나고 있다고 지적한 바 있는데, 평가자들이 솔직하고 진지한 평가를 할 수 있으려면 자신의 신분 노출에서 오는 불이익과 위험이 없어야 한다는 것이다. 따라서 최소한 세 명의 평가자가 포함될 때 평가의 신뢰성과 타당성이 있고, 평가에 따른 편견을 줄이며 평가자의 익명성을 유지할 수 있다는 주장이 있는데(London et at., 1993; Pollack & Pollack, 1996), 익명성에 대한 문제는 좀더 심도 있는 연구가 필요하다.

5) 평가 활용 측면

우선 평가 결과의 피드백을 누구에게 할 것인가와 관련된 문제이다. 평가 주관 부서를 대부분의 기관에서 인사부서로 하고 있으나, 외부의 전문기관에 위탁하는 경우도 일부 나타나고 있다. 평가 결과는 대부분 본인에게만 또는 본인과 직속상사에게만 피드백하거나, 직속상사에게만 하는 경우도 있다. 이와 같은 경우를 볼 때 평가 결과의 피드백은 자기 반성과 개발의 기회 제공 차원에서 피평가자 본인과 직속상사에게 반드시 제공되어야 함에도 아예 피드백이 되지 않거나 일부에게만 제공되는 문제점을 보이고 있다. 피드백하는 내용은 주로 평가 항목별 본인 점수와 전체 평균 등이고, 여전히 평가 순위와 점수만을 공개하는 기관도 있어 개선이 필요하다. 평가 활용 측면에서 또 한 가지의 한계는 평가 실시 결과의 왜곡을 줄이는 제도적 장치이다. 대다수의 시행기관(조직)에서 나름대로의 조정 장치를 두고 있으나 완전한 장치로서의 역할을 기대하기 어려운 실정이다. 그러므로 이에 대한 연구 검토는 더욱 활발하게 이루어져야 할 것이다.

2 다면평가의 과제

앞에서 지적된 다면평가의 한계점을 극복하고 좀더 유용한 인사평가제도로 정착하기 위해서는 실태분석에서 지적하고 있는 몇 가지 과제가 해결되어야 할 것으로 판단된다. 따라서 단점을 극복하고 새로운 평가 시스템으로서 많은 장점을 가지고 있는 다면평가가 긍정적 기능을 살리기 위해서는 우선 평가자에 대한 적절한 평가훈련이 필요하며 평가자의 익명성이 보장되어야 한다.

그리고 평가자와 평가 대상자 모두에게 다면평가의 의의, 목적, 내용, 절차 등에 대한 정확한 정보가 제공되어야 하며, 또한 평가 대상자의 업무 특성과 과업 목표가 평가자에게 정확하게 알려져야 한다. 태도면에서도 평가자는 다면평가를 통해서 평가 대상자의 능력 개발을 돕는다는 사고를 가져야 하며, 평가 대상자는 평가 결과를 자기 개발에 활용하려 해야 한다 (Wright & Noe, 1996). 이와같이 향후 시행해야 할 다면평가의 과제를 평가 목적, 평가 주체, 평가 요소, 평가 방법, 평가 활용 측면으로 나누어 제시하고자 한다.

1) 평가 목적 측면

다면평가의 도입 목적은 관리자들의 리더십 평가를 위주로 활용하고자 하는 목적과 관리자를 포함해 전체 직원들의 실적평가와 능력 개발을 주로 하는 목적 등으로 대별될 수 있다. 이와 같은 다면평가는 무엇보다도 도입의 목적과 필요성을 명확히 할 필요가 있다.

우선 다면평가는 관리자의 관리 능력과 리더십 개발용으로 한정해 도입한 후 그 유용성이 입증되고 조직구성원들의 적극적인 수용과 참여가 가능할 때 실적평가로 전환하거나, 점차적으로 업적평가 비율을 높여가는 단계적 확대 방안을 고려할 필요가 있다. 공공기관들의 평가 결과를 승진이나 전보 등의 인사 문제와 임금 결정과 같은 인사 처우와 곧바로 연결해 시행하는 것은 매우 조심스럽게 접근해야 하며,[26] 관리 능력과 리더십 개발에 다면평가의 1차적인 목적을 두고 있음을 볼 때 이러한 목적에 부합될 수 있는 운영에 중점을 두어야 할 것이다.

2) 평가 주체 측면

평가 목적과 평가자 선정은 반드시 일치하지 않으며 평가 목적에 따라서 피평가자의 범위가 정해지며, 피평가자를 근접한 거리에서 직접 관찰하고 정확히 평가할 수 있는 사람들로 평가자의 자격을 제한해 시행하고 있음을 알 수 있다.

이와같이 다면평가의 주체인 평가집단을 구성하는 것은 피평가자를 공정하고 객관적으로 평가할 가장 중요한 요건이다. 그러므로 도입 초기에는 평가자를 상사, 부하, 동료, 본인으로 하되, 피평가자는 관리자로 한정해 시행하는 것이 바람직하다. 그러나 공직사회에서 전격 도입되어 이미 시행되고 있는 시점에서 이 부분은 가장 민감한 사항으로 누구를 선정하느냐에 따라 그 결과가 달라지기 때문에 공정성의 시비에서 자유롭지 못하다. 그러므로 조직구성원들의 다양한 분포의 특성을 고려해 평가의 왜곡이 일어나지 않도록 평가자 선정에 특히 유의해야 한다.

3) 평가 요소 측면

다면평가제도를 도입해 실시하는 경우는 평가의 공정성을 높이려는 장치를 두고 있다. 업무의 특성을 고려해 평가 기준 및 평가 요소, 가중치 등에 차등을 두고 있고, 또한 상위직의 경우 급변하는 경쟁 체제 하에서 리더

26) 이희태(2003), 서원석(2003), 조경호·박천오(2004) 등의 논문에서 이와같이 주장하고 있다.

십 개발을 위한 변화와 개혁에 관련된 요소도 도입하고 있어, 평가 목적에 부합된 중요한 시사점이라 생각된다. 그러나 아직까지는 미흡한 실정으로 객관성과 공정성을 높이기 위한 평가 요소의 기술적인 개발이 필요하다.

그럼에도 불구하고 부정확한 정보나 편견, 주관성 등으로 인한 판단의 오류가 평가 과정에 수반될 수 있으므로 이를 사전에 조정할 수 있는 충분한 제도적 장치를 마련해야 한다. 동시에 평가의 신뢰성을 확보하기 위해서는 평가 기준 이상으로 지나치게 호의적이거나 악의적으로 평가하는 경우에 대한 제재 장치를 사전에 명시할 필요가 있다.

4) 평가 방법 측면

다면평가제도를 도입하기 위해서는 새로운 제도의 도입에 따른 조직원의 저항과 조직원들 간의 갈등을 최소화할 수 있는 방법을 강구할 필요가 있다.

첫째, 직원 참여가 강조되는 만큼, 공정한 평가를 위해 평가의 익명성을 보장하는 노력이 필요하다.

둘째, 새로운 제도의 시행은 직원들에게는 업무량의 증가를 의미한다.

셋째, 평가문화의 정착이 요구된다. 평가자는 솔직하고 개인 감정에 집착하지 않으며 중립적인 자세로 평가하고, 피평가자는 평가 결과와 평가자의 의견 개진을 자기 개발의 기회로 삼는 자세가 필요하다(이선우, 2003). 특히, 부하가 상사를 평가하는 것을 당면시하는 분위기가 조성되어야 한다. 이것은 평가자와 피평자자의 수용 가능성의 문제로 볼 수 있으며 다면평가제도의 효과적인 집행에서 직면하게 되는 매우 중요한 문제이다(Waldman & Bowen, 1998). 그러므로 다면평가를 위한 평가문화의 정착을 위해서는 평가자에 대한 적절한 평가훈련이 필요하며 직원들의 대인 관계 기술력 향상도 중요한 역할을 한다.

넷째, 연 1회 정도의 정기평가를 프로젝트별 수시평가로 전환해 평가의 적시성(適時性)을 높여야 한다. 아울러 정기적으로 다면평가를 실시해 다면평가 실시에 대한 예측 가능성을 높이고, 평가자와 평가 대상자 모두에게 다면평가의 의의, 목적, 내용, 절차 등에 대한 상세한 정보가 제공되어야 하며, 평가 대상자의 업무 특성과 과업 목표가 평가자에게 정확하게 알려

지도록 해야 한다.

이와 같은 결과 평가자의 익명성을 보장하고 평가의 공정성 확보를 위해서는 가능하면 외부의 전문기관에 위탁해 실시하는 것이 바람직할 것이나, 조직 규모나 보안상 내부에서 주관하는 경우, 특히 온라인 평가 같은 전산화를 통한 평가는 주관적 감정이 개입할 여지를 줄여 시행해야 할 것이다.

5) 평가 활용 측면

평가 결과에 대해서는 피평가자 본인과 직속상사에게 반드시 피드백함으로써 자기 개발과 부하 육성의 자료가 될 수 있도록 해야 한다는 점은 모든 조직의 공통 사항으로 지적되고 있는 만큼 반드시 활용하는 방안을 마련해야 한다.

첫째, 다면평가가 완료된 이후 제대로 운영되었는지에 대한 사후 검증을 위해 다면평가 시스템의 안전장치를 마련하는 일과 다면평가 전반에 관한 사후평가는 물론, 다면평가 참여자들에 대한 만족도조사를 통해 문제점을 발견하고 차기 평가시 이를 반영함으로써 다면평가에 대한 타당성과 신뢰성을 높여 나가야 한다.

둘째, 다면평가의 목적은 조직원의 능력 개발과 조직의 경쟁 우위 유지에 있으므로 다면평가 결과는 각 피평가자의 건전한 자기 개발과 개선, 그리고 조직의 성장을 위해서는 반드시 피드백을 실시해 평가 목적에 따라 활용하도록 해야 한다.

제5절 결 론

지금까지 살펴본 대로 다면평가는 상사의 일방적인 하향평가에서 오는 업적평가의 주관성과 자의성을 배제하고 다수의 평가자들 통해 다양한 관점에서 제공되는 평가 결과의 공정성과 합리성, 납득성을 제고할 수 있다는 장점으로 인해 기존의 하향식 평가제도의 각종 문제들을 개선하는 데 기여해 왔고, 피평가자의 자기 개발과 조직의 장기적인 성과 개선 등에도 기여할 수 있어 여러 부분에서 그 유용성이 입증되고 있다.

그럼에도 불구하고 다면평가가 연구와 실태분석에서 거듭 강조되고 있는 바와 같이 관리자의 능력과 리더십 개발이라는 원래의 도입 목적이 아닌, 승진이나 성과상여금 지급, 보직관리와 같은 인사관리의 도구로 활용됨으로써 기존의 업적평가와 혼용되고 있는 문제가 발생되고 있으며, 평가자 간의 평가 결과의 차이 축소와 평가의 정확도를 확보하는 문제, 팀제 조직환경의 확산과 배치되는 개인 중심의 평가와 평가 목적에 부합되는 평가 요소를 반영하지 않는 문제, 평가자의 익명성 보장과 평가 결과의 피드백 문제 등에서 여러 가지 한계점이 지적되었다.

따라서 결론적으로 강조할 점은 첫째, 기존의 업적평가와 다면평가의 활용 목적을 분명히 구분할 필요가 있다는 것이다. 전자는 전체 조직원의 과거 업적 평가를 통한 승진, 임금, 배치 등 사정 목적의 인사관리 수단으로 활용하고, 후자는 관리자들의 현재 및 미래의 능력과 리더십 개발이라는 육성 목적으로 활용하는 것이 바람직할 것으로 생각된다. 따라서 승진, 성과급 지급 등의 인사고과에 일회적으로 활용하기 위한 다면평가를 지양하고, 리더십 평가 및 직원 능력 개발 목적으로 활용 범위를 확대해 나가야 할 것이다.

둘째, 다면평가를 정기적으로 실시해, 그 결과를 축적하고 활용해 인기투표 경향을 방지하고 평가의 공정성과 효용성 제고를 위해 노력해야 한다. 집단주의 조직문화에 익숙한 우리 나라의 조직구성원들에 개인 중심의 평가에서 오는 조직구성원 간의 지나친 경쟁과 갈등을 완화하고, 팀워크와 공동체적 조직의 분위기 활성화 측면에서 부서 단위의 집단 다면평가를 개인평가와 결합할 수 있는 보완책 마련이 요구된다. 그리고 평가 요소는 과거의 발휘 능력, 즉 실적이 아닌 현재 및 미래의 보유 능력, 즉 업무 수행 능력과 태도, 팀워크, 리더십, 의사소통 능력 등을 중심으로 평가하고, 성과관리의 중요성이 대두됨에 따라 업무 특성을 고려한 역량 중심의 평가도 필요하다. 아울러 평가자의 익명성을 보장하기 위해 외부 전문기관에 평가를 위탁하거나, 온라인평가 같은 전산화된 방법의 도입이 요청된다.

셋째, 평가 결과에 대한 다각도의 체계적인 분석을 실시하고 결과의 피드백을 내실화해 개인적인 역량을 강화하고 조직 발전을 도모하는 방향으로 운영해야 한다. 피평가자와 직속상사에의 피드백이 원활히 이루어지고, 다면평가 실시 전의 사전교육과 홍보 등의 철저한 준비가 수반될 때 좀더 선진화된 다면평가가 정착될 수 있을 것이다.

다면평가가 본래의 취지와는 다소 다르게 변질되어[27] 문제점을 드러내는 경우도 있고, 더러는 제대로 활용하기 위해 다각도로 노력하는 모습도 엿볼 수 있다. 그럼에도 불구하고 기존의 인사고과제도를 대체하는 만병통치약인 것처럼 인식하는 것은 문제가 있다. 따라서 다면평가가 갖는 구조적 한계와 해결 과제를 지속적으로 모색하고 개선해 나감으로써 이러한 잘못된 인식을 불식하고 한 단계 더 발전된 제도로 정착될 수 있도록 해야 할 것이다. 현대의 인사평가제도의 방향은 실적과 능력주의를 지향하고, 평가결과의 공개를 통해 피드백을 강조하면서 상대평가보다는 절대평가를 선호하고, 가점주의적 평가를 고양하며(조경호 외, 2004), 평가 방법의 다양화를 통해 평가의 적실성과 타당성을 제고하는 쪽으로 전환하고 있다. 따라서 다면평가는 부정적 유인(誘因)보다는 개인의 발전을 유도하는 긍정적 유인체계로서 더 큰 의의가 있으며, 현재 많은 공공조직들이 이러한 방향으로 제도 전환을 시도하고 있다. 앞으로 이러한 다면평가의 본래 취지를 살리기 위한 이론적·방법론적 노력을 병행해 나간다면 공직사회의 다면평가제도는 대안적 인사평가제도로서 상당한 기여를 할 수 있을 것으로 기대된다.

---

27) 조경호 등(2003)에 의하면, 공무원 953명을 대상으로 실시한 설문조사 결과에서 전체의 40%가 현행 공직사회의 다면평가제도가 본래의 취지와 다르게 시행되고 있으며, 인기위주 평가(35%), 개인 감정 작용(25%), 불공정성 우려(20%) 등 매우 부정적인 응답으로 나타나고 있다.

제9장 총액인건비제

2007년부터 중앙부처와 지방자치단체의 조직 및 인사 자율성을 제고하기 위해 총액인건비제를 도입했다. 총액인건비제는 중앙부처와 지방자치단체의 인건비성 경비, 즉 총액인건비의 범위 내에서 기구 및 인력을 자율적으로 결정하게 하는 제도이다. 중앙부처의 경우 기존의 제도 하에서는 공무원 증원과 기구 설치를 위해 직제 규정을 개정해야 했는데, 행정자치부의 승인을 받아야 하고 예산이 수반되기 때문에 기획예산처의 승인을 받아야 했다. 그러나 총액인건비제 하에서는 인건비의 총액 범위 안에서 증원과 기구 설치를 자율적으로 할 수 있게 되었다. 지방자치단체의 경우에도 기존의 표준정원제는 정원 산식에 의해 표준 정원을 산출하고 이를 초과하는 정원에 대해서는 행정자치부의 승인을 받도록 했고, 직급별·직종별 정원 책정과 고위직의 정원 책정, 기구 설치의 범위 등에 대해 엄격한 제한을 두고 있었다. 총액인건비제로 전환되면서 이러한 기구 및 인력 운영에 관한 제약이 완화되고 자치단체의 기구 및 정원에 관한 자율성이 제고될 수 있게 되었다.

이 장에서는 중앙부처 및 자치단체의 조직 및 인사 자율성을 획기적으로 제고할 수 있는 제도로 평가되고 있는 총액인건비제의 개념, 주요 내용, 그리고 도입의 쟁점 등에 대해서 살펴보고자 한다. 아울러 총액인건비제의 분석을 위해 지방자치단체의 표준정원제에서 총액인건비제로 전환되는 과정에서 나타나는 제도의 내용 변화에 대해 역사적 제도주의(historical institutionalism), 특히 경로의존성의 관점에서 고찰하고자 한다.

제 1 절 총액인건비제의 현황

1 총액인건비제의 개념

총액인건비제는 부처별·기관별·자치단체별로 인건비 예산총액의 범위 내에서 인력의 직급별 규모, 직렬·직류 등의 종류, 기구의 설치 및 인건비 배분에 대해 자율성을 가지고 운영하되 그 결과에 대해 책임을 지게 하는 제도이다(서필언, 2006). 미국의 총액예산제(lump-sum budgeting), 영국의 총액운영비제(running costs), 캐나다의 총액운영비예산제(operating budget) 등으로 불리고 있는데, 경상경비 총액 한도 내에서 부처별·자치단체별로 자율적으로 지출할 수 있도록 함으로써 부처·기관 단위의 효율성 제고보다는 공무원 전체의 인건비 효율성 제고 수단으로 활용된다. 총액인건비제는 기본적으로 자율적 인사관리에 중점을 두고 있다는 점에서 공통적이지만, 적용되는 정부 수준(중앙정부 또는 지방정부)에 따라 개념의 중점이 다를 수 있다.

중앙정부 차원의 총액인건비제는 예산 당국이 각 부처별 인건비 예산의 총액만을 관리하고, 각 부처에서 인건비 한도 내에서 인력 규모(직급별)와 종류(직렬, 직류 등)의 결정, 기구의 설치 및 인건비 배분의 자율성을 보유하고 그 결과에 책임을 지도록 함으로써 인건비성 경비의 절감에 중점을 두었다. 그에 반해 지방자치단체의 총액인건비제는 자치단체가 기구의 설치나 정원의 증원시 행정자치부의 승인을 받지 않고 인건비성 경비의 총액을 기준으로 필요한 기구와 정원을 자율적으로 책정·운영하도록 함으로써 기구 정원의 자율성 확대에 역점을 둔다. 또한 중앙부처의 경우 총액인건비 상한이 정해져 있어 이를 넘지 못하는데 반해 지방의 총액인건비제는 인건비 예산 기준액제도이며 정원 상한이 없다는 점에서 차이가 있다(서필언, 2006). 중앙부처나 지방자치단체 수준에 따라 제도의 중점이 다소 다르지만 공통적 특징은 인건비성 경비로 지출할 수 있는 예산의 총액, 즉 총액인건비 내에서 자율적으로 기구 설치 및 정원관리가 가능해졌다는 점이다.

2 총액인건비제의 의의

2007년부터 정부가 도입한 총액인건비제(총액인건비예산제도)는 새로운 인적자본(human capital) 관리 방식으로서 기존의 하향식 집중형 기구 정원관리 또는 직급 관리 방식으로는 변화하는 행정환경에 효과적으로 대응하기 어렵다는 인식에 근거해 있다. 중앙정부 부처의 기구와 인력의 증원 시에 인적자원관리 부처(행정자치부와 기획예산처)의 집중식 관리 방식에서 탈피해 각 부처 또는 지방자치단체의 자율적인 분권형 관리 방식으로 전환하고자 하는 의도를 담고 있다. 총액인건비제도는 인건비예산제도의 개혁을 통해서 다음과 같은 네 분야의 혁신을 추구한다(정부혁신지방분권위원회, 2005).

첫째, 조직·정원관리 측면에서는 중앙부처 및 지방자치단체가 인력 규모의 결정과 기구 설치에 대한 자율성을 갖도록 한다. 즉 각 기관들이 성과를 극대화하는 방향으로 자체 인력을 탄력적으로 운영할 수 있도록 기관별 총정원 및 포괄적 정원관리 기준 범위 내에서 신축적인 인력 조정이 가능하도록 자율성을 부여한다.

둘째, 인사(임용)관리 측면에서는 각 기관이 인력 종류(직렬, 직류 등) 결정의 자율성을 갖도록 한다. 즉 각 기관이 스스로 공무원 충원제도의 개선 방안을 마련하고 자율적으로 공무원을 채용할 수 있는 범위를 확대하며 이에 따른 각종 협의 사항을 점진적으로 축소·폐지함을 목표로 한다.

셋째, 보수관리 측면에서는 각 기관이 성과관리와 연계해 인건비를 차등화하고 보수를 동기부여 수단으로 활용할 수 있도록 각 기관별 보수 수준 및 보수 체계의 차별화를 촉진한다.

넷째, 예산관리 측면에서는 총액인건비 범위 내 잉여인건비 사용에 대한 기관의 재량권을 확대하고 중·장기적으로 '총괄경상예산제도' 도입을 통해 인건비 예산 운용의 자율성을 확대한다.

총액인건비제 도입에 따른 효용성은 인적자원관리 부처(기획예산처, 행정자치부, 중앙인사위원회)의 입장과 각 부처(기관 전체, 기관장, 소속 공무원)의 입장, 그리고 지방자치단체의 입장이 다르지만, 대체적으로 다음과 같이 요약할 수 있다(정부혁신지방분권위원회, 2005).

중앙정부의 인적자본관리 부처의 입장에서 총액인건비제의 도입은 첫째, 전 정부 차원의 인적자본관리 방식에서 중앙집중형의 통제 지향적 패러다임에서 자율과 경쟁을 중시하는 분권형 패러다임으로의 전환을 의미한다. 이러한 인적자본관리 패러다임의 전환은 인적자본관리 부처들이 앞으로 통제기관에서 서비스기관(모니터링, 컨설팅, 평가)으로 그 위상과 역할을 재정립한다는 것을 의미한다. 둘째, 단기적·임기응변적 관점의 정원관리 방식에서 국가적·중장기적 관점의 전략적 인력 운영 방식으로의 전환을 지향한다. 즉 인적자본관리 부처는 정기적인 인적자본계획의 수립을 통해 거시적 관점의 분야별, 부처별 인력 수급 분석을 행하고 전 정부 차원의 인력 운영의 예측 가능성과 절차적 투명성을 제고함으로써 인적자본관리의 거시적 효율성을 확보할 수 있다. 셋째, 기존의 정원관리 방식으로는 확보할 수 없었던 각 부처 및 자치단체의 인건비 예산 절감을 위한 동기부여 장치를 마련함으로써 장기적으로 예산 절감 및 생산성 제고를 통한 국가 재정 부담 완화에 기여할 수 있을 것이다.

중앙부처의 입장은 기관 전체 입장과 기관 구성원의 입장으로 구분해 살펴볼 수 있다. 기관 전체의 입장에서 총액인건비제는 첫째, 인적자본관리의 자율성 확보를 통해 행정 수요의 변화에 대해 유연하고 신축적인 대응을 가능하게 하고, 둘째, 인건비 예산 및 정원관리의 자율적 운용 경험을 통해 해당 기관의 인사, 조직, 예산 관리의 역량 제고를 꾀할 수 있다. 기관 구성원의 입장에서, 기관장은 실질적 조직인사권과 예산권의 확보를 통해 조직 구성원에 대한 기관장의 장악력을 높일 수 있는 반면, 개별 공무원은 직급에 대한 보상이 아닌 직무가치와 직무성과(job value and performance)에 대한 보상을 받게 되어 보상 체계의 형평성을 제고할 수 있다.

지방자치단체의 입장은 총액인건비 범위 내에서 자율적인 기구 및 인력 증원을 통해 변화하는 행정 수요에 능동적으로 대응할 수 있다는 점이다. 지방자치단체 수준에서 총액인건비가 도입된 주된 이유도 자치조직권에 대한 지속적인 요구를 반영해 참여정부의 지방분권을 효과적으로 추진하고, 현행 표준정원제가 가지고 있는 문제점을 보완해 지방자치단체의 조직관리의 적정화를 기하기 위해서라고 할 수 있다(권오철 외, 2006). 총액인건비제는 지방자치단체 조직권의 토대가 되어 왔던 총정원제(1988년 이후)와 표준정원제(1997년 이후)를 대체해 인건비 총액의 범위 내에서 지방의 자율적인 조직과 인력의 운영권을 보장하려는 것이다.

3 총액인건비제의 내용

1) 중앙부처의 총액인건비제

총액인건비제의 기본 내용과 취지는 유사하지만, 정부 수준에 따라 구체적인 내용은 조금씩 다를 수 있다. 먼저 중앙정부에서 도입된 총액인건비제의 내용을 살펴보면, 기구와 정원에 관한 자율성, 인건비 배분의 자율성, 인력 충원의 자율성, 그리고 예산관리의 자율성 등으로 구분해 볼 수 있다.

첫째, 기구 및 정원관리에서 자율성 강화이다. 총액인건비제도 하에서 각 부처에서 부여되는 자율성의 범위 중에서 가장 의미 있는 것은 바로 기구

〈표 9-1〉 중앙부처의 총액인건비제 중 기구와 정원에 관한 내용 비교

구 분	기존 제도	총액인건비제
정원 규모	• 정원 1인 증감에 대해서도 행자부장관의 승인 필요	• 행자부는 각 부처의 정원 상한 관리 • 상한 범위 내의 정원 규모는 각 부처에서 자율 결정
직급·직종별 정원	• 행자부장관의 승인	• 부처에서 자율 결정
기구 설치	• 국장급 이상 기구는 직제로 규정 • 과장급 기구의 수 통제 • 획일적인 보조기관 명칭 사용	• 국장급 이상의 기구는 직제로 규정(현행 유지) • 과장급 기구는 부처 자율적으로 설치 • 보조기관의 형태 자율화(본부, 팀 등)
한시기구 및 정원	• 행자부장관의 승인	• 한시기구: 과 단위 기구는 자율 설치 • 한시정원: 총액인건비 내 자율 증원

자료: 정부혁신지방분권위원회(2005: 224).

및 정원관리의 자율성이라 할 수 있다. 중앙부처 차원에서 도입된 총액인건비제 중 기구 및 정원과 관련된 내용을 비교하면 <표 9-1>과 같다.

표에서 보는 바와 같이 정원관리의 측면에서 총액인건비제의 시행 전후의 주요 차이점을 정리해 보면, 종래에는 정원 1명만 증원할 경우에도 행자부, 기획예산처 심의와 직제 개정을 위해 국무회의까지 거쳐야 했지만 제도를 도입한 기관은 총액인건비 내에서 총정원의 3% 이내 증원에 대해서는 자유로이 할 수 있도록 했다. 직급별·직종별 정원에 대해서도 행정자치부장관의 승인 사항에서 부처의 자율 결정으로 바뀌었고, 기구 설치에서도 과장급 이하 기구에 대해서는 부처에서 자율적으로 설치할 수 있도록 했으며, 그리고 한시기구와 한시정원도 행정자치부장관의 승인에서 부처의 자율성이 증대되는 방향으로 개선되었다.

이러한 제도 변화를 자세히 살펴보면, 기구 및 정원관리와 관련해 기존의 제도는 매년 초 행자부에서 각 부처에 당해 연도 정부의 조직·정원관리 방향 및 기준을 담은 조직관리지침을 시달하면 이에 준거해 각 부처에서는 기구·정원 확대를 위한 직제 개정시 조직 관련 법령에서 정한 구비서류를 행자부에 제출한다. 행자부에서는 각 부처가 제출한 서류를 토대로 업무량 산출의 적정성, 타부처 유사 기구와의 비교, 현 공무원 정원 규모 등을 검토해 적정 기구 및 인력을 산출한다. 각 부처는 이러한 행자부 조정안을 기획예산처에 이송해 조정을 거친 후 최종 조정안을 해당 부처 직제에 반영하고 국무회의 심의 후 확정한다. 기존의 제도 하에서 각 부처의 인력을 증원하기 위해서는 행정자치부가 해당 부처의 요구 정원을 심사해 직제(대통령령)를 개정해야 하는데, 총액인건비제 하에서는 부처가 자율적으로 정원을 운영할 수 있게 되었다(서필언, 2006). 행정자치부는 부처별 총정원의 상한만을 관리하고 실제 운영하는 정원 규모나 계급별·직급별 정원은 총정원의 3% 이내에서 직제시행규칙(부령)을 통해 자율적으로 운영하도록 한 것이다. 예컨대 한 기관의 직제상 정원이 100명이라고 했을 경우 정원의 3%인 3명까지 총액인건비 한도 내에서 탄력적으로 늘릴 수 있다. 때문에 각 부처에서는 긴급한 인력 수요가 발생할 경우 인건비 내에서 자율적으로 인력을 증원·배치할 수 있어 행정의 탄력성과 신속성은 그만큼 증대되었다고 할 수 있다.

기존의 제도에 의하면 직제상의 각 계급별 정원에 변동이 생길 경우 행정자치부와 기획예산처의 심의 및 국무회를 거쳐 대통령의 재가를 받아야 했다. 이는 인력 증원을 신중하게 하기 위한 부득이한 조치라고 하더라도 갑작스런 행정 수요에 대한 탄력적인 대응을 곤란하게 했다. 이에 대한 보완 역할을 하는 것이 총액인건비제도라 할 수 있겠다. 총액인건비제를 시행하고 있는 기관의 정원표는 훨씬 간단하고 개략적으로 정해 놓아서 기관 운영의 탄력성을 부여한 반면, 미도입 기관의 정원표는 각 계급에 대한 정원을 세부적으로 정해 놓았기 때문에 기관 운영의 탄력성이라는 측면에서는 비효율적이었다. 가령 각 기관에서 총정원의 변동 없이 계급 간 인력을 재배치하려고 할 경우 5급 정원을 한 명 줄이고 6급 정원을 한 명 늘리려고 하더라도 직제 개정 절차를 거쳐야 하는 반면 총액인건비제를 시행하는 기관에서는 3·4급 이하 정원은 일반직과 기능직을 통합해 운영하기 때문에 계급 간 정원 배분을 자유로이 할 수 있다. 다만, 3급 국장급 이상의 고위직의 경우 업무의 책임성과 난이도, 전문성 등 여러 요인을 고려해야 하므로 별도로 분리해 관리하고 있는 것이다.

기존 제도 하에서 각 부처는 인력과 기구의 조정에 두 가지 방법을 활용할 수 있었는데, 매년도 정기적으로 ① 다음 연도의 기구 개편안 및 소요인력을 산정해 행자부에 제출한 뒤 행자부의 적정성 검토 후 기획예산처가 내년도 예산에 반영하는 소요 정원의 방식과 ② 당해 연도 중 긴급히 기구·정원을 조정할 필요가 있는 경우, 인건비 추가 소요시 행자부 및 기획예산처와 별도 협의를 행하는 수시직제의 방식이 그것이다. 각 부처는 기구 및 정원의 조정시 행자부의 승인 또는 협의를 거쳐야 했는데, ① 부처 내 기구의 신설(과 단위 기구는 총수 범위 내에서 부처 자율 조정 가능), ② 소속기관 신설(부속기관, 특별행정기관, 행정위원회 등), ③ 계급별 정원 조정, ④ 종류별 정원 조정(정무직, 별정직, 특정직 신설 등), ⑤ 한시기구 및 한시정원의 승인 등이 그 대상이다.

기존의 제도와 같이 행자부의 매년도 소요 정원 산정 및 분기별 수시 직제 조정 방식에서는 전정부적 차원의 균형을 강조하기 때문에 공무원 정원을 억제하는 효과는 거두었으나, 각 부처별 변화하는 행정 수요에 탄력적으로 대응하기 곤란하다는 문제점이 있다. 행자부는 이러한 문제점을 보완하기 위해 중장기적 인력운영계획을 수립해 정부의 인력 운영정책 방향에 따른 거시적인 인력 운영을 유도하고 좀더 적극적으로 향후 행정 수요에 대응하는 인력구조 및 인력 재배치를 실현하려고 노력했다. 그에 따라 총액인건비제로 전환되면서 행정자치부는 국가공무원 총정원 및 포괄적 정원관리 기준을 설정하고, 이 범위 내에서 각 부처는 실제 직급별·직종별 정원을 자율적으로 결정하게 된다. 이를 통해서 각 부처는 성과를 극대화하는 방향으로 자체 인력을 탄력적으로 운영할 수 있게 된다. 그러나 이 경우 예상되는 각 부처의 상위직 남설을 방지하기 위해 각 부처의 3급 국장급 이상 직위를 직제에 규정해 적절히 규제하고 있다. 각 부처별 기구 설치의 자율성 면에서는 기존의 획일적인 실국과 형태의 보조기관 설치 방식을 지양하고 보조기관의 설계를 각 부처의 자율에 맡기되(예를 들어 본부, 팀 등), 국장급 기구는 직제에 규정하고 과장급 이하 기구는 그 설치 방식 및 수 등에서 부처 자율에 맡기는 것이다. 또한 현재 파견제도가 매우 중요한 조직관리의 수단으로 활용되고 있는 점을 고려해 공무원 파견제도는 유지하되 파견을 받는 기관에서 파견자의 인건비를 부담(교육훈련 등의 경우에는 수혜기관에서 부담)하는 것을 원칙으로 함으로써 권력기관의 무분별한 파견 남발을 억제하도록 했다.

둘째, 총액인건비제도가 지향하는 각 부처별 자율성의 또 다른 내용은 인건비 배분의 자율성 부여라고 할 수 있다. 이것은 각 부처별·기관별 보수 수준 및 보수 지급의 자율성을 부여하고 인센티브 성격의 보수를 확대하되, 자율성 부여 범위 결정을 위해 보수 항목별 인건비 분류 체계를 변경

〈표 9-2〉 총액인건비제 하에서의 인건비 분류 체계

구 분		세부 내역
인건비	기본 항목	봉급 대우공무원수당, 정근수당(가산금), 가족수당, 자녀학비보조수당, 관리업무수당, 명절휴가비, 가계지원비
	자율 항목	성과상여금, 특수지근무수당, 위험근무수당(기술업무수당 등 27종), 업무대행수당, 초과근무수당, 연가비보상비, 정액급식비, 교통보조비
운영경비		직급보조비, 월정직책급, 각종 보수성경비와 활동비, 맞춤형복지제도 운영예산 등

자료: 정부혁신지방분권위원회(2005).

하는 내용을 포함한다. 표에서 보는 것처럼 주로 공무원 연금법상 연금보수월액에 영향을 미치거나 생활급 성격의 인건비 또는 통일적 기준이 요구되는 필수 항목만을 기본 항목으로 두어 이는 중앙인사위원회에서 종합 관리하도록 하고 자율 항목은 각 기관에서 지급 대상이나 지급 요건 등을 자율적으로 운영할 수 있도록 했다. 예컨대 인력 감축 등 기본 항목 인건비가 절감된 경우 업무 실적이 뛰어난 공무원에게 성과상여금의 추가 지급이 가능하도록 했고, 자율 항목 내의 초과 근무수당이나 연가보상비 등을 적절히 절감해 성과상여금 등 다른 수당으로 지급할 수 있도록 한 것이다.

기존의 예산편성 절차에 의하면, 기획예산처는 '국가재정 운용계획'의 틀 안에서 정부의 인력 운영 방향, 민간 임금상승률, 경제 여건, 재정 여건 등을 감안해 인건비 총액을 산정했다. 각 부처별 인력 규모의 산정은 예산 편성 시점의 정원 및 다음 연도 소요 정원을 반영하는데, 각 중앙행정기관의 장은 '당해 연도 조직관리지침' 등이 정하는 바에 따라 다음 연도 소요정원안을 행자부에 제출하면, 행자부가 각 중앙행정기관별 다음 연도 소요정원안을 마련하고, 이를 토대로 매년도 처우 개선율을 고려해 기획예산처와 협의하는 과정을 거쳐 인력증원분을 결정했다. 이 과정에서 각 부처별 인건비 예산의 편성시에는 공무원연금관리공단의 개인별 연금 통계를 이용해 직급별·호봉별 인원 통계를 산출해 부처별로 단가를 산정했다. 전 부처 공통으로 결정되는 처우개선율 및 각종 수당 등 인상 여부는 중앙인사위원회와 협의해 결정하는 것이 관례였다.

이와 같은 인건비 예산관리상의 문제점으로는 다음과 같은 점을 들 수 있다(정부혁신지방분권위원회, 2005). 첫째, 인건비 편성시에 중장기적 시각이 부족했다. 즉 매년 인력 증원 규모가 단기적·대증적으로 결정되고 있어 인건비 규모 및 처우개선율의 계획적 산정이 이루어지지 않았다. 둘째, 인건비 편성 후 인력 증원으로 인한 인건비 초과 지출의 관행이 자리잡고 있어서 연초 인건비 산정 작업이 무의미해졌다. 즉 인건비 예산 편성 후 수시 직제 개정이 빈발함으로써 사업비를 인건비로 이·전용하거나 예비비 집행이 과다하게 발생하는 관행이 그것이다. 셋째, 인건비에 대한 각 부처의 비용 개념이 부족해 인건비의 절감을 위한 노력이 전혀 이루어지지 않았다. 즉 인력이 증원되기만 하면 매년 인건비 예산이 자동적으로 반영되기 때문에 인력을 줄일 유인이 전혀 없는 것이 문제였다. 더욱이 사실상 보수에 속하는 일부 항목이 사업비 예산에 흩어져 있어서 실제 인건비 규모보다 예산상 인건비 규모는 과소 추정되고 있는 현실에 비추어 볼 때 정부 조직 내의 인건비 낭비 요소는 적지 않았다.

총액인건비제에서는 공무원 보수 중에서 기본 항목은 중앙인사위원회에서 종합 관리하는 것을 원칙으로 한다. 즉 공무원연금법상 연금보수월액(봉급, 기말·정근수당, 정근수당가산금)으로 되어 있거나 생활급적 성격의 인건비 또는 전 부처의 통일적 기준을 줄 필요가 있는 보수 항목(가족수당, 자녀학비보조수당, 육아휴직수당, 대우공무원수당, 명절휴가비, 가계지원비) 등은 종전대로 중앙인사위원회에서 종합적으로 관리한다. 이 경우 직급보조비 등 직무급적 성격의 인건비는 직무급 중심으로의 보수 체계 개편을 위해 필요한 경우 기본 항목에 통합 관리하게 된다. 또한 업무 수행 지원 항목 중 월정 직책급과 각종 보수성 경비는 조직자율성 강화(팀제 활성화 등)라는 취지에 부합하도록 각 부처별 자율성을 부여하게 된다. 제도가 정착되는 단계에서는 복지 항목까지 각 부처가 지급액을 결정하거나 수당의 종류를 변경(신설, 폐지, 통합)할 수 있도록 제도적으로 보장함으로써 명실상부한 보수 체계 및 보수 수준의 차별화가 가능하게 될 것이다. 이 경우 장기적으로 인건비 예산의 15~20%(공무원 1인당 평균 600여만 원 정도 예상)까지 각 부처에서 자율적으로 활용할 수 있을 것으로 판단된다. 그리고 각 부처별로 차별화를 용인하는 항목으로는 성과 향상 항목, 업무 수행 지원 항목, 복지 항목 등을 들 수 있는데, 아직 공직 내 성과주의 문화가 정착되어 있지 않고 부처별 자율 역량이 부족한 상황을 감안해 초기 단계에서는 성과 향상을 위한 예산의 경우에도 차등 지급의 원칙 등 가이드라인을 제시할 필요가 있다.

셋째, 인력 종류(직렬, 직류 등) 결정의 자율성이다. 총액인건비제도가 지향하는 충원관리 측면에서의 각 부처 자율성은 공무원 채용 권한의 각 부처 위임을 의미한다. 이러한 방향에서 보면 원칙적으로 모든 직급의 특별채용 시험 실시권을 각 부처에 위임하되, 공개채용 및 공개채용 직렬로의 특별채용에 대해서는 중앙인사위원회와 사전 협의하도록 해야 할 것이다. 공개채용 및 공개채용 직렬로의 특별채용시 중앙인사위와 사전 협의하도록 하는 것은 현 정부가 추구하는 인사개혁 로드맵 상의 정책목표(과학기술 인력 확대, 양성 평등, 지역 인재 채용 확대, 장애인 고용 등) 달성 및 공개 채용의 지속적인 실시를 위한 것이다.

넷째, 인건비 예산 운용의 자율성이다. 총액인건비제도는 각 부처에게 인건비 예산 운용의 자율성을 부여하고 있는데, 그것은 ① 총액인건비 범위 내에서 인건비 운영 중 발생한 잉여인건비 사용에 대한 부처 재량권을 확대하는 것, ② 인건비 내 보수 항목 간 이·전용 재량권을 확대하는 것, ③ 부처 인건비 운영 평가 결과 인센티브로 증액된 인건비 사용에 대해서도 부처 자율권을 부여하는 것 등을 포함한다. 다만, 사업비에서 인건비로의 이·전용 및 예비비 사용을 엄격히 제한함으로써 무분별한 인건비 사용을 제한할 필요는 여전히 상존한다고 할 것이다.

총액인건비에 포함되는 경비와 관련해 각 중앙관서 및 책임운영기관의 상시적 업무 수행을 위해 고용된 정규직 및 비정규직 인력에 대한 경비와 조직 및 인력 규모에 따라 필수적으로 발생하는 기본 경비를 포함하도록 했다. 인건비에 포함되는 구체적인 내용은 <표 9-3>과 같다.

〈표 9-3〉 총액인건비제 하에서의 인건비 범위

<table>
<tr><th colspan="2">구 분</th><th>총액인건비의 범위</th></tr>
<tr><td colspan="2">대상 경비 선정 기준</td><td>• 각 중앙관서 및 책임운영기관의 상시적 업무를 수행하기 위해 직접 고용된 정규직 및 비정규직 인력에 대한 경비
• 기관 운용에 소요되는 경비로서 각 중앙관서 및 책임운영기관의 조직 및 인력 규모에 따라 필수적으로 발생하는 기본 경비</td></tr>
<tr><td rowspan="2">대상 경비 내역</td><td>중앙 관서</td><td>• 인건비(111세 세항): 보수(101목), 기타직 보수(102-01목), 직급보조비(210-01목), 단, 당해 중앙관서 및 책임운영기관의 업무 수행과 직접 관계 없는 인력에 대한 경비는 제외
• 인력운영경비(기본사업비): 기타직 보수(102-01목), 일용임금(102-02목), 단, 특정 사업 수행 등을 위한 비정규직 인력은 제외 가능
• 기관 운영경비(기본사업비): 특근매식비(201-05목), 운영수당(201-06목), 기타 운영비(201-12목), 복리후생비(205목), 직무수행경비(201목)</td></tr>
<tr><td>책임 운영 기관</td><td>• 인건비 및 인력운영경비: 중앙관서와 동일
• 기관운영경비(기본수업비): 물건비(200목)에서 용역비(206목), 시험연구비(207목), 저장품매입비(208목) 제외</td></tr>
</table>

자료: 정부혁신지방분권위원회(2005).

표에서 보는 바와 같이 인건비, 인력운영경비, 기관운영경비를 포함하며, 이들 경비 간의 전용은 각 총액인건비 시행기관의 장에게 위임하도록 했고, 경비 간 이용의 경우 기획예산처장관이 해당 기관의 이용 요구를 원칙적으로 승인하도록 했다. 또한, 총액인건비 범위 내에서 발생한 인건비 여유재원의 사용에 대한 각 기관의 재량권을 확대했다. 예컨대, 특근매식비나 일·숙직비를 절감한 경우 또는 사업 집행 방식의 획기적인 개선을 통해 예산 절감이 발생한 경우 이를 성과상여금으로 사용할 수 있도록 했다.

2) 지방자치단체의 총액인건비제

지방자치단체의 총액인건비제는 기존의 표준정원제에 비해 지방정부의 조직 및 인사자율성을 획기적으로 제고하는 제도이다. 표준정원제는 각 지방자치단체가 운영할 수 있는 공무원 정원의 한도를 정하고, 그 한도 내에서 조직 운영에 관한 자율성을 부여하는 제도이다. 그에 반해 본래적 의미의 총액인건비제는 원칙적으로 총액인건비 내에서 정원과 상위 직급 책정,

〈표 9-4〉 자치단체의 표준정원제와 총액인건비제 비교

구 분		표준정원제	총액인건비제
중앙통제	법령 규정	• 지자체 본청 기구 설치 기준 • 보조·보좌기관의 직급 기준 • 직급별·직종별 정원 책정 비율 등	• 국 단위 기구(국이 설치되지 않은 시군구는 5급 과 단위 기구) 설치 기준 • 부단체장의 정수 및 직급 기준, 보조·보좌기관의 직급 기준 존치
	행정자치부 장관 승인	• 보정 정원을 초과하는 정원 • 4급(시군구는 5급) 이상 정원 • 직속기관 등 각종 기구 설치	• 승인제도 폐지(자율 결정) • 의회 사무기구 및 직속기관·사업소·출장소의 장(시도 3급, 시군구 4급~5급) 등의 직급 책정시 사전 협의
지방통제 (자율관리)	조직진단	• 조직진단제도 내실 운영 미흡	• 조직진단 기법 개발 및 운영 활성화 • 문제점이 있는 자치단체에 대한 정밀 진단 실시
	의회 및 주민의 통제	• 절차적 미비, 정보 부족으로 실질적 통제 미흡	• 지방의회와 주민통제 강화: 조례규정 사항 강화, 입법예고 강화, 재정영향 분석 실시 및 공개

출처: 권오철 외(2006: 8) 참조.

기구 설치 등을 자율적으로 결정하게 하는 제도로서 기구와 정원에 대한 승인 절차를 폐지해 자치조직권을 대폭 확대하는 제도이다. 그러나 2007년도부터 지방자치단체 수준에서 도입된 총액인건비제는 현실적 여건을 고려해 다소 변형된 내용을 담고 있다. <표 9-4>는 지방자치단체의 표준정원제와 총액인건비제를 비교한 것이다.

표에서 보는 바와 같이 표준정원제의 경우 지방자치단체별 표준정원 산식을 개발해 공무원 정원의 한도를 정하고, 그 한도 내에서 조직 운영에 관한 자율성을 부여하는 제도이다. 이 제도 하에서는 자치단체의 정원이 같더라도 상위 직급 책정과 기구 증설 등을 통해 조직을 팽창시킬 수 있으므로 중앙정부(행정자치부)는 법령 기준과 승인 절차 등의 통제장치를 보조적으로 활용했다. 그에 반해 총액인건비제는 자치단체별 총액인건비제를 산정하고 그 범위 내에서 정원과 상위 직급 책정, 기구 설치 등을 자율적으로 결정하세 하는 세도로서 기구와 정원에 대한 승인 절차를 폐지해 자치조직권을 대폭 확대하는 제도이다. 총액인건비제의 도입으로 인한 변화는 크게 정원관리와 기구관리의 측면으로 나누어 살펴볼 수 있다. 정원관리의 경우 자치단체의 총정원과 직급별 정원은 총액인건비를 기준으로 조례에 의해 자율적으로 관리하도록 했고, 표준정원제 하의 고위직(시도 4급, 시군구 5급 이상)의 정원 책정, 한시정원의 책정, 보정 정원의 책정 등에 대한 행정자치부장관의 승인을 폐지했다. 기구관리의 경우 시·도, 국 설치 시군구, 국 미설치 시군구 등으로 구분하고 고위직 기구의 설치 범위 외에는 대부분 지방자치단체가 자율적으로 정할 수 있도록 했다.

총액인건비 산정과 관련해 지방자치단체의 종류와 특성을 고려해 10개의 유형으로 나누고, 행정 기능을 11개로 분류해 산정하도록 했다. 기획조정, 행재정, 문화체육관광, 보건복지, 산업경제, 환경관리, 도시주택, 지역개발, 소방방재, 지방의회, 읍면동 등 행정 기능별로 행정 수요를 산정한 후 지자체별로 행정 수요 처리에 영향을 미치는 지역 여건과 지자체 인력 운영 현실을 고려해 보정하고 있다. 또한 보건복지, 소방, 외국인 거주자 증가 등 주민생활과 밀접한 분야에 대한 수요를 반영하도록 하고 있다. 총액인건비 예산에 대해서는 이를 준수해야 하지만, 행정 수요의 급증이나 현안 수요에 대응한 인력 증가에 따른 경우 총액인건비의 초과도 가능하다. 다만 행정 수요의 증가 없이 과도하게 인건비 또는 인력을 증가시킬 경우 조직분석 및 진단을 실시하고, 다음 연도 총액인건비에 반영할 계획이다. 행정자치부는 산정한 총액인건비의 2.5%를 초과할 경우 조직분석 및 진단을 위한 판단 기준으로 설정하고 있다.

총액인건비제는 총액인건비의 수준에 따라 자치단체의 정원, 기구, 상위직 등이 달라지므로 자치단체의 수요 변화를 고려해 그 범위를 적정화하는 것이 매우 중요하다. 2007년도의 총액인건비제 하에서 포함된 인건비의 범위는 <표 9-5>와 같다. 총액인건비로 포함되는 19개 항목 간에는 과부족이 있을 경우 지방의회의 별도 승인 없이도 이용 가능하다는 사실을 예산 총칙에 명시하도록 했다.

〈표 9-5〉 자치단체의 총액인건비에 포함된 예산 항목

구 분	인건비	물건비	이전경비
예산 항목	• 기본급 • 수당 • 정액급식비 • 교통보조비 • 명절휴가비 • 가계지원비 • 연가보상비 • 기타직 보수 • 일용인부임	• 업무추진비 -기관운영업무추진비 -부서운영업무추진비 -정원가산업무추진비 • 직무수행경비 -직책급업무추진비 -직급보조비 -특정업무수행활동비	• 성과상여금 • 연금부담금 • 국민건강보험금 • 연금지급금

자료: 행정자치부(2006).

총액인건비 전면 도입 이후에도 존치하기로 결정된 사항은 부단체장의 정수·직급 기준과 각종 직위에 대한 직급 기준이다. 여기에는 시·도와 시·군·구의 보조·보좌기관 등의 직급 기준, 소속기관 및 하부 행정기관의 장과 보조·보좌기관 등의 직급 기준, 그리고 의회 사무기구의 설치 기준과 직급 기준이 포함된다. 그리고 계급제, 보수제, 성과상여금제 등 현행 인사제도 역시 그대로 유지된다.

제 2 절 총액인건비제의 쟁점

1 실질적 행정 수요를 반영한 총액인건비 산정 여부

총액인건비제의 도입과 관련해 가장 큰 쟁점은 실질적인 행정 수요를 반영한 총액인건비를 산정할 수 있느냐 하는 점이다. 총액인건비의 범위 안에서 중앙부처 및 자치단체의 특성을 고려해 기구 및 정원을 자율적으로 조정하도록 하는 것이야말로 중앙부처나 지방자치단체의 기구 및 정원관리의 자율성을 확보하고, 나아가 기관의 경쟁력을 제고할 수 있는 요체일 것이다. 그러나 이러한 논리의 기본 전제는 총액인건비의 규모가 기관의 실질적인 행정 수요를 적절히 반영할 수 있을 뿐만 아니라 미래의 행정 수요 변화를 반영할 수 있도록 책정되어야 한다는 것이다. 중앙부처나 자치단체의 행정 수요를 적절히 반영하지 못하는 총액인건비는 기관의 자율성은 높여 줄 수 있지만 기구 및 인력의 부족 또는 과잉을 초래해 기관의 대응성과 경쟁력을 저하시킬 것이다. 또한 현재의 행정 수요를 반영하는 총액인건비를 책정한 경우에도 미래의 변화하는 행정 수요를 탄력적으로 반영하지 못할 경우 역시 비슷한 문제를 드러낼 것이다.

행정자치부에서 마련한 지방총액인건비제에는 총액인건비 산정을 위한 두 가지 모형이 제시되어 있다(행정자치부, 2006). 첫 번째 모형은 기존의 총액인건비에 내년도 상승분(최근 5년간 총액인건비 평균 증가율에 금년도 총액인건비를 곱한 금액)을 더해 주는 방식이다. 두 번째 모형은 금년도 총액인건비에 내년도 상승분을 더해 주는 방식이라는 점에서는 동일하지만 내년도 상승분의 산출 방식에서 차이가 난다. 내년도 상승분에 대해 최근 5년간 총액인건비 평균증가율에 인건비 수요 보정(자치단체를 다섯 개 유형으로 구분하고, 각 자치단체별 인구증가율을 기준으로 최근 5년간 총액인건비 평균증가율을 최대 2%까지 차등해 추가 보정한 금액)을 더한 금액으로 산정하는 방식이다. 어떤 방식을 택하든 자치단체의 현재 인건비 총액이 기준이 된다는 점에서 동일하고, 더욱이 미래의 행정 수요 변화에 대해서도 최근 5년간 인건비 총액 증가율 등을 기초로 산출한다는 점에서 실질적인 행정 수요를 반영할 수 있을지 의문이다. 이러한 방식을 채택할 경우 현재의 회귀방정식에 의한 정원 산출 방식과 크게 다르지 않다. 물론 표준정원제에서 이루어지고 있던 직급별·직종별 정원 방식을 탈피할 수 있고, 기구 설치의 범위가 넓어진다는 점에서는 의의가 있을 것이다. 그러나 총액인건비의 산출시에 특히 미래의 행정 수요 변화를 반영하는 데 기존의 인건비 수준에 의해 과도하게 영향을 받는다면 총액인건비제 도입에 따른 또 다른 문제를 야기하게 될 것이다. 따라서 실질적인 행정 수요 및 수요 변화를 반영한 인건비 총액의 산출 여부가 중요한 정책 이슈가 될 것이다.

2 중앙부처와 자치단체의 자율성 확대 여부

총액인건비제 도입의 또 다른 쟁점은 이 제도 도입으로 인해 중앙부처와 자치단체의 실질적인 자율성이 확대되었는가 하는 점이다. 중앙부처 입장에서 과거 기구 설치나 공무원 정원 증원이 필요한 경우 직제 규정을 개정해야 하는데, 인사 관련 부처인 행정자치부의 승인을 받아야 하고, 예산이 수반되기 때문에 기획예산처의 승인을 받아야 했다. 그러나 총액인건비제의 도입 이후에는 책정된 총액인건비 범위 내에서 기구와 정원의 설치를 자율적으로 조정할 수 있게 되었다. 이러한 점에서 보면 중앙부처들은 비록 총액인건비의 범위 내라는 제약은 있지만 행정자치부와 기획예산처의 승인 없이 자율적으로 기구 설치와 정원 조정을 할 수 있게 되었다는 점에서 부처의 자율성이 크게 증대되었다고 할 수 있다. 물론 국장급 이상의 기구 설치에 대해서는 여전히 행정자치부장관의 승인을 받도록 규정하고 있어 실질적인 자율성이 제약되는 측면이 있지만 과거의 방식과 비교한 상대적인 자율성은 증대되었다고 할 수 있다.

자율성 확대라는 측면에서 보면, 중앙부처보다는 지방자치단체에서 더 의미가 있을 것이다. 중앙부처의 경우에도 제도상으로는 행정자치부와 기획예산처의 승인을 받도록 하고 있었지만 동일한 수준의 중앙부처에 의한 제약이었기 때문에 수직적인 관계에 의해 통제를 받았던 자치단체와 비교해 상대적으로 주관적 제약은 덜했다고 볼 수 있다. 지방자치단체의 경우 과거의 집권주의적 전통, 행정자치부의 통제 관행, 그리고 수직적 관계구조 등에 의해 자치조직 및 인사권의 제약은 좀더 심각했다고 할 수 있다. 지방자치단체는 과거 행정자치부로부터 회귀방정식에 의한 표준 정원 산출, 직급별·직종별 정원 책정, 과 단위 이상 기구 설치에 대한 승인 등 매우 엄격한 통제를 받고 있었다. 그러나 총액인건비제로 전환되면서 정원에 대한 통제가 폐지되고, 과 단위 이하 기구 설치에 대한 승인 폐지, 그리고 한시기구와 주민생활 지원기구의 설치 등 기구 설치 및 인사관리의 자율성이 크게 확대되었다고 할 수 있다. 그러나 관점을 달리하면, 동일한 현상에 대해서도 다른 평가가 나올 수 있다. 부단체장 및 전문위원의 정수, 각종 직위에 대한 직급 기준, 의회 사무기구 설치 기준 및 직속기관·사업소·출장소 등의 설치 요건, 본청 국 단위 기구(국을 둘 수 없는 지역은 과 단위 기구)의 설치 기준 등이 존치되고 있이 실질적인 자율성 확대가 이루이지지 않았다고 평가할 수 있다.

따라서 기구 설치 및 정원관리에 대한 지방자치단체의 실질적인 자율성을 확보하기 위해서는 부단체장의 정수와 직급 기준, 의회 사무기구 설치 기준, 그리고 직속기관·사업소·출장소 등의 설치 요건 등 총액인건비제로 전환된 이후에도 존치되고 있는 기준의 개선 여부, 특히 실질적 자율성 제고에 핵심적인 부분을 차지하는 고위직(국장급 이상) 기구의 설치 기준에 대한 개선 여부가 정책 이슈가 될 것이다.

3 무분별한 증원 및 기구 증설 가능성 여부

현재 도입된 총액인건비제는 중앙정부 수준이나 지방자치단체 수준 모두 일부 직급별 정원 등에 대한 기준은 있지만 공무원 정원에 대한 통제권은 상당히 축소되었고, 기구 설치에 관한 통제의 경우 국 단위 이상의 고위직 기구 설치에 대해서만 승인권을 유지하고 있다. 행정자치부에서는 고위직의 남설을 통한 직급 상향 조정을 경계해 고위직 기구의 설치를 통제하고 있는 실정이다. 이처럼 중앙부처와 자치단체의 정원에 대한 통제를 폐지할 경우 행정 수요에 관계 없는 무분별한 증원이 이루어질 수 있고, 하위

직보다는 과 단위 등 중고위직 기구를 과다하게 설치하는 경향이 나타날 수 있다. 이러한 우려들이 현실적으로 나타날 가능성은 크지 않다고 할 수 있지만 지금까지 책정된 정원보다 낮은 수준의 정원 및 기구를 운영한 기관이 없다는 점에 비추어보면 통제 부재에 따른 무분별한 증원 및 상위직 기구 증설 가능성은 상존한다고 볼 수 있다.

이러한 무분별한 증원 및 기구 증설 가능성에 대해 행정자치부에서는 부처 및 자치단체의 조직관리 능력 강화를 위한 시스템 구축에 역점을 두고 있다. 중앙부처 및 자치단체의 자체 조직분석 및 진단 능력을 강화하고, 조직관리 과정에서 외부 전문가의 활용을 통해 정부 조직관리의 적정성과 건전성을 확보하기 위한 것이다. 그리고 중앙부처 및 지방자치단체의 조직운영에 대한 상시적 조직분석과 진단, 컨설팅을 지원해 행정환경 및 행정수요 변화에 부응하는 인력관리 시스템의 구축을 유도하고 있다. 더 나아가 지방자치단체에 대해서는 총액인건비를 지방교부세에 반영해 증원 억제에 따른 재정 인센티브를 확대하고, 행정 수요 증가에 따른 총액인건비 증가분을 다음해 총액인건비 산정에 반영함으로써 정원 및 조직관리의 적정성을 꾀하고 있다. 이러한 일련의 조치들은 행정 수요를 반영한 공무원 정원관리, 기관의 역량에 맞는 기구 및 조직 확보, 그리고 인력 규모와 조직구조의 정합성 확보 등을 위한 것으로 사료된다.

이러한 행정자치부의 노력과 제도적 장치들에도 불구하고 중앙부처 및 지방자치단체의 무분별한 증원 및 상위직 기구 증설이 현실화될 수 있을 것이다. 정부조직은 행정 수요에 관계 없이 인력과 조직을 확대하려는 관성을 지니고 있기 때문이다. 그리고 설령 기관의 수요를 반영하지 못한 증원이라 하더라도 총액인건비 범위 내에서 이루어지는 것이라면 용납될 수 있어야 하고, 나아가 상위직 증설이 정부조직의 기형화 및 경쟁력을 심각하게 저하시키는 수준이 아니라면 어느 정도의 상위직화는 허용해야 한다는 견해도 가능하다. 따라서 향후 총액인건비제의 운영과 관련해 무분별한 증원과 상위직 기구 증설에 대한 통제장치의 도입 여부와 더불어 어느 정도의 증원과 상위직 기구 증설을 허용할 것인가 하는 것이 정책적 이슈로 부각될 전망이다.

제 3 절 총액인건비제의 분석: 지방자치단체의 제도를 중심으로[28)]

총액인건비제는 중앙정부와 지방자치단체에서 도입되었지만 기본적인 내용은 크게 다르지 않다. 다만 차이가 있다면, 중앙부처의 총액인건비제는 예산제도와 밀접하게 연관되어 있다는 점이다. 그에 따라 인건비의 경우 먼저 인력 규모를 산정하고 1인당 비용을 반영해 산출한다. 자치단체의 경우 인력 규모를 산정하지 않고 총액인건비 기준 내에서 자치단체가 자율적으로 결정하도록 한다. 그리고 중앙부처 총액인건비제의 경우 잉여인건비에 대해 부처에서 자율적으로 사용할 수 있도록 재량권을 부여하는 데 반해 자치단체의 예산 상한선 내에서 배분되는 것이므로 절감 혹은 잉여예산은 사업예산으로 사용된다.

여기서는 지방자치단체의 총액인건비제를 중심으로 핵심 내용의 변화와 그에 따른 자치단체의 자율성 변화를 분석할 것이다. 지방자치단체 수준에서 온전한 형태의 총액인건비제를 도입하면 자치단체의 기구 및 인력 운영에 관한 중앙정부의 통제권이 줄어들고, 자치단체의 자치조직·인사권이 확대될 것이다. 그러나 경로의존적 관점에 의하면, 제도적 타성이나 고정비용 그리고 학습 효과 등에 의해 기존 제도의 지속화 경향이 나타나고, 이로 인해 새로운 제도의 채택에 제약이 수반된다고 한다.

1 지방자치단체 정원관리제도의 변화

지방자치단체의 기구 및 정원관리제도는 1988년 총정원제를 도입하면서부터 시작되었다고 할 수 있다. 지방자치단체의 기구 및 정원관리제도 변천 과정을 도식화하면 [그림 9-1]과 같다.

---

28) 이 부분은 「행정논총」에 게재한 하혜수·양덕순(2007)의 논문을 상당 부분 참고했음을 밝혀둔다.

[그림 9-1] 지방자치단체 정원관리 방식의 변천 과정

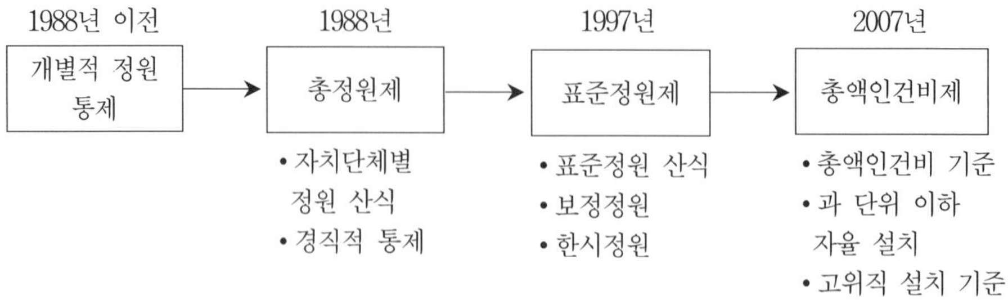

1988년 이전에는 자치단체의 공무원 정원을 내무부장관의 승인 범위 내에서 자치단체 규칙으로 정하도록 하면서 중앙정부에서 일률적으로 통제했다. 1988년 총정원제(ceiling management)를 도입하면서 인구를 주요 변수로 한 회귀방정식에 근거해 자치단체의 정원 산식을 제시하고 여유 정원 등을 인정하지 않는 경직적인 제도를 운영했다. 따라서 대다수 자치단체의 현원이 총정원보다 1천 명 이상 초과한 상황에서 공무원 1명만 증원하려고 해도 내무부의 승인을 받아야 했으므로 자치단체의 정원 억제보다는 내무부의 권력 유지 수단으로 평가되기도 했다(임도빈, 1997: 59).

1992년 이러한 총정원제는 다소 개선된 제도로 발전하게 되는데, 정원 산정과 지방교부세를 연계해 정원 초과 자치단체에 대해서는 불이익을 주도록 했다. 즉 지방교부세 산정시 실제 정원을 측정 단위로 하되, 표준정원을 이용해 보정 계수를 산정해 가중함으로써 정원 초과 자치단체에는 불이익을 주고 정원 미달 자치단체에는 이익을 주려고 노력했다(김준한, 1995: 814).

1997년 들어 총정원 산식이 지닌 과소 표본, 자치단체의 유형화 및 독립변수 선정의 자의성 등이 지적되어 표준정원제로 전환되었다. 표준정원제는 최근 6년간의 변화 추세를 반영한 횡단면적 시계열분석에 근거해 자치단체의 표준정원을 제시하고, 독립변수로 총정원제에서 반영된 인구, 면적, 기관 수 외에 일반회계 총결산액을 포함시켰다. 또한 보정정원의 개념을 도입해 정원 산정시에 탄력성(flexibility)을 부여했다. 1999년 지역별 특성

변수를 고려한 표준화 지수법을 가미해 표준정원 산식을 더욱 정교화하기도 했지만 표준정원제라는 기본적인 틀을 벗어나지는 못했다.

2007년 들어 표준정원제가 총액인건비제로 전환하게 되었다. 총액인건비제는 이론적으로 보면 총정원제에서 표준정원제로 변화되는 방식과는 다른 내용을 포함한다. 그 동안 자치단체 정원제도의 개선에 관한 연구들이 시도되었지만 대부분 총정원제 또는 표준정원제를 보완하는 데 초점이 있었고, 그것도 실제로 반영된 경우는 많지 않다(김준한, 1995; 박재완, 2000; 김태영 외, 1999). 근본적인 한계는 현재의 정원을 종속변수로 사용했다는 점과 개선된 산식에 의해 도출된 정원들과 실제 정원들 간에 차이가 나는 경우가 많았다는 점이다. 총액인건비제는 인건비성 경비 총액을 기준으로 그 범위 안에서 자치단체가 자율적으로 기구와 정원을 정하도록 한다는 점에서 기존의 표준정원제와는 근본적으로 다른 제도로 인식될 수 있다. 표준정원제가 총액인건비제로 전환되면서 변화된 내용, 특히 자치단체의 자치조직 및 인사권에서의 변화를 중심으로 살펴보면 <표 9-6>과 같이 요약된다.

〈표 9-6〉 총액인건비제 도입으로 인한 제도 변화 내용

구 분		표준정원제	총액인건비제
정원 관리	정원 산정 방식	• 표준정원 산식에 근거: 10개 자치단체 유형별 산식	• 총액인건비에 근거: 10개 자치단체 유형으로 구분
		• 소방직외 공무원과 소방직 공무원의 정원 산식으로 구분	• 공무원은 구분하지 않고 11개 기능별로 수요 산정
		• 보정 산정을 위한 보정 비율 적용	• 지역 여건과 인력운영 현실 고려 보정
	정원 책정 기준	• 종류별 정원 책정 기준	• 자치단체 규칙으로 규정
		• 직급별 정원 책정 기준: 행정자치부령의 기준 준수	• 자치단체 조례로 규정
		• 고위직 정원 책정 승인: 시도 및 특별시 자치구는 4급 이상, 시군 및 광역시 자치구는 5급 이상 지방공무원	• 행정자치부장관 승인 폐지
		• 한시정원 책정: 승인	• 행정자치부장관 승인 폐지
		• 보정정원 초과 책정: 승인	• 행정자치부장관 승인 폐지

		• 교육공무원 정원 책정: 승인	• 행정자치부장관 승인 폐지
기구 관리	시·도의 기구	• 실국본부 및 과담당관: 인구 기준에 따라 7개 그룹으로 세분화	• 유형 구분 폐지
		• 설치 가능한 실국본부와 과 담당관 수 명시	• 과 단위 이하 기구는 자율 설치 • 국 단위(3급 이상) 기구 설치 범위 제시 • 한시기구와 사업소의 장의 직급이 3급 이상인 경우 사전 협의
		• 보조·보좌기관의 직급 기준	• 존치: 행정자치부장관 승인
		• 직속기관·사업소·출장소장의 직급 기준	• 존치: 행정자치부장관 승인
	시군구의 기구	• 실국 및 실과담당관: 인구에 따라 25개 그룹으로 세분화	• 국 설치 시군구와 국 미설치 시군구로 이원화
		• 설치 가능한 실국 및 실과담당관 수 명시	• 국 설치 시군구: 과단위 이하 자율 설치, 국 단위(4급 이상) 설치 기준 존치 • 국 미설치 시군구: 과 단위(5급) 설치 기준 존치, 주민생활 지원기구 설치 가능
		• 보조·보좌기관의 직급 기준	• 존치: 행정자치부장관 승인
		• 직속기관·사업소·출장소장의 직급 기준	• 존치: 행정자치부장관 승인
	부단체장 등	• 부단체장과 전문위원의 정수	• 존치
	의회 사무기구	• 의회사무기구의 직급 기준	• 존치
	한시기구	• 행정자치부장관의 승인	• 존치(시도는 1국(3급), 국 설치 시군구는 1국(4급))
	여유기구	• 시도: 1실국 2과담당관(서울과 경기는 1실국 3과담당관)	• 존치: 1실국
		• 시군구: 1실과담당관(인구 50만 이상 시는 2실과담당관)	• 존치: 국 미설치 시군구는 1실과담당관

자료: 하혜수·양덕순(2007).

표에서 보는 바와 같이 총액인건비제가 도입되면서 기존의 표준정원제에 포함된 내용의 상당 부분이 변화된 것을 알 수 있다.

첫째, 정원관리 중 정원 산정 방식과 관련해 먼저 전체 정원을 산정할 때 복잡한 표준정원 산식에 기초하던 것을 비교적 간단히 인건비성 경비에 근거하도록 했다. 그리고 소방직외 공무원과 소방직 공무원의 정원식을 구분하던 방식을 폐지하고 11개 기능별로 수요를 산정하는 방식으로 전환했고, 보정 산정을 위한 보정 비율은 지역 여건과 인력 운영 현실을 고려해 적용하고 있다. 그러나 아직 총액인건비 산정에 관한 구체적인 산식이 제시되지 않아 판단하기 이르지만 총액인건비 산정시에 자치단체를 10개 유형으로 구분하고 있어 표준정원식에서 발견되는 복잡성이 반복될 우려가 존재한다.

둘째, 정원관리 중 정원 책정 기준과 관련해 종류별 정원 책정과 직급별 정원 책정은 자치단체의 조례와 규칙으로 제정하도록 함으로써 인력 운영의 자율성을 대폭 확대했고, 특히 고위직의 정원 책정(시도 및 특별시의 자치구는 4급 이상, 시군구 및 광역시 자치구는 5급 이상)에 대한 승인을 폐지했다. 그리고 한시정원의 책정, 보정정원의 책정, 교육공무원의 정원 책정 등에 대해서도 행정자치부장관의 승인을 폐지했다.

셋째, 기구관리 중 시도의 기구 설치와 관련해 실국본부와 과담당관의 설치 기준에 대해 인구를 기준으로 7개 그룹으로 구분하던 것을 총액인건비제 하에서는 유형 구분 자체를 폐지했다. 표준정원제 하에서는 설치 가능한 실국본부와 과담당관의 수를 명시했으나 총액인건비제로 전환되면서 과 단위 이하 기구는 자율적으로 설치할 수 있고 국 단위 기구(3급 이상)에 대해서만 설치 범위를 제시하고 있다. 그러나 보조·보좌기관의 직급 기준과 직속기관·사업소·출장소장의 직급 기준은 그대로 존치해 행정자치부장관의 승인을 받도록 하고 있다. 그리고 한시기구와 사업소의 경우에도 그 장의 직급이 3급 이상일 경우 행정자치부장관과 사전에 협의하도록 하고 있다.

넷째, 기구관리 중 시군구의 기구 설치와 관련해 실국 및 실과담당관의 설치 기준에 대해 인구 규모에 따라 25개 그룹으로 세분하던 것을 국 설치 시군구와 국 미설치 시군구로 이원화하고 있다. 표준정원제 하에서는 설치 가능한 실국 및 실과담당관의 수를 명시하고 있었지만 총액인건비제로 전환되면서 국 설치 시군구는 과 단위 이하의 기구를 자율적으로 설치할 수 있고 국 단위(4급 이상) 기구의 설치 기준만 제시하고 있다. 국 미설치 시군구의 경우 과 단위(5급 이상) 기구의 설치 기준을 존치시키면서 주민생활 지원기구를 추가로 설치할 수 있도록 규정하고 있다. 그러나 보조·보좌기관의 직급 기준과 직속기관·사업소·출장소장의 직급 기준에 대해서는 시·도에서와 같이 그대로 존치해 행정자치부장관의 승인을 받도록 하고 있다.

다섯째, 총액인건비제로 전환되면서 여전히 변하지 않는 기준들도 존재한다. 부단체장·전문위원의 정수와 의회 사무기구의 직급 기준은 존치되며, 여유기구의 경우에도 내용은 조금 다르지만 존치되고 있다. 여유기구는 시·도의 경우 1실국 2과담당관(서울과 경기도는 1실국 3과담당관)이었으나 총액인건비제로 전환되면서 시·도와 국 설치 시군의 경우 1실국으로 바뀌었고, 시군구의 경우 1실과담당관(인구 50만 명 이상 시는 1실과담당관)이던 것이 총액인건비제로 전환되면서 국 미설치 시군구의 경우 1실과담당관으로 바뀌었다. 다만 한시기구의 경우 행정자치부장관의 승인 사항이었으나 총액인건비제로 전환되면서 시·도는 1국(3급 이상)으로, 국 설치 시군구는 1국(4급 이상)으로 바뀌었다.

2 지방자치단체 총액인건비제의 분석

1) 경로의존성과 경로이탈적 경향의 혼재

제도 변화와 관련해 경로의존성이론(path-dependency theory)은 일단 한번 채택된 정책이나 제도들은 기존의 경로를 따른다는 것이고(Pierson, 2000; Sewell, 1996; Powell, 1991), 제도의 변화가 거의 없으며 변화가 있는 경우에도 매우 점진적으로 이루어진다는 것이다(March & Olsen, 1989). 전자는 제도 변화의 방향(direction)과 관련된 것이고, 후자는 제도 변화의 속도(velocity)와 관련된 것이다. 제도의 속도면에서 기존 제도의 관성에 의해 변화가 이루어지지 않거나 이루어질 경우에도 작은 변화의 축적에 의해 점진적으로 변한다는 것이다. 제도 변화의 방향도 한번 형성된 경로에서 이탈하지 못하고 기존 경로를 따라 진행한다는 것이다.

제도 변화의 속도라는 관점에서 보면, 자치단체의 정원관리제도는 1988년 총정원제의 도입에서 시작되어 1997년 표준정원제로 변화된 후 2007년 총액인건비제로 전환되었다. 제도의 주요 내용이 10년을 주기로 변한다는 점에서 보면, 변화의 속도가 빠르다고 보기는 어렵다. 더욱이 그 내용을 들여다보면, 총정원제는 수차례에 걸친 정원 산식의 수정 등을 통해 제도가 변했고, 표준정원제 역시 산정 방식과 보정 계수 등이 여러 차례 변했다. 즉 총정원제는 1988년 제1차에서 1993년 4차까지 회귀분석 기법을 사용하고 1996년에는 횡단면적 시계열분석에 근거해 정원 산식을 도출했으며, 제도의 내용도 1992년 지방교부세와 연계시키는 제도로 발전한 바 있다. 1997년 표준정원제는 보정 계수와 한시정원을 포함했고, 1999년 표준화지수법을 추가했다. 이러한 점에서 지방자치단체 정원관리제도는 10년을 주기로 변했지만 미시적으로 보면 소규모의 변화가 누적되면서 점진적으로 변해 왔음을 알 수 있다.

제도 변화의 방향과 관련해 총액인건비제는 그 타이틀에서 기존의 총정원제나 표준정원제와는 근본적으로 다르다는 점에서 경로이탈적 경향을 보인다고 할 수도 있다. 처음 도입된 총정원제는 1992년 교부세와 연계된 제도로 발전하고, 이후 경직적 통제를 보완하기 위해 탄력성과 여유 기구를 인정한 표준정원제로 발전했으며, 그리고 1999년 표준화 지수를 추가하는 등 반응적 순열(reactive sequences)을 보이고 있다.[1] 더욱이 기존의 총정원제나 표준정원제와는 전혀 다른 정원 기준 자체를 없애는 총액인건비제로 발전하면서 기존의 제도 패턴에서 벗어나는 경로이탈적 경향마저 보이고 있다. 그러나 총액인건비제의 구체적인 내용을 살펴보면 제도 변화의 방향은 경로의존적 특성을 보이고 있는 것으로 보인다. 총액인건비제로 전환되는 과정에서도 표준정원제의 핵심적 내용인 보조·보좌기관의 직급 기준, 고위직(국장급) 기구의 설치 기준, 그리고 부단체장의 정수와 의회 사무기구 등의 설치 요건 등을 그대로 포함하고 있는 것은 경로의존적 제도 변화 방향을 보여 주는 것이다. 이러한 결과가 초래된 이유는 디미트라코폴로스(Dimitrakopoulos, 2001)의 주장에서와 같이 행정자치부의 공무원들

1) 마호니(Mahoney, 2000: 508-509)는 경로의존성에 대해 자기강화적 순열(self-reinforcing sequences)과 반응적 순열(reactive sequences)로서 설명한다. 전자는 일정한 제도적 패턴의 형성과 장기적 복제를 의미하고, 후자는 이전 사건에 대한 반응에 의해 지속되는 제도 패턴을 의미한다.

은 이미 표준정원제에 적응되어 총액인건비제로의 갑작스러운 전환을 회피하게 되고, 이미 이러한 변화에 대한 대응 목록 역시 마련했기 때문으로 해석될 수 있다. 과거부터 지금까지 행정자치부 공무원들이 주장하는 핵심 논리는 고위직의 남용과 지방재정의 파탄 가능성이다.[2] 이러한 관점에서는 이전의 선택이 새로운 대안 선택을 배제하며, 표준정원제에서 총액인건비제로의 완전 대체보다는 점진적이고 적응적 전환이 이루어질 수밖에 없다는 것이다.

지방자치단체장의 입장에서도 기존 제도의 파격적인 변화를 선호하지 않을 수 있다. 우리 나라 인사제도의 특성상 공무원의 궁극적인 목적이 승진이라고 할 때 자치단체장의 입장에서도 고위직 기구의 설치 기준 폐지 등을 포함한 무제한적 자율성 부여에 대해 부담감을 가질 수 있다(조선일, 2005: 58). 고위직 기구의 설치 기준을 폐지할 경우 선거직 자치단체장으로서는 지방공무원의 승진 욕구를 적절히 통제하기 어렵고, 그 결과 직급 인플레이션의 초래에 대한 책임에서 벗어나지 못할 것이다. 그에 따라 행정자치부에서도 고위직 기구의 설치 기준을 남겨두면서 한시기구(1개국)와 주민생활 지원기구를 추가적으로 허용함으로써 이러한 자치단체장의 보이지 않는 선호를 충족시키면서 고위직 남설과 재정 파탄 가능성을 예방하기 위한 자신들의 통제 논리를 조화시킨 것으로 보인다.[3] 이러한 점에서 보면, 중앙부처(행정자치부)의 공무원뿐만 아니라 지방자치단체장의 경우에도 기존 제도에 대한 행태적 속박이 나타나고 있다고 할 수 있다.

요컨대, 제도의 변화 방향과 관련해서는 기존 제도의 핵심 내용이 존치되고 있다는 점에서 경로의존성을 보이면서도 정원 책정의 기준, 과 단위 이하 기구의 설치 기준, 한시정원과 보정정원의 설치 기준 등이 폐지되었다는 점에서 보면 일부 하위제도의 대체에 의한 경로 이탈로 간주될 수 있어 전체적으로는 경로전환(switch-over)의 개념이 적용될 수 있을 것이

2) 총액인건비로 묶어두고 있어 재정 파탄 가능성은 없어졌으나 고위직 기구 설치에 대한 제약이 없어질 경우 기형적 조직·인력구조가 초래될 가능성은 높아졌다.

3) 정부의 총액인건비제에 대한 시도지사협의회의 반발 내용도 고위직 기구 설치에 대한 기준 존치보다는 지역별 특성화 행정 수요, 인건비 상승률, 광역자치단체에 대한 기능별 인력 수요 등 총액인건비 산정시 탄력성의 부여에 중점을 두고 있음을 알 수 있다(강원일보, 2006. 11. 1).

다.[4] 표준정원제의 핵심 내용이 그대로 유지되었다는 점에서는 기존 제도의 지속화로 해석할 수 있지만, 하위 제도의 상당 부분이 크게 변화되었다는 점에서, 즉 표준정원제가 총액인건비제로 급격하게 대체되지 않고 두 가지 요소가 적절하게 혼재되면서 경로전환이 이루어졌다는 것이다.

2) 표준정원제의 구속 효과: 제도의 관성과 잠재적 비용

경로의존적 관점에 의해 총액인건비제를 분석하면, 기존 표준정원제도의 잔재로 인해 합리적인 선택이 제약받고 있는 점이 발견된다. 이는 기존 제도에 의한 제약을 의미한다는 점에서 제도적 타성에 의한 경로의존성이라고 말할 수 있다. 총액인건비의 산정 방식의 경우 지역의 여건과 인력 운영 현실을 고려해 일부 보정하는 것으로 계획되어 있지만 기존의 공무원 수에 의해 크게 영향을 받지 않을 수 없게 되어 있다. 표준정원제에서도 회귀방정식에 근사한 표준 정원 산식의 경우 현재 직원을 종속변수로 채택하는 본원적 한계 때문에 많은 비판이 제기되었지만, 총액인건비제로의 전환 이후에도 현재 정원에 의한 제약은 발견되고 있는 것이다. 이는 경로의존이론에서 말하는 자기강화적 기제(self-reinforcing mechanism)에 의한 것으로 기존의 제도가 일정한 패턴의 유지 또는 장기적 복제의 성향을 보이기 때문이다(Arthur, 2003). 즉 표준정원제 하에서 승인해 준 공무원의 수가 총액인건비의 결정에 영향을 미친다는 점에서 이전 단계에서 결정한 제도의 잔재가 이후의 새로운 제도 선택대안을 제약하는 상황이다.

기존 제도에 의한 공무원 정원을 인정하지 않는 새로운 제도를 채택할 경우 매몰비용(sunk costs)이 지나치게 크기 때문에 기존의 경로에서 탈피하지 못하는 것으로 해석할 수 있다. 경로의존성에서 말하는 기존 제도의 편익이 존재하거나 기존 제도의 도입에 따른 과도한 비용이 발생하는 경우이다. 이는 자치단체의 적정 공무원 수를 도출하기 어렵다는 현실적 한계에 기인하기보다는 갑작스러운 제도 변화에 따른 기득권의 상실, 해당 자치단체의 저항과 반발, 그리고 중앙부처의 정치적 부담 등이 결합된 결과

4) 이처럼 경로의존성(institutional inertia)과 경로이탈(Stack & Gartland, 2003) 및 경로형성 경향(Toffing, 2001)이 혼재되어 있는 현상을 일컬어 경로전환 또는 경로혼재라고 지칭한다(Deeg, 2001).

로 보인다.[5] 지방자치단체는 기존의 제도로부터 부여받은 정원과 기구를 인정하지 않는 새로운 제도의 도입으로 인한 손실과 비용 때문에 제도 변화에 저항할 수 있고, 중앙부처도 자치단체협의체나 공무원 노조의 체계적인 저항, 특히 기득권이 상실되는 해당 자치단체의 반발에 따른 정치적 부담 등 잠재적 비용을 고려하지 않을 수 없는 것이다. 더욱이 총액인건비제 도입의 일정을 고려할 때 기존 제도의 토대를 인정하지 않는 새로운 제도의 도입을 위해서는 상당한 기간의 검토와 시행착오를 거쳐야 하는 등 학습과 실험비용 역시 고려해야 할 것이다. 따라서 기존의 제도에서 채택된 공무원 수를 무시하고 실질적인 행정 수요를 반영한 총액인건비를 산정할 수 없었던 것이다.

직속기관·사업소·출장소의 설치 요건을 폐지하지 못한 것도 기존의 제도에 의해 승인해 준 요인이 새로운 제도 채택에 영향을 미친 예에 속한다. 이는 후술하는 고위직(국 단위) 기구의 설치 범위와 연계되어 있는데, 실국의 설치 범위가 정해져 있는 상황에서 국장급인 직속기관이나 출장소의 설치 기준을 폐지하면 기존 제도에 의해 편익을 받은 자치단체가 더 유리해지는 결과가 초래된다. 즉 현재의 국 단위 기구의 숫자를 기준으로 국의 설치 범위를 정할 수밖에 없는 제도적 유산 때문이다. 이는 총액인건비 산정 방식과는 반대로 표준정원제 하에서 설치된 직속기관이나 사업소 및 출장소의 수가 자치단체마다 상이한 상황에서 이들 기관의 설치 기준을 폐지할 경우 상대적으로 불이익을 받는 자치단체의 반발이 예상되기 때문에 기존의 기준 자체를 폐지하지 못하고 존치시킨 것으로 해석된다. 요컨대, 총액인건비 산정과 직속기관 등의 설치 요건 존치는 기존 제도의 제약과 잠재적 비용 등에 의해 제도 변화가 이루어지지 못하거나 지연되는 제도적 관성이 형성된 데 기인하는 것으로 볼 수 있다.

3) 고위직에 대한 통제 잔존: 중앙관료의 사고 체계

총액인건비제의 도입을 통해서도 바뀌지 않고 남아 있는 부분이 고위직

---

5) 박재완(2000)은 회귀분석에서 나타나는 한계인 현 정원을 종속변수로 두는 본원적 문제를 해결하기 위해 MIMIC 모형을 차용해 적정 공무원 수를 대변하는 복수의 지표(현 정원, 일반회계 총결산액, 개인용 컴퓨터 보유 대수)를 개발해 제시했지만 반영되지는 않았다.

에 대한 통제이다. 이러한 사실은 행정자치부 공무원들의 사고 체계와 관련되어 있음을 알 수 있다. 중앙부처는 기구와 정원을 늘리기 위해서는 행정자치부, 중앙인사위원회, 기획예산처 등의 통제와 견제를 받는 데 반해 지방자치단체의 표준정원제를 포기하면 방만한 조직 운영에 대한 통제와 견제 장치가 작동하지 않게 된다는 사고가 자리잡고 있다. 특히 중앙부처 단위에서 총액인건비제를 도입할 때 국장급 이상 고위직의 기구 설치에 대한 승인권을 존치시키고 있는데(남궁근・서원석, 2005), 지방정부의 총액인건비제 도입시에서도 중앙정부와의 형평적 사고가 작용했다고 볼 수 있다. 사실 총액인건비제의 도입으로 직급 인플레이션, 특히 고위직의 남설 가능성이 우려되기도 한다. 지금까지 지방자치단체는 최대 허용 기구 수만큼 조직을 팽창시켜 왔고(임도빈, 1997: 69), 총액인건비제의 시범 실시 과정에서 고위직의 증가가 현저했다는 사실(서울신문, 2006. 10. 10)은 주민의 인기에 영합한 기구 팽창 및 직급 인플레이션에 대한 행정자치부의 우려를 간접적으로 뒷받침해 주고 있다. 이러한 논리는 지방의회와 지역의 NGO 등에 의한 견제가 충분하지 못하고 지방자치단체의 자치 역량이 높지 않은 상황에서 기구 팽창과 기형적 인력구조의 가능성에 대한 최종적인 통제장치를 확보해야 한다는 책임 의식의 표현으로 볼 수도 있다.

그러나 총액인건비제를 도입하는 가장 큰 목적은 고위직 기구를 포함한 자치단체의 기구 설치에 대한 통제를 완화하고, 지방자치단체가 총액인건비의 범위 안에서 재량적으로 판단해 직급구조를 선택하도록 하기 위한 것이다. 즉 자치단체의 판단에 따라 소수 고위직에 다수의 하위직을 선택하든 아니면 다수 고위직에 소수 하위직을 선택하도록 자율성을 주기 위한 것이다. 그럼에도 불구하고 총액인건비제의 본래 취지를 반영하지 못하고 고위직에 대한 통제를 두고 있는 것은 고위직의 남설을 우려하거나 자치단체의 합리적 조직 운영을 불신하는 사고나 가치 체계가 관성적으로 유지되고 있는 증거로 볼 수 있다. 이러한 사고 체계나 공유된 정책 신념(policy belief)은 기존 제도나 정책을 지속시키는 원인이 될 수 있다. 제도 속의 행위자들은 핵심적 신념을 고수하기 위해 지엽적인 신념을 포기할 수 있을지라도 그들의 핵심적 신념을 포기하기를 꺼린다는 주장(Peters et.al., 2005: 1289)에 따르면, 행정자치부의 관료들은 고위직의 통제에 대한 핵심적 가치를 포기하기 어렵다는 것이다. 중앙관료들은 지방자치제 초기부터 지방정부의 자치 역량과 자기통제 능력에 대해 불신하는 사고를 가지고 있었고, 이러한 사고가 자기강화 기제를 통해 여전히 불식되지 않고 지속 또는 확대되고 있다고 볼 수 있다. 물론 고위직에 대한 정원책정 기준을 폐지했기 때문에 고위직에 대한 통제도 완화되었다고 주장할 수 있지만 고위직(국장급 이상)의 기구 설치 범위를 제한하고 있으므로 정원과 관계 없이 고위직을 설치할 수 없기 때문에 지방자치단체로서는 재량의 여지가 없다고 할 수 있다.

제 4 절 결 론

총액인건비제는 중앙부처와 지방자치단체의 기구 설치 및 정원관리의 자율성을 획기적으로 신장시켜 줄 것으로 기대되는 제도이지만, 앞서 살펴본 바와 같이 두 가지 측면에서 과제를 안고 있다.

첫째, 온전한 형태의 제도를 도입하지 못해 당초 기대한 바의 자율성 제고 효과를 꾀하기 어렵다는 점이다. 즉 부단체장의 수와 직급, 출장소 등 직속기관의 설치 기준, 그리고 국장 이상 고위직 기구의 설치 기준 등 여전히 행정자치부의 통제 가능성을 남겨두고 있어 중앙부처 및 지방자치단체의 자율성을 제약하는 요인이 되고 있다. 이러한 문제는 각 부처 또는 지방자치단체에 대한 불신, 집권주의적 전통, 그리고 중앙관료의 통제 관성 등의 문화적·구조적 요인이 작용하고 있을 뿐만 아니라 고위직 기구의 남설 가능성과 기형적 조직구조의 초래 등 부정적 파급 효과도 예상되기 때문에 쉽게 개선될 수 있는 사안은 아니다.

둘째, 총액인건비제의 자의적 운영에 대한 책임성 확보 문제이다. 각 부처 또는 지방자치단체는 기구 설치 및 인사관리에 관한 증대된 권한을 자의적으로 행사하는 도덕적 해이에 빠질 수 있다. 전자의 문제 중 고위직 기구의 설치 기준 완화 등은 두 번째 문제와 밀접하게 관련되어 있다. 향후 총액인건비제의 책임성 있는 운영과 성과 제고가 전제될 경우 고위직 기구의 설치 기준 등을 완화시킬 수 있을 것이기 때문이다.

기관의 도덕적 해이를 해소하기 위해서는 우선적으로 총액인건비제의 운영 결과를 공시하게 하는 제도를 채택해야 할 것이다. 중앙부처 및 자치단체별로 총액인건비, 기구 설치, 그리고 정원 등을 공시할 경우 지역주민들은 기관 간 비교를 통해 무분별한 기구 설치와 정원관리에 대한 통제를 하게 될 것이다. 초기 단계에서는 행정자치부 등에서 조직관리에 대한 컨설팅을 실시하고 나아가 총액인건비제의 운영 성과에 대해 평가하는 시스템도 필요할 것이다. 평가의 결과는 다음 연도 인건비 예산과 교부세에 반영하는 시스템으로 전환해 운영 우수기관 등에 대해서는 인센티브를 부여하되, 운영 부진기관에 대해 불이익을 주는 방안도 검토할 수 있을 것이다. 또한 중앙부처의 총액인건비제는 총괄경상예산제도(running cost budgeting)로 발전시켜야 한다는 주장도 제기된다(성부혁신시방분권위원회, 2005). 총액인건비제도의 장기적 발전 방향은 인건비뿐만 아니라 경상경비까지 포함하는 총괄경상예산제도라고 할 수 있다. 일부 구미 국가에서 시행하고 있는 총괄경상예산제도는 조직·인력 감축, 각종 경상경비 절감 등 능률성 제고에 따른 경비 절감 부분을 인건비 예산과 연계해 활용하고 있다.

마지막으로 총액인건비제를 구조조정의 수단 또는 인사 적체의 해소 수단으로 활용할 가능성을 차단해야 할 것이다. 총액인건비제의 경우 인건비를 지방교부세에 반영해 인력 운영에 따라 가용재원이 확대되거나 자체 부담의 증가로 이어지게 함으로써 총액인건비제를 자치권 제고의 수단으로보다는 구조조정의 수단으로 인식하게 하는 계기를 제공할 수 있다. 총액인건비제 시범 실시 이후 단기적으로는 인력의 축소보다는 증가 현상이 발생함에도 불구하고 과거부터 누적된 불신 등이 작용해 구조조정의 수단으로 인식되고 있는 것이다. 또한 총액인건비제는 행정조직의 팽창 속성, 부처이기주의, 공무원 노조의 영향력 행사 등을 감안할 때, 각 부처 및 자치단체의 인사 적체 해소 수단으로 남용될 수도 있다. 따라서 기관의 구조조정 및 인사 적체 해소 수단으로 활용될 수 있는 여지를 차단하기 위해 앞서 제시한 조직진단, 성과평가, 그리고 성과공시제 등을 실시해야 할 것이다.

제10장 인사교류 혁신

OECD 각 국가는 1980년대 이후 새로운 환경에 효과적으로 대응하기 위해 정부혁신을 추진하고 있다. 90년대 초에는 미국과 영국을 중심으로 관리상의 효율성 향상에 중점을 두었지만, 중반 이후에는 행정의 대응성과 투명성에 초점을 두고 좀더 광범위하고 근본적인 거버넌스 개혁을 추구하고 있다(김성렬, 2006: 42). 이러한 개혁 과정에서 핵심 어젠다(agenda) 중의 하나가 공공 부문의 인적자원관리(human resource management)라 할 수 있다. 이러한 시대적 변화와 요청에 의해 우리 나라도 조직구성원의 형태를 변화시키기 위한 인사 개혁의 일환으로 고위공무원단제도, 개방형 직위제도 등 다양한 인사교류제도를 시행하고 있다.

인사교류는 공공 부문에서 혁신 분위기가 조성되면서 개방과 경쟁의 원리가 확립되고 공무원들이 현 소속기관에서 탈피해 협동적 문제 해결에 대한 인식 차원에서 대두되었다. 다시 말해서 개방성과 유연성, 그리고 탄력적인 인력관리 방식의 필요성이 대두됨에 따라 새로운 형태의 공공 부문 인사교류의 중요성이 부각된 것이다. 인사교류는 공직자 임용 과정에서 기관 간의 한계 및 영역 간의 인력 장벽을 뛰어넘을 수 있으므로 공무원들로 하여금 적재적소의 배치를 가능하게 한다는 점에서 중요한 의의를 가진다(김판석 외, 2000: 24). 향후 인사교류가 활발하게 이루어질 경우, 영역 간의 한계와 차이를 초월해 관심 분야의 전문성을 높이고 다양한 채널을 통해 경험을 할 수 있을 것이므로 탄력적이고 유연한 인력관리가 이루어질 수 있다.

한편, 인사교류가 조직의 유연성을 확보한다는 차원에서도 중요하지만, 개인적 차원에서도 지식 노하우와 경험을 확대해 경력 개발과 전문성을 높이는 기회도 될 것이다. 또한 개방형 직위제도의 도입에 따른 공직에 대한 민간 부문의 진출이 용이해진 만큼 공공기관에서 민간으로의 진출도 활발하게 진행되고 있다. 이 밖에 민간을 포함한 다른 기관 및 다른 부문 인력 간의 인사교류를 통해 상호 협력을 위한 네트워크 형성의 계기도 된다(박천오 외, 2007: 292). 참여정부의 출범 이후 공공 부문 인사혁신을 핵심 과제로 추진하고 있는 만큼 이 장에서는 핵심 과제 중의 하나인 인사교류제도를 중심으로 그 의의와 유용성을 살펴보았다. 그리고 연구의 범위는 참여정부 전후를 중심으로 구체적으로 고찰했다. 따라서 참여정부 전후를 중심으로 중앙부처 간의 인사교류인 수시 교류와 과장급 교류, 중앙정부와 지방자치단체 간의 인사교류, 정부와 공공기관 간의 교류, 정부와 민간 부문 간의 인사교류, 지방자치단체 간의 인사 교류로 한정해 유형별 현황과 성과를 통해 문제점을 진단한 후 향후 개선 방안을 제시했다.

제 1 절 인사교류의 의미와 유형

1 인사교류의 개념 및 의의

인사교류는 기관 상호간에 직무 분야가 유사한 범위 내에서 공무원의 수평적 이동을 허용하는 제도를 말한다. 여기서 공무원의 인사교류라 함은 일반적으로 부처 간 전환, 부문 간 전환, 기관 간 전환이나 임시적 교류인 파견, 그리고 항구적 교류인 행정기관 간의 전직 등을 말한다. 그러나 광의의 측면에서 공공 부문과 민간 부문 간의 인적 교류에 대한 참여 장벽을 완화하고 건설적 협력 체제 구축과 역량을 공유하는 측면에서 정부와 민간 간의 교류 및 채용도 포함하는 것이 일반적인 견해이다. 김판석 등(2000)은 인사교류를 교류 모형(PIBI Exchang model)인 인력(people), 아이디어(idea), 우수사례(best practice), 그리고 정보(information)를 상호 교환하는 것으로 설명하고 있다. 이 밖에 우리 나라 법규상 인사교류는 국가공무원법, 지방공무원법, 공무원임용령, 지방공무원임용령. 지방공무원인사교류규칙 등의 법규에 의해 운영되고 있다.[1]

인사교류는 기관 상호간에 업무 협조를 증진시킬 수 있고, 공무원 개개인에게 능력 발전의 기회를 제공하는 효과가 있다(강성철 외, 2006: 278; 유민봉, 2003: 248). 또한 정부의 생산적 인력관리, 기관 간의 이해 증진 및 협력 체제 구축, 공무원 개개인의 능력 향상 등을 목표로 한다. 이러한 명확한 효과와 목표를 가지고 있음에도 불구하고 인력의 효율적 활용을 위한 수단인 인사교류는 우리 나라 공공 부문에서 활발하게 이루어지지 못했다는 것이 일반적인 평가이다(조윤명, 1997: 12; 김판석 외, 2001: 6; 강성철 외, 2006: 279). 다시 말해서 과거의 인사교류가 일부 부처 간의 업무 협조 차원에서 제한적으로 이루어졌고 거의 대부분 개인의 고충처리 차원에서 소극적으로 이루어졌다. 또한 기관 간 조직문화의 차이와 원기관 복귀시 인사상의 불안, 부하직원 통솔상의 한계 등의 문제로 일선기관과 공무원들이 인사교류에 소극적인 태도를 보여 왔다.

그러나 최근 중앙인사위원회(2007)의 자료에 의하면, 중앙부처간 인사교류나 중앙정부 및 지방정부 간의 인사교류, 민간기관 간의 인사교류 등

---

1) 중앙정부 공무원의 인사교류는 기본적으로 국가공무원법 제32조(인사교류, 파견근무)와 공무원임용령 제41조(파견근무, 민간전문가의 파견근무 등), 제42조(파견으로 인한 결원 보충 등), 제47조(특수지근무 공무원의 인사교류), 제48조(행정기관 상호간의 인사교류)에 근거하고 있으며, 지방정부 공무원 인사교류는 지방공무원법 제30조(인사교류, 파견근무)와 지방공무원임용령 제27조(파견근무, 파견으로 인한 결원 보충 등)의 규정에 근거하고 있다. 또한 지방공무원 임용령에는 제27조 4에 지방자치단체에 민간전문가를 파견시켜 근무하는 경우와 제27조 5에 지방자치단체 간의 인사교류에 대해 규정하고 있다. 이 밖에 공무원 전출입에 관한 규정, 개방형 직위의 운영에 관한 규정 등이 인사교류상 필요한 부문에 대해 적용될 수 있다. 한편, 지방공무원과 국가공무원 간에 파견이 아닌 인사교류는 행정자치부와 교육인적자원부와의 교류를 제외하고는 지방공무원법 및 임용령에 규정되어 있지 않기 때문에 국가공무원법 및 공무원 인용령에 근거하여 운영될 수 있는 것으로 본다(김판석·권경득 외, 2000: 42-43 참조).

이 활발하게 진행되고 있다. 고위공무원단제도의 시행과 개방형 직위 제도의 확대 등 행정환경의 변화와 더불어 조직 상호간의 협력 체제 구축의 필요성이 제기되면서 업무 기능 중심의 인사교류제도에 대한 관심이 증가했다. 이러한 차원에서 인사교류의 유용성을 국가사회적 차원, 조직적 차원, 개인적 차원으로 나누어 살펴보면 다음과 같다(김판석 외, 2001: 28-32; 권경득 외, 2003: 3-4; 박천오 외, 2001: 256; 중앙인사위원회, 2006).

첫째, 국가사회적 차원에서 인사교류의 유용성으로는 다른 부서 및 기관 간의 지식과 정보를 공유하고 활용함으로써 지식 기반을 확대할 수 있다는 점이다. 지식정보화사회에서 지식의 공유가 조직 발전과 조직문화를 구축하는 데 중요한 요인이기 때문에 인사교류를 통해 각 기관이 보유한 지식 노하우를 전파함으로써 지식을 공유하고 기관 간의 협력 체제를 구축할 수 있다. 다시 말해 인력교류를 통한 기관 간 정보의 공유와 활용은 국가사회 전체의 발전에 매우 중요한 활력소가 될 것이다. 특히 지식정부 및 디지털 신경망 정부를 구축하는 데 인사교류가 지식 기반을 구축하고 지식창고(repository)를 확장하는 요인이 될 것이다. 따라서 중앙정부기관 내의 교류나 중앙정부 및 지방자치단체 간의 교류, 그리고 정부와 민간 부문 간의 인사교류를 통해 인력이 교환되면 나머지 아이디어, 우수 사례, 정보를 공유할 수 있기 때문에 국가적 차원에서도 유용하다. 이 밖에 범정부적 차원에서 협력 체계를 공고히 하고 국가의 핵심 리더들이 새로운 시각에서 정책을 개발할 수 있도록 여건을 조성할 수 있다.

둘째, 조직적 차원의 유용성으로는 인사교류를 통해 기관 간의 균형 있는 인력 배치 및 활용이 가능하다. 그리고 인력을 적재적소에 배치할 수 있기 때문에 탄력적인 조직 운영 및 관리 운용 체제의 강화가 가능하고 조직의 분파주의를 해소함으로써 인력의 교환을 통한 기관 간의 상호 이해 증진 및 협력 체제의 강화를 가능하게 한다. 또한 공무원의 능력 향상과 적재적소 배치를 통해 조직의 생산성이 증진된다. 이 밖에 전문적 능력을 가진 인력이 일부 기관에 편중되어 있을 경우에는 전문 인력의 기관 간 분산 배치가 가능해지므로 전문성의 활용도를 높이고, 조직에서도 필요한 전문 인력을 상호 교환함으로써 조직의 생산성을 증진하는 데도 도움이 될 것이다. 특히 부족한 인력과 잉여 인력을 인사교류를 통해 해결함으로써 탄력적인 인사조직 관리를 할 수 있는 장점이 있기 때문에 외국에서는 인사교류를 인력 재배치나 인력 구조조정의 주요 수단으로 활용하고 있다. 마지막으로 인력 관리기법의 개발이 가능하고 기관 간 정보 교류를 통한 지식 및 정보의 공유가 가능해지는 등 조직적 차원에서 많은 장점을 가지고 있다.

셋째, 인사교류는 개인적 관점에서 근무 상황에서 발생하는 여러 애로 사항을 해결할 수 있는 대안이 된다. 인사교류는 개인적의 적성과 능력에 맞는 근무를 할 수 있는 기관의 범위를 확대시켜 주기 때문에 개인의 적성과 능력을 살릴 수 있는 기회를 더 많이 제공받게 한다. 그리고 상호 연관성이 높은 기관이나 조직에서 새로운 학습을 경험하고 지식을 축적함으로써 개개인의 능력 개발뿐만 아니라 새로운 도전의 기회를 가질 수 있다. 또한 조직 내외부의 환경 변화에 따라 발생할 수 있는 애로 사항을 최소화함으로써 근무환경상의 문제를 해결할 수 있다.

한편, 현대 사회의 복잡한 사회 문제를 해결하기 위해서도 인사교류는 유용하다. 사회 문제는 정부기관과 외부 집단들이 문제의 심각성을 이해하고 가치를 공유하며, 상호간의 이익을 조정하고 협력할 때 효율적으로 해결될 수 있다. 심각한 사회 문제를 해결하는 데 행정기관 간의 상호 협력이 중요함에도 불구하고, 부처할거주의, 지역이기주의(NIMBY)로 인해 상호 협조가 제대로 이루어지지 않는 상황 하에서 인사교류의 필요성은 더욱 크다. 또한 정부기관과 기업·시민단체·대학·연구소 등 비정부기관(NGO)과의 인사교류도 중요하다. 이러한 인사교류가 실효성 있게 이루어질 경우에 중앙정부나 지방자치단체는 외부 전문인력의 활용, 사회 각 부문에 대한 이해 증진과 협력 체계 강화, 행정의 투명성 제고, 정책의 정당성 및 정책집행의 효율성 등을 확보할 수 있을 것으로 기대된다.

2 인사교류의 유형

인사교류의 유형에는 크게 중앙부처 간 인사교류, 중앙정부와 지방자치단체 간의 인사교류, 정부와 공공기관 간의 인사교류, 정부와 민간 부문 간의 인사교류, 지방자치단체 간의 인사교류, 정부기관과 외국 정부기관 간의 인사교류 등이 있다.

1) 중앙부처 간의 인사교류

중앙부처 간의 인사교류에는 수시교류와 과장급 인사교류가 있다. 먼저 수시교류제도는 정기인사교류에 대비되는 개념으로 공무원이 소속을 바꾸는 것으로 개개인의 적성과 소질, 부모 봉양 및 부부 공무원 고충 등 애로 사항을 적극 반영하고 해결함으로써 공직사회의 활력과 생산성을 제고한다는 취지에서 추진되었다. 1981년 도입된 정기인사교류는 1990년까지 연 1회, 1992년부터 2001년까지 격년제로 실시했다. 당시 정기인사교류는 부처 희망을 우편으로 접수받았고, 격년제로 운영되면서 적기에 수요를 충족하는 데 어려운 문제를 야기했다. 수시교류제도는 이러한 문제를 해결하기 위해 2002년에 도입해 교류 희망 공무원들이 언제든지 신청할 수 있도록 인터넷으로 신청자의 희망 사항을 중재해 주는 제도이다. 행정자치부가 담당하는 수시교류는 1 : 1 교류로서 중앙부처 및 지방자치단체 소속 4급 내지 9급 일반직 공무원을 대상으로 매년 1월, 4월, 7월, 10월 등 총 4회에 걸쳐 교류가 실시된다. 교류 공무원은 승진, 전보, 근무성적평정, 교육훈련, 상훈 등 다른 공무원과 차별을 받지 않도록 인사상의 불이익을 금지하고 있다.

다음으로 과장급 인사교류[2]는 과거 폐쇄적 인사운영 시스템에서 탈피해 공직사회의 경쟁력을 확보하는 동시에 부처 간의 정책 협조를 활성화하고, 나아가 범정부적 차원에서 인재를 육성하고 활용을 강화하기 위해 추진되었다. 따라서 전 정부적 차원에서 협력 체제를 강화하고 우수 공무원의 육성 및 활용을 위해 과장급 핵심 공무원을 상호 교류한다. 그리고 각 부처의 인사환경을 고려해 시범적으로 실시한 후, 운영 성과에 따라 단계적으로 확대 추진함을 원칙으로 하고 있다. 또한 부처의 희망을 최대한 반영하고 부처별 특성을 감안해 협의·조정하되, 부처 간의 자율적인 조정이 어려운 경우에는 정부 내 직위공모[3]를 실시하는 것을 기본 방향으로 하고 있다.

---

2) 2004년 1월부터 시작한 국장급 인사교류는 2005년 인사교류계획에 따라 기존의 부처 간 국장급 인사교류가 부처 간 과장급 인사교류로 교류의 규모와 범위가 확대되었기 때문에 여기에서는 과장급 이상의 인사교류를 중심으로 접근했다.

3) 직위공모제도는 해당 직위의 결원 여부와 관계 없이 공직 내부의 공개경쟁을 통해 최적격자를 임용하는 것으로 선발된 공무원이 타부처 소속인 경우 파견함을 원칙으로 하고 파견 기간은 1~2년을 원칙으로 하고 연장할 수 있다. 국장급 직위공무제도는 2006년 7월 고위공무원단제도에 흡수되었다.

다음으로 대상 직위의 선정 기준을 보면, 업무의 유관성이 높고 부처 간의 협조 필요성이 큰 직위, 특정 이익집단 등의 시각에서 벗어날 필요가 있는 직위, 정책 대상이나 기능 등이 중첩되거나 광대역화가 필요한 직위, 교류를 통해 업무혁신이나 정책 개발이 필요한 직위, 핵심 국정과제를 위해 우수 인재의 영입이 필요한 직위, 취약한 인력 풀과 침체된 조직 분위기로 인해 새로운 활력이 필요한 직위 등이다(중앙인사위원회 내부자료, 2007; 박천오 외, 2007: 293).

2) 중앙정부와 지방자치단체 간의 인사교류

중앙정부와 지방자치단체 간의 인사교류는 참여정부의 핵심 과제인 지방분권 및 국가 균형 발전의 효율적인 추진과 중앙 및 지방 간의 협력 체제 강화 등을 위해 추진되었다. 중앙정부의 전문지식을 갖춘 인재는 지방에, 지방자치단체의 유능한 인재는 중앙에 근무하게 함으로써 지역 발전 및 국정의 통합성에 공헌할 수 있도록 인사교류의 활성화 차원에서 추진되었다. 그리고 중앙정부와 지방자치단체 간 인사교류의 목적은 중앙의 정책 수립 능력과 지방의 현장 경험을 결합시켜 행정의 시너지 효과를 창출하고 지방의 역량을 강화하기 위한 것이다.

중앙정부와 지방자치단체 간의 인사교류에는 국가공무원의 지방순환근무, 상호교류제도, 상호파견제도가 있다. 국가공무원의 지방순환근무는 지방자치단체에 대한 행정 지원 차원에서 중앙정부의 우수 인력을 지방으로 지원 근무시키는 교류 형태로 지방자치단체에 두는 국가공무원제도를 말한다. 다음으로 상호교류제도는 순수한 의미의 인사교류제도로 중앙정부와 지방자치단체가 필요한 인력을 같은 수만큼 상호 교류하는 형태를 의미한다. 마지막으로 상호파견제도는 중앙과 지방자치단체 간 동급, 동수의 인원을 상호 교류하는 것으로 교류 인력이 완전히 전·출입되는 것이 아니며, 1~2년간 필요한 기간을 정해서 교류하는 형태를 말한다(박천오 외, 2001: 255-256).

2004년 이후 중앙정부와 지방자치단체 간의 인사교류 분야는 정책 관련 분야나 집행의 연관성이 높은 직무 분야를 중점적으로 교류하지만, 혁신 역량의 확산과 개인이 희망하는 지역 등을 적극 고려하고 있다. 여기서는 인사교류의 개혁과 혁신의 관점에서 참여정부 이후 2004년 처음으로 실시한 중앙행정기관과 지방자치단체 간 상호 인사교류를 중심으로 운영 현황과 성과를 살펴보고자 한다.

3) 정부와 공공기관 간의 인사교류

정부와 공공기관 간의 인사교류는 공공 분야의 우수한 인재를 상호 활용하고, 정책 수립과 집행시에 협력 체제를 강화해 공직사회의 경쟁력을 제고하기 위해 추진되었다. 인사개혁 로드맵 과제 중 하나인 '정부 내 및 민·관 간 인사교류 활성화' 시책(2003. 7. 1)과 정부혁신지방분권위원회의 '공직개방 촉진방안'(2005. 3. 29)의 일환으로 '2005년도 인사교류계획'에 따라 새롭게 추진된 제도이다. 정부와 공공기관 간 인사교류제도의 기본 방향은 중앙부처 및 공공기관 희망과 수요를 반영해 자율적으로 실시되고 기관별 특성을 고려해 다양한 형태의 교류를 인정한다. 그리고 교류 효과를 향상시키기 위해 인센티브를 부여하고 성과관리를 철저하게 함을 목적으로 하고 있다.

정부와 공공기관 간 교류 대상의 직급 및 분야를 살펴보면, 정부에서는 복수직 4급 이하 공무원을 대상으로 하고 공공기관은 주무부처와 상호 협의 후 기관별 직급 체계에 따라 이에 상응하는 직급을 파견하게 된다. 한편, 정부조직법 제2조 제6항 규정에 따라 부처의 과장급 이상 직위에는 공무원만 임용이 가능하다. 다음으로 교류 분야는 중앙부처와 공공기관 간의 정책과 집행 간의 연관성이 높은 직무 분야 및 전문성이 요구되는 직무 분야 위주로 교류하며, 정부혁신 역량의 상호 상승작용이 예상되는 경우도 포함하고 있다.

4) 정부와 민간 부문 간의 인사교류

정부와 민간 부문 간의 인사교류는 공공 부문에 민간의 경영기법 및 업무 수행 방법 등을 도입하고 민·관 간의 인사교류를 통해 상호 이해 및 국가적 인재를 양성한다는 목적 하에 추진되었다. 그리고 전문성을 겸비한 적합한 사람을 교류함으로써 상호간의 지식과 역량의 공유·확대와 협력체계를 구축할 수 있는 효과적인 수단이다(박천오 외, 2007: 294). 민·관

간 인사교류의 유형은 크게 민간 부문이 정부 인력을 활용하는 제도와 정부가 민간의 우수 인재를 활용하는 제도로 대별된다. 민간 부문이 정부 인력을 활용하는 제도로는 민간근무휴직제도, 민간기관파견제도,[4] 고용휴직제도,[5] 벤처기업 창업 또는 임원으로 근무시 휴직하는 제도[6]가 있다. 또한 정부가 폐쇄적 인력 운영을 지양하고 열린 정부, 공직 개방을 위해 도입해 운영하고 있는 제도에는 개방형 직위제도, 시간제 계약직 공무원을 포함한 계약직 공무원제도, 민간 전문가의 공직파견제도, 특수한 직무 분야에 대한 특별채용 등이 있다.

정부와 민간 부문 간의 대표적인 인사교류제도인 민간근무휴직제도[7]는 공무원이 민간 부문의 효율적인 업무 수행 방법과 경영 기법을 습득해 도입하고 기업은 공무원의 지식과 경험을 활용해 경영전략 수립과 법률자문 등에 기여하도록 함으로써 정부와 민간 부문 간의 이해를 증진하고 인력 운영의 유연성을 확대할 목적으로 2002년 7월부터 시행되었다. 이 제도는 국제기구나 대학, 연구기관에 근무하는 고용휴직제도나 공공단체 등에 국가적 사업 수행 및 행정 지원을 위한 파견제도와는 달리 정부산하단체 등 공직 유관 단체를 제외한 민간기업, 법인, 단체, 협회 등에 일정 기간 휴직하고 근무하는 제도이다. 따라서 공무원을 손님으로 대접받지 않고 기업에 기여한 만큼 대가를 받음으로써 제도의 성과를 높이고자 보수를 기업에서 받는다. 또한 협상에 의해 체결되는 계약 조건의 적정성을 소속 장관이 판단하도록 되어 있다.

---

4) 민간기관파견제도는 국가적 목적을 위해 영리기업을 제외한 기관 또는 단체에서 공무원이 근무한다는 점에서 민간근무휴직제도와 차이가 있다. 파견 기간은 2년 이내로 하고 특히 필요한 경우에 1년 범위 내에서 연장할 수 있다.

5) 고용휴직제도는 비영리단체로 휴직 가능 범위가 제한된다는 점에서 민간근무휴직제도와 차이가 있으며, 공무원을 임시로 채용한 기관에서 보수를 부담한다는 점에서 민간기관파견제도와 차이가 있다.

6) 이 제도는 3년 범위 내에서 휴직할 수 있는 제도로써 벤처기업 육성을 목적으로 2007년까지 한시적으로 인정되고 있고, 일반직 공무원은 이 제도로 휴직할 수 없다. 벤처기업 휴직은 영리기업에 공무원이 근무할 수 있도록 한 점에서 민간기관파견제도나 고용휴직제도와 차이가 있다.

7) 민간근무휴직제도는 국가공무원법 제71조 제2항, 제3항, 그리고 공무원임용령 제7장(민간근무휴직)과 중앙인사위원회 예규 제118호 민간근무휴직제도운영지침에서 관련 근거를 규정하고 있다.

정부에서 민간 부문을 활용할 수 있는 대표적인 제도인 민간 전문가 공직파견제도는 국가사업의 공동 수행 또는 전문성이 요구되는 특수 업무의 효율적인 수행을 위해 필요한 경우 행정자치부 협의 및 국무총리의 승인을 얻어 국가기관 외의 기관 및 단체의 임직원을 파견받아 근무하게 하는 제도이다. 파견 기간은 2년 이내이며, 1년의 범위 내에서 연장할 수 있다.

5) 지방자치단체 간의 인사교류

지방자치단체 간의 인사교류는 광역자치단체와 기초자치단체, 기초자치단체 간 인사교류 등으로 구분된다. 그리고 지방자치단체와 민간 부문 간의 인사교류는 지방자치단체와 대학, 연구소, 민간기업, NGO 등 민간 부문과의 인사교류를 의미한다. 지방자치단체와 외국 정부 부문과의 인사교류는 외국 자매결연 도시와의 인사교류, 국제기구, 외국 교육기관과의 인사교류 등을 말한다. 광역자치단체와 기초자치단체 간의 인사교류는 광역자치단체의 교류계획에 의해 행정직은 광역자치단체 신규 승진자(5급)와 기초자치단체의 기존 5급 공무원 간의 교류, 기술직은 동일 직렬 내에서 1대 1 상호 교류 및 기초자치단체의 순환 교류를 시행하고 있다. 기초자치단체 간의 상호 교류는 비연고 기초자치단체 근무자의 연고지 조정 등을 목적으로 광역자치단체에서 전보·조정하고 있고, 기초자치단체장의 요청에 따라 광역자치단체에서 기초자치단체 간 1대 1 전보·조정하고 있다.

이 밖에 광역자치단체는 인사교류의 활성화를 위해 원장(예: 행정부지사), 부위원장(예: 자치문화관광국장), 위원(예: 도 국장급 공무원 및 시군, 출장소 인사위원회 위원장)으로 인사교류협의회를 구성하고 있다. 광역자치단체 인사교류협의회의 기능은 광역자치단체와 기초자치단체, 기초자치단체간의 인사교류 방침 및 계획 등을 심의한다(권경득 외, 2003: 10).

제 2 절 인사교류의 현황과 성과

정부는 인력관리의 효율성을 제고하고 유연하고 탄력적인 인력관리를 위해 인력 부문의 개혁을 추진하고 있다. 여기서는 인력교류의 유형을 중앙부처 간 인사교류, 중앙정부와 지방자치단체 간의 인사교류, 정부와 공공기관 간의 인사교류, 정부와 민간 부문 간의 인사교류, 지방자치단체 간의 인사교류로 한정해 운영 현황과 성과를 살펴보고자 한다.

1 중앙부처 간의 인사교류 현황과 성과

중앙부처 간 인사교류의 하나인 수시교류에는 중앙부처 상호간 교류와 중앙 및 지방 간 교류가 있다. 다시 말해서 행정자치부가 실시하는 행정자치부와 지방자치단체 상호간 교류와 교육인적자원부가 실시하는 교육인적자원부와 지방교육청 상호간 교류가 있다. 그러나 지방공무원법 제30조 2에 의해 지방공무원 상호간 교류는 제외된다. 교류 신청 제한자로는 법령에 의해 전보가 제한된 자,[8] 휴직・징계처분, 직위해제 및 형사사건으로 수

8) 법령에 의한 전보 제한자를 보면, 공개경쟁채용시험에 의한 결원 보충이 곤란한 특수한 직무 분야・환경 또는 도서, 벽지 등 특수한 지역에 근무할 자로서 특채된 후 5년이 경과되지 아니한 자(국가공무원법 제28조 제2항 제6호 및 제5항), 외국어에 능통한 자로서 특채된 후 5년이 경과되지 아니한 자(국가공무원법 제28조 제2항 제8호 및 제5항), 연고지 기타 지역적 특수성을 고려해 일정한 지역에 거주하는 자를 그 지역에 소재하는 기관에 임용하고자 특채된 후 5년이 경과되지 아니한 자(국가공무원법 제28조 제2항 제12호 및 제5항), 근무 예정지역 또는 근무 예정기관을 미리 정하여 실시한 공개경쟁 채용시험에 합격된 자로서 당해 지역 또는 당해 기관에 임용된 날로부터 3년(휴직・직위해제 및 정직 기간은 불산입)이 경과되지 아니한 자(공무원임용령 제45조 제5항), 일반승진시험 요구중인 자(공무원임용령 제45조 제6항), 공개경쟁시험에 의하여 임용하는 것이 부적당하여 동종 직무에 관한 자격증 소지자로서 특채된 후 4년이 경과되지 아니한 자(국가공무원법 제28조 제2항 제2호, 공무원임용령 제45조 제3항), 임용예정직급과 동일한 직급에서 2년 이상 근무한 경력이 있거나, 임용 예정 직급에 상응한 근무 또는 연구 실적이 3년 이상인 자로서 특채된 후 4년이 경과되지 아니한 자(국가공무원법 제28조 제2항 제3호, 공무원임용령 제16조 제1항 제3호 및 제45조 제3항), 기능직 공무원이 일반직 공무원으로 특채된 경우와 지방공무원이 당해 직급에 해당하는 국가공무원으로 특채(행정자치부・교육부 소속 공무원으로 특채된 경우 제외) 된 후 4년이 경과되지 아니한 자 (국가공무원법 제28조 제2항 제7호 및 공무원임용령 제45조 제3항), 임용 예정직에 관련된 실업계・예능계 및 사학계의 고등학교, 전문대학 및 대학(대학원을 포함)의 학과 중 대통령령으로 정하는 학과 졸업자로서 중앙인사위원회가 정하는 바에 따라 당해 학교장의 추천을 받아 연구 또는 기술직렬의 공무원으로 특채된 후 4년이 경과되지 아니한 자(국가공무원법 제28조 제2항 제9호, 공무원임용령 제16조 제1항 제9호 및 제45조 제3항), 임용 예정직에

사·소추 중인 자, 시보임용 중인 자 및 필수 실무관으로 지정된 자, 최근 3년 내 부처 및 단체 이동 경력이 있는 자(조직 개편 등으로 인한 교류자는 제외), 입법·사법·다른 헌법기관 공무원은 제외된다. 다음으로 수시교류 절차를 살펴보면, 교류 형식은 1 : 1 교류이고 교류를 희망하는 공무원이 중앙인사위원회 홈페이지 패밀리 사이트에 개설되어 있는 '인사교류 정보센터' 인사교류 신청란에 개별적으로 신청하면 된다.

먼저, 회원 가입을 한 다음 신청 내용을 작성하면 절차는 끝나며, 신청 내용의 삭제도 가능하다. 중앙인사위원회는 신청 내용을 검토해 분기별로 짝을 연결해 주는 '커플 매니저' 역할을 하고 있다. 교류가 성사되면, 빠른 시일 내 교류를 시행하도록 해당 기관에 문서를 보내고 해당 기관에서는 전·출입 동의 절차를 거쳐 교류자의 전출 인사를 추진하게 된다(최영주, 2006: 32-33).

정기 인사교류를 보완하기 위해 2002년 도입된 수시교류의 현황을 보면, 2002년 전체 517명이 신청해 그 중 100명(19%)의 공무원이 교류되었다. 2003년의 경우는 신청자 1,087명 중 140명(13%), 2004년에는 신청자 1,797명 중 201명(11%), 2005년에는 신청자 1,272명 중 146(12%)명의 교류 성과를 보였다.[9]

<표 10-1>을 보면, 수시교류가 도입된 2002년의 경우에 신청자 대비 교류자 비율이 19%로 가장 높았으며, 2005년의 경우 12%로 감소한 것으로

관련된 과학기술 분야 또는 특수전문 분야의 연구 또는 근무경력이 있어 특채된 후 4년이 경과되지 아니한 자(국가공무원법 제28조 제2항 제10호, 공무원임용령 제16조 제1항 제10호 및 제45조 제3항), 재학 중 장학금을 받고 졸업하여 특채된 후 4년이 경과되지 아니한 자(국가공무원법 제28조 제2항 제11호 및 공무원임용령 제45조 제3항), 공무원교육훈련법에 의한 6월 이상의 특별훈련 이수자로서 현재 의무 복무 중인 자(공무원교육훈련법시행령 제35조 제1항), 직류별 모집에 의한 행정고등고시('82년 시행 제26회 이후)에 합격하여 근무 중인 자로서 교류시 실제 근무 기간(시보기간·휴직·직위해제 및 정직기간 불산입)이 다른 직류에 해당하는 기관으로는 4년, 동일한 직류에 해당하는 기관으로는 2년이 경과되지 아니한 자(공무원임용령 제45조의 2) 등이다.

9) 중앙인사위원회 내부자료에 의하면, 1980년 대 초 교류 희망자의 교류 비율은 50%를 넘었으며, 1990년대의 경우에는 20~25%의 수준을 보였다. 그 이후 1999년의 정기교류에서 교류신청자 856명 중 110명만 성사되어 교류 비율이 13%인 것으로 나타났다. 1999년의 교류 비율이 급격하게 저하된 것은 정부의 구조조정에 의한 영향으로 추정한다(김판석 외, 2000: 46).

〈표 10-1〉 수시교류 연도별 · 직급별 현황(신청자/교류자)

(단위: 명, %)

구 분	합 계	비율	4급	5급	6급	7급	8급	9급	기타
2002년	517/100	19	-	13/2	48/14	227/40	179/36	50/10	-
2003년	1,087/140	13	2/0	73/18	168/18	434/72	316/22	94/10	-
2004년	1,797/201	11	12/0	87/20	352/50	672/88	479/25	192/16	3/2
2005년	1,272/146	12	7/0	57/2	165/28	502/74	361/28	175/14	5/0

자료: 최영주(2006). 공무원 수시교류 문 두드려 보세요. 「계간 인사행정」. 29: 33 재구성.

나타났다. 신청자의 직급별로는 7급이 가장 많았으며, 기타를 제외하면 4급 신청자 및 교류자의 교류 실적이 가장 저조한 것으로 나타났다.

한편, 과장급(3급 또는 4급) 인사교류는 부 · 처 · 청 · 위원회 등 중앙행정기관 전체가 대상기관이다. 교류 방법은 부처별 수요조사를 통해 부처가 교류를 희망하는 후보 직위를 발굴하고 관계 부처와 협의를 통해 조정하며, 부처의 자율적인 조정이 어려운 경우에는 정부 내 직위 공모로 교류 효과를 유도한다. 교류 형식은 파견을 원칙으로 하며, 교류 대상자와 관계 부처가 협의해 전보 · 특채의 형식으로도 임용이 가능하다. 공모로 선발된 공무원은 승진 · 파견 · 전출입 등으로 임용되고 파견 기간은 1년으로 하고 1년 범위 내에서 연장이 가능하지만, 이 경우에 결원 보충은 인정되지 않는다. 또한 교류 임용자에게는 원소속기관 복귀를 보장하고 복귀 후 희망하는 보직 및 승진 기회를 부여하는 동시에 교류수당을 지급하고 성과연봉 책정시 우대를 하는 등 인사 및 급여상 인센티브가 부여된다. 교류수당은 공무원 수당규정을 기준으로 3급은 70만 원, 4급은 60만 원이 지급되며, 교류 성과는 부처별로 정부업무평가에 이를 반영하고 있다.

국장급을 포함한 과장급 인사교류의 현황을 보면, 먼저 2004년에 20개 부처 국장급 32개 직위(교류 22, 공모 10)에 대해 부처 간의 교류가 이루어졌다. 2005년의 경우에는 국장급 직위 32개에 대해 실시한 부처 간의 교류가 과장급으로 확대되어 26개 부처 30개 직위에 대해 교류가 실시되었다(중앙인사위원회, 2006). 또한 <표 10-2>를 보면, 2006년 말을 기준으로 23개 부처 34개 직위에 대해 교류가 이루어졌다.

〈표 10-2〉 중앙부처 간 과장급 인사 교류 현황*

부처명	교류 직위	원소속기관 교류 직위
재정경제부	조세지출예산과장	기획예산처 재원기획과장
	개발협력과장	기획예산처 교육문화재정과장
	국세심판원 조사관	국세청 서울청 법무1과장
교육인적자원부	산학협력과장	산업자원부 산업기술인력과장
	학술진흥과장	과학기술부 인력기획조정과장
과학기술부	연구개발예산담당관	기획예산처 과학환경재정과장
	인력기획조정과장	교육인적자원부 서울대 기획담당관
국무조정실	건설교통정책과장	건설교통부 토지관리팀장
	정책3팀장	국정홍보처 주시드니홍보관
기획예산처	과학환경재정과장	과학기술부 연구개발예산담당관
	재원기획과장	재정경제부 조세지출예산과장
	교육문화재정과장	재정경제부 개발협력과장
국정홍보처	주시드니홍보관	국무조정실 정책3팀장
공정거래위원회	하도급개선팀장	노동부 산업안전팀장
국 방 부	전산정보개발2과장	정보통신부 금융시스템과장
행정자치부	지식행정팀장	국가청소년위원회 시설단체팀
문화관광부	국립공주박물관장	문화재청 부여문화재연구소장
	국립광주박물관 학예연구실장	문화재청 국립고궁박물관장
농 림 부	통계기획팀장	해양수산부 무역진흥팀장
산업자원부	산업기술인력과장	교육인적자원부 산학협력팀장
	산업환경팀장	중소기업청 산학협력과장
정보통신부	금융시스템과장	국방부 전산정보개발2과장
보건복지부	식품정책팀장	식품의약품안전청 식품안전정책팀장
노 동 부	산업안전팀장	공정거래위원회 하도급개선팀장
건설교통부	토지관리팀장	국무조정실 건설교통정책과장
	지역발전정책팀장	환경부 유해물질과장
환 경 부	국토환경보전과장	건설교통부 지역발전정책팀장

해양수산부	무역진흥팀장	농림부 통계기획팀장
국 세 청	서울청 법무1과장	재정경제부 국세심판원 조사관
국가청소년위원회	시설단체팀장	행정자치부 혁신전략팀
문화재청	국립고궁박물관장	문화관광부 광주박물관 학예연구실장
	국립경주문화재연구소장	문화관광부 국립공주박물관장
중소기업청	산학협력팀장	산업자원부 산업환경팀장
식품의약품안전청	식품안전정책팀장	보건복지부 식품정책과장

*: 2006. 12. 31. 기준 23개 기관 34개 직위
자료: 중앙인사위원회 인사 교류센터(http://www.csc.go.kr/exchange) 내부자료(2007년).

2 중앙정부와 지방자치단체 간의 인사교류 현황과 성과

중앙정부와 지방자치단체 간의 인사교류는 상호간의 장점을 결합시키고 긴밀한 인적 네트워크가 형성됨으로써 시너지 효과를 극대화하기 위해 도입되었다. 특히 2003년 3월 인사 관계 장관회의시 대통령 지시로 인해 본격적으로 논의되었다. 그 이후 2003년 9월 국무회의시 대통령 지시로 인사교류가 승진 등에 유리하다는 설득과 홍보를 통해 교류가 추진되었다. 2004년 처음으로 실시된 정책인 중앙기관과 지방 간 인사교류의 세부 시행 방안을 보면, 교류 대상자의 직급은 53세 이하의 3~6급 공무원으로 중앙부처는 부·처·청, 위원회 등 전체가 대상기관이고 지방자치단체의 경우에는 모든 광역·기초자치단체가 교류 대상 기관이다.[10]

교류 형식은 파견을 원칙으로 하고 직무 수행상 교류 근무지에서 직위부여가 필요한 경우(4급 이상)에는 전·출입 형식으로 교류를 할 수 있다. 또한 직렬 간의 융통성을 높여 4급 행정직과 5급 기술직을 교류하는 등 다른 직렬 및 직급과의 교류도 인정하고 있다. 파견 기간은 1년을 원칙으로

10) 2004년을 기점으로 기존의 행정자치부·교육부와 지방자치단체 사이에 상시적으로 실시되어 오던 중앙-지방 간 인사교류는 모든 부처로 확대되었다. 2005년에는 교류 대상 지방자치단체의 범위도 광역시도에서 인구 50만 이상의 기초자치단체까지 확대되어 총 20개로 증가했으며, 2006년에는 모든 지방자치단체로 확대되었다. 또한 2005년 교류 대상도 3~5급에서 3~6급까지 확대되었다.

하고 1년 범위 내에서 연장이 가능하며, 교류는 상·하반기로 나누어 2회에 걸쳐 실시된다.

또한 중앙-지방 간 인사교류의 필요성을 제고하고 장기적인 인적자원 개발 효과를 극대화하기 위해 교류 대상자에게 원소속기관 복귀를 보장하고 희망 보직 및 승진 기회를 부여한다. 그리고 인사교류 보전수당으로 3급 70만 원, 4급 60만 원, 5급 이하 50만 원을 지급하고 파견 형식의 교류시에는 파견기관에서 이를 지급하고, 전·출입의 경우는 근무기관에서 지급한다. 이 밖에 교류 대상자의 주거 안정을 위해 주택보조비를 월 60만 원 한도 내에서 지급하는 등 경제적 인센티브를 부여하고 있으며, '공무원 성과평가 등 운영지침'에 따라 성과평가시 가점을 부여하는 등의 우대를 하고 있다. 마지막으로 지방자치단체에 대해서는 교류 실적을 지방행정 평가 및 특별교부세 지원에 반영하는 등 적극적인 교류 유인책을 마련해 교류 활성화의 인프라를 구축했다.

여기서 민선 1기 지방자치단체장이 출범한 1995년 전후를 기준으로 중앙정부와 지방자치단체 간의 인사교류 현황을 보면, 중앙정부와 지방자치단체 간의 인사교류자 수는 1992년 72명, 1994년 111명, 1996년 35명, 1997년의 경우에는 4명으로 나타나 당시 교류자의 수가 급격히 감소했음을 알 수 있다. 또한 중앙정부와 지방자치단체 간 파견 현황을 살펴보면, 중앙정부에서 지방자치단체로의 파견은 1994년 4명, 1996년 17명, 1997년 28명, 1998년 38명, 1999년에는 26명이 시·도에 파견되었다. 그리고 지방자치단체에서 중앙정부로의 파견은 1994년 16명, 1996년 8명, 1997년 4명, 1998년 4명으로 점차 감소한 것으로 나타났다. 행정자치부와 지방자치단체 간의 수시 협의를 통한 인사 교류 현황을 보면, 행정자치부에서 지방자치단체로의 교류는 1994년 94명에서 1996년 20명으로 급격히 감소하다가 1997년에는 41명, 1998년에는 33명, 1999년에는 18명이 교류한 것으로 나타났다. 다음으로 지방자치단체에서 행정자치부로의 교류는 1994에서 1996년까지 65명, 1997년에는 41명, 1998년에는 15명으로 급격히 감소했다가 1999년에는 22명으로 증가했다(행정자치부, 1999; 김판석 외, 2000: 84-85).

한편, 2004년 처음으로 실시된 중앙정부와 지방자치단체 간의 인사교류 현황 및 실적을 보면, 2004년 3월 중 1차로 중앙부처 10개와 8개 지방자치단체 간에 16개 직위, 32명에 대한 인사교류를 추진하고 2차로 2차로 6월까지 인사 조치를 실시하는 등 2004년 내 40개 직위 80명을 교류할 것을 밝혔다. 당시 32명에 대한 직급 및 직렬별 특성을 보면, 총 32명 중 직급별로 4급이 2명, 5급이 30명이며, 직렬별로 행정직이 16명, 기술직이 16명이었다. 전・출입 2명(4급), 상호파견 32명(5급) 등 2명이 증가한 제1차 교류에 이어 6월 2차로 7개 부처 6개 광역자치단체를 중심으로 각 8개 직위 상호파견 16명(5급, 행정직 13명, 기술직 3명)에 대한 인사교류를 실시해 상반기 목표 50명을 교류가 이루어졌다. 그 이후 행정자치부와 중앙인사위원회는 상호 협력 체제를 구축해 당초 계획한 인원인 80명을 초과해 총 84명의 교류를 추진했다(2004. 10. 30 행정자치부 보도자료 참조).

2005년의 경우에는 중앙기관인 교육인적자원부, 여성가족부, 통일부, 소방방재청과 지방자치단체인 대구광역시, 울산광역시 등이 새롭게 인사교류에 참여함에 따라 교류기관이 중앙기관은 17개에서 21개로, 시・도는 14개에서 16개로 증가했다. 그 결과, 21개 중앙기관, 16개 지방자치단체, 1개 교육청 102명의 인사교류가 이루어졌다. 직급별로는 4급 2명, 5급이 75명으로 가장 많았으며, 6급이 25명이였으며, 직렬별로는 행정직이 69.6%, 기술직이 30.4%로 나타났다.

마지막으로 2006년의 경우에는 20개 중앙기관과 20개의 지방자치단체 간에 118명의 인사교류가 이루어져 도입 연도인 2004년 이후 지속적인 증가 추세를 보였다. 직급별로 보면, 3급 1명, 4급 3명, 5급 63명, 6급이 51명으로 나타났다.[11] 인사교류의 전체적인 현황을 보면, 2004년 이후 중앙과 지방자치단체 간의 인사교류가 꾸준히 증가하고 있으며, 5급 공무원의 인사교류가 가장 많은 것으로 나타났다.

---

11) 2006년을 기준으로 20개 중앙기관 및 20개 지방자치단체와 교류자를 보면, 행자부 19명, 건교부 5명, 환경부 5명, 농림부 4명, 중기청 4명, 산자부 3명, 해수부 3명, 복지부 2명, 고충위 2명, 방재청 2명, 산림청・국조실・예산처・교육부・과기부・통일부・노동부・홍보처・청렴위・특허청 등은 1명으로 나타났다. 또한 지방자치단체는 서울시 3명, 부산시 2명, 대전시 5명, 대구시 3명, 광주시 1명, 울산시 2명, 인천시 4명, 경기도 12명, 충청북도 3명, 충남도 4명, 강원도 2명, 경상북도 7명, 경상남도 4명, 전라북도 2명, 전라남도 3명, 제주도 2명 등으로 집계되었다.

〈표 10-3〉 중앙기관 및 지방자치단체 간의 인사교류 현황 및 성과

직급별 / 연도별	계	3급	4급	5급	6급
2004년	84명	-	6명	78명	-
2005년	102명	-	2명	75명	25명
2006년	118명	1명	3명	63명	51명

자료: 중앙인사위원회, 「2006년도 인사 교류계획」, 인사 교류센터 내부자료를 참고로 재구성.

3 정부와 공공기관 간의 인사교류 현황과 성과

정부와 공공기관 간의 교류에서 대상기관은 중앙정부의 경우에는 중앙행정기관 전체이며, 공공기관의 경우에는 '정부투자기관관리기본법'상 투자기관 14개, 그리고 '정부산하기관관리기본법'상의 산하기관 가운데 일정 규모 이상의 기관(18개, 정원 1,000명 이상)이 대상이 된다. 이 밖에 중·소규모 정부산하기관·특수법인·연구기관·공공단체 등은 주무부처가 적절히 판단해 교류 대상에 포함하고 있다.

〈표 10-4〉 교류 대상 정부투자 및 산하기관 현황

(정원 기준, 단위: 개)

구 분	계	1,000명 이상	500~1,000명	300~500명	300명 미만
계	102	27	15	7	53
투자기관(정투법)	14	9	4	1	0
산하기관(정산법)	88	18	11	6	53

자료: 중앙인사위원회, 인사교류정보센터 내부자료 인용.

여기서 주무 부처별 정부투자기관관리기본법(이하 정투법)과 정부산하기관관리기본법(이하 정산법)상 1,000명 이상의 현황을 투자기관과 산하기관의 현황은 <표 10-5>와 같다. 투자기관은 건교부와 산자부가 5개로 가장 많고, 산하기관은 노동부 4개, 건교부 및 복지부 3개, 산자부 및 재경부 2개 순이다.

〈표 10-5〉 주무 부처별 투자·산하기관 현황(32개 기관)

(단위: 개)

구 분	계	건교	산자	노동	재경	복지	농림	환경	행자	문광	금감	보훈
계	32	8	7	4	3	3	2	1	1	1	1	1
투자기관(정투법)	14	5	5	0	1	0	2	0	0	1	0	0
산하기관(정산법)	18	3	2	4	2	3	0	1	1	0	1	1

* 정투법 대상과 정산법상 1,000명 이상 기준.

다음으로 주무부처별로 교류가 예상되는 정투법 및 정산법상 500명 이상을 기준으로 살펴보면, 투자기관이 14개, 산하기관이 29개인 것으로 집계되었다. 또한 기획예산처 경영혁신 대상기관인 정부공공기관을 보면, 정부투자기관관리기본법 적용기관인 공기업이 17개, 정부산하기관관리기본법 적용기관이 92개인 것으로 나타났다. 기타 중·소규모 정부산하기관·특수법인·연구기관·공공단체는 출연기관 46개, 부처 공공기관 69개 등이다.

〈표 10-6〉 기타 교류가 예상되는 산하기관 현황

(단위: 개)

구 분	계	건교	산자	재경	노동	복지	농림	환경	행자	문광	금감	보훈	경찰
계	43	9	8	5	5	3	3	3	2	2	1	1	1
투자기관(정투법)	14	5	5	1	0	0	2	0	0	1	0	0	0
산하기관(정산법)	29	4	3	4	5	3	1	3	2	1	1	1	1

* 주무부처별 정투법 대상 및 정산법상 500명 이상 기관 기준.

정부와 공공기관 간의 교류 방법은 국가공무원법상의 파견, 민간 전문가 파견으로 하고 이 경우에 결원 보충은 인정되지 않는다. 특히 민간 전문가의 정부기관 파견시 단순한 지원 업무가 아니라 유관 분야에 전문성을 발휘할 수 있게 관리하고 해당 공공기관에 대한 직접적인 이해 관계가 있는 업무 분야의 근무는 제외된다(공무원임용령 제42조의 2 제2항 참조). 교류방식은 상호 교류(맞교환)를 원칙으로 하고, 3개 이상 복수의 기관 간 교차교류(우회교환)도 가능하다. 파견 기간은 1년을 기본으로 하고 필요한 경우에는 1년 연장이 가능하며, 교류 복귀시 희망 보직을 부여하고 교육훈련·

포상・성과급 지급시 우대하는 등의 인센티브를 부여하고 있다.

2005년 도입된 정부와 공공기관 간의 인사교류 관련 운영 현황을 보면, 2005년 중앙부처의 경우에 재경부 2명, 농림부 2명, 행정부 1명 등 총 5명, 공공기관의 경우에는 한국은행 3명, 한국농촌공사 2명 등 총 10명이 교류했다. 직급별로는 중앙부처는 4급 3명, 5급 1명, 7급이 1명이며, 공공기관은 차장 3명, 3급 2명이 교류한 것으로 나타났다. 또한 2006년 10월 말 기준으로 운영 현황을 보면, 과기부, 농림부 등 중앙기관 6개 부처, 한국은행, 한국농촌공사 등 공공기관 6개 등 총 16명이 교류한 것으로 나타났다. 결론적으로 2005년에 도입된 중앙기관과 공공기관의 인사교류가 증가하고 있음을 알 수 있다.

〈표 10-7〉 정부와 공공기관 간의 인사교류 현황

(2006년 5월 현재)

중앙부처 교류 직위	공공기관 교류 직위	비 고
농림부 농촌정책국 기반정비과	한국농촌공사 사업관리처	
농림부 농촌정책국 시설관리과	한국농촌공사 사업계획처	
과학기술부 원자력국	원자력연구소	2006년도 신규
과학기술부 원자력국	원자력의학원	2006년도 신규
재정경제부 국제금융국	한국은행 조사국 통화재정팀	
행정자치부 지역경제팀	한국은행 조사국 산업지역팀	
문화관광부 체육국 스포츠여가산업과	국민체육진흥공단 스포츠산업지원팀장	2006년도 신규
건설교통부 항공안전본부 항공교통관제소	인천국제공항공사 인재개발원	2006년도 신규

자료: 중앙인사위원회(2006). 「2006년도 인사교류계획」, p. 37 재인용.

4 정부와 민간 부문 간의 인사교류의 현황과 성과

정부와 민간 부문 간의 인사교류 중 민간근무휴직제도는 최근 개방직 및 계약직 등으로 민간 전문가의 진출이 증가하고 있는 추세에 상응해 공무원도 휴직하고 민간기업 등에서 일정 기간 동안 근무할 수 있도록 한 제도이다. 공무원이 민간기업에 채용될 경우 3년 범위 내에서 휴직이 가능한 제도로 범위는 근무 경력 3년 이상 일반직 공무원 및 외무공무원 4~5급 공무원으로 하지만, 민간기업의 요청이 있거나 불가피한 상황이 있을 경우에는 3급(과장) 또는 6·7급도 가능하다. 민간기업의 범위는 정부투자기관, 지방공사 등 공직 유관 단체를 제외한 순수민간기업, 법인, 단체, 협회 등의 기관이 해당된다.[12]

휴직 가능 연령은 3급의 경우는 만 50세 이하, 4~5급은 만 48세 이하, 6~7급의 경우는 만 45세 이하이며 휴직은 상·하반기 2회에 걸쳐 실시된다. 민간근무휴직 절차는 각 부처에서 운영계획을 공개하고 민간기업이 부처에 채용 신청을 하면 부처별로 심의를 거쳐 중앙인사위원회에 대상자를 추천한다. 그 다음 민간근무휴직심의위원회를 거쳐 휴직 예정 공무원을 확정해 통보한 후 민간근무휴직이 실시된다. 그리고 휴직공무원의 근무 태도나 성실도를 면밀히 파악하기 위해 기존에 연 1회 실시하던 근무실태 점검을 2회로 늘리고 휴직 공무원으로 하여금 반기별로 업무 추진 실적을 제출하도록 하는 등 사후관리와 평가를 강화했다. 또한 민관 유착 등의 부작용을 방지하기 위해 3년 이내에 해당 민간기업과 직접적인 지도 감독 및 인·허가 업무에 종사한 경우는 제한하고 휴직 공무원·민간기업·소속 장관 등의 준수 사항을 부여한다.

민간근무휴직제도의 운영 현황을 보면, 2002년부터 2006년도 상반기까지 전체 76명이 민간기업에 근무했으며, 상반기 현재 36명이 복귀하고 40명이 민간기업에 근무하고 있는 것으로 나타났다. 따라서 2005년까지의 자료에 의하면, 2002년 7월에 도입된 민간근무휴직제도가 조금씩 증가하고 있음을 알 수 있다.

---

12) 민간기업의 범위는 상법에 의해 설립된 합명회사, 합자회사, 주식회사와 유한회사 등 영리 목적으로 설립된 법인, 상법 제614조의 규정에 의해 국내에서의 대표자를 정하고 영업소를 설치해 등기한 외국 회사, 상법 외의 법률에 의하여 설립된 법인, 단체, 협회 등의 기관이다.

〈표 10-8〉 민간근무휴직제도 운영 현황

구분 \ 연도별	2002년	2003년	2004년	2005년	2006년	계
당 초	12명	13명	24명	24명	3명(상반기)	누계: 76명
복 귀	12명	13명	11명	-	-	복귀: 36명
현 재	-	-	13명	24명	3명	40명

자료: 중앙인사위원회 정책자료집.

한편, 민간 전문가의 공직 파견 현황을 보면, 1999년 6월 민간기관 소속 57명이 정부부처 11개 기관에 파견되어 근무하는 것으로 나타났다(김판석 외, 2000: 154). 그리고 2002년도에는 한국은행, 금감원 등으로부터 70여명의 민간 전문가가 정부기관에 파견되어 근무한 것으로 나타났다(고기동, 2002).

따라서 2002년 7월에 도입된 민간근무휴직제도는 시행 초기에 공무원들이 기업문화에 적응하는 데 다소 문제점이 있었지만, 점차적으로 적응 속도가 빨라지면서 기획, 관련 사업 프로젝트 추진, 마케팅 등 다양한 영역에서 활약하고 있는 것으로 나타났다. 중앙인사위원회는 이러한 성과를 바탕으로 휴직 기회를 늘리고 종전에 만 45세로 제한한 연령 요건도 직급에 따라 완화했다. 또한 민간휴직제도의 선정 절차를 간소화하는 한편, 근무 실태의 점검이나 사후관리와 평가는 강화했다.

5 지방자치단체 간 인사교류의 현황과 성과

지방자치단체 상호간의 인사교류는 민선자치 이전과 이후로 구분해 운영 현황을 살펴볼 필요가 있다. 지방자치단체는 지방자치법 제3조 제1항에 의해 '법인'으로서 독자적인 인사권을 갖고 있지만, 운용 방식에서는 공기업 등 개별 특수법인과는 차이가 있다. 다시 말해, 지방공무원은 지방공무원법에 의해 체계적으로 관리되고 있는 것이다. 따라서 지방공무원의 인사교류는 지방자치제도가 실시되기 이전인 과거의 경우에는 자치단체장을 구 내무부 장관이 임명했으므로 구 내무부와 광역자치단체장의 권한으로 자유롭게 인사교류를 활성화시켰다(김명식, 2005: 34-35). 그러나 민선자치단체장의 시대가 도래한 후 사실상 각 자치단체장이 소속 자치단체 공무원의 인사권을 행사하게 되면서 지방공무원의 인사교류가 저조했다.

다음 <표 10-9>에서 알 수 있듯이 지방자치단체 간의 인사교류는 관선 2년인 1994~1995년에 비해서 민선자치 이후의 교류 실적이 저조한 것으로 나타났다. 이러한 결과는 1995년도 5급 공무원 인사권의 이양과 민선자치단체장이 첫 임기를 수행함에 따라 조직의 안전 심리 등의 요인에 의해 대폭 감소한 것으로 분석된다. 그러나 민선 2기 이후인 1999년부터 다시 인사교류가 증가했는데, 이는 인사교류에 대한 정부 차원의 적극적인 활성화 정책과 자치단체장의 인사교류 의지, 시・도의 인력 확충, 지방공무원 연고지 배치를 위한 인사교류계획 등의 확대 방침에 따라 증가한 것으로 판단된다.

〈표 10-9〉 민선자치 전・후 지방자치단체 간 인사교류 현황

연도별	총 계	시・도-시군구	시・군・구 간
1995년	24,849	5,159	19,507
1998년	6,079	1,951	4,037
2005년	14,418	4,046	10,059

자료: 행정자치부(07.03.28), 보도자료 참조.

다음은 지방자치단체 간 인사교류를 전・출입별로 현황을 살펴보면, 2004년 다른 시・도에서 전입한 공무원은 455명, 2005년은 553명으로 98명이 증가했다. 2004년 당해 시도와 시・군・구 간의 전입 공무원은 4,444명, 2005년에는 5,142명으로 698명으로 증가한 것으로 나타났다. 2004년 당해 시・군・구의 전입 공무원은 2,280명이며, 2005년에는 2,458명으로 178명이 증가한 것으로 나타났다. 지방자치단체 간의 인사교류를 보면 교육청을 포함한 전체 전입 공무원의 경우, 2004년 7,187명, 그리고 2005년에는 8,160명으로 973명이 증가했다. 전출 공무원의 경우에도 2004년 7,177명, 2005년 8,162명으로 985명이 증가한 것으로 나타났다(<표 10-10> 참조). 다음 <표 10-11>, <표 10-12>, <표 10-13>은 2005년 12월 31일 기준 국가기

관을 포함한 전체 인사교류를 총괄한 것과 시도별, 그리고 시·군·구별 현황을 참고로 제시한 것이다.

〈표 10-10〉 지방자치단체 간의 인사교류 현황(2004, 2005년 기준)

연도별	전입					전출				
	소계	타시도에서	당해 시도 (시군구)	당해 시군구	교육청	소계	타시도로	당해 시도 (시군구)	당해 시군구	교육청
계	15,347	1,008	9,586	4,738	15	15,339	1,000	9,586	4,734	19
2005년	8,160	553	5,142	2,458	7	8,162	556	5,142	2,459	5
2004년	7,187	455	4,444	2,280	8	7,177	444	4,444	2,275	14

자료: 「지방자치단체 공무원 인사통계」에서 재인용.

〈표 10-11〉 지방사지난제 전·출입 현황(2005. 12. 31 기준)

구 분	계	전입						전출					
		소계	국가기관	타시도	당해 시도 (시군구)	당해 시군구	교육청	소계	국가기관	타시도	당해 시도 (시군구)	당해 시군구	교육청
계	16,756	8,356	196	553	5,142	2,458	7	8,400	238	556	5,142	2,459	5
시도	5,374	3,461	53	13	3,394		1	1,913	94	69	1,748		2
시군구	11,382	4,895	143	540	1,748	2,458	6	6,487	144	487	3,394	2,459	3

〈표 10-12〉 시도별 전·출입 현황(2005. 12. 31 기준)

임용구분 / 기관별	합계	시도										
		계	전입					전출				
			소계	국가기관에서	다른시도에서	관내 시군구에서	교육청에서	소계	국가기관으로	다른시도로	관내 시군구로	교육청으로
계	16,756	5,374	3,461	53	13	3,394	1	1,913	94	69	1,748	2
서 울	4,023	1,041	587	4	2	581	-	454	21	54	379	-
부 산	1,678	475	298	-	3	295	-	177	-	-	177	-
대 구	1,131	336	201	1	-	200	-	135	7	2	126	-

인 천	1,976	853	551	1	2	548	-	302	2	1	298	1
광 주	215	92	70	6	-	64	-	22	8	2	12	-
대 전	903	410	219	2	-	217	-	191	5	2	184	-
울 산	500	159	99	3	1	95	-	60	1	2	57	-
경 기	1,207	361	249	6	2	241	-	112	5	2	105	-
강 원	443	166	126	2	-	124	-	40	9	1	30	-
충 북	339	117	98	5	-	92	1	19	10	-	9	-
충 남	922	312	197	-	1	196	-	115	4	2	108	1
전 북	780	309	217	2	1	214	-	92	2	-	90	-
전 남	777	141	96	-	-	96	-	45	-	-	45	-
경 북	737	205	153	17	1	135	-	52	13	-	39	-
경 남	681	182	141	2	-	139	-	41	6	1	34	-
제 주	444	215	159	2	-	157	-	56	1	-	55	-

〈표 10-13〉 시·군·구별 전·출입 현황(2005. 12. 31 기준)

임용구분 / 기관별	시·군·자치구												
	계	전입						전출					
		소계	국가기관에서	다른시도에서	관내시도에서	관내시도내시군구에서	교육청에서	소계	국가기관으로	다른시도로	관내시도로	관내시도내시군구로	교육청으로
계	11,382	4,895	143	540	1,748	2,458	6	6,487	144	487	3,394	2,459	3
서 울	2,982	1,446	24	94	379	949		1,536		6	581	949	
부 산	1,203	561	9	28	177	347		642			295	347	
대 구	795	376	9	37	126	204		419	4	11	200	204	
인 천	1,123	428	3	13	298	114		695	5	28	548	114	
광 주	123	48	1	33	12	2		75	2	7	64	2	
대 전	493	265	13	65	184	3		228	4	4	217	3	
울 산	341	157	1	19	57	80		184		9	95	80	
경 기	846	354	23	103	105	122	1	492	30	97	241	122	2
강 원	277	85	6	12	30	36	1	192	13	18	124	37	
충 북	222	65	1	20	9	34	1	157	3	28	92	34	
충 남	610	240	11	28	108	92	1	370	20	62	196	92	

전 북	471	173	5	19	90	58	1	298	11	14	214	58	1
전 남	636	265	6	18	45	196		371	23	56	96	196	
경 북	532	189	7	26	39	116	1	343	19	73	135	116	
경 남	499	180	23	25	34	98		319	8	74	139	98	
제 주	229	63	1		55	7		166	2		157	7	

자료: 행정자치부(2007), 「지방행정본부」 내부자료 인용.

제 3 절 인사교류의 쟁점과 향후 과제

지금까지 중앙부처 간 인사교류, 중앙정부와 지방자치단체 간의 인사교류, 정부와 공공기관 간의 인사교류, 정부와 민간 부문 간의 인사교류, 지방자치단체 간 인사교류의 운영 현황을 살펴보았다. 여기서 참여정부 출범 전후의 인사교류제도에 대해 운영 성과와 문제점을 진단하고 향후 과제 및 발전 방향을 제시하고자 한다.

1 중앙부처 간 인사교류의 쟁점과 향후 운영 방향

중앙부처 간 인사교류 중의 하나인 수시교류는 1981년도에 도입된 정기 인사교류의 문제점을 보완하기 위해 2002년에 도입되어 매년 총 4회로 교류 신청을 확대해 적기에 수요를 충족할 수 있도록 했다. 2005년 수시교류를 신청해 성사된 지원자들의 희망 사유를 보면, 부모 부양, 육아 문제, 가족과의 합류 등 연고지 근무가 42%로 가장 많았다. 그 다음으로 능력 개발 및 적성을 고려해 교류를 희망한 공무원이 20%, 업무 변화를 위해 교류를 희망한 공무원이 14% 등의 순으로 조사되었다. 그러나 수시교류는 신청자 대비 교류자 비율에서 2002년 19%에서 2005년에는 12%로 감소한 것으로 나타났다. 물론 수시교류는 교류 대상자와 희망 기관, 그리고 지역이 일치해야 이루어지기 때문에 교류를 중재해 성사하는 데 많은 어려움이 따른다.

따라서 향후 수시교류를 활성화시키기 위해서는 중앙인사위원회의 역할도 중요하지만, 교류를 희망하는 공무원들이 교류 상대방을 찾고자 하는 적극적인 의지가 더욱 필요하다. 교류 희망자는 인사교류정보센터 교류 희망 공개 또는 비공개 게시판을 적극 활용해 상호 지원자들과 교류 의사를 확인하고 상대방을 설득하는 노력도 필요하다. 또한 중앙인사위원회는 전화 상담과 홈페이지 답변을 통해 교류 희망자들의 궁금증을 즉시 해결할 수 있도록 대응성을 높여야 한다.

다음으로 과장급 인사교류에 대해 살펴보면, 중앙부처 간 인사교류가 국장급에서 2005년부터는 과장급으로 확대되었다. 과장급 교류의 확대는 범정부적 차원에서 교류근무제를 통해 인재를 활용하고 원활한 업무 협력 체계 구축에 기여한 것으로 평가되고 있으며, 2005년의 경우에 30개 직위, 2006년의 경우에는 23개 부처 34개 직위에서 과장급 교류가 이루어졌다. 그러나 여전히 공무원들은 새로운 업무에 대한 심리적 부담과 부처 간 조직문화의 차이, 부하직원 통솔상의 한계 등으로 인해 교류 자체가 활발히 이루어지지 않고 있다. 그리고 교류자의 경우에 일정 기간 근무 후 복귀가 예정되어 있지만, 복귀 후 인사상 불이익을 받을 것이라는 우려를 표명하고 있다. 따라서 부처 간 이기주의를 완화하고 협력 체제를 구축하기 위해서는 과장급 교류의 지속적인 확대에 따른 신규 교류 직위를 추가로 발굴하는 작업이 필요하고 원소속기관 복귀에 대한 확실한 보장과 복귀 후 희망 보직을 부여하는 동시에 승진시 교류자를 우대한다는 법적·제도적 장치를 마련해야 한다. 또한 고위공무원단 선발 심사시에 과장급 이상 교류자에 대한 가산점을 부여하는 등 세부 운영지침을 제도화해야 한다(중앙인사위원회, 2006). 마지막으로 중앙부처의 교류 운영 실적을 정부 업무 평가에 반영해 소속 부처가 인사교류의 필요성을 인식하고, 자율적으로 추진할 수 있도록 인센티브 등을 대폭 강화해 교류를 유도할 필요가 있다.

2 중앙-지방 간·지방자치단체 간 인사교류의 쟁점과 향후 운영 방향

먼저 중앙정부 및 지방자치단체 간의 인사교류에서는 교류의 활성화를 위해 2006년 모든 자치단체로 확산되었고, 교류의 탄력성을 제고하기 위해 다른 직렬 및 직급과의 교류도 인정하는 동시에 다수 기관 간의 교차 교류도 인정하고 있다. 또한 교류 복귀시 희망 보직 부여, 교육훈련·포상·승진에 따른 우대와 성과평가에 따른 가점 부여(공무원 성과평가 등 운영지침, 인사위 예규 제89호 참조)를 가능하게 하는 등 인사상의 인센티브와 공무원 보수업무 처리 등 처리지침 및 인사위 예규 제82호, 제84조 규정에 의해 연봉 및 성과상여금 지급시에 우대하고 있다. 이 밖에 직급에 따라 교류수당을 차등 지급하고 교류 임용자의 주거 안정을 위해 월 60만 원 한도 내에서 주택보조금을 지급하고 있다. 이러한 활성화 정책에 힘입어 2004년 84명, 2005년 102명, 2006년 118명 등 꾸준히 증가한 것으로 나타났다. 다음으로 지방자치단체 간 인사교류의 경우, 현재 정부 차원에서 적극적인 활성화 정책을 추진하고 있고, 지방공무원의 고충 문제를 해결하기 위해 연고지 배치를 위한 인사교류계획 등을 실시하고 있다.

그러나 [그림 10-1]을 보면 알 수 있듯이 민선 전후를 중심으로 살펴보면, 자치단체장 선출 후 중앙정부와 지방자치단체 간, 그리고 지방자치단체 간의 인사교류는 관선 2년(1994년과 95년)에 비해 급격히 감소한 것으로 나타났다. 앞에서도 논의했지만, 이러한 결과는 1995년 민선 자치단체장 선거 이후 인사 운영의 경직성과 폐쇄성으로 인해 중앙정부 및 지방자치단체, 지방자치단체 간의 인사, 정보, 의사소통이 원활하게 이루어지지 못한 결과로 해석된다. 다시 말해서 1995년 5급 공무원의 인사권 이양과 자치단체장의 인재 운용 범위의 제한, 그리고 지방자치단체의 인적 역량이 약화되는 등의 부작용으로 인한 결과로 볼 수 있다. 또한 당시 인사교류의 급감 요인을 분석한 행정자치부(2007)의 분석 결과에 따르면, 민선 체제 이후의 과도기적 상황에서 인사교류를 자치단체장의 인사권 제약으로 오해하거나, 달라진 환경 여건에 적합한 합리적인 교류 모형이 없었다는 점이다. 이 밖에 인사교류의 확대를 유도할 수 있는 행·재정적인 인센티브가 미흡했으며, 인사교류에 대한 자치단체장의 관심과 의지도 미흡했다. 지방자치단체 공무원들도 중앙부처 근무에 따른 승진 등 메리트가 저하되어 행정자치부의 근무 희망자가 급감했으며, 행정자치부가 팀제 등 경쟁과 성과 중심으로 조직을 운영함으로써 적응에 부담을 느낀 지방공무원들의 근무 기피 심리가 확산되는 등 다양한 문제로 인해 인사교류가 감소했다. 그러나 중앙-지

[그림 10-1] 민선 전·후 지방공무원 인사교류 변동 추이

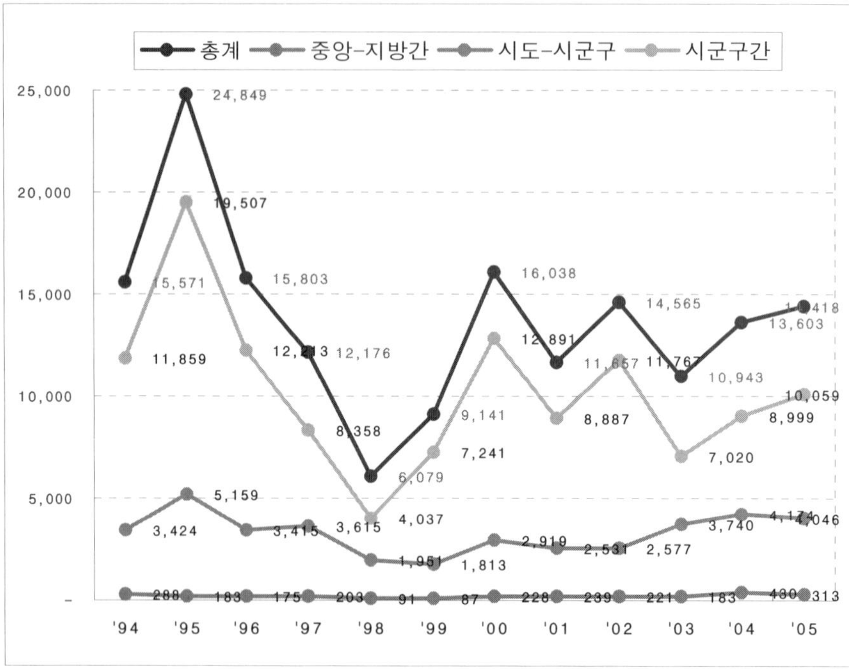

자료: 행정자치부(2007) 내부 통계자료 인용.

방 간, 시·도-시군구 간, 시군구 간의 인사교류는 1999년 민선 2기 이후 인사교류가 다시 증가하고 있다. 따라서 중앙-지방 간, 지방자치단체 간의 인사교류를 활성화시키기 위해서는 상생·협력의 새로운 파트너십을 구축해야 한다. 그리고 국정의 통합과 지방의 자율성이 조화를 이루어 공동 발전의 기반을 구축하기 위해 시대 상황에 맞는 제도적 장치를 보완하고 개선하는 것이 무엇보다 중요한 과제이다.

그러나 여전히 교류자들의 경우, 자녀 교육 문제와 새롭게 접하는 근무 환경, 인사상의 불이익을 우려해 인사교류에 소극적인 태도를 보이고 있다. 중앙정부와 지방자치단체 간의 인사교류는 상호 이해 관계를 증진시키고 다양한 업무 경험을 습득함으로써 공무원의 역량을 강화하는 데 있다. 따

라서 두 기관 간의 인사교류를 활성화시키기 위해 향후 교류계획에서는 교류 방법을 다양화하고 지원 또한 강화하는 동시에 운영에 따른 성과평가를 주기적으로 실시해 제도를 개선하고 보완해야 한다. 또한 현재 교류 현황에서 보면, 기관별 · 지역별 · 직급별로 교류자가 편중되어 있기 때문에 실무 중간계층인 6급과 다수 기관 간의 교차 교류는 인정 범위로 제한하고, 운영상의 교류 수요를 감안해 탄력적으로 운영할 필요가 있다. 이 밖에 공무원들은 교류에 따른 인사상의 불이익을 우려하고 있기 때문에 교류기관, 대상자 및 교류 직위, 복귀 및 예정 직위, 복귀 보장 등의 교류협약서 작성을 의무화해야 할 것으로 판단된다(중앙인사위원회, 2006). 마지막으로 중앙 및 지방공무원 간의 직위상호교환제 및 인력 풀제를 적극적으로 활용할 필요가 있다(김판석 외, 2000).

다음으로 지방자치단체 간 인사교류의 쟁점과 향후 방안을 살펴보면, 지방공무원법상 인사교류 관련 규정이 지방자치제도의 자율성 원리와 인력의 균형적 활용 등 양자의 목적을 동시에 충족하기 위한 것으로 규정되어 있다. 여기서 인사교류시 상급 자치단체의 권고가 있어야 한다는 규정은 무분별한 교류의 남용을 방지하고 인력의 균형적 활용을 도모하는 데 있다. 그러나 교류 대상 직급을 일부 제한함으로써 오히려 인사교류가 억제되는 결과를 초래할 수 있고, 대상 지역을 인접 자치단체로 제한함으로써 인재풀을 활용하는 데 한계가 있다(김명식, 2005). 또한 인사교류 자체를 업무성과가 저조하거나 조직에 적응하지 못하는 공무원을 배제하는 수단으로 남용해 자치단체 간의 인사교류에서 파행을 겪은 사례도 있다. 따라서 인사교류가 직업공무원제도의 취지에 어긋나지 않게 타당한 원칙을 기준으로 사전에 교류 대상 공무원과 충분한 협의가 전제되어야 한다. 그리고 지방자치단체별로 책정된 직급별 정원제도의 개선에 대한 충분한 검토가 필요하고 지방공무원법상 이러한 장애 요인을 극복할 수 있는 대안을 제시해야 한다. 또한 지방자치단체 간의 인사교류 유형도 다양하기 때문에 그 목적을 충족시킬 수 있는 교류 대상기관을 선정하고 교류 목적과 연고 배치를 기준으로 지속적인 인사교류계획을 수립해야 한다.

3 정부와 공공기관 간 인사교류의 쟁점과 향후 운영 방향

2003년 '정부 내 및 민·관 간 인사교류 활성화' 및 2005년 '공직개방 촉진방안'의 일환으로 추진된 정부와 공공기관 간의 인사교류는 국가공무원법상의 파견과 민간 전문가 파견으로 이루어지고 있다. 운영 현황을 보면, 2005년도에 3개 부처 2개 공공기관을 통해 10명을 교류했으며, 다음 해 6개 부처 6개 공공기관을 통해 16명을 교류했다. 정부 차원에서 교류근무제를 통해 범정부적 우수 인재를 육성하고 활용하는 토대를 구축했다는 점에서 중요한 성과라 할 수 있다. 그러나 아직 교류 인원이 많은 것이 아니기 때문에 향후 교류 인원을 확대하기 위한 방안을 모색해야 할 것이다. 한편 정부와 공공기관 간의 교류를 추진할 경우, 복수직 4급 이하의 실무계층 위주로 교류를 실시하는 것이 바람직하다. 그리고 두 기관 간 정부 정책의 협력 체제를 강화하는 차원에서 실시한다는 분명한 목적 하에 교류 활성화를 위한 적극적인 홍보가 필요하다. 또한 상호 합의 하에 교류를 추진하고 노조 등 내부 직원에 대한 사전 설명을 통해 동의를 확보한 후 추진해야만이 사후에 예상되는 문제점을 해소할 수 있다. 마지막으로 민간 전문가에게 보직을 부여할 경우에 관련 분야의 전문성을 적극 활용하되 민간인 신분으로 공무 집행에 따른 책임성 확보 등의 부담을 느끼지 않도록 보직을 부여해야 할 것이다.

4 정부와 민간 부문 간 인사교류의 쟁점과 향후 운영 방향

정부와 민간 부문 간 인사교류의 대표적인 제도인 민간근무휴직제도는 공무원이 민간 부문의 경영 기법 등을 습득하는 동시에 경제 전반의 환경을 이해하고 민간에서는 공무원의 전문지식과 실무 경험을 활용함으로써 민·관의 발전을 도모하는 차원에서 2002년 7월에 도입되었다(국가공무원법 제71조 제2항 및 공무원임용령 제7장 민간근무휴직 참조). 그러나 정부와 민간 부문 간의 인사교류제도는 민간 전문가의 중간 유입 자체가 기득권의 침해로 여기는 공직사회의 배타적 조직문화, 낮은 직업 유동성과

민 · 관 간의 보수 격차, 복잡하고 경직된 중앙집권적 인사교류 허가제도 등으로 인해 본래의 목적을 달성하지 못했다는 평가를 받고 있다. 정부와 민간 부문 간의 인사교류가 NGO, 대학 등으로 확대되어야 한다는 지적도 제기되었다(김판석 외, 2000; 박천오 외, 2007).

또한 2004년 정부개혁연구소가 각 부처 인사담당자 등을 대상으로 실시한 민 · 관 인사교류에 대한 설문조사 결과에 따르면, 민 · 관 인사교류의 장애 요인으로 '문화의 차이 및 조직의 배타성'(25.2%)을 가장 중요한 장애 요인으로 인식했다. 다음으로 '교류 제도의 미비'(15.4%), '직무 내용의 차이'(14.7%), 그리고 '교류 대상자가 받게 될 인사상의 불이익'(10.8%) 등의 순으로 나타났다. 그리고 인사교류의 활성화 방안으로는 민 · 관간 상호 경력 인정을 법제화와 교류 참여자에 대한 인사상의 혜택 부여가 가장 효과적이라고 인식했다. 따라서 이러한 문제점을 보완해 상호간의 경력을 인정하는 제노석 상치를 마련하고 복직 후 주요 보직에 임용될 수 있도록 제도 운영을 원활하게 하여 민간근무휴직을 장려해야 한다. 마지막으로 기업 선정 및 심사에 대한 권한을 해당 부처에서 전적으로 위임하고 운영 사례와 경험담 등을 홈페이지에 게시함으로써 적극적인 유인전략을 수립해야 할 것으로 판단된다.

제 4 절 결 론

지식정보화 사회의 도래와 더불어 전자정부 구현을 위한 핵심 과제인 전자인사관리 시스템(PPSS: Personnel Policy Support System)이 구축되면서 인적 자원의 자유로운 교류가 촉진될 전망이다. 이러한 시대적 상황 속에 공공기관 간의 인사교류뿐만 아니라 민관 교류정책인 민간근무휴직제도도 활발하게 진행될 것이다. 또한 국가 운영 체제는 전통적인 인력관리 방식에서 벗어나 탄력적이고 유연한 인력관리를 통해 성과 지향적인 정부로의 개혁으로 추진되어야 한다. 인사교류는 적재적소의 인력 배치를 통해 인적자원관리의 효율성을 제고하고 정부기관 간의 상호 협력 체제를 구축하는 동시에 공무원들로 하여금 민간 부문의 경영 기법을 습득해 개인의 능력 발전과 경험 확대를 통한 전문성을 향상시키는 중요한 수단이다.

지금까지 인사교류의 유용성과 더불어 유형을 중심으로 중앙부처 간, 중앙정부와 지방자치단체 간, 정부와 공공기관 간, 정부와 민간 부문 간, 지방자치단체 간 인사교류의 운영 현황과 성과, 그리고 문제점을 진단하고 향후 인사교류의 활성화 방안을 나름대로 제시했다. 전반적인 결과로 볼 때 민선 자치단체장 선거 이후 인사교류는 소극적인 태도를 보여 감소한 것으로 나타났지만, 민선 2기 이후 다시 증가하는 추세를 보였다. 2002년부터 정기인사교류의 문제를 보완한 수시교류제도가 활성화되면서 인사교류의 제도적 개선이 이루어졌다는 점은 중요한 의미를 가진다. 2004년 국장급 교류제도 도입 초기에 부처 간 조직문화의 차이나 원부처 복귀시 인사 불안 등으로 인해 부처 간 인사교류가 활발하게 이루어지지 않았지만 시간이 거듭됨에 따라 업무의 전문성과 소속감이 향상되어 제도 운영에 성과가 나타났다. 이러한 노력의 결과, 2005년 국장급 인사교류가 과장급으로 확대되었고, 2005년 30개 직위에서 2006년 34개 직위로 확대 운영되고 있다.

또한 참여정부 이후 중앙-지방자치단체 간 인사교류와 지방자치단체 간의 인사교류가 활발히 진행되고 있다. 최근 행정자치부는 '인사혁신이 없이는 조직혁신 없다'라는 전제하에 5대 혁신 과제와 로드맵을 작성해 인사혁신을 추진해 오고 있다. 행정자치부의 인사교류 활성화 방안을 보면, 지방 우수 인재 뱅크를 개설해 지방자치단체의 우수 인력을 관리하고 광역 및 기초자치단체와 인사교류협약(MOU)을 체결해 적극적인 인사교류를 실시함으로써 인재를 육성하고 중앙과 지방의 정책 통합성을 높여 갈 것을 밝혔다. 그리고 인사교류 기본계획 수립을 의무화하고 행정자치부, 시도 인사교류협의회의 운영을 활성화하는 동시에 민선자치 시대에 부응하는 교류 유형별 인사 교류 모형을 제시하는 등 구체적인 교류 방안을 마련한다는 계획이다. 또한 교류 대상자, 교류자에 대한 보직 부여, 권장 직위 등의 적정 모형을 제시하고 인사교류 실적에 따른 평가 후 우수 지방자치단체에 재정적 인센티브를 제공한다는 계획을 수립했다. 이 밖에 지방자치단체 간의 인사교류를 촉진하기 위해 '지방고위공무원단제도'를 도입하고, '지방인사정보 시스템'과 연계시켜 지방 인력 풀(pool) 데이터베이스를 구축하는 동시에 중앙부처 공무원의 지방 근무를 적극 권장할 계획이다.

마지막으로 교류 대상 공무원의 선정 과정에서부터 사전에 충분한 여론 수렴과 설득작업은 필수적이다. 공무원 인사교류는 공직 분류 체계의 개편을 통해 이루어질 수 있기 때문에 향후 인사교류제도도 공직의 개방과 경쟁, 성과관리와 병행해서 종합적으로 검토되어야 할 과제이기 때문에 다각적인 접근 방법이 필요하다고 판단된다. 또한 인사교류 유형별로 모형을 제시하는 동시에 법적·제도적 장치를 마련해야 하며, 인사교류 이전에 업무의 전문성을 확보할 수 있도록 교류자에 대한 사전교육을 강화해야 한다.

제11장 지역인재추천제

오랫동안 지속되어 온 중앙(수도권)과 지방(비수도권) 간 경제·사회·문화·복지 등 각 분야에서 격차는 심화되고 있으며, 이는 한국 사회의 국가 발전을 저해하는 심각한 문제임을 누구나 다 인식하고 있다.

이러한 불균형 발전의 중요한 원인 중 하나가 인재의 지역적 불균형적 분배·활용에서 기인되었고, 또 그것이 우리 사회의 불균형 발전을 더욱 심화시키고 있다는 연구 결과들이 나오면서, 중앙과 지방의 균형 발전을 통해 국가 발전을 가속화시키기 위해서는 인재의 지역적 불균형 분배·활용의 개선이 절실히 요청되고 있다.

이러한 사실은 최근까지 행정·외무고시 등 5급 공개경쟁채용시험 합격자의 대부분이 서울 소재 대학 출신자라는 점에서 잘 알 수 있다. 특히 지방국립대학을 비롯한 지방 학교의 낙후와 불균형은 심각한 상태이며, 중앙과 지방 간 인력 격차의 해소와 유능한 지방 인재의 육성을 위해 적극적인 정책적 고려와 도입이 진작부터 이루어졌어야 한다고 많은 이들이 주장해 왔다.

1990년대 초반부터 산발적으로 진행된 지방대학 육성과 인력할당 정책의 논의는 노무현 대통령의 공약 사항인 '인재지방할당제'라는 이름으로 지방분권과 국가 균형 발전이라는 참여정부의 국정 목표 실현 수단으로 자리잡게 되었다. 이것이 '국가고시 지방대 추천채용목표제'로 구체화되면서

2005년 '지역인재추천채용제' 형태로 처음 실시해 해마다 50명의 6급 견습 직원을 선발하고 있으며, 2007년부터 5급 공개경쟁채용시험에도 지방인재 채용목표제를 도입함으로써 순조로운 제도화가 이루어지고 있다.

이 장에서는 이러한 지역인재추천제의 도입 과정을 중심으로 논의하면서 그 성과와 과제를 살펴봄으로써 지역인재추천제의 적실성을 높이고자 한다.

제1절 지역인재추천제의 도입의 전개 과정

1 법제화 과정

지역인재추천제는 지역할당제라는 이름으로 1990년대 초반 대학입시 전형 기준의 한 방안으로 거론되다가 1990년 중반 이후 공직시험에도 이를 적용하자는 주장이 시작되면서 논의의 봇물이 터져 나왔다.

1994년 4월 교육부는 연세대학교 입시개혁안에 대해 현행법상 지역할당입학제가 가능하다고 회신함으로써, 그리고 그 해 12월 대통령 직속 교육개혁위원회는 대학교육 개혁 방안의 일환으로 지역할당입학제 도입의 검토를 발표했다.

1997년 2월 전국 13개 지방대학 총장들이 '인재지역할당제추진위원회'를 구성하고 지역 간 균형 발전과 지방대학 육성을 위한 지역할당제의 입법화를 추진할 것을 결의하고, 그해 10월 인재 지역할당제 입법 추진 공청회를 여는 등 당시 집권 공동 여당인 국민회의-자민련이 대통령선거 공약으로 채택되면서 정책 채택의 급물살을 타게 되었다.

1998년 2월 여야 의원 45명이 '국가 인재의 지역 간 균등 등용 촉진법안'을 제출하고 행정자치위원회에 상정했으나, 2000년 5월 제15대 국회 임기 만료로 자동 폐기되어 잠시 소강 상태를 유지했다.

2001년 제16대 국회에서 지방 출신 의원을 중심으로 그 동안 학계·언론에서 활발한 진행된 논의를 바탕으로 하여 좀더 진전된 방안을 담은 '지방대학 육성을 위한 특별법안'을 여야 의원 94명이 발의 국회에서 계류되고 있던 중, 2002년 노무현 대통령 후보의 대선 공약으로 '지역인재할당제'가 채택되면서 다시 한번 본격적인 탄력을 받게 되었다.

2 지역인재추천제 도입의 찬반 논란

1) 전 경북대 총장 박찬석 및 '인재지역할당제추진위원회' 주장

이 안은 행정고시 · 사법시험 · 외무고시 · 기술고시 · 변리사 등 국가에서 실시하는 국가고시나 자격시험을 지역의 인구 비례로 지방대학 출신 중에서 선발하는 등 매우 급진적인 내용을 담고 있다.

시행 방법으로 전국을 10개 지역으로 나누어 인구 비례에 따라 성적 차이와 무관하게 지역별 확정 · 고정의 할당제에 의해 선발하며, 주민등록된 지역 혹은 출신 대학 소재 지역에 응시할 수 있도록 했으며, 시험 합격 후 근무지역에 대한 제한을 없애게 했다.

이들의 주장은 현재 우리 사회가 서울과 지방 간 격차 심화로 인한 국가 경쟁력 저하가 심각한 수준에 이르게 될 것이므로 지방 인재의 유출과 부재를 막기 위해 인재 지역할당제와 같은 특단의 방법을 도입해 해결해야 한다고 주장하고 있다. 이러한 정책적 판단의 선례로 미국의 경우 소수민족이나 여성 · 장애인 등 사회적 약자에 대한 고용 평등 실현을 위한 적극적 평등 실현 유인책(Affirmative Action) 도입으로 사회적 통합력을 높이고 있음을 들고 있다.

전국 지방대학 총장과 12개 시 · 도의회 의장은 '인재지역할당제추진위원회'를 구성하고 앞에서 제시된 내용을 '국가 인재의 지역 간 균등 등용을 촉진하기 위한 법률(안)'에 담아 입법화를 추진했으나 실현되지 못했다.

2) 임두택 교수의 주장

1998년 발표한 그의 논문에서 심화된 지방의 소외와 지방대학 인재에 대한 차별을 시정하고자 박찬석과 비슷한 '인재지역할당제'를 주장했다.

그는 공직 충원에 지역이라는 변수를 적극적으로 고려해 지방대학 출신들의 고용이 일정 수준에 이르지 못하는 경우 고용 인원을 할당해 고용 결과에서의 평등을 확보하는 것이 '인재지역할당제'의 핵심이라고 주장한다. 그는 자신의 주장의 이론적 근거로 기존의 경직된 실적주의(주로 필기시험에 의한 선발 방식에 의존)를 보완해 정부의 대응성·능률성·형평성을 제고하려는 대표관료제(Representative Bureacracy)를 예로 들면서 지방 소외와 지역 인재의 유출, 지방 낙후의 심화, 지방대학의 취업난, 정부관료제 과소 임용 현상 등 지역의 균형적 발전이 저해되어 국가경쟁력까지 저하되고 있음을 치밀하게 논증하고 있다.

3) 김문현 교수의 주장

김교수는 1998년 발표한 논문에서 전 경북대 총장 박찬석과 '인재지역할당제추진위원회'가 제시한 방법은 헌법적으로 위헌의 소지가 있음을 주장하고 그 대안을 제시한다. 그는 지역과 같은 요소는 헌법상 거주 이전의 자유 보장에 따라 자유롭게 선택 가능하므로 인종이나 성(性)과 같은 선택 불가능한 문제와는 차원이 다름에도 불구하고, 성적보다는 출신지역을 제1의 선발 결정 요소로 함으로써 헌법 제11조 평등의 원칙에 반할 소지가 있음을 지적하고 있다. 또한 실적 및 자격과 무관한 '확정할당제'를 취하고 있어 헌법이 보장하고 있는 직업공무원제도의 실적주의 원칙을 심히 훼손할 소지가 있어 보인다고 말한다. 따라서 김교수는 확정할당제의 위헌 소지를 없애고 여성채용목표제처럼 탄력적인 목표제로 그 방법을 바꾸어 실시하는 것이 바람직하다고 대안을 제시하고 있다.

4) 언론 등 기타 입장

인재 지역할당제 입법의 추진을 둘러싼 언론의 태도는 중앙 언론이냐 지방 언론이냐, 보수적 성향의 언론이냐 진보적 성향의 언론이냐에 따라 다양한 스펙트럼을 보여 주고 있다.

중앙 언론과 보수적 성향의 언론지의 반대 요지는 인재 지역할당제가 국민의 평등권을 침해하고, 능력별 기회 균등이라는 헌법정신에 어긋나며, 시행상의 부작용이 크다는 점을 강조하면서 이러한 점들에 근거해 앞에서 논의된 여러 제도들을 집중적으로 비판하고 있다.

그리고 국가경쟁력의 강화 측면에서 인재 지역할당제 입법의 추진자들과 정반대의 입장을 고수하고 있다. 세계화 시대에 민간기업뿐만 아니라 정부도 다른 나라와 무한경쟁을 해야 하는데 지역 안배로 같은 동네 사람이라고 채용하면 능력 있는 사람들이 설 자리를 잃어 어떻게 외국과 경쟁할 수 있는지 묻고 있다. 또 더 나아가 성적이 우수한데도 불구하고 수도권에 살고 있다는 사실만으로 배제되는 역차별(逆差別) 현상을 어떻게 보상할 것인가 하는 문제를 제기하고 있다(1997년 10월 25일자 중앙일보 오피니언 란).

이에 반해 지방 언론이나 진보적 성향의 언론은 인재지역할당제 실시는 지방의 우수한 학생이 반드시 서울로 진학하지 않아도 공직의 기회나 차별을 받지 않을 것이며, 당장 시행을 하면 혼란스럽겠지만 시간을 두고 실시하면 별다른 문제가 생기지 않을 것이며(2000년 10월 8일자 한겨레 논단), 또 취업의 문이 열려 있는 지방대학에 더 많은 지역 출신 인재들이 남아 지방대학의 공동화(空洞化) 현상도 막을 수 있다고 보았다.

5) 지방대학 육성을 위한 특별법안

2000년 12월 교육부는 지방대학 육성책을 발표하면서 이를 위해 '지방대학 육성에 관한 특별법(가칭)'을 2001년까지 제정하겠다고 발표하고, 2001년 12월 법안을 구체화했다.

이 법안의 특징은 앞의 '인재지역할당제추진위원회'가 추진한 인재지역할당제의 위헌적 소지를 수정·보완해 채용목표제를 도입하고 있다는 점이 특징적이다. 기존의 법안에서 담은 '인재지역할당제'는 출신 지역만을 고려한 인구 비례에 의한 확정할당제적 성격을 갖고 있으며, 최소한의 자격 요건을 요구하지도 않으며, 채용 후 근무 지역의 제한이 없는 것을 그 내용으로 하고 있다면, '지방대학 육성에 관한 특별법(안)'의 채용목표제는 출신지역 외의 능력과 실적도 고려하고 최소한의 능력의 구체적으로 열거하며, 해당 지역에서 일정 기간 복무할 것을 주요 내용으로 하고 있다.

6) 대통령직 인수위, 청와대 입장

노무현 대통령이 후보 시절 "집권할 경우 지역 간 불균형을 시정하기 위해 공무원과 공공기관·정부투자기관의 직원을 채용할 때 일정 비율 이상은 지방 출신을 채용하는 인재지역할당제를 추진하겠다"고 밝혔고(2002년 9월 25일자 중앙일보), 그리고 당선자 시절 "교육 문제에서도 학벌·학력 중심의 사회와 서열화가 우리 사회의 가장 큰 문제로 지방대학 육성에서 그 해법을 찾아야 하고, 지방대학 육성을 위해 우선 인재지역할당제와 재정 지원을 통해 추진할 것"(2003년 1월 28일자 연합뉴스)이라고 강조하면서 참여정부의 구체적인 정책과제로 부상하게 된다.

대통령직 인수위는 지방 인재의 공직 채용 기회 확대를 위한 '인재지방할당제' 도입을 참여정부 국정 과제로 채택하면서 근무지역별로 경쟁채용 방식 도입을 확대하기로 했다. 그러면서도 이 제도의 실시에 따른 어려운 점의 문제점으로, ① 지역별 구분 및 모집 단위의 합리적 설정 문제(지역별 행정기관이 없거나 적은 직렬의 경우 지역 구분의 모집 곤란), ② 지역별 구분 모집에 따른 인력 배치의 융통성·탄력성 저하 문제(지역별 소재 기관의 인력 수요의 많고 적음에 따른 불균형 유발)를 지적하고 있다.

노무현 대통령은 공직인사 시스템의 청사진(2003년 4월 9일자 경향일보)을 통해 인사개혁의 아홉 가지 과제 중 차별 없는 인재 등용의 구체적 과제로 지방 출신의 임용 활성화 등을 제시하고, 그 다음 날 인재의 지역할당제도가 실효성을 갖기 위해서는 '지역출신 할당제'보다 '지방대학 출신 할당제'가 좋을 것 같다"고 말하면서 "지역할당제를 여러 시험에 확대하여, 지역 균형 발전의 정부 핵심 과제를 뒷받침하라"고 지시했다 (2003년 4월 10일자 연합뉴스).

어쨌든 참여정부는 '인재지역할당제'의 도입을 쟁점 현안 과제로 채택하면서 주로 지역 균형 발전과 지방대학 육성을 도모하고, 기존에 시행해 왔던 지역 구분 모집의 확대 실시를 강조하고 있다.

참여정부의 공식적인 입장은 인재지방할당제의 도입을 찬성하고 있지만 기존 일부 학자들이 주장해 왔던 인구 비례에 따른 합격자 할당 방식의 도입을 의미하는 것은 아닌 것으로 보인다.

7) 헌법적 검토

많은 헌법학자들은 '인재지역할당제추진위원회'가 추진한 '인재지역할당제'가 추진하고 있는 방식은 목적의 정당성과 방법상의 적절성 차원에서 위헌적 요소가 있다고 지적해 왔다.

적극적 평등 실현의 조치로서의 인재지역할당제의 허용 여부는 헌법 제11조 제1항 "모든 국민은 법 앞에 평등하다. 누구든지 성별 · 종교 또는 사회적 신분에 의하여 정치적 · 경제적 · 사회적 · 문화적 생활의 모든 영역에 있어서 차별을 받지 아니한다"와 깊이 관련되어 있다. 헌법상의 평등의 의미는 절대적 평등이 아니라 평등한 것은 평등하게 불평등한 것은 불평등하게 취급한다는 상대적 평등의 의미이다. 차별의 합리성을 인정하는 여러 요건을 검토해 볼 때 인재지역할당제는 원래의 적극적 평등 실현 조치와 일치시킬 수 없고, 단지 적극적 부당한 차별에 대한 보상이 아니지만 지역의 균형 있는 발전과 인재의 적정한 배분, 출신지역의 다양성 확보라는 측면에서는 어느 정도 정당화될 소지는 있을 수는 있다는 것이 대부분 헌법학자들의 입장이다.

다음으로 검토해 봐야 하는 것은 인재지역할당제의 목적 달성을 위한 방법상의 적절성 문제이다. 이 제도는 합격 여부에 관해서만 적용되고, 합격 후 해당 지역에 거주하면서 지역의 발전에 기여할 것인지에 대해서는 아무런 고려가 없고, 성적보다 출신지역을 가장 중요한 채용 요인으로 삼음으로써 헌법 제11조 평등의 원칙에 반할 소지가 크며, 최저 성적이나 지역 간 응시자의 성적차를 전혀 고려치 않는 '확정할당제'적 성격 때문에 헌법이 규정한 직업공무원제도의 근간이 되는 실적주의를 크게 훼손할 여지가 있을 수 있다.

따라서 많은 헌법학자들은 당시 추진되고 있었던 '인재지역할당제'의 허용은 실적주의와 기회 균등에 배치되어 자칫 방법상 위헌의 소지가 많으므로 '확정할당제'보다 탄력적인 '채용목표제' 형식으로 바꾸는 것이 바람직하며, 다른 정책적 목표는 지방분권의 확대, 지방대학 지원 강화와 같은 장기적 방식으로 해결하는 것이 헌법정신에 맞다고 주장하고 있다.

제 2 절 지역인재추천제의 내용

1 정 의

인재지역할당제는 지방 인재의 효율적 육성·활용을 통해 지역 간의 균형 발전을 도모하기 위해, 공무원 채용시 지역의 교육 여건, 취업 기회 등 지역적 요소를 고려하는 선발 방식으로 정의할 수 있다. 이 제도는 기존의 공무원 채용 방식인 전국적 선발 방식에서 지역별 선발 방식으로, 엄격한 실적주의의 준수에서 지역 차별 요소 해소를 위한 수준에서 실적주의 보완 요소의 도입 등 두 가지 핵심적 내용을 담고 있다.

2 대안 검토

인재지역할당제의 대안은 세 가지 구체적 수준에서 구분할 수 있다. 대안 Ⅰ은 지역별 인구 수에 의한 선발 인원을 배정하는 할당제 방식이고, 대안 Ⅱ는 지역 소재 대학 수(대학원 정원 포함)에 의해 선발 인원을 배정하는 할당제 방식이며, 대안 Ⅲ은 선발 예정 인원의 일정 비율을 지방 대학생으로 선발하는 '지방대 출신 채용목표제' 방식이다.

대안 Ⅲ의 경우 수도권과 지방 간 편차는 완화 가능하지만 지역별 구분 모집은 곤란하다는 단점이 있다. 또 이 대안은 평등 원칙과 실적주의 원칙을 위배할 여지가 있는 지방 인재의 임용 기회 확대, 불합리한 지역별 배정 기준을 설정할 필요 없이 제도 시행이 가능하고, 지역 간 갈등 요소를 최소화하고 지방대학 발전과 지방자치단체와의 관·학 협동이 가능하는 등 여러 장점을 갖고 있다.

대안 Ⅰ과 대안 Ⅱ의 경우 헌법상 평등 원칙과 실적주의 원칙을 훼손할 여지가 커서 위헌 논란이 있으므로 도입이 사실상 곤란하며, 대안 Ⅲ의 경우 헌법상 기본 원칙과의 조화가 가능하며 불합리한 지역별 배정 기준 없이 적용할 수 있는 현실적인 대안이면서도, 동시에 현행 '지역 구분 모집제'와 연계해 한시적 · 제한적으로 도입이 가능하다는 장점이 있다.

3 지방대 출신 채용목표제의 중요 쟁점

지방대 출신 채용목표제 도입과 관련해 다음과 같이 세 가지 측면에서 쟁점이 부각되고 있다.

첫째, 헌법상 평등 원칙 및 공무담임권 침해 가능성의 문제인데, 이 제도의 도입으로 사실상 수도권 대학 출신자와 고졸 이하 학력자가 차별받게 되어 헌법상의 평등 이념에 반하고, 공무원 임용시험에서 출신지역을 기준으로 임용 기회를 제한함으로써 공무담임권을 침해할 가능성이 있다는 비판이 제기되고 있다.

이러한 비판론자에 대해 지방대학 육성을 통해 실질적인 평등을 이루고, 지방대학 출신자의 공직 진출을 확대해 공직 구성의 지역대표성(representativeness)과 민주성을 강화하기 위한 잠정적 조치이므로 헌법상 평등의 원칙에 반하지 않으며, 선발 예정 인원에 추가하여 선발하는 제도이므로 수도권 대학 출신자나 고졸 이하 학력자의 공무담임권을 침해하는 정도는 아니라고 주장하고 있다.

둘째, 실적주의 경쟁 원칙 위배 문제로, 개인의 능력에 기초한 것이 아니라 출신 대학에 따라 합격이 좌우될 수 있다는 점에서 실적주의 원칙에 반하는 것이 아니냐 하는 비판이 있는데, 이에 대해 추가 합격선과 적용 범위 등의 엄격한 기술적 설정으로 실적주의 원칙과의 조화가 가능함을 주장하고 있다.

셋째, 학력 차별 금지 원칙의 측면에서 본다면 지방대학 출신자를 일정 비율 합격시키는 채용목표제는 모든 응시자에게 학력을 요구하지 않는 현행 공무원공개 채용 원칙과 맞지 않음을 비판하는 이들이 있다. 이에 대해 특정한 국가 정책목표 달성을 위해 일정 범위 내에서의 학력 제한은 현행 법에서도 이루어지고 있음을 들어 반드시 부정적으로 볼 바는 아니라고 반박하고 있다.

4 지방대 출신 채용목표제의 도입시 고려 사항

첫째, 적용 대상자의 범위 문제로 적용 대상 지방의 범위, 적용 대상 지방대학의 범위, 적용 대상 지방 대학생의 범위에 대한 정교한 개념 정의를 설정할 필요가 있다.

둘째, 적용 대상 시험의 범위의 문제로 원칙적으로 5급, 7급, 9급 공채, 10명 이상 선발 시험 단위의 특채는 모두 포함되어야 하지만, 지방고시와 같이 지역별 구분 모집 시험인 경우 사실상 적용상 실익이 없다고 볼 수 있다.

셋째, 채용목표율과 추가 합격선의 문제인데, 헌법상 평등 원칙과 실적주의 원칙을 훼손하지 않는 범위 내에서 예상 추가 합격 인원을 고려해 채용목표율을 결정해야 하며, 추가 합격선은 실적주의 원칙과의 조화를 위해 고등고시의 경우 -2점, 7급과 9급의 경우 -3짐을 지징하고 있는데 이는 '양성평등채용목표제'와 균형을 유지하기 위해서도 적절하다고 볼 수 있다.

넷째, 추가 합격자의 지정지역 의무 복무와 적용 기간의 문제도 매우 중요하게 고민해야 할 문제로 우선 10년간 한시적으로 적용해 보고 차후 결과를 보고 지속 여부를 검토하는 것이 바람직하다 할 것이다.

5 지역인재추천제의 전개 방향

2005년부터 시작된 지역인재추천제는 '지방대 출신 채용목표제'라는 이름으로 2007년에도 제3회 6급 견습직원 50명(행정직 25명, 기술직 25명)을 채용하지만, '지방인재채용목표제' 도입으로 더욱 확대할 예정이다. 이를 구체적으로 살펴보면 행정·외무고시에서 선발 예정 인원이 10명 이상인 직렬에는 이 목표를 적용하고, 지방인재 채용 목표 비율 20%에 미달하는 경우 일정한 요건을 갖춘 대상자를 추가로 합격시키기로 했다. 이러한 과정에서 강조하고 싶은 점은 지방의 역량 있는 핵심 인재가 등용되어야 하지만 인사행정의 가장 중요한 원칙인 실적주의를 훼손하지 않도록 추가 합격선 및 합격 상한 비율 등을 엄격히 제한해야 한다는 점이다.

끝으로 중하위직 '지역 구분 모집제'의 확대를 통한 지역별 구분 모집은 중앙과 지방 간의 인력 격차 해소뿐만 아니라 지역 간의 불균형을 해소함으로써 한국 사회의 오랜 고질인 지역주의와 지역 감정의 고리를 공직 채용 과정에서는 어느 정도 해소할 것으로 보인다.

제 3 절 지역인재추천제의 성과 및 과제

지방대 출신 채용목표제의 도입이 갖고 있는 우리 사회의 시대적 과제는 노무현 정부인 참여정부의 등장으로 분명해지는 '국토 균형 발전'과 '지방 분권'이란 두 국정 과제의 수단적 정책의 의미를 지닌다.

상대적으로 약자인 여성의 공직 진출 기회를 촉진시키기 위해 도입한 '양성평등채용목표제'와 같은 맥락에서 '지방대 출신 채용목표제'가 도입되면서 우리 사회의 실질적 민주주의를 진전시키는 결과를 가져오게 될 것이다. 또한 경직되게 운영되어 온 실적주의를 보완하면서, 다양하고도 유연한 채용 방식의 도입으로 우리 사회가 다원적 가치가 존중되는 성숙된 시민사회의 등장을 촉진시키게 될 것이다.

그러나 아무리 좋은 제도일지라도 완벽한 무결점의 정책이 있을 수 없다. 특히 '지방대 출신 채용목표제'의 도입은 상당히 대립적인 논쟁을 유발할 수 있는 소지가 있다. 이 제도는 전통적으로 지켜온 실적주의 대원칙을 외견상으로 훼손하는 것으로 비추어질 수 있고, 오늘날 전 세계적 자본주의 사회의 지배적인 가치로 기능하고 있는 효율성을 저해할 수 있는 측면이 있기 때문이다.

지방대 출신 채용목표제의 문제점을 제기하는 많은 학자들은 다음과 같은 몇 가지 문제점을 제기하고 있다.

첫째, 공직 채용 과정도 고용에 관한 고용시장의 일반적인 원리가 그대로 적용되어야 하고, 기본적으로 시장 논리에 맡겨야 한다고 주장하고 있다.

둘째, 추가 합격선 지정의 문제는 정규 분포상의 문제로 대입해야 한다고 주장한다.

셋째, 지방대 출신 채용목표제는 양성평등 채용목표제의 여성과 같이 지방대학과 지방 대학생을 사회적 약자로 본다. 아무리 최근 우리 사회의 대학이 대중교육의 장으로 확대되었다고는 하지만 엄연히 대학을 졸업하지 못한 이의 비율이 대입 진학자보다 많은 상황에서 상식과 동떨어진 느낌을 준다. 따라서 사회적으로 더욱더 약자인 고졸 이하 국민의 공무담임권을 보장해 주는 별도의 입법화를 고려해야 한다.

아울러 '지방대 출신 채용목표제'의 정당성을 높이기 위해 정교한 논리적 개발이 필요하며, 하루빨리 우리 사회가 이러한 제도가 필요하지 않을 정도로 실질적 민주주의가 진전되도록 노력해야 할 것이다.

제12장 부패 방지와 공직윤리

부패의 정체가 명확하지 않아 부패의 개념도 보는 관점에 따라 다양하고 개념 정립도 간단하지 않다. 다양한 부패 정의는 공직 중심, 시장 중심, 공익 중심으로 묶어서 설명되고 있는데, 대체로 공직 중심과 공익 중심이 자주 이용되고 있다. 공직 중심 정의는 "사적 이익 추구를 위해 법적이고 공적인 직무규범으로부터 일탈하는 행위"로 요약되고, 공익 중심 정의는 "공익을 위반하는 행위"를 가리킨다. 따라서 전자는 '불법적 행태'에 한정하고, 후자는 '비윤리적 행태'와 유사하다(김호정, 1999: 220).

한편 윤리란 "윤리적 판단 및 규범을 지칭하는 일반적 이름"이고, 공무원의 윤리적 행위는 "행정이 추구하는 윤리적 규범에 따라 사고하고 행동하는 것"이라고 할 수 있다. 이에 비해 비윤리적 행위는 "행정규범에 일치하지 않거나 이를 위반하는 행위"를 의미하는데, 이러한 비윤리적 행위는 관료부패처럼 '불법적인 것'이 있는가 하면, 복지부동처럼 '합법적인 것'도 있다(김호섭, 1994: 1504).

따라서 부패의 정의를 공익 중심으로 내리면 부패와 비윤리는 유사한 것이 되고, 공직 중심에서 보면 부패는 비윤리적 행위라고 할 수 있으나 비윤리적 행위가 모두 부패는 아니며, 비윤리적 행위에는 부패가 포함된다고 하겠다.

제 1 절 부패와 윤리의 영향

1 부패의 패러다임 변화

부패에 관한 시각과 연구 경향은 종래에 비해 변화된 모습을 보이고 있다. 특히 부패의 성격, 원인, 문제 인식에서 뚜렷한 변화를 나타낸다.[1)]

먼저 부패의 성격을 종래에는 자기 소멸적인 것으로 보았으나 최근에는 자기 영속적인 것으로 파악하고 있다. 부패란 경제 발전과 더불어 국민소득이 향상되면서 자연적으로 소멸하는 것으로 간주했으나 근래에는 이러한 부패의 성격을 달리 보고 있다. 즉, 경제가 성장하더라도 부패는 소멸되지 않고 여전히 빙산의 일각으로 남아 있거나 공룡과 같이 거대하고 힘센 존재라서 감히 공격해 파멸시키기 어려운 존재로 보고 있다.

또한 부패 원인으로 종래에는 개인적 요인을 강조했으나 근래에는 구조적 혹은 체제적 요인을 중시하고 있다. 과거 특히 권위주의 정권에서는 공직 부패의 원인으로 관료 개인의 특성에 주목하고 부정부패를 저지른 관료를 부도덕한 개인으로 치부해 수많은 공직자를 퇴출시켜 왔다. 그러나 근래에는 관료의 개인적 요인보다 구조적이나 문화적 요인을 더 중시함으로써 문화 변동이나 조직구조에 초점을 둔 각종 제도개혁을 통해 공직 부패의 억제 방안을 강구하고 있다.

마지막으로 종래에 국내 문제로 한정했던 부패 문제를 개방화 시대, 세계화 시대를 맞이하면서 국제적인 문제로 확대해 인식하게 되었다. 과거에는 정부에서 수출업체에 수출장려금을 지원하고 국내 건설업체가 해외 공사를 수주하기 위해 해외에 금품을 제공하는 문제에 대해 외국에서 특별히 문제삼지 않았으나 요즘에는 이러한 행위에 대해 외국의 경쟁 업체가 심각

---

1) 부패에 대한 이러한 변화 외에도 부패 연구 경향에 대한 변화로 공직자 부패에 대한 관심의 증대와 다양한 학문 분야에서 종합적으로 접근하고 있다는 점들이 지적되고 있다(김호정, 1999: 219).

한 문제를 제기하고 있다. 따라서 부패에 대한 국가 간 비교는 물론 부패방지를 위한 국가 간 협약이 추진되는 것이 최근의 경향이다.

2 부패와 윤리의 영향

국내·외에서 부패에 대한 관심이 고조되고 부패를 감소시키기 위해 정부와 기업에서 심혈을 기울이는 이유는 부패가 사회와 조직에 미치는 영향이 지대하기 때문이다. 부패의 이러한 영향을 간략히 설명하면 다음과 같다.

첫째, 부패는 국가경쟁력을 저하시킨다. 부패의 거래가 발생하면 금품이나 향응의 제공 규모가 금액으로 환산되어 생산원가에 전가됨으로써 상품이나 서비스 가격이 상승하게 된다. 그렇지 않으면 부패의 액수만큼 생산원가를 줄임으로써 상품이나 서비스의 질이 저하될 수밖에 없다. 가격의 상승이나 질의 저하는 모두 국가경쟁력을 떨어뜨려 국제 수지를 악화시키는 원인으로 작용할 수 있다. 같은 논리로 기업에서는 윤리경영이 기업경쟁력 강화에 도움이 된다고 하겠다. 2005년 6월 전국경제인연합회는 회원사 및 상장사 164곳의 CEO를 대상으로 설문조사한 결과 윤리경영이 기업경쟁력 강화에 '크게 기여한다'고 응답한 사람이 34%였고, '기여한다'고 답한 사람이 49%로 응답자 중 83%가 긍정적으로 답변했다(동아일보, 2005. 6. 15일자).

둘째, 부패는 외국인의 국내 투자를 위축시키는 결과를 초래한다. 부패가 심한 국가에 외국인이 투자하면 기업의 설립부터 생산과 판매활동에 이르기까지 모든 단계에서 수시로 부패 비용을 지불해야 하므로 가격 경쟁에서 불리해질 수밖에 없다. 결국 부패는 외국 기업을 국내로부터 몰아내는 역기능을 한다. 한국과 마찬가지로 부존자원이 부족한 싱가포르는 외국 기업을 유치하기 위해 공직자의 부패 방지에 역점을 두었고, 그 결과 오늘날 세계적으로 손꼽히는 청렴국가가 될 수 있었다. 싱가포르에는 현재 5,000개 이상의 다국적 기업이 영업하고 있으며, 세계적인 금융 회사들은 대부분 싱가포르에 거점을 두고 있는 현실은 동양에서 가장 청렴한 국가라는 사실과 무관하지 않을 것이다.

셋째, 부패가 심한 사회에서는 공적 신뢰는 물론 개인 간의 사적 신뢰도 저하될 수밖에 없다. 개인 간 거래에서 신뢰가 부족하므로 상호 의심을 갖게 되고 경계와 감시를 하게 된다. 경계와 감시를 위해 거래시 상대방에게 과도한 서류와 불필요하게 까다로운 절차를 요구한다. 서류를 작성하고 발급받으며 여러 절차를 거치는 데 소요되는 시간은 기회비용으로 환산될 수 있고 절차마다 각종 수수료도 필요하다. 이러한 소요 경비는 모두 부패로 인한 거래비용으로 간주될 수 있고, 신뢰사회에서는 불필요하거나 대폭 절감할 수 있는 경비이다. 이처럼 부패는 사회적 비용을 증가시켜 효율적 자원 배분을 저해하고 경제 발전을 가로막는 역할을 한다.

넷째, 부패가 심한 국가는 대외신인도가 낮아져 국제 간 금융 거래에서도 불리한 입장에 서게 된다. 최근 『뉴욕타임스』의 보도에 의하면 세계은행은 개도국의 부패를 척결하기 위해 부패가 심한 개도국에 대해 차관 제공을 중단하겠다고 결정했다. 실제로 세계은행은 2005년 말 인도와 약속했던 8억 달러 차관 제공을 보류했고, 2006년에는 케냐, 콩고, 차드, 에티오피아, 방글라데시 등에 대한 차관 계약을 철회하거나 보류했다. 세계은행 총재는 지원금이 부패한 권력층의 주머니로 들어가게 할 수는 없다고 주장하면서, 한 예로 인도네시아의 경우 1990년대 지원받은 돈의 10~25% 가량이 부패한 관리들에게 들어간 것 같다고 말했다(중앙일보, 2006. 9. 16). 데이비스와 루헤(Davis & Ruhe, 2003: 276)도 세계은행뿐만 아니라 IMF 등의 국제적 리더들은 빈곤 국가에 대한 원조를 할 때 그들 국가의 예상 부패 수준을 기초로 한다고 주장한다.

다섯째, 부패나 비윤리적 행위는 조직효과성을 저하시키고 윤리적 판단이나 윤리적 행위는 조직효과성을 향상시킨다. 먼저 국가 차원에서 보면 부패가 심한 국가일수록 민주주의에 대한 환멸이 가장 심하며, 자원 배분이 잘못되고 공공정책이 왜곡되어 경제 발전이 저해될 뿐만 아니라, 해외투자의 풍토도 낮다도 한다. 또한 국민의 부패 인식도와 국민소득 간에는 높은 상관 관계가 있는 것으로 분석되었다(Davis & Ruhe, 2003: 275, 284). 한편 한국에서도 한국개발연구원(KDI)은 한국의 부패 수준이 OECD의 평균 정도로만 개선되어도 경제성장률은 최대 1.4% 정도 추가 상승이 가능하다고 발표했다(중앙일보, 2006. 3. 23). 기업을 대상으로 조사한 연구에서는 윤리를 중시하는 기업이 그렇지 않은 기업보다 성과가 높은 것으로 나타났다. 즉, 『비즈니스 위크(*Business Week*)』에서 선정한 500대 기업 중 367개(73.4%)를 대상으로 한 조사에서 윤리적 행태에 대한 몰입을 표방한 회사의 재정적 성과가 윤리적 몰입을 언급하지 않은 회사보다 높은 것으로 나왔다(Verschoor, 1998: 1511-1513). 또한 기업의 판매원들을 대상으로 한 조사에서도 윤리적 판단 수준이 높은 사람일수록 성과도 높은 것으로 나타났다(Schwepker, Jr. & Ingram, 1996).

여섯째, 개인의 부패와 비윤리적 행태는 조직 내 신뢰와 혁신을 저해한다. 일반적으로 신뢰의 속성(요소 혹은 결정 요인)으로 능력, 진실성(윤리), 온정을 지적하고 있으며, 이 세 가지 중 어느 한 가지라도 부족하면 신뢰가 저하될 수 있다(김호정, 1999: 20). 그러므로 윤리성이 부족해 부패하거나 비윤리적 행동을 하는 사람은 다른 사람들이나 조직으로부터 신뢰받을 수 없다. 또한 변혁적 리더십은 카리스마, 지적 자극, 개별적 배려를 갖추어야 하는데(김호정, 2001: 200-201), 리더가 아무리 변화와 혁신을 외쳐도(일종의 지적 자극을 의미함) 카리스마를 갖지 못하면 부하들에게 그러한 외침은 수용되지 않는다. 카리스마 또한 여러 가지 자질과 행동을 필요로 하지만 그 중에서 중요한 것이 윤리적·모범적 행동을 보이고 부하들로부터 신뢰를 받는 것이므로, 윤리성은 카리스마의 필수불가결한 요소가 된다. 다시 말해, 부패하거나 비윤리적 행동을 하는 사람은 카리스마를 갖지 못하므로 이들이 변화와 쇄신을 주장해도 실현시킬 수 없다.

제 2 절 한국의 부패 현황

1 한국의 부패 인식 수준

국가청렴위원회가 2006년 11월에 조사한 결과에 의하면 “귀하께서는 우리 나라 공무원들의 '부패 수준'이 전반적으로 어느 정도라고 생각하십니까?"라는 질문에 대해 '부패하다'라고 응답한 사람의 비율이 '일반인'의 경우 55.9%이고, 공무원의 경우는 2.6%로 나타났다. 동일한 질문을 외국인에게 했을 경우는 36.9%가 부패하다고 답했다(www.kicac.go.kr). 이 조사에 의하면, 공직 부패에 대한 일반인과 공무원의 인식 차이가 매우 크다는 사실을 짐작할 수 있다.

여기서 일반인의 응답 결과는 공무원 부패에 대해 언론이나 다른 매체를 통해 수집된 간접적인 자료나 정보를 갖고 내린 판단으로 보이며, 현실적으로 부패를 저지르지 않고 자신의 업무에 충실한 다수 공무원들에 관한 내용은 언론 보도의 대상이 되지 못하는 반면 소수 공무원들이 저지르는 부패행위는 언론에 대서 특필되어 보도됨으로써 이를 접한 일반 국민들은 다수 공무원들이 부정부패에 가담한다고 인식할 수 있었을 것이다. 한편 공무원 부패에 관한 좀더 생생한 정보를 획득하고 이를 근거로 가장 정확한 판단을 할 수 있는 집단은 동료 공무원들일 것이다. 그렇지만 나를 포함한 동료집단에 대한 관대화 경향도 한국 사회의 보편적 현상으로 볼 수 있다. 따라서 공무원 부패에 대해 일반인들의 응답 결과는 과대한 반응으로 볼 수 있고, 공무원들의 대답은 실제보다 관대한 평가라고 할 수 있으므로 실제 공무원의 부패 수준은 2.6%~55.9%의 범위라고 보는 것이 정확할 것이다. 차라리 일반인과 공무원의 범위 내에 존재하면서 좀더 객관적으로 볼 수 있는 외국인의 응답 결과(36.9%)가 이 세 집단 중에서는 가장 현실에 근접한 것으로 보인다. 그러나 외국인들도 한국 공무원과 상대하여 직접 경험한 사람들보다는 언론이나 주위의 경험을 통해 간접적으로 전해 들은 경우가 더 많을 것이므로 외국인의 응답 결과도 실제보다도 높게 나온 것으로 보아야 할 것이다.

그렇다 하더라도 우리 공무원 사회의 부패 수준은 아직까지 심각한 수준이라고 말할 수 있다. 그래도 다행인 것은 '부패하다'라고 응답한 사람의 비율은 2003년 조사를 처음 실시했을 때부터 최근까지 매년 감소했다는 사실이다.[2] 이는 공무원 부패의 수준이 점차 개선되고 있다는 안도감과 함께

2) 연도별·집단별 공무원들이 '부패하다'라고 답한 응답자의 비율은 다음과 같다 (www.kicac.go.kr 재구성).

부패 퇴치를 위한 우리의 노력이 헛되지 않음을 알 수 있으며 앞으로도 계속해서 공무원 부패에 대한 국민과 정부가 함께 관심을 갖고 노력해야 할 필요가 있음을 시사한다 하겠다.

〈표 12-1〉 한국 사회의 부패 원인

원인 / 집단	부정부패를 유발하는 정치구조	관대한 처벌	개인의 윤리의식 부족	구조화된 부패문화	불합리한 행정규제
일반인	28.1(1)	20.4(2)	17.9(3)	17.6(4)	12.5(5)
공무원	25.6(2)	12.1(4)	26.4(1)	24.6(3)	7.6(5)
외국인	22.7(1)	13.8(5)	16.7(4)	21.7(2)	21.2(3)

( ) 안의 수치는 순위임.
자료: www.kicac.go.kr

한편 "우리 사회 부패가 발생하는 가장 큰 원인은 무엇입니까?"라는 질문에 대해서는 <표 12-1>에서 보는 바와 같이 응답 집단별로 다소 차이가 있었지만, 종합적으로 판단하면 정치구조와 부패문화가 주된 원인으로 볼 수 있고(윤리의식은 일종의 문화라고 볼 수 있음), 둘 중에서도 '부패문화'가 더 중요하다고 하겠다. 정치구조와 부패문화는 상호 영향을 미치겠지만, 우리 사회의 부패문화가 정치구조에 더 큰 영향을 미친다고 볼 수 있기 때문이다. 정치구조란 하나의 정치적 현상으로 볼 수 있는 반면, 부패문화는 우리 국민들의 부패에 관한 공통된 사고방식이나 신념 및 행동양식이라 할 수 있으므로, 하나의 정치적 현상이 문화에 미치는 영향보다는 문화의 산물 중 하나가 정치구조라고 보는 입장이 정확할 것이다.

한국의 부패문화의 현실에 관해서는 송창근·박홍식(1994: 727)의 연구에서도 엿볼 수 있다. 이 조사에 의하면 "공직자가 대학을 졸업했다고 거짓

단위: %

연도 / 집단	2003년	2004년	2005년	2006년
일반인	64.6	60.9	60.8	55.9
공무원	7.7	7.1	2.4	2.6
외국인	54.5	50.5	45.5	36.9

말을 했다"라는 사실에 대해 미국인은 '극도의 부패'에 가깝다고 응답한 반면 한국인은 '상당한 부패' 정도라고 응답했으며, "공무원이 직장 사무실 전화로 개인 용무의 장거리 전화를 했다"라는 사실에 대해서는 미국인의 경우 '상당한 부패'라고 하고 한국인은 '가벼운 부패'라고 대답함으로써 미국인의 부패 인식이 한국인보다 훨씬 엄격함을 알 수 있다.

이러한 응답 결과는 한국 사회가 미국 사회보다 부패에 대해 관대하다는 점을 대변하고 있다. "이 정도는 괜찮다." "이 정도는 부패가 아니다"라는 의미의 '부패균형점'이 높아서 웬만한 정도의 부패는 부패로 인식하지 않고 쉽게 관용을 베푼다고 볼 수 있다. 다시 말해 한국 국민들의 부패에 관한 사고방식이나 신념 체계가 부패에 대해 너그러운 태도를 갖게 한다고 볼 수 있으므로, 역시 구조화된 부패문화가 한국 공무원사회의 부패 인식과 부패를 심각한 수준으로 만드는 데 상당한 역할을 한다고 하겠다.

2 한국 부패 수준의 국제적 비교

국제투명성기구(Transparency International: TI)[3]는 1995년부터 매년 국가별 CPI(Corruption Perceptions Index)[4]를 측정해 국가별 부패(청렴도) 정도를 발표하고 있다. 2006년도 CPI(청렴도 지수)는 한국의 경우 조사된 163개 국가 중 42위로 5.1점인데, 백분위(%)로 환산하면 상위 25.1%의 청렴한 국가에 해당한다. 이 점수는 2005년(5.0점)에 비해 0.1점 상승한 것이며 상위 백분율도 0.1% 향상된 것이다. 이러한 상승 정도는 조사된 전체 국가의 평균 상승 점수인 0.01점에 비하면 양호한 편이며, 아시아의 상위권 청렴 국가 중에서도 두 번째로 높은 수치이다. 싱가포르, 홍콩, 대만은 전년

3) 부패 방지를 목적으로 1993년 설립된 NGO로 본부를 베를린에 두고 세계 84개국에 지부를 두고 있으며, 현재 한국의 지부는 (사)한국투명성기구(TI-Korea)이다(국가청렴위원회, 보도 참고자료, 2006년 11월 6일자).

4) 공공 부문(정치 포함)에 존재하는 것으로 인식되는 부패의 정도를 측정하는 지표로 세계은행, IMD, WEF 등 9개 기관에서 조사한 12개 자료를 활용해서 산출되는데 점수는 0점(아주 부패함)에서 10점(아주 청렴함)까지 부여된다. 국가별 사용자료는 통상 3~10개이고, 한국에 대해서는 9개 자료를 활용해서 점수를 산출하고 있다(국가청렴위원회, 보도 참고자료, 2006년 11월 6일자).

과 동일했고 말레이시아는 0.1점 하락했으며, 일본만 0.3점 상승했으므로 한국은 일본 다음으로 상승 정도가 높다고 하겠다(국가청렴위원회, 보도 참고자료, 2006년 11월 6일자).

동시에 <표 12-2>에서 보는 바와 같이, 2006년도 점수(5.1점)는 조사가 시작된 이래 가장 높은 점수일 뿐 아니라, 전반적으로 청렴도가 상승하는 추세를 유지하고 있다. 특히 2000년부터는 상승 추세가 더욱 명확하게 나타나고 있는데, 청렴도 상위 백분율을 보면 2000년 53.3%에서 46.1%, 39.2%, 37.6%, 32.2%, 25.2%, 25.1%로 매년 높은 단계로 상승하고 있음을 알 수 있다. 국가별 비교에서는 매년 조사 대상 국가의 숫자가 변하고 있으므로 상위 백분율이 상대적 청렴 수준을 비교하는 정확한 지표가 된다. <표 12-2>를 기초로 2000년부터 변화하는 한국의 청렴도 지수와 그 지수의 국제사회에서 상대적 청렴도 수준을 좀더 알기 쉽게 표현한 것이 [그림 12-1]이다.

〈표 12-2〉 연도별 한국의 청렴도 지수

연 도	1995	1996	1997	1998	1999	2000	2001	2002	2003	2004	2005	2006
점 수	4.29	5.02	4.29	4.2	3.8	4.0	4.2	4.5	4.3	4.5	5.0	5.1
순 위	27/41	27/54	34/52	43/85	50/99	48/90	42/91	40/102	50/133	47/146	40/159	42/163
백분율	65.9	50.0	65.4	50.6	50.0	53.3	46.1	39.2	37.6	32.2	25.2	25.1

자료: 국가청렴위원회, 보도 참고자료, 2006년 11월 6일자.

[그림 12-1] 연도별 한국의 청렴도 지수

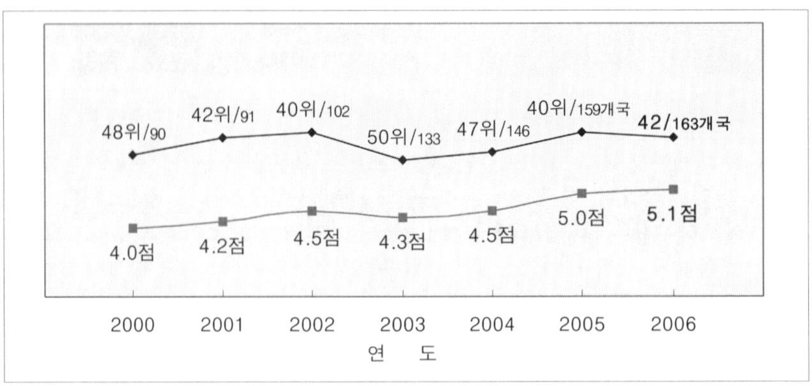

그러나 한국의 경제 규모가 세계 10위권임을 감안할 때 청렴도 지수가 세계 42위라는 것은 아직도 경제 수준에 비해 청렴도 수준이 낮다는 의미이며, 동시에 청렴도 향상을 위한 지속적이고 적극적인 노력이 필요함을 느끼게 한다.

국가청렴위원회는 국가청렴도를 향상시킬 수 있는 방안으로 다음과 같은 것들을 제안하고 있다(국가청렴위원회, 보도 참고자료, 2006년 11월 6일자). 첫째, 외교통상부 등과 협조해 UN 반부패협약의 조속한 비준 및 이행을 추진하고 둘째, UN 반부패협약 등 국제규범에 부합하도록 각종 법령 및 제도의 개선을 촉구하고 있다. 셋째, 부패 친화적인 온정·연구주의 문화 개선을 통해 국제 반부패 규범에 부합하는 청렴 의식과 관행을 정착시킬 것을 권하고 있다. 넷째, 청렴도 평가의 대상이 되는 전문가, 한국에 거주하는 외국 기업인, 한국의 기업인 등에 대한 맞춤형 홍보를 강화해야 한다고 역설한다.

3 한국 공공기관의 청렴도 수준[5)]

2006년 12월 18일 한국청렴위원회는 '2006년도 공공기관 청렴도 측정 결과'를 발표했다. 이 조사는 대(對)국민·대(對)기관 업무 비중이 높은 304개 공공기관(중앙부처 20개, 청 14개, 자치단체 214개, 지방교육청 16개, 공직유관 단체 40개)에서 우월적 처분 등으로 부패 발생의 소지가 높은 1,369개 업무에 대한 민원인(일반국민, 공무원 등) 89,941명을 대상으로, 부패 발생 및 유발 요인 등 11개 항목에 대해 전문조사기관에 의뢰해 전화 설문조사(2006. 8. 28~11. 3)를 한 것이다.

조사 결과 304개 기관의 11개 항목에 대한 '종합청렴도'는 10점 만점에 8.77점으로 2005년에 비해 0.09점 상승한 것으로 나타났다. 이러한 상승은 종합청렴도 9.0 이상인 '우수기관'이 2005년도는 62개였으나 2006년도는 97개로 증가한 것이 주된 원인이 되었던 것으로 보인다. 한편 조사 대상 항목 중 가장 중요하다고 볼 수 있는 핵심 항목은 담당 공무원에 대해 공무원행

5) 여기에 관한 주요 조사 결과는 국가청렴위원회의 보도자료(2006. 12. 18일자)를 참조했음.

동강령의 범위를 넘는 금품이나 향응을 제공한 민원인의 비율이라고 할 수 있는데, '금품 · 향응 제공자'는 조사 대상자 중 0.7%에 불과했다. 이는 전년도에 비해 0.2% 감소한 것으로, 이러한 결과는 2005년에 비해 '금품 · 향응 제공률'이 증가한 기관은 94개인 데 반해 감소한 기관은 159개였다는 사실에서도 잘 나타난다.

특히 '금품 · 향응 제공률'이 높은 업무는 주로 지방교육청의 운동부 운영과 학교 급식 운영관리 업무 및 광역자치단체의 소방시설 점검 업무로 나왔으며, 기관별로는 지방교육청이 다른 기관에 비해 종합청렴도가 가장 낮을 뿐만 아니라 금품 · 향응 제공률도 가장 높은 것으로 나타났고, 지방자치단체 중에서는 기초자치단체가 광역자치단체보다 청렴도가 높게 나왔다. 이러한 사실은 학부모와 교사 간의 촌지 수수 행위가 관행화되면서 교육관계자들의 부패불감증이 가장 심하게 나타난 결과로 보이며, 기초단체가 광역단체보다 청렴도가 높은 것은 광역단체의 이권이 기초단체보다 크므로 일정 규모 이상의 부패에 대한 유혹을 많이 받고 조직 규모면에서도 광역단체가 크므로 익명성이 강해 부패가 발각될 확률이 낮다고 보기 때문으로 해석된다.

[그림 12-2]에서 보는 바와 같이 종합청렴도와 금품 · 향응 제공률의 추세를 살펴보면, 조사를 시작한 2002년부터 최근의 2006년까지 종합청렴도

[그림 12-2] 연도별 공공기관의 청렴도 변화

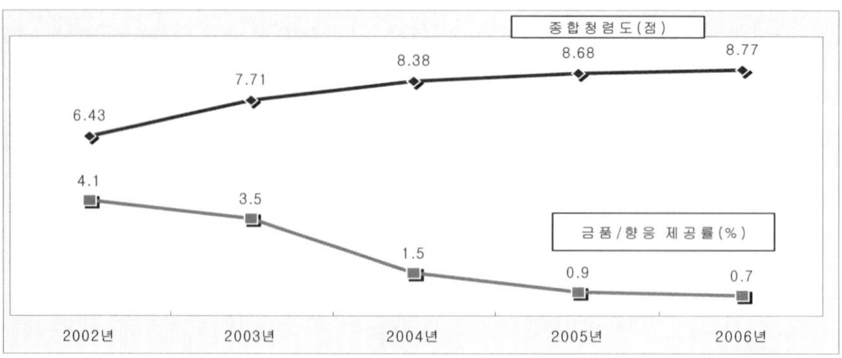

와 금품·향응 제공률이 매년 조금씩 개선되어 왔다는 사실을 알 수 있다. 즉, 종합청렴도는 2002년 6.43점이었던 것이 매년 증가하면서 2006년도는 8.77점까지 이르렀고, 금품·향응 제공률은 처음 조사 때는 4.1%였으나 매년 줄어들어 2006년도는 0.7%로 약 1/6로 대폭 감소했다. 이러한 성과에 대해 국가청렴위원회는 정부의 강력한 반부패 대책을 추진한 결과와 조사 대상 각 기관이 자율적인 노력을 기울인 결과라고 평가하고 있다.

한편 종합청렴도를 '체감청렴도'와 '잠재청렴도'로 구분해 측정했다. 체감청렴도는 청렴도 정도를 직접 측정한 것으로, 금품이나 향응의 제공 빈도와 규모 및 부패에 대한 인식을 조사한 것인 반면, 잠재청렴도는 부패를 유발할 수 있는 요인들을 측정했다는 점에서 청렴도의 간접 측정이라고 할 수 있는데, 주로 이의 제기의 용이성, 기준이나 절차의 공정성, 정보 공개의 정도, 업무 처리의 공정성, 부패 방지를 위한 기관의 노력 등을 조사했다.

측정 결과 [그림 12 3]에서 보는 바와 같이, 2006년도 체감청렴도는 9.14점으로 전년도보다 0.09점 상승했고, 잠재청렴도는 8.42점으로 전년도보다 0.12점 상승했다. 두 가지 청렴도 모두 전년도보다 상승했을 뿐만 아니라, 조사가 시작된 2002년 이래 매년 꾸준히 상승했다는 것도 공통점이다. 또한 매년 잠재청렴도보다 체감청렴도가 높게 나왔는데, 이는 금품이나 향응을 제공받는 것은 그 자체가 부패행위이므로 이러한 행위를 저지르는 공무원은 자신도 심리적 부담을 안게 되어 친밀한 관계를 유지하는 민원인 외에는 대체로 자제하려는 자세를 가지는 반면, 부패 유발 요인에 해당하는 잠재청렴도는 당장 부패행위가 아니고 그 자체로 인해 처벌을 받는 일도 없으므로 이를 위반하는 경우는 심리적 부담감이 덜한 편이라서 상대적으로 쉽게 일어날 수 있기 때문으로 해석된다.

그러나 꾸준히 청렴도가 향상된다고 하여 마음을 놓을 수 있는 상황은 아니다. [그림 12-3]에서 짐작할 수 있듯이 전체적인 금품이나 향응의 제공률은 감소했으나, 문제는 금품이나 향응을 제공한 경험이 있는 사람들의 제공 빈도와 규모는 오히려 증가했다는 사실이다. 제공 경험자들만 대상으로 제공 빈도와 규모에 대한 평균을 산출한 결과 매년 증가한 것으로 나타났다. 즉, 2002년도에는 제공 횟수와 규모가 3.16회, 75만 원이었으나, 2005년도는 3.23회, 92만 원으로 증가했고, 2006년도에는 이보다 증가한 3.26회,

[그림 12-3] 연도별 공공기관의 체감청렴도와 잠재청렴도의 변화

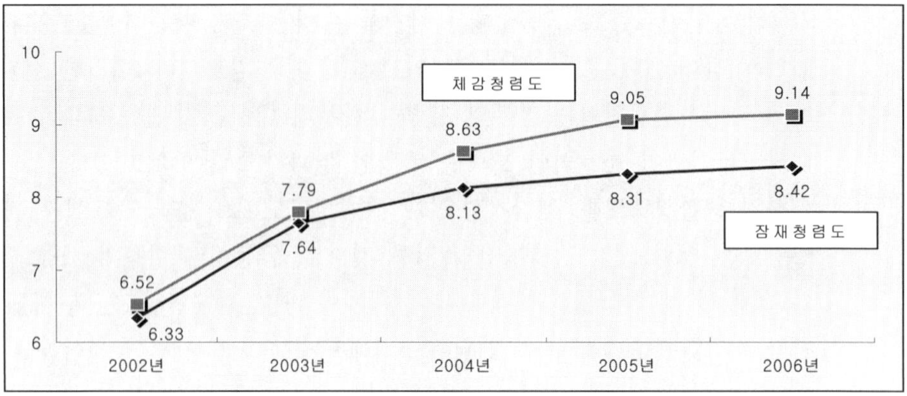

102만 원으로 집계되었다. 이러한 사실은 전반적으로 금품이나 향응의 제공은 줄어든 반면에 금품이나 향응을 제공받은 적이 있는 사람들과는 부패행위를 상대적으로 쉽게 저지른다는 것을 말해 주고, 부패는 처음 만난 사람보다 서로 친분이 있는 사람들을 통해 은밀히 이루어진다는 것을 다시 한 번 입증한 것이라 하겠다.

향후 공직사회의 청렴도를 향상시킬 수 있는 방안으로 국가청렴위원회가 제시한 것들 주요한 두 가지를 소개하면 다음과 같다. 첫째는 부패행위가 자주 발생하는 '부패 취약 업무'에 대해서는 '청렴도 중점 개선 과제'로 지정하고, 공공기관을 대상으로 '부패 방지 시책 평가'를 통해 해당 기관의 청렴도 개선 노력과 실적을 평가한다는 것이다. 둘째는 각 기관에 대한 청렴도 평가 결과의 활용 방안으로 평가 결과를 국무조정실에서 주관하는 '정부업무 평가'와 기획예산처에서 시행하는 '산하기관 경영평가'에 반영한다는 내용이다.

또한 국가청렴위원회는 부패 방지 시책 평가 대상기관 93개를 대상으로 내부 업무 청렴도를 측정했다. 대상 업무는 조직 내 '인사업무', '예산집행' 및 '상급자의 부당한 지시'였으며, 조사 대상자는 과(팀)장급 미만 직원 7,960(기관당 약 86명)이었다. 이 조사는 전문조사기관에 의뢰해 인터넷 온

라인 조사를 통해 이루어졌다.

조사 결과 응답자 중 직급이 낮을수록 소속기관이 더 부패하다(청렴도가 낮다)고 답변한 것으로 나왔으며, 기관별로는 광역자치단체의 내부 업무 청렴도가 가장 낮은 것으로 나타났다. 구체적으로 인사 업무에서 금품이나 향응을 제공하는 비율이 광역자치단체가 가장 높았으며, 부당한 예산 집행과 상급자의 부당한 업무지시 또한 광역자치단체가 가장 많았던 것으로 드러났고, 기관장의 부패 방지 노력도 광역자치단체가 가장 낮은 것으로 나왔다.

이러한 결과는 직급이 높은 사람은 의사결정을 하여 업무지시가 많은 반면 직급이 낮은 사람은 의사결정 권한도 없는 경우가 많고 주로 상급자의 지시를 받아서 업무를 수행하는 사례가 대부분이므로, 조직에 대한 책임감이 상급자가 하급자보다 강하고 담당 직무에 대한 만족도와 조직몰입도도 상급자가 높은 편이어서 조직에 대한 평가가 하급자보다 긍정적으로 나타났기 때문으로 볼 수 있다. 또한 광역자치단체의 내부 업무 청렴도가 가장 낮은 것은 다른 기관의 장들은 정부에 의해 임명되므로 정부의 통제와 평가에 민감한 반응을 보이지만 주민들의 선거에 의해 선출된 광역자치단체장(기초자치단체는 조사 대상에서 제외되었음)은 상대적으로 중앙정부의 영향력이 적게 미치므로 청렴도 평가와 실적 반영에 다소 덜 민감해 조직 내 청렴도 개선에 적극적이지 않았던 것으로 해석된다.

4 종 합

지금까지 세 가지 차원에서 한국의 부패 현황을 살펴보았다. 부패에 관한 의식조사, 국제 간 비교조사, 공공기관의 청렴도조사 결과를 각각 설명했다. 이러한 조사 결과에서 나타난 두 가지 공통점을 발견할 수 있다. 하나는 한국의 부패 수준이 아직도 높은 수준이라는 것이다. 의식조사에서 공무원사회가 부패하다고 응답한 사람이 많으며 다른 국가들과 비교에서도 한국의 경제 수준을 감안할 때 부패 수준은 높은 위치에 있고 공공기관들의 청렴도도 낮은 수준이라고 할 수 있다. 이와 같은 비관적인 평가에 반해 다른 하나의 공통점은 낙관적인 것이었다. 부패 의식조사나 국가 간 청렴 수준 비교에서도, 국내 공공기관들의 청렴도조사에서도 모두 부패의 수준이 매년 개선되고 있다는 내용이었다.

따라서 현재는 한국의 부패 수준이 높고 윤리 수준은 낮은 편이지만 점차 개선되고 있으므로 부패 방지나 윤리 향상을 위한 노력을 꾸준히 한다면 청렴도는 선진국 수준에 이를 수 있을 것으로 전망된다. 그렇다면 어떤 방향으로 어떻게 해야 하는지 구체적으로 살펴보기로 한다.

제 3 절 공직윤리 제고 방안

공무원의 부패행위는 자신의 노력만으로 해결되기 곤란하고 조직의 정화(淨化)만으로도 근절되기 어렵다. 개인이 청렴해도 조직이 부패해 주위 동료들의 부패 행태가 만연하고 부패행위를 하고도 적발되거나 처벌받지 않는 풍토라면, 인간은 사회적 동물이므로 현실적으로 개인은 자신의 청렴성을 꿋꿋하게 지켜나가기 어렵다. 반대로 조직의 각종 제도와 절차가 잘 정비되어 있어서 개인으로 하여금 부패를 유발하지 않도록 깨끗한 조직풍토를 유지한다 하더라도 개인이 윤리적이지 못하면 그러한 조직에서도 부패행위는 얼마든지 발생할 수 있다.

따라서 공직윤리를 향상시키기 위해서는 부패 발생을 억제하는 소극적 전략과 윤리 수준을 향상시키는 적극적 전략을 함께 사용하는 것이 효과적이다. 다시 말해 한편으로는 부패를 저지르고 싶은 욕구를 억제하고, 다른 한편으로는 윤리의식을 향상시킬 수 있는 두 가지 전략을 동시에 추구할 필요가 있다.

소극적 전략으로는 범죄의 억제이론(deterrent theory)이나 브룸(V. H. Vroom)의 기대이론(expectancy theory)을 이용할 수 있다. 부패행위를 하고자 하는 사람이 자신이 저지를 부패행위가 발각될 수 있는 확률이 높다고 인식할수록, 발각된 자신의 부패행위에 대해 조직이나 사회로부터 대가(처벌, 응징)를 받을 가능성이 높다고 인식할수록, 그리고 그러한 대가가 자신에게는 크게(가혹하게) 느껴질수록 부패행위를 하고 싶은 욕구가 억제된다. 이러한 관점에서 보면, 공무원의 부패행위를 억제할 수 있는 소극적 전략으로는 발각될 확률을 높일 수 있는 '내부 제보자 보호', 처벌의 가능성을 높일 수 있는 관리자의 엄정하고 단호한 자세와 의지, 처벌의 강도를 높이는 법규의 제정과 개정 및 이행 등으로 요약될 수 있다.

적극적 전략은 공무원의 윤리의식을 향상시킬 수 있는 방안으로, 윤리의식의 중요성과 필요성에 대한 인식을 통해 자신이 스스로 윤리의식을 높여야겠다는 각오를 해야 하며, 평소 상관들이 윤리적 모범을 보이고 부하의 윤리적 갈등을 감소시켜 부하의 높은 윤리 수준을 유지하게 하며, 적실성 있고 구체적인 내용과 방법의 윤리교육을 선택하는 것 등을 제시할 수 있다. 이하에서는 이러한 방안들에 대해 구체적으로 살펴보기로 한다.

1 부패와 윤리의 중요성 인식 제고

개인의 윤리 수준이 향상되려면 외부통제보다는 내부(자기)통제가 효과적이다. 외부의 힘에 의한 처벌이나 보상보다는 자기 스스로 윤리 수준을 높이려는 의지와 자세가 중요하다는 의미이다. 자기통제를 위해서는 먼저 윤리가 얼마나 중요하고 윤리 향상이 왜 필요한가에 대한 인식이 있어야 한다. 윤리의 중요성과 필요성을 인식시키는 방안으로는 다음과 같은 것들이 있을 수 있겠다.

첫째, 윤리적인 사람이 조직 내에서 성과와 생산성이 향상되고 윤리적 풍토를 가진 조직이 조직효과성이 높다는 사실을 조직구성원들이 충분히 인식하도록 해야 한다. 반대로 비윤리적인 조직이나 조직구성원들의 비윤리적 행태가 조직에 얼마나 손해를 끼치는지 파악하고 있어야 한다. 최근 전 세계적으로 '윤리경영'을 강조하는 이유는 윤리경영이 조직의 발전과 성장에 필수적 요소이기 때문이라는 점도 조직구성원들은 알고 있어야 한다. 나아가 윤리적인 사회가 그렇지 않은 사회보다 경제가 발전하고 대외경쟁력도 향상된다는 사실도 구체적 자료를 통해 인지시켜야 한다.

윤리경영의 구체적 사례를 소개하면, 1982년 '존슨&존슨'에서 생산하는 타이레놀을 복용한 사람들 중 6명이 사망한 사실이 미국 시카고에서 발생했다. 타이레놀에 누군가가 청산가리를 주입한 것이었다. 회사는 이 사실을 공표하고 시중에 남아 있는 타이레놀 전량을 수거함과 동시에 범인에 대해 10만 달러의 현상금을 걸었다. 이로 인해 회사는 수백만 달러의 손실을 입었고 시장점유율은 절반으로 떨어졌다. 이후 사건이 해결되자 존슨&존슨이라는 회사는 회사의 이익보다 국민의 건강과 안전을 중시하는 회사라는 인식을 소비자들에게 강하게 심어 주었고 이를 계기로 회사는 더욱 발전하게 되었다. 이는 오늘날까지 윤리경영의 대표적인 사례로 인용되고 있다(매일경제신문, 2003. 7. 18).

윤리의 중요성을 인식시켜 줄 수 있는 다른 사례로는 박정희 전 대통령과 이광요(李光耀) 전 수상의 비교를 들 수 있다. 이 두 사람은 여러 면에서 유사한 점이 있다. 집권을 한 시대가 비슷하고 당시 국가의 경제 상황도 두 나라 모두 비슷하게 어려웠다. 부존자원도 절대적으로 부족한 것도 유사했다. 장기간 집권한 것도 서로 닮았다. 더욱 유사한 점은 두 사람 모두 독재자였다. 박정희 전 대통령은 장기집권을 위해 유신헌법을 만들고 3선 개헌을 했으며 이에 저항하는 사람들에게 폭력을 행사하면서 강압적으로 억눌렀다. 이런 점에서 박 전 대통령은 윤리성을 상실한 독재자라고 할 수 있다. 이광요 전 수상도 물, 거리, 공무원을 깨끗하게 하기 위해 강력한 힘을 발휘했으며 파업은 불법이고 영장 없이 체포와 구금이 가능하게 한 점 등으로 인해 독재자라고 불렀다. 그러나 이광요 전 수상에 대해서는 '청렴한' 독재자라고 부른다. 그의 윤리성을 높게 인정한 것이다. 비록 독재는 했어도 자신의 장기 집권이나 자신의 이익 증대를 위해 독재를 한 것이 아니고 국민을 위해 사용한 권력이었기 때문으로 보인다. 이처럼 비슷한 두 사람에 대해 한 사람은 윤리성이 결여되어 실패한 독재자가 되고 다른 한 사람은 윤리성을 충분히 갖추어서 성공한 독재자가 된 것이다.

둘째, 윤리성은 신뢰의 전제 요건이 된다는 것을 강조해야 한다. 사회의 신뢰는 사회의 발전 정도를 나타내는 지표로서 사회적 자본으로 일컬어지기도 하고 조직에서 신뢰는 조직효과성을 결정하는 중대한 요소로 인식되고 있다. 이렇듯 신뢰는 사회나 조직이 지향해 나아가야 할 바람직한 지표의 하나가 되었다. 그런데 윤리는 신뢰 형성을 위해 필수불가결한 요소가 된다. 통상 신뢰는 윤리, 능력, 온정으로 이루어지는데 이 중에서 윤리가 결여되면 다른 두 가지가 충분해도 신뢰를 받을 수 없다.

신뢰경영의 대표적 사례로 도요타 자동차 회사를 들 수 있다. 이 회사는 경영진과 직원 간 두터운 신뢰를 형성해 왔는데, 조직은 직원들을 신뢰하여 정년(60세)을 보장해 주고 직원도 조직을 신뢰해 50년 이상 노사 분규가 없었으며 사상 최대의 실적으로 조직의 신뢰에 보답하고 있다. 최근 매년 10조 원 가량의 엄청난 영업 이익을 냈음에도 불구하고 이 회사 노동조합은 2006년 1% 미만의 임금 인상을 요구했다. 이처럼 도요타 자동차 회사가 노사 간 높은 신뢰를 쌓을 수 있었던 것은 지금까지 경영진이 비자금을 조성했다거나 경영진의 사생활 관련 스캔들이 한 번도 보도된 사실이 없었다는 점이 기여한 바 크다고 할 수 있다. 다시 말해 오늘날 도요타 자동차 회사가 이 분야 세계 2위의 기업으로 성장할 수 있었던 것은 신뢰경영의 영향으로 볼 수 있고, 신뢰경영은 조직의 윤리성 확보가 없었다면 기대할 수 없었을 것이다. 이에 반해 현대자동차의 경우는 노동조합이 매년 파업을 해 왔을 뿐만 아니라 2006년 노동조합의 임금 인상 요구가 9.1%였다는 사실은 노사 간에 신뢰가 구축되지 못했음을 입증한다고 하겠다. 이러한 불신의 이면에는 경영진의 비자금 조성과 재산의 변칙 상속 등 비윤리적 행태가 결정적 역할을 한 것으로 볼 수 있다. 윤리경영을 이루지 못한 결과라고 할 수 있다. 요컨대 신뢰를 형성해 조직효과성을 향상시키려면 먼저 윤리성을 확보해야 한다는 것이다.

셋째, 신뢰와 함께 윤리성은 혁신을 위해서도 필수불가결한 요소라는 점을 중시해야 한다. 변혁적 리더십 이론에 의하면 변혁(혁신: transformation)을 성공적으로 달성하기 위해서는 리더가 카리스마를 갖고 부하들에 대한 지적 자극을 통해 변화와 혁신을 추구해야 하는데, 앞에서 언급한 바와 같이 카리스마를 갖기 위해서는 윤리적이고 모범적인 행동이 선행되어야 함을 주지시켜야 한다. 즉, 윤리성 없이는 아무리 다른 요건을 충족시키더라도 카리스마를 가질 수 없으며 카리스마가 있어야 혁신을 성공시킬 수 있다는 것이다. 혁신을 성공시키기 위해서는 리더가 조직문화에 적응하는 정도의 소극적 자세에 그쳐서는 안 되고 조직문화를 바람직한 방향으로 변동시킬 수 있는 적극성을 보여야 한다. 이를 위해서는 리더의 카리스마가 필요하고 카리스마는 윤리성 확보 없이는 불가능하므로 리더의 윤리는 변화와 혁신의 전제 조건이 된다는 사실을 조직구성원들, 특히 간부들은 충분히 인식해야 한다.

2 상관의 윤리적 모범[6)]

『하버드 비즈니스 리뷰(*Harvard Business Review*)』를 구독하는 사람들에게 "귀하의 윤리적 행동에 가장 큰 영향을 미치는 것이 무엇입니까?"라고 물은 결과, 단연 1위를 차지한 응답이 '최고관리자'였다고 한다. 어떤 연구에 의하면 구성원들의 윤리적 문제와 윤리적 판단에 가장 큰 영향을 미치는 요인이 최고관리자의 행동으로 나타났다. 이러한 조사 및 연구 결과를 기초로 할 때, 최고관리자는 부하들의 윤리적 행위를 격려하거나 비윤리적 행위를 억제시킴으로써 부하들의 윤리적 판단과 행위에 중대한 영향을 미친다는 것을 알 수 있다.

최고관리자가 부하들의 윤리적 판단이나 행동에 영향을 미치는 근거나 수단으로 다음과 같은 것들을 제시할 수 있다. 첫째, 부하들은 최고관리자의 행동을 윤리적 판단의 준거 기준이나 모방의 모델로 인식한다. 즉, 부하들이 윤리적 딜레마 상황에 직면한 경우에 판단의 기준으로 윤리 문제에 대한 평소 최고관리자의 태도나 행동을 우선적으로 고려한다. 가령 공사담당자가 건설업자로부터 과(課)의 운영비에 쓰라고 금품을 제공받을 때 담당자는 이 사실을 최고관리자가 안다면 어떤 반응을 보일지 먼저 생각하게 된다.

둘째, 윤리 문제에 대한 최고관리자의 관심 표명이 부하들의 윤리적 판단과 결정에 중요한 영향을 미칠 수 있다. 이를 뒷받침하는 증거로 헤거티와 심스(Hegarty & Sims, 1979)의 실험 결과를 들 수 있다. 여러 가지 조건들이 비슷한 두 명의 직원을 실험 대상으로 선정해 한 사람에게는 윤리적 행동을 지지하는 내용의 서신을 최고관리자의 명의로 보내고, 다른 한 사람에게는 윤리적 행동을 지지한다는 내용이 없는 평범한 서신을 최고관리자 명의로 전달했을 경우, 일정한 시일이 경과한 후 측정해 보니 전자는

6) 여기서는 김호정(2005: 132-133)을 기초로 수정, 보완했음.

후자보다 훨씬 높은 수준의 윤리적 행동을 보였다. 이는 최고관리자의 윤리적 관심이 부하 직원의 윤리적 행동에 중대한 영향을 미친다는 사실을 입증한 것이다.

셋째, 대부분의 구성원들은 정당한 권위를 가진 최고관리자의 명령에 복종하는 경향이 있다. 비록 그러한 명령이 자신의 윤리적 기준과 상충되거나 다른 사람에게 해를 끼치는 경우라 하더라도 마찬가지로 복종하게 된다. 그 증거로 '밀그램 형(Milgram型)의 복종연구'를 들 수 있다. 연구 대상자에게는 표면적으로 '처벌이 학습에 미치는 영향'에 관한 과학적 실험에 참여하는 것이라고 하면서, 실험 대상자(학습자)에게 점점 강도가 높아지는 전기 고문을 가하라고 최고관리자가 지시하면, 실험 대상자에게는 엄청난 위해(危害)가 되고 자신(연구 대상자)의 윤리에도 반하므로 불편한 심기를 갖게 되지만, 대부분의 연구 대상자들은 그러한 지시에 따라 계속해서 강도 높은 전기 고문을 가했다고 한다. 한국에서 고문 기술자 이근안 진 경감의 경우도 마찬가지일 것이다. 상급자들의 명령이나 적어도 묵인 속에서 이근안 전 경감은 상대방에게 가혹한 고문을 했다고 볼 수 있으며, 상급자가 고문과 같은 비윤리적 행위를 못하도록 명령했다면 당연히 그러한 고문은 없었을 것이다. 또한 김구 선생을 살해한 안두희의 경우도 당시 국방부장관이나 고위급의 지시가 있었으므로 김구 선생 살해라는 극도의 비윤리적 행위를 저질렀다고 볼 수 있다.

넷째, 최고관리자는 윤리 문제에 관한 명확한 정책이나 지침을 발표함으로써 구성원들의 윤리적 판단과 행동에 영향을 미칠 수 있다. 헤거티와 심스(Hegarty & Sims, 1979)의 실험연구에서는 조직 내에 윤리에 관한 정책이 존재하면 구성원들의 비윤리적 행태는 대폭 줄어드는 것으로 나타났는데, 이는 윤리정책이 구성원들의 비윤리적 행동을 억제하는 효과가 있으며 윤리적 판단과 행동을 유도할 수 있음을 입증한 것이라고 하겠다. 또 다른 연구에서도 조직 내 윤리정책이 존재하고 그러한 윤리정책이 실행되면 구성원들의 윤리적 신념이 향상되는 것으로 나타났다고 한다.

3 개인 성격과 윤리: 선발, 교육, 배치에 활용

조직구성원 개인의 성격이나 이념은 윤리와 상관 관계가 있다. 즉, 개인의 성격이나 이념에 따라 윤리성이 다르다는 것이다. 따라서 공무원을 선발할 때 특히 면접 과정에서 성격이나 이념을 검사해 윤리성이 높은 성격이나 이념의 소유자를 우대하고, 채용 후에도 교육훈련시에 윤리성이 낮은 성격이나 이념을 높은 것으로 전환시킬 수 있도록 교육시키며, 직원을 배치할 때에도 높은 윤리성이 요구되는 감사 부서나 부정부패가 심한 부서에 윤리성이 높은 성격이나 이념의 직원을 우선 배정하는 방안이 활용될 수 있을 것이다. 개인의 성격은 외재론자와 내재론자, 마키아벨리어니즘(Machiavellianism)으로 구분되고 윤리적 이념은 이상주의와 상대주의로 구분될 수 있다. 이러한 성격이나 이념이 윤리적 판단 수준에 미치는 영향을 설명하면 다음과 같다(이하는 김호정, 2005: 128-131 참조).

1) 외재론자와 내재론자

내재론자(internals)는 산물(outcomes)은 자신이 노력한 결과(result)라고 믿지만, 외재론자(externals)는 산물이 자신의 통제를 벗어나 다른 사람이나 운명의 결과라고 믿는다. 내재론자는 자신의 행동에 대한 보상이나 불이익과 같은 강화(reinforcements)도 자신의 행동이나 능력에 상응한다고 믿지만, 외재론자는 강화가 힘 있는 자, 운명, 행운에 달려 있다고 믿는다.

따라서 내재론자는 자신의 행위에 대해 책임을 지려고 하므로, 옳고 그름에 대한 판단을 스스로 하여 옳다고 생각하는 윤리적 행동은 실행하면서 비윤리적 행동은 자제하는 경향이 있다. 반면에 외재론자는 자신의 행위(혹은 비윤리적 행동)도 다른 사람이나 상황적 요인의 책임으로 돌리려 하므로, 옳고 그름에 대한 자신의 판단이 부족하고 비윤리적 행동도 비교적 쉽게 저지르는 경향이 있다. 한편 내재론자는 "이 세상에 공짜는 없다"라는 사고나 판단을 할 가능성이 높아서 과외의 수입이나 부당한 소득에 비교적 무관심해 부정부패에 연루될 가능성이 적은 반면, 외재론자는 "이 세상에 공짜는 있다"라는 사고나 판단을 할 가능성이 높아서 우연이나 부당한 수입을 거부하지 않으므로 유혹에 빠지거나 부정부패에 연루될 가능성이 상대적으로 높다. 이렇게 볼 때 윤리적 (판단) 수준도 내재론자가 외재론자보다 높다고 볼 수 있다.

외재론자는 자신이 아닌 외부의 강력한 세력이 자신의 삶에서 발생하는 사건들에 막강한 영향력을 행사한다고 믿는 경향이 있는데, 외재론자는 자신의 조직을 '강력한 외부 세력'으로 인식하고 자신의 이익을 위해 조직에 사소한 손해를 입히더라도 조직의 재정에는 영향을 미치지 않는다는 편견을 갖고, 다소 조직에 해가 되는 불미스러운 행동도 수용 가능하다고 인식한다. 반면에 내재론자는 일반적으로 그러한 행동도 수용할 수 없다고 인식한다. 이런 측면에서도 내재론자는 외재론자보다 윤리적 판단의 수준이 높다고 기대할 수 있다.

한편 자신의 비리행위가 적발되었을 경우, 내재론자는 "내 탓이다"라고 생각하면서 다시는 그러한 행동을 하지 않겠다고 반성을 하지만, 외재론자는 "재수가 없다", "표적 수사에 해당한다"라고 하면서 자신 외에도 대다수의 사람들도 그러한데 하필이면 내가 걸려들어서 재수가 없다는 식으로 생각하므로 반성의 기미를 보이지 않고 앞으로도 그러한 행동은 계속할 수 있다. 다시 말해 자신의 비윤리적 행태에 대한 책임을 다른 사람이나 상황에 전가함으로써 자신의 행위를 합리화시키는 것이므로 비윤리적 행동의 합리화 관점에서도 외재론자보다 내재론자의 윤리적 판단 수준이 높다고 볼 수 있다.

따라서 공무원 선발 과정이나 보직 배치시 외재론자보다는 내재론자를 우대하고, 교육훈련시에는 외재론자의 성격을 불식시키고 내재론자적 성격을 함양하는 방향으로 나아가는 것이 공무원 윤리 수준 향상에 도움이 될 것이다.

2) 마키아벨리어니즘

마키아벨리어니즘(Machiavellianism)은 하나의 성격 성향(a personality orientation)으로 "사람을 다루는 개인의 일반적 전략, 구체적으로 대인 관계에서 타인을 조종할 수 있다고 생각하는 정도"라고 정의될 수 있고 (Singhapakdi, 1993: 407), 혹은 부정적 의미로 "자신의 목적을 달성하기 위해(비도덕적은 아니더라도) 최소한 도덕적 관념이 없이 타인을 조종하고 설득하는 행태의 의미로 설명될 수 있는 개인적 특성"이라고 할 수 있다 (Valentine & Fleischman, 2003: 325; Singhapakdi, 1993: 407).

마키아벨리어니즘이 강한 사람은 타인들과의 상호 관계에서 도덕적 관점보다는 공리적 관점을 갖고 있으므로, 전형적으로 '전통적 도덕성'에 대한 배려가 부족하다. 그 결과 바람직한 목표를 달성할 수 있다면 조종, 설득, 속임 등의 어떠한 수단도 이용할 수 있다고 믿는다. 심지어 자신의 이익을 위해서는 훔치거나, 속이거나, 거짓말하는 것도 나쁠 것이 없다고 본다. 마키아벨리어니즘에 속하는 관리자는 윤리 문제를 남들보다 덜 진지하게 인식하고, 윤리 문제를 해결하려는 시도를 제대로 하지 않는 경향이 있다. 일부 경험적 연구들도 마키아벨리어니즘이 강한 사람은 약한 사람보다 거짓말을 훨씬 자연스럽게 하고, 남들을 조종하는 일이 많고, 뇌물을 많이 제공한다는 결과를 제시하고 있다(Beu et al., 2003: 93). 즉, 마키아벨리어니즘이 강한 사람일수록 자신의 이익이나 목적을 달성하기 위해서는 감언이설이나 애걸복걸도 쉽게 하면서 평소와는 다른 가식적인 태도나 행동을 보이다가 목적을 달성한 후에는 다시 이전의 상태로 태연하게 돌아가는 성향을 흔히 보인다. 이런 사람일수록 윤리나 도덕은 가치판단이나 행동의 기준으로 경시될 것이다.

선거에 출마해 우선 당선을 위해 유권자에게 지나칠 정도로 친절을 보이고 큰 절을 하는 등 평소와는 다른 행동을 보이다가 당선이 되면 이전의 상태로 돌아가서 언제 그렇게 했느냐 하는 식으로 태연하게 대하는 정치인, 당장 물건을 팔기 위해 구매자에게 적합하지 않은 것도 권유하거나 물건의 장점만 과대 선전하고 단점은 감추는 상인은 마키아벨리어니즘이 강한 대표적인 인물로서 윤리성이 낮다고 볼 수 있다.

따라서 공무원의 윤리 수준을 향상시키기 위해서 마키아벨리어니즘이 강한 성격을 배격하고 마키아벨리어니즘이 약한 사람을 우대하도록 정책을 수립하고 집행해야 할 것이다.

3) 이 념

개인 간 윤리적 판단, 윤리적 수준의 차이는 성격 외에도 철학적 배경(이념)의 차이에서 올 수도 있다. 즉, 개인이 지닌 이념이 이상주의에 가까운가 아니면 상대주의가 강한가에 따라 윤리적 판단 수준이 다를 수 있다. '상대주의(relativism)'는 개인이 "보편적 도덕 원리(universal moral principles)를 거부하는 정도"를 말하고, '이상주의(idealism)'는 "다른 사람들에게 해를 끼쳐서는 안 된다는 도덕적 행동을 수용하는 정도"를 의미한다(Barnett et al., 1998: 716).

도덕적 상대주의는 모든 도덕적 기준은 사회와 문화에 따라 상대적이므로, 사람들에게 무엇이 옳고 무엇이 그른가를 결정하는 유일한 원리나 법규는 존재할 수 없다는 입장이다. 다시 말해 무엇이 도덕적인가는 상황의 성격, 지배적 문화, 관계된 개인에 따라 다르다고 보므로, 사람들의 도덕성을 판단할 때도 그 사람이 위반한 도덕적 규율보다는 상황을 더 중시한다. 즉, 상황에 따라 도덕적 규율은 위반할 수 있으며, 필요하다면 도덕이나 법규는 무시될 수 있다는 것이다. 윈터 등(Winter et al., 2004: 281)도 선행연구들을 근거로 상대주의는 도덕적 긴장(moral intensity)을 완화시키고, 윤리 문제의 인식을 방해하며, 윤리와 사회적 책임의 중요성에 대한 인식에 부정적으로 영향을 미친다고 한다. 한 마디로 도덕적 상대주의가 강할수록 윤리적 판단 수준이 낮아진다고 볼 수 있다.

도덕적 이상주의자는 도덕적 판단을 할 때 실용주의적 기준보다는 이상주의적 기준을 적용해, 다른 사람을 해롭게 하는 것은 보편적으로 그리고 항상 나쁜 것이며 이런 경우는 피해야 한다는 입장을 갖는다(Lee & Sirgy, 1999: 76). 이런 의미에서 도덕적 이상주의는 칸트(I. Kant)의 절대주의와 같은 개념으로 볼 수 있다. 또한 이상주의는 다른 사람의 복리에 대한 개인적 관심을 강조하는 것이며 이타주의(altruism)에 필적하는 것이므로, 자기 자신의 개인적 이익보다 다른 사람의 복리 증진을 배려하는 것이다. 즉, 도덕적 이상주의자는 윤리적 의사결정에서 이타주의적이고 인도주의적인 해결을 추구하고, 자신의 이익보다 타인에 대한 배려를 우선시하므로, 윤리적 판단 수준이 높다고 볼 수 있다.

반면에 이상주의가 약한 사람은 남을 해롭게 하는 것도 선을 위해서는 가끔 필요하다고 보는데, 이는 어떤 집단에 해로운 행위라도 최대 다수의 최대 이익을 위해서는 필요하다고 인식하는 '공리주의 관점(a utilitarian perspective)'을 지지하는 경향이 있기 때문이며(Lee & Sirgy, 1999: 76), 이러한 사람은 공익이라는 명분을 위해 혹은 자신의 이익을 위해 남에게 해를 끼칠 수 있으므로 윤리적 판단 수준이 상대적으로 낮다고 볼 수 있다. 선행 연구들을 검토한 결과에서도 이상주의는 도덕적 긴장을 증가시키고 윤리의 중요성을 강조하는 것으로 나타났다(Winter et al., 2004: 281). 이와 같은 이유들을 근거로 도덕적 이상주의가 강할수록 윤리 수준이 높다고 할 수 있다.

따라서 공무원을 선발할 때 상대주의가 약하면서 이상주의가 강한 이념을 지닌 사람을 뽑는 것이 공직자들의 윤리성 제고에 도움이 된다. 또한 이런 성격이나 이념을 갖도록 교육시킬 필요가 있으며, 이런 사람들을 부패가 많이 발생하는 부서나 감사 부서에 우선적으로 배치하는 것이 윤리성을 높일 수 있는 방안이 될 것이다.

4 내부제보자 보호

내부의 비리행위를 제보하는 일이 쉽고 제보를 한 후 제보자가 완벽하게 보호된다면 부정부패는 현저히 줄어들 것이다. 이런 조건이 충족될 경우 내부제보제도는 부패의 적발 확률을 높임과 동시에 부패 욕구를 억제함으로써 부패를 예방하는 효과가 있기 때문이다. 부정부패 행위를 근절하기 위해서는 감사가 전문화되고 철저하게 이루어져야 하겠지만 감사는 아무리 잘하더라도 한계를 지닌다. 내부에서 은밀하게 이루어지거나 친분 관계에 있는 당사자들 간에 담합에 의해 이루어지는 비리행위를 감사로써 적발하기에는 역부족이다. 조직 내부의 은밀한 비리행위는 내부인이 가장 정확하게 알 수 있고 이들의 제보와 증언이 비리 적발에 결정적 역할을 할 수 있다. 뺑소니 사고의 범인을 잡기 위해서 사건 현장의 목격자를 찾는 것도 무작정 수사를 하는 것보다 제보자의 제보행위가 결정적 역할을 하기 때문이다.

내부 비리 제보 제도가 효과를 갖기 위해서는 몇 가지 여건의 조성이 필요하다. 이러한 여건을 제시하면 다음과 같다(김호정, 1999: 224, 228, 229 참조).

첫째, 내부제보자를 바라보는 주위의 시각이 조직의 권위에 반항하는 '이단자'에서 조직의 발전을 도모하는 '개혁가'로 전환되어야 한다. 전자의 부정적 시각은 내부 비리 제보를 조직의 권위에 대한 위협이며 최고관리층의 정당성에 대한 도전으로 인식해 조직의 안정과 질서를 침해하는 행위로 단정하지만(Near & Jensen, 1983: 5), 후자의 긍정적 견해는 내부 비리 제보는 조직효과성 향상에 중요한 정보를 제공하고, 문제점과 해결책을 제시함으로써 능률성과 생산성 향상에 도움이 된다고 인식하므로, 이단자의 시각에서는 비리 제보행위가 억제되지만 개혁가의 시각에서는 비리 제보행위가 장려되기 때문이다. 한국에서는 아직까지 내부 비리 제보를 부정적으로 보는 시각이 우세했다고 볼 수 있으므로, 내부 비리 제보를 최고관리자의 정당성과 조직의 권위에 대한 도전으로 받아들여 왔다고 볼 수 있다.

둘째, 내부 비리를 제보한 결과 이후로는 조직 내에서 그러한 비리행위가 발생하지 않거나 개선되어 어렵게 한 제보가 효과를 거두었다는 보람을 느낄 수 있어야 한다. 비리에 대한 제보행위는 조직 내 불법·부당한 행위를 개선시키려는 사회적 편익에 의해 동기가 부여되기 때문이다. 다시 말해 조직 내에서 비리를 목격한 사람들의 주된 관심의 하나는 제보행위의 잠재적 효능이라고 볼 수 있다.

셋째, 비리 제보행위가 불법·부당한 행위를 개선시켜 사회적 편익을 증대시킨다고 하더라도 제보행위에 대해 조직으로부터 보복을 받는다면(받을 것이라고 믿는다면) 실제로 제보는 기대하기 어려울 것이다. 조직의 보복이 내부 비리 제보에 미치는 영향에 대해서는 부정적 입장도 있어 왔다. 그렇지만 다른 요인들(비리의 심각성, 조직 규모, 제보 창구의 유형 등)에 따라 정도의 차이는 있어도 조직의 보복이 잠재적 내부 비리 제보를 억제하는 효과는 현실적으로 부인하기 어려울 것이다.

넷째, 최고관리층이 내부 비리 제보자에 대해 우호적인 태도를 보일수록 조직의 보복은 약하다. 정당한 내부 비리 제보자에 대해 최고관리층이나 조직이 지원적 입장을 취할 때 조직의 보복은 약하게 되고 그만큼 내부 비리 제보의 가능성은 높아진다. 내부의 부패를 목격한 사람들의 주된 관심은 제보행위의 잠재적 효능성 외에도 예상하는 보복의 수준이 되기 때문이다.

다섯째, 인지 가능한 외부 창구가 많을수록 내부 비리 제보는 용이해진다. 내부 비리 제보는 불균등한 힘을 지닌 두 집단간 갈등의 표출이며 잘 만들어진 중립적 해결 기구가 없는 상태에서 통상 발생하므로(Perry, 1993: 80), 힘의 열세에 있는 제보자는 조직 내 창구를 이용하기보다 외부 창구를 이용하는 경우가 일반적이다. 이 경우 외부 창구를 앎으로써 사회가 바람직하다는 인식과 함께 정당한 내부 비리 제보는 사회가 지원할 것이라고 생각하게 되어 잠재적 내부 비리 제보자는 용기를 얻을 수 있기 때문이다(Near & Miceli, 1985; 7).

따라서 내부제보자를 보는 시각이 이단자에서 개혁가로 바뀌고, 내부 비리 제보를 통해 제기된 문제들이 해결되고 개선될수록, 내부 비리 제보자에 대한 최고관리자나 조직이 우호적 반응을 보일수록, 조직의 보복이 약할수록, 그리고 언론, 의회, 시민단체 등 외부 창구가 많을수록, 내부 비리 제보에 유리한 상황이 조성되어 내부 비리 제보의 가능성이 높아지고 비리 행위의 적발 확률도 높아져서 부패는 감소할 것이다.

5 관리자의 엄정성

애덤스(J. Adams)의 공정성이론에 의하면 내가 조직을 위해 투입한 것에 비해 조직이 나에게 주는 보상(산출)이 다른 사람의 투입과 산출의 비율과 동등할 때 공정성을 느껴 만족하지만, 양자의 비율이 상이할 때는 동일하게 되려는 방향으로 개인은 움직인다는 것이다. 이 이론을 부패행위에 적용해 보면, 자신의 부패행위(투입)에 대한 조직의 처벌(산출)이 나와 비슷한 부패행위를 저지른 주위 다른 사람이 받은 처벌보다 강하다고 인식되면, 자신의 부패행위를 증가시키거나 다른 사람의 처벌을 강화해야 된다고 생각한다. 그러므로 처벌의 가능성이 낮은 조직에서 처벌받은 사람은 다른 사람은 처벌받지 않는데 자신만 처벌받는다고 생각해 불공정성을 지각하게 된다. 이렇게 되면 부패행위를 저지른 사람은 처벌의 결과에 대해 불만을 갖게 되고 자신의 행동을 반성하지 않는다. 이에 반해 처벌의 가능성이 높은 조직에서 처벌받은 사람은 이와 같은 부패행위를 저지른 다른 동료들도 예외없이 처벌을 받고 있으므로 처벌의 공정성을 지각해 처벌에 대한 불만이 적고 처벌로 인해 반성의 계기로 삼을 수 있으며, 이 때 처벌은 예측 가능하고 범죄의 예방 효과도 갖는다.

여기서 처벌의 가능성이 높은 조직은 조직의 관리자가 엄정하고 중립적 태도를 견지하면서 부하의 부패행위에 대해서는 객관적이고 원칙적 기준을 적용하는 조직이라 할 수 있다. 반면에 처벌의 가능성이 낮은 조직은 관리자가 부하의 부패행위가 적발되더라도 엄정한 처벌을 원하지 않고 객관적이고 원칙적인 기준 없이 가능한 한 관대하게 처리해 조직 내에서 조용히 무마하려는 조직이라고 할 수 있다.

다시 말해 조직의 관리자가 부하의 부패행위에 대해 엄정하고 원칙적 기준으로 대할 때 오히려 부하들은 공정성을 지각하고 반성하면서 동시에 적발된 부패행위에 대한 처벌의 가능성이 높다고 인식하여 부패행위를 하려는 욕구가 줄어들게 된다.

한국 행정조직의 경우 관리자들이 부하직원의 부패행위에 대해 비교적 관대한 태도를 보여 왔다고 할 수 있는데, 그 주요한 이유 중 하나는 한국 사회의 인정주의와 가족주의를 들 수 있다. 백완기(1997: 6)에 의하면, 정(情)의 논리는 잘잘못을 따지는 것을 싫어하고 좀 모자라고 부족해도 봐 주어야 하고 비록 죄를 졌어도 벌을 주어서는 안 되는 것이라고 한다. 한국의 고위관료들도 이런 정의 논리를 초월할 수 없어서 부하직원들의 부패행위에 관대하다고 하겠다. 또한 한국 사회에는 가족주의를 바탕으로 가부장제가 만연되어 있고 행정조직의 장도 가부장적·권위적으로 조직을 운영해 왔으므로 부하들의 잘못도 자신의 책임으로 생각해 관대한 처벌을 원한다. 바람직한 지도자상으로 미국에서는 '정직'(공명, 정의)을 최우선시하지만 한국에서는 '온정'을 가장 중시한다는 조사 결과에서도 한국 행정조직 관리자들의 관대함을 엿볼 수 있다(김호정, 1999: 229). 행정조직의 관리자들도 부하들의 부패행위에 직면해서는 인정주의와 가족주의에서 탈피해 '온정'보다는 '정직'을 중시하는 엄정하고 공정한 관리자가 되어야 할 것이다.

6 처벌의 강화

동기부여의 기대이론에 의하면 노력해서 성과를 올릴 수 있다고 생각하는 주관적 확률과 성과에 대한 보상의 주관적 확률이 높을수록 노력하려는 동기부여의 정도가 높아진다고 하며, 마지막으로 성과에 대한 보답으로 주어지는 보상의 가치나 중요도가 나에게 의미 있고 중대한 것일수록 동기부여의 강도도 그만큼 강해진다. 부패의 억제효과도 마찬가지이다. 내부 제보가 용이함으로써 부패행위의 적발 확률이 높고, 관리자가 엄정함으로써 적발된 부패행위에 대해 처벌의 가능성이 높은 것도 부패행위의 억제 효과가 있지만, 추가해서 처벌의 강도가 나에게 강하고 가혹하게 느껴질수록 부패의 억제력은 더욱 커지게 된다.

윤태범(2000: 250-251)도 부패에 개입한 공무원의 기대효용은 부패 개입에 의해 얻어지는 이익 즉 '뇌물'이 증가할수록 커지고, 부패가 발각될 확률과 처벌의 강도가 커질수록 작아진다고 하면서, 정부가 부패통제를 위해서 직접 개입할 수 있는 부분은 발각될 확률과 처벌 강도를 증가시키는 것이라고 했다.

처벌의 강도를 높이기 위해서는 관련 법령의 개정을 통해 처벌 수위를 높여야 하겠지만 기존 법 내에서도 검찰과 법원의 엄정한 자세가 중요하다. 한국에서는 검찰이 수사 논리에 따라 조사 여부를 결정하는 것이 아니라 정치권의 눈치를 봐가며 그때그때 입장을 바꿔왔는데, 검찰에 의한 공권력 행사가 공정하게 이루어질 때 검찰의 중립화가 이루어지고 국민의 신뢰를 받아 진정한 민주사회를 구축할 수 있다는 주장(김택, 1999: 163)은 검찰이 이제부터라도 수사 논리에 따라 중립적이고 공정한 수사를 한다면 부패범죄에 대해 현재보다 처벌 강도를 높일 수 있다는 의미로 받아들일 수 있다. 사법부도 권력형 부정·부패 범죄에 대해 특별대우를 해 왔다고 본다. 예컨대 한보비리 사건에서 나타나듯이, 권력형 부정·부패로 구속 기소된 사람들의 다수는 병 보석이나 형집행 정지 등의 결정에 의해 풀려나고, 복권과 함께 정치판에 화려하게 컴백한다. 이러한 관행은 권력형 부정·부패로 크게 한탕한 후에 잠시 감옥에 가 있으면 된다는 잘못된 인식을 갖게 만들고, 국민들에게는 권력형 부정·부패 사건은 항상 용두사미격으로 끝낸다는 불신을 갖게 만든다고 한다(김택, 1999: 142). 요컨대 관련 법규를 개정해 공무원 범죄의 처벌을 강화하든지, 검찰과 법원의 엄정하고 공정한 자세를 통해 처벌의 강도를 높일 수 있으며, 이렇게 될 때 '솜방망이 처벌'이라는 말은 듣지 않아도 될 것이고 공무원의 부정·부패를 줄이는 데 효과적인 역할을 수행할 수 있을 것이다.

제4절 결 론

최근 들어 정부는 부패 방지에 역점을 두고 있으며 기업도 윤리경영을 과거 어느 때보다도 강조하고 있다. 이처럼 우리 사회가 윤리와 부패를 중시하는 이유는 무엇일까?

첫째, 부패의 패러다임이 변했기 때문이다. 부패의 성격이 자기 소멸적인 것에서 자기 영속적인 것으로 변했으며, 부패의 원인으로 종래에는 개인적 요인을 중시했으나 근래에는 구조적·체계적 요인에 무게를 두고 있고, 부패를 바라보는 인식이 과거에는 국내 문제로 보았으나 차츰 국제 문제로 보는 경향이 강해지고 있다. 이처럼 과거에는 부패가 자기 소멸적이고 개인적이며 국내 문제였으므로 정부나 조직에서는 부패 문제를 심각하게 생각할 필요가 없었지만, 자기 영속적, 조직적·체계적 원인, 국제 문제로 변모하면서 부패 문제를 해결해야 할 중대한 과제로 인식하게 된 것이다.

둘째, 부패는 국가경쟁력을 저하시키고 사회의 신뢰도를 떨어뜨리며 혁신을 저해할 뿐만 아니라 조직의 입장에서는 효과성을 낮추는 역할을 하기 때문이다. 즉, 부패와 비윤리적 행위의 역기능이 조직이나 사회 전체에서 볼 때 엄청나다는 사실을 알았기 때문이다.

셋째, 한국 사회 및 관료사회의 부패 수준은 아직도 기대 이상의 높은 수준에 있기 때문이다. 특히 한국의 경제 수준에 비해서도 부패 수준은 상대적으로 너무 높다고 하겠다. 국민 의식조사에서나 국제적 비교조사, 국내 공공기관 조사에서 모두 부패 수준은 높게 나타나고 있는 것이 현실이므로 개선의 여지가 충분하다고 볼 수 있다.

넷째, 그래도 향후 부패 방지를 위해 힘쓸 필요가 있는 것은 부패 방지 노력의 결과 해마다 부패 수준이 꾸준히 개선되고 있기 때문이다. 개선의 기미가 없다면 부패와 윤리 문제에 대한 노력에 회의가 있겠지만 여론조사,

국제 간 비교조사, 공공기관 조사에서 모두 매년 향상되는 것으로 나타나고 있으므로, 용기를 가지고 부패 방지를 위한 정책에 관심을 갖고 부패 문제를 중시하게 된 것이다.

부패를 방지하고 공직윤리를 제고할 수 있는 방안으로는 적극적인 것과 소극적인 것으로 대별될 수 있는데, 전자의 대표적 방안으로는 부패와 윤리의 중요성을 인식시키는 것과 윤리 수준이 높은 성격의 소유자를 선발하거나 이런 성격을 함양하는 방향으로 교육시키는 일이 될 수 있으며, 그 밖에 조직풍토를 윤리적으로 개조하는 일도 도움이 될 것이다. 가령 상급자가 윤리적 모범을 보이고 동료들도 태도와 행동에서 윤리적이 되도록 한다. 소극적인 방안으로는 부패를 저지르고 싶은 충동을 억제시키는 것으로 내부 제보의 여건을 좋게 하고, 부패에 대해 관리자들이 엄정한 자세를 보이며, 처벌을 강화하는 일이 될 수 있다.

정부와 기업은 부패를 방지하고 윤리경영을 도모하기 위해 이러한 정책 방안을 활용해야 하겠지만 무엇보다 중요한 것은 우리 사회의 부패문화라고 할 수 있겠다. 어떻게 하면 부패문화를 변동시킬 수 있는가에 초점을 두고 많은 관심을 기울여야 할 것으로 보인다. 부패에 대한 관대한 문화를 엄격한 문화로 전환시키는 일이 시급하고 가장 중요하다고 생각된다. 앞으로의 부패 연구는 이 부분이 강조되어야 할 것이다.

참고 문헌

국내 문헌

강성철 · 김판석 · 이종수 · 최근열 · 하태권. (1996). 「새인사행정론」. 서울: 대영문화사.

———. (2006). 「새인사행정론」. 서울: 대영문화사.

———. 「강원일보」. (2006). 정부 총액인건비제 시 · 도지사협 반발. 11. 1.

강은숙. (2004). 정부업무평가제도와 MBO의 연계방안. 「한국행정연구」. 13(2).

강찬민. (2002). 인사개혁의 적실성에 관한 연구: 김대중 정부 인사개혁을 중심으로. 경희대학교 행정학 박사학위 논문.

강철승. (2006). 한국 고위공무원단 제도의 문제점과 개선 방안. 「2006년도 한국행정학회 추계학술대회 발표 논문」.

고기동. (2002). 민관교류 유형 및 특징. 「계간 인사행정」. 13.

공보처. (1997). 「문민정부 5년 개혁백서」.

권경득 · 김판석 · 오성호 · 박경원. (2003). 지방자치단체 간 인사교류 활성화 방안. 「한국정책학회보」. 12(4): 1-28.

권미수. (2005). 「공공부문의 성과평가 및 관리방안 연구: BSC를 중심으로」. 한국전산원.

권오철 외. (2006). 「총액인건비제 시범 실시에 대한 분석 · 평가」. 서울: 행정자치부.

기획예산처. (2002). 「개혁과 도약의 길: 기획예산처 5년의 성과와 과제」.

김경한. (2004). 목표관리제의 운영 실태 및 효과성 평가연구. 「한국정책학회보」, 13(1).

———. (2004). 목표관리제의 효과성에 대한 영향요인 연구. 「한국행정학보」, 38(2).

김광웅. (1994). 한국의 장관론: 역할, 자질, 능력, 「행정논총」, 32(2).

———. (1998). 김대중 정부 초기 정부조직 개편에 대한 비판적 성찰. 「한국행정학보」, 32(2).

———. (2003). 노무현 정부에서 성공하는 장관의 조건. 서울대학교 한국지식정보센터 세미나.

김명식. (2005). 판례로 보는 인사 이야기. 「계간 인사행정」, 11월호: 34-35.

김병섭. (1996). 기업가적 정부혁신의 길: 그 의미와 한계. 「한국정책학회보」, 5(2).

김병섭 · 박광국. (1999). 행정조직의 조직발전(OD)에 관한 연구: MBO를 중심으로. 「행정논총」, 37.

김성렬. (2006). OECD국가의 인적자원관리 주요 이슈와 시사점. 「계간 인사행정」, 가을호: 43-47.

김순양. (2000). 지방공무원의 능력 발전을 위한 신평가체계의 도입 방안. 「한국행정연구」, 9(4).

김완조. (2007). 개방형 직위제도 소개. 서울: 중앙인사위원회 홈페이지.

김우종. (2005). 영국 고위공무원단(SCS)의 성과관리와 보상. 「계간 인사행정」, 22(봄).

김정렬. (2000). 정부의 미래와 거버넌스: 신공공관리와 정책네트워크. 「한국행정학보」, 34(1).

김준한. (1995). 지방자치단체 표준정원 산정 방법의 개선 연구. 「한국행정학보」, 29(3): 813-829.

김태룡. (2000). 행정학의 신패러다임으로서 신공공관리모형의 적실성에 관한 연구. 「한국행정학보」, 34(1).

———. (2001). 한국 지방정부의 행정개혁에 대한 평가: 광역자치단체의 개혁 수단들을 중심으로. 「한국행정학보」, 35(4).

김태영 · 박재완 · 허명환 · 장은주. (1999). 「지방자치단체의 표준정원 산정 방법 재개발」. 행정자치부.

김 택. (1999). 「관료부패론」. 서울: 학문사.

김판석. (2004). 「한국공무원 인사제도 개혁」. 서울: 집문당.

김판석 · 권경득. (2000). 한국 정부의 목표관리제 도입: 이론 조명과 문제점. 「한국행정논집」. 12(3).

김판석 · 권경득 · 박경원 · 오성호. (2000). 「전방위형 공무원 인사교류」. 서울: 나남출판.

———. (2001). 중앙정부와 지방정부 간 인사교류의 활성화 방안. 「한국지방자치학회보」, 13(1): 5-24.

김판석 · 오성호 · 이선우. (2000). 다면평가제 사례연구. 「신화와 실상」: 19-41.

———. (2000). 업적평가체계로서의 다면평가제도의 도입과 추진 방법에 관한 사

례연구. 「한국행정학보」, 34(4): 343-364.
김호섭. (1994). 공직의 윤리성 제고를 위한 새 정부의 개혁: 평가와 대안. 「한국행정학보」, 28(4): 1503-1523.
김호정. (1999). 신뢰와 조직몰입. 「한국행정학보」, 33(2): 19-35.
———. (1999). 행정풍토와 관료의 부패행태: 한국과 미국의 비교. 「한국정치학회보」, 33(2): 219-239.
———. (2001). 변혁적·거래적 리더십이 조직몰입에 미치는 영향: 공·사조직의 비교. 「한국행정학보」, 35(2): 197-216.
———. (2005). 개인적 요인과 조직적 요인이 공직자의 윤리적 판단에 미치는 영향. 「한국행정학보」, 39(4): 125-148.
김환일. (1999). 일본 기업의 최근 다면평가제도 동향. 「임금연구」, 7(2).
남궁근. (2003). 참여정부 공직전문성 제고 방안. 「한국인사행정학회보」, 3(2): 89-104.
남궁근·류임철. (2004). 공직사회 전문성 제고를 위한 보직관리 시스템 개선 방안. 「한국인사행정학회보」, 3(2): 98-120.
남궁근·서원석. (2005). 팀제와 참여정부 인사개혁 과제의 정합성 검토. 「행정논총」, 43(4): 437-458.
남궁근 외. (2005). 고위공무원단 도입에 따른 문제점 분석과 개선 방안 연구: 주요 국가의 사례연구. 한국행정연구원.
라휘문·김병국·박휘정·김성주·신형균. (2002). 목표관리제 성공적 정착 사례 정립. 한국지방행정연구원.
문승익. (1981). "국가목적과 정치이념", 한국정치학회 편, 「한국정치와 복지국가」, 서울: 삼영사.
민 진. (1995). 정부조직 개편에 관한 연구: 1994년 12월 중앙행정기구 개편 사례를 중심으로. 「한국행정학보」, 29(3).
박노욱. (2005). 「공공부문의 성과평가와 경제적 유인의 도입에 관한 연구: 성과관리 예산제도 도입에의 시사점을 중심으로」. 한국조세연구원.
박동서. (1980). 「인사행정론」. 서울: 법문사.
———. (1998). 행정개혁의 연구와 개혁: 궤도 수정. 「한국행정학보」, 32(1).
박동서·유훈 외. (1973). 「최고정책결정직의 역할에 관한 연구: 장·차관직을 중심으로」. 서울대학교 행정조사연구소.
박동서·함성득·정광호. (2003). 「장관론」. 서울: 나남출판사.
박연호(2000). 「현대인간관계론」. 서울: 박영사.
박원우. (2000). 관리자 능력에 대한 본인, 상사, 부하평가의 특성과 그들 간의 관계: 다면평가의 효과적 실시를 위한 기초적 실증연구. 「인사조직연구」,

8(1).
박재완. (2000). 지방자치단체 표준정원모형의 대안. 「한국행정학보」, 34(3): 205-226.
박중훈. (2000). 「목표관리제와 실적평가」.
박천수. (2006). 「목표관리제와 국가인적자원개발정책의 평가 체제 구축」. 한국직업능력개발원.
박천오. (1993). 한국에서의 정치적 피임명자와 고위직업관료의 정책 성향과 상호관계. 「한국행정학보」, 27(4).
———. (1995). 기존 장관 임명 관행의 정책형성상 폐단과 시정 방안. 「한국행정학보」, 29(4).
———. (2006). 공무원 인사개혁에 대한 공무원의 수용성 실증연구. 「한국행정연구」, 15(2): 3-28.
박천오 · 강제상 · 권경득 · 조경호. (2001). 「인사행정의 이해」. 서울: 법문사.
박천오 · 강제상 · 권경득 · 조경호 · 조성한 · 박홍엽. (2007). 「현대인사행정론」. 서울: 법문사.
배용수. (2000). 신관리주의의 한국적 적실성. 「한국행정학보」, 34(2).
백완기. (2006). 「행정학」. 서울: 박영사.
———. (1997). 정치문화와 부패. 「한국부패학회보」, 창간호: 1-15.
백종섭. (2003). 지방정부의 다면평가 도입 실제와 개선 방안. 「행정논총」, 41(4): 223-251.
봉현철. (2001). 독일기업의 최근 인적자원 개발 동향. 「임금연구」, 9(3).
서순복 · 윤태범. (2000). 지방자치단체에서의 목표관리제(MBO)의 전략적 추진과 활용: 결과에서 과정으로. 「한국사회와 행정연구」, 11(1).
서원석. (2003). 참여정부의 인사시스템 개혁 방안: 새정부 국정과제와 추진 방향. 「한국행정학회 춘계학술대회 발표논문집」: 661-624.
———. (2006). 한국형 고위공무원단 출범에 거는 기대. 「계간 인사행정」, 30(여름).
서필언. (2006). 참여정부의 조직혁신과 정부조직관리: 총액인건비제도를 중심으로. 「한국행정학회 하계학술대회 논문집」.
송창근 · 박홍식. (1994). 부패 의미의 문화적 차이와 사회적 의미 규정. 「한국행정학보」, 28(3): 721-735.
신철우. (2005). 효율적인 성과관리를 위한 다면평가제도의 개선 방안. 「산업경영연구」, 28(2): 59-84.
신희영. (2003). 신공공관리론에 대한 비판적 고찰: 비판적 실재론적 접근. 「정부학연구」, 9(1).
안병만. (2001). 정권교체와 정부업무의 안정성 및 연속성 확보. 「한국행정연구」,

10(4).
안병영. (2001). 입법 및 정책결정 과정에서 장관과 국회 상임위원회의 상호 관계. 「의정연구」, 7(1).
안희탁. (1999), 다면평가의 실태와 효율적 운영 방안. 「임금연구」, 7(2).
양성철. (1994). 「한국정부론」. 서울: 박영사.
오석홍. (1993, 1995). 「인사행정론」. 서울: 박영사.
오성호. (1997). 공무원의 능력발전 진흥 방안: 행정개혁을 전제한 근무평정과 교육훈련제도의 개선. 「한국행정학보」, 31(4).
———. (2003). 다면평가의 유용성과 한계. 「인사행정」, 14: 28-32.
유광진. (1995). 한국의 장관 리더십론. 「월간헌정」, 1월.
유규창. (1999). 미국기업 360도 피드백의 동향과 시사점. 「임금연구」, 7(2).
유민봉. (2003). 「한국인사행정론」. 서울: 박영사.
유민봉 · 임도빈. (2003), 「인사행정론」. 서울: 박영사.
유영옥. (1997). 「행정조직론」. 서울: 학문사.
유영현. (2004). 다면평가제 도입에 대한 고찰: 경찰공무원 및 지방공무원을 중심으로. 「인적자원관리연구」, 8: 166-185.
윤태범. (2000). 부패방지, 전수일 외, 「공무원관리론」. 서울: 대영문화사.
이병기 · 고성철. (2005). 전략기획에 입각한 통합성과관리 체제의 시론적 연구: 지방자치단체 자체평가와 목표관리제의 통합을 중심으로. 한국행정학회 춘계학술대회.
이선우. (2003). 다면평가제에 대한 이해. 「인사행정」, 14: 18-21.
이승계. (2005a). 다면평가의 실효성에 관한 연구. 「대한경영학회지」, 18(1).
———. (2005b). 대안적인사평가제도: 다면평가의 한계와 과제. 「현상과 인식」, 가을: 109-135.
이영철. (2003). 신공공관리론에 대한 이론적 비판: 원자화된 개인, 강력한 시장, 축소지향형 정부. 「정부학연구」, 9(1).
이윤식. (2003). 공직 인사 다면평가제 실시의 성공 조건, 「지방행정」, (3): 62-66.
이호선 · 이재한. (2006). 다면평가제도에 대한 수용도가 행동계획 수립과 조직몰입에 미치는 영향. 「한국인사관리학회지」, 30(2): 132-156.
이희태. (2003). 다면평가제도에 대한 지방공무원의 반응과 정책과제. 「한국지방자치학회보」, 5(3): 75-98.
임도빈. (2000). 신공공관리론과 베버 관료제 이론의 비교. 「행정논총」, 38(1).
———. (2003). 한국 신공공관리론적 개혁에 대한 비판적 고찰: 지방자치단체 행정서비스헌장제 도입사례. 「한국행정논집」, 15(1): 1-23.
———. (1997). 지방자치단체의 조직자율권에 관한 비판적 고찰. 「한국행정학보」,

31(3): 57-71.
장재윤. (1999). 연구개발 관리자에 대한 다면평가의 일치도 및 수행과의 관계. 「산업 및 조직」, 12(1): 31-53.
장하준. (2004). 「사다리 걷어차기」. 형성백(옮김). 서울: 도서출판 부키.
전상길. (2001). 정부출연기관의 다면평가제도 도입방안. 「과학기술정책」, 129.
전수일 외(공편), 「공무원관리론」. 서울: 대영문화사.
정권택. (2003). 성과주의 인사의 명암과 제언. 「CEO Information」. 삼성경제연구소.
정승건. (2000). 발전주의와 신자유주의를 넘어서: 한국 행정개혁이론의 모색. 「한국행정학보」, 34(2).
정정길. (2003). 「행정학의 새로운 이해」. 서울: 대명출판사.
정정길 · 이달곤. (2000). 전환기 행정학 교육의 새로운 방향 모색. 「행정논총」, 38(2).
정준금 · 권해수 · 신종렬 · 이시원 · 정정길. (2002). 「인사제도 개혁의 성공적 추진전략에 관한 연구」. 중앙인사위원회.
조경호. (2006). '고위공무원단 출범' 혁명에 가까운 변화. 「계간인사행정」, 30(여름).
조경호 · 박천오. (2004). 중앙행정기관 다면평가제도와 운영 개선 방안: 공무원의 인식을 중심으로. 「한국사회와 행정연구」, 15(3): 23-50.
조선일. (2005). 총액인건비제도에 기초한 조직 및 인사관리 시스템 구축의 기본방향. 「한국지방자치학회 춘계학술대회 발표논문집」: 55-71.
조선일 · 박은규. (2004). 기초자치단체 다면평가제도 운영의 평가와 과제. 「한국사회와 행정연구」, 5(2): 49-72.
조윤명. (1997). 중앙과 지방의 인사교류제도. 「지방행정」, 8월: 22-28.
———. (2004). 「인사행정 개혁에 대한 공무원의 인식 연구: 국민의 정부개혁을 중심으로」, 건국대학교대학원 박사학위 논문.
채한수. (2001). 「인사행정론」. 서울: 삼영사.
총무처 직무분석기획단. (1997). 「신정부혁신론: OECD국가를 중심으로」. 서울: 동명사.
최영주. (2006). 공무원 수시교류 문 두드려 보세요. 「계간 인사행정」, 29: 33.
최용부. (2007). 「인사행정론 강의자료집」.
최창수. (2003). 성과계약 관점에서 본 목표관리제의 재평가와 개선 방안 모색. 한국행정연구원.
최항순. (2002). 우리나라 정부의 목표관리제(MBO) 운영 현황과 과제. 「사회과학연구」. 9집, 경원대학교 사회과학연구소.

하미승. (2004). 정부성과관리 시스템의 문제점 진단과 개선 방향: 통합화의 시각. 「한국행정연구」, 13(1).

하태권 외. (2004). 「참여정부의 인사개혁 평가 및 향후 과제」. 한국행정연구원.

하혜수 · 양덕순. (2007). 공무원 정원관리제도의 경로의존성 연구: 지방자치단체의 총액인건비제를 중심으로. 「행정논총」, 45(2).

한인섭. (2006). 공공조직과 민간기업의 성과관리제도 운영 실태 비교. 「한국행정연구」, 15(3).

함성득. (2002). 「대통령 비서실장론」. 서울: 나남출판사.

행정자치부. (1999). 「중앙과 지방 간 인사교류 활성화 방안」.

———. (1999). 「행정자치부-시 · 도 간 인사교류기준(안)」.

———. (2001). 「다면평가 운영사례」.

———. (2004). 「목표관리제 운영지침(2000~2003)」.

———. (2005). 「2005년 목표관리제 운영 방안」.

———. (2005). 「지자체 등 성과관리제도 운영 실무회의 결과」.

———. (2006). 「2007년도 지방 총액인건비제 시행계획」.

홍준형. (1999). 신공공관리론의 공법적 문제: 공무원 인사제도 개혁을 중심으로. 「행정논총」, 37(1).

개방형 공모규정. (2006).

개방형 직위 및 공모직위의 운영 등에 관한 규정(2006. 6 .12. 대통령령 제19514호).

개방형 직위 운영지침(중앙인사위원회 예규).

고위공무원단 인사규정. (2006).

공무원성과평가 등에 관한 규정(개정 2005. 12. 26, 대통령령 제19187호).

공무원임용령(개정 2001. 1. 27, 대통령령 제19109호).

국가공무원법(일부 개정 2007. 3. 29. 법률 제8330호).

국가청렴위원회. (보도자료. 2006년 12월 18일자).

———. (보도 참고자료. 2006년 11월 6일자).

「동아일보」. 2005년 6월 15일자.

「매일경제신문」. 2003년 7월 18일자.

「서울신문」. (2006). 총액인건비제 시범 시행으로 지자체 상위직 급증. 10.10.

정부혁신지방분권위원회. (2005). 「참여정부의 인사개혁」.

중앙인사위원회. (2004). 민관 간 인사교류에 대한 설문조사. 「계간 인사행정」, 봄호: 106-111.

———. (2000). 「인사행정」. 통권 5호.

———. (2002). 「공무원인사개혁백서」.

———. (2002). 「2003 공무원 인사실무」.
———. (2003). 「다면평가 운영 관련 유의 사항」.
———. (2003). 「다면평가 운영사례집」.
———. (2003). 「다면평가제도의 쟁점과 개선 방향」.
———. (2004). 「공무원인사개혁백서.
———. (2005). 「공무원인사개혁백서.
———. (2005). 「다면평가제도 운영 현황 조사 결과」.
———. (2006). 「2006년도 인사교류계획」.
———. (2006). 「다면평가제도 운영 실태 점검 결과」.
———. (2006). 「공무원인사개혁백서」
———.공무원, 이제 직무로 평가받는다. 「정부혁신, 그 현장을 가다」.
———.직무성과계약제 운영 실태 조사 결과. 내부자료.
중앙인사위원회 예규 제79호. (2006. 1). 제1편: 다면평가 운영 요령.
중앙인사위원회·행정자치부. (2003. 3). 「참여정부 출범에 따른 인사운영지침」.
「중앙일보」. 2006년 3월 23일자, 2006년 9월 16일자, 2007년 5월 11일자.
지방공무원임용령 제38조의 5. (개정 2002. 12. 31, 대통령령 제17866호).

국외 문헌

Abma, T. A. & M. Noordegraaf. (2003), Public Managers amidst Ambiguity: Towards a Typology of Evaluative Practices in Public Management, *Evaluation*, 9(3).

Ammons, David N. & Arnold Rodriquez. (1986). Performance Appraisal Practice for Upper Management in City Governments. *Public Administration Review*. September/October.

Antonioni, David & Park Hee Joon. (2001). The Relationship between Rater Affect and Three Sources of 360 Degree Feedback Ratings, *Journal of Management*. 27(4): 479-795.

Atwater, Leanne & David Waldman. (1998). 360 Degree Feedback Relationship Development, *Human Resource Management*. 43(6): 96-104.

Barnett, T., K. Bass, G. Brown, & F. J. Hebert. (1998). Ethical Ideology and the Ethical Judgments of Marketing Professionals. *Journal of Business Ethics*. 17: 715-723.

Becker, S. W. & T. L. Whisler. (1967), The Innovative Organization: A

Selective View of Current Theory and Rresearch, *Journal of Business*. 40.

Beehr, Treey A. et al. (2001). Evaluation 360 Degree Feedback Ratings, Relationship with each other and with Performance and Selection Predictors, *Journal of Organizational Behavior*: 775-788.

Beer, Michael. (1981). Performance Appraisal Dilemmas and Possibilities. *Organizational Dynamics*. Winter.

Bekke, Hans A. G. M. & J. L. Perry, & T. A. Toonen, Introduction, in Bekke, Hans A. G. M. & J. L. Perry, & T. A. Toonen, (eds.). *Civil Service Systems: in Comparative Perspective*, Bloomington & Indianapolis: Indiana University Press.

Beu, D. S., R. Buckley, & M. G. Harvey. (2003). Ethical Decision-Making: A Multidimensional Construct. *Business Ethics: A European Review*. 12(1): 88-107.

Blondel, Jean. (1985). *Government Ministers in the Contemporary World*. Oxford.

Blondel, Jean & Jean-Louis Thebault. (1991). *The Profession of Government Ministrer in Western Europe*. Hampshire: Macmillan Academic and Professional.

Boyckaert, G. (1992). Public Productvity if Retrospective, in M. Holzer(ed.). *Public Productivity Handbook*. New York: Marcel Decker, Inc.

Bracken, David W. et al. (2001). 360 Degree Feedback from Another Angle, *Human Resource Management*, 40: 3-20.

Brady, Rodney H. (1973). MBO Goes to Work in the Public Sector. *Havard Business Review*(March-April).

Brim, Rodney. (2004). *A Management by Objectives: History and Evolution*. (www.performancesolutionstech.com).

Campton, R. (2005). Performance Management: Panacea or Corporate Outcast?. *Research and Practice in Human Resource Management*. 13(1).

Cater, N. (1991). Learning to Measure Performance: The Use of Indicators in Organization. *Public Administration Review*. 69(1).

Cayer, Joseph N.(2004). *Public Personnel Aadministration* (4th ed). Belmond, CA.: Tomson and Wadsworth.

Church, A. H. & D. W. Bracken. (1997). Advancing the State of the Art at

360° Feedback: Guest Editors' Comments on the Research and Practice of Multirater Assessment Methods, *Group and Organization Management*. 22: 149-161.

Cohn, D. (1997). Creating Crises and Avoiding Blame: the Politics of Public Service Reform and the New Public Management in Great Britain and the United States. *Administration & Society*. 29.

Condrey, Stephen E. (2005), Toward Strategic Human Rresource Management, *Handbook of Human Resource Management in Government*.(2nd). San Francisco: Jossey-Bass.

Davis, J. H. & J. A. Ruhe. (2003). Perceptions of Country Corruption: Antecedents and Outcomes. *Journal of Business Ethics*. 43: 275-288.

Deeg, Richard. (2001). *Instutional Change and the Uses and Limits of Path Dependency: The Case of German Finance*. www.mpi-fg-koeln.mpg.de.

Deutsch, Karl W. (1985), *On Theory and Research in Innovation, Innovation in the Public Sector*, edited by R. L. Merritt & A. J. Merritt, Beverly Hills: Sage Publications.

Dimitrakopoulos, Dionyssis G. (2001). Incrementalism and Path Dependence: European Integration and Institutional Change in National Parliaments. *Journal of Common Market Studies*. 39(3): 405-422.

Downey, R. G., F. F. Medland, & L. G. Yates. (1976). Evaluation of a Peer Rating System for Predicting Subsequent Promotion of Senior Military Officers. *Journal of Applied Psychology*. 61(2): 206-209.

Drucker, Peter F. (1954). *The Practice of Management*. New York: Harper & Row.

Edwards, M. R. & A. J. Ewen. (1999). 360도 다면평가. 임창희(옮김). 서울: 21세기 북스.

Facteau, Caroln L. et al. (1998). Reactions of Leaders to 360-Degree Feedback from Subordinated and Peers, *Leadership Quarterly*. 9: 427-448.

Ford, Robert C. & Frank S. McLaughlin. (1982). Avoiding Disappointment in MBO Programs. *Human Resource Management*. Summer.

Halligan, J. (1996). The Diffusion of Civil Service Reform, in Bekke, Hans A. G. M. & J. L. Perry, & T. A. Toonen. (eds.). *Civil Service Systems: in Comparative Perspective,* Bloomington & Indianapolis: Indiana University Press.

Harris, M. M. & J. Schaubroeck. (1988). A Meta-analysis of Self-supervisor,

Self-peer, and Peer-supervisor Ratings. *Personnel: Psychology*. 41: 43-62.

Hays, Steve W. & T. Zane Reeves. (1989). *Personnel Management in the Public Sector*. Dubuque, Iowa: Brown Publishers.

Hood, C. V. (1991). A Public Management for All Seasons. *Public Administration*. 69(1).

Hughes, O. E. (1994). *Public Management and Administration*. London: Macmillan.

Ingraham, P. & Barbara S. Romzk. (1994). *New Paradigms for Government: Issues for the Changing Public Service*. San Francisco: Jossey-Bass.

Ingraham, Patricia, W. Sally C. Selden, & Donald Moynihan. (2004), People and Performance: Challenges for the Future Public Service, Frank J. Thompson(3th ed). *Classics of Public Personnel Policy*. Belmond, CA: Tomson and Wadworth.

Keman, Hans. (1991). Ministers and Ministries, in Jean Blondel & Jean-Loise Thiebault.(eds.). *The Profession of Government Minister in Western Europe*, Hampshire: Macmillan Academic and Professional.

Kettl, Donald F. P. W. Ingraham, R. P. Sanders, & C. Horner, (1996). *Civil Service Reform: Building a Government that Works.* Washington, DC. Brookings Institution Press.

Kim, Joong-Yang. (2006). *The Korean Civil Service System.* Bubwoosa.

Kim, Shin-Bok & Lee Geunjoo. (2001). Civil Service Reforms in the Changing Administrative Environment in Korea. A paper presented at Fall International Conference. *Korean Association of Public Administration.*

King & Anderson. (1995), *Innovation and Change in Organizations*, London and New York Routledge.

Klingner, Donald E. & John Nalbandian. (1998). *Public Personnel Management, Contests and Strategies*, Upper Saddle Fiver, N.J : Prentice Hall.

Lee, D. J. & M. J. Sirgy. (1999). The Effect of Moral Philosophy and Ethnocentrism on Quality-of-Life Orientation in International Marketing: A Cross-Cultural Comparison. *Journal of Business Ethics*. 18: 73-89.

Locher, A. H. & K. B. Teel. (1977). Performance Appraisal: A Survey of Current Practice. *Personnel Journal*. 56(5).

London, M. & R. W. Beatty. (1900) 360-Degree Feedback as a Competitive Advantage. *Human Resource Management*. 32(2, 3).

Lynn, L. E. (1998). The New Public Management: How to Transform a Theme into a Legacy. *Public Administration Review*. 58(3).

Mahoney, James. (2000). Path Dependence in Historical Sociology. *Theory and Society*. 29: 507-548.

March, J. G. & J. Olsen. (1989). *Rediscovering Institutions: The Organizational Basis of Politics*. New York: Free Press.

Mascarenhas, R. C. (1990). Reform of the Public Service in Australia and Newzealand. *Governance*. 3(1).

———. (1993). Building an Enterprise Culture in the Public Sector: Reform of the Public Sector in Australia, Britain, and New Zealnad. *Public Administration Review*. 53(4).

Merritt, Richard L. (1985). *Innovation in the Public Sector*, edited by R. L. Merritt & A. J. Merritt, Sage Publication Beverly Hills, London, New Delhi.

Milliman, John F. et al. (1994). Companies Evaluate Employees From All Perspectives. *Personnel Journal*. 73(11).

Moe, Ronald C. (1994). The Reinventing Government Excercise: Misinterpreting the Problem, Misjudging the Consequences. *Public Administration Review*. 54(2).

Mosley, Hugh, Holger Schütz & Nicole Breyer. (2000). Operational Objectives and Performance Indicators in European Public Employment Service. Report prepared for the European Commission. *Research Unit Labour Market Policy and Employment*(WZB).

MPB (Ministry of Planning and Budget). (2002). *How Korea Reformed the Public Sector: 1998-2002.*

Muller, Wolfgang C. & Wilfried Philipp. (1991). Prime Ministers and other Government Heads, in Jean Blondel & Jean-Louis Thiebault.(ed). *The Profession of Government Minister in Western Europe*. London: Macmillan.

Murphy, K. R. & J. N. Cleveland. (1995). *Understanding Performance Appraisal: Social, Organizational, and Goal-Based Perspectives*. Sage Publications, Thousand Oaks, CA.

Namkoong, Keun. (2003). An Evaluation of the results of Open Competitive Position System program Implementation in Korea, *International Review of Public Administration,* 8(1): 53-66.

———. (2006). *Civil Service Reform in the Participatory Government: Civil Service in Transition.*, October 13-14, 2006. 한국행정학회 창립 50주년 기념 추계국제학술대회 발표 논문.

Near, Janet P. & Marcia P. Miceli. (1985). Organizational Dissidence: The Case of Whistle-Blowing. *Journal of Business Ethics*. 4: 1-16.

Near, Janet P. & Tamila C. Jensen. (1983). The Whistleblowing Process: Retaliation and Perceived Effectiveness. *Work and Occupations*. 10(1): 3-28.

Odiorne, G. S. (1965). *Management by Objectives*. New York: Pitman Publishing Co.

———. (1976). MBO in State Government. *Public Administration Review*. 36(January/February).

Osborne, David & Peter Plastrick. (1999). *Banishing Bureaucracy: The Five Strategies for Reinventing Government*(third edition). New York: Addison Wcslcy.

Perry, James L. (1993). Whistleblowing, Organizational Performance, and Organizational Control. In Frederickson, H. George. (ed.). *Ethics and Public administration*. New York: M. E. Sharpe.

Peters, B. Guy, Jon Pierre, & Desmond S. King.(2005). The Politics of Path Dependency: Political Conflict in Historical Institutionalism. *The Journal of Politics*. 67(4): 1275-1300.

Pierson, Paul. (2000). Increasing Returns, Path Dependence, and the Study of Politics. *American Political Science Review*. 94: 251-267.

Poister, Theodore H. & Gregory Streib. (1995). MBO in Municipal Government: Variations on a Traditional Management Tool. *Public Administration Review*. 55(1).

Pollack, Daved M. & Lesile J. Pollack. (1996). Using 360 Feedback in Performance Appraisal. *Public Personnel Management*. 25(4).

Pynes, Joan E. (2004), *Human Resources Management for Public and Nonprofit Organization*. (2nd ed). San Francisco: Jossey-Bass.

Rainey, H. G. (2003). *Understanding and Managing Public Organizations*. San Francisco: Jossey-Bass Publishers.

Ramsey, M. L. & H. Lehto. (1994), The Power of Peer Review, *Training and Development,* July: 38-41.

Rhodes, R. A. W. (1996). The New Governance: Governing without

Government. *Political Studies*. 44.

Rodgers, Robert & John E. Hunter.(1992). A Foundation of Good Management Practice in Government: Management by Objectives. *Public Administration Review*. 52(1).

Rogers, E. M & F. F. Shoemaker. (1971), *Communication in Organizations*, New York: Free Press.

Schacter, Mark. (2002). *Practitioner's Guide to Measuring the Performance of Public Programs*. Institute On Governance. Ottawa, Canada. (www.iog.ca).

Schwepker, Jr., C. H. & T. N. Ingram. (1996). Improving Sales Performance Through Ethics: The Relationship Between Salesperson Moral Judgement and Job Performance. *Journal of Business Ethics*. 15: 1511-1160.

Sewell, William H. (1996). Three Temporalities: Toward an Eventful Sociology. T. J. McDonald(ed.). *The Historic Turn in the Human Science*. Univ. of Michigan Press.

Sherman, A. W., G. W. Bohlanger, & S. A. Snell. (1996). *Managing Human Resources*, Cincinnati. OH: South-Western.

Siegel, Gilbert B. & Robert C. Myrtle. (1985). *Public Personnel Administration: Concept and Practices.* Boston: Houhton Mifflin Co.

Smith, M. J. (1999). *The Core Executive in Britain*. Hampshire: Macmillan.

Smith, P. (1993). Outcome Related Performance Indicators and Organizational Control in the Public Ssector. *British Journal of Management*. 4.

Stack, Martin & Myles P. Gartland. (2003). Path Creation, Path Dependency, and Alternative Theories of the Firm. *Journal of Economic Issues*. XXXVII(2): 487-493.

Stahl, O. Glenn. (1976). *Public Personnel Administration,* Seventh Edition, New York: Harper & Row.

Swiss, James E. (1991). *Public Management Systems L Monitoring and Managing Government Performance.* Englewood Cliffs, NJ: Prentice-Hall.

Terry, L. D. (1998). Administrative Leadership, Neo-managerialism and the Public Management Movement. *Public Administration Review*. 58(3).

Thompson, Carolyn Rinkus. (1994). The Cabinet Member as Policy Entrepreneur. *Administration & Society*. 25.

Thorton, G. (1980). Psychometric properties of self-appraisal and job performance. *Personnel Psychology*. 33: 263-271.

Torfing, Jacob. (2001). Path-Dependent Danish Welfare Reforms: The Contribution of the New Institutionalism to Understanding Evolutionary Change. *Scandinavian Political Studies*. 24(4): 277-309.

Valentine, S. & G. Fleischman. (2003). The Impact of Self-Esteem, Machiavellianism, and Social Capital on Attorneys. Traditional Gender Outlook. *Journal of Business Ethics*. 43: 323-335.

Van Wart, M. (1995). The First Step in the Reinventing Government. *Public Administration Review*. 55(5).

Verschoor, C. C. (1998). A Study of The Link Between a Corporation's Financial Performance and Its Commitments to Ethics. *Journal of Business Ethics*. 17: 1509-1516.

Vigoda-Gadot, Eran. (2003), *Managing Collaboration in Public Administration*. Westport, Connecticut: Praeger Publishers.

Waldman, D. A. & D. E. Bowen. (1998). The Acceptability of 360 Degree Appraisals: A Customer-Supplier Relationship Perspective, *Human Resource Management*. 9(2): 117-129.

Wexley R. Klimoski. (1984). Performance Appraisal: An update, in K. M. Rowland & G. D. Ferris (eds.). *Research in Personnel & Human & Resource Management*. Greenwich, CT: JAI Press.

Wimer, Scott & Kenneth M. Nowack. (1998). 13 Common Mistakes Using 360 Degree Feedback. *Training & Development*. 52(5): 69-80.

Winter, S. J., A. C., Stylianou & R. A. Giacalone. (2004). Indivdual Differences in the Acceptability of Unethical Information Technology Practice: The Case of Machiavellianism and Ethical Ideology. *Journal of Business Ethics*. 54: 279-301.

Wise, Lois R. (1996). Internal Labor Market, in Bekke, Hans A. G. M., J. L. Perry, & Theo A. J. Toonen.(ed). *Civil Service Systems in Comparative Perspective,* Indiana University Press.

Wolf, C. (1994). *Markets or Governments-Choosing between Imperfect Alternatives*. Cambridge, Massachusetts: The MIT Press.

Woodhouse, Diana. (1993). Ministerial Responsibility in the 1990s: When do Ministers Resign?. *Parliamentary Affairs*. 46(3).

Wright, P. M. & R. A. Noe. (1996). *Management of Organizations*. Chicago:

Irwin.

Wyszommirski, Margaret. (1989). Presidential Personnel and Political Capital: From Roosevelt to Reagan, in M. Dogan.(ed). *Pathways to Power: Selecting Rulers in Puralist Democracies*, Boulder: Westerview Press.

Yammarino, F. J. & L. E. Atwater. (1993). Understanding Self-Perception Accuracy: I mplications for Human Resource Management, *Human Resource Management.*

Yoo, Jong Hae. (1973). Reforms in the Civil Service Administration in Korea: With Special Reference to Outside Influence, *Social Science Research Review*, 6: 103-120.

Zaltman, Gerald, Robert Duncan & Jonny Holbek. (1973). *Innovation and Organization.* New York: Wiley.

http://www.csc.go.kr/exchange.

http://www.dbchosun.com/man/

http://www.inmul.donga.com/inmul_search/inmul_search.html

http://www.mogaha.go.kr/exchange.

http://www.org.mogaha.go.kr:7003/jojik/

http://www.people.itmunhwa.com/

http://www.people.joins.com/

www.kicac.go.kr(국가청렴위원회)

찾아보기

ㄱ

개방형 임용제도 27
개방형 직위제도 73, 160, 165, 167, 176, 202, 204, 208, 224, 231, 354, 357, 362
개혁성 207
경력개발제도 40
경력공무원제도 19
경로의존성이론 346, 349
경로이탈적 경향 347
경로전환 348, 349
경쟁력 207
계급제 20, 82, 158
계약직 공무원제도 103, 165, 362
고객주의 61
고객평가 286
고객헌장 63
고시위원회 21
고용휴직제도 362
고위공무원단제도 32, 72, 104, 158, 354, 357, 380
고위직 인사심사제도 92
공공선택론 56
공모직위 31, 160, 165, 167, 169, 176
공무원 국외훈련제도 107
공무원 연봉제도 91
공무원임용령 372, 384
공직윤리법 19, 400, 414
공직파견제도 362
과장급 이하 성과평가 108
과장급 인사교류 359, 380
관리혁신 81
교류계획 383
교류근무제 380, 384
교류 모형(PIBI Exchang model) 356, 381
교류수당 366
교류협약서 383
교류 형식 368
교육훈련제도 42
교차 교류 372, 381, 383
국가 균형 발전 360
국가공무원법 18
국가청렴위원회 404
국민의 정부 87, 278
국제투명성기구(TI) 407
근무성적평정 163, 215
기업가적 정부 58
기준급 189
김대중 정부 118, 119, 123, 126, 134, 153

김영삼 정부 118, 119, 123, 126, 129, 133, 151

ㄴ

내부제보자 424
내재론자(internals) 420
노태우 정부 85, 117, 119, 122, 126, 129, 132, 150
능력주의 178

ㄷ

다면평가제도 108, 176, 190, 276, 279, 283, 291, 297, 312
대리인 비용 249
도덕적 상대주의 423
동료평가 285
디지털 신경망 정부 357

ㅁ

마키아벨리어니즘(Machiavellianism) 421
멘토(mentor) 177
면직 174
명예공무원제도 94
목표관리제(MBO) 44, 90, 239, 241, 251
미국의 불안 52
민간근무휴직심의위원회 374
민간근무휴직제도 88, 102, 362, 373, 384, 385
민간기관파견제도 362
민간 전문가 372, 375, 384
밀그램 형의 복종연구 419

ㅂ

박정희 정부 84, 117, 119, 121, 125, 127, 129, 131, 146, 148
반응적 순열(reactive sequences) 347
법인 375
별정직 165
본인평가 286
부처 간 이기주의 380
부처 자율 직위 165, 176
부처할거주의 358
부패 401, 407, 415
부하평가 286
분류법 183
비정부기관(NGO) 358

ㅅ

사후관리 375
상사평가 285
상호교류제도 360, 372
상호파견제도 360
서열법 182
성과관리제도 44
성과급 43, 74
성과보상제 74
성과상여금제도 74, 91
성과연봉 190
성과주의 64, 178
소청심사위원회 175
수시교류 359, 364, 379, 386
순환전보 40, 41
승진 167
승진임용 163

시간제공무원제도 89
시장주의 59
신공공관리론(NPM) 23, 49, 51, 56, 65, 70, 239
신관리주의 54
신규채용 163
신자유주의 53
신테일러리즘 55
실적주의 18, 20, 33, 162

ㅇ

액션 러닝 176, 177
양성평등채용목표제 34, 100
여성공무원채용목표제 86
여성관리자임용목표제 34
역량평가제 160, 163, 172, 176, 178
연봉제 74
엽관주의 18
영국병 52
외부임용 224
외재론자(externals) 420
요소비교법 183
윤리 402, 415
이승만 정부 84, 117, 121, 124, 128, 134, 276
인력 풀제 383, 387
인사개혁 22, 25
인사고과 307
인사관리처(OPM) 192
인사교류 29, 207, 355
인사교류계획 381
인사교류정보센터 365, 380
인사교류제 103
인사교류 허가제도 385
인사교류협약(MOU) 386
인사교류협의회 363, 386
인사권의 위임 98
인사심사 171
인사행정권 17
인사행정 체제 17
인사혁신제도 24, 71, 80, 98, 109, 386
인적자원관리 354, 385

ㅈ

자기강화적 기제 349
자기강화적 순열 347
자유방임주의 59
장관 112
장면 정부 84, 125, 127
장애인고용촉진및직업재활법 35
장애인공무원 희망보직제도 93
장애인 구분모집제 85, 93
재산등록제도 19
적격심사제 160, 173
전두환 정부 85, 117, 119, 121, 125, 129, 132, 149
전보 162, 163, 167
전입 공무원 376
전자인사관리시스템 385
전직 167, 355
전출 공무원 376
전환 355
점수법 183
정기인사교류 365
정무직 성과계약제 108
정부산하기관관리기본법 371
정부업무평가 366
정부와 민간 부문 간의 인사교류 361

정부재창조 58
정부조직법 21, 361
정부투자기관관리기본법 371
정부혁신 50, 80, 354, 361
정부혁신지방분권위원회 361
정원관리제도 341
정직 162
주5일 근무제 106
주택보조금 381
주택보조비 369
중앙부처 간의 인사교류 359, 364
중앙부처의 총액인건비제 327
중앙인사위원회 22, 23, 39, 94, 159, 175, 356, 360, 365, 370, 374, 380
지방고위공무원단제도 386
지방대 출신 채용목표제 396
지방분권 360
지방순환근무 360
지방인사정보시스템 386
지방인재채용목표제 36, 38, 102
지방자치단체 간의 인사교류 363
지방자치단체의 총액인건비제 334
지방자치법 375
지방행정본부 379
지식의 공유 357
지식창고 357
지역구분모집제 36, 38, 102
지역이기주의 358
지역인재추천제 35, 36, 101, 388, 389, 395, 397
직권면직 175
직무 등급 185
직무값 186
직무급 189
직무기술서 182
직무분석 159, 180
직무성과계약제 75, 108, 160, 263, 269
직무성과관리제도 90
직무성과급제 160, 188
직무평가 182
직업공무원제도 161, 383
직위공모제도 31, 88, 102, 159, 359, 366
직위분류제도 19, 158
직위상호교환제 383
직위해제 168
집단 평가 체제 108
징계 168

ㅊ

참여정부 81, 95, 278
처벌 427
청렴도 409
총괄경상예산제도 353
총액인건비제도 99, 323, 337, 341
총정원제 342

ㅌ

탄력근무제 106
퇴직공무원 94
특별상여수당제도 86
특별채용 165, 167, 362
팀 평가 285

ㅍ

파견 173, 355, 366, 368
폐쇄형 임용제도 20
표준정원제 335, 342

ㅎ

행정서비스헌장 63
행정자치부 22, 369, 381
헤이기법 184
혁신(innovation) 78
혁신교육 107
혁신의 범위 79
휴직 162

CPI 407
IMF 24, 94
NGO 358, 385
NIMBY 358
OPS(Office of Public Service) 194
PPSS 385
SCS(Senior Civil Service) 194
SES(Senior Executive Service) 191
TI 407

저자 소개

(가나다 순)

김영기

부산대학교 대학원(행정학박사)
뉴욕주립대학교(올버니) 객원교수(1993년, 2001년)
진주포럼 상임대표
사단법인 경남지역사회연구원장
경상대학교 교수(현)

김호정

부산대학교 대학원(행정학박사)
뉴욕주립대학교(올버니) 객원교수
한국행정학회 편집위원
한국정책분석평가학회 이사
부산대학교 교수(현)

남궁근

피츠버그대학교 대학원(행정학박사)
정부혁신지방분권위원회 위원
한국행정학회 차기 회장
경상대학교 교수
서울산업대학교 교수(현)

민병익

경상대학교 대학원(행정학박사)
미국 Auburn University 박사과정 수료
경상대학교 전임강사(현)

오세홍

연세대학교 대학원(기술경영학박사)
한국의회발전연구회 연구원
조지아텍 객원연구원
한국과학기술기획평가원(KISTEP) 혁신정책팀장
KISTEP 연구위원(현)

오시환

경북대학교 대학원(박사수료)
진주국제대학교 총장권한대행
부산경남지방자치학회 부회장
경상남도교육청 인사위원
진주국제대학교 교수(현)

유낙근

한양대대학교 대학원(행정학박사)
캘리포니아주립대학교 객원교수
교육인적자원부 정책자문위원
한국국정관리학회 부회장
경상대학교 교수(현)

이성진

경상대학교 대학원(행정학박사)
한국행정학회 회원
경상대 사회과학연구원 학술연구교수
경상대학교 강사(현)

이시원

서울대학교 대학원(행정학박사)
국가균형발전위원회 전문위원
한국행정학회 이사
한국지방정부학회 편집위원장
경상대학교 교수(현)

최용부

부산대학교 대학원(행정학박사)
한국행정학회 이사
지방행정혁신평가단 평가위원
진주시인사위원회 위원
경상대학교 교수(현)

하혜수

서울대학교 대학원(행정학박사)
경기개발연구원 연구위원(연구부장)
정부혁신지방분권위원회 전문위원
한국행정학회 교육취업위원장
상주대학교 부교수(현)

한동효

경상대학교 대학원(행정학박사)
한국행정학회 교육취업위원
부산경남지방자치학회 이사
경상남도 의정비 심의위원
진주국제대학교 조교수(현)

정부인사혁신론

펴낸날 / 제1판 제1쇄 2007년 8월 20일

지은이 / 김영기 외
펴낸이 / 임춘환
펴낸곳 / 도서출판 대영문화사
주소 / 서울 용산구 청파동 1가 178-2 ㉾ 140-869
등록 / 1975년 12월 26일 제3-16호
전화 / (02)716-3883, (02)714-3062
팩시밀리 / (02)703-3839
우체국 온라인 / 011353-02-009106

© 김영기 외, 2007

ISBN 978-89-7644-248-2

〔값 20,000원〕

* 잘못된 책은 바꾸어 드립니다.
* 이 책의 내용은 저작권법의 보호를 받습니다.